Kleine Geschichte der christlichen Theologie

Dirk Ansorge

Kleine Geschichte
der christlichen Theologie

Epochen, Denker, Weichenstellungen

VERLAG FRIEDRICH PUSTET
REGENSBURG

Bibliografische Information der Deutschen Nationalbibliothek
Die Deutsche Nationalbibliothek verzeichnet diese Publikation in der Deutschen Nationalbibliografie; detaillierte bibliografische Daten sind im Internet über http://dnb.dnb.de abrufbar.

2., durchgesehene Auflage 2021

Gutenbergstraße 8 | 93051 Regensburg
Tel. 0941/920220 | verlag@pustet.de

ISBN 978-3-7917-2874-2
Einbandgestaltung: Martin Veicht, Regensburg
Satz: Vollnhals Fotosatz, Neustadt a. d. Donau
Druck und Bindung: Friedrich Pustet, Regensburg
Printed in Germany 2021

eISBN 978-3-7917-7138-0 (pdf)

Unser gesamtes Programm finden Sie im Webshop unter
www.verlag-pustet.de

Inhalt

1 Hinführung und Zielsetzung

Seit mittlerweile zwei Jahrtausenden haben Christen – Männer und Frauen – ihren Glauben nicht nur gelebt, sondern auch mithilfe der ihnen jeweils zur Verfügung stehenden Begriffe und Denkformen zu verstehen versucht. Christen wollten und wollen vor sich selbst und vor anderen plausibel machen, woran sie glauben. Oft wird hierzu auf den ersten Petrusbrief verwiesen: „Seid stets bereit, Rede und Antwort zu stehen, wenn jemand von euch Rechenschaft fordert über die Hoffnung, die in euch ist" (1 Petr 3,15). Seit dem späten Mittelalter wird die vernunftgeleitete und methodisch verantwortete Rechenschaft über den christlichen Glauben „Theologie" genannt.

Im Vergleich der Religionen ist „Theologie" nicht selbstverständlich. Es gibt zahlreiche Religionen, deren Anhänger ihren religiösen Überzeugungen folgen, ohne über diese vertieft nachzudenken. Auch können die Formen der jeweiligen Selbstreflexivität sehr verschieden sein. Zwar kennen Muslime eine Art „Religionsphilosophie" *(kalām)*, doch ist die wichtigste Disziplin islamischer Gelehrsamkeit die Jurisprudenz *(fiqh)*. Jüdische Gelehrsamkeit vollzieht sich vorzugsweise als gelehrter Kommentar und Auslegung *(midrash)* von Tora, Mischna und Talmud. Und auch innerhalb der Religionen sind die jeweiligen Formen, in denen sich ihre Anhänger auf ihre religiösen Überzeugungen und Praktiken beziehen, keineswegs einheitlich. Im Christentum beispielsweise ist das Verständnis von „Theologie" in den Kirchen des Ostens und des Westens sehr unterschiedlich.

Dass für das Christentum die vernunftgeleitete Reflexion über sich selbst einen vergleichsweise hohen Stellenwert erlangt hat, verdankt sich auch historischen Konstellationen. Schon früh verstanden Christen ihre Religion nicht nur als eine Sonderform des Judentums, sondern auch – in der Tradition vor allem alexandrinischer Juden – als Gestalt der *vera philosophia*. Dieser Anspruch war zu begründen und hatte weitreichende Konsequenzen für die Ausbildung einer vernunftgeleiteten Rechenschaft über den christlichen Glauben.

Die vorliegende „Kleine Geschichte der christlichen Theologie" erschließt die fortschreitende Selbstreflexion des christlichen Glaubens in den zurückliegenden zwanzig Jahrhunderten der Kirchengeschichte. Dabei ist die Überzeugung leitend, dass die christliche Theologie konstitutiv auf den Begriffsrahmen und die philosophischen Konzepte einer jeweiligen

Zeit verwiesen ist, um Fragen zu stellen und Argumente formulieren zu können. Konzepte und Denkformen aber verändern sich mit den Wandlungen in Kultur und Geschichte. Deshalb sind theologische Aussagen erst aus ihrem jeweiligen geschichtlichen Zusammenhang heraus verständlich. Sie spiegeln die spannungsvolle Beziehung zwischen biblischem Zeugnis, kirchlicher Überlieferung und den Verstehensbedingungen ihrer jeweiligen Zeit wider.

Verbunden mit dem europäischen Expansionismus war die christliche Theologie bis ins 20. Jahrhundert hinein maßgeblich durch europäische Begriffe und Konzepte geprägt. Außereuropäische Theologien mit teils jahrhundertealten Traditionen fanden kaum Beachtung; in Europa wurden sie schon wegen der Sprachbarrieren meist nur von Spezialisten wahrgenommen. Heutzutage hingegen bietet die christliche Theologie in der Vielfalt der Kirchen, kirchlichen Gemeinschaften, Konfessionen und Traditionen weltweit eine schier unüberschaubare Vielfalt.

Als Einführung ist der vorliegende Überblick über die großen Epochen der Theologiegeschichte durch klare Grenzen markiert. Eine erschöpfende Darstellung der Theologiegeschichte liegt außerhalb seiner Zielsetzung. Ausnahmslos jedes Thema ließe sich vertiefend darstellen. Viele Theologen werden nur knapp erwähnt; andere – auch wichtige – fehlen ganz. Dass fast ausschließlich Männer als theologische Akteure auftreten, spiegelt die kirchen- und theologiegeschichtliche Realität wider. Die Auswahl der Themen und Personen lässt erkennen, dass der Autor katholischer Theologe ist. Wo Schwerpunkte orthodoxer oder evangelischer Theologie berührt werden, geschieht dies in Auswahl und Darstellung unvermeidlich aus katholischer Perspektive. Eine „ökumenische Theologiegeschichte" hätte eine doppelte Autorschaft verlangt.

„Theologie" wird im Folgenden vorrangig als „Systematische Theologie" verstanden. Damit ist keineswegs bestritten, dass auch die anderen Fächer der Theologie – Exegese, Kirchengeschichte, Moraltheologie, Liturgiewissenschaft, Praktische Theologie oder Kirchenrecht – „theologisch" sind. Wohl aber ist damit angedeutet, dass es vor allem um solche Themen der Glaubensreflexion geht, die traditionell im Bereich der Dogmatik oder der Fundamentaltheologie verhandelt werden.

Gegenstand dieser Einführung ist nicht in erster Linie die Dogmengeschichte des christlichen Glaubens. Der einflussreiche katholische Theologe Michael Schmaus (1897–1993) wollte zwischen der Dogmengeschichte als der „Entfaltung des Glaubens und der Glaubensverkündigung" einerseits und der Theologiegeschichte als „Entfaltung des wissenschaftlichen

Glaubens“ unterschieden wissen. Zugleich aber räumt Schmaus ein, dass „im Ablauf des geschichtlichen Prozesses […] die beiden Weisen der Entfaltung nicht sauber voneinander getrennt waren, so daß sie auch in der Darstellung nicht sauber voneinander getrennt werden können“ (Vorwort zu *HDG* IV,3; 1951, IXf.). Diese Feststellung trifft auch auf die folgende Darstellung zu. Dabei verweist sie immer auch – wenigstens andeutungsweise – auf die kulturellen Rahmenbedingungen der Theologie und sucht thematische Bezüge zur Gegenwart aufzudecken.

Wer mehr über Einzelheiten erfahren will, sei auf vertiefende Darstellungen der hier nur umrisshaft skizzierten Themen verwiesen. Solchen Einzelstudien, aber auch Überblickswerken zur Theologiegeschichte schuldet der Autor vielfachen Dank. Entsprechend dem einführenden Charakter des Werkes war es weder möglich noch beabsichtigt, in jedem Einzelfall die herangezogenen Quellen detailgenau zu zitieren. Wer die einleitend aufgelisteten Überblickswerke konsultiert, wird entsprechende Passagen rasch identifizieren. Originalität beansprucht die vorliegende Darstellung nicht hinsichtlich ihrer Inhalte, sondern darin, dass sie einen kompakten Überblick über die großen Epochen der Theologiegeschichte liefert, der zur vertiefenden Lektüre ermuntert.

Neben den Autoren und Autorinnen der in Anspruch genommenen Werke zur Theologiegeschichte danke ich meinen beiden Mitarbeitern Daniel Remmel und Vinzent Piechaczek für ihre tatkräftige Unterstützung bei der Erstellung des Manuskripts. Die Stiftung Hochschule Sankt Georgen, der Freundeskreis Sankt Georgen e. V. sowie das Graduiertenkolleg 1728 „Theologie als Wissenschaft“ haben die Veröffentlichung des Buches durch einen Druckkostenzuschuss ermöglicht; auch dafür danke ich herzlich. Herr Rudolf Zwank vom Verlag Friedrich Pustet, Regensburg, hat das Entstehen des Buches mit großer Sympathie und beeindruckender Sorgfalt begleitet.

Für die zweite Auflage des inzwischen ins Rumänische und Polnische übersetzten Buches wurden einige wenige Korrekturen und Ergänzungen vorgenommen. Weiterhin hätte meine „Kleine Theologiegeschichte“ ihr Ziel vollauf erreicht, wenn sie Zusammenhänge verdeutlichte und dazu anregte, den vielfältigen theologischen Ansätzen vertiefend nachzuspüren.

Frankfurt / Sankt Georgen, im Advent 2020 *Dirk Ansorge*

2 Literatur zur Geschichte der christlichen Theologie

(Reihenfolge nach Erscheinungsjahr)

2.1 Allgemeine Literatur (Auswahl)

Darstellungen

Carl Andresen / Ekkehard Mühlenberg / Adolf Martin Ritter / Martin Anton Schmidt / Klaus Wessel, *Die christlichen Lehrentwicklungen bis zum Ende des Spätmittelalters*, Göttingen 2011.

Wolf-Dieter Hauschild, *Lehrbuch der Kirchen- und Dogmengeschichte*, Bd. 1: *Alte Kirche und Mittelalter*; Bd. 2: *Reformation und Neuzeit*, Gütersloh 2010–2011.

Wolfgang Pauly (Hrsg.), *Geschichte der christlichen Theologie*, Darmstadt 2008.

Michael Eckert / Eilert Herms / Bernd-Jochen Hilberath / Eberhard Jüngel (Hrsg.), *Lexikon der theologischen Werke*, Stuttgart 2003.

Wilhelm Geerlings / Siegmar Döpp (Hrsg.), *Lexikon der antiken christlichen Literatur*, Freiburg – Basel – Wien 2002.

Karlmann Beyschlag, *Grundriß der Dogmengeschichte*, 3 Bde., Darmstadt 1991/2002.

Alister E. McGrath, *Der Weg der christlichen Theologie. Eine Einführung*, München 1997.

Bengt Hägglund, *Geschichte der Theologie. Ein Abriß*, Gütersloh 1983.

Carl Andresen (Hrsg.), *Handbuch der Dogmen- und Theologiegeschichte*, Bd. 1: *Die Lehrentwicklung im Rahmen der Katholizität*, Göttingen 1982; Bd. 2: *Die Lehrentwicklung im Rahmen der Konfessionalität*, Göttingen 1980; Bd. 3: *Die Lehrentwicklung im Rahmen der Ökumenizität*, Göttingen 1984.

Michael Schmaus / Alois Grillmeier / Leo Scheffczyk / Michael Seybold / Erich Naab (Hrsg.), *Handbuch der Dogmengeschichte*, Freiburg/Br. 1956ff.

Bernhard Lohse, *Epochen der Dogmengeschichte. Ein Grundkurs in ökumenischer Absicht*, Stuttgart [1963], 9. Auflage Münster 2011.

Theologen und Theologinnen

Mariano Delgado / Volker Leppin (Hrsg.), *„Dir hat vor den Frauen nicht gegraut". Mystikerinnen und Theologinnen in der Christentumsgeschichte* (Studien zur christlichen Religions- und Kulturgeschichte 19), Fribourg – Stuttgart 2015.

Marco Hofheinz / Matthias Zeindler (Hrsg.), *Reformierte Theologie weltweit. Zwölf Profile aus dem 20. Jahrhundert*, Zürich 2013.

Gregor Maria Hoff / Ulrich H. J. Körtner (Hrsg.), *Arbeitsbuch Theologiegeschichte. Diskurse. Akteure. Wissensformen*, 2 Bde., Stuttgart 2011. 2013.

Christian Danz, *Kanon der Theologie. 45 Schlüsseltexte im Portrait*, Darmstadt 2012.

Rebekka A. Klein / Christian Polke / Martin Wendte (Hrsg.), *Hauptwerke der Systematischen Theologie. Ein Studienbuch*, Tübingen 2009.

Friedrich Wilhelm Graf (Hrsg.), *Klassiker der Theologie*, Bd. 1: *Von Tertullian bis Calvin*; Bd. 2: *Von Richard Simon bis Karl Rahner*, München 2005.

Markus Knapp / Theo Kobusch (Hrsg.), *Querdenker. Visionäre und Außenseiter in Philosophie und Theologie*, Darmstadt 2005.

Peter Neuner / Gunther Wenz, *Theologen des 20. Jahrhunderts. Eine Einführung*, Darmstadt 2002.

Markus Vinzent / Ulrich Volp (Hrsg.), *Metzler Lexikon christlicher Denker. 700 Autorinnen und Autoren von den Anfängen des Christentums bis zur Gegenwart*, Stuttgart 2000.

Heinrich Fries / Georg Kretschmar, *Klassiker der Theologie*, 2 Bde., München 1988.

Martin Greschat (Hrsg.), *Gestalten der Kirchengeschichte*, 14 Bde., Stuttgart 1981–1986.

Herbert Vorgrimler / Herbert Vander Gucht (Hrsg.), *Bilanz der Theologie im 20. Jahrhundert. Bahnbrechende Theologen*, Freiburg/Br. 1970.

Hans Jürgen Schultz (Hrsg.), *Tendenzen der Theologie im 20. Jahrhundert. Eine Geschichte in Porträts*, Stuttgart u. a. 1966.

Hans Freiherr von Campenhausen, *Lateinische Kirchenväter*, Stuttgart [1960] ^{7}1995.

Hans Freiherr von Campenhausen, *Griechische Kirchenväter*, Stuttgart [1955] ^{8}1994.

2.2 Vertiefende Literatur zu einzelnen Epochen (Auswahl)

Patristik

Wolf-Dieter Hauschild / Volker Henning Drecol (Hrsg.), *Alte Kirche und Mittelalter* (Lehrbuch der Kirchen- und Dogmengeschichte 1), Gütersloh, 5., vollst. überarbeitete Neuausgabe 2016, S. 42–437.

Michael Fiedrowicz, *Theologie der Kirchenväter. Grundlagen frühchristlicher Glaubensreflexion*, Freiburg – Basel – Wien 2007.

Claudio Moreschini / Enrico Norelli (Hrsg.), *Handbuch der antiken christlichen Literatur* [*Manuale di letteratura cristiana antica greca e latina*; Brescia 1996], Gütersloh 2007.

Basil Studer, *Schola christiana. Die Theologie zwischen Nizäa (325) und Chalzedon (451)*, Paderborn 1998.

Wolfgang L. Gombocz, *Die Philosophie der ausgehenden Antike und des frühen Mittelalters* (Geschichte der Philosophie IV), München 1997.

Wolfgang A. Bienert, *Dogmengeschichte* (Grundkurs Theologie 5.1), Stuttgart 1997.

Hubertus R. Drobner, *Lehrbuch der Patrologie*, Freiburg – Basel – Wien 1994.

Basil Studer, *Gott und unsere Erlösung im Glauben der Alten Kirche*, Düsseldorf 1985.

Mittelalter

Wolf-Dieter Hauschild / Volker Henning Drecol (Hrsg.), *Alte Kirche und Mittelalter* (Lehrbuch der Kirchen- und Dogmengeschichte 1), Gütersloh, 5., vollst. überarbeitete Neuausgabe 2016, S. 438–841.

Loris Sturlese, *Philosphie im Mittelalter. Von Boethius bis Cusanus*, München 2013.

Marie-Dominique Chenu, *Die Theologie als Wissenschaft im 13. Jahrhundert* (Collection Chenu 4), Ostfildern 2008.

Volker Leppin, *Theologie im Mittelalter* (Kirchengeschichte in Einzeldarstellungen: Alte Kirche und frühes Mittelalter 11), Leipzig 2007.

Theo Kobusch (Hrsg.), *Philosophen des Mittelalters. Eine Einführung*, Darmstadt 2000.

Manfred Gerwing, *Theologie im Mittelalter. Personen und Stationen theologisch-spiritueller Suchbewegung im mittelalterlichen Deutschland*, Paderborn u. a. 2000.

Peter Schulthess / Ruedi Imbach, *Die Philosophie im lateinischen Mittelalter. Ein Handbuch mit einem bio-bibliographischen Repertorium*, Zürich 1996.

Ulrich G. Leinsle, *Einführung in die scholastische Theologie*, Paderborn u. a. 1995.

Fernand van Steenberghen, *Die Philosophie im 13. Jahrhundert*, München 1977.

Reformation, Neuzeit und Gegenwart

Volker Leppin, *Reformatorische Gestaltungen. Theologie und Kirchenpolitik in Spätmittelalter und Früher Neuzeit*, Leipzig 2016.

Günter Frank / Albert Käuflein / Tobias Licht (Hrsg.), *Von der Reformation zur Reform. Neue Zugänge zum Konzil von Trient*, Freiburg/Br. 2015.

Michael Schneider, *Geschichte der Theologie von der Neuzeit bis zur Gegenwart. Skizzen zu grundlegenden Fragen und Ansätzen in der katholischen Dogmatik*, Köln 2011.

Dieter J. Weiß, *Katholische Reform und Gegenreformation. Ein Überblick*, Darmstadt 2005.

Mariano Delgado (Hrsg.), *Das Christentum der Theologen im 20. Jahrhundert. Vom „Wesen des Christentums" zu den „Kurzformeln des Glaubens"*, Stuttgart 2000.

Herbert Vorgrimler / Herbert Vander Gucht (Hrsg.), *Bilanz der Theologie im 20. Jahrhundert. Perspektiven, Strömungen, Motive in der christlichen und nichtchristlichen Welt*, Freiburg/Br. 1969–1970.

2.3 Sigla

WA Dr. Martin Luthers Werke. Kritische Gesamtausgabe („Weimarer Ausgabe"), 1883 bis 2009.

DzH Heinrich Denzinger, Kompendium der Glaubensbekenntnisse und kirchlichen Lehrentscheidungen / Enchiridion symbolorum definitionum et declarationum de rebus fidei et morum, hrsg. von Peter Hünermann, Freiburg – Basel – Wien ^{44}2014.

3 Begriff, Aufgabe und Ansatz einer „Kleinen Geschichte der christlichen Theologie“

3.1 Der Begriff „Theologiegeschichte“

„Geschichte“ meint nicht einfach nur eine Chronik des Vergangenen. Geschichte gibt es immer nur in der Weise, wie Menschen mit ihren begrifflichen Voraussetzungen und Interessen in die Vergangenheit blicken. Was sie dort entdecken, ist nicht einfach nur das Gegebene, sondern das je *ihnen* Gegebene. Auch Theologiegeschichte ist deshalb nicht einfach bloß vorhanden, sondern wird in einem voraussetzungsreichen und interessegeleiteten Rückblick von denen hervorgebracht, die sich der Geschichte christlichen Denkens zuwenden.

Ähnlich steht es mit dem Begriff „Theologie“: Was Theologie ist, versteht sich nicht von selbst. Der Begriff hat eine bedeutungsreiche Geschichte; zu unterschiedlichen Zeiten wurde er unterschiedlich verstanden. Wörtlich kann „Theologie“ als „Rede von Gott“ im Sinne von „Gotteskunde“ oder auch – und dann in einem spezifisch christlichen Sinn – als „vernunftgeleitetes Reden über Gott“ wiedergegeben werden.[1] In dieser Bedeutung begegnet der Begriff im lateinischen Westen freilich nicht vor dem 12. Jahrhundert. Gegenüber älteren Bezeichnungen für die christliche Lehre wie „doctrina Christiana“ oder „sacra eruditio“ setzt sich „theologia“ als Bezeichnung für eine von der Vernunft geleitete Glaubensreflexion erst im Spätmittelalter durch.

„Theologie“ ist kein biblisches Wort. Es begegnet zuerst bei den antiken Philosophen – bei Platon im *Staat* beispielsweise (379a) oder mehrfach bei Aristoteles in dessen *Metaphysik*. Doch bedeutet θεολογία dort etwas anderes als später im christlichen Verständnis: „Theologie“ ist Mythendichtung; dementsprechend sind „Theologen“ Mythendichter. Zu ihnen zählen beispielsweise Hesiod oder Homer. Augustinus zufolge (*Civ. Dei* VI 5–10.12) unterscheidet der römische Historiker Marcus Terentius Varro (116–27 v. Chr.) in seinen Schriften zur altrömischen Religion drei „Arten von Theo-

[1] Vgl. Max Seckler, *Theologein. Eine Grundidee in dreifacher Ausgestaltung. Zur Theorie der Theologie und zur Kritik der monokausalen Theologiebegründung*, in: Theologische Quartalschrift 163 (1983), S. 241–264.

logie“ *(genera theologiae)*: die mythische Theologie der Dichter *(theologia mythica)*, die physische Theologie der Philosophen *(theologia naturalis)* und die öffentliche Theologie der staatlichen Kulte *(theologia civilis)*.

Unter der *theologia mythica* der Dichter versteht Varro die Erzählungen beispielsweise über die Götter des Olymps oder ihre Rolle beim Kampf um Troja. Die *theologia civilis* ist für Varro der öffentliche Kult, wie er an den großen Tempeln im Römischen Reich vollzogen wurde, um den Bestand des Reiches und dessen Prosperität zu sichern. Und mit dem Begriff der *theologia naturalis* (oder *theologia physica*) der Philosophen schließlich bezeichnet Varro die Naturphilosophie der Vorsokratiker, aber auch die Kosmologie der Stoiker.

Im Christentum begegnet das griechische Wort θεολογία erstmals im 2. Jahrhundert, und zwar bei den sogenannten „Apologeten“ (wörtl. „Verteidiger“). Dabei handelt es sich um christliche Intellektuelle, die es sich zur Aufgabe gemacht hatten, die neue Religion im Rahmen der hellenistischen Kultur und Philosophie ihrer Zeit verständlich zu machen. Zu ihnen zählen etwa Justin der Märtyrer, Meliton von Sardes, Tatian oder Athenagoras.

Bei den Apologeten bedeutet der Begriff θεολογία zunächst wörtlich „Rede von Gott“. Gemeint ist das Zeugnis von Gott und von seinem Wirken in der Geschichte. Polemisch wenden die Apologeten den Begriff gegen die „Mythologie“ (μυθολογία) – verstanden als das Erzählen von Göttergeschichten. Bis ins 4. Jahrhundert hinein zielt der Begriff θεολογία auf das christliche Gottesverständnis im engeren Sinne. Er umfasst – anders als heute – keineswegs alle Aspekte der christlichen Lehre, sondern nur jene, die sich unmittelbar auf Gott und sein Handeln in der Geschichte beziehen. Vor allem aber beinhaltet er nicht jenes Ideal methodisch geleiteter Reflexion über die Inhalte des christlichen Glaubens, das für den heutigen Theologiebegriff maßgeblich ist.

Als methodisch geleitete Reflexion über den Glauben unterscheidet sich die Theologie von Formen praktischen Christentums – darunter etwa Diakonie und Liturgie. Und obwohl auch Verkündigung und Katechese vernunftgeleitet argumentieren, unterscheidet sich die Theologie von ihnen durch ihre wissenschaftliche Methodik. Diese kann zu unterschiedlichen Zeiten durchaus unterschiedliche Standards setzen; entscheidend dafür, was als „Theologie“ gelten darf, ist die formale Entsprechung der jeweiligen Argumentationen in Bezug auf die jeweils geltenden wissenschaftlichen Standards.

Den jeweiligen wissenschaftlichen Standards entsprechend sucht die Theologie die Inhalte des christlichen Glaubens im Verstehenshorizont einer jeweiligen Epoche plausibel zu machen. Wie ist das zu verstehen, was als Inhalt des Glaubens gilt und als kirchliche Lehre überliefert ist? Welches Verständnis von Gott, Mensch und Welt artikuliert sich in einer kirchlichen Lehre? Welche Bedeutung haben die Begriffe, auf die sich eine Lehre stützt? Hat sich die Bedeutung der Begriffe möglicherweise im Laufe der Theologiegeschichte verändert? Und wie müsste man eine Lehre heute formulieren, um in etwa das zu sagen, was diejenigen im Sinn hatten, die sie einst formulierten?

Dies ist die explikative Funktion der Theologie. Sie wird ergänzt durch eine kritische Funktion: Theologie fragt, ob das, was der christliche Glaube als „wahr" behauptet und was er als „richtig" normativ geltend macht, vor der humanen Vernunft bestehen kann und inwieweit das als „wahr" und „richtig" Behauptete den jeweils geltenden wissenschaftlichen Standards genügt. Stand am Beginn der Kirchengeschichte die explikative Funktion der christlichen Theologie im Vordergrund, so gewann in ihrem Verlauf die kritische Funktion zunehmend an Gewicht.

Theologie – verstanden als vernunftgeleitetes und methodisch reflektiertes Nachdenken über Gott und seine Offenbarung in Zeit und Geschichte – ist für Religionen keineswegs selbstverständlich. Viele nichtchristliche Religionen vollziehen sich als Ethik, als Mystik, als Askese oder als Ritus, ohne diese verschiedenen Formen der Praxis vertieft zu bedenken. Andere Religionen wiederum streben nach Erkenntnis (griechisch: γνῶσις), ohne diese oder auch sich selbst zum Gegenstand vernunftgeleiteter Reflexionen zu machen. Insofern drängt sich die Frage auf, ob Theologie womöglich etwas ist, was es so nur im christlichen Kontext gibt.

Zugunsten dieser Vermutung lassen sich mindestens zwei Gründe anführen. Zum einen haben christliche Intellektuelle von Anfang an einen im Vergleich mit anderen Religionen einzigartigen Dialog mit Vertretern der zeitgenössischen Philosophien geführt. Zum anderen kommt mit dem christlichen Glauben eine religiöse Grundhaltung ins Spiel, die für die Menschen der Spätantike im Zusammenhang mit Religion ganz ungewöhnlich war: die Notwendigkeit einer inneren Überzeugung. Weder die *theologia mythica* noch die *theologia naturalis* noch die *theologia civilis* fordern in diesem Sinne einen persönlichen „Glauben".

Der neutestamentliche Begriff hierfür ist πίστις. Zur Haltung des Glaubens laden die Zeugnisse des Neuen Testaments alle ein, die Christus nachfolgen wollen. Es geht um eine Entscheidung, die notfalls die Aufgabe familiärer oder sozialer Bindungen in Kauf nimmt (vgl. Mt 8,22 par.; 10,37 par.; 19,29; Lk 14,26). Weil es dabei nicht bloß um äußeres Tun oder rituelle Vollzüge geht, fordern die Bischöfe in der Alten Kirche unablässig, dass bei den Gläubigen innere Überzeugung und äußeres Tun übereinstimmen, dass also Glaube und Ethik nicht auseinanderfallen.

Andererseits konnten die Christen durchaus an dem anknüpfen, was seit der Frühen Neuzeit „Natürliche Theologie" genannt wird. Schon Paulus schreibt in seinem Brief an die Römer: „Denn was von ihm [sc. Gott] unsichtbar ist, seine unvergängliche Kraft und Gottheit, wird seit der Erschaffung der Welt mit der Vernunft an seinen Werken wahrgenommen" (Röm 1,20f). Und in der Apostelgeschichte wird überliefert, wie derselbe Paulus auf dem Areopag den Athenern zuruft: „Er [sc. Gott] ist ja jedem Einzelnen unter uns nicht fern. In ihm nämlich leben, weben und sind wir, wie auch einige eurer Dichter gesagt haben: Ja, wir sind auch von seinem Geschlecht" (Apg 17,27f).

Paulus zitiert hier – mitten im Zentrum antiker Religion, Gelehrsamkeit und Weisheit – einen sonst kaum bekannten Philosophen des 3. Jahrhunderts v. Chr., nämlich Aratos von Soloi (*Phainomena* 5). Dessen Gedanke, dass die Menschen „göttlichen Geschlechts" sind, ist in der Spätantike durchaus geläufig. Vor allem die Stoiker waren der Überzeugung, dass die alles Wirkliche durchwaltende universale Vernunft als „Vernunftkeim" (λόγος σπερματικός) in jedem beseelten und vernunftbegabten Wesen und also auch im Menschen anzutreffen ist. Nicht nur jüdische Gelehrte wie Philo von Alexandria (15 v. Chr. bis 40 n. Chr.), sondern auch christliche Theologen wie Justin der Märtyrer (gest. 165 n. Chr.) haben solche Lehren bereitwillig aufgegriffen (vgl. *Apologie* II 6,1–3; 13,2–6), um ihre biblisch begründete Vorstellung vom alles durchwaltenden göttlichen Wort (vgl. Ps 147,15) philosophisch verständlich zu machen.

Zweifellos wurde die Nähe der frühen Christen zur Philosophie dadurch befördert, dass in der Spätantike eine Vielzahl von Religionen und Weisheitslehren miteinander konkurrierten. Ihnen gegenüber galt es, die Besonderheit der eigenen religiösen Überzeugung zu verdeutlichen. Hinzu trat die Notwendigkeit, den Glauben an Jesus von Nazareth gegenüber jenen Juden zu rechtfertigen, die Jesus nicht als Messias bekannten. Der erste Petrusbrief ermuntert die Christen, allen Rede und Antwort zu stehen, die von ihnen Rechenschaft über ihren Glauben forderten (vgl. 1 Petr 3,15). Dass schon frühe Texte des Christentums – so besonders der Prolog zum Johannesevangelium (Joh 1,1–18) – in Jesus die inkarnierte Weltvernunft erblickten, stand dieser Entwicklung jedenfalls nicht entgegen.

In religiösen Gemeinschaften können verschiedene Anlässe dazu führen, dass sich ihre Anhänger vermittels der humanen Vernunft reflexiv auf ihre Überzeugungen und Praktiken beziehen. Einen möglichen Anstoß dazu liefert die Beobachtung, dass Inhalte und Zielsetzung einer Religion von Angehörigen konkurrierender Religionen oder Weltanschauungen bestritten werden. In solchen Fällen entsteht ein Rechtfertigungsdruck, dem nicht nur durch eine intensivierte religiöse Praxis, sondern auch durch eine vertiefte Reflexion auf die jeweiligen Überzeugungen begegnet werden kann. Des Weiteren kann die meist irritierende Feststellung, dass Inhalte und Zielsetzung einer Religion von konkurrierenden Religionen, Weltanschauungen oder Institutionen in ähnlicher Weise vertreten werden wie durch die Angehörigen der Religion selbst, die Herausbildung von Theologie befördern; diese hätte dann die Besonderheit der jeweiligen religiösen Überzeugungen zu profilieren. Nicht zuletzt trägt die vernunftgeleitete Reflexion auf die eigene religiöse Tradition dazu bei, sich der Kontinuität zu dem sie gründenden Ursprung zu vergewissern.

Alle diese Elemente lassen sich in der Geschichte des Christentums wiederfinden. So standen die frühen Christen von Anfang an in einer Konkurrenz zum Judentum, aus dem sie hervorgegangen waren, zu den Weisheitslehren verschiedener Philosophenschulen und zu den Heilslehren spätantiker Kulte und Mysterienvereine. Intern gab es schon in neutestamentlicher Zeit Gruppierungen, die abweichende Positionen vertraten und eine begriffliche Auseinandersetzung erzwangen, wollte man die Einheit der Glaubensgemeinschaft wahren. Insbesondere die sogenannten „Gnostiker" spielten hierbei eine maßgebliche Rolle, handelte es sich dabei doch vielfach um religiöse Gemeinschaften, die aus dem Judentum oder dem Christentum hervorgegangen waren. Und schließlich kommt – als internes Motiv – die Überzeugung von der „Worthaftigkeit" der Welt hinzu: Das Wirklichkeitsganze ist nach philosophischer Auffassung von der Weltvernunft (λόγος als *ratio*) durchwirkt; nach biblischer Auffassung ist die Welt das Resultat eines schöpferischen Wortes Gottes (λόγος als *verbum*).

Von Anfang an bedienten sich Theologen solcher Konzepte und Denkformen, wie sie in den jeweils zeitgenössischen Philosophien ausgearbeitet vorlagen. In der Spätantike wurden verschiedene Schulen des Stoizismus und des Platonismus für die christliche Theologie bedeutsam. Im Mittelalter dominierte die Philosophie des Aristoteles, ohne jedoch platonisches Denken aus der Theologie ganz verdrängen zu können. In der Neuzeit wird die Hinwendung zum Subjekt maßgebend. Diese deutet sich bereits im spätmittelalterlichen Humanismus und in der Renaissance an und gelangt mit der Frühen Neuzeit in Philosophie und Theologie zur Herrschaft. Spätestens seit dem 17. Jahrhundert gilt das Prinzip, dass methodisch gesicherte Erkenntnis allein durch eine Rückbesinnung auf die Bedingungen der Möglichkeit von Erkenntnis zu verantworten ist. Philosophiegeschichtlich wird dieses Prinzip meist mit René Descartes (1596–1650) verbunden; nachdrücklich hat der französische Philosoph den Zweifel zum methodischen Prinzip aller Erkenntnis erhoben, die Gewissheit und Wahrheit beanspruchen darf.

Descartes' Prinzip des methodischen Zweifels ist – wenngleich mit zeitlicher Verzögerung – auch für die Theologie bedeutsam geworden. Denn die Sätze des Glaubens können im Kontext der Moderne nicht mehr ungeprüft als wahr und gewiss gelten. Weder ein offenbarungstheologischer Positivismus noch ein ekklesialer Fideismus hielten der neuzeitlichen Wissenschaftskritik stand. Die katholische Theologie hat auf diese Herausforderung zunächst durch die Herausbildung der Apologetik, dann der Fundamentaltheologie und schließlich der theologischen Hermeneutik geantwortet. Diese wiederum nähert sich der Dogmatik an, weil zunehmend deutlich wird, dass eine Glaubensbegründung nicht losgelöst von den Inhalten des Glaubens gelingen kann.

Dabei zeigt sich nicht zuletzt die geschichtliche Natur der Glaubensreflexion. Denn die Theologie bleibt schon sprachlich auf den jeweiligen Begriffsrahmen ihrer Zeit verwiesen. Insofern dieser Begriffsrahmen aber wandelbar ist, begegnet die Theologie stets als geschichtlich veränderte Gestalt einer Reflexion des christlichen Glaubens auf sich selbst. „Geschichtlichkeit“ ist insofern ein Wesensmerkmal nicht nur des christlichen *Glaubens*, sondern auch der christlichen *Theologie*.

Insofern ist es legitim und durchaus hilfreich, unterschiedliche Epochen der Theologiegeschichte zu unterscheiden. Und nicht zufällig lassen sich diese Epochen oft in Entsprechung zu profangeschichtlichen Epochen identifizieren – wie sie zugleich auch deren jeweilige Stetigkeit widerspiegeln und die Schwierigkeit kenntlich machen, Epochen voneinander abzugrenzen. In groben Strichen könnte man gleichwohl in der Geschichte christlicher Theologie eine Epoche der Spätantike, des Mittelalters, der Reformationszeit, der Neuzeit und der Moderne voneinander unterscheiden. Die jeweiligen Übergänge sind keineswegs immer leicht zu markieren, wie auch innerhalb der Epochen Differenzierungen vorgenommen werden müssen.

Vor diesem Hintergrund lässt sich sagen: „Theologiegeschichte“ ist der methodisch reflektierte Versuch innerhalb der Systematischen Theologie, der Geschichtlichkeit des Glaubens und der Theologie dadurch Rechnung zu tragen, dass theologische Aussagen aus ihrem jeweiligen Begriffsrahmen heraus einsichtig gemacht und in ihrer Kontinuität zum Offenbarungs-

und Glaubensgeschehen aufgewiesen werden. Theologiegeschichte als historische und zugleich systematische Disziplin wird immer auch an theologische Konfliktfelder erinnern und so die vielfache Bedingtheit der Glaubensreflexion veranschaulichen. Indem auf diese Weise der geschichtliche Charakter des Offenbarungsverständnisses hervortritt, leistet „Theologiegeschichte" einen wesentlichen Beitrag für ein zeitgemäßes Verstehen der christlichen Offenbarungs- und Glaubenswahrheit.

3.2 Der methodische Ansatz einer Theologiegeschichte

Eine Einführung in die großen Epochen der Theologiegeschichte beginnt sinnvollerweise wohl dort, wo die frühesten Zeugnisse laut werden von dem, was den christlichen Glauben kennzeichnet. Theologie ist ja wesentlich die begriffliche Auseinandersetzung mit einem *Zeugnis* des Glaubens, mit dem also, was dem Denken vorausgeht, was das Denken sich aufgeben oder sagen lassen muss – sei dies das Zeugnis des gelebten Lebens (διακονία, *caritas*), sei dies das Zeugnis des bekennenden Wortes (μαρτυρία), sei dies das Zeugnis des gefeierten Ritus (λειτουργία), sei dies aber auch das Zeugnis vorangegangener vernunftgeleiteter Reflexion über das, was den christlichen Glauben im Kern ausmacht: dass sich nämlich in der Geschichte des Volkes Israel und in Jesus von Nazareth der dreifaltige Gott zum Heil der Menschen als er selbst geoffenbart hat. Mit der Lehre von den *loci theologici* wird die Theologie im 16. Jahrhundert eine eigene Systematik der verschiedenen Bezeugungsinstanzen des Glaubens vorlegen.

Die begriffliche Reflexion über die verschiedenen Zeugnisse des Glaubens hat ihre eigene Geschichte. Die Geschichte der christlichen Theologie vollzieht sich nicht als konfliktfreie Entfaltung einer überzeitlichen Wahrheit, sondern als ein spannungsvolles Geschehen. Auch wenn in der Rückschau die Geschichte der christlichen Theologie als ein vom Heiligen Geist geleitetes je tieferes Verstehen des Offenbarungs- und Heilsgeschehens erscheinen mag, so schließt das keineswegs aus, dass sich dieses Verstehen als ein oft dramatisches und konfliktreiches Ringen um die christliche Wahrheit vollzogen hat. In diesem Ringen stand keineswegs immer schon von vornherein fest, was „Rechtgläubigkeit" und was „Irrglaube" ist, und nicht selten wurden die jeweils strittigen Fragen jahrhundertelang kontrovers diskutiert. Eine sogenannte „Häresie" (αἵρεσις, wörtlich: „durch freie Wahl vertretene Überzeugung") ist ja nicht einfach ein sinnloses oder gar absurdes Hirngespinst geistig verwirrter oder bösartiger Menschen. Vielfach konnten gerade die „Häretiker" gute Gründe für ihre theologischen Überzeugungen anführen – nicht selten sogar zunächst plausiblere Gründe als die Vertreter der rückblickend so genannten „Orthodoxie", der rechtgläubigen Theologie also. Erst in einem mühsamen und nicht selten auch leidvollen Ringen um die Wahrheit öffneten sich neue und bisweilen auch ungeahnte Perspektiven auf den überlieferten Glauben.[2]

Dass man sich den verschiedenen theologischen Positionen, die im Verlauf der Kirchengeschichte vertreten wurden, auch auf anderen Wegen nähern kann als im rekonstruierenden Nachvollzug der Theologiegeschichte, zeigt die Erinnerung an eine Strömung der Theologie, die gewöhnlich „Neuscholastik" (bisweilen auch „Neuthomismus") genannt wird. Diese Strömung war in der katholischen Theologie des 19. und der ersten Hälfte des 20. Jahrhunderts sehr einflussreich. Sie hat in ihren Handbüchern und Erläuterungen zur Dogmatik den damaligen Stand der kirchlichen Lehre als Ausgangspunkt genommen. Von ihm her haben die Neuscholastiker nach den jeweiligen Begründungen der Dogmen in Schrift und Tradition geforscht.

Aus heutiger Perspektive ist unübersehbar, dass ein solches Vorgehen in zweifacher Hinsicht ungeschichtlich war. Ungeschichtlich war die Neuscholastik zunächst deshalb, weil sie den zu ihrer Zeit geltenden Stand kirchlicher Lehre für letztgültig und deshalb auch in seiner Form für unüberbietbar hielt. Sie rechnete nicht mit einem wirklichen „Fortschritt im Verständnis der überlieferten Dinge und Worte" – eine Formulierung, die das Zweite Vatikanische Konzil in seiner Konstitution über die göttliche Offenbarung gebraucht hat (*Dei Verbum* 8). Einen solchen Fortschritt hat es aber in allen Epochen der Kirchengeschichte gegeben. Dass Gottes Wahrheit ewig ist, bedeutet ja keineswegs, dass das menschliche Verständnis von ihr unveränderlich ist.

Ungeschichtlich war das Vorgehen der Neuscholastiker aber auch deshalb, weil es die spannungsvollen Diskussionen, Differenzen und Konflikte in der Geschichte des christlichen Glaubens und der christlichen Theologie nicht wahrzunehmen bereit war. Bedeutsam erschien ihnen die Geschichte der Theologie nur insofern, als sie Begründungen – aus Schrift und Tradition – für das aktuelle Dogma lieferte. Alles davon Abweichende wurde als „Häresie" ins Abseits der Theologiegeschichte gedrängt. Indem Häresien als „Irrleh-

2 Vgl. Karl Rahner, *Was ist Häresie?* [1961], in: Sämtliche Werke, Bd. 10, Freiburg/Br. 2003, S. 520–556.

ren" qualifiziert wurden, erweckte die Neuscholastik den Eindruck, als gehe es der Theologie lediglich darum, die unveränderlichen – wenngleich bisweilen noch verborgenen – Wahrheiten des Glaubens ans Licht zu heben.

Begreift man stattdessen Theologiegeschichte als eine „Entdeckungsgeschichte" des christlichen Glaubens, dann lädt deren Dramatik dazu ein, mit ihrer Darstellung tatsächlich von vorne, bei den Anfängen, in der frühen Geschichte des Christentums zu beginnen.

Dabei ist es freilich nicht möglich, sich der Theologiegeschichte vorurteilsfrei, d. h. ohne irgendein Vorverständnis zu nähern. Alle Menschen sind Kinder ihrer Zeit: ihrer Kultur, ihrer Zivilisation, ihrer Kirchen- und Glaubenserfahrung; alle haben ihre je eigene Biographie. Vor deren Hintergrund denken und glauben Menschen; in ihrem Rahmen nähern sie sich erinnernd der Geschichte. Und insofern ist der Rückblick auf die Geschichte der Theologie immer auch ein Stück Aneignung, ja Anverwandlung der Geschichte. Diese Geschichte wiederum kann – auch – als Geschichte von Glaubenserfahrungen verstanden werden, als eine Geschichte also, die nur dann sachgerecht erfasst wird, wenn darauf geachtet wird, welche religiösen Erfahrungen sich in der jeweiligen begrifflichen Reflexion artikulieren.

Im vollen Bewusstsein um die Zeitbedingtheit eigenen Verstehens ist zugleich das Eigengewicht der Vergangenheit zu respektieren. Nur so kann – wie unvollkommen auch immer – der Versuchung entronnen werden, die Theologiegeschichte als einen Steinbruch für die je aktuelle Gestalt katholischer Dogmatik zu missbrauchen. Und ist es nicht gerade so, dass dort, wo etwas als das andere, das Fremde begegnet, das Eigene erst wirklich zur Geltung gelangt? Das Vertraute kann bergend sein; es *darf* auch bergend sein. Aber wirklich produktiv ist vermutlich doch eher die Differenz, das andere, das Herausfordernde. Warum sollte, was im Leben gilt, nicht auch für die Theologie bedeutsam sein?

Tatsächlich scheint es hilfreich, Theologiegeschichte nicht nur als Geschichte begrifflicher Entfaltungen des Glaubens oder religiöser Erfahrungen zu verstehen, sondern – diesen Ansatz gleichsam vertiefend – auch als Differenzgeschichte, als Konfliktgeschichte, als Geschichte eines fortdauernden – und längst nicht abgeschlossenen – Ringens um die Wahrheit und die Bedeutsamkeit der Offenbarung. Dabei baut ein Konflikt auf dem anderen auf; keine „Lösung" ist endgültig und kann es auch nicht sein, weil die Zeiten sich ändern und die Erfahrungen der Menschen, weil die Geschichte voranschreitet und die Menschen in ihr, weil sich Kulturen und geistige Horizonte wandeln, weil sich Sprachen verändern und mit ihnen die Bedeutungen der Begriffe.

4 Bewährungsfelder christlicher Theologie im 2. und 3. Jahrhundert

In den ersten beiden Jahrhunderten der Kirchengeschichte musste sich der Glaube der Christen auf verschiedenen Feldern bewähren. An erster Stelle hatten die Christen ihre Beziehung zur biblischen Überlieferung und damit zum zeitgleich entstehenden Judentum zu klären, das sich ebenfalls auf die biblischen Texte berief, diese allerdings anders deutete. An zweiter Stelle war gegenüber der Philosophie zu begründen, warum der christliche Glaube mit Recht beanspruchen durfte, im Besitz der größeren Wahrheit zu sein. An dritter Stelle ging es um die Auseinandersetzung mit konkurrierenden religiösen Strömungen wie der Gnosis und den Mysterienreligionen. Weniger als der offizielle Staatskult stellten beide Strömungen spezifische Herausforderungen des christlichen Glaubens dar, weil sie ihre Deutungen von Welt und Mensch mit einem dezidierten Erlösungsanspruch verbanden. Und schließlich ging es um die Bewährung des christlichen Glaubens im Alltag angesichts der ständigen Bedrohung durch Krankheit, Armut und Tod.

Vor diesem Hintergrund profilierten die Theologen des 2. und 3. Jahrhunderts Grundzüge des christlichen Welt- und Menschenverständnisses: Die Welt ist nicht aus einem kosmischen Unfall hervorgegangen, wie die Gnostiker spekulierten, sondern von Gott als gute Schöpfung gewollt. Der Mensch ist wesentlich nicht nur Geist und Seele, sondern – wie in der biblischen Tradition bezeugt – eine untrennbare Einheit von Geist, Seele und Leib. Und deshalb ist auch Christus, der Erlöser, nicht nur zum Schein Mensch geworden, sondern hat wirklich Fleisch angenommen: ὁ λόγος σὰρξ ἐγένετο (Joh 1,14).

Um dies alles – und noch mehr – gegenüber abweichenden Positionen festhalten zu können, entwickelten die Theologen im 2. Jahrhundert formale Prinzipien, die als Kriterien christlicher Wahrheit gelten durften: Mit der Etablierung des Kanons fixierten sie den Umfang der normativen heiligen Schriften; sie skizzierten Kurzformeln des Glaubens *(regulae fidei)*; sie entwickelten das Prinzip der Apostolizität. Letzteres ermöglichte es ihnen, den Kern der christlichen Überlieferung insbesondere dann gewährleistet zu sehen, wenn mehrere Bischöfe zu einer „Synode" zusammenkamen, um über die Wahrheit des Glaubens zu beraten – und gegebenenfalls zu entscheiden.

Nicht zuletzt aber begegnet in jenen bewegten ersten Jahrhunderten der Kirchen- und Theologiegeschichte neben der reflexiven Gestalt christlicher Theologie das Zeugnis gelebten Christseins in Liturgie und Nächstenliebe – bis hin zur Bereitschaft, gegebenenfalls mit dem eigenen Leben für jene Hoffnung einzustehen, die im Glauben an den Auferstandenen gründet.

4.1 Wechselseitige Profilbildungen: Die Beziehungen zum Judentum

Mit Paulus steht eine Gestalt am Anfang der Christentumsgeschichte, die wie kaum jemand zuvor über die Bedeutung der Offenbarung Gottes in der Geschichte des Volkes Israel und in der Person Jesu von Nazareth nachdenkt. „Theologie" begegnet jedoch schon lange zuvor in den Texten der Bibel – spätestens mit den frühen Propheten in der Zeit Israels und Judas, aber auch bei den Autoren der Geschichtsbücher. Zunehmend beispielsweise wird der Tun-Ergehen-Zusammenhang als problematisch empfunden; dies wiederum radikalisiert die Theodizee-Frage. Die Befreiung des Volkes aus der Knechtschaft Ägyptens und die anschließende Gabe der Tora als einer „Weisung zum Leben" (vgl. Ps 19,8 u. a.) stellen die Frage nach der Gerechtigkeit in der Gesellschaft; Amos und Hosea beispielsweise klagen sie vor den herrschenden Schichten in Israel und Juda ein.

Die biblischen Erzählungen deuten herausragende Ereignisse in der Geschichte Israels als göttliche Offenbarungen: Abrahams Auszug aus Haran, die Besiedlung Kanaans durch die Erzväter, der Exodus, die Gabe der Tora, die Landnahme … alles das wird nicht einfach nur in der Art einer Chronik aufgelistet. Vielmehr wird es im Erzählen zugleich auch gedeutet, ausgelegt, interpretiert – und dies geschieht im jeweiligen Verstehenshorizont der je aktuellen Adressaten und Adressatinnen. Insofern beinhalten die biblischen Bücher immer schon „Theologie"; sie sind nicht nur archivierende Sammlung, sondern stets auch vergegenwärtigende Interpretation von Zeugnissen, wie sich Gott in der Geschichte Israels offenbart, um Freiheit und Gerechtigkeit wirksam werden zu lassen.

Für eine spezifisch christliche Theologie gilt dann aber doch – im Unterschied zum Judentum –, wie es zu Beginn des Hebräerbriefes heißt: „Vor Zeiten hat Gott vielfach und auf vielerlei Weise zu den Vätern geredet durch die Propheten, am Ende dieser Tage aber hat er zu uns geredet durch den Sohn" (Hebr 1,1f). Es ist der „Sohn", der „Einziggeborene" (vgl. Joh

1,14.18), nämlich Jesus von Nazareth, in dem nach christlicher Auffassung Gottes Selbstmitteilung zum Heil der Menschen ihr Ziel und ihren Höhepunkt findet. Was christliche Theologie ist, ist Deutung der Person Jesus von Nazareth. Christliche Theologie bestimmt sich von der Beziehung zu Christus her – einer Beziehung, die für Christen nie nur distanzierte Betrachtung, sondern immer auch und wesentlich eine Beziehung der persönlichen Bindung, eine Beziehung der Nachfolge ist.

Als Theo-*Logie*, als Wort und Zeugnis von Jesus von Nazareth und als vernunftgeleitete Reflexion auf seine Person und sein Wirken, begegnet christliche Theologie bereits zu Lebzeiten Jesu selbst. „Bist du es, der da kommen soll, oder sollen wir auf einen anderen warten?" – so lässt Johannes der Täufer aus seinem Gefängnis Jesus fragen (Mt 11,3; Lk 7,19f). Auf dem Weg nach Caesarea Philippi fragt Jesus zunächst seine Jünger: „Für wen halten mich die Leute?" Und dann werden die Jünger selbst gefragt: „Und ihr? Für wen haltet ihr mich?" (Mk 8,28f par.).

Die Antworten der verschiedenen Gruppen auf Jesu Frage sind theologisch von größtem Gewicht. Einige Leute, so die Evangelisten, halten Jesus für Johannes den Täufer, andere für Elija, wieder andere für einen der Propheten. Petrus wiederum, stellvertretend für den Jüngerkreis, hält Jesus für den Messias. Und mit allen diesen Deutungen der Person Jesu ist jeweils ein weites Feld von Bedeutungen verknüpft. Denn was heißt es, Jesus für den wiedergekommenen Elija zu halten? Und was heißt es, Jesus für den Messias zu halten? Welche Hoffnungen und Erwartungen verbinden sich mit den verschiedenen Messiaserwartungen im Judentum zur Zeit Jesu? „Wir aber hofften, er sei es, der Israel erlösen werde" – so die Emmausjünger am Abend des Ostertages gegenüber dem Auferstandenen (Lk 24,21). Aber was heißt das: „Israel erlösen"?

Diese und ähnliche Fragen provozieren jene Fülle theologisch bedeutsamer Themen, die in den verschiedenen Schriften des Neuen Testaments erörtert werden. Auch das, was auf den ersten Blick „objektiv" bei Markus, Matthäus oder Lukas zu lesen ist, ist keineswegs neutrale Reportage, sondern selbst schon wieder Theologie. Die Evangelisten stellen Gottes Heilshandeln in der Geschichte des Volkes Israel und in Jesus von Nazareth so dar, dass ihre Texte Zeugnis von der Wahrheit des christlichen Glaubens ablegen. Allein die Existenz von vier Evangelien macht unübersehbar, dass mit ihnen theologisch unterschiedlich akzentuierte Zugänge zu Jesus von Nazareth vorliegen. Diese heben auf je andere Weise Jesu Bedeutung hervor und wollen entsprechend unterschiedlich zum Glauben an ihn hinführen.

Die verschiedenen Zugänge zu Jesus im Neuen Testament profilierten sich nicht zuletzt im Gespräch und in der Auseinandersetzung mit dem zeitgenössischen Judentum. Der Autor des Hebräerbriefes beispielsweise geht hier erkennbar andere Wege als der Evangelist Matthäus. Eine besonders profilierte Verhältnisbestimmung unternimmt Paulus in den Kapiteln 9 bis 11 seines Briefes an die Christengemeinde in Rom. Hier ist unter anderem von der Berufung Israels und der Unwiderruflichkeit der göttlichen Gaben die Rede (vgl. Röm 11,29). Damit freilich wurde die Beziehung zwischen Israel und der Kirche zu einer theologischen Herausforderung ersten Ranges. Dass Christen dieser Herausforderung in Theorie und Praxis nur selten entsprachen, zählt zu den dunkelsten Kapiteln der Kirchengeschichte.

Während Paulus im Römerbrief versucht, das Verhältnis zwischen Juden und Christen theologisch zu bedenken, hat der „Apostelkonvent", der nach Auskunft der Apostelgeschichte vermutlich zwischen 44 und 49 in Jerusalem zusammentrat (vgl. Apg 15,1–29), vor allem praktische Fragen diskutiert und entschieden. Deren wichtigste war die Notwendigkeit der Beschneidung und der Übernahme der jüdischen Speisevorschriften für solche Christen, die nicht zuvor Juden gewesen waren, sondern aus dem Heidentum zur Kirche kamen. Indem sich die in Jerusalem versammelten Apostel dafür aussprachen, die Übernahme der Tora nicht zur verpflichtenden Bedingung für die Taufe von Heiden zu machen, erleichterten sie langfristig die Mission der jungen Kirche erheblich.

Für das Judentum wiederum stellte die Zerstörung des Jerusalemer Tempels durch römische Truppen unter Titus Flavius im Jahr 70 zweifelsfrei eine Zäsur dar. Mit der Zerstörung des Tempels bricht nicht nur ein vierjähriger Aufstand nationalistisch gesinnter Juden in Judäa und Galiläa gegen die römische Fremdherrschaft zusammen. Vielmehr endet damit endgültig die jahrhundertealte Opferpraxis Israels – eine Praxis, deren idealer Ablauf anhand der Vorschriften in den Büchern der Tora detailliert rekonstruiert werden kann.

Bereits einmal zuvor hatte Israel eine vergleichbare Zäsur erleben müssen – mit der Zerstörung des Jerusalemer Tempels durch Nebukadnezzar im Jahr 587 v. Chr. Die in die Verbannung nach Babylon deportierte Oberschicht des Volkes sah sich seinerzeit gezwungen, Formen religiöser Praxis zu entwickeln, die ohne den Opferkult auskamen, zugleich aber wie dieser identitätsbildend wirkten. In dieser Zeit entstand vermutlich die Institution der Synagoge, erfolgten eine Hinwendung zur Ethik und eine Vertiefung der religiösen Innerlichkeit. Dies alles scheint im Exil recht gut gelungen zu sein – jedenfalls waren diejenigen Juden, die infolge der toleranten Religionspolitik des persischen Großkönigs Kyros nach dem Jahr 539 wieder nach Jerusalem zurückkehrten, in der Lage, dort wiederum ein funktionierendes Kultzentrum zu etablieren, den Tempel als Opferstätte neu zu errichten und so die Kontinuität der Religion Israels über das Exil hinaus zu wahren.

Als das Judentum nach der neuerlichen Zerstörung des Jerusalemer Tempels ein weiteres Mal gezwungen war, seine religiöse Identität zu sichern, konnte es also auf Erfahrungen zurückgreifen, die mehr als ein halbes Jahrtausend zuvor gemacht worden waren. Im Verlauf des nach dem Jahr 70 einsetzenden Transformationsprozesses bildete sich aus dem pharisäischen Judentum der Zeitenwende jene Form des Judentums heraus, die heute meist als „rabbinisches Judentum" bezeichnet wird. Seine maßgeblichen Schriften wurden neben den hebräischen Texten des sogenannten *Tanach* (*T*ora, *N*eviim, *K*etuvim) die *Mischna* (die Sammlung und Verschriftlichung mündlicher Überlieferungen, die den Tanach auslegen) sowie der *Palästinische* und der *Babylonische Talmud*. Der Talmud bietet die Mischna zusammen mit der Gemara, einer Sammlung von Kommentaren und Analysen zur Mischna in aramäischer Sprache. Ausgeschieden hingegen wurden alle religiösen Schriften, die in griechischer Sprache verfasst waren. Unter ihnen finden sich die Makkabäerbücher, die Bücher Judith und Tobit, Baruch, Daniel – Schriften also, die im 2. Jahrhundert, als die Christen unter anderem gegen Markion definitiv entschieden, die biblischen Schriften weiterhin als für sich maßgeblich gelten zu lassen, in den Kanon ihrer heiligen Schriften Eingang fanden.

Von daher erklärt es sich, dass der Textbestand der hebräischen Bibel und des christlichen „Alten Testaments" keineswegs identisch ist. Und auch sprachlich entstand in religiöser Hinsicht eine Kluft zwischen den Juden, deren normative Texte in Hebräisch und Aramäisch geschrieben sind, und den Christen, deren normative Texte in Griechisch verfasst sind.

Für zahlreiche Juden außerhalb Palästinas war die Entwicklung nach dem Jahr 70 einschneidend. Denn fortan lasen sie die normativen Schriften ihrer Religion in einer Sprache, die nicht ihre Alltagssprache war. Im Christentum hingegen begegneten sie einer ursprünglich jüdischen Bewegung, die diese Texte in griechischer Sprache bewahrte. Man kann sich die Attraktivität vorstellen, die in dieser Situation das junge Christentum insbesondere auf hellenistisch geprägte Juden ausübte.

Zu Beginn christlicher Zeitrechnung waren jüdische Gemeinden im gesamten *Imperium Romanum* anzutreffen – vorzugsweise im Mittelmeerraum, aber auch vereinzelt schon in Gallien, Germanien und Britannien. Schätzungsweise etwa zehn bis fünfzehn Prozent der Menschen auf dem Territorium des *Imperium Romanum* waren Juden. Jenseits der Grenzen des Römischen Reiches, besonders im damaligen Persien, bestanden zahlenmäßig bedeutende und intellektuell herausragende Zentren jüdischen Lebens. Es gab also eine weitverbreitete jüdische Diaspora schon vor der Zerstörung des Jerusalemer Tempels im Jahre 70.

Die bedeutendste jüdische Gemeinde innerhalb des Römischen Reiches war zweifellos die von Alexandria, der damaligen Hauptstadt Ägyptens. Dies gilt nicht nur zahlenmäßig – der Anteil der Juden an der Stadtbevölkerung um die Zeitenwende wird auf etwa dreißig Prozent geschätzt. Bedeutend war die Gemeinde von Alexandria auch in intellektueller Hinsicht. Mehrere Male wurden hier – unter den hellenistisch geprägten Ptolemäern, die als Nachfolger Alexanders des Großen Ägypten beherrschten – die hebräischen und aramäischen Texte des Alten Testaments ins Griechische übersetzt. Und das war auch nötig; denn viele Juden im Römischen Reich sprachen weder Hebräisch noch Aramäisch, wohl aber Griechisch. Ihnen, aber auch interessierten Nichtjuden mussten die maßgeblichen religiösen Texte des Judentums sprachlich erschlossen werden, damit sie einen Zugang zur jüdischen Religion finden konnten.

Aus der Vielzahl jüdischer Gelehrter in Alexandria ragt vor allem Philo hervor. Er lebte von etwa 15 v. Chr. bis etwa 40 n. Chr., war also Zeitgenosse Jesu von Nazareth. Philo von Alexandria steht für ein Judentum, das schon vor der Zerstörung des Jerusalemer Tempels ohne Opferkult auskommt und sich weitgehend ethisch versteht. Die biblischen Texte – die Genesis etwa oder die Vätergeschichten – werden von Philo allegorisch, d. h. sinnbildlich ausgelegt. Allegorisch ausgelegt hat Philo aber auch die Speise- und die Ritualvorschriften der Tora.

Nach der Zerstörung des Jerusalemer Tempels wäre es wohl durchaus möglich gewesen, die Kontinuität der jüdischen Religion auf der Grundlage des hellenistischen Judentums zu wahren. Doch genau dies geschieht nicht. Nicht das liberale hellenistische Judentum wird richtungsweisend für das künftige Judentum, sondern ein Judentum, das sich durch strenge Beobachtung der Tora, durch Beschneidung und durch Speisevorschriften definiert. Ein Judentum, das die griechischen Übersetzungen der Bibel zurückweist und das Hebräische als Kultsprache etabliert – als Sprache in einem Kult freilich, der nun ganz ohne Opfer auskommen muss und dies auch will. Es entsteht das rabbinisch geprägte Judentum, das – trotz weiterer Differenzierungen – bis auf den heutigen Tag vielfach als das „eigentliche Judentum“ wahrgenommen wird.

Mindestens bis ins 4. Jahrhundert hinein vollzieht sich diese Entwicklung im ständigen Wechselspiel mit dem gerade erst im Entstehen begriffenen Christentum.[3] Fielen anfänglich die Christen zahlenmäßig kaum ins Gewicht, so profilierten sie sich doch im Laufe der nächsten Jahrhunderte zunehmend im Gegenüber zum Judentum. Und umgekehrt: Den christlichen Anspruch, in Jesus von Nazareth den erwarteten Messias zu verehren, wiesen jüdische Gelehrte entschieden zurück. Die wechselseitige Polemik fand Eingang sogar in die jeweiligen Liturgien der Gottesdienste. Aus heutiger Perspektive lässt sich sagen: Judentum und Christentum formierten sich in wechselseitigem Austausch als zwei unterschiedliche, aber gleichberechtigte Erben einer gemeinsamen religiösen Vergangenheit. Das bedeutet zugleich: Weder hat das Christentum das Judentum heilsgeschichtlich „ersetzt“ oder „beerbt“, noch ist das Christentum ein illegitimer Spross der biblischen Überlieferung, die ihre genuine Fortsetzung im Judentum gefunden hätte.

Das „Geschwister-Modell“ hat weitreichende Konsequenzen für die Deutung der Theologiegeschichte des frühen Christentums. Entspricht es nämlich der historischen Wirklichkeit, dann ist nicht etwa nur für Paulus und die frühen Texte des Neuen Testaments, sondern auch noch im 2. und 3. Jahrhundert damit zu rechnen, dass sich die Christen weiterhin im Horizont der Religion Israels bewegen, dass sie aber innerhalb dieses Horizonts eine spezifische – nämlich *christliche* – Deutung der Überlieferungen Israels vertreten.

Für Paulus ist das heute im Allgemeinen gut akzeptiert.[4] Dem Rabbiner aus Tarsus ging es keineswegs darum, in Abgrenzung vom Judentum eine neue Religion zu etablieren. Vielmehr verstand Paulus seinen Glauben an Jesus von Nazareth als die konsequente Fortsetzung der biblischen Heils-

---

3 Zu den Wechselbeziehungen zwischen Judentum und Christentum vgl. Hubert Frankemölle, *Frühjudentum und Urchristentum. Vorgeschichte – Verlauf – Auswirkungen* (4. Jahrhundert v. Chr. bis 4. Jahrhundert n. Chr.), Stuttgart 2006; Peter Schäfer, *Die Geburt des Judentums aus dem Geist des Christentums. Fünf Vorlesungen zur Entstehung des rabbinischen Judentums*, Tübingen 2010; Daniel Boyarin, *Die jüdischen Evangelien. Die Geschichte des jüdischen Christus*, Würzburg 2015.

4 Vgl. Ed Parish Sanders, *Paulus. Eine Einführung*, Stuttgart 2009; Daniel Boyarin, *A radical Jew. Paul and the politics of identity* (Contraversions 1), Berkeley 1994; James D. G. Dunn, *The New Perspective on Paul*, in: Bulletin of the John Rylands University Library of Manchester 65 (1983), S. 95–122 (öfters nachgedruckt, u. a. in: James D. G. Dunn, *Jesus, Paul and the Law*, Louisville [KY] 1990, S. 183–214).

geschichte. Deshalb propagiert er ein Judentum, das einerseits in Jesus von Nazareth die Messiasgestalt jüdischer Heilserwartung erblickt und das andererseits ohne Beschneidung und ohne strenge Beobachtung der Speisegesetze auskommt. Eine liberale Auslegung der Tora hatte bereits Philo von Alexandria vertreten; vom hellenistischen Judentum allerdings unterscheidet sich das junge Christentum durch den für die neue Gemeinschaft konstitutiven Bezug auf die Messiasgestalt Jesus.

Als messianisch orientierte Gruppe innerhalb der jüdischen Überlieferungsgemeinschaft bedurfte das Christentum der argumentativen Rechtfertigung gegenüber jenen Juden, die nicht bereit waren, in Jesus die Erfüllung der biblischen Verheißungen anzuerkennen. Nach der Zerstörung des Jerusalemer Tempels im Jahr 70 verschärfte sich diese Notwendigkeit in doppelter Richtung. Zum einen wendeten sich aus den genannten Gründen in wachsender Zahl Nichtjuden den im Entstehen begriffenen christlichen Gemeinden zu. Zum anderen profilierte sich das Judentum in einer spezifischen Richtung, der rabbinischen. Deren Vertreter aber schlossen die prinzipiell ebenfalls mögliche und historisch ja auch verwirklichte Deutung der jüdischen Religion im Sinne des hellenistischen Judentums explizit aus.[5]

Umgekehrt bedeutete dies, dass sich besonders die Griechisch sprechenden frühen Christen (die neutestamentlich beispielsweise im sogenannten „Stephanus-Kreis" begegnen) in Theologie und Praxis in großer Nähe zum hellenistisch geprägten Judentum entfalten konnten. Zugleich ist damit die Einwurzelung des jungen Christentums in die Kultur und in das Denken des „Hellenismus" grundgelegt.

4.2 Anknüpfung und Kritik: Die Auseinandersetzung mit der Philosophie

Tatsächlich sahen sich die frühen Christen nicht nur mit dem Judentum konfrontiert, das sich nach der Zerstörung des Jerusalemer Tempels im Jahr 70 zunehmend rabbinisch verstand und formierte. Eine weitere Konflikt-

[5] Der Ausschluss der Christen aus der Synagoge ist in Joh 9 bereits vorausgesetzt. Unsicher ist dagegen, ob sich der durch R. Samuel eingefügte „Ketzersegen" *(Birkat ha-Minim)* in das Achtzehnbittengebet wirklich auf (Juden-)Christen bezieht. Umstritten ist auch, ob die vielbeschworene Synode von Jamnia, die meist auf das Jahr 90 datiert wird, überhaupt je getagt hat.

linie erwuchs ihnen aus der Auseinandersetzung mit der spätantiken Philosophie. Für die Geschichte der christlichen Theologie ist diese Auseinandersetzung von großer Bedeutung; denn im Dialog mit zeitgenössischen Philosophen profilierten die Christen ihr eigenes Verständnis von Gott, Welt und Mensch.

Die Auseinandersetzung gerade mit der Philosophie der Spätantike war für die Christen auch deshalb unausweichlich, weil Philosophie in der Antike nie bloß als unverbindliche Spekulation auftrat, sondern immer auch mit einem Wahrheitsanspruch verknüpft war, der eine der jeweiligen Weltdeutung entsprechende Ethik implizierte und zu einem gelingenden Leben beitragen wollte. Philosophie war in der Antike immer auch Weisheitslehre. Doch auch die Christen traten mit dem Anspruch auf, eine wahre Deutung von Welt und Geschichte zu vertreten und eine vorbildliche Ethik zu propagieren.

Die Auseinandersetzung der frühen Christen mit den Philosophien, die ihnen in ihrer spätantiken Umwelt begegneten, beginnt bereits in den Schriften des Neuen Testaments. Schon Paulus sieht das von ihm verkündete Evangelium durch alternative Standpunkte herausgefordert: „Während die Juden Zeichen fordern und die Griechen Weisheit suchen, verkündigen wir Christus den Gekreuzigten – für die Juden ein Ärgernis, für die Heiden eine Torheit, für die aber, die berufen sind, Juden wie Griechen, Christus als Gottes Kraft und Gottes Weisheit. Denn das Törichte Gottes ist weiser als die Menschen, und das Schwache Gottes ist stärker als die Menschen" (1 Kor 1,22–24).

Paulus behauptet hier nichts Geringeres, als dass er als Christ im Besitz einer Wahrheit ist, die alle Erkenntnisse der Philosophie und der Religion übertrifft. Damit dieser Anspruch nicht bloße Behauptung bleibt, bedarf er der vernunftgeleiteten Begründung. Und Paulus scheut sich keineswegs, eine solche zu liefern: „In der Synagoge sprach er dann mit den Juden und den Gottesfürchtigen, und auf dem Marktplatz unterhielt er sich täglich mit den Vorübergehenden", so Lukas in seiner Apostelgeschichte über Paulus in Athen. Selbst die Philosophen werden auf Paulus aufmerksam: „Auch etliche aus dem Kreis der epikureischen und stoischen Philosophen ließen sich auf ein Gespräch mit ihm ein." Bei ihnen findet Paulus keineswegs ungeteilte Zustimmung; denn „einige sagten: Was will dieser Schwätzer eigentlich?, andere dagegen: Er scheint ein Verkünder fremder Gottheiten zu sein. Er verkündigte nämlich Jesus und die Auferstehung" (Apg 17,17f).

Um Näheres über diesen merkwürdigen Jesus und seine Anhänger zu erfahren, führen die Athener Paulus ins Zentrum von Religion und Philosophie, auf den Areopag, und stellen ihn dort zur Rede. Paulus mobilisiert alle seine rhetorischen Fähigkeiten – am Ende freilich mit durchaus überschaubarem Ergebnis: „Als sie das von der Auferstehung der Toten hörten, begannen die einen zu spotten, die anderen aber sagten: Darüber wollen wir ein andermal mehr von dir hören. So ging Paulus weg aus ihrer Mitte" (Apg 17,32f).

Für die Stoiker und die Epikureer war die Idee von einer Auferstehung der Toten ebenso schwer zu akzeptieren wie für die Platoniker. Diogenes Laertius, ein spätantiker Philosophiehistoriker, überliefert einen Lehrbrief, den Epikur im 3. Jahrhundert v. Chr. an einen gewissen Menoikeus gerichtet hatte. Darin heißt es:

> „Gewöhne dich an den Gedanken, dass der Tod uns nichts angeht. Denn alles Gute und Schlimme beruht auf der Wahrnehmung. Der Tod aber ist der Verlust der Wahrnehmung. Darum macht die rechte Einsicht, dass der Tod uns nichts angeht, die Sterblichkeit des Lebens genussreich, indem sie uns nicht eine unbegrenzte Zeit dazugibt, sondern die Sehnsucht nach der Unsterblichkeit wegnimmt. Denn im Leben gibt es für den nichts Schreckliches, der in echter Weise begriffen hat, dass es im Nichtleben nichts Schreckliches gibt. […] Das schauerlichste Übel also, der Tod, geht uns nichts an; denn solange wir existieren, ist der Tod nicht da, und wenn der Tod da ist, existieren wir nicht mehr. Er geht also weder die Lebenden an noch die Toten; denn die einen geht er nicht an, und die anderen existieren nicht mehr."[6]

Solchen Immanentismus kannten die Vertreter der Stoa zwar nicht, aber eine individuelle Fortexistenz nach dem Tod schlossen auch sie aus. Die Stoiker sahen im Menschen eine Art Weltvernunft, den universalen *Logos*, inkarniert. Deshalb konnte der Mensch dann zur Glückseligkeit gelangen, wenn er sich in seinem Denken und in seinem sittlichen Verhalten an der Maßgabe des universalen *Nomos* ausrichtete, den Gesetzen der Natur und an ihren Erfordernissen. Der Tod des einzelnen Menschen bedeutete insofern nichts anderes, als dass seine Seele in den universalen *Logos* aufgenommen wurde. Wiederum Diogenes Laertius überliefert von einem der ersten Stoiker: „Daher erklärte Zenon [von Kition (um 310 v. Chr.)] in seinem Buch *Über die Natur des Menschen* als erster, das Endziel sei, in Übereinstimmung mit der Natur zu leben […] nämlich sowohl in Übereinstim-

---

6 Epikur (ca. 342–270 v. Chr.), Lehrbrief an Menoikeus, bei Diogenes Laertius, *Leben und Lehren berühmter Philosophen* X 122–135, hier 125.

mung mit der Natur von einem selbst als auch in Übereinstimmung mit der Natur von allem insgesamt."[7]

In seinen *Lehrgesprächen* stellt der Stoiker Epiktet den Menschen als ein „Stück von Gott" vor:

> „Du aber bist [anders als die übrigen Geschöpfe] ein Wesen von erstrangiger Bedeutung, bist ein Stück (ἀπόσπασμα) von Gott; du hast ein Teilchen von ihm in dir selbst. Warum verkennst du [diese] deine Verwandtschaft? Warum weißt du nicht, woher du stammst? Willst dessen nicht gedenken, während du issest, wer du bist, der da isst, und wen du ernährst? […] Einen Gott trägst du mit dir herum und weißt es nicht, du Elender!" (*Gespräche* 2, 8,9–14).

Christen mögen in solchen Überlegungen Anklänge an die biblische Lehre von der Gottebenbildlichkeit des Menschen wahrgenommen haben. Andere Gedanken der seinerzeit vorherrschenden Philosophien waren für sie nicht nachvollziehbar. Paulus etwa bezieht sich auf dem Areopag affirmativ auf die Stoiker, wenn er von einem göttlichen Element im Menschen ausgeht; mit den Epikureern hingegen dürfte der Völkerapostel kaum Gemeinsamkeiten wahrgenommen haben.

Der entscheidende Stein des Anstoßes freilich war nicht nur bei Epikureern und Stoikern, sondern bei den griechischen Philosophen insgesamt der christliche Glaube an die Auferstehung Jesu Christi – näherhin die *leibhaftige* Auferstehung des Gekreuzigten. Anders als bei den Stoikern ging es dabei nicht um die Aufnahme einer immateriellen Geistseele in einen universalen Logos. Besonders im Johannesevangelium wird nicht nur die Leibhaftigkeit der Menschwerdung („Das Wort ist Fleisch geworden" – ὁ λόγος σὰρξ ἐγένετο: Joh 1,14), sondern auch die Leibhaftigkeit der Auferstehung Jesu hervorgehoben. Zwar durchschreitet der Auferstandene auch geschlossene Türen, um sich seinen Jüngern zu zeigen. Doch fordert er Thomas dazu auf, die Hand in seine Seitenwunde zu legen (vgl. Joh 20,24–29). Und nach Joh 21,9 lädt der Auferstandene die Jünger am frühen Morgen zu gebratenem Fisch und gebackenem Brot ein – wohl um ihnen die Leibhaftigkeit seiner Auferstehung zu demonstrieren. Noch drastischer veranschaulicht Lukas diese Leibhaftigkeit, wenn er den Auferstandenen einen gebratenen Fisch essen lässt (vgl. Lk 24,42f).

[7] Diogenes Laertius (um 220 n. Chr.), *Leben und Lehren berühmter Philosophen* VII, 87–88.

Für die maßgeblich durch Platon (gest. 348/47 v. Chr.) geprägte Wirklichkeitsauffassung der griechischen Welt ist die Vorstellung einer „Auferstehung des Fleisches" nicht nur absurd, sondern nicht einmal wünschenswert. Wahrheit ist in den Ideen, nicht in der Materie – und schon gar nicht in den vergänglichen Dingen oder im sterblichen Leib. Weil die Seele geistiger Natur ist und Prinzip ihrer eigenen Tätigkeit, deshalb ist sie unzerstörbar – in dieser Überzeugung konnte Sokrates den Schierlingsbecher austrinken, ohne zu befürchten, ins Nichts zu versinken. Im Dialog *Phaedros* heißt es:

> „Jede Seele ist unsterblich. Denn das immer Bewegte ist unsterblich […]. Was sich selbst bewegt, hört niemals auf bewegt zu sein, sofern es sich nie selbst verlässt; aber auch für alles, was sonst bewegt wird, ist es Ursprung und Anfang der Bewegung. […] jeder Körper, dem die Bewegung nur von außen kommt, heißt unbeseelt, der aber, dem sie von innen, aus sich selbst zuteil wird, beseelt; denn dies macht die Natur der Seele aus. Steht es nun aber so, dass es nichts anderes gibt, was sich von selbst bewegt, als die Seele, so muss die Seele notwendig unentstanden und unsterblich sein" (245cd).

Aber – es ist eben nur die Seele, die unsterblich ist; denn nur sie ist αὐτοκινῆτος, Prinzip ihrer eigenen Bewegung. Der Leib hingegen wird von der Seele bewegt. Weil er nicht das Prinzip seiner eigenen Bewegung ist, deshalb ist er auch nicht ewig. Ihn als ewig fortexistierend zu denken, wie es der christliche Glaube an die Auferstehung der Toten nahelegt, ist philosophisch absurd.

Genau hierin aber erweist sich das Christentum als Erbe der biblischen Auffassung vom Menschen. Anders nämlich als die griechischen Philosophen fassen die Autoren der biblischen Schriften den Menschen als Einheit von Seele und Leib auf. Das hat in den Anfängen der biblischen Überlieferungen zur Folge, dass der Tod als das definitive Ende menschlicher Existenz verstanden wird. Allenfalls von einem schattenhaften Dasein der Verstorbenen in der Unterwelt *(Sheol)* ist vereinzelt die Rede. Erst in den Spätschriften der Bibel begegnet die Vorstellung von einer Auferstehung der Toten.

Der Glaube an die *leibhaftige* Auferstehung Jesu Christi – und diese Auferstehung wiederum wird als Anfang der Auferstehung *aller* Menschen aufgefasst (vgl. 1 Kor 15,20; Kol 1,18; Offb 1,5 u. a.) – erweist die Kontinuität des christlichen Glaubens zur biblischen Anthropologie. Dieser Glaube trug nicht nur dem Paulus auf dem Areopag das Kopfschütteln der gebildeten Griechen ein. Mitte des 2. Jahrhunderts bemühten sich die sogenannten „Apologeten" – darunter vor allem Justin der Märtyrer und

Athenagoras – um eine Rechtfertigung des christlichen Glaubens gegenüber Einwänden, die ihnen – mit je unterschiedlicher Begründung – aus dem zeitgenössischen Judentum und aus den verschiedenen philosophischen Schulen entgegengehalten wurden.

Die Apologeten deuteten die leibliche Auferstehung Christi im Anschluss an Paulus als Auftakt der allgemeinen Auferstehung der Menschen zur Unvergänglichkeit. Sie sahen ihren Sinn in der Überwindung des Todesschicksals aller Menschen. An der Auferstehung Jesu Christi erhält der oder die Getaufte schon jetzt durch die Eucharistie Anteil. Ignatius von Antiochia deutet die Eucharistie in seinem Brief an die Christen in Ephesus (20,2) als „Unsterblichkeitsmedizin" (τὸ φάρμακον τῆς ἀθανασίας); damit bringt er seine Hoffnung zum Ausdruck, dass ihr Genuss nicht nur der Seele, sondern auch dem Leib Unsterblichkeit verleiht.

Apologeten wie Justin der Märtyrer sahen im Christentum keineswegs einen Gegensatz zur spätantiken Philosophie, sondern – ganz im Gegenteil – deren bruchlose Fortsetzung, ja unüberbietbare Steigerung (vgl. Justin, 1 *Apol.* 46; 2 *Apol.* 13). Dieses Selbstverständnis zwang sie dazu, die Wahrheit des Evangeliums auf philosophischem Wege einsichtig zu machen. Der Apologet Theophilus von Antiochia beispielsweise griff um 180 die stoische Unterscheidung zwischen einem bloß gedachten Wort (λόγος ἐνδιάθετος) und dessen Verlautbarung in der Sprache (λόγος προφορικός) auf, um damit das Verhältnis zwischen dem schöpferischen Gott der Bibel und seinem fleischgewordenen Wort zu verdeutlichen: Gott, der das Universum aus dem Nichts erschaffen hat, trug den Logos zunächst „in seinem Innern ruhend". Dann aber zeugte Gott das Wort, „indem er es vor allen anderen Dingen mit seiner Weisheit heraustreten ließ" (*Ad Autolycum* 2,10). In seiner Weisheit und durch das Wort hat Gott alles gemacht. Anders aber als bei den Stoikern bleibt Gottes Wort auch im schöpferischen Wirken immer mit dem Vater verbunden.

Mit ihren theologischen Reflexionen haben sich die christlichen Apologeten nicht in erster Linie an Vertreter heidnischer Religionen gewandt, sondern an Juden und an nichtchristliche Philosophen. Mit ihnen suchten sie den Dialog, um die Wahrheit des christlichen Glaubens einsichtig zu machen; die tatsächlichen oder mutmaßlichen Einwände der Philosophen wollten sie entkräften. Letztendlich ging es den christlichen Apologeten um ein positives Verhältnis zur nichtchristlichen Philosophie. Am Ende wurde selbst Platon als eine Art „anonymer Christ" für das Christentum vereinnahmt: Auf verschlungenen Pfaden habe er, Platon, von der Offenbarung des einen Gottes an Mose vernommen und diese Wahrheit in seine Philosophie aufgenommen.[8]

Das Verhältnis der frühen Kirche zur zeitgenössischen Philosophie war gleichwohl ambivalent. Suchten die einen den christlichen Glauben als die „wahre Erkenntnis" oder die „wahre Philosophie" zu verteidigen, so betonten andere den fundamentalen Unterschied zwischen Glauben und Weisheit. Heidnische Philosophen wie der Platoniker Kelsos warfen den Christen vor, ungebildet zu sein und einem unreflektierten Irrglauben anzuhängen. Dies freilich motivierte christliche Intellektuelle nur umso mehr, ihren Glauben als „wahre Philosophie" zu verteidigen. Dazu bezogen sie sich bei ethischen Themen vorrangig auf die Stoiker, bei metaphysischen Themen auf die Platoniker.

Kritiker dieser Entwicklung sahen und sehen in ihr eine Abkehr von der ursprünglichen Reich-Gottes-Botschaft Jesu: An ihre Stelle traten philosophisch-metaphysische Spekulationen über das Wesen Christi und seine Beziehung zum göttlichen Ursprung. Da nach platonischer Auffassung das Vollkommene durch Unveränderlichkeit ausgezeichnet ist, wurde die heilsgeschichtliche Dynamik der Evangelien durch eine statische Metaphysik ersetzt. Die Frage nach dem überzeitlichen Wesen Christi löste die Frage nach seiner heilsgeschichtlichen Sendung ab. Aus Jesus, dem Verkünder des Gottesreiches, wurde Christus, der Gegenstand metaphysischer Spekulation.

Tatsächlich: In der Auseinandersetzung mit zeitgenössischen Philosophen zielte Theologie zunehmend weniger auf die Auslegung der zur tätigen Nachfolge einladenden Reich-Gottes-Botschaft Jesu. Nicht mehr die Botschaft des galiläischen Wanderpredigers vom Reich Gottes beherrschte die Theologie, sondern Reflexionen über die Bedeutung Christi innerhalb des Wirklichkeitsganzen und über dessen Ursprung, Zusammenhalt und Bestimmung. Aus dem lebendigen Gott der Bibel, dem Gott Abrahams, Isaaks und Jakobs, wurde – nach einem Wort von Blaise Pascal (1623–1662) – der „Gott der Philosophen und Gelehrten". Was blieb hier noch von dem lebendigen Gott des Volkes Israel? War der Preis für die Synthese von Glauben und Vernunft nicht doch zu hoch? Polemisch fragte bei-

8 Nachdem bereits der Mittelplatoniker Numenios in der Mitte des 2. Jahrhunderts Platon und Mose in einem Atemzug genannt hatte, weil er in beiden Zeugen für das eine göttliche Prinzip von allem sah (vgl. *Fragm.* 8,13), übernahmen christliche Theologen wie Eusebius von Caesarea (*Praep. Evang.* XIII 12) diese Interpretation nur allzu bereitwillig.

spielsweise der nordafrikanische Theologe Tertullian an der Wende vom 2. zum 3. Jahrhundert:

> „Was hat Athen mit Jerusalem zu tun, was die Akademie mit der Kirche? Unsere Lehre stammt aus der Stoa [= Säulenhalle] Salomos, der auch selbst die Weisung hinterlassen hat, den Herrn in der Einfalt des Herzens zu suchen [vgl. Weish 1,1]. Wir brauchen keine sophistische Weisheit, nachdem Jesus Christus erschienen ist, und keine philosophische Untersuchung nach dem Evangelium. Wenn wir glauben, dann begehren wir nichts weiter als zu glauben" (*Praescr.* 7).

Nur wenige Christen freilich waren gewillt, sich dem Vorwurf des Irrationalismus auszusetzen, wie ihn der Platoniker Kelsos gegen Ende des 2. Jahrhunderts erhob. Dieser unterstellte den Christen die Maxime: „Prüfe nicht, glaube! Der Glaube wird dich retten. Die Weisheit der Welt ist ein Übel, die Dummheit dagegen ein Gut!" (Origenes, *C. Cels.* I 9,11–13). Solchen Unterstellungen begegneten bereits die Apologeten mit dem leidenschaftlichen Bemühen um eine vernunftgeleitete Interpretation des christlichen Glaubens.

Überliefert ist das Zitat des Kelsos durch Origenes (185 bis um 254), den bedeutendsten christlichen Intellektuellen des 3. Jahrhunderts. Der in Alexandria geborene Origenes lehrte zunächst in seiner Heimatstadt, nach 231 im palästinischen Caesarea. Die nordafrikanische Metropole Alexandria war in der römischen Kaiserzeit nach Rom zeitweise die zweitgrößte Stadt des *Imperium Romanum*. Bis zu einer halben Million Einwohner soll Alexandria in der Spätantike beherbergt haben. Bauwerke wie der Leuchtturm von Pharos – eines der sieben Weltwunder der Antike –, weltberühmte Bibliotheken, zahlreiche Theater, Paläste und Tempel machten Alexandria zu einer der bedeutendsten Städte im Mittelmeerraum.

Alexandria war nicht nur politisch bedeutsam, sondern auch ein Zentrum antiker Gelehrsamkeit und Intellektualität. In gewisser Weise hatte die Stadt das alte Athen abgelöst. Alexandria – nicht etwa Athen oder Rom – war *das* kulturelle, intellektuelle und religiöse Zentrum des *Imperium Romanum*. Legendär ist bis auf den heutigen Tag die große Bibliothek von Alexandria, deren Bestand der lateinische Schriftsteller Aulus Gellius im 2. Jahrhundert n. Chr. auf etwa siebenhunderttausend Rollen schätzte. Dass diese Bibliothek im Jahre 48 v. Chr. im Zuge der Auseinandersetzungen zwischen Cäsar und Pompejus niedergebrannt wurde, gilt heute als hochgradig umstritten; vermutlich bestand sie noch bis ins 5. Jahrhundert

n. Chr. hinein, bevor sich ihre Bestände in den kulturellen und weltpolitischen Umbrüchen der Spätantike allmählich auflösten.

Unter den zahlreichen Bewohnern von Alexandria finden sich Ägypter und Nubier, Römer und Griechen, Juden und Heiden, Anhänger der alten ägyptischen Religionen und Mitglieder von Mysterienkulten – und irgendwann auch eine wachsende Zahl von Christen. Kein anderer Ort in der Spätantike war geeigneter für das Gespräch mit der zeitgenössischen Philosophie als Alexandria. Und tatsächlich begegnen hier mit Clemens und Origenes profilierte christliche Intellektuelle, die dieses Gespräch mit Engagement und Kompetenz suchten und führten.

Zeitlebens bemühte sich der christliche Theologe Clemens (um 150 bis um 215) darum, den christlichen Glauben und die griechische Philosophie miteinander in Übereinstimmung zu bringen. Ursprünglich in Athen beheimatet, hatte sich Clemens dort vom Platonismus abgekehrt und war zu christlichen Lehrern zunächst in Griechenland, dann in Unteritalien und in Ägypten gereist. Um 200 übernahm er die Leitung der Katechetenschule von Alexandria.

In seinem dreibändigen Werk Προτρεπτικὸς εἰς τοὺς Ἕλληνας („Mahnrede an die Griechen") setzt sich Clemens ausführlich mit griechischer Philosophie, aber auch mit Philo von Alexandria auseinander, um gebildeten Griechen und Juden einen Zugang zum Christentum zu eröffnen. Sein Hauptwerk sind die acht Bücher der Στρῶματεις („Teppiche", im Sinne von „Gewebe"). Darin will Clemens eine Konvergenz von griechischer Philosophie und christlichem Glauben aufdecken, zugleich aber die Überlegenheit des christlichen Glaubens als der wahren „Erkenntnis" (γνῶσις) über die Philosophie nachweisen.

Zu diesem Zweck wird die Philosophie als defiziente Vorstufe der Glaubenserkenntnis dargestellt: „Weil der Logos selbst vom Himmel herab zu uns gekommen ist, scheint es mir, dass wir nicht mehr in die Schule von Menschen zu gehen brauchen, nicht mehr nach Athen oder dem übrigen Hellas" (*Protr.* XI 112,1). Durch Christus sei überhaupt erst die Möglichkeit philosophischer Wahrheitserkenntnis eröffnet worden. Ebendarin erblickt Clemens aber auch den Nutzen der heidnischen Philosophie. Diese sei „Erzieher" (παιδαγωγός) auf Christus hin. Denn derjenige, der sich ihrer im Licht des christlichen Glaubens bediene, könne in ihr Hinweise auf jene Wahrheit entdecken, die Christus als der „wahre Lehrer" (διδάσκαλος) gebracht hat:

> „Wie […] die körperlich Kranken einen Arzt brauchen, so die seelisch Leidenden einen Erzieher, damit er unsere Leidenschaften heile, dann

> aber zu dem Lehrer [διδάσκαλος] geleite, indem er die Seele reinigt und für die Erkenntnis [γνῶσις] fähig macht, so dass sie die Offenbarung des Logos in sich aufzunehmen vermag" (*Paidagogos* I 3,3).

Für die Theologiegeschichte höchst bedeutsam ist die bei den Apologeten wie auch bei Clemens erkennbare Tendenz, bei allen unleugbaren Differenzen die nichtchristliche Philosophie nicht als verderblichen Irrtum zu verurteilen, sondern als Hinführung zur Wahrheit des Christentums anzuerkennen. Und dies selbst dann, wenn die Philosophen – etwa im Hinblick auf die Menschwerdung und die leibliche Auferstehung – ganz andere Positionen verfochten als die Christen. Für den einfachen Glauben bedarf es keiner Philosophie, wohl aber für dessen Verständnis:

> „Wie wir es aber für möglich erklären, dass man ohne Kenntnis der Schreibkunst gläubig sein kann, so sind wir darüber einig, dass man die im Glauben enthaltenen Lehren unmöglich verstehen kann, ohne zu lernen. Denn die richtigen Lehren anzunehmen und die anderen zu verwerfen, dazu befähigt nicht einfach der Glaube, sondern nur der auf Wissen beruhende Glaube" (*Strom.* I 35,2).

Die Konvergenz und gleichzeitige Differenz von Philosophie und christlichem Glauben verdeutlicht zu Beginn des 5. Jahrhunderts auch Augustinus im 7. Buch seiner *Confessiones* („Bekenntnisse"). Dort erinnert sich der nordafrikanische Theologe daran, dass ihm jemand einige philosophische Bücher verschafft hatte, die zuvor aus dem Griechischen ins Lateinische übersetzt worden waren. Vermutlich handelte es sich dabei um Werke neuplatonischer Philosophen wie Plotin (205–270), Porphyrius (234–304) oder Jamblichus (gest. nach 330). „Und in diesen las ich, wenn auch nicht gerade wörtlich, so doch dem Sinne nach dasselbe und durch viele und vielfache Gründe glaubhaft gemacht: ‚Im Anfange war das Wort, und das Wort war bei Gott, und Gott war das Wort' …" (*Conf.* VII 9).

Vieles ihm aus dem Johannesprolog Bekannte meint Augustinus demnach in den Schriften der „Platoniker" wiederzuerkennen. Vertraut erschien ihm insbesondere die Überzeugung, dass der Logos „vor aller Zeit und über alle Zeit hinaus als eingeborener, dem Vater gleichewiger Sohn unveränderlich besteht". Allerdings: Dass „das Wort Fleisch geworden ist und unter uns gewohnt hat" (Joh 1,14), „das habe ich nicht dort gelesen" (*Conf.* VII 9). Dass der inkarnierte Logos für die Menschen gelitten hat und zu ihrem Heil gekreuzigt wurde, „hast du den Weisen verborgen, den Unmündigen aber geoffenbart", so Augustins Deutung (vgl. Mt 11,25).

Nicht zuletzt angesichts des zerfallenden römischen Imperiums ist bei Augustinus der Optimismus des Clemens, die Philosophie als Propädeutikum der Theologie nutzen zu können, einer grundlegenden Skepsis gegenüber der möglichen Leistungsfähigkeit der Philosophie gewichen.[9]

4.3 Interne Klärungen: Abgrenzungen zur Gnosis

In den ersten drei Jahrhunderten der Kirchen- und Theologiegeschichte ließen sich nur wenige philosophisch Gebildete für das Christentum gewinnen. Zu anstößig erschienen den meisten die Vorstellung einer Fleischwerdung Gottes und einer durch den Kreuzestod vollzogenen Erlösung der Menschen. Platoniker wie Kelsos (um 170) oder der Plotin-Schüler Porphyrius (gest. zw. 301 und 305) verfassten ausführliche Widerlegungen der christlichen Religion, die sie als unvernünftig und anstößig empfanden.[10]

Aber nicht nur die Philosophie, sondern auch verschiedene religiöse Gruppierungen traten damals mit dem Anspruch auf, Wahrheit und Erkenntnis zu vermitteln – und dies zum Heil des Menschen und zu seiner Befreiung aus Unwissen und Irrtum. Gemeint sind die vielfältigen Strömungen der sogenannten „Gnosis" (γνῶσις), mit denen sich christliche Theologen im 2. und 3. Jahrhundert auseinanderzusetzen hatten.[11]

Unter dem Sammelbegriff „Gnosis" wird heutzutage eine kaum überschaubare Zahl religiöser Vorstellungen zusammengefasst, die nur insoweit Gemeinsamkeiten aufweisen, als sie eine bestimmte Vorstellung von der Entstehung der Welt, von der Verfassung des Menschen, von der Erlösung des Menschen und von der Vollendung der Welt haben. Diese vier Elemente der Gnosis – Kosmologie, Anthropologie, Soteriologie und Eschatologie – sind bei allen sogenannten „Gnostikern" durch die Überzeugung geprägt, dass es um die Welt schlecht bestellt ist. Denn die Welt ist aus einer Art „kosmischem Unfall" hervorgegangen, der sich vor aller Zeit in der ursprünglichen Seinsfülle der Gottheit zutrug und den Anstoß dazu gab, dass – meist über verschiedene Zwischenstufen („Äonen") vermittelt – am

---

[9] Vgl. Henri Irénée Marrou, *Augustinus und das Ende der antiken Bildung* [Diss. frz. 1938], Paderborn 1982.

[10] Wilhelm Nestle, *Die Haupteinwände des antiken Denkens gegen das Christentum*, in: Jochen Martin / Barbara Quint (Hrsg.), Christentum und antike Gesellschaft (Wege der Forschung 649), Darmstadt 1990, S. 17–80.

[11] Vgl. einführend u. a.: Barbara Aland, *Die Gnosis*, Stuttgart 2014; Christoph Markschies, *Gnosis und Christentum*, Berlin 2009.

Ende jene materielle und raumzeitlich verfasste Welt entstand, in der Menschen heute leben. Wie es zu dem Unfall gekommen ist und auf welchen Wegen aus dem anfänglichen geistigen und lichtvollen Ursprung die materielle Welt hervorgegangen ist, darüber existieren in den verschiedenen Strömungen der Gnosis ebenso unterschiedliche wie phantasievolle Vorstellungen. Auf jeden Fall lässt das skizzierte kosmologische Modell den charakteristischen Dualismus der Gnosis erkennen: am Anfang der geistige, lichtvolle Ursprung, am – vorläufigen – Ende die materielle, dunkle Welt, in die der Mensch verbannt ist.

Allerdings bescheidet sich die Gnosis nicht mit einer Zustandsbeschreibung. Vielmehr bietet sie dem Menschen einen Weg an, wie er sich aus seiner erbärmlichen Lage, seinem Exil befreien kann. Dabei kommt ihr zugute, dass nach gnostischer Auffassung der Mensch nicht ganz und vollständig in der Materialität gefangen ist. Denn in seinem Inneren trägt er einen göttlichen Lichtfunken, der ihn an seine ursprüngliche Heimat – und so auch an seine Bestimmung – erinnert. Diesen göttlichen Lichtfunken im Menschen gilt es zu erkennen – und so des eigentlichen Seins des Menschen gewahr zu werden und sein Wesen zu erkennen. Diese Erkenntnis als solche bringt dem zuvor unwissenden Menschen Erlösung und Heil.

Vermittelt wird die Gnosis durch jene im Geheimen überlieferten Texte, die Auskunft geben über das Woher und Wohin des Menschen. Clemens von Alexandria überliefert eine Art Grundformel der Gnosis:

> „Nicht das [Tauf-]Bad befreit, sondern die Erkenntnis [γνῶσις] dessen, wer wir waren, was wir geworden sind, wo wir waren, wohin wir geworfen wurden, wohin wir eilen, wovon wir erlöst werden, was Geburt und was Wiedergeburt ist" (*Excerpta ex Theodoto* 78,2).

Zweifellos treffen diese Fragen Grunddimensionen menschlicher Existenz. Im Unterschied zu den Philosophen aber werden diese Dimensionen nicht vermittels begrifflicher Reflexionen ausgelotet, sondern in der literarischen Form des Mythos erzählt. In gewisser Weise handelt es sich dabei um einen Rückgriff auf Denkformen der Vorsokratiker. Anders aber als bei den ionischen Naturphilosophen oder den Eleaten stehen bei den Gnostikern religiös-soteriologische Motive im Vordergrund. Denn mit ihren mythischen Welterklärungsmodellen und Erlösungsvorstellungen beanspruchen die Gnostiker, die Menschen aus den Begrenztheiten und dem Elend ihrer irdisch-körperlichen Existenz zu befreien und so zu einer höheren Seinsweise zu führen.

Die verbreitete Unwissenheit der Menschen über ihre wahre Herkunft aus dem Göttlichen wird häufig im Bild des Schlafes veranschaulicht. Im *Poimandres*, einer gnostischen Schrift des 2./3. Jahrhunderts, die dem Hermetismus zugerechnet wird, heißt es dementsprechend:

> „O ihr Menschen, erdgeborene Männer, die ihr euch der Trunkenheit, dem Schlaf und der Unkenntnis Gottes hingegeben habt, werdet nüchtern, hört auf trunken und vom unvernünftigen Schlaf betört zu sein! […] Warum […] habt ihr euch dem Tode ausgeliefert, die ihr die Macht habt, an der Unsterblichkeit teilzuhaben? Kehrt um, die ihr gemeinsam im Irrtum wandelt und an der Unwissenheit Anteil habt" (*Corpus Hermeticum* I, 27–28).

Und im sogenannten „Perlenlied" in den *Thomas-Akten* aus dem 3. Jahrhundert wird der verirrte Königssohn dazu aufgerufen, sich wachen Verstandes seiner göttlichen Herkunft zu erinnern:

> „[…] Auf, erhebe dich von deinem Schlaf
> und höre auf die Worte unseres Briefes.
> Erinnere dich, dass du ein Königssohn bist.
> Siehe die Versklavung, siehe wem du dienst!
>
> Entsinne dich der Perle,
> derentwegen du nach Ägypten geschickt wurdest!
> Erinnere dich deines strahlenden Gewandes
> und gedenke deiner prächtigen Toga, die du tragen sollst
> und mit der du geschmückt sein sollst […]" (*Acta Thom.* 108–113).

Das Bild vom Schlaf begegnet auch im Neuen Testament. So findet sich im Epheserbrief der Appell: „Wache auf, der du schläfst!" (Eph 5,14). Und überhaupt gibt es eine Reihe von Strukturanalogien zwischen dem jungen Christentum und bestimmten gnostischen Richtungen. Beide – das Christentum wie die Gnosis – verstanden sich als Erlösungsreligion. Vor allem im johanneischen Schrifttum spielt die Erkenntnis der Wahrheit eine Schlüsselrolle im Drama der Erlösung.

Wie die Christen Jesus als den präexistenten Messias und Erlöser bekennen, so wissen die Gnostiker um eine Fülle von Erlösergestalten. Es sind Gestalten, die aus der Sphäre des Göttlichen in die Welt kommen und die Menschen über ihre wahre Heimat und Bestimmung aufklären. Die Erkenntnis, die sie bringen – die γνῶσις –, weckt die Menschen aus dem Schlaf der Unwissenheit und befreit sie zu einem neuen, erlösten Leben.

Dass beispielsweise im Johannesevangelium Christus als der Bote der Wahrheit, des Lichtes und des Lebens erscheint, macht es wahrscheinlich, dass das vierte Evangelium in großer Nähe zur Gnosis entstanden ist, zugleich aber einen kritischen Gegenentwurf dazu bietet.

Für die frühen Christen war die Unterscheidung von gnostischem – heterodoxem – Christentum und „wahrem" Christentum noch keineswegs ausgemacht. Es gab weder ein verbindliches Lehramt noch eine Instanz, die universal und verbindlich für die Wahrheit der christlichen Lehre einstehen konnte. Alles das ist im 2. und 3. Jahrhundert noch im Entstehen. Aber die Herausbildung verbindlicher Lehrinhalte und verbindlicher Lehrinstanzen wurde nicht zuletzt gerade wegen der Auseinandersetzungen mit der Vielzahl unterschiedlicher Glaubensauffassungen notwendig.

Es war besonders Irenäus von Lyon (gest. um 200), der sich mit den vielfältigen Schulen der Gnosis auseinandersetzte. Kleinasiatischer Herkunft, wird Irenäus in der zweiten Hälfte des 2. Jahrhunderts zweiter Bischof der Christengemeinde von Lyon, das seinerzeit Hauptstadt der römischen Provinz Gallien war. Sein sechs Bücher umfassendes Hauptwerk trägt den griechischen Titel „Überführung und Widerlegung der fälschlich so genannten Gnosis" (Ἔλεγχος καὶ ἀνατροπή τῆς ψευδωνύμου γνώσεως). Das Werk wird im Lateinischen meist kurz zitiert als *Adversus Haereses* – „Gegen die Häresien". Mit „Häresien" sind vor allem gnostische Bewegungen gemeint – in erster Linie die sogenannte valentinianische Gnosis und die Gnosis des Basilides. Beide gnostischen „Systeme" kennen eine Erlösergestalt, die den ursprünglichen Unfall im göttlichen „Pleroma", aus dem die Welt und das Böse in ihr hervorgegangen sind, überwindet.

Diese Erlösergestalt tritt jedoch lediglich als eine Art Lehrer auf, der den Menschen die wahre Erkenntnis bringt. Hierzu bedarf es keiner wirklichen Inkarnation, keiner echten Menschwerdung. Die Erlösergestalt erscheint vielmehr als eine Art „verkleideter Gott". Der Erlöser, das göttliche Wort, hat nur zum Schein einen menschlichen Leib angenommen. Deshalb nennt man diese Konzeption „Doketismus" (von griechisch δοκέω, „den Anschein erwecken").

Demgegenüber hat Irenäus auf der Wirklichkeit der Inkarnation bestanden. Der Logos, das göttliche Wort, ist wahrhaft Mensch geworden, hat sich inkarniert – daran ließ Irenäus keinen Zweifel. „Ὁ λόγος σὰρξ εγένετο – Das Wort ist Fleisch geworden" (Joh 1,14) – dieser Satz aus dem Johannesprolog wurde zum Dreh- und Angelpunkt der Auseinandersetzungen mit den Gnostikern. Im Heilsgeschehen geht es um die *salus carnis*, das „Heil des Fleisches" – und das heißt: Es geht nicht bloß um das Heil der Seele oder eines Seelenfunkens im Menschen, sondern um das Heil des *ganzen* Menschen aus Leib, Seele und Geist (*Haer.* V 2,2–3). Der nordafrikanische Theologe Tertullian von Karthago (gest. nach 220) wird es wenige Jahrzehnte später – und nicht zufällig in einem Traktat über die Auferstehung – ähnlich formulieren: „Caro cardo salutis – Das Fleisch ist der Angelpunkt des Heils“ (*Ressur.* 8,6–7).

Vom Gedanken der Inkarnation her entfaltet Irenäus nicht nur seine Christologie, sondern auch seine Lehre vom Menschen, seine theologische Anthropologie und seine Soteriologie. Weil nicht nur der Geist oder die Seele des Menschen Abbild Gottes ist, sondern der *ganze* Mensch aus Geist, Seele und Leib, deshalb sind nicht nur Geist und Seele, sondern ist auch der Leib – und das heißt: der *ganze* Mensch – zur Vollendung bestimmt (vgl. *Haer.* V 6; *Demonstr.* 11). Diese Vollendung besteht in der Annahme des Menschen als Kind Gottes: „Dazu ist das Wort Gottes Mensch geworden und der Sohn Gottes zum Menschensohn, damit der Mensch das Wort in sich aufnehme und, an Kindes statt angenommen, zum Sohn Gottes werde“ (*Haer.* III 19,1).

Ausgehend vom Gedanken der Inkarnation entfaltet Irenäus schließlich auch seine Theologie der Geschichte: Christus ist Mensch geworden, um die kosmische Bewegung in sich zusammenzufassen und auf ihr endgültiges Ziel, die Vollendung in Gott, hinzulenken. Ἀνακεφαλαίοσις oder *recapitulatio*, d. h. „Aufgipfelung“ und „Zusammenfassung“ alles Geschaffenen in Gott, ist der Begriff, der im Anschluss an Eph 1,10 diese universale Bewegung der Geschichte zusammenfasst: „So wollte er die Fülle der Zeiten herbeiführen und in Christus alles zusammenfassen – alles im Himmel und alles auf Erden – in ihm.“

Es ist ein optimistisches Bild vom Menschen und von der Geschichte, das Irenäus gegen die Gnostiker verteidigt: „Denn Gottes Ruhm ist der lebendige Mensch, das Leben des Menschen aber ist die Anschauung Gottes“ („Gloria Dei vivens homo, vita autem hominis visio Dei“: *Haer.* IV 20,7).

Neben der inhaltlichen Auseinandersetzung mit den Gnostikern formuliert Irenäus richtungsweisende Prinzipien, mit deren Hilfe er die Wahrheit seiner eigenen Theologie zu sichern sucht. Gegen die gnostischen Sondertexte und die von ihnen beanspruchte Autorität beharrt Irenäus – erstens – auf der Normativität einer Sammlung von Schriften, die sich auf Jesus von Nazareth beziehen und apostolischen Ursprungs sind. Es entsteht jener verbindliche Kanon von Offenbarungszeugnissen, der nach einer vermutlich im späten 2. Jahrhundert entstandenen und im *Canon*

Muratori überlieferten Liste die meisten Schriften des heute so genannten „Neuen Testaments" umfasst. Gegen den Offenbarungsanspruch gnostischer Texte betont Irenäus – zweitens – die Notwendigkeit, den Glauben durch eine Kette beglaubigter und autorisierter Zeugen weiterzugeben. Es entsteht das Prinzip der „apostolischen Sukzession". Und schließlich: Gegen gnostische Sonderlehren beharrt Irenäus auf einem verbindlichen Bestand christlicher Lehre, die er „Glaubensregel" *(regula fidei)* oder „Richtschnur des Glaubens" (κανὼν τῆς πίστεως) nennt. Es entsteht ein normativer Bestand von Glaubenswahrheiten, der als solcher eine kriteriologische – d. h. zwischen Wahrheit und Irrtum unterscheidende – Autorität besitzt.

Besonders gegen die Lehren eines gewissen Markion (gest. um 160) aus Sinope am Schwarzen Meer, der in der Mitte des 2. Jahrhunderts in Rom auftrat, verteidigte Irenäus die Einheit der Heilsgeschichte – und damit die Einheit des biblischen Kanons. Dem gnostischen Dualismus nahestehend hatte Markion einen grausam-gerechten Gott des Alten Testaments und einen gütig-barmherzigen Gott des Neuen Testaments unterschieden, von dem Christus Zeugnis abgelegt habe. Vor diesem Hintergrund sah er sich dazu berechtigt, nicht nur sämtliche Schriften der hebräischen Überlieferung zu verwerfen, sondern auch zahlreiche Texte, die später Eingang in den Kanon des Neuen Testaments fanden. Demgegenüber hat Irenäus auf der Einheit der Heils- und Offenbarungsgeschichte bestanden.

Der Gedanke der Einheit der Heilsgeschichte spielt nicht zuletzt beim sogenannten „Osterfeststreit" eine Rolle. Hierbei handelt es sich um einen Streit zwischen christlichen Gemeinden im Westen und im Osten des Römischen Reiches um den angemessenen Termin für die Feier des Osterfestes. Die Kontroverse entzündete sich an der Frage, ob das Osterfest an einem Sonntag zu feiern sei – dem ersten Tag der Woche und Gedenktag der Auferstehung – oder, nach jüdischer Tradition, am 14. Nisan und somit an einem beliebigen Wochentag. Betonten die „Quartodezimaner", die mehrheitlich in Kleinasien und Palästina lebten, die Kontinuität des christlichen Auferstehungsglaubens mit der jüdischen Tradition des Pessach-Festes, so suchten die Befürworter eines Sonntagstermins der Datierung der Evangelisten zu entsprechen, wonach Jesus am „ersten Tag der Woche" von den Toten auferstanden ist (vgl. Mk 16,2.9 par.; Joh 20,1). Autoritativ entschieden wurde der „Osterfeststreit" erst 325 durch das Konzil von Nizäa, das für eine sonntägliche Feier eintrat; diese sollte allerdings nicht vor dem 14. Nisan stattfinden. Zwischen Rom und Alexandria schwelte der Streit allerdings noch bis ins 6. Jahrhundert hinein weiter.

4.4 Praktische Bewährung: Das Verhältnis zu den Mysterienreligionen

Die fortschreitende Abgrenzung vom Judentum, die Auseinandersetzung mit den zeitgenössischen Philosophen um die *vera philosophia*, der Kampf gegen gnostische Lehren in ihren eigenen Reihen – alles das nötigte die Christen zur argumentativen Auseinandersetzung mit ihren jeweiligen Gegnern. Darüber hinaus waren sie gezwungen, ihre Loyalität zu den staatlichen Gewalten zu betonen – und dies umso mehr, als die Christen sich außerstande sahen, den Staatsgöttern zu opfern, um die öffentliche Wohlfahrt zu sichern. Apologeten wie Justin oder Athenagoras wurden nicht müde, die Christen gegen damals gängige Beschuldigungen des Atheismus, der Unzucht, des Kindermordes, des Kannibalismus zu verteidigen und die Bedeutung der christlichen Religion für den römischen Staat hervorzuheben (vgl. Justin, 1 *Apol.* 6). Einprägsam ist das Bild, das der *Brief an Diognet* im 2. Jahrhundert bemüht, um die Bedeutung der Christen für den Staat zu illustrieren: „Was im Leibe die Seele ist, das sind in der Welt die Christen" (*Diogn.* 6).

Für die weniger Gebildeten unter den Christen standen vermutlich die alltäglichen Auseinandersetzungen mit Vertretern heidnischer Religionen im Vordergrund. Im religiösen Pluralismus der Spätantike mussten diese Auseinandersetzungen keineswegs immer polemisch erfolgen. Vielmehr gab es zwischen Christen und Nichtchristen meist wohl eine Art unausdrücklicher Konkurrenz gelebter religiöser Überzeugungen.

Nicht alle heidnischen Religionen und Kulte versprachen „Erlösung" in einem emphatischen Sinne; vielfach ging es um die Bewältigung des mühevollen Alltags; magische Vorstellungen und Praktiken waren verbreitet. Andere Religionen hingegen verhießen den von den Mühen des Alltags geplagten Menschen eine Wendung zum Besseren – allen voran die sogenannten „Mysterienreligionen", und hier besonders die Kulte des Mithras oder der Isis. Solchen Erlösungsreligionen gegenüber galt es, auf der Überlegenheit des Christus-Glaubens zu bestehen. Apologeten wie Justin der Märtyrer erblickten in den Kulten der Mysterienreligionen gar vom Teufel eingeflüsterte Nachahmungen christlicher Liturgien (so Justin, 1 *Apol.* 66). Ähnlich deutete Tertullian von Karthago die Mysterienkulte als Werke des Teufels (*Praescr.* 40,3–4).

Die Auseinandersetzung mit den Mysterienreligionen erfolgte weniger auf argumentative Weise. Überzeugender war vielmehr das Beispiel sittlich entschiedenen Lebens und selbstloser Caritas. Die Sorge der Christen um die Kranken und Benachteiligten wurde von ihren Zeitgenossen teils erstaunt bewundert, teils mit Unverständnis quittiert.[12]

Wurde die besondere Ethik der Christen von Außenstehenden durchaus wahrgenommen, so galt dies weniger für die gottesdienstliche Praxis. Diese wurde weitgehend im Verborgenen geübt. Es war wohl vor allem eine tief empfundene Taufspiritualität, die das religiöse Bewusstsein der Christen in der damaligen Zeit bestimmte. Als zentraler Initiationsritus wurde die Taufe als Reinigung von Sünde und Schuld, als Beginn eines „neuen Lebens", als „Wiedergeburt" (vgl. Joh 3,5) und als „Erleuchtung" (φωτισμός) interpretiert (so u. a. Justin, 1 *Apol.* 61). Ihr galt es durch die Entscheidung zu einer moralischen Lebensführung gerecht zu werden. Hierzu gehörte auch, dass Christen keine Berufe ausüben sollten, die mit heidnischen Opferriten oder gar mit der Verhängung der Todesstrafe verbunden waren.

Aus dem Umfeld der Taufe erwuchsen sakramententheologische Klärungen, die bis in die Gegenwart fortwirken – so etwa die Überzeugung, dass eine Taufe auch dann gültig und deshalb unwiederholbar ist, wenn sie einem Gnostiker gespendet worden war, der sich später der katholischen Kirche anschloss, oder von einem in der Christenverfolgung von der Kirche „abgefallenen" Priester oder Bischof. Der nordafrikanische Bischof Cyprian (gest. 258) hatte dies mit der Begründung bestritten, dass der Geist Jesu Christi nur *innerhalb* der apostolischen Kirche wirkt, nicht aber außerhalb von ihr. Deshalb hielt er die sogenannte „Ketzertaufe" für ungültig. Langfristig durchgesetzt hat sich freilich die später von Augustinus vertretene Auffassung, dass das Sakrament der Taufe auch außerhalb der katholischen Kirche Gottes Gnade vermittelt, diese aber nur innerhalb der Kirche wirksam werden und Frucht bringen kann.

---

[12] Tertullian zitiert in seinem *Apologeticum* (39,7) einen heidnischen Autor: „Sieh, wie sie einander lieben […] und wie sie füreinander zu sterben bereit sind." Eine heidnische Polemik gegen die Christen überliefert Minucius Felix, *Octavius* 8,3–10,2.

5 Der eine Gott und das göttliche Wort: Grundlagen und Entfaltungen der Trinitätstheologie

Blickt man in das Neue Testament, so tritt schon bald eine grundlegende Spannung zutage: die Spannung nämlich zwischen der anfänglichen Wahrnehmung Jesu von Nazareth und dem Osterzeugnis. Aus dem galiläischen Wanderprediger wird schon im Johannesprolog der präexistente Logos, das göttliche Wort, das Fleisch geworden ist (Joh 1,14). Der Philipperhymnus preist Jesus als denjenigen, der vor seiner Selbsterniedrigung Gott gleich war (Phil 2,6f). Und im Kolosserhymnus ist davon die Rede, dass Jesus das „Ebenbild des unsichtbaren Gottes" ist, „der Erstgeborene vor aller Schöpfung. Denn in ihm wurde alles geschaffen im Himmel und auf Erden, das Sichtbare und das Unsichtbare, ob Throne oder Herrschaften, ob Mächte oder Gewalten; alles ist durch ihn und auf ihn hin geschaffen" (Kol 1,15f). Von dem charismatischen Wanderprediger aus Galiläa ist da nicht viel übrig geblieben.

Wer also *ist* dieser Jesus von Nazareth, den Gott von den Toten auferweckt hat? Und in welcher Beziehung steht er zu jenem Gott, der sich nach jüdischer Überlieferung in der Geschichte des Volkes Israel geoffenbart hat? Diese für Christen unausweichlichen Fragen sind die Wurzeln und Fundamente dessen, was im 4. und 5. Jahrhundert als Lehre von der göttlichen Dreifaltigkeit und als christologische Zweinaturenlehre formuliert wird.

5.1 Biblische Fundamente des christlichen Gottesverständnisses

Die Frage nach Jesus als eine Frage nach der Beziehung zwischen ihm und jenem Gott zu stellen, der sich in der Geschichte Israels geoffenbart hat, setzt eine folgenreiche Entscheidung voraus: die Entscheidung nämlich, dass die Offenbarungsschriften des Judentums für die Christen weiterhin bedeutsam sind. Zwar verstehen sich die Christen als „Anhänger des neuen Weges" (Apg 9,2). Doch ist dieser „neue Weg" die Fortsetzung des alten: des Weges Gottes mit seinem Volk Israel. Um die Mitte des 2. Jahrhunderts hat Markion aus Sinope am Schwarzen Meer gemeint, für Christen seien die Schriften des Alten Testaments belanglos. Doch da fand diese Meinung in den christlichen Kirchen schon keine Mehrheit mehr.

Dass die heiligen Schriften Israels für Christen weiterhin als verbindlich galten, hatte im Wesentlichen zwei Konsequenzen. Zum einen konnte man diese Schriften nun so lesen, dass in ihnen Hinweise auf Leben, Sterben und Auferstehen Jesu von Nazareth gefunden wurden. „Brannte uns nicht das Herz, als er uns den Sinn der Schriften erklärte?" – so erinnern sich die Emmausjünger, nachdem sie Jesus in der Tischgemeinschaft erkannt hatten. In biblischen Erzählungen wie denen vom Opfer Abrahams (Gen 22,1–19) oder in den Liedern vom Gottesknecht bei Deutero-Jesaja (Jes 42,1–4; 49,1–6; 50,4–9; 52,13–53,12) entdeckte man Hinweise auf die Sendung und das Geschick Jesu von Nazareth. Das Christentum konnte sich so als Erfüllung alttestamentlicher Verheißungen verstehen.

Die zweite Konsequenz aus der Entscheidung, die Schriften des Alten Testaments als für Christen weiterhin verbindlich gelten zu lassen, betrifft das Gottesbild. Die jüdische Überlieferung hatte ja im Laufe ihrer Geschichte einen zunehmend strengen Monotheismus vertreten. „Höre, Israel: Der Herr, unser Gott, ist der einzige Herr" (Dtn 6,4) – so das *Shmah Jisrael*, das jüdische Bekenntnis zur Einzigkeit Gottes. Dem Evangelisten Markus zufolge hat Jesus selbst sich dieses Bekenntnis zu eigen gemacht, als er nach dem wichtigsten Gebot gefragt wurde (Mk 12,12). Wenn aber nun Jesus selbst die Einzigkeit Gottes bekräftigt – wie ist dann sein Verhältnis zu diesem Gott zu bestimmen? Die naheliegende Antwort lautete: Jesus Christus ist eine besondere Persönlichkeit; er ist ein machtvoller Prophet; er ist zwar – wie es im Philipperhymnus heißt – „von göttlicher Gestalt" (ἐν μορφῇ θεοῦ ὑπάρχων: Phil 2,6), aber eben doch von Gott unterschieden. Zwar beansprucht er, in Gottes Vollmacht Sünden zu vergeben – ein Anspruch, der wesentlich verantwortlich für den Konflikt mit den jüdischen Autoritäten am Jerusalemer Tempel gewesen sein dürfte (vgl. Mk 2,7 par.; Jes 43,25) –, ist aber doch geringer als derjenige, den er seinen „Vater" nennt.

Wenn Jesus im Neuen Testament wiederholt „Sohn Gottes" genannt wird – wie übrigens im Alten Testament auch der König (Ps 2,7 u. a.) oder das Volk Israel als Ganzes (Hos 11,1; vgl. Mt 2,15) –, so hebt ihn dieser Titel zwar über alle anderen Geschöpfe und auch über alle Menschen heraus. Aber damit ist er – gerade als „Sohn" – eben doch geringer als jener Gott, der im *Shmah Jisrael* als „einzig" verehrt wird. Dieser Gott, der Gott Israels, steht als Schöpfer und „Vater" über allen Geschöpfen, aber auch über dem „Sohn".

Irenäus von Lyon hat Ende des 2. Jahrhunderts im Blick auf Sohn und Geist das einprägsame Bild von den „beiden Händen Gottes" gezeichnet: Gott-Vater, der einzige, bedient sich des Sohnes ebenso wie des Geistes, um in der Welt, in Zeit und Geschichte, wirksam zu sein (*Haer.* IV 7,4; 20,1). Sohn und Geist sind seine Werkzeuge, mit denen sich Gott – anders als der absolut transzendent bleibende Gott der Gnostiker – der Welt zuwendet.

Dabei werden – in Auslegung von Joh 1,1 in Verbindung mit Gen 1,1f – der Sohn mit dem *Wort Gottes* und der Geist mit der *Weisheit* identifiziert, einer Gestalt, die in den späten Schriften des Alten Testaments begegnet. So heißt es beispielsweise im Buch der Weisheit aus dem ersten vorchristlichen Jahrhundert, die Weisheit sei von Anfang an bei Gott gewesen; sie kenne Gottes Werke und war zugegen, als Gott die Welt erschuf (vgl. Weish 9,9). Stellen wie diese wurden für die Ausformung des trinitarischen Dogmas wegweisend.

Neueren Untersuchungen zufolge waren aber auch im frühen Judentum Vorstellungen verbreitet, wonach es neben dem einen und einzigen Gott gottmenschliche Mittlergestalten gibt.[13] Zu ihnen zählt vor allem der „Menschensohn", der im 7. Kapitel des Danielbuches neben dem „Alten der Tage" oder auch „Hochbetagten" erscheint. Christen konnten im „Menschensohn" unschwer eine Präfiguration Jesu erkennen, ohne dazu den Rahmen des jüdischen Monotheismus zu sprengen. Als „Menschensohn" ist Jesus eine göttliche Erlösergestalt. Demgegenüber bezieht sich der Titel „Sohn Gottes" auf den Messias als einen menschlichen König. Einige Autoren gehen so weit, selbst die christlichen Ideen der Menschwerdung und der Dreifaltigkeit Gottes in jüdischen Vorstellungen grundgelegt zu sehen, die um die Zeitenwende kursierten. Als solche konnten sie leicht vom jungen Christentum – vielleicht sogar schon von Jesus selbst – aufgegriffen werden.

In jedem Fall resultieren aus solchen Übernahmen „subordinatianistische" Auffassungen: Der Sohn Gottes und auch der Geist Gottes sind dem Vater untergeordnet. Dieser ist und bleibt der alleinige und einzige Gott. Denn nicht nur der „Menschensohn", sondern auch der „Logos" oder die „Sophia" stehen erkennbar unter Gott; ja: Von der Weisheit heißt es im griechisch verfassten Buch Jesus Sirach, sie sei von Gott geschaffen (Sir 24,8f).

Aufs Ganze betrachtet ist die Christologie nicht nur der Anfänge, sondern der ersten drei christlichen Jahrhunderte insgesamt als „Subordinatianismus" zu charakterisieren. Der Begriff kann jedoch zweierlei bedeuten:

---

[13] Vgl. Peter Schäfer, *Zwei Götter im Himmel. Gottesvorstellungen in der jüdischen Antike*, München 2017.

Einmal, dass Sohn und Geist *gottähnliche* Geschöpfe sind, unendlich vollkommener als die Menschen, von göttlicher Natur sogar, eigenständige Wirklichkeiten (griechisch „Hypostasen“: ὑπόστασεις) in Gott – aber eben doch geringer als der Vater. Besonders Origenes von Alexandria hat diese Auffassung vertreten. „Subordinatianismus“ kann aber auch meinen, dass Jesus Christus bloßer Mensch ist. Als Mensch sei er von Gott als Sohn „angenommen“ oder „adoptiert“ worden. Paulus von Samosata beispielsweise, von 260 bis 268 Bischof von Antiochia am Orontes, vertrat diese Auffassung mit Nachdruck. Eine Menschwerdung der göttlichen Weisheit im strengen Sinne schloss er kategorisch aus; denkbar schien ihm allein eine Begnadung Christi durch die Teilhabe am Heiligen Geist.

Paulus von Samosata verband die Adoption Jesu zum Gottessohn mit der Empfängnis Jesu durch Maria. Andere Theologen haben die Adoption Jesu zum Sohn Gottes mit der Taufe im Jordan in einen Zusammenhang gebracht. Alle Synoptiker überliefern in diesem Zusammenhang ja die Proklamationsformel: „Das ist mein geliebter Sohn, an dem ich Wohlgefallen habe“ (Mt 3,17) – eine auf Ps 2,7 anspielende Formel, die nach Matthäus bei der Verklärung Christi noch einmal wiederholt wird (Mt 17,5; vgl. Mk 1,11; 9,7; Lk 3,22; 2 Petr 1,17). Paulus sieht Christus zum Sohn Gottes eingesetzt durch die Auferstehung von den Toten (vgl. Röm 1,4).

Adoptianistische Auffassungen signalisieren eine spürbare Nähe zum biblischen Monotheismus. Dieser blieb unbeschadet gewahrt, verband man mit der Taufe Jesu eine Geistbegabung. So heißt es bei Matthäus: „Nachdem Jesus getauft worden war, stieg er sogleich aus dem Wasser. Und siehe da: Der Himmel tat sich auf, und er sah den Geist Gottes wie eine Taube niedersteigen und auf ihn herabkommen“ (Mt 3,16). Durch die Herabkunft des Geistes wurde Jesus von Nazareth zum „Gesalbten“, d. h. zum „Christus“. Er wurde zu dem von Gott mit der Kraft des Heiligen Geistes erwählten Messias. Im Blick auf die Vorstellung von einer Geistsalbung spricht man in der Theologie bisweilen auch von einem „dynamistischen Adoptianismus“.

Sowohl der Subordinatianismus als auch der Adoptianismus suchten die Einzigkeit des biblischen Gottes zu wahren. Tertullian, ein an der Wende vom 2. zum 3. Jahrhundert in Karthago wirkender Theologe, hat deshalb sowohl den „Subordinatianismus“ als auch den „Adoptianismus“ unter dem Sammelbegriff „Monarchianismus“ (wörtlich „Ein-Herrschaft“) zusammengefasst (*Adv. Praxean* 10,1).

Der Begriff „Monarchianismus“ kann freilich auch in einem ganz anderen Sinne aufgefasst werden. Denn man kann sich ja noch eine andere Weise denken, an der Unterscheidung von Vater, Sohn und Geist festzuhalten, ohne die Einzigkeit Gottes aufzugeben – so nämlich, dass man Vater, Sohn und Geist als unterschiedliche *Erscheinungsweisen* des einen Gottes deutet. Demnach hätte sich Gott in der Geschichte des Volkes Israel als Vater geoffenbart, in Jesus von Nazareth als Sohn und in der Zeit der Kirche als Heiliger Geist. Immer ist es derselbe eine Gott, der sich als Vater, als Sohn oder als Geist offenbart. Man nennt diese Art des Monarchianismus deshalb auch „Modalismus" (von lateinisch *modus*). Sie bezeichnet die Art und Weise, wie der eine Gott in der Geschichte jeweils erscheint oder wirkt.

Theologiegeschichtlich verbindet sich mit dem Modalismus vor allem ein gewisser Sabellius. Dieser Sabellius, ein Priester aus Libyen oder Ägypten, vertrat zu Beginn des 3. Jahrhunderts die Auffassung, dass die Offenbarung Gottes als Schöpfer und Gesetzgeber eine *erste* Erscheinungsweise, seine Offenbarung als Erlöser eine *zweite* Erscheinungsweise und seine Gegenwart im Heiligen Geist eine *dritte* Erscheinungsweise desselben unteilbaren göttlichen Wesens seien.

Will der Modalismus betonen, dass in Jesus Gott selbst begegnet, so läuft er damit Gefahr, die Unterschiedenheit von Vater und Sohn zu vernachlässigen: Der Sohn wird zur „Seinsweise" (Modus) des Vaters; der Vater leidet und stirbt am Kreuz („Patripassianismus"). Will hingegen der Adoptianismus die Einzigkeit Gottes dadurch wahren, dass er Christus nicht „Gott" nennt, sondern ihn – sei es bei der Empfängnis, der Taufe oder der Auferweckung – als angenommenen „Sohn Gottes" versteht, so läuft er Gefahr, in Christus ein Zwischenwesen zu sehen, das selbst erlösungsbedürftig ist. Eine – vorläufige – Lösung versprachen die Überlegungen des Origenes. Hoffte der Alexandriner doch, das Verhältnis von Vater und Sohn unter Zuhilfenahme mittelplatonischer Kategorien plausibel zu machen.

5.2 Ein spannungsvolles Verhältnis: platonische Metaphysik und christliche Theologie

In der Spätantike war es insbesondere platonisches Denken, das den christlichen Theologen einen Begriffsrahmen zu liefern versprach, mit dessen Hilfe sie den christlichen Glauben als „wahre Philosophie" ausweisen konnten. Warum war das so?

Das Fundament der platonischen Philosophie ist Platons Lehre von den Ideen. Nach Platon ist alles, was mit den Sinnen wahrgenommen wird, die materielle Konkretion einer idealen Wirklichkeit. Für Platon waren die verschiedenen Ideen aber nicht das Letzte. Ausgehend von der Beobachtung, dass es mehr oder weniger allgemeine Ideen gibt – die Idee „Pflanze" beispielsweise ist eine allgemeinere Idee als die Idee „Baum" –, unterstellte Platon die Existenz einer allgemeinsten Idee. Als diese Idee identifizierte er in der *Politeia* die Idee des Guten (509b). Diese Idee ist einerseits die allgemeinste Idee; zugleich ist sie absolut transzendent. Das Gute ist, so Platon im Sonnengleichnis, allgemeiner noch als das Sein und somit „jenseits des Seins" (ἐπέκεινα τῆς οὐσίας).

Auf Menschen, die in der Spätantike an einen einzigen Gott glaubten – und dies waren nicht nur die Juden und die Christen; vielmehr ist die Spätantike insgesamt dadurch charakterisiert, dass sich religiöse Vorstellungen monotheistischen Ideen zuneigten –, musste Platons Konzeption außerordentlich faszinierend wirken. War hier nicht ein Philosoph allein durch begriffliche Anstrengung zu der Idee einer transzendenten Wirklichkeit gelangt, die dem Gottesbegriff des strengen Monotheismus sehr verwandt war?

In der Spätantike erfuhr die platonische Philosophie eine neuerliche Blüte. Im Unterschied zur klassischen Periode spricht man in diesem Zusammenhang oft vom Mittleren Platonismus.[14] Seine Vertreter – darunter Plutarch von Chaironeia, Apuleios von Madaura, Attikos und Numenios von Apameia – lebten in den ersten Jahrhunderten christlicher Zeitrechnung. Wie Platon unterstellten die Mittelplatoniker die Existenz ewiger und zugleich unwandelbarer Ideen. Hinzu trat nun eine zunehmend differenzierte Kosmologie, eine Lehre vom Ursprung und vom Aufbau der Welt. Begriff man das transzendente Eine, das Gute an sich, zugleich als das Göttliche, so konnten die Ideen, von denen Platon sprach, als Ideen in einem göttlichen Verstand (νοῦς) aufgefasst werden. Dieser Gedanke lag umso näher, als Aristoteles im 12. Buch seiner *Metaphysik* die höchste Wirklichkeit als „sich selbst denkendes Denken" begriffen hatte, als νόησις νοήσεως (1074b34). Zusammen mit dem urspünglichen Einen und der Materie ist der νοῦς bei Numenios ein drittes Prinzip der Wirklichkeit. Damit deutet sich bei Numenios bereits die spätere neuplatonische Konzeption vom Hervorgang des Wirklichkeitsganzen aus einem ursprünglichen Einen an.

Ging es den Nachfolgern von Platon und Aristoteles nicht zuletzt darum, das Denken beider miteinander zu versöhnen, so bot sich mit der

[14] Vgl. Clemens Zintzen (Hrsg.), *Der Mittelplatonismus* (Wege der Forschung 70), Darmstadt 1981; Franz Schupp, *Geschichte der Philosophie im Überblick*, Bd. 1: *Antike*, Hamburg 2003, S. 388–408.

aristotelischen Bestimmung des Höchsten als „sich selbst denkendes Denken“ ein Brückenschlag geradezu an: Das platonische Gute, jenseits des Seins, kann als Prinzip aller Ideen aufgefasst werden. Und als solches wiederum kann es als Grund und Ursprung von allem gedeutet werden, als τὸ θεῖον, „das Göttliche“, das erste und letzte Prinzip aller Wirklichkeit. Dabei darf „das Göttliche“ – oder auch „der Gott“ – keinesfalls als eine personale Wirklichkeit aufgefasst werden, wie es in den biblischen Texten geschieht. Im Verständnis der griechischen Philosophie ist „das Göttliche“ nichts anderes als ein letztes Prinzip, in dem das Wirklichkeitsganze gründet und von dem her es erklärt werden kann.

Ein erstes Prinzip aller Wirklichkeit zu identifizieren, war freilich nur ein Teilaspekt philosophischen Bemühens. Ebenso wichtig war die Frage, wie das transzendente Eine, der unerkennbare Ursprung aller Wirklichkeit, mit der Vielheit der konkret vorfindlichen Wirklichkeit vermittelt ist. Wie kommt es von der ursprünglichen Einheit des göttlichen Prinzips zur Vielheit der Welt? Dies ist die grundlegende Frage jener Denker, die als „Neuplatoniker“ gelten dürfen.

Im Rahmen des Neuplatonismus gewann die philosophische Logoslehre eine zentrale Bedeutung. Denn der Logos wurde von vielen – besonders von den Stoikern – als eine Art „Weltvernunft“ (λόγος τοῦ παντός) betrachtet, die alles Seiende durchwirkt. Als *Logos*, als Wort und Vernunft, ordnet der *Nous*, das ursprüngliche Denken, das Wirklichkeitsganze. Und deshalb ist jede wahre Erkenntnis der Wirklichkeit zugleich Erkenntnis des in der Wirklichkeit als Logos waltenden Nous. Die platonischen Ideen als Gedanken des Nous und den Nous als Urbild der Wirklichkeit zu deuten, wie es Numenios und dann die Neuplatoniker taten, drängte sich dabei förmlich auf.

Aber damit nicht genug. Fasst man nämlich – gut platonisch – die Ideen im göttlichen *Nous* als ewig und unwandelbar auf, dann ist noch nicht geklärt, wie es in der Welt zu Werden und Vergehen, zu Bewegung und Veränderung kommt. Hierfür machten die Platoniker ein weiteres Prinzip geltend. Dieses nannten sie „Seele“ (ψυχή). „Seele“ meint dabei zunächst nichts anderes als das immanente Prinzip jeder Bewegung. Während leblose Dinge Veränderungen immer nur von außen erfahren, tragen belebte Wesen – wie die Pflanzen oder die Tiere – das Prinzip ihrer Veränderung in sich selbst. Als universales Prinzip alles Veränderlichen, als „Weltseele“ (ψυχή τοῦ παντός), durchwirkt die Seele den von Ewigkeit her bewegten Kosmos. In den *einzelnen* Seelen, in den Lebewesen ebenso wie im Menschen, ist die Weltseele gleichsam individualisiert und materialisiert.

Von daher ergibt sich in mittelplatonischer Perspektive für das Wirklichkeitsganze eine Hierarchie des Seins: An ihrer Spitze steht das transzendente und unerkennbare Eine (ἕν); ihm folgt die ursprüngliche Vielfalt des Geistes (νοῦς). Diesem wiederum folgt die Weltseele (ψυχή τοῦ παντός). Und diese wiederum „informiert" die an sich gestaltlose Materie (ὕλη), indem sie ihr Formen und Bestimmungen verleiht. Dieses ontologische Schema ist grundlegend für das Denken auch der Neuplatoniker.

Deren Philosophie kann als erneuter Versuch charakterisiert werden, Platon und Aristoteles miteinander zu versöhnen. Allerdings dominieren bei den Neuplatonikern metaphysische Themen, wohingegen die bei Platon und Aristoteles nicht unwichtige politische Philosophie in den Hintergrund tritt. Im Rahmen der Metaphysik geht es vor allem um die Beziehung zwischen Einheit und Vielheit sowie um die Frage, wie das Viele aus der ursprünglichen Einheit hervorgeht.

Nach Platon ist das, was allen flüchtigen Erscheinungen zugrunde liegt und deshalb allein Gegenstand gewisser und wahrer Erkenntnis sein kann, der Bereich der ewigen und unveränderlichen Ideen. Alles menschliche Erkennen muss sich deshalb, will es den wahren Gehalt der Dinge erfassen, auf die Erkenntnis der den Erscheinungen zugrunde liegenden Ideen richten. Demgegenüber hatte bereits Aristoteles kritisch zu bedenken gegeben: In jedem Erkennen eines Gegenstandes ist das zuerst Erkannte gerade nicht die abstrakte, allgemeine, unvergängliche Idee, sondern das konkret Vorliegende, das „Dieses-da" (τὸδε τι). Dieses bietet sich der sinnlichen Wahrnehmung (αἴσθησις) dar. Und nur von ihr her lässt sich erkennen, *was* etwas ist (τι ἐστίν). Die Ideen sind deshalb lediglich Abstraktionen, die der menschliche Verstand im Ausgang von sinnlichen Wahrnehmungen vornimmt, nicht aber selbstständige Wirklichkeiten, die unabhändig von den Dingen existieren.

Die Nachfolger Platons und Aristoteles' suchten beide Positionen unter anderem dadurch miteinander zu versöhnen, dass sie danach fragten, wie sich in der Welt allgemeine Ideen und konkrete Dinge zueinander verhalten und wie beides miteinander vermittelt ist. Bereits Speusippos (gest. 339 v. Chr.), ein Schüler Platons, nahm ein stufenweises Hervorgehen der Natur der Dinge aus dem ursprünglichen Einen an. Dieses ursprüngliche Eine (ἕν) dürfe als das Allgemeinste gelten, weil von jeder beliebigen Wirklichkeit gesagt werden kann, dass sie „eine" ist. Mit dieser Konzeption nimmt Speusippos Grundgedanken neuplatonischer Philosophie vorweg.

Deren wichtigster Denker, Plotin, lebte im dritten nachchristlichen Jahrhundert; um 270 ist er gestorben. Auch nach Plotin gibt es eine Hierarchie der Wirklichkeit. Sie reicht vom ursprünglichen Einen über die Weltvernunft und die Weltseele bis hinab zur planvoll geordneten Welt (κόσμος). Plotin nennt die verschiedenen Stufen des Seins „Hypostasen" (ὑπόστασεις), d. h. „in-sich-ständige Wirklichkeiten". Deren vollkommenste ist das differenzlos Eine. Seine Vollkommenheit ist wesentlich dadurch gegeben, dass es weder in sich selbst noch gegenüber irgendetwas anderem in irgendeiner Hinsicht unterschieden ist.

Vermittelt sind die Hypostasen des Seins dadurch, dass die jeweils vollkommenere – weil durch einen höheren Grad an Einheit ausgezeichnete – Hypostase ihr Sein der ihr nachgeordneten Hypostase mitteilt. Plotin nennt diese Mitteilung „Emanation", ein „Überquellen" des Seins (ἀπόρροια). Auf diese Weise kann Plotin den sichtbaren Kosmos als Resultat einer zeitlosen Hervorbringung der Dinge begreifen, deren transzendentes Prinzip das ursprüngliche Eine ist.

Standen bei Platon die verschiedenen Sphären der Wirklichkeit – die Ideen und die Körperwelt – noch unverbunden nebeneinander, so sind beide im Neuplatonismus durch die Emanationen des Seins aus einer ursprünglichen Fülle bzw. durch die Teilhabe (μέθεξις; lat. *participatio*) des Seienden am Sein ontologisch aufeinander bezogen. Hieraus entsteht der Gedanke einer mehrfach gestuften Hierarchie des Seins, an deren Spitze die reine und in keiner Weise durch Differenz gekennzeichnete Einheit steht. Die äußerste Vielheit hingegen ist die aus dem ursprünglichen Einen hervorgegangene Menge der Einzeldinge. Dieser Hervorgang kann durch unterschiedliche Stufen des Seins – vor allem durch die unveränderlichen Ideen, aber auch durch die Seele als Prinzip jeder Veränderung – vermittelt sein. So gibt es in neuplatonischer Perspektive einen Hervorgang der Einzeldinge aus den allgemeinen Ideen und der Einzelseelen aus einer universalen Weltseele.

Sowohl die Einzeldinge als auch die Einzelseelen bleiben jedoch ihrem Sein nach (ontologisch) auf ihren Ursprung zurückbezogen. Deshalb ergibt sich beispielsweise bei dem Neuplatoniker Proklos (gest. 485) für das Wirklichkeitsganze – im Großen wie im Kleinen – die Trias von ursprünglichem „Verweilen" (μονή), „Hervorgang" (πρόοδος, lat. *processio*, auch *exitus*) und „Rückkehr" (ἐπιστροφή, lat. *regressio*, auch *reditus*).

Den Neuplatonikern zufolge hat alles seinen Ursprung im Einen, ist aus ihm hervorgegangen und wird wieder zum Einen zurückkehren. Diese ontologische Dynamik kann in theologischer Perspektive schöpfungstheologisch und heilsgeschichtlich interpretiert werden: Alles Geschaffene hat seinen Ursprung in Gott; es wurde durch sein schöpferisches Wirken ins Sein gerufen und wird dereinst in Gott seine Vollendung finden.[15]

Die Faszination, die neuplatonisches Denken auf die christlichen Theologen ausüben musste, lässt sich unschwer nachvollziehen. Da war zunächst die Rede von einem transzendenten *Einen* als dem Ursprung aller Wirklichkeit. Bereits der jüdische Philosoph Philo hatte dieses Eine mit dem Gott der Bibel identifiziert. Christliche Theologen taten es ihm gleich. Da war ferner die Rede von einer göttlichen *Vernunft*, die alles durchwaltet. Der Johannesprolog sagt vom göttlichen Logos genau dies: „Alles ist durch ihn geworden, und ohne ihn ist auch nicht eines geworden, das geworden ist“ (Joh 1,3). Und da war schließlich die Rede von einem göttlichen *Geist*, der alles belebt. Entsprechend heißt es im Johannesevangelium: „Der Geist ist es, der lebendig macht“ (Joh 6,63). Sollte es da nicht eine gemeinsame Grundlage geben, auf der sich platonische Philosophen und christliche Theologen miteinander verständigen konnten?

5.3 Ein „zweiter Gott“? Der christliche Platonismus des Origenes

Bereits Clemens von Alexandria hatte die Philosophie als Propädeutik, d. h. als intellektuelle Vorbereitung für den christlichen Glauben und die Theologie verstanden. Origenes von Alexandria (gest. 253 oder 254) ging noch einen Schritt weiter, indem er das philosophische Denken des Mittleren Platonismus für unerledigte theologische Herausforderungen nutzbar zu machen suchte. Dazu zählte im 3. Jahrhundert vor allem die Frage, wie sich nach christlichem Verständnis der Vater, der Sohn und der Heilige Geist zueinander verhalten.

Die vorliegenden „Lösungen“ konnten Origenes nämlich nicht zufriedenstellen. Die theologischen Defizite des Adoptianismus erkannte er ebenso klar wie die des Modalismus. Der Modalismus beispielsweise konnte der

[15] Viele Theologen der Alten Kirche und des Mittelalters haben vor dem Hintergrund dieses ursprünglich neuplatonischen Schemas die biblisch bezeugte Heilsgeschichte als universales kosmisches Drama interpretiert, das mit dem Sündenfall begonnen hat. Seine Mitte hat dieses Drama im Erlösungswerk Christi gefunden; aus ihm wiederum ist die Kirche hervorgegangen, welche mit dem als Richter wiederkehrenden Christus die endzeitliche Vollendung der Gottesherrschaft erwartet.

Gefahr des Patripassianismus nur dadurch entrinnen, dass er die Menschwerdung Gottes relativierte. Die modalistische Vorstellung, dass der Vater selbst am Kreuz gelitten hat und gestorben ist, war für Origenes jedenfalls unannehmbar; denn wie sollte der unveränderliche Gott leiden können? Der Adoptianismus hingegen schien Origenes zu blass: Demnach war Jesus nur ein besonderer, von Gott erwählter Mensch.

Hinweise für eine dem Offenbarungsglauben angemessenere Bestimmung der Beziehung zwischen Vater, Sohn und Geist durfte Origenes von den Mittelplatonikern und ihrer Metaphysik erwarten. Dabei ist es keineswegs so, als hätte sich Origenes den Mittelplatonikern kritiklos anvertraut. In allen seinen Schriften ist das Bemühen zu spüren, den biblischen Texten ebenso gerecht zu werden wie der kirchlichen Verkündigung. Aus dieser Spannung erwächst seine Theologie: aus der Konkretheit der göttlichen Offenbarung in Raum, Zeit und Geschichte einerseits und dem Bemühen, diese Offenbarung philosophisch verantwortet zu verstehen und zu vermitteln andererseits.

Zunächst einmal übernimmt Origenes wesentliche Elemente der mittelplatonischen Begrifflichkeit. So nennt er Vater, Sohn und Geist „Hypostasen“, d. h. in-sich-ständige Wirklichkeiten. Origenes begreift den Vater als erste Hypostase und als das uranfängliche Prinzip von allem. Der Vater ist der transzendente Grund aller Wirklichkeit; er ist in sich unerkennbar, weil reine und differenzlose Einheit. Zugleich aber ist der Vater auch – und hier bezieht sich Origenes auf die biblischen Zeugnisse – reine Liebe, Güte und überströmende Vollkommenheit. Die überströmende Güte des Vaters ist der Grund, warum es überhaupt so etwas wie Schöpfung gibt – eine Wirklichkeit also, die verschieden ist von Gott.

Allerdings bringt der transzendente Grund alles Seienden zunächst ein ideales Urbild der Schöpfung hervor. Dieses Urbild der Schöpfung ist der Logos, der ewige Sohn, aus dem Vater nicht geschaffen, sondern „gezeugt“ vor aller Zeit. Er ist die zweite Hypostase. Der Sohn ist – wie es in jüdischer Tradition nach Spr 8,22–31 die „Weisheit“ ist – Schöpfungsmittler. Schöpferisch wirkt der Sohn, indem er – wieder außerhalb von Raum und Zeit – eine Welt reiner Geistwesen (λογικά) erschafft.

Die Vermittlung dieser ursprünglich rein geistigen Schöpfung mit der materiellen und insofern der Veränderlichkeit unterworfenen Welt ist erst eine Folge der Sünde. Sie ist eine Konsequenz, die aus der Freiheit der von Ewigkeit her geschaffenen Geistwesen resultiert. Denn nach Origenes sind die reinen Geistwesen von Gott wesentlich als freie Wesen geschaffen. Ihre Bestimmung ist es, sich dankend, preisend und liebend ihrem Schöpfer zuzuwenden.

Einige Geistwesen aber haben ihre Freiheit in dem Sinne missbraucht, dass sie sich von Gott abgekehrt haben. In seiner unverbrüchlichen Güte und Fürsorge hat Gott dieser Abkehr jedoch ein Woraufhin geschaffen. Dieses Woraufhin ist die raumzeitlich verfasste Welt. In ihr verkörpern sich die freien Geistwesen, die sich von Gott abgewendet haben: Sie werden als Menschen geboren. Zugleich erhalten sie in der raumzeitlichen Welt die Möglichkeit, sich durch Glaube, Liebe und Hoffnung zu bewähren, um sich erneut auf Gott hin auszurichten. Die raumzeitliche Welt ist demnach weder Gefängnis noch Strafe; sie ist vielmehr das Feld göttlicher Pädagogik.

Im Erkennen ihrer ursprünglichen Bestimmung und im Befolgen der göttlichen Gebote beginnt für die materialisierten Geistwesen die Rückkehr zu Gott. Dabei hilft ihnen Gott erneut, und zwar dadurch, dass der göttliche Logos Mensch wird. Jesus Christus offenbart die Wahrheit über das Wirklichkeitsganze, dessen Herkunft und dessen Bestimmung. Christus offenbart – darin den gnostischen Erlösergestalten, aber auch dem „Lehrer" (διδάσκαλος) des Clemens vergleichbar – die Wahrheit über Gott, Welt und Mensch. Denn Christus ist ja das „Ebenbild des unsichtbaren Gottes" (Kol 1,15), und wer Christus sieht, der sieht den Vater, wie Origenes mit Joh 14,9 in seinem dogmatischen Hauptwerk *Peri Archon* (Περὶ ἀρχῶν, lat.: *De principiis*) betont (I 2,6; II 4,3).

Auf diese Weise identifiziert Origenes den transzendenten Urgrund von allem, das ursprüngliche Eine (ἕν) der Platoniker, mit dem biblischen Schöpfergott. Im reinen Geist (νοῦς) der Platoniker erblickt er den präexistenten Logos, von dem neutestamentlich vor allem im Johannesprolog die Rede ist. Und in der belebenden und für den Wandel in der Welt verantwortlichen Weltseele (ψυχή τοῦ παντός) erkennt Origenes eine Entsprechung zum Heiligen Geist.

Diese Überlegungen klingen vielleicht etwas ungewohnt und spekulativ, im Ganzen aber doch auch irgendwie plausibel. Dennoch verbirgt sich in ihnen ein zunehmend als herausfordernd empfundenes Problem. Denn als Ebenbild des Vaters und als dessen Sohn ist Christus zwar eine göttliche Hypostase, d. h. eine in-sich-ständige göttliche Wirklichkeit. Aber er ist doch eine abgeleitete und deshalb ihrem Seinsgrad nach (ontologisch) nachrangige Hypostase (*Peri Archon* I 2,2). Denn allein der Vater ist ohne Anfang; anders als der Sohn ist er der Ursprung (ἀρχή) von allem – auch des Sohnes – und somit der Ursprung schlechthin. Er ist „Gott selbst", αὐτοθεός, oder auch „*der* Gott": ὁ θεός, so Origenes im Blick auf Joh 1,1 (ὁ λόγος ἦν πρὸς τὸν θεόν). Der Sohn hingegen ist lediglich „Gott" (ohne

Artikel): καὶ θεὸς ἦν ὁ λόγος (*In Joh.* II 32).[16] Diese terminologische Unterscheidung begegnet bereits bei Philo von Alexandria (*Somn.* I 229f.) und Justin (*Dial.* 61,1), wenn diese die Beziehung des göttlichen Logos zum ewigen Schöpfer des Universums näher bestimmen – einmal natürlich in jüdischer, einmal in christlicher Perspektive.

In seiner Auseinandersetzung mit dem nur in christlicher Polemik greifbaren mittelplatonischen Philosophen Kelsos nennt Origenes – wiederum im Anschluss an Philo (*Leg. alleg.* 2,86) und Justin (*Dial.* 56,4; 128,4) – den Sohn einen „zweiten Gott" (δεύτερος θεός: *C. Cels.* V 39). Mit Bezug auf Kol 1,15, wo von Jesus als dem „Erstgeborenen der ganzen Schöpfung" die Rede ist, wird der Sohn auch das „älteste von allen Geschöpfen" genannt (*C. Cels.* V 37), mit Bezug auf Spr 8,22 („Gott schuf mich am Anfang seines Wegs, vor seinen anderen Werken, vor aller Zeit") auch einmal als „Geschöpf" (κτίσμα: *Peri Archon* IV 4,1) bezeichnet – ein Geschöpf freilich, das nicht in der Zeit, sondern von Ewigkeit her aus dem Vater gezeugt ist. Mit einem Wort: Die Theologie des Origenes ist subordinatianistisch. Erkennbar ist auch, dass in der Beziehung von Vater und Sohn die Position des Heiligen Geistes unterbestimmt bleibt. Tatsächlich wird der Geist von Origenes nirgendwo in seinen Schriften „Gott" genannt.

Gleichwohl spielt der Heilige Geist für Origenes eine zentrale Rolle, und zwar vor allem in seiner Theologie des geistlichen Lebens. Diese Theologie fußt nicht zuletzt auf seinem Schriftverständnis. Denn nach Origenes erschöpft sich der Sinn der Heiligen Schrift nicht in deren wörtlichem Verständnis, das aus einer rein literarisch-philologischen Analyse der Bibel resultiert. Vielmehr bergen die Texte der Bibel eine tiefere Bedeutung, die sich erst in einem geistlichen Zugang erschließt. Entsprechend der philologischen Schule in Alexandria, in deren Tradition auch Philo steht, unterscheidet Origenes bei seiner Interpretation der Bibel einen „mehrfachen Schriftsinn" (vgl. *Peri Archon* IV 2,1–3,15). Genügt dem einfachen Gläubigen der wörtliche oder literarische („somatische") Sinn der Schrift, so hat die Theologie auch den „seelischen" („psychischen") und schließlich den „geistlichen" („pneumatischen") Sinn der Schrift zu erheben.

Der Mönchstheologe Johannes Cassian (gest. um 435) entwickelte die biblische Hermeneutik des Origenes in einer Weise fort, die für die gesamte mittelalterliche Schriftauslegung prägend werden sollte. An Origenes an-

[16] Vgl. Norbert Brox, *„Gott" – mit und ohne Artikel. Origenes über Joh 1,1*, in: Biblische Notizen 66 (1993), S. 32–39.

knüpfend und zugleich über ihn hinausgehend unterscheidet Cassian vier Bedeutungen des biblischen Textes (*Coll.* 14,8): seinen „Literalsinn", d. h. die wörtliche, „historische" Bedeutung, ferner seinen „typologischen Sinn", d. h. seine Bedeutung für den Glauben, sodann den „tropologischen Sinn", der das sittliche Verhalten und die Befindlichkeit der Seele betrifft, sowie schließlich den „anagogischen Sinn", in dem sich die Bedeutung des jeweiligen Bibeltextes mit Blick auf die Vollendung erschließt. Die Psalmen beispielsweise sind in ihrer wörtlichen Bedeutung Dichtungen Davids und prophetische Gebete Christi; in ihrer allegorischen Bedeutung sind sie Gebete der Kirche, insofern diese der Leib Christi ist. In ihrer tropologischen Bedeutung sollen die Psalmen das Gebet und das Leben jedes einzelnen Christen bestimmen. Und in ihrer anagogischen Bedeutung zielen die Psalmen auf das Lob und die Verherrlichtung Gottes in seiner ewigen Herrlichkeit. Ein Augustinus von Dacien (gest. 1282) zugeschriebener lateinischer Merkspruch fasst die vier Bedeutungsdimensionen des biblischen Textes zusammen: „Der Buchstabe lehrt die Geschehnisse; was du glauben sollst, die Allegorie; die Moral, was du zu tun hast; wohin du streben sollst, die Anagogie" *(Littera gesta docet; quid credas allegoria; moralis quid agas; quo tendas anagogia).*

Diese biblische Hermeneutik wurde bisweilen mit den drei sogenannten „göttlichen Tugenden" Glaube, Liebe und Hoffnung in Verbindung gebracht (vgl. 1 Kor 13). Dabei kann der allegorische Sinn eines biblischen Textes mit der Tugend des Glaubens, der tropologische Sinn mit der Tugend der Liebe und der anagogische Sinn mit der Tugend der Hoffnung in eine Beziehung gesetzt werden.

Auch jüdische Gelehrte legten die heiligen Schriften in einer vierfachen Perspektive aus. Diese Methode wird oft mit dem Akronym PaRDeS abgekürzt. Dabei steht „P" für das hebräische *pshat*, die einfache, wörtliche Bedeutung; „R" steht für *remes*, d. h. Anspielung, Allegorie; „D" steht für *darash*, die interpretative, homiletische Bedeutung (von daher auch *Midrash*). Und der letzte Konsonant „S" steht für *sod*, „Geheimnis", und deutet die mystische Bedeutung der heiligen Texte an. Im Mittelalter wird unter anderem Moshe ben Maimon (lateinisch Moses Maimonides, 1135–1204), dessen auf Arabisch verfasstes Hauptwerk „Führer der Unschlüssigen" zunächst ins Hebräische, dann (vor 1230) unter dem Titel *Dux neutrorum* auch ins Lateinische übersetzt und beispielsweise von Thomas von Aquin (1225–1274) aufmerksam gelesen wurde, sich darum bemühen, hinter dem wörtlichen Sinn der Heiligen Schrift einen „esoterischen" Sinn aufzuspüren.

Die biblische Hermeneutik des Maimonides hat die christliche Exegese besonders im 14. und 15. Jahrhundert nachhaltig beeinflusst. Zuvor schon hatten unter anderem Hugo von Sankt Viktor (gest. 1141) in seinem *Didascalicon* („Studienbuch") und Bonaventura (gest. 1274) im Prolog zu seinem *Breviloquium* („Kurzdarstellung des christlichen Glaubens") die Lehre vom vierfachen Schriftsinn vertreten. Auch die Reformatoren haben sich ihrer bedient. Dabei erlangte für Luther der „tropologische Sinn" – die Auslegung des biblischen Textes mit Blick auf seine Bedeutung für den Glauben – ein besonderes Gewicht.

5.4 „Geschaffen" oder „ungeschaffen"? Der Konflikt zwischen Arius und Athanasius

Rückblickend, d. h. nach Abschluss der trinitätstheologischen Diskussionen im späten 4. Jahrhundert, musste das trinitätstheologische Modell des Origenes als defizitär erscheinen. Zu seiner Zeit jedoch war es ebenso bahnbrechend wie überzeugend. Denn es forderte keinen blinden Glauben, sondern war intellektuell und philosophisch anschlussfähig. Dies sicherte ihm eine nachhaltige Wirksamkeit selbst dann noch, nachdem das erste ökumenische Konzil, das im Jahr 325 auf Geheiß Kaiser Konstantins in Nizäa zusammengetreten war, die „Gleichwesentlichkeit" *(Homousie)* von Vater und Sohn dogmatisch verbindlich beschlossen hatte.

Kritisch gegenüber Modalismus und Sabellianismus betont der von Origenes profilierte Begriff der „Hypostase" die Eigenständigkeit von Vater und Sohn. Nach dem Tod des Origenes freilich entzündeten sich die theologischen Diskussionen genau hieran: Gefährdet der Begriff „Hypostase" nicht die Einheit Gottes? Denn ὑπόστασις meint ja im griechischen Denken eine selbstständige, in-sich-ständige Wirklichkeit. Kann es aber eine Mehrzahl von Hypostasen in Gott geben, ohne dessen Einheit zu gefährden? Wer freilich den Begriff der Hypostase ablehnte, sah sich nicht selten mit dem Vorwurf konfrontiert, eine modalistische Gotteslehre zu vertreten, wie sie Sabellius zugeschrieben wurde.

Vor diesem Hintergrund erklärt sich die Dynamik, ja Verbissenheit, mit der bis weit ins 4. Jahrhundert hinein über das Verhältnis von Vater, Sohn und Geist gestritten wurde.

Die trinitätstheologischen Auseinandersetzungen des gesamten 4. Jahrhunderts verbinden sich seit jeher mit dem Namen des Arius. Und dies, obwohl Arius selbst – ebenfalls aus Alexandria stammend – bereits 336 in Konstantinopel gestorben ist.

Der alexandrinische Presbyter Arius hatte die Unstimmigkeiten in der Theologie des Origenes präzise wahrgenommen. Wie verhält es sich mit dem Logos: Ist er nun ein „zweiter Gott" – oder ist er das „erste der Geschöpfe"? Origenes war hier unentschieden geblieben. Nicht so Arius: Er betrachtete den Logos als das *erste* der Geschöpfe. Diese Entscheidung fiel Arius umso leichter, als sie die philosophisch durchaus plausiblere Entscheidung war. Wesentlich und deshalb unabdingbar für eine vollkommene Wirklichkeit ist es nach Auffassung der spätantiken Philosophen, dass diese Wirklichkeit reine Einfachheit ist, d. h. dass sie in sich nicht weiter differenziert ist. Das Vollkommene ist differenzlose Einheit – oder es ist nicht vollkommen. Ist nämlich eine Wirklichkeit zusammengesetzt, dann kann man immer danach fragen, worin diese Zusammensetzung gründet, was ihr Prinzip ist. Und dieses Prinzip wäre ursprünglicher – und insofern vollkommener – als das Zusammengesetzte selbst.

Gott also in sich differenziert zu denken – unterschieden in Vater und Sohn und womöglich noch den Geist –, das hieße nach Arius, ihn nicht als vollkommene Wirklichkeit zu denken. Gott aber nicht vollkommen zu denken – das wäre ein Widerspruch in sich. Im Horizont des sich zunehmend Geltung verschaffenden Monotheismus der Spätantike ist ein unvollkommener Gott nicht etwa ein minderer Gott, sondern überhaupt kein Gott.

Aus philosophischen Gründen also betrachtet Arius den Logos als Geschöpf. Und das bedeutet für ihn: Der Vater und der Sohn sind ihrem Wesen nach verschieden. Gegen Origenes verwarf Arius die Vorstellung von einer ewigen *Zeugung* des Sohnes aus dem Vater. Stattdessen sprach er von dessen Erschaffung. Da mit der Erschaffung des Logos etwas *Neues* Wirklichkeit wurde, konnte Arius sagen: Es gab eine Zeit, in der der Logos nicht war (ἦν ποτε ὅτε οὐκ ἦν). Dies galt auch dann, wenn die Erschaffung des Logos der Erschaffung der Welt vorauslag. Trotz seiner Präexistenz ist der Logos in Bezug auf den Vater nicht gleichewig. Und deshalb sind Vater und Sohn ihrem Wesen nach verschieden. Allein der Vater ist ohne Anfang und deshalb „ungeworden" (ἀγέννητος), der Sohn hingegen ist „geworden" (γεννητός). „Gott" ist der Sohn demnach nur seiner Würde, nicht aber seinem Wesen nach.[17]

---

[17] Γεννητός kann sowohl mit „geworden" wie auch als „geboren" übersetzt werden, ἀγέννητος mit „ungeworden" oder „ungeboren". Bereits Ignatius von Antiochia (*Eph.* 7,1–2) verwendet die Begriffe christologisch. Beide verweisen auf ontologische Beziehungen, sei es in der Zeit oder in der Ewigkeit. So können spätere Theologen wie Johannes von Damaskus (*De fide orthod.* I 8) den Sohn in seiner Gottheit als γεννητός bezeichnen; ἀγέννητος ist allein der Vater.

Zweifellos trägt die Theologie des Arius subordinatianistische, ja adoptianistische Züge. Trotzdem wirkte sie auf viele seiner Zeitgenossen überzeugend: Zum einen genügte sie dem philosophischen Begriff einer vollkommenen und höchsten Wirklichkeit jenseits allen Seins, die als solche in sich nicht weiter differenziert gedacht werden durfte. Zum anderen respektierte sie den biblischen Monotheismus, den Juden und Christen weiterhin teilten. Die Konzeption des Arius kann deshalb als frühes Beispiel für eine Theologie gelten, die philosophischen Kriterien nicht nur entsprach, sondern sich von ihnen her überhaupt erst entfaltet. Seit der Aufklärung wird eine solche Theologie „rationalistisch" genannt.

Viele Zeitgenossen des Arius spürten freilich, dass sein philosophisch durchaus plausibler Zugang zur Wirklichkeit Gottes das Heilswirken dieses Gottes nur unvollkommen zur Sprache brachte. Reichte es aus, Christus als ein Geschöpf aufzufassen, als Gott allenfalls „der Würde nach"? Und worin bestünde das Heilswerk dieses „geschaffenen Gottes"? Kann ein „Gott der Würde nach" die Menschen erlösen?

Es war besonders Athanasius, seit 328 Bischof von Alexandria, der die soteriologische Dimension der trinitätstheologischen Debatte betonte. Als Diakon hatte er seinen Amtsvorgänger, Bischof Alexander von Alexandria, auf dem Konzil von Nizäa begleitet. Kaiser Konstantin hatte dieses erste reichsweite Konzil im Jahr 325 nach Nizäa einberufen, dem heutigen Iznik in der Türkei, nachdem er wenige Monate zuvor zum Alleinherrscher über das Römische Reich aufgestiegen war. Der politischen Einheit des Reiches wollte er nun die religiöse Einheit folgen lassen. Die aber schien durch den Streit um die Theologie des Arius zutiefst gefährdet.

Wahrscheinlich auf Veranlassung seines theologischen Beraters, des Bischofs Ossius aus dem spanischen Cordoba (gest. 359), hatte Kaiser Konstantin auf dem Konzil das berühmte „homousios" (ὁμοούσιος; „gleichwesentlich") in das christliche Glaubensbekenntnis aufnehmen lassen: Gott-Vater und Gott-Sohn sind eines Wesens; sie sind gleichwesentlich. Der Sohn ist weder „erstes Geschöpf" noch „zweiter Gott", wie es bei Origenes hieß. Nein: Der Sohn ist „eines Wesens mit dem Vater", ὁμοούσιος τῷ πατρί (DzH 125).

Zwar bemängelten die in Nizäa versammelten Bischöfe, dass der Begriff *homousios* nirgendwo in der Bibel vorkommt. Nicht zuletzt aufgrund des kaiserlichen Drucks, eine gemeinsame Bekenntnisformel zu verabschieden, stimmten sie ihm jedoch letztendlich zu, um die völlige Gleichartigkeit von Vater und Sohn zu betonen. Zwar spricht die Synode noch nicht von einer „ewigen Geburt" des Sohnes aus dem Vater; sie wendet sich aber gegen jede zeitliche Bestimmung im Verhältnis beider, wie sie etwa die Bezeichnung des Sohnes als des „Erstgeborenen vor aller Schöpfung" im Kolosserbrief (Kol 1,15) nicht ausgeschlossen hätte.

Die Synodenväter bedienten sich des philosophischen Begriffs der οὐσία, um den biblischen Titel des Sohnes näher zu bestimmen. Dieser hätte in Bezug auf den Vater durchaus subordinatianistisch interpretiert werden können. Allerdings spielte der Begriff ὁμοούσιος auf dem Konzil von Nizäa noch keineswegs jene zentrale Rolle, die ihm in den trinitätstheologischen Kontroversen in der zweiten Hälfte des 4. Jahrhunderts zukam. Wichtiger waren die inhaltlichen Bestimmungen des Konzils. So heißt es im Bekenntnistext von Christus, er sei „Sohn Gottes, als Einziggeborener aus dem Vater gezeugt, das heißt: aus dem Wesen des Vaters, Gott aus Gott, Licht aus Licht, wahrer Gott aus wahrem Gott, gezeugt, nicht geschaffen" (DzH 125).

Die Übersetzung des griechischen Verbs γεννάω („zeugen" oder „gebären") im Passiv wechselt übrigens in den lateinischen Texten. Wird γεννηθέντα in der Übersetzung des Glaubensbekenntnisses von Nizäa, die Hilarius von Poitiers (gest. 368) überliefert, beide Male mit „geboren" *(natum)* wiedergegeben, so heißt es in der lateinischen Übersetzung des Glaubensbekenntnisses, welches das Konzil von Konstantinopel (381) verabschiedet hat, einmal „ex patre *natum*" – aus dem Vater *geboren* –, einmal „*genitum* non factum" – *gezeugt*, nicht geschaffen (DzH 150). Es ist diese spätere Fassung – die Fassung des nach Nizäa zweiten ökumenischen Konzils –, welche in den lateinischen Text des *Missale Romanum* eingegangen ist.

So oder so: Alle diese Wendungen richten sich gegen die Theologie des Arius. Sie werden am Schluss des nizänischen Bekenntnisses durch eine fünffache Verwerfung ergänzt: „Diejenigen aber, die da sagen ‚es gab eine Zeit, da er nicht war' (ἦν ποτε ὅτε οὐκ ἦν) und ‚er war nicht, bevor er gezeugt wurde' (πρὶν γεννηθῆναι οὐκ ἦν), und er sei aus dem Nichtseienden geworden, oder die sagen, der Sohn Gottes stamme aus einer anderen Hypostase oder Wesenheit, oder er sei geschaffen oder wandelbar oder veränderbar, die belegt die katholische Kirche mit dem Anathema" (DzH 126). Verworfen wird demnach jede Form von Subordinatianismus oder gar Adoptianismus.

Bischof Alexander, seit 312 Bischof von Alexandria und somit Kirchenoberer des Arius, hatte dem Bekenntnis von Nizäa theologisch entscheidend vorgearbeitet. Gegen Arius betonte er die Ewigkeit der Sohnschaft. Vater und Sohn sind konstitutiv aufeinander bezogen; beide verhalten sich zueinander wie Urbild und Abbild. Neben dem Kolosserhymnus berief sich Alexander dazu auf den Christushymnus im Hebräerbrief. Demnach ist der Sohn in Bezug auf den Vater „Abglanz seiner Herrlichkeit und Abbild seines Wesens" (Hebr 1,3). Oder auf die Antwort Jesu an Philippus: „Wer mich gesehen hat, der hat den Vater gesehen" (Joh 14,9). Schon für Origenes waren diese Stellen zentral gewesen. Anders aber als Origenes interpretierte Alexander sie nicht subordinatianisch, sondern im Sinne der Gleichwesentlichkeit.

Seit dem Jahr 328 Nachfolger des Alexander auf dem Bischofsstuhl von Alexandria, profilierte sich Athanasius als entschiedener Verteidiger des ὁμοούσιος von Nizäa. Dabei trat er nicht so sehr als genialer Theologe hervor. Vielmehr war es seine Beharrlichkeit – man kann auch sagen: seine Sturheit –, mit der er zeitlebens auf dem ὁμοούσιος von Nizäa bestand. Von ihm aus entfaltete er seine Soteriologie: Das Wort Gottes „wurde Mensch, damit wir vergöttlicht würden" (*Incarn.* 54,3). Aber nur deshalb, weil der Sohn mit dem Vater wesenseins ist, konnte er die Menschen erlösen. Andernfalls wäre der Sohn selbst erlösungsbedürftig gewesen. Diese Glaubenswahrheit, so Athanasius, lasse sich nicht einfach durch den Hinweis auf Texte der Heiligen Schrift zum Ausdruck bringen, sondern nur mithilfe der nichtbiblischen Termini οὐσία und ὁμοούσιος.

Für Athanasius ist der Sohn gleichsam die Weltzugewandtheit des Vaters. Deutlicher als die Beziehung von Urbild und Abbild – oder auch von Licht und Abglanz – bringt seiner Auffassung nach das Verhältnis von Vater und Sohn zum Ausdruck, dass Gott niemals anders als in seinem Sohn redet und handelt. Der Vater ist niemals Vater ohne den Sohn. Beide sind gleich ewig. Beide sind Gott. Beide sind eines Wesens oder „wesenseins": ὁμοούσιος (vgl. *C. Arianos* I 14–16; 21–28 u. a.).

Freilich: Aus philosophischer Perspektive war die Position des Athanasius vollkommen abwegig. Und dies gleich aus mehreren Gründen. Einmal deshalb, weil in der Begriffsform des Neuplatonismus – und das hieß seinerzeit zugleich: intellektuell redlich – das Vollkommene widerspruchsfrei nur als einfach, d. h. in sich differenzlos gedacht werden kann. Das ursprüngliche Eine als in sich differenziert zu denken – unterschieden nämlich in Vater und Sohn *in* Gott –, widerspricht dem Begriff des Vollkommenen ebenso, wie es unsinnig ist zu behaupten, es gebe ein rundes Quadrat oder ein hölzernes Eisen.

Philosophisch abwegig ist die Position des Athanasius aber auch deshalb, weil das Vollkommene als „ungeworden" gedacht werden muss – der

Sohn hingegen ist vom Vater „gezeugt". In diesem Sinne ist er zwar nicht geschaffen, wohl aber „geworden". Ist der Sohn dann noch vollkommen?

Und schließlich: Nach neuplatonischer Auffassung ist der ursprüngliche Grund der Wirklichkeit in Bezug auf die Welt absolut transzendent und unerkennbar (ein Gedanke, der ähnlich auch in der Gnosis vertreten wurde). Nach Athanasius hingegen – der darin Irenäus folgt – ist Gott-Vater in seinem Sohn wesentlich auf die Welt *bezogen.*

Mit anderen Worten: Die Trinitätstheologie des Athanasius widerspricht der herrschenden Schulphilosophie; sie widerspricht der Metaphysik des Platonismus. Als weitaus überzeugender jedenfalls musste den Gebildeten unter seinen Zeitgenossen die Theologie des Arius erscheinen. Und das ist auch ein Grund dafür, dass nach 325 keineswegs alle Bischöfe dem Glaubensbekenntnis von Nizäa sofort begeistert zustimmten.

Angesichts der philosophischen Problematik des *homousios* muss man sich eigentlich wundern, dass dieser Begriff in Nizäa überhaupt die Mehrheit der Konzilsväter gefunden hat. Wenn die Konzilsväter ihn trotzdem als hilfreich erachteten, die Position des Arius zu verurteilen, so auch deshalb, weil seine Bedeutung im Grunde noch recht unbestimmt war. Jedenfalls taucht er in theologischen Texten vor 325 nur selten auf. Auf einen seiner Bedeutung nach unbestimmten Begriff aber kann man sich bekanntlich leicht verständigen. In der Mitte des 4. Jahrhunderts aber geriet dieser brüchige Konsens zunehmend ins Wanken.

5.5 Nicht bloß um Begriffe: Trinitätstheologische Kontroversen zwischen Nizäa und Konstantinopel

Das Ringen zwischen den Anhängern des Arius und denen des Athanasius um eine begriffliche Fassung der Trinitätslehre ist nicht zuletzt ein Ringen um das rechte Verhältnis von Philosophie und Theologie. Stellt doch die Philosophie jene Kategorien bereit, auf die keine Theologie verzichten kann, will sie ihren Wahrheitsanspruch nicht bloß behaupten, sondern mit guten Gründen plausibel machen. Um sich in einer bestimmten Zeit und Kultur verständlich zu machen, ist der christliche Glaube unausweichlich auf Denkformen verwiesen, die ihm in jener Epoche vorgegeben sind. Dass jedoch der christliche Glaube diesen Denkformen nicht sklavisch ausgeliefert ist, verdeutlichen die trinitätstheologischen Diskussionen des 4. Jahrhunderts eindrucksvoll. Sie führten zu terminologischen Klärungen von weitreichender Bedeutung.

Der Bekenntnistext von Nizäa lässt erkennen, dass die Konzilsväter die Begriffe οὐσία bzw. Wesen einerseits und ὑπόστασις bzw. Hypostase andererseits im gleichen Sinne verstanden hatten. Das Konzil belegt mit dem Anathem alle, die sagen, der Sohn Gottes stamme „aus einer anderen Hypostase *oder Wesenheit*“ als der des Vaters. Hier aber schrillten – wenn nicht sofort, so aber doch ab der Mitte des 4. Jahrhunderts und damit lange nach dem Tod des Arius – die theologischen Alarmglocken. Hat etwa der Sohn dieselbe Hypostase wie der Vater? Dies aber liefe auf den schon längst überwunden geglaubten Modalismus bzw. Sabellianismus hinaus! Waren die Verfechter des ὁμοούσιος also letzten Endes verkappte Sabellianer? Sabellius hatte die Einheit Gottes dadurch zu wahren versucht, dass er Vater, Sohn und Geist als jeweils unterschiedliche *Weisen* deutete, wie der eine Gott in der Welt wirkt. Nach Sabellius sind Vater, Sohn und Geist deshalb ὁμοούσιος. Sollte die von Nizäa 325 verbindlich vorgeschriebene Alternative zum Arianismus tatsächlich der Sabellianismus sein?

Und weiter: Wie viele Hypostasen gibt es denn nun in Gott? *Eine* Hypostase – das entspräche der Sprachregelung des Konzils von Nizäa. Oder *drei* Hypostasen – das wäre die Linie des Origenes. In der Mitte des 4. Jahrhunderts hielt die Mehrheit der Bischöfe die Rede von drei Hypostasen in Gott für sachgerecht – und zwar nicht zuletzt deshalb, weil sie die Unterschiedenheit von Vater, Sohn und Geist in den heiligen Schriften wohlbegründet fanden. Mit der Ein-Hypostasen-Lehre des Konzils von Nizäa konnten sie nicht viel anfangen. In welcher Beziehung aber stehen die drei Hypostasen in Gott zueinander?

Schließlich standen sich im 4. Jahrhundert gleich mehrere theologische Lager unversöhnlich gegenüber: hier die Anhänger der Ein-Hypostasen-Lehre, die für ihre Position das ὁμοούσιος von Nizäa geltend machten und denen deshalb Sabellianismus vorgeworfen wurde. Dort die Anhänger der Drei-Hypostasen-Lehre. Sie betonten die Ungleichheit von Vater und Sohn („Anhomöer“) – und sahen sich deshalb umgehend dem Vorwurf des Subordinatianismus ausgesetzt.

Eine dritte Gruppe suchte zwischen beiden zu vermitteln (die „Homöer“). Sie wollte die philosophische Reflexion durch den Rekurs auf die biblischen Texte unterlaufen, indem sie formulierte: Der Sohn ist dem Vater gleich „gemäß den Schriften“ (κατὰ τὰς γραφάς; vgl. 1 Kor 15,3f). In der Neujahrsnacht von 359 auf 360 wurde ihre vermittelnde Position auf einem Reichskonzil in Konstantinopel als verbindlich zu glauben und zu lehren vorgeschrieben. Mehr noch: Um den religiösen Frieden wiederherzustellen, wurde der Gebrauch der umstrittenen Begriffe οὐσία und ὑπόστασις in trinitätstheologischem Kontext für die Zukunft verboten.

Doch auch jetzt kam die trinitätstheologische Diskussion nicht zur Ruhe. Denn mindestens der Begriff der Hypostase erwies sich für eine Verhältnisbestimmung von Vater, Sohn und Geist als unverzichtbar.

Auf dem Konzil von Nizäa waren die Begriffe οὐσία und ὑπόστασις gleichbedeutend gebraucht worden, um die Vater, Sohn und Geist gemeinsame göttliche Natur zu bezeichnen. Gerade deshalb fehlte aber ein Begriff für die je *eigene* Wirklichkeit von Vater, Sohn und Geist. Das griechische Wort πρόσωπον – unter Vorbehalt mit „Person" zu übersetzen – drängte sich hier auf, weil es ein Erscheinungsbild und eine Relation andeutet. Aber πρόσωπον war ein recht unbestimmter Begriff. Ursprünglich so viel wie „Maske" bedeutend – etwa im Theater – schloss er ein modalistisches Verständnis nicht grundsätzlich aus.

Es ist die theologische Leistung der oft in einem Atemzug genannten „drei großen Kappadokier", der Bischöfe Basilius von Caesarea (ca. 330–378), Gregor von Nazianz (ca. 325/29–390) und Gregor von Nyssa (ca. 331/39–395), dass man schließlich ὑπόστασις als Bezeichnung für Vater, Sohn und Geist gelten ließ, οὐσία hingegen für die den drei Personen gemeinsame Gottheit. Gregor von Nyssa erblickte in dieser Sprachregelung die vollendete Synthese aus Judentum und griechischer Philosophie: Mit dem Judentum teile die Formel von der einen οὐσία den strengen Glauben an die Einheit Gottes; mit der griechischen Philosophie vertrete sie eine Mehrheit der Hypostasen (*Or. Cat.* 3).

Ὑπόστασις meint dabei das, was Vater, Sohn und Geist jeweils als *Besonderheit* (ἰδιότης) zukommt. Die Hypostasen sind spezifische „Existenzweisen" (τρόποι τῆς ὑπάρξεως) der einen gemeinsamen göttlichen Wesenheit.[18] Als solche ermöglichen es die drei göttlichen Hypostasen, in der Heilsgeschichte Vater, Sohn und Geist als voneinander unterschiedene „Personen" (πρόσωπα) zu identifizieren. Die οὐσία gibt gleichsam Auskunft darüber, *was* Gott ist; in den Hypostasen von Vater, Sohn und Geist zeigt sich, *wie* Gott ist. Dabei ist die „Existenzweise" (τρόπος τῆς ὑπάρξεως) des Vaters seine „Ungeborenheit"; die Existenzweise des Sohnes ist seine

[18] Das griechische Verb ὑπάρχω begegnet in der christlichen Literatur erstmals um 150 bei Justin dem Märtyrer (1 *Apol.* 23,2). Anders als das beständige „sein" (εἶναι) besagt es das sich selbst vollziehende und somit in einer je bestimmten Weise existierende Sein. Entsprechend bedeutet das Nomen ὕπαρξις auch „Eigentümlichkeit". Von daher die Übersetzung von τρόπος τῆς ὑπάρξεως als „Existenzweise".

„Eingeborenheit"; die Existenzweise des Geistes wiederum ist sein „Hervorgehen".

Indem die Kappadokier ὑπόστασις als „Existenzweise" (τρόπος τῆς ὑπάρξεως) auffassen, können sie die Unterschiedenheit dreier Personen und ihre Einheit zugleich denken – und auf diese Weise eine doppelte Klärung herbeiführen: Weil die Unterschiedenheit der drei Personen in den drei Hypostasen gründet, ist ein modalistisches Missverständnis abgewehrt; die den drei Hypostasen gemeinsame Wesenheit schließt ein subordinatianistisches Missverständnis aus.

Das wechselseitige Verhältnis der drei Hypostasen hat erstmals Gregor von Nazianz mit dem Verb περιχωρέω beschrieben. Περιχωρέω – wörtlich „umhergehen" oder „durchschreiten" – meint im philosophischen Sprachgebrauch eine vollständige gegenseitige Durchdringung zweier Wirklichkeiten, die zu einer Einheit ohne Verschmelzung führt – so wie sich bei einem glühenden Schwert Feuer und Eisen gegenseitig und vollständig durchdringen, zugleich aber voneinander unterschieden bleiben. Gregor von Nazianz beschreibt mit περιχωρέω das Verhältnis der drei Personen in Gott (*Oratio* 42,15f.). Vater, Sohn und Geist durchdringen einander, ohne dabei ihren jeweiligen Eigenstand zu verlieren. Über Johannes von Damaskus (*De fide orthod.* I 8) ist das Substantiv περιχώρησις als *circumincessio* oder als *circuminsessio* in das lateinische Mittelalter eingegangen. Auch in neueren Ansätzen der Trinitätstheologie spielt der Begriff „Perichorese" eine zentrale Rolle.[19]

Am Ende des 4. Jahrhunderts lieferte die Unterscheidung von οὐσία und ὑπόστασις die Grundlage für jenes Glaubensbekenntnis, das ein neuerliches Reichskonzil – Kaiser Theodosius (379–395) hatte es im Jahr 381 nach Konstantinopel einberufen – verabschiedete (vgl. DzH 150f.). In einem umfangreichen Lehrdekret wird nun – im Anschluss an die begrifflichen Klärungen der Kappadokier – definiert, dass der eine Gott in drei Hypostasen existiert. Darüber hinaus wird im Glaubensbekenntnis des Konzils besonders der Abschnitt über den Heiligen Geist, der in Nizäa nur kurz erwähnt worden war, erweitert. Zwar wird nicht gesagt, dass der Heilige Geist „eines Wesens" mit dem Vater und dem Sohn sei, wohl aber, dass ihm die gleiche Verehrung zukommt wie Vater und Sohn („Homotimie"). Dieses nizäno-konstantinopolitanische Glaubensbekenntnis ist die ge-

[19] Vgl. u. a. Gisbert Greshake, *Der dreieine Gott. Eine trinitarische Theologie*, Freiburg – Basel – Wien 1997, bes. S. 187–205.

meinsame Grundlage aller großen christlichen Kirchen. Es ist damit von erstrangiger ökumenischer Bedeutung.

5.6 „Substanz" und „Person": Einheit und Dreifaltigkeit Gottes in lateinischer Begrifflichkeit

In den trinitätstheologischen Diskussionen haben sich vorwiegend Theologen aus dem Osten des Römischen Reiches zu Wort gemeldet – von dort also, wo man vorwiegend Griechisch sprach. Aber es gab natürlich auch Christen, die Lateinisch sprachen – vor allem in den römischen Kolonien wie Nordafrika oder Spanien, weniger hingegen in Italien, wo mit dem vermutlich aus Afrika stammenden Minucius Felix frühestens gegen Ende des 2. Jahrhunderts, wahrscheinlicher aber erst im 3. Jahrhundert ein lateinisch schreibender Christ auftritt.

Welchen Begriff benutzten nun die Lateiner für οὐσία, welchen für ὑπόστασις?

Im Grunde hat bereits zu Beginn des 3. Jahrhunderts Tertullian von Karthago eine vollständige trinitätstheologische Begrifflichkeit in lateinischer Sprache verwendet. Erstmals gebraucht er das Wort *trinitas*. Die Einheit Gottes bezeichnet er mit dem Begriff *substantia*, Vater, Sohn und Geist hingegen jeweils mit *persona* (*Adv. Prax.* 12,6). Diese drei, so Tertullian, sind „eins, nicht einer" *(qui tres unum sunt, non unus)*. Der Nordafrikaner will dies „im Hinblick auf die Einheit des Wesens, nicht die Einzigkeit der Zahl" verstanden wissen. Insofern bleibt Raum für die Dreizahl der göttlichen Personen. Folgt man dieser begrifflichen Bestimmung, dann entspricht dem griechischen οὐσία das lateinische *substantia* und dem griechischen ὑπόστασις das lateinische *persona*.

Freilich: Das Ganze verkompliziert sich in der Folgezeit nicht unerheblich; denn genau genommen müsste man ja ὑπόστασις mit *substantia* übersetzen. Für οὐσία bietet sich dann das lateinische *essentia* an. Ὑπόστασις und οὐσία – bzw. *substantia* und *essentia* – werden aber in den ersten Jahrzehnten nach dem Konzil von Nizäa und bis zu den differenzierenden Klarstellungen der Kappadokier unterschiedslos als Begriffe für das eine göttliche Wesen gebraucht, eignen sich also gerade nicht für die Unterscheidung der drei göttlichen Personen.

Die lateinische Begrifflichkeit ist hier klarer: *Essentia* oder *substantia* bezeichnen die Einheit der göttlichen Natur, *persona* – oder bald auch *subsistentia* als Übersetzung von ὑπόστασις – die Unterschiedenheit der drei Personen Vater, Sohn und Geist.

Im Rahmen der lateinischen Theologie haben sich besonders der im Jahr 355 zum Christentum konvertierte Neuplatoniker Marius Victorinus (um 290–364), Bischof Hilarius von Poitiers (um 315–367/68) und Augustinus von Hippo (354–430) um eine vernunftgeleitete Erschließung des Trinitätsglaubens bemüht. Zur Erklärung der auf den ersten Blick paradoxen Vorstellung von Einheit (des Wesens) und Unterschiedenheit (der Personen) in Gott verwies Augustinus auf Analogien in der menschlichen Seele. Sind nicht auch in der Seele des Menschen Geist *(mens)*, Bewusstsein *(memoria)* und Wille *(voluntas)* eine untrennbare Einheit – und doch zugleich voneinander unterschieden? Und gilt Vergleichbares nicht auch für den Geist *(mens)*, den Verstand *(notitia)* und die Liebe *(amor)*, die drei Grundvollzüge der Seele? Diese Seele aber ist doch, woran Augustinus im Blick auf Gen 1,27 erinnert, das „Abbild Gottes"! Begegnet also bereits in der Seele des Menschen eine dreifach zu sich selbst vermittelte Einheit, um wie viel mehr darf dann mit einer solchen dreifaltig-einen Wirklichkeit in Gott gerechnet werden!

Vor allem in der westlichen Theologie hat Augustins Trinitätslehre eine breite Wirkungsgeschichte entfaltet. Dabei lassen die genannten Analogien durchblicken, dass Augustinus der Einheit Gottes ein größeres Gewicht beimisst als der Unterschiedenheit der drei Personen in Gott. Demgegenüber hat die östliche Theologie eher die Unterschiedenheit der drei göttlichen Personen betont, wie sie sich aus der biblischen Offenbarung herleitet. Im ökumenischen Gespräch der Gegenwart werden beide Zugänge als komplementär gewürdigt. In früheren Zeiten waren sie nicht selten Anlass zu heftiger Polemik.

5.7 Kein schneller Sieg: Das Christusbekenntnis in der Zeit der Völkerwanderungen

Mit der Bekenntnisformel von Konstantinopel waren die trinitätstheologischen Debatten keineswegs verstummt. Ganz im Gegenteil: Die intellektuell-philosophische Provokation des nizäno-konstantinopolitanischen Glaubensbekenntnisses dürfte maßgeblich dazu beigetragen haben, dass sich der Arianismus auch nach dem Konzil von Konstantinopel behaupten konnte – und dies vielfach gegen den staatlichen Druck, dem seine Anhänger unter Theodosius ausgesetzt waren. Nachdem der Kaiser bereits im Februar

380 zusammen mit Gratian und Valentinian II. das sogenannte „Dreikaiseredikt“ *(Cunctos populos)* erlassen hatte, verbot Theodosius den Arianern, neue Kirchen zu errichten oder Priester zu weihen; er ließ ihre Kirchen beschlagnahmen und ordnete an, dass darin fortan nur noch Gottesdienste der „rechtgläubigen“ („katholischen“) Nizäner zu feiern seien.

Damit war der Arianismus aber keineswegs überwunden. Denn jene Germanenstämme, die im Zuge der sogenannten „Völkerwanderungen“ um die Mitte des 4. Jahrhunderts an den Nordostgrenzen des Römischen Reiches siedelten, waren mehrheitlich während der Vorherrschaft arianisch gesinnter Bischöfe christianisiert worden.

Dies gilt vor allem für die Goten. Deren 383 verstorbener Bischof Wulfila verfasste eine Bibel in gotischer Sprache, die zum einigenden Band der arianischen Germanenstämme wurde. Theologisch ist Wulfila den Homöern zuzurechnen, jener Partei also, die eine Gleichheit von Vater und Sohn nicht aufgrund theologischer Einsicht, sondern nur „gemäß den Schriften“ (κατὰ τὰς γραφάς) unterstellten.

Erst allmählich akzeptierten die Germanen – darunter Burgunden, Langobarden, Ostgoten, Sueben, Vandalen und Westgoten – den Glauben von Nizäa. Andere – wie beispielsweise der fränkische König Chlodwig – ließen sich gleich auf den Glauben von Nizäa-Konstantinopel taufen (498). In Nordafrika hingegen blieben die Vandalen bis zur Eroberung ihres Reiches durch den oströmischen Kaiser Justinian (534) arianisch. Auch die Westgoten wandten sich erst im 6. Jahrhundert dem Bekenntnis von Nizäa-Konstantinopel zu. Trotzdem lebten im spanischen Westgotenreich bis zur islamischen Eroberung (711) arianische Christen und Anhänger des Nizänums nebeneinander.

Auch in Italien herrschten bis zur Rückeroberung durch Kaiser Justinian (527–565) Arianer. Aus der Regierungszeit des ostgotischen Herrschers Theoderich (gest. 526) sind vor allem in Ravenna beeindruckende Zeugnisse arianischen Glaubens erhalten – darunter das berühmte „Baptisterium der Arianer“. Als nach Theoderichs Tod und der erneuerten Herrschaft Konstantinopels über Italien in der Mitte des 5. Jahrhunderts die Kirche San Vitale in Ravenna geweiht wurde, war sie unter anderem mit einem Mosaik ausgeschmückt worden, das die Gleichwesentlichkeit von Vater, Sohn und Geist zur Darstellung bringen sollte.

Entsprechend altkirchlicher Tradition wählte man hierzu das Gastmahl, das Abraham den drei Fremden in Mamre (bei Hebron) bereitete. In dem biblischen Text (Gen 18,1–15) wird einmal von drei, dann wieder von nur einem Gast gesprochen. In den drei Personen, die Abraham erblickt, betet er den einen an, so Ambrosius von Mailand (339–397) zu dieser Stelle: „Tres videt, unum adorat."[20] Bereits in der Mitte des 4. Jahrhunderts, in einer Katakombe an der Via Latina in Rom, wird diese Begebenheit als Sinnbild der göttlichen Dreifaltigkeit abgebildet. Auf dem Mosaik in San Vitale ist zwischen den drei Gästen keinerlei Hierarchie erkennbar. Auch die drei Brote, die Abraham seinen Gästen darbietet, sind voneinander nicht zu unterscheiden. Dies alles ist ein Sinnbild für den Sieg des nizänischen Glaubens über den Arianismus, der sich im 5. Jahrhundert nun doch allmählich abzeichnete.

5.8 Die Einfügung des „Filioque" in das trinitarische Bekenntnis

Die Definition des Konzils von Konstantinopel über den Glauben an den dreifaltigen Gott beinhaltet das Bekenntnis zur Gottheit des Heiligen Geistes. In der römisch-katholischen Kirche ist heutzutage der Text des Glaubensbekenntnisses geläufig: „Wir glauben an den Heiligen Geist, der Herr ist und lebendig macht, der aus dem Vater und dem Sohn hervorgeht" – *qui ex patre filioque procedit.* Demnach geht der Geist nicht nur aus dem Vater allein hervor, sondern „auch aus dem Sohn" – lateinisch eben „filioque".

Das *filioque* rückt Vater und Sohn in einen denkbar engen Zusammenhang – und genau dies ist auch die theologische Absicht des *filioque*: die Gleichwesentlichkeit von Vater und Sohn zu bekräftigen. Das gleiche Konzil, das Ende des 6. Jahrhunderts in Toledo die Abwendung der westgotischen Kirche vom Arianismus beschloss (589), verfügte die Einfügung des *filioque* in das nizäno-konstantinopolitanische Glaubensbekenntnis. Mit dieser Einfügung wollten die Konzilsväter arianisch-adoptianistischen Lehren in der spanischen Kirche entgegenwirken. Diesen zufolge ist Christus im Hinblick auf seine Menschheit „Adoptivsohn" *(filius adoptivus)*, im Hinblick auf seine Gottheit aber „Sohn im eigentlichen Sinne" oder „leiblicher Sohn" *(filius proprius)*. Begründet wurde diese Unterscheidung mit dem nachvollziehbaren Anliegen, die Menschheit Jesu Christi gegenüber der damals vorherrschenden Betonung des Göttlichen in Christus zu bekräftigen. Noch um das Jahr 800 beispielsweise verteidigte der spanische

[20] Ambrosius, *Cain et Abel* I 8,30. Vgl. auch Caesarius von Arles, *Sermo* 70,4: „In eo quod tres vidit [...] trinitatis mysterium intellexit, quod autem quasi unum adoravit, in tribus personis unum esse Deum cognovit."

Metropolit Elipandus von Toledo den Adoptianismus, um die menschliche Natur Christi hervorzuheben.[21]

Als sich mit Bischof Felix von Urgel ein Kirchenführer auf fränkischem Territorium zum Anwalt des Adoptianismus erklärte, war auch kirchenpolitisch eine Grenze überschritten. Karl der Große (gest. 814), seit 768 Herrscher über das Frankenreich, ließ Bischof Felix auf gleich mehreren Synoden verurteilen: 792 in Regensburg, 794 in Frankfurt und 799 in Aachen. Darüber hinaus hat Karl das anti-adoptianistische *filioque* aus Spanien in die Liturgie seines Herrschaftsbereiches übernehmen lassen. Auf einer Synode in Aachen 809 ließ der Kaiser die Einfügung des *filioque* in das Glaubensbekenntnis von Nizäa-Konstantinopel verbindlich vorschreiben.

Allerdings: Der damalige Papst Leo III. (795–816) folgte diesem Schritt nicht. Und zwar nicht aus theologischen Gründen – in der Sache stimmte er mit Karl überein –, sondern deshalb, weil Leo die Kirchengemeinschaft Roms mit der Kirche von Konstantinopel nicht gefährden wollte. Diese nämlich lehnte jede Veränderung an den Bekenntnistexten der Alten Kirche kategorisch ab. Erst bei der Kaiserkrönung Heinrichs II. (gest. 1024), d. h. im Jahr 1014, hat der damalige Papst Benedikt VIII. (1012–1024) das *filioque* in das Glaubensbekenntnis der römischen Kirche eingefügt – dies freilich nicht, ohne zuvor schwerwiegende Bedenken zu äußern. Und erst im Jahr 1215 hat die lateinische Kirche auf dem Vierten Laterankonzil die Einfügung zum verbindlichen Dogma erklärt (vgl. DzH 805: *ab utroque procedens*). Erleichtert wurde dieser Schritt auch dadurch, dass sich im Jahr 1054 der Bischof von Rom (Papst Leo IX.) und der Patriarch von Konstantinopel (Michael Kerullarios) wechselseitig die Kirchengemeinschaft aufgekündigt hatten. Fortan erübrigte sich jede ökumenische Rücksichtnahme.

Bis heute unterscheidet sich deshalb der Wortlaut des Glaubensbekenntnisses in den orthodoxen, den griechisch-katholischen, aber auch den altkatholischen Kirchen von dem in der römisch-katholischen Kirche und den Kirchen der Reformation gebeteten Bekenntnis. Da aber von katholischer Seite die Einfügung keine kirchentrennende Wirkung hat, ist es für Katholiken bei besonderen ökumenischen Ereignissen möglich, das Glaubensbekenntnis auch ohne *filioque* zu beten.

---

[21] Ob Elipandus seinen Adoptianismus auch unter dem Eindruck des damals bereits in Spanien herrschenden Islam vertreten hat, bleibt Spekulation.

6 Wahrhaft Gott und wahrhaft Mensch: Grundlagen und Entfaltungen der Christologie

Ständige Referenzpunkte theologischer Reflexion, so zeigt der Blick auf die Anfänge der Trinitätstheologie, sind die Schriften der Offenbarung einerseits und die zeitgenössische Philosophie andererseits. Dabei wird in der Alten Kirche die mittelplatonische Philosophie durch die christliche Trinitätslehre entscheidend modifiziert. Gleichzeitig werden aber auch die biblischen Texte in einem nunmehr veränderten philosophischen Begriffsrahmen je anders und neu gelesen. Dies gilt auch für die christologischen Diskussionen im 4. und 5. Jahrhundert der Kirchengeschichte.

6.1 „Salus carnis“: Antignostische Grundlegungen der Christologie bei Irenäus von Lyon

Die Frage, in welcher Beziehung der jüdische „Prophet“ Jesus von Nazareth zu dem Gott seines Volkes Israel steht, führte nach heftigen Auseinandersetzungen im 4. Jahrhundert zu dem Bekenntnis, dass er mit dem Vater eines Wesens ist: ὁμοούσιος τῷ πατρί. Besonders Athanasius hat gegenüber Arius darauf bestanden, dass der Sohn *Gott* sein muss, um uns erlösen zu können. Aber muss er nicht zugleich auch *Mensch* sein, um die *Menschen* zu erlösen?

Angesichts des Gewichtes, das nach Nizäa auf der Gottheit Jesu liegt, schien vielen die Menschheit Jesu von Nazareth nicht mehr hinreichend zur Geltung zu kommen. Schon im Zusammenhang mit den zeitweise leidenschaftlich geführten Diskussionen um die Gottheit des Sohnes im 4. Jahrhundert war deshalb die Frage nach seiner Menschheit aufgeworfen worden. Sie ist das große Thema der Theologie im 5. Jahrhundert.

Für die Autoren der neutestamentlichen Schriften stand zu keinem Zeitpunkt in Frage, dass Jesus wirklich ein Mensch gewesen ist. Selbst der Evangelist Johannes, der den Präexistenzgedanken so sehr betont, übernimmt in seinem Prolog das Bekenntnis zur „Fleischwerdung“ des göttlichen Wortes: ὁ λόγος σὰρξ ἐγένετο (Joh 1,14). Für Paulus ist klar, dass am Kreuz auf Golgota ein *Mensch* gestorben ist – und nicht etwa ein verkleideter Gott. Doch schon im zweiten Johannesbrief wird ausdrücklich vor

„Verführern" gewarnt, „die sich nicht zu dem im Fleisch kommenden Jesus Christus bekennen" (2 Joh 1,7). Tatsächlich war die Vorstellung, dass sich die Götter als Menschen verkleiden und auf der Erde erscheinen, in der Spätantike durchaus geläufig. Von Jupiter und Merkur etwa erzählt der römische Dichter Ovid (43 v. Chr. bis 18 n. Chr.) in seinen *Metamorphosen*, dass sie sich als Menschen verkleideten, um die Gastfreundschaft der Menschen zu prüfen.

Doketistische Vorstellungen gab es auch im Umkreis des Christentums. Bereits Ignatius von Antiochia kritisiert Auffassungen, wonach der göttliche Logos nicht wahrhaft, sondern nur „dem Anschein nach" Fleisch geworden ist (*Magn.* 11). Irenäus von Lyon unterscheidet verschiedene Spielarten des Doketismus: So hat etwa den Valentinianern zufolge der Logos bloß einen Scheinleib angenommen und deshalb am Kreuz nicht gelitten (*Haer.* III 16,1; IV 33,5; V 1,2). Oder der menschgewordene Logos hat nur am Kreuz zum Schein gelitten – so nach Irenäus die Gnostiker Simon Magus und Basilides (*Haer.* I 23,3; 24,3f.).

Oft verbirgt sich hinter solchen Vorstellungen die religionsgeschichtlich geläufige Auffassung, dass die Materie unrein ist. Deshalb ist sie kein angemessener Ort für das Göttliche. Derartige Vorstellungen waren in den verschiedenen Strömungen der „Gnosis" weit verbreitet, die bei aller Verschiedenheit untereinander in der Geringschätzung der Materie übereinkamen. Den menschlichen Leib betrachteten die Gnostiker als Gefängnis eines göttlichen Lichtfunkens. Diesen Lichtfunken suchten sie durch eine besondere Erkenntnis – die „Gnosis" – zu befreien.

Im 2. und 3. Jahrhundert gab es auch christliche Gruppierungen, die der Gnosis nahestanden. Viele von ihnen waren leibfeindlich eingestellt; viele neigten zu einem christologischen Doketismus. Demnach ist bei der Taufe Jesu vorübergehend eine „himmlische Kraft" auf ihn herabgekommen, um Jesus vor der Kreuzigung wieder zu verlassen und in den Himmel zurückzukehren. Anderen Gnostikern zufolge wurde an der Stelle Jesu Simon von Cyrene gekreuzigt. Wieder andere vertraten die Auffassung, Christus habe nur einen unirdischen Leib bzw. vergeistigtes Fleisch angenommen; deshalb habe er auch am Kreuz nicht gelitten. Und schließlich erblickten einige Gnostiker in Jesus überhaupt nur ein Scheinwesen (φάντασμα).

Solchen gnostischen Lehren gegenüber betonten Theologen wie Irenäus von Lyon, aber auch Tertullian von Karthago die wahre Menschheit Christi. Die Erlösung des Menschen kann nur dadurch erfolgen, dass der göttliche Logos *Mensch* wird. „Was nicht angenommen ist, das ist nicht geheilt" – dieses fundamentale soteriologische Prinzip der Alten Kirche findet sich bereits bei Irenäus, wenn dieser gegen die Erlösungsvorstellungen der valentinianischen Gnosis darauf besteht, dass der Erlöser nicht nur Geist und Seele des Menschen, sondern auch dessen Leib angenommen hat (*Haer.* V 14,1f.). Das damit formulierte soteriologische Prinzip bleibt richtungsweisend für alle nachfolgenden christologischen Debatten. Gregor von Nazianz hat es im 4. Jahrhundert in einem seiner Briefe (101) in einer auch im lateinischen Westen rezipierten Weise formuliert: *Quod non est assumptum, non est sanatum.* Umgekehrt bedeutet das: Was mit Gott vereint ist, das wird auch erlöst.

Für Irenäus ist Christus Gott und Mensch zugleich. „Einer und derselbe" (εἷς καὶ ὁ αὐτός; *unus atque idem*) ist Gott *und* Mensch (*Haer.* III 16,2; 16,8). Diese Formel – „einer und derselbe" – wird in den christologischen Debatten des 5. Jahrhunderts eine zentrale Rolle spielen. Freilich sagt sie noch nichts darüber aus, *wie* die Beziehung zwischen göttlicher und menschlicher Natur näher zu bestimmen ist, noch beantwortet sie die Frage, worin die Einheit beider Naturen gründet. Beides aber musste begrifflich geklärt sein, wollte man das Geheimnis der Menschwerdung gegen Missverständnisse und gnostische Irrlehren verteidigen.

6.2 Die Seele als Einheitsprinzip von Gottheit und Menschheit Jesu: Zur Christologie des Origenes

Wie also sollte man es sich vorstellen, dass in Christus Gott und Mensch zusammenkommen? Einen ersten Antwortversuch hierzu unterbreitete erneut Origenes von Alexandria. Dieser hatte das Verhältnis von Vater, Sohn und Geist so begreifen wollen, dass er das mittelplatonische Hypostasen-Schema auf den christlichen Gott übertrug. Das ursprüngliche *Eine* des Mittelplatonismus hatte er mit dem Vater, den *Nous* mit dem Logos und die *Psyche* mit dem Heiligen Geist identifiziert. Vor diesem Hintergrund war es für Origenes naheliegend, die Erschaffung der Welt mit dem göttlichen Logos in Verbindung zu bringen.

Christologisch bedeutsam ist nun der bereits skizzierte Gedanke, dass die ursprüngliche Schöpfung eine geistige Schöpfung war: eine Vielzahl freier Geistwesen, deren Bestimmung es ist, sich Gott frei zuzuwenden und ihn zu preisen. Dass sich jedoch einige der Geistwesen von Gott abgewendet hatten und in die Materialität der raumzeitlichen Welt hinabgesunken sind, wurde ebenfalls bereits erwähnt. Nur eine einzige Seele ist Origenes zufolge ihrer ursprünglichen Bestimmung vollkommen treu geblieben. Sie blieb ganz von der Liebe Gottes durchdrungen – und sie ließ sich ganz von der Liebe Gottes durchdringen. Diese Seele ist die Seele Jesu Christi.

Nach Origenes ist die präexistente Seele Christi von Ewigkeit her mit dem göttlichen Logos vereint – in vollendeter Liebe und Gottesschau. Von der göttlichen Natur des Logos wird die Seele Christi gleichsam „durchdrungen" – so wie beim Schmied das Eisen vom Feuer durchglüht ist.[22] Auf diese Weise wird die Seele Christi zum Prinzip der Einigung von göttlicher und menschlicher Natur. Sie vermittelt zwischen Gottheit und Fleisch.

Diese auf den ersten Blick durchaus beeindruckende Konzeption weckt freilich beim näheren Hinblicken weitreichende Fragen. Einmal ganz abgesehen von dem mythischen Charakter dieser Vorstellung – wenn Origenes die präexistente Seele Christi als Prinzip der Einigung von göttlicher und menschlicher Natur annimmt, dann ist diese Seele doch nichts anderes als eine geschaffene Wirklichkeit. Und Christus ist dann nichts anderes als ein herausgehobener Sonderfall jenes Verhältnisses, das prinzipiell auch jede andere Seele zum Logos haben kann. Damit aber erweist sich die Christologie des Origenes als wenig überzeugend.

Immerhin aber hat Origenes, so der Patristiker Alois Grillmeier (1910–1998), das Problem, wie göttliche und menschliche Natur in Christus vereint sind, erstmals in der Theologiegeschichte überhaupt als solches benannt.[23] Und dieses Problem wird die christologischen Diskussionen fortan beherrschen.

6.3 Inkarnation nach dem Leib-Seele-Modell: Die Logos-Sarx-Christologie des Apollinaris von Laodizäa

Was aber ist nach antikem Verständnis überhaupt der Mensch? Wodurch zeichnet sich seine Natur aus? Platon erblickt im Menschen ein sterbliches Wesen, das mit einer unsterblichen Seele ausgestattet ist. Deshalb unterscheidet Platon zwischen der unsterblichen Geistnatur des Menschen und seinem

---

22 Der wohl erstmals von Gregor von Nazianz gebrauchte Begriff περίχωρειν beschreibt eine vollständige gegenseitige Durchdringung bei gleichzeitigem Fortbestand der Substanzen. Allerdings gebraucht Gregor den Begriff in einem trinitätstheologischen Zusammenhang (*Epist.* 101 an Cledonius). Vgl. Peter Stemmer, *Perichorese. Zur Geschichte eines Begriffs*, in: Archiv für Begriffsgeschichte 27 (1983), S. 9–55.

23 Vgl. Alois Grillmeier, *Jesus der Christus im Glauben der Kirche*, Bd. I: *Von der Apostolischen Zeit bis zum Konzil von Chalkedon (451)*, Freiburg – Basel – Wien 1979, S. 276–278.

sterblichen Leib. Dieser Leib ist so etwas wie ein befristeter Aufenthaltsort für die unsterbliche Seele. Dies gilt zumindest für die Vernunftseele, den νοῦς, den Platon und seine Schüler von der animalischen Seele, der ψυχή, unterscheiden. Diese wiederum belebt und bewegt den Körper, das σῶμα.

Platons Anthropologie erinnert an die bereits skizzierte mittelplatonische Kosmologie. Dort, so war gesagt worden, gibt es eine Stufung vom Geist (νοῦς) über die Weltseele (ψυχή τοῦ παντός) zur Materie (ὕλη). Diese Analogie ist keineswegs zufällig. Kann doch nach antiker Deutung der Kosmos als ein lebendiger Organismus aufgefasst werden.[24] Was in der Analogie fehlt, ist lediglich das differenzlose Eine (ἕν), das „Gute" (ἀγαθόν), von dem Platon in der *Politeia* im Sonnengleichnis sagt, es sei „jenseits des Seins" (ἐπέκεινα τῆς οὐσίας), „weil es über das Wesen an Würde und Kraft hinausragt" (509b).

Die platonische Seelenlehre lieferte den christlichen Theologen einen willkommenen Ansatz, die Einheit von göttlicher und menschlicher Natur in Christus zu denken. Einen ersten und zugleich nachhaltig wirksamen Vorschlag hierzu unterbreitete Apollinaris. Im Jahr 361 zum Bischof von Laodizäa gewählt, dem heutigen Latakia in Syrien, verfügte Apollinaris über eine umfassende philosophische Bildung. In den theologischen Auseinandersetzungen des 4. Jahrhunderts war er ein Parteigänger und Freund des Athanasius von Alexandria. Wie Athanasius trat Apollinaris entschieden für die *Homousie*, die Gleichwesentlichkeit von Vater und Sohn, ein.

Und wie Athanasius entfaltete Apollinaris seine Christologie im Ausgang von der Soteriologie. Christus kann die sündige Menschheit nur dann erlösen, so seine Überlegung, wenn er selbst ohne Sünde ist. Christus kann aber nur dann ohne Sünde sein, wenn er eine Vernunftseele hat, die nicht zum Bösen verführt werden kann. Deshalb muss die Seele Christi unwandelbar sein. Nur als unwandelbare ist die Seele Christi dauerhaft frei von Sünde.

Diese Bedingung wird nach Apollinaris dadurch erfüllt, dass in Christus der göttliche Logos an die Stelle der Vernunftseele tritt. Wo im Menschen Christus zuvor der *Nous* war, dort ist jetzt der *Logos*. Man spricht deshalb auch von einer „Logoshegemonie": Die Einheit Christi ist eine vom Logos begründete Einheit des Willens, des Handelns und des Lebens. Durch die Inkarnation des Logos kommt es in Christus zu einer „Mischung" (μῖξις), nicht aber zu einer „Vermischung" (σύγχυσις) von Göttlichem und Mensch-

---

[24] Vgl. Platon, Dialog *Philebos* 30; Aristoteles, *De anima* III 8.

lichem (vgl. *Fragm.* 10). Das Ergebnis dieser Mischung ist eine neue Wirklichkeit, ein neues Einzelwesen, eine neue Natur: „Dieser eine Sohn besteht nicht aus *zwei* Naturen [...], sondern ist die eine fleischgewordene Natur des Gott-Logos (μία φύσις τοῦ θεοῦ λόγου σεσαρκωμένη)“, so Apollinaris in einem Schreiben an den Aszeten Jovinian.

Diese Formel wird im Zusammenhang mit der Christologie der Alexandriner erneut begegnen. Apollinaris will mit ihr die Realität der Menschwerdung und die Einheit des Gottmenschen sichern. Diese Einheit denkt er nach Analogie der Leib-Seele-Einheit des Menschen: Wie der Mensch eine unteilbare Einheit aus Leib und Seele ist, so ist Christus eine unteilbare Einheit aus Gottheit und Menschheit. Doch der Versuch, Christus als Einheit zu denken, gelingt bei Apollinaris nur um den Preis einer Verkürzung der menschlichen Natur Christi: Der menschlichen Natur Christi fehlt wegen der Inkarnation des Logos eine menschliche Geist- oder Vernunftseele.

Im Vergleich der Christologien des Apollinaris und des Origenes könnte der Unterschied zwischen beiden größer kaum sein. Hatte Origenes in der Seele Christi das Prinzip der Einigung von göttlicher und menschlicher Natur erblickt, so verabschiedet sich Apollinaris von ebendieser Seele, um die Einheit von göttlicher und menschlicher Natur zu denken. Theologiegeschichtlich spricht man mit Blick auf die Christologie des Apollinaris von einer „Logos-Sarx-Christologie“. Sie begegnet bei zahlreichen Theologen des 4. Jahrhunderts, und zwar sowohl bei Arianern als auch bei Anhängern des Nizänums.

6.4 „In zwei Naturen“ oder „aus zwei Naturen“? Antiochenische Christologie gegen alexandrinische Christologie

Zunehmend wurde allerdings deutlich, dass die Logos-Sarx-Christologie eben das nicht leistete, was sie zu leisten beanspruchte. Apollinaris suchte die Freiheit Christi von der Sünde dadurch zu sichern, dass er die veränderliche Geistseele der menschlichen Natur Christi durch den unveränderlichen göttlichen Logos ersetzte. Wie aber ist ebenjenes Vermögen im Menschen, durch das er sündigen kann, erlöst, wenn es vom Erlöser gar nicht angenommen ist?

So zeichnete sich gegen Ende des 4. Jahrhunderts die Aufgabe der Christologie klar ab: Es musste verdeutlicht werden, wie in Jesus Christus die Einheit der göttlichen Natur des Logos mit einer *vollständigen* menschlichen Natur gedacht werden kann. An die Stelle der unzureichenden „Logos-Sarx-Christologie" musste eine „Logos-Anthropos-Christologie" treten, eine Christologie also, die das Menschsein Christi unverkürzt zur Geltung bringt.

Die antiochenische „Trennungs-" oder „Unterscheidungs-Christologie"

Vielleicht ist es die Nähe zu Syrien, dem Ursprungsland der biblischen Überlieferungen – jedenfalls fällt auf, dass es besonders den Theologen in der Region von Antiochia (dem heutigen Antakya) darauf ankam, die Menschheit Christi ohne Abstriche zur Geltung zu bringen. Hier ist auch ein ausgeprägtes Bewusstsein von der Beziehung des Menschen Jesus zu seinem Vater spürbar: Jesus offenbart den Willen Gottes, und er lebt als Mensch im vollkommenen Gehorsam gegenüber seinem Vater. Gerade als Mensch aber kann er die Menschen erlösen; denn er ist – nach Paulus – der „Erstgeborene unter vielen Brüdern" (Röm 8,29).

Wie aber kann nun die menschliche Natur Jesu im Zusammenhang mit der Menschwerdung des Gott-Logos gegen Verkürzungen verteidigt und in ihrer Heilsbedeutung zur Geltung gebracht werden?

Einen ersten Vorschlag hierzu unterbreitete Theodor (gest. 428), der seit dem Jahr 392 Bischof der kleinen Stadt Mopsuestia in Kilikien war. Mopsuestia liegt unweit des heutigen Adana an der südtürkischen Mittelmeerküste. Theodor hatte zuvor gemeinsam mit dem späteren Erzbischof von Konstantinopel Johannes Chrysostomos (gest. 407) bei dem heidnischen Rhetor Libanius Philosophie studiert. Später war er Schüler des einflussreichen Theologen Diodor (gest. vor 394), der 378 Bischof von Tarsus wurde. Beide waren entschiedene Gegner des Apollinaris von Laodizäa, der die menschliche Vernunftseele Jesu leugnete.

Um gegen Apollinaris die Vollständigkeit der menschlichen Natur Christi zu betonen, deutete Theodor die Einheit von göttlicher und menschlicher Natur in Christus im Anschluss an den Johannesprolog als „Einwohnung" (vgl. Joh 1,14: „Und das Wort wurde Fleisch und hat unter uns gewohnt"). Wie Gott dereinst im heiligen Zelt oder im Jerusalemer Tempel gegenwärtig war, so „wohnt" der Logos nun im Menschen Jesus von Nazareth. In Joh 2,21 ist ausdrücklich vom Tempel des Leibes Christi die Rede. Dass der Gott-Logos in Jesus „wohnt", tut dabei nach Theodor dem Menschsein Jesu keinerlei Abbruch.

Wie muss man sich nun diese „Einwohnung“ vorstellen? Theodor denkt die Einheit von Logos und Mensch in Jesus von Nazareth als vollkommenen Gehorsam: Indem sich Jesus ganz dem Willen Gottes unterwirft, genießt er als Mensch jene Verehrung, die eigentlich dem Logos zukommt. Wegen seines Gehorsams ist der Mensch Jesus von Nazareth hineingenommen in die Gemeinschaft der drei Personen Vater, Sohn und Geist, an deren göttlicher Natur nach der Lehre des Konzils von Konstantinopel (381) kein Zweifel mehr zulässig war.

Wieder lässt sich eine gewisse Problematik dieser Christologie nur schwer leugnen. Denn die Einigung von göttlicher und menschlicher Natur als freien Gehorsam zu erklären, setzt zwingend die Annahme voraus, dass es in Jesus ein eigenes menschliches Aktzentrum gibt. Dann aber gäbe es zwei Personen in Christus: die Person des Gott-Logos und eine menschliche Person. Christus wäre dann in sich gespalten – eine Vorstellung, die schon im 5. Jahrhundert untragbar erschien und erst zweihundert Jahre später durch Maximus Confessor zu einer begrifflichen Klärung gelangte.

Maria: „Christusgebärerin“ oder „Gottesgebärerin“?

Immerhin hat Theodor die christologische Notwendigkeit verdeutlicht, die Menschheit Christi unverkürzt zur Geltung zu bringen. Darin folgte ihm Nestorius (gest. 451), der bis zu seiner Ernennung zum Erzbischof von Konstantinopel (428) durch Kaiser Theodosius II. als Mönch und Prediger in der Nähe von Antiochia wirkte. Zeitlebens ist Nestorius allen Versuchen entgegengetreten, die Einigung von Gott und Mensch in Christus auf Kosten des Menschseins Jesu zu denken. Eine Christologie wie die des Apollinaris – mit ihrer Leugnung der Seele Christi – musste Nestorius deshalb als vollkommen abwegig erscheinen.

Das christologische Anliegen des Nestorius verbindet sich vor allem mit der Auseinandersetzung um den marianischen Ehrentitel „Gottesmutter“ – auf Griechisch Θεοτόκος, „Gottesgebärerin“.[25] Zwar wird Maria im Neuen Testament nirgendwo „Gottesmutter“ oder „Gottesgebärerin“ genannt; hier begegnet sie meist als die „Mutter Jesu“. Erst bei Bischof Alexander von Alexandria ist der Titel „Theotokos“ sicher belegt; womöglich

[25] Nach Sokrates soll Origenes Maria erstmals als „Gottesmutter“ (θεοτόκος) bezeichnet haben (*Kirchengeschichte* 7,32). Der Hinweis auf den *Römerbriefkommentar* des Origenes ist freilich unsicher. Unstrittig begegnet der Titel um 250 in einem Brief des Erzbischofs Dionysius von Alexandria an Bischof Paulus von Samosata.

wurde er aber bereits im 3. Jahrhundert von Hippolyt und Origenes gebraucht. Wie auch immer: Mit Blick auf das ὁμοούσιος von Nizäa, das sich auf dem Konzil von Konstantinopel endgültig durchgesetzt hatte, schien nach 381 einer Verehrung Marias als „Gottesmutter“ nichts mehr im Wege zu stehen.

Nestorius hingegen schien diese Bezeichnung missverständlich. Gewiss: Maria bloß als „Anthropotokos“, als „Mutter eines Menschen“ zu verehren – das war zu wenig. Aber „Theotokos“, „Gottesgebärerin“? Wo blieb dann die menschliche Natur Christi, die Nestorius doch um der Erlösung der Menschen willen unbedingt gewahrt wissen wollte? Und – weckte der Titel „Gottesmutter“ nicht doch allzu leicht Erinnerungen an heidnische Muttergottheiten, wie sie im Alten Orient oder in spätantiken Mythen allenthalben begegneten? Statuen der ihren Sohn Horus stillenden Göttin Isis beispielsweise waren überall im Römischen Reich wohlbekannt.

Nestorius suchte einen Kompromiss. Spätestens im Jahre 428, als er zum Erzbischof von Konstantinopel ernannt wurde, wollte er Maria nicht als „Gottesgebärerin“, als „Theotokos“, sondern als „Christotokos“, als „Christusgebärerin“ verehrt wissen.

Jenseits des Mittelmeeres, in der Kirche von Alexandria, wurde der Vorstoß des Erzbischofs von Konstantinopel alles andere als zustimmend aufgenommen. Bereits in Antiochia hatte Nestorius gegen eine überbordende Marienfrömmigkeit Stellung bezogen. Besonders Kyrill, seit 412 Erzbischof von Alexandria, war darüber erzürnt gewesen; nun widersprach er dem Christotokos-Titel heftig. Musste man nicht davon ausgehen, dass niemand anders als der Gott-Logos im Menschen Jesus Fleisch angenommen hatte? Und dass deshalb Maria nicht bloß als „Christusgebärerin“, sondern als „Gottesgebärerin“ zu verehren sei? Kyrill erblickte im Vorschlag des Nestorius eine gefährliche christologische Häresie. Ihr – so meinte er – galt es mit allen Mitteln zu begegnen.

Die alexandrinische „Einigungs-Christologie“ und das Konzil von Ephesus (431)

Stand in Antiochia der menschliche Gehorsam Jesu im Mittelpunkt der Überlegungen zur Einheit von Gottheit und Menschheit in Christus und deren soteriologischer Bedeutung, so war es in Alexandria die Hineinnahme der menschlichen Natur Christi in die göttliche Natur, die das Geheimnis der Menschwerdung ausmacht und aus der das Heil für die Menschen erwächst. Dabei bedeutet „Menschwerdung“ in alexandrinischer Perspektive: Die menschliche Natur Jesu wird von der göttlichen Natur des Logos vollständig durchdrungen. Zwar ist Christus vollständiger Mensch; Subjekt des Handelns Christi ist aber ausschließlich der göttliche Logos. Auch hier ist also von einer „Logoshegemonie“ zu sprechen. Und weil Christus von der Wirklichkeit Gottes her vollkommen bestimmt ist, spricht Kyrill häufig von der „einen Natur des fleischgewordenen göttlichen Wortes“ (μία φύσις τοῦ θεοῦ λόγου σεσαρκωμένη).

Diese Formel hatte bereits Apollinaris gebraucht, um die Einheit Christi zu betonen. Zwischenzeitlich war sie Athanasius zugeschrieben worden und galt insofern als rechtgläubig. Dabei hatte Apollinaris die Einheit von göttlicher und menschlicher Natur nur um den Preis einer Verkürzung der menschlichen Natur denken können – der göttliche Logos ersetzt ja in Christus die menschliche Geistseele. Nicht so bei Kyrill: Die menschliche Natur bleibt hier unversehrt und ungeschmälert. Aber sie ist von der göttlichen Natur so sehr durchdrungen, dass nach der Inkarnation nur noch von der „einen Natur des fleischgewordenen göttlichen Wortes“ gesprochen werden kann. Denn nur so kann – wie Kyrill meint – die göttliche Natur des Logos der menschlichen Natur Anteil an ihrem Leben und damit an der Unsterblichkeit Gottes verleihen.

Es bedarf keiner besonderen Phantasie, um sich vorzustellen, dass Kyrill ebendieses Anliegen hochgradig gefährdet sah, als Nestorius in Konstantinopel versuchte, seine Auffassung von Maria als bloßer „Christusgebärerin“ in die Liturgie einzuführen. Nestorius, so Kyrill, spalte mit seinem Insistieren auf der menschlichen Natur Christi den Erlöser in „zwei Söhne“. Nein: Christus ist nur *einer*, der menschgewordene Gott-Logos nämlich. Und deshalb ist Maria tatsächlich als „Gottesgebärerin“ zu verehren.

Christologisch bedeutet das: Wenn Gott Mensch wird, dann ist Christus eine Person „aus“ zwei Naturen, der göttlichen und der menschlichen Natur – und nicht, wie Theodor und Nestorius meinten, eine Person „in“ zwei Naturen. Zwar hofften die Antiochener, mit ihrer Terminologie Gott und Mensch klar voneinander unterscheiden zu können und so die Menschheit Christi zu wahren. Doch droht nach alexandrinischer Auffassung diese Unterscheidung zu einer Trennung zu werden. Umgekehrt lässt Kyrills Christologie keinen Zweifel an der Einheit von göttlicher und menschlicher Natur in Christus aufkommen; sie läuft freilich Gefahr anzunehmen, dass die göttliche Natur des Logos die Menschheit Christi vollkommen absorbiert. Dies folgt nicht zuletzt daraus, dass die Formel von der „einen Natur des fleischgewordenen göttlichen Wortes“ (μία φύσις τοῦ θεοῦ λόγου σεσαρκωμένη) nicht den Logos zum Subjekt der Menschwerdung macht, wie es von

Joh 1,14 her nahegelegen hätte. Tendierte also die alexandrinische Christologie zu einer „Einnaturenlehre" („Miaphysitismus"), so die antiochenische zu einer „Zweinaturenlehre" („Dyophysitismus").

Dabei ging es Nestorius nicht nur darum, die Unverkürztheit der menschlichen Natur Christi zu wahren. Darüber hinaus sah er durch Kyrills Begriff einer „physischen Einigung" die Unveränderlichkeit der göttlichen Natur in Frage gestellt. Dennoch hat Nestorius zu keinem Zeitpunkt neben dem Vater „zwei Söhne" angenommen – einen veränderlichen und einen unveränderlichen –, wie ihm seine Gegner polemisch vorwarfen.

Der auch kirchenpolitisch eskalierende Streit führte rasch zu unschönen Begleiterscheinungen, deren Darstellung eher in den Bereich der Kirchengeschichte gehört. Für die Dogmengeschichte bedeutsam ist das Ergebnis: Im Jahr 431 wird auf einem von Kyrill dominierten Reichskonzil in Ephesus eine Lehrformel verabschiedet, die den Einheitsaspekt in Christus betont. Nach Nizäa 325 und Konstantinopel 381 wird dieses Konzil heute als das dritte ökumenische Konzil gezählt. Am Ende ihrer Beratungen verurteilten die Konzilsväter alle, die leugnen, dass Christus „wahrhaftig Gott ist und deshalb die heilige Jungfrau Gottesgebärerin ist". Denn, so ihre Begründung: Maria hat „das Wort, das aus Gott ist und Fleisch wurde, dem Fleisch nach geboren" (DzH 252).

Verurteilt wird die Christologie der Antiochener und namentlich die des Nestorius, weil darin die Einheit von göttlicher und menschlicher Natur in Christus gefährdet sei. Ein Gegenkonzil der Antiochener verurteilte zwar seinerseits die Beschlüsse der Alexandriner, wurde in der späteren Lehrtradition aber nicht anerkannt. Die Kluft zwischen Antiochenern und Alexandrinern schien unüberbrückbar.

Die „Einigungsformel" von 433

Doch bereits zwei Jahre später, im Frühjahr 433, einigten sich Kyrill und einige Bischöfe der Kirche von Antiochia – nicht zuletzt aufgrund des Drucks von Kaiser Theodosius II., der wie einst Konstantin in Nizäa die religiöse Einheit des Reiches wiederherstellen wollte – auf eine „Unionsformel". Darin wird Christus als „vollkommener Gott und vollkommener Mensch" bezeichnet (DzH 272). Die Formel bekräftigt die „Einigung zweier Naturen" in Christus, bestimmt diese Einigung aber näherhin als eine „unvermischte" Einigung. Dieses „unvermischt" greift das Anliegen des Nestorius auf, die Integrität der menschlichen Natur Christi zu wahren. Die Bischöfe der Kirche von Antiochia konnten deshalb jetzt auch zustimmen, dass die Unionsformel Maria „Gottesgebärerin" nennt. Zugleich bleibt das Anliegen Kyrills gewahrt: Kein anderer als *Gott* ist im Menschen Jesus von Nazareth sichtbar geworden.

Allerdings hatte sich auch Kyrill bewegt. Zu Beginn der christologischen Debatten hatte er auf der Formel beharrt, der eine Christus existiere *aus* zwei verschiedenen Naturen, der göttlichen und der menschlichen (ἐκ δύο καὶ διαφόρων φύσεων ὁ εἷς). Jetzt aber, nach 433, erklärt er, dass die zwei Naturen in einer unteilbaren Vereinigung zusammenkamen, dies jedoch ohne jede Vermischung und ohne Veränderung geschehen ist. Deshalb bleibt jede der beiden Naturen in ihrer natürlichen Eigenart, das heißt unversehrt bestehen. Und deshalb kann Kyrill auch die Formulierung des Nestorius akzeptieren, wonach Christus *in* zwei Naturen existiert (ἐν δύο φύσεσιν). Denn obwohl er die Dominanz der göttlichen Natur in Christus betonte, hat Kyrill – anders als Apollinaris – entschieden an der vollständigen menschlichen Natur Christi festgehalten: Bei der Menschwerdung weicht die Geistseele Christi gerade nicht dem göttlichen Logos.

Auf dem Weg nach Chalzedon

Kyrill ist im Jahr 444 gestorben, Nestorius vermutlich um das Jahr 451. Doch schon vorher hatten am Kaiserhof in Konstantinopel Theologen an Einfluss gewonnen, die eher extremen Positionen zuneigten. Zu ihnen zählte vor allem Eutyches (gest. nach 454), Archimandrit eines Klosters bei Konstantinopel. Eutyches griff Kyrills Formel von der „einen Natur des fleischgewordenen Logos" auf, deutete sie aber so, dass die menschliche Natur Christi von der göttlichen Natur so aufgesogen worden sei wie ein Honigtropfen, der ins Meer gefallen ist. Im Grunde also verschwindet nach Eutyches die menschliche Natur Christi bei der Inkarnation.

Letzten Endes freilich lief diese Position dem soteriologischen Prinzip „Was nicht angenommen ist, das ist nicht geheilt" *(quod non assumptum, non est sanatum)* zuwider. Dieses Prinzip fordert ja gerade, dass dic vom Logos angenommene menschliche Natur keinerlei Minderung erfährt. Flavian (gest. 449) jedenfalls, seit 446 Erzbischof von Konstantinopel, ließ den extremen Miaphysitismus des Eutyches im November 448 durch eine Synode verurteilen und den Archimandriten seines Amtes entheben. Die Verurteilung des Eutyches durch Flavian kam einer Bestätigung der Unionsformel von 433 gleich.

Nachdem Eutyches auf diese Weise die Unterstützung seines eigenen Bischofs verloren hatte, suchte er anderenorts Unterstützung. Die fand er auch, und zwar vor allem in Alexandria. Dort hatte mit Dioskur (gest. 454) ein Bischof die Nachfolge Kyrills angetreten, der die konziliante Linie seines Vorgängers nicht weiterzuverfolgen bereit – oder fähig – war. Dioskur jedenfalls sicherte Eutyches seine uneingeschränkte Unterstützung zu. Während aus Antiochia ohnehin keine Unterstützung zu erwarten war, reagierte Leo (440–461), der Bischof von Rom, auf das Unterstützungsgesuch zurückhaltend. Bevor er Eutyches antwortete, ließ sich Leo von Flavian – seinem „Amtskollegen" in Konstantinopel – über den Diskussionsstand informieren. Flavians Schreiben muss den Papst und seine Berater weitgehend überzeugt haben. Denn in seiner Antwort bekräftigt nun auch Leo den Fortbestand zweier Naturen in Christus. Zugleich verurteilt er den extremen Miaphysitismus des Eutyches.

Das Schreiben Leos an den Erzbischof von Konstantinopel, sein *Tomus ad Flavianum*, in dem der Papst die Zweinaturenlehre verteidigt, stellt den ersten substanziellen Beitrag der lateinischen Westkirche in den christologischen Streitigkeiten der Alten Kirche dar. Bis dahin waren die Auseinandersetzungen fast ausschließlich von Theologen des Ostens und besonders zwischen Antiochia, Konstantinopel und Alexandria geführt worden. Allein der zwischen 356 und 359 nach Kleinasien verbannte Antiarianer Hilarius von Poitiers (gest. 367) hatte dort eine vertiefte Kenntnis von den im Osten verhandelten theologischen Fragen gewonnen, die es ihm sogar gestattete, sich um eine Verständigung zwischen den Vertretern eines strikten „wesenseins" (ὁμοούσιος) und den Befürwortern eines „wesensähnlich" (ὁμοιούσιος) zu bemühen. Mit seinem während der Verbannung in lateinischer Sprache verfassten Hauptwerk *De trinitate* lieferte Hilarius einen fundierten Beitrag zur nachnizänischen Diskussion um die göttliche Natur des Logos, der auch im Westen rezipiert wurde. Doch erst im 5. Jahrhundert – mit Leos *Tomus ad Flavianum* – wurde die Debatte um die *menschliche* Natur Christi zu einer gesamtkirchlichen Herausforderung.

Die Parteinahme Leos für die Zweinaturenlehre beendete das bis dahin geltende weitgehende Einvernehmen zwischen Rom und Alexandria. Athanasius beispielsweise hatte für sein beharrliches Eintreten für das *homousios* von Nizäa wiederholt Rückhalt im Westen des Reiches gefunden. 335 bis 337 hielt er sich in Trier auf, wohin ihn Kaiser Konstantin verbannt hatte; weitere Verbannungen führten Athanasius nach Rom und Aquileia. Nun aber zeichnete sich eine zunehmende Entfremdung zwischen Rom und Alexandria ab – eine Entfremdung, die bis heute nicht vollständig überwunden ist.

Leos Brief ist ein Zeugnis dafür, dass die römischen Bischöfe sich zunehmend als autoritative Interpreten der kirchlichen Lehrüberlieferung verstanden – eine Entwicklung, die sich bereits zu Beginn des 5. Jahrhunderts unter Papst Innozenz I. (401–417) ankündigte, nun aber unter Leo voll entfaltet ist. Über viele Zwischenstationen wird sie bis zur dogmatischen Definition der päpstlichen Unfehlbarkeit auf dem Ersten Vatikanischen Konzil im Jahre 1870 führen.

Leos Theologie ist weitgehend von Augustinus geprägt. Dessen Christologie wurde dem Papst vor allem durch Prosper Tiro von Aquitanien vermittelt, der seit 440 Kanzleischreiber in Rom war. Prosper hatte zusammen mit Hilarius von Arles (gest. 449) einen Briefwechsel mit Augustinus über die semipelagianischen Tendenzen im südgallischen Mönchtum geführt.[26] Als Prosper – unter anderem aus Predigten des Papstes – den Entwurf für Leos *Tomus ad Flavianum* zusammenstellte, tat er dies also vor dem Hintergrund der ihm wohlvertrauten Christologie Augustins.

Als erster Theologe nach Tertullian hatte sich Augustinus wieder des lateinischen Begriffs *persona* im Zusammenhang mit der Einigung von göttlicher und menschlicher „Substanz" *(substantia)* in Christus bedient (*De trin.* XIII 17,22). Auch die Formel „eine Person, zwei Naturen" hat Leo von Augustinus übernommen. Die christologischen Akzente im *Tomus* können insofern als spezifischer Beitrag der westlichen Theologie zu den christologischen Debatten des Ostens gelten.

Nicht zuletzt wegen der Unterstützung, die Eutyches und Dioskur vom kaiserlichen Hof erfuhren, gelang es dem Alexandriner jedoch zunächst, auf einem von ihm geleiteten Konzil in Ephesus Eutyches zu rehabilitieren und nun seinerseits Flavian zu verurteilen. Erneut wurde also in Ephesus ein Erzbischof von Konstantinopel abgesetzt. 431 hatte es Nestorius getroffen, nun – im Jahr 449 – Flavian. Dass alles dies nicht ohne den teils brachialen Einsatz von Gewalt geschah – Dioskur stütze sich auf kaiserliche Soldaten und bewaffnete Gruppen von Mönchen –, trug dem Konzil von Ephesus später vonseiten Papst Leos die Bezeichnung „Räubersynode" (*latrocinium*: ACOe 2/IV, 514) ein.

---

26 „Semipelagianismus" ist ein Sammelbegriff für im 5. Jahrhundert vor allem in Südgallien verbreitete Entwürfe zur Gnadentheologie, die darauf abzielten, sich von dem bereits durch das Konzil von Ephesus (431) verurteilten Pelagianismus eines Julian von Eclanum abzugrenzen. Besonders Mönche wie Johannes Cassian (gest. um 435) und Vinzenz von Lérins (gest. 435/450) bemühten sich darum, Augustins strenge Gnadenlehre mit ihrem monastischen und asketischen Leben theologisch in Einklang zu bringen, konnten den Nordafrikaner jedoch nicht überzeugen.

Faktisch erreichte Dioskur in Ephesus die Rückkehr zu jener Christologie Kyrills, die beim Konzil von Ephesus im Jahr 431 leitend gewesen war – also noch vor der Unionsformel von 433. Die Konzilsväter verurteilten erneut die antiochenische „Trennungs-Christologie" und machten sich die miaphysitische Formel zu eigen: „zwei Naturen *vor* der Einigung, eine Natur *nach* der Einigung".

Nach dem Konzil schien die Lage mehr als aussichtslos. Durch das Eingreifen Papst Leos in den christologischen Streit und dessen Parteinahme für die Zweinaturenlehre drohte eine theologische Spaltung zwischen Ost und West. Auch reichspolitisch war dieser Zustand nicht hinnehmbar.

6.5 „Wahrhaft Gott und wahrhaft Mensch": Die christologische Definition des Konzils von Chalzedon

So kann es nicht verwundern, dass unmittelbar nach dem Tod des Kaisers Theodosius dessen Nachfolger Markian (450–457) ein weiteres Reichskonzil einberief. Dieses sollte sich in Chalzedon, d. h. in unmittelbarer Nähe von Konstantinopel versammeln. Nach dem Willen des Kaisers sollte es einen umfassenden Konsens zwischen Rom, Alexandria, Antiochia und Konstantinopel herbeiführen.

Nach anfänglichem Zögern hat dieses größte Konzil der Alten Kirche am Ende einen umfangreichen Textbestand verabschiedet. Extreme Positionen – die angebliche „Trennungs-Christologie" des Nestorius einerseits ebenso wie die „Einigungs-Christologie" des Eutyches andererseits – werden darin verurteilt. Bekräftigt hingegen wird die Zweinaturenlehre der Unionsformel von 433. Die zentrale Passage lautet:

> „Unser Herr Jesus Christus ist als ein und derselbe Sohn zu bekennen, derselbe vollkommen in der Gottheit und vollkommen in der Menschheit, derselbe wahrhaft Gott und wahrhaft Mensch, aus Vernunftseele und Leib, derselbe wesensgleich dem Vater der Gottheit nach, wesensgleich uns der Menschheit nach" (DzH 301).

In der Definition von Chalzedon begegnet wiederholt das „einer und derselbe" (εἷς καὶ ὁ αὐτός), das bereits Irenäus von Lyon gebraucht hatte: „Einer und derselbe" ist „wahrhaft Gott und wahrhaft Mensch". Darüber hinaus wird von der „wahren Menschheit" Christi gesagt, dass sie „aus Vernunftseele und Leib" besteht – eine erkennbare Wendung gegen Apollinaris und die Logos-Sarx-Christologie. Der zweifachen Natur Christi entspricht seine doppelte Geburt: Christus ist „vor aller Zeit aus dem Vater“ geboren, „in den letzten Tagen […] zu unserem Heil aus der Jungfrau Maria, der Gottesgebärerin“. Es war Papst Leos Brief an Flavian, der diese Formel in die Beratungen eingebracht hatte.

Christologisch bedeutsam ist besonders eine Formulierung, die bereits in der Unionsformel von 433 erscheint. Demnach existiert Christus nicht „aus“ zwei Naturen, sondern „in“ zwei Naturen: Beide werden in Christus „unvermischt, unverwandelt, ungetrennt und ungeteilt“ erkannt (ἐν δύο φύσεσιν ἀσυγχύτως, ἀτρέπτως, ἀδιαιρέτως, ἀχωρίστως γνωριζόμενον). Dabei bleibt dem Konzilstext zufolge – entsprechend der stoischen Lehre von einer κρᾶσις δι’ ὅλου, wonach bei einer „vollständigen Durchmischung“ zweier Substanzen kein Drittes entsteht – die Eigentümlichkeit (ἰδιότης) einer jeden Natur auch dann bewahrt, wenn beide Naturen in einer einzigen „Erscheinungsform“ (πρόσωπον) oder „Person“ (ὑπόστασις) zusammenkommen.

Obwohl es nicht ausdrücklich gesagt wird, kann dies alles als eine Art Rehabilitierung des Nestorius gelesen werden, der – zwanzig Jahre zuvor – auf dem Konzil von Ephesus verurteilt worden war. Ausdrücklich hat das Konzil von Chalzedon die christologische Unionsformel von 433 bestätigt. Bestätigt wurde auch Leos Brief an Flavian, in dem sich der Papst zum Anwalt der Zweinaturenlehre gemacht hatte.

Freilich: Sowohl die dezidierte Verurteilung des Monophysitismus als auch die Berufung auf das Lehrschreiben Papst Leos erschwerte die Akzeptanz des Konzils vonseiten der Alexandriner. Viele von ihnen argwöhnten weiterhin eine „Aufteilung“ (μερισμός) oder „Spaltung“ (διαίρεσις) Christi in zwei Naturen. Diese Vorbehalte beeinträchtigten, ja verhinderten langfristig die Akzeptanz des Konzils von Chalzedon in weiten Teilen der östlichen Kirche. Bis heute gelten in einigen orientalischen Kirchen Theodor von Mopsuestia und Nestorius als die „Erzketzer“ schlechthin. Kopten, Westsyrer, Äthiopier und Armenier lehnen deshalb bis auf weiteres theologische Gespräche mit den Ostsyrern kategorisch ab, die ihrerseits Theodor und Nestorius als Kirchenlehrer verehren.[27]

---

[27] Vgl. das zweite *Agreed Statement* von Chambesy (1990), in: Dokumente wachsender Übereinstimmung, Bd. II: 1982–1990, Paderborn – Frankfurt/M. 1992, S. 302–304. Die Erklärung haben Vertreter der orthodoxen Kirchen und der altorientalischen Kirchen unterzeichnet.

Insgesamt bleibt das Konzil von Chalzedon aus der Rückschau ambivalent. Für weite Teile der Kirche war seine christologische Lehrentscheidung richtungsweisend, für andere hingegen barg sie den Keim der Häresie. Kirchenpolitisch verbindet sich mit der Annahme oder Ablehnung des Lehrentscheids von Chalzedon die Trennung zwischen den sogenannten „chalzedonischen" und den „nichtchalzedonischen" Kirchen – darunter die koptische Kirche, die Syrisch-Orthodoxe Kirche, die Äthiopische Kirche sowie die Armenisch-Apostolische Kirche. Alle diese heute als „altorientalisch" oder auch „altorientalisch-orthodox" apostrophierten Kirchen weigerten sich, die Lehrformel von Chalzedon zu akzeptieren.[28] Seit vielen Jahren werden mit ihnen ökumenische Gespräche geführt – nicht zuletzt mit dem Ziel einer Verständigung oder gar Annäherung in christologischen Fragen ohne ausdrückliche Anerkennung des Konzils von Chalzedon.

6.6 „Einer aus der Trinität hat gelitten": Die Verknüpfung von Christologie und Trinitätslehre

Nach dem Konzil von Chalzedon traten nicht selten Politik und Kirchenpolitik an die Stelle redlicher theologischer Auseinandersetzungen. Verschiedene Einigungsformeln, mit denen die Kaiser einen theologischen Ausgleich zwischen den unterschiedlichen Lagern herbeiführen wollten, brachten in der Sache keinen Fortschritt. Im Gegenteil: Teils untergruben sie bereits erzielte Übereinstimmungen, teils gaben sie Anlass zu neuen Auseinandersetzungen.

Eine solche Auseinandersetzung, bei der sich Politik und Theologie nahezu unentwirrbar ineinander verknäulten, war der sogenannte „Staurotheis-Aufstand". Dieser Aufstand erschütterte im Jahr 512 die Reichshauptstadt Konstantinopel. „Staurotheis" (σταυρόθεις) ist das Partizip Perfekt von σταυρόω – kreuzigen. Worum ging es damals?

Seit ältester Zeit wird in der östlichen Liturgie das „Trishagion" gesungen: „Heiliger Gott, heiliger Starker, heiliger Unsterblicher …" Dieses *Trishagion* – in der westlichen Liturgie bekannt aus den *Improperien* des Karfreitags – war gegen Ende des 5. Jahrhunderts in Antiochia um den Zusatz

28 Vgl. Christian Lange / Karl Pinggéra (Hrsg.), *Die altorientalischen Kirchen. Glaube und Geschichte*, Darmstadt ²2011.

„… der für uns gekreuzigt wurde“ erweitert worden. So hieß es fortan in der Liturgie: „Heiliger Gott, heiliger Starker, heiliger Unsterblicher, der für uns gekreuzigt wurde, erbarme dich unser!“

Diese Erweiterung war nicht unumstritten. Schrieb sie nicht der Gottheit selbst – und nicht etwa nur dem Logos – das Leiden zu? Das aber bedeutete „Theopaschitismus“ oder „Patripassianismus“ – und damit ebenjene Häresie, die bereits Sabellius und den Modalisten vorgeworfen worden war.

Widerspricht die Erweiterung aber nicht auch der Zweinaturenlehre des Konzils von *Chalzedon*? Demnach leidet in Christus nur die *menschliche* Natur des ewigen Logos, nicht aber die *göttliche*. Die göttliche Natur Christi bleibt leidensunfähig. Jedenfalls konnte der Zusatz auch *monophysitisch* missverstanden werden.

Wie auch immer: Als im Jahr 512 der vom damaligen Kaiser Anastasius I. (491–518) eingesetzte miaphysitisch gesinnte neue Patriarch Timotheus (511–517) den Zusatz offiziell in die Liturgie einführen wollte, kam es in Konstantinopel zu einem Volksaufstand.[29] Nur mühsam gelang es Kaiser Anastasius, die Aufständischen zu besänftigen. Patriarch Timotheus musste den liturgischen Zusatz schließlich zurückziehen. Die Unruhen gingen wegen der umstrittenen Formel ὁ σταυρωθεὶς δι’ ἡμᾶς – „der für uns gekreuzigt wurde“ – als „Staurotheis-Aufstand“ in die Geschichte ein. Zweifellos waren die Unruhen auch durch politische Interessen ausgelöst worden. Trotzdem verdeutlichen die Ereignisse, wie leicht es war, theologische Differenzen zu mobilisieren, um politische Ziele zu erreichen.

Die Gemüter beruhigten sich einigermaßen, als wenige Jahre später und mit dem Regierungsantritt Kaiser Justins (518–527) der umstrittene Zusatz dahingehend korrigiert wurde, dass es nun hieß: „*Einer aus der Trinität* ist Fleisch geworden und hat im Fleisch gelitten“. Diese Formel betont die Menschwerdung allein des Logos. Demnach hat nicht die Gottheit, sondern allein der Logos gelitten, und zwar „im Fleisch“, d. h. seiner menschlichen Natur nach, nicht seiner göttlichen.

Auch diese Formel wurde zunächst zurückgewiesen, weil sie theopaschitisch oder patripassianistisch klang. Wie schon im Zusammenhang mit dem (modalistischen) Sabellianismus drohte die Gefahr, den unwandelbaren Gott, den Vater Jesu Christi, als veränderlich und leidensfähig vorzu-

---

[29] Vgl. Mischa Meier, „*Staurothes di' hemas“. Der Aufstand gegen Anastasios im Jahr 512*, in: Millennium 4 (2007), S. 157–237; Alois Grillmeier, *Jesus der Christus im Glauben der Kirche*, Bd. II/2: *Die Kirche von Konstantinopel im 6. Jahrhundert*, Freiburg – Basel – Wien 1989, S. 270–274.

stellen. Letztendlich wurde die Formel aber doch als angemessene Entfaltung des christologischen Dogmas von Chalzedon akzeptiert. Wenn nämlich der Sohn „wahrer Gott" ist, wie es schon Nizäa gegen Arius betont hatte, dann hat in Christus der göttliche Logos gelitten – wenngleich nicht in seiner Gottheit, sondern allein seiner menschlichen Natur nach.

Zugleich war nun klar: Die zweite Hypostase oder „Person" der Gottheit, der Logos, ist zugleich das Prinzip der Einigung von menschlicher und göttlicher Natur in Christus.

„Person" *(persona)* oder griechisch „Hypostase" (ὑπόστασις) bedeutete ja zuvor etwas durchaus Unterschiedliches. Sprach man von „Hypostase" in *trinitätstheologischem* Zusammenhang, dann bezeichnete das Wort eine *Differenz*, nämlich die des Sohnes gegenüber dem Vater und dem Geist. Sprach man von „Person" oder „Hypostase" in *christologischem* Zusammenhang, dann bezeichnete das Wort das Prinzip der *Einheit*: der Einheit nämlich von göttlicher und menschlicher Natur in Christus. Beides nun, so verdeutlichte der Streit um das σταυρόθεις, ist identisch: Die Hypostase des göttlichen *Logos* ist das Prinzip der Einheit von göttlicher und menschlicher Natur Jesu Christi.

Dass der *Gott-Logos* das Prinzip der Einheit von göttlicher und menschlicher Natur Jesu Christi ist, hat im Jahr 553 das zweite Konzil von Konstantinopel – das fünfte ökumenische Konzil – dogmatisch fixiert (DzH 426). Zugleich hat das Konzil darauf bestanden, dass dieser Gott-Logos die *einzige* Hypostase in Jesus Christus ist. Andernfalls wäre ja Christus in zwei Hypostasen gespalten.

Diese Konsequenz scheint zwar unausweichlich, ist aber trotzdem überraschend. Denn behauptet wird ja nichts Geringeres als dies: Die menschliche Natur Jesu Christi hat keine ihr eigene Hypostase. Sie hat keine eigene Existenzweise, sondern existiert immer nur im göttlichen Logos. Die menschliche Natur Jesu Christi existiert „*en*hypostatisch", das heißt ausschließlich *in* der Hypostase des göttlichen Logos.

Diese auf den ersten Blick womöglich abstrakt erscheinende Lehre hat weitreichende Konsequenzen – bis hinein in die christliche Frömmigkeit. Weil nämlich die menschliche Natur Christi ausschließlich als Wirklichkeit einer göttlichen Hypostase existiert, kann von ihr nicht nur alles Menschliche, sondern auch Göttliches ausgesagt werden. Tatsächlich kann erst jetzt schlüssig begründet werden, warum Maria tatsächlich als „Gottesgebärerin" verehrt werden kann – und nicht nur als „Christusgebärerin", wie Nestorius es vorgeschlagen hatte. Und erst jetzt kann theologisch verantwortet gesagt werden: „Einer aus der Trinität ist Fleisch geworden und hat im Fleisch gelitten“, um so die Wahrheit des Inkarnationsgeschehens zur Sprache zu bringen.

6.7 Gehorsam aus Freiheit: Die Verteidigung der menschlichen Natur Christi durch Maximus Confessor

Nach den Konzilsentscheidungen von 553 schien zwar eine der beiden grundlegenden christologischen Aufgaben gelöst: das Prinzip der Einigung von göttlicher und menschlicher Natur zu identifizieren. Aber indem dies nun der göttliche *Logos* war, die zweite Person der Gottheit, schien die Unversehrtheit der menschlichen Natur Jesu Christi erneut gefährdet zu sein. Dass die menschliche Natur Christi nicht aus sich heraus, sondern „nur“ enhypostatisch im göttlichen Logos existiert, lässt ja neuerlich fürchten, sie sei irgendwie unvollständig. Wenn es nämlich der göttliche Logos ist, der als Prinzip der Einigung von göttlicher und menschlicher Natur wirkt, und wenn die menschliche Natur Christi erst *„im“* göttlichen Logos zur Existenz gelangt – muss man dann nicht davon ausgehen, dass alles menschliche Wollen (θέλημα) und alles menschliche Wirken (ἐνέϱγεια) Christi ausschließlich in der einen Hypostase gründen, der Hypostase des göttlichen Logos? Und dass deshalb der menschlichen Natur Christi ein eigenes Wollen und Wirken fehlt?

Die Sache so zu sehen, war christologisch durchaus reizvoll. Denn nun durfte man ja hoffen, jeglichen Widerstreit zwischen göttlichem und menschlichem Willen in Christus auszuschließen. Tatsächlich grenzt es ja an Schizophrenie, eine Person mit zwei unterschiedlichen Willen anzunehmen.

Andererseits – kann eine menschliche Natur ohne freien Willen überhaupt noch eine vollständige menschliche Natur genannt werden? Bedeutete dies nicht einen Rückfall vor das Konzil von Chalzedon? Chalzedon hatte ja – nicht zuletzt gegen Apollinaris – die Vollständigkeit der menschlichen Natur Christi gelehrt – unter Wahrung der jeweiligen „Eigentümlichkeiten“ einer jeder der beiden Naturen. Und zu diesen Eigentümlichkeiten zählen zweifelsfrei doch Wollen und Wirken!

Doch wiederum war Vorsicht geboten. Bedeutet „Wollen“ nicht immer auch, das Böse wollen zu können? Wollen-Können setzt Freiheit voraus. Aber ist Freiheit nicht die Möglichkeit der Wahl zwischen Gut und Böse? Ein Schwanken der menschlichen Freiheit zwischen möglichen Handlungsoptionen kann aber auch Quelle der Sünde sein.

In Bezug auf Christus hieße das alles: Die Indifferenz des menschlichen Willens Jesu Christi könnte zu einem Widerstreit zwischen menschlichem und göttlichem Willen in Christus führen.

Um einen solchen, ja durchaus denkbaren Widerspruch in Christus auszuschließen, bestritten eine ganze Reihe von Theologen seit dem Beginn des 7. Jahrhunderts die menschliche Freiheit Jesu. Stattdessen lehrten sie, dass es in Christus nur ein einziges Willens- und Aktzentrum gibt: die Person bzw. die Hypostase des göttlichen Logos. In Darstellungen der Theologiegeschichte werden solche Positionen als „Monenergismus" bezeichnet, sofern sie nur eine einzige Wirkweise in Christus anerkennen, oder als „Monotheletismus", sofern sie nur einen einzigen – den göttlichen – Willen in Christus zulassen.[30] Ziel der Monotheleten war es, die Einheit zwischen den Anhängern von Chalzedon und den Monophysiten wiederherzustellen. Doch betonten sie hierzu die einigende (göttliche) Person Christi so sehr, dass sie die menschliche Natur ihrer Willensfreiheit beraubten.

Besonders im Osten des Römischen Reiches gewann die Auffassung, wonach es in Christus nur einen einzigen Willen gibt, zunehmend an Boden. Um diese Christen für den Widerstand gegen das durch die islamische Expansion unter starken militärischen Druck geratene Reich zu gewinnen, ließ Kaiser Heraklius (610–641) im Jahr 638 einen Erlass *(Ekthesis)* veröffentlichen, wonach es in Christus nur einen einzigen Willen gibt. Nachdem bereits feststand, dass der göttliche Logos das Prinzip der Einheit beider Naturen in Christus ist, konnte dieser eine Wille nur der göttliche sein.

Es war vor allem der byzantinische Theologe Maximus Confessor (580–662), der gegen diese neuerliche Amputation der menschlichen Natur Jesu Christi Einspruch erhoben hat. Maximus gab nicht nur zu bedenken, dass eine menschliche Natur ohne einen freien Willen unvollständig wäre. Darüber hinaus erinnerte er daran, dass durch die Sünde Adams gerade der menschliche *Wille* geschwächt worden ist. Hätte nun der Logos diesen erlösungsbedürftigen Willen nicht angenommen, dann wäre er nicht geheilt worden. Auch Maximus also leitet das soteriologische Prinzip „Was nicht angenommen ist, das ist nicht geheilt" *(quod non assumptum, non est sanatum)*.

Um die Monotheleten davon zu überzeugen, dass Christus zwar prinzipiell hätte sündigen können, tatsächlich jedoch zu keinem Zeitpunkt sündigen wollte, unterscheidet Maximus zwischen natürlichem Willens*vermögen* (θέλησις) und konkretem Willens*vollzug* (θέλημα). Und hierzu

[30] Vgl. Friedhelm Winkelmann, *Der monenergetisch-monotheletische Streit* (Berliner Byzantinische Studien 6), Frankfurt/M. 2001.

führt Maximus aus: Christus *konnte* zwar sündigen, aber er *wollte* es nicht. Denn anders als bei allen anderen Menschen ist Christi Willens*vollzug* unbedingt für das Gute entschieden. Christus hat sich aus freiem Willen dazu entschieden, das Böse nicht zu wollen, sich vielmehr rückhaltlos vom Willen seines Vaters bestimmen zu lassen. Maximus denkt dabei unter anderem an Joh 6,38, wo Jesus von sich sagt: „Denn ich bin vom Himmel herabgekommen, nicht um meinen Willen zu tun, sondern den Willen dessen, der mich gesandt hat." Deshalb gibt es in Jesus kein Schwanken zwischen Gut und Böse, keinen Widerstreit zwischen menschlichem und göttlichem Willen.

Sehr anschaulich zeigt Maximus die unbedingte Entschiedenheit des menschlichen Willens Jesu zum Guten in seiner Deutung des Geschehens im Garten Getsemani. Angesichts seines bevorstehenden Todes überliefern die Synoptiker das Ringen Jesu mit seinem Vater: „Lass diesen Kelch an mir vorübergehen! Doch nicht, was ich will, sondern was du willst" (vgl. Mk 14,36). Jesus legt seinen menschlichen Willen in den Willen des Vaters – und er tut dies aus freiem Entschluss. Gerade diese freiwillige Übernahme des Leidens ist für den Vollzug der Erlösung zentral. Denn hier zeigt sich ein *menschlicher* Wille, der sich rückhaltlos dazu bestimmt hat, sich vom Willen Gottes leiten zu lassen.

Maximus zufolge vollzieht der *Mensch* Jesus von Nazareth in Zeit und Geschichte, was der Logos von Ewigkeit her gegenüber dem Vater ist. Im irdischen Leben Jesu, so der Wiener Kardinal Schönborn (geb. 1945) treffend, wird die „Weise seines *Gottseins* […] zur Weise seines *Menschseins*".[31] Nicht dinghafte Naturen, sondern zwei unterschiedliche *Seinsvollzüge* – die Existenzweise Gottes und die Existenzweise eines Menschen – gelangen in Christus zur Einheit. Damit ist nicht zuletzt die lange umstrittene Möglichkeit legitimiert, den Gottmenschen im Bild darzustellen. Im Jahr 787 wird das zweite ökumenische Konzil von Nizäa die Verehrung von Christus-Ikonen lehramtlich bestätigen.

Nachdem bereits eine römische Synode im Lateran (649) auf Betreiben des Maximus den Monotheletismus verurteilt hatte, hat sich vor allem das dritte Konzil von Konstantinopel (680/81) die Christologie des Maximus

---

[31] Christoph Schönborn, *Die Christus-Ikone. Eine theologische Hinführung*, Schaffhausen 1984, S. 119. Weil Christus seine göttliche Natur in menschlicher Weise vollzieht, kann er als Mensch dargestellt werden, ohne seine göttliche Natur zu verleugnen. Mit diesem Argument legitimiert das zweite Konzil von Nizäa (787) Christus-Darstellungen in der Kunst und macht sich nach langem Ringen um die Legitimität der Verehrung von Christus-Ikonen („Bilderstreit") zu deren Anwalt.

zu eigen gemacht. Dieses Konzil wird heute als sechstes ökumenisches Konzil gezählt. Gegen die Monotheleten lehrt es in Bezug auf Christus, „dass sowohl zwei natürliche Weisen des Wollens bzw. Willen als auch zwei natürliche Tätigkeiten ungetrennt, unveränderlich, unteilbar und unvermischt in ihm sind" (DzH 556). Ausdrücklich wird festgehalten, dass sich der menschliche Wille Christi dem göttlichen Willen nicht widersetzt. Vielmehr ordnet er sich aus freiem Entschluss dem Willen des Vaters unter.

Indem es der menschlichen Natur Jesu einen menschlichen Willen zuspricht, präzisiert das Konzil die Lehre von Chalzedon. Es verteidigt die unverkürzte menschliche Natur Christi. Auf diese Weise eröffnet das Konzil einen neuen Zugang zur Geschichtlichkeit des Lebens und Sterbens Jesu. Fortan ist es leichter möglich, die menschliche Natur Christi nicht mehr statisch-ontologisch, sondern vielmehr dynamisch als einen Vollzug menschlicher Freiheit zu denken.

Erst bei Maximus Confessor und auf dem dritten Konzil von Konstantinopel also wird theologisch und christologisch das eingeholt, was das Konzil von Chalzedon mit der Wendung ὁμοούσιος ἡμῖν – eines Wesens mit uns Menschen – gemeint hat.[32] Erst jetzt wird „Menschsein" nicht mehr in dingontologischen Kategorien, nicht mehr in Kategorien des Seins begriffen, sondern in Kategorien der Freiheit. Und erst jetzt wird es möglich, eine substanzielle Einheit geistiger Naturen zu denken: als frei vollzogenes Bestimmtsein-Lassen des eigenen Willens durch den Willen des anderen.

Wieder einmal zeigte sich: Die Theologie ist nicht einfach Sklavin der Denkformen jener Epochen, in denen sie sich vollzieht. Der Anspruch, dem geglaubten und in der Liturgie gefeierten Glaubensinhalt gerecht zu werden, provoziert nicht selten eine produktive Spannung zwischen Theologie und Philosophie. Aus dieser Spannung können am Ende beide verändert hervorgehen: die *Philosophie*, insofern ihre Begrifflichkeit Wirklichkeiten zu erfassen imstande ist, die sich ihr zuvor entzogen, und die *Theologie*, insofern sie anhand einer veränderten Begrifflichkeit den von ihr angezielten Glaubensinhalt nun angemessener artikulieren und damit auch kommunizieren kann. Diese Dynamik ist mit dem 7. Jahrhundert der Theologiegeschichte keineswegs zum Stillstand gekommen.

---

32 Bernhard Welte, *Homousios hemin. Gedanken zum Verständnis und zur theologischen Problematik der Kategorien von Chalkedon*, in: Alois Grillmeier / Heinrich Bacht, Das Konzil von Chalkedon, Bd. III, Würzburg 1954, S. 51–80.

7 Sakramente, Kirche und Gnade: Konfliktfelder der Theologie im lateinischen Westen

Als das dritte Konzil von Konstantinopel im Jahre 681 den Monotheletismus verurteilt, befinden sich drei der ehemals fünf Zentren der spätantiken „Pentarchie" – Jerusalem, Alexandria und Antiochia – bereits seit einem halben Jahrhundert unter muslimischer Herrschaft. Die anderen beiden Städte der „Fünfherrschaft", nämlich Rom und Konstantinopel, werden sich in den kommenden Jahrhunderten zunehmend voneinander entfremden; zu unterschiedlich sind Sprache, Kultur, Theologie, aber auch Liturgie und Frömmigkeit im Alten und im Neuen Rom. Das Alte Rom wird sich zunehmend zur Mitte Europas hin orientieren; das Neue Rom versteht sich als Erbe der griechisch-hellenistischen Kultur der Spätantike.

In theologischer Hinsicht ist die Zeit des frühen Mittelalters im Westen Europas eher dürftig zu nennen. Der Niedergang des spätantiken Bildungssystems im Zuge der europaweiten Migrationsbewegungen wird allein aufgrund des meist von Mönchen aufrechterhaltenen Bildungsideals vor dem vollständigen Zusammenbruch bewahrt. Die wenigen herausragenden Denker jener Jahrhunderte – darunter Boethius (gest. 524/26), Cassiodor (gest. 580), Isidor von Sevilla (gest. 636) – beschränken sich weitgehend darauf, das vorhandene Bildungsgut zu sammeln und zu systematisieren. Gleichwohl waren solche Sammlungen im frühmittelalterlichen Lehrbetrieb weit verbreitet. Die drei Bücher der *Sententiae* des Isidor von Sevilla beispielsweise, vor allem aber seine *Differentiae* und *Etymologiae* (auch unter dem Titel *Origines* bekannt) wurden in den folgenden Jahrhunderten zu vielbenutzten enzyklopädischen Standardwerken. Die inhaltliche Systematik im ersten Buch der *Sententiae*, in dem Isidor einen Abriss der Dogmatik bietet, weist bereits auf die theologischen Summen des Hochmittelalters voraus.

Die im 5. oder frühen 6. Jahrhundert entstandene *Hochzeit der Philologie mit Merkur* des Martianus Capella bot anhand der sieben freien Künste *(septem artes liberales)* eine Enzyklopädie der in der Spätantike bekannten nichttheologischen Wissenschaften. Das Werk war bis ins Mittelalter hinein das grundlegende Lehrbuch für die nichttheologischen Wissenschaften. Augustinus (354–430) wiederum und Papst Gregor der Große (590–604) sind in dieser Zeit die maßgeblichen theologischen Autoritäten.

Kreative Theologen sind in diesen Jahrhunderten – wenn überhaupt – vorwiegend im Osten anzutreffen. Zu ihnen zählen der erwähnte Maximus Confessor (gest. 662) sowie Johannes von Damaskus (gest. 754), der im 8. Jahrhundert bereits unter muslimischer Herrschaft schreibt. Johannes ist weniger ein origineller Theologe als vielmehr ein Sammler und Systematiker. Unmissverständlich bekundet er zu Beginn seines dreiteiligen Hauptwerkes *Quelle der Erkenntnis* (Πηγὴ γνώσεως), nichts Eigenes vortragen, sondern nur die überlieferte Lehre darstellen zu wollen.

Mitte des 12. Jahrhunderts wird die *Quelle der Erkenntnis* des Damaszeners durch Burgundius von Pisa (gest. 1193) mehr schlecht als recht ins Lateinische übersetzt; trotz ihrer minderen Qualität ist diese Übersetzung unter dem Titel *Fons scientiae* eine wichtige Quelle auch für das im Mittelalter äußerst einflussreiche *Sentenzenwerk* des Petrus Lombardus.

Augustinus wird schon bald zur wichtigsten theologischen Referenz für den lateinischen Westen des auseinanderbrechenden Römischen Reiches. Hingegen hat seine Theologie im griechischen Osten kaum Resonanz gefunden; hier – in der auch sprachlichen Kontinuität zur griechischen Philosophie – stehen andere Fragen im Vordergrund der theologischen Diskussionen. Umgekehrt werden bis ins 5. Jahrhundert hinein die theologischen und christologischen Diskussionen der griechischen Theologen im Westen kaum beachtet.

7.1 Recht oder Metaphysik? Akzentsetzungen der Theologie im lateinischen Westen und im griechischen Osten

Was aber sind die theologischen Themen des Westens? Wiederholt ist darauf hingewiesen worden, dass innerhalb der durch das Latein geprägten römischen Kultur weniger metaphysische als vielmehr rechtliche Fragen im Vordergrund auch der theologischen Debatten standen. Dabei ist daran zu erinnern, dass theologische Schriften in lateinischer Sprache überhaupt erst an der Schwelle vom 2. zum 3. Jahrhundert verfasst werden. Noch die Hippolyt von Rom (gest. 235) zugeschriebene *Traditio Apostolica* ist ursprünglich auf Griechisch verfasst.

Christliche Literatur in lateinischer Sprache begegnet in nennenswertem Umfang erstmals in Nordafrika. Tertullian und Cyprian sind die herausragenden lateinischen Theologen in der ersten Hälfte des 3. Jahrhunderts. Beiden geht es nicht in erster Linie um metaphysische oder christologische Fragen. Im Vordergrund stehen vielmehr Fragen des christlichen Lebens und der kirchlichen Praxis. Manche erkennen darin das Interesse der römischen Kultur und des lateinischen Denkens an institutionell-rechtlichen Regelungen wieder. Dass viele Theologen im lateinischen Westen vor ihrer Hinwendung zum Christentum eine juristische Ausbildung genossen hatten, steht dieser Vermutung jedenfalls nicht entgegen.

Aufmerksamkeit findet im Westen vor allem die Einbindung des einzelnen Gläubigen in die Gemeinschaft der Kirche. Dabei wird der kirchliche Aspekt des Glaubens weniger spirituell oder mystisch erfasst. Wichtiger sind vielmehr rechtliche Kategorien – wie etwa die der „Zugehörigkeit" zur apostolischen Kirche. Rechtliche Begriffe wie „Gültigkeit" und „Wirksamkeit" bestimmen zunehmend auch das Verständnis von Taufe und Firmung, Buße und Eucharistie. Diese Akzentsetzung wirkt weit in das lateinische Mittelalter hinein und darüber hinaus.

In rechtlichen Kategorien wird im Westen auch das Gott-Mensch-Verhältnis gefasst. Dieses wird vorrangig in Begriffen wie Schuld und Sünde einerseits, Gerechtigkeit und Barmherzigkeit, Vergebung und Gnade andererseits zum Ausdruck gebracht. Geht es im Osten vorrangig um die Heiligung des Menschen, seine „Vergöttlichung" durch die Wiederherstellung der ursprünglichen Gottebenbildlichkeit, so im Westen um die Lossprechung von Sünde und Schuld; es geht um die Rettung des Menschen im Endgericht. Entsprechend ist der Weg des Menschen in östlicher Perspektive ein durch göttliche „Pädagogik" ermöglichter Aufstieg zur mystischen Vervollkommnung und Einigung mit Gott; im Westen hingegen geht es vorrangig um den Gehorsam gegenüber dem göttlichen Willen und um die sittliche Bewährung. Während die östliche Theologie gerne von einem Zusammenwirken (συνεργία) von Mensch und Gott spricht, betont die westliche Theologie seit Augustinus den Vorrang der Gnade. Und schließlich: Während „Erlösung" nach östlicher Überzeugung vorrangig darin besteht, dass Christus durch seine Menschwerdung die Natur des Menschen in ihren ursprünglichen Stand der Gottebenbildlichkeit eingesetzt hat, so besteht sie nach westlicher Vorstellung zunächst darin, dass Christus im Gehorsam gegenüber dem Willen des Vaters die Schuld der Menschen stellvertretend gesühnt hat. Sein Gehorsam vollendet sich im Kreuz, durch das er, der Knecht Gottes (vgl. Jes 53), die Strafe für unsere Sünden auf sich genommen hat. Dieses bei Paulus grundgelegte Verständnis von Erlösung wird schon von Justin dem Märtyrer (*Dial.* 41,1; 42,2) und Cyprian von Karthago (*Epist.* 63,17) aufgegriffen. Seine systematische Entfaltung findet es in der lateinischen Theologie bei Anselm von Canterbury (1033–1109).

7.2 Kirche zwischen Charisma und Institution: Die montanistische Provokation

Mit dem nordafrikanischen Bischof Cyprian von Karthago (gest. 258) verbinden sich vor allem seine Theologie des bischöflichen Amtes und seine strenge Position im sogenannten „Ketzertaufstreit“. Dass Gottes Geist in der apostolisch verfassten Kirche wirkt, wie Irenäus gegen die Gnostiker betont hatte – heißt das nun im Umkehrschluss, dass der Heilige Geist außerhalb dieser Kirche *nicht* wirkt?

Seit Irenäus von Lyon galten die apostolische Überlieferung und ein fester Kanon von Offenbarungsschriften als maßgebliche Kriterien authentischen Christseins. Was aber war nun mit solchen Christen, die diesen Kriterien nicht entsprachen? Christen aus der Kirche des Markion etwa oder Gnostiker – vielfach behaupteten sie ja ebenfalls, Christen zu sein, ja sogar die wahre Kirche Christi zu repräsentieren.

Zu einer solchen Gruppe zählten auch die Montanisten, eine christliche Bewegung, die ihren Ursprung im 2. Jahrhundert in Kleinasien hatte, sich aber bald auch bis nach Syrien und Gallien hin ausbreitete. Auch die Montanisten beanspruchten, die wahre Kirche Christi zu sein. Montanus, ihr Gründer, dessen Lebensdaten ebenso im Dunkeln bleiben wie die der beiden mit ihm zusammen wirkenden „Prophetinnen“ Maximilla und Priscilla, wähnte sich als unmittelbar vom Heiligen Geist inspiriert. Die Montanisten rechneten mit der unmittelbar bevorstehenden Wiederkunft Christi – und sie lebten dementsprechend. Mit ihrem hohen sittlichen Ideal beanspruchten sie, das Heiligkeitsideal der Urkirche (vgl. Apg 4,32–35) zu verwirklichen.

Die Lehren der Montanisten unterschieden sich nur unwesentlich von denen der meisten übrigen Christen. Anders als die Gnostiker konnten sie deshalb nicht als Häretiker ausgegrenzt werden, d. h. als Irrlehrer. Wie also sollte man mit ihnen umgehen? Um dem einflussreichen Montanismus zu begegnen, versammelten sich – wie schon in der Urkirche die Apostel (vgl. Apg 15,1–29) – deren Nachfolger, die Bischöfe, zu „Synoden“. Dabei wurde über die Wahrheit des Glaubens und über die Gestalt der Kirche diskutiert. Und falls nötig, wurden darüber auch verbindliche Beschlüsse gefasst.

Der Idee und Praxis der Synoden liegt der Gedanke zugrunde, dass zwar jedem einzelnen Bischof ein besonderer Beistand verheißen ist. Aber nur die über den gesamten Erdkreis verbreitete und doch zugleich an jedem Ort vollständig verwirklichte Kirche Jesu Christi als Ganze, die *ecclesia catholica*,[33] verfügt über die Fülle des Heiligen Geistes. Deshalb bedarf es der Feststellung eines Konsenses in Glaubensfragen oder in Angelegenheiten der christlichen Lebensführung, um sicherzugehen, dass eine bestimmte theologische Meinung der christlichen Überlieferung entspricht und sie authentisch wiedergibt. Ist freilich ein solcher Konsens erzielt, dann dürfen die Beschlüsse der Bischöfe in der Kirche ein Höchstmaß an Autorität und Verbindlichkeit beanspruchen.

Ein weiterer ekklesiologischer Grundsatz trat in den Auseinandersetzungen mit den Montanisten hervor: Der Heilige Geist wirkt in der Kirche nicht zunächst in besonderen Einzelgestalten oder in charismatischen Phänomenen. Er bekundet sich vielmehr in einer besonderen Weise durch die Amtsträger der Kirche, in erster Linie durch die Bischöfe, die Nachfolger der Apostel. Der Heilige Geist ist der Kirche als Institution, als einer geschichtlichen Größe in der Welt gegeben.

Dieser Grundsatz freilich weckte neue Fragen: Was geschah in jenen rituellen Handlungen, die außerhalb der katholischen Kirche vollzogen wurden?

7.3 Der Streit um die Taufe: Tertullian und Cyprian von Karthago

Diese Frage stellte sich unausweichlich, als christliche Gemeinden vor der Entscheidung standen, Personen aus gnostischen Gemeinschaften, aus den Gemeinden des Markion oder aus den Reihen der Montanisten bei sich aufzunehmen. Sollte man solche Konvertiten nun taufen? Oft waren sie ja bereits in ihren Herkunftsgemeinschaften getauft worden. Der ehemalige Rhetor und Jurist Tertullian von Karthago (gest. um 220) war da eindeutig: Er forderte eine erneute Taufe. Oder genauer: Er forderte die *erstmalige* Taufe. Weil nämlich die Häretiker nicht an denselben Gott und an denselben Christus glauben wie die Angehörigen der apostolischen Kirche und weil sie deshalb auch den Heiligen Geist nicht kennen, war bei ihnen noch gar nicht gültig und wirksam getauft worden (*De Bapt.* 15).

Tertullians Position fand in Nordafrika, aber auch in Kleinasien breite Zustimmung. Verschiedene Synoden in Nordafrika bekräftigten die Un-

33 Der Begriff „katholisch" – „allumfassend" – begegnet erstmals vor 117 bei Ignatius von Antiochia (*Smyr.* 8,2); dann bei Justin dem Märtyrer (*Dial.* 81,4).

gültigkeit der Häretikertaufe. Konvertiten müssen getauft werden, so die dortigen Bischöfe; denn die Vollmacht, den Heiligen Geist mitzuteilen, sei allein der katholischen Kirche verliehen worden. Anders freilich urteilten die Kirchen in Rom und Alexandria: Sie erkannten Taufen, die außerhalb der katholischen Kirche gespendet worden waren, als gültig an. Eine Konversion zur katholischen Kirche wurde von ihnen durch bloße Handauflegung besiegelt, um die Taufe wirksam werden zu lassen.

In der Mitte des 3. Jahrhunderts eskalierten die bis dahin friedlich nebeneinander bestehenden unterschiedlichen Gepflogenheiten zu einem Konflikt zwischen Rom und Karthago. Cyprian, der einflussreiche Bischof von Karthago, wollte – entsprechend nordafrikanischem Brauch – Konvertiten taufen lassen. Cyprians Begründung liegt auf der Linie Tertullians: Es gibt nur eine einzige Kirche; nur in dieser einen Kirche wirkt der Geist Gottes; deshalb hat auch nur diese eine Kirche die apostolische Vollmacht, Sünden zu vergeben (vgl. *Epist.* 69). Wer sich von der einen Kirche trennt, der ist von Gott getrennt und von seinem Heiligen Geist. Die in einer getrennten Kirche vollzogenen Riten bleiben deshalb rein äußerlich; Wasserbad, Handauflegung und Salbung entfalten keinerlei geistliche Wirkung. Die Taufe der Häretiker ist unwirksam, weil es „außerhalb der Kirche kein Heil" gibt (*Epist.* 73,21). *Extra ecclesiam salus non est* – dieser vielzitierte Satz Cyprians fällt in genau diesem Zusammenhang.

Äußeres Kennzeichen der Zugehörigkeit zur einen Kirche ist die Gemeinschaft mit dem Bischof. Deshalb, so Cyprian gegen Novatian, der sich in Rom von Bischof Cornelius losgesagt hatte und selbst die Nachfolge seines verstorbenen Vorgängers anstrebte, „kann Gott nicht zum Vater haben, wer die Kirche nicht zur Mutter hat" (*De unitate* 6). Auch dieser Satz wird in den folgenden Jahrhunderten immer wieder zitiert werden.

Cyprians Haltung stieß auf die entschiedene Gegnerschaft Stephans, des Bischofs von Rom. Dieser verteidigte die römische Praxis, Konvertiten durch bloße Handauflegung in die Kirche aufzunehmen. Denn, so Stephan, der Geist Gottes wirkt überall, nicht nur in der katholischen Kirche. Überzeugt von seiner Auffassung drohte der Bischof von Rom Cyprian sogar an, die Kirchengemeinschaft mit ihm aufzukündigen. Synoden in Kleinasien und Nordafrika hingegen solidarisierten sich mit Cyprian. Ein Schisma schien unvermeidlich, eine Kirchenspaltung unabwendbar. Sie wurde nur durch eine neuerlich ausbrechende Christenverfolgung verhindert (257). Theologisch war der Streit damit freilich noch nicht entschieden.

Einer Klärung kam erst Augustinus näher, indem er gegenüber den Donatisten darauf beharrte, dass in den Sakramenten letztendlich kein anderer als Christus selbst handelt, nicht etwa der Bischof oder der Priester (*Adv. Petilian* I 7,8). Und deshalb ist auch jene Taufe, die durch einen Ketzer, Häretiker oder Sünder gespendet wird, gültig. Freilich: Wirksam werden und Früchte bringen kann die Taufe allein im Zusammenhang mit der katholischen Kirche. Außerhalb ihrer können die Samen des Guten, die mit der Taufe gelegt sind, nicht aufkeimen.

7.4 Der „Lehrer der Gnade“: Augustinus von Hippo

Dem Einfluss, den der Alexandriner Origenes auf die griechische Theologie des Ostens ausübte, entspricht in der lateinischen Theologie des Westens der Einfluss des Augustinus. Seine Gedanken wirkten weit über die Spätantike hinaus. In mehr als einhundert theologischen Traktaten, in zahllosen Schriften und Predigten legte der Bischof von Hippo die Grundlagen für die mittelalterliche Theologie. Diese ist bis zur Hochscholastik des 13. Jahrhunderts weitgehend durch Augustinus geprägt, und besonders in der Franziskanerschule bleibt der Nordafrikaner auch darüber hinaus wirksam. Luther, Melanchthon und Calvin – sie alle sind ohne Augustinus ebenso wenig vorstellbar wie der sogenannte Jansenismus im 17. und 18. Jahrhundert. Erst seit der späten Aufklärungszeit schwindet Augustins Einfluss auf die Theologie – ohne jedoch jemals ganz zu versiegen. Gegenwärtig zählen unter anderem Vertreter und Vertreterinnen der „Radical Orthodoxy“ Augustinus zu ihren Hauptgewährsleuten.

Theologie als Biographie

Von keinem anderen Theologen der Alten Kirche sind so viele biographische Details bekannt wie von Augustinus. Zweifellos hat Augustinus seine Autobiographie, die *Confessiones*, stilisiert. Gleichwohl begegnet in ihnen der authentische Ausdruck eines lebenslangen Ringens um die Wahrheit.

Augustinus wurde im Jahr 354 im nordafrikanischen Thagaste als Sohn eines heidnischen Vaters und einer christlichen Mutter geboren. Nach dem Studium der Rhetorik begeisterte er sich für das Denken Ciceros und dessen Skeptizismus. Knapp zwanzigjährig wandte er sich dem Manichäismus zu, einer gnostischen Sekte, die für sich beanspruchte, ein radikales Christentum zu leben. Fast zehn Jahre lang gehörte Augustinus einer manichäischen Gemeinde an, bis er zu der Überzeugung gelangte, dass deren dualistisches Weltbild nicht tragfähig war. In einer Reihe von später verfassten Widerlegungen des Manichäismus begründet Augustinus dies vor allem damit, dass Gottes Einheit, Vollkommenheit und Güte kein zweites Schöpfungsprinzip zulassen. Das Böse in der Welt, das Augustinus keineswegs leugnet, sei nicht als Substanz aufzufassen, sondern als „Mangel an Gutem" *(privatio boni).* In der menschlichen Seele wiederum habe das Böse seinen Ursprung in einem verkehrten Willen.

Nach seiner Abkehr vom Manichäismus unterrichtete Augustinus zunächst wieder Rhetorik in Thagaste, dann in Karthago, in Rom und schließlich, seit 384, in Mailand – jenem Mailand, das seit Kaiser Diokletian (284–305) Hauptstadt des damaligen Weströmischen Reiches war (286). Auch die kirchenpolitische Lage hatte sich grundlegend geändert: In der Zwischenzeit – am 28. Februar 380 – hatten die drei Kaiser Gratian (367/375–383), Valentinian II. (371–392) und Theodosius I. (379–395) mit dem Dekret *Cunctos populos* das Christentum in seiner nizänischen Form zur Staatsreligion erklärt.

Nicht zuletzt auf Drängen seiner Mutter Monika wandte sich Augustinus dem Christentum zu. In Mailand begegnete er dem gelehrten Bischof Ambrosius (339–397). Bei ihm lernte Augustinus das Christentum in einer durch Platon geprägten Gestalt kennen. Augustinus studierte die Neuplatoniker – allen voran Plotin und Porphyrius. Aus den Schriften des Neuen Testaments faszinierten ihn vor allem die Briefe des Paulus.

Auf den 15. August 386 datiert Augustinus seine Bekehrung zum Christentum. Berühmt geworden ist der dramatische, wenngleich stilisierte Ablauf seiner Bekehrung, den er am Ende des achten Buches seiner *Confessiones* schildert. Nachdem sich Augustinus zunächst mit einigen Freunden nach Cassiciacum zurückgezogen hatte, ein Landgut vermutlich am Comer See, ließ er sich zusammen mit seinem damals knapp 15-jährigen Sohn Adeodatus in der Osternacht 387 von Ambrosius taufen. Anschließend kehrten beide nach Nordafrika zurück.

Seinen Vorsatz, in der alten Heimat ein kontemplatives Leben zu führen, konnte Augustinus freilich nicht verwirklichen. 391 wurde er bei einem Besuch der Stadt Hippo vom dortigen Bischof Valerius auf Drängen der Gemeinde zum Priester geweiht. Drei Jahre später weihte ihn Valerius zum Hilfsbischof, und nach dem Tod des Bischofs wurde Augustinus im Jahr 396 Bischof von Hippo. Diese Stellung hatte er bis zu seinem Tod im Jahr 430 inne.

Um Kirche und Sakramente: Auseinandersetzungen mit den Donatisten

Zu fast allen Themen und Fragen der Theologie seiner Zeit hat Augustinus wegweisende Überlegungen angestellt – so auch zu jenen Fragen, die seit dem Taufstreit des 3. Jahrhunderts unerledigt geblieben waren und die sich nun, an der Wende vom 4. zum 5. Jahrhundert, mit unverminderter Dringlichkeit erneut aufdrängten. Denn eine erneute Kirchenspaltung drohte die nordafrikanische Kirche zu zerreißen, das sogenannte „Donatistische Schisma“.

Die Donatisten – zu denen sich ein beträchtlicher Anteil der nordafrikanischen Christen zählte – hatten sich im Zusammenhang mit der letzten Christenverfolgung unter Diokletian (303–311) von der katholischen Kirche getrennt. Wieder gab es „Gefallene“ *(lapsi)*, die den Staatsgöttern geopfert hatten, und wieder gab es „Verräter“ *(traditores)*, die den staatlichen Autoritäten heilige Schriften und liturgische Geräte ausgeliefert hatten. In Bezug auf die *Traditores* und die *Lapsi* vertraten die Donatisten das Ideal einer Kirche der Heiligen. In ihr war kein Raum für Sünder; diese sollten aus der Kirche ausgeschlossen werden. Die Gültigkeit der Sakramente banden die Donatisten auch nach dem Ende der Christenverfolgung an einen untadeligen Lebenswandel der Spender. Damit setzten sie einem eher institutionellen Verständnis von Kirche und Sakramenten ein personalistisches Verständnis entgegen.

Wie schon im Taufstreit des 3. Jahrhunderts ging es in den Auseinandersetzungen mit den Donatisten um die Frage, wo die wahre Kirche Christi zu finden ist. Denn natürlich beanspruchten beide Seiten – sowohl die Donatisten als auch die Katholiken –, diese Kirche zu sein. Entsprechend erklärten sie die Sakramente der jeweils anderen Seite für ungültig.

Gegen die Auffassung der Donatisten, dass sich die Priester und Bischöfe durch ein besonders heiligmäßiges Leben auszeichnen müssen, um die sakramentale Gnade vermitteln zu können, argumentierte Augustinus: Der eigentliche Spender der Sakramente ist nicht der Bischof oder Priester. Der eigentliche Spender ist vielmehr Christus selbst. Bischof und Priester sind lediglich Werkzeuge Christi (vgl. *C. Epist. Parm.* II 11,23). Damit ist die Wirksamkeit eines Sakramentes ganz unabhängig von der persönlichen Heiligkeit gegeben. Sie ist unabhängig selbst vom persönlichen Glauben des jeweiligen Spenders. Ob Wasser durch ein Rohr aus Gold oder aus Blei geleitet wird – wichtig ist allein, dass das Wasser fließen kann.

Anders als Tertullian oder Cyprian bestreitet Augustinus nicht, dass der Geist auch bei den Donatisten wirkt. Weil nämlich Christus der eigentliche

Spender der Sakramente ist, enthalten auch die Sakramente der Donatisten die Gnade Gottes. Sie vermitteln die Gnade aber nur der Möglichkeit nach. Die Heilswirkung eines Sakramentes hingegen kann sich nur im lebendigen Leib der Kirche entfalten. Der äußere Vollzug eines Sakraments bleibt ohne innere Wirkung, solange er getrennt bleibt von der Kirche als der lebendigen Gemeinschaft der Liebe und des Heiligen Geistes (vgl. u. a. *De bapt.* IV 17,24).

Anders als die Donatisten betrachtete Augustinus die Kirche als eine Gemeinschaft, die Heilige und Sünder zugleich umfasst. Die Kirche vergleicht er wiederholt mit dem Acker, auf dem Weizen und Unkraut zugleich wachsen (Mt 13,24–30; vgl. Augustinus, *C. Epist. Parm.* III 2,11–13), oder mit der Arche Noah, in der es reine und unreine Tiere gab (vgl. *Civ. Dei* XV 27; *Sermo* 264,5). Kirche ist nach Augustinus eine komplexe Wirklichkeit *(corpus permixtum)*: Irdisches und Himmlisches, Gegenwärtiges und Zukünftiges kommen in ihr zusammen. Erst am Ende der Zeiten, beim Jüngsten Gericht, wird sich zeigen, wer in der Kirche Sünder ist – und wer ein Gerechter.

Mit dieser Sicht von Kirche konnte Augustinus die Donatisten allerdings nicht gewinnen. Sie beharrten auf ihrem Standpunkt, die Kirche müsse eine Kirche der Reinen sein. Augustinus war enttäuscht. Am Ende billigte er sogar staatliche Zwangsmaßnahmen gegen die Donatisten, um sie zur apostolischen Kirche zurückzuführen. Ein gegen die Donatisten gerichtetes Edikt des Kaisers Honorius (395–423) aus dem Jahr 405 hat Augustinus mit Bezug auf die in Jesu Gleichnis vom großen Gastmahl begegnende Formulierung „compelle intrare" („Nötige sie einzutreten": Lk 14,23) in der Rückschau ausdrücklich begrüßt (*Retr.* 2,5).

Augustins Haltung zum Verhältnis von Glaubenswahrheit und staatlicher Gewalt blieb umstritten – und zwar in beide Richtungen. Besonders dann, wenn sich kirchliche Autoritäten kaiserlichen Dekreten unterwerfen sollten, beharrten sie oft auf der Trennung von geistlicher und weltlicher Macht. Im Jahr 494 formulierte Papst Gelasius I. (492–496) die sogenannte „Zwei-Schwerter-Theorie" (vgl. Lk 22,38), wonach Gott zur Leitung der Welt die weltliche Gewalt *(regalis potestas)* und die geistliche Autorität der Bischöfe *(auctoritas sacrata pontificum)* eingesetzt hat. Letztere wiege umso schwerer, als die Bischöfe nicht nur die Menschen hinsichtlich ihrer Sünden binden und lösen können, sondern überdies im Jüngsten Gericht auch für die Könige Rechenschaft abzulegen hätten (vgl. DzH 347).

Die Zwei-Schwerter-Theorie bestimmte jahrhundertelang die Diskussionen um das Verhältnis zwischen weltlicher Gewalt *(regnum)* und geistlicher Gewalt *(sacerdotium)*. Im sogenannten „Investiturstreit" – im Streit zwischen Kaiser und Papst um das Recht der Einsetzung von Bischöfen (1076–1122) – spielte sie eine maßgebliche Rolle. In seinem an Eugen III. (1145–1153) adressierten „Papstspiegel“ *(De consideratione)* betonte der einflussreiche Zisterzienserabt Bernhard von Clairvaux (gest. 1153), dass die Gewalt der weltlichen Herrscher auf einer Delegation seitens des Papstes beruhe. Diese Auffassung hat auch Bonifatius VIII. (1294–1303) vertreten, mit dem die Theorie der absoluten Papstmonarchie einen vorläufigen Gipfelpunkt erreichte (vgl. DzH 873).

Wenig später hingegen plädierten vor dem zeitgeschichtlichen Hintergrund des „Exils“ der Päpste in Avignon und des Abendländischen Schismas Kirchenkritiker wie Marsilius von Padua (gest. 1342/43), Wilhelm von Ockham (gest. 1347), John Wyclif (gest. 1384) oder Jan Hus (gest. 1415) für eine strikte Trennung von kirchlicher und staatlicher Gewalt. Konnte diese Trennung mit dem Westfälischen Frieden von 1648 in der europäischen Rechtsordnung als fest etabliert gelten, so hat die von Augustinus verneinte Frage, ob der religiöse Irrtum ein Recht beanspruchen darf, sich öffentlich Geltung zu verschaffen, Kirche und Theologie bis zum Vorabend des Zweiten Vatikanums bewegt. Erst das Zweite Vatikanische Konzil lädt dazu ein, „den Menschen, die in Irrtum oder Unwissenheit in den Dingen des Glaubens befangen sind, in Liebe, Klugheit und Geduld zu begegnen“ (*Dignitatis humanae* 14).

Gnade und Freiheit, Erbsünde und Prädestination: Der Streit mit Pelagius

Mit den Donatisten bekämpfte Augustinus eine christliche Bewegung, die er wegen ihrer sakramententheologischen Auffassungen für kirchenspalterisch hielt. Vor allem aber hat sich Augustinus in den letzten zwanzig Jahren seines Lebens entschieden gegen den Pelagianismus und seine verschiedenen Schulen gewendet. In diesem Streit ging es um das Verhältnis von Gnade und Freiheit und um die Beziehung zwischen Gott und Mensch. Die Grundfrage lautete: Was vermag der Mensch zu seinem Heil beizutragen? Was darf er hierzu von Gott erwarten? Diese Fragen diskutierte Augustinus zunächst mit Pelagius (gest. 420), dann mit dessen Schülern Caelestius (5. Jahrhundert) und Julian von Eclanum (gest. um 455).

Nachwirkungen dieses Ringens um das Verhältnis von Gnade und Freiheit traten in der Theologiegeschichte immer wieder zutage – in der Karolingerzeit ebenso wie im Hochmittelater und besonders im Zeitalter der Reformation. Entzündete sich doch die Kritik der Reformatoren an der katholischen Kirche ursprünglich an der Verhältnisbestimmung von Gnade und Freiheit, wie sie sich im Zusammenhang mit Buße und Ablass darstellte. Auch der sogenannte „Gnadenstreit" zwischen Dominikanern und Jesuiten im 17. und 18. Jahrhundert ist ohne Augustinus nicht zu denken. Das 1640 in Löwen veröffentlichte Hauptwerk des holländischen Theologen und Reformbischofs Cornelius Jansen (1510–1576) trägt den vielsagenden Titel: *Augustinus, oder: Die Lehre des heiligen Augustinus über Gesundheit und Krankheit der menschlichen Natur – ein Heilmittel gegen die Pelagianer.*[34]

Wer aber war dieser Pelagius? Pelagius war ein Asket, der um das Jahr 380 aus Britannien nach Rom gekommen war. Er war von hohem sittlichem Ernst geprägt. Der Sitten- und Zügellosigkeit Roms setzte er eine rigorose Moralpredigt entgegen. Denn der Mensch sei nicht überweltlichen Mächten ausgeliefert. Er könne sich vielmehr – wenn er das nur will – vom Bösen abkehren und dem Guten zuwenden. Gebet, Nächstenliebe und Askese – alles das sei von einem wahren Christen gefordert und könne von ihm auch geleistet werden. Denn als Geschöpf Gottes sei der Mensch mit Verstand und Willensfreiheit ausgestattet. Deshalb sei er grundsätzlich in der Lage, den Willen Gottes zu tun.

Zwar stehe der Mensch seit dem Sündenfall Adams unter dem Einfluss der Sünde. Doch seien ihm die göttlichen Gebote als wirksame Hilfe offenbart worden, der Sünde zu trotzen und das Gute zu tun. Und mit der Menschwerdung Gottes in Jesus Christus steht dem Menschen ein vollkommenes Beispiel für gelingendes Menschsein vor Augen. Durch sein Vorbild hat Christus die Herrschaft der Sünde überwunden und die Herrschaft der Gnade aufgerichtet. Jetzt, in der Nachfolge Christi, ist der Mensch aus eigenem Vermögen in der Lage, auf dem Weg der Heiligung voranzuschreiten.

Das optimistische Menschenbild des Pelagius entspricht weitgehend der stoischen Ethik. Mit dem griechischen Bildungsideal und der Spiritualität der östlichen Kirchenväter ließ es sich mühelos vereinbaren. Damit konnte es eine lange Tradition christlicher Theologie und Frömmigkeit für sich beanspruchen. Nicht ohne Grund genoss Pelagius in Rom als gelehrter Theologe hohes Ansehen.

Aber: Augustinus setzt den sittlichen Idealen des Pelagius seine eigene Lebenserfahrung entgegen. Fand er sich nicht in seiner Jugend schon im-

---

[34] Cornelius Jansen, *Augustinus, sive doctrina Sti. Augustini de humanae naturae sanitate, aegritudine, medicina adversus pelagianos et massilienses,* 3 Bde., Löwen 1640.

mer wieder der Macht des Bösen und seinen Verlockungen ausgeliefert? Wie wenig vermochte er seinerzeit aus eigener Kraft dagegen auszurichten! Erst als sich Gott selbst ihm zuwandte, ihn seine Gnade erfahren ließ, da fühlte sich Augustinus imstande, den Verlockungen des Bösen zu widerstehen.

Vor dem Hintergrund dieser Erfahrungen bestimmt Augustinus den Begriff der Gnade vollkommen anders als Pelagius. Augustinus ist davon überzeugt: Aus eigenem Vermögen kann der Mensch nichts Gutes vollbringen. Denn der Wille des Menschen steht unter der Knechtschaft der Sünde. Die Sünde hat nicht nur zur Folge, dass der gute Wille des Menschen fortwährend an Grenzen stößt. Nein: Der Wille des Menschen selbst ist unfähig zum Guten. Der menschliche Wille kann nicht einmal *wollen*, das Gute zu tun *(non posse non peccare)*. Und daraus folgt: Erst wenn Gottes Gnade den Willen des Menschen aus der Knechtschaft des Bösen befreit, ist der Mensch imstande, das Gute zu tun.

Aber – wem eigentlich gewährt Gott seine Gnade? Belohnt Gott mit seiner Gnade diejenigen, die seinem Willen folgen? Genau das aber wäre ja Pelagianismus. Denn dann könnte der Mensch das Gute ja doch aus eigenem Willen und Vermögen tun – und Gott würde ihn nur nachträglich belohnen. Das Gegenteil ist der Fall: Gott gewährt seine Gnade voraussetzungslos. Gott gewährt seine Gnade, wem er will.

Diese Wahrheit – so Augustinus im Anschluss an Paulus – könne man leicht dem Alten Testament entnehmen.[35] Da wird Jakob, der Zweitgeborene, seinem Bruder Esau vorgezogen. Und das nicht etwa deshalb, weil sich Jakob in besonderer Weise dafür qualifiziert hätte, Stammvater Israels zu sein. Nein: Gott hat Jakob bereits im Leib der Rebekka erwählt – zu einem Zeitpunkt also, als von Verdienst oder auch Schuld keinerlei Rede sein kann. Auf dieser Grundlage entfaltet Augustinus seine Prädestinationslehre. Sie besagt: Von Ewigkeit her hat Gott in seiner für den Menschen unergründlichen Weisheit diejenigen auserwählt, denen er seine Gnade zuwendet.

Damit Gottes Erwählung nun nicht als ein Akt göttlicher Willkür missverstanden werden kann, geht Augustinus noch einen Schritt weiter. Er sagt: Der Mensch ist Sünder. Jeder Mensch ist Sünder – und das von Anfang an. Er ist nicht erst Sünder durch seine Tat. Er ist vielmehr Sünder allein schon dadurch, dass er als Mensch gezeugt und geboren ist. In seinen *Confessiones* beschreibt Augustinus mehrfach, wie sich die Neigung des

[35] Vgl. Röm 9,13 in Verbindung mit Mal 1,2f; zu Jakob und Esau vgl. Gen 25.

Menschen zeigt, das Böse nicht bloß zur Erlangung eines bestimmten Zieles, sondern um des Bösen selbst willen zu tun. Der Mensch tut das Böse aus Lust am Bösen. Auch an sich selbst hat Augustinus den „Sirenengesang des Fleisches" verspürt.[36] Augustinus kennt die Begierde, das Elend des an sich selbst ausgelieferten Menschen.

Die theologische Begründung zu alledem findet Augustinus bei Paulus. Der Apostel – so Augustinus – schreibt in Röm 5,12, dass „in Adam" alle Menschen gesündigt haben *(„… in quo omnes peccaverunt").* Und im ersten Brief an die Korinther betont Paulus: „Denn wie in Adam alle sterben *(‚in Adam omnes moriuntur'),* so werden in Christus auch alle zum Leben erweckt werden" (1 Kor 15,22). Zwar sind die lateinische Übersetzung von Röm 5,12 und die darauf fußende Interpretation von Augustinus philologisch nicht haltbar.[37] Doch wirkungsgeschichtlich spielt das keine Rolle. Jedenfalls liest Augustinus Röm 5,12 als Beweis dafür, dass „in Adam" alle Menschen gesündigt haben. Fortan sind alle Menschen – Augustinus schreibt *„quasi in massa"* (*C. duas epist. Pelag.* 4,4,7) – ihren bösen Begierden ausgeliefert. Und deshalb sind alle Nachkommen Adams tatsächlich Sünder. Sie sind allesamt strafwürdig und haben keinerlei Anrecht auf Gottes Gnade.

Wenn Gott also irgendeinem Menschen seine Gnade schenkt, dann tut er das aus reiner Barmherzigkeit. Gerechterweise hingegen müsste er alle Menschen bestrafen. Man kann Gott jedenfalls nicht der Willkür bezichtigen, wenn er dem einen seine Gnade schenkt, dem anderen hingegen nicht. Man muss vielmehr seine Barmherzigkeit preisen, dass er überhaupt einige Menschen begnadet – und sie so aus der Macht der Sünde und des Todes errettet.

Als infolge der Goten-Einfälle in Italien und der Plünderung Roms durch Alarich im Jahr 410 zahlreiche Anhänger des Pelagius nach Nordafrika kamen, hat Augustinus seine Gnadenlehre durch zwei Synoden sanktionieren lassen. Nicht zuletzt ging es dabei um die Frage der Kindertaufe. Diese – die Praxis der Kindertaufe – erschien nämlich nun zwingend. Ist der Mensch seit dem Zeitpunkt seiner Empfängnis ein Sünder, dann bedarf es einer möglichst frühen Taufe, um ihn aus dem Verhängnis der Sünde zu befreien.

Entsprechend stellt im Jahr 418 eine Synode in Karthago fest: Weil wegen der Erbsünde seit dem Sündenfall Adams der Tod über die Men-

---

36 *Conf.* IX 10,25.

37 Vgl. Egon Brandenburger, *Adam und Christus. Exegetisch-religionsgeschichtliche Untersuchung zu Röm. 5,12–21 (1. Kor. 15)* (Wissenschaftliche Monographien zum Alten und Neuen Testament 7), Neukirchen 1962, S. 168–175.

schen herrscht, ist die Kindertaufe legitim und geboten. Gegen Pelagius und seine Anhänger betont die Synode, dass die Gnade nicht nur Sündenvergebung oder Belehrung ist, sondern wirksame Hilfe dazu, gar nicht erst zu sündigen. Denn Gottes Gnade befähigt den freien Willen des Menschen allererst, den Willen Gottes zu befolgen. Und schließlich wird gelehrt, dass die Freiheit von der Sünde nicht durch das Streben des Menschen nach Vollkommenheit und Heiligkeit erreicht wird, sondern allein durch Gottes Gnade (DzH 222–230).

Verständlicherweise regte sich besonders bei Mönchen und Asketen Widerstand gegen Augustins Gnadenlehre. Fürchteten sie doch um die Früchte ihres Lebens in Entsagung und Gebet. Johannes Cassian (um 360–435) beispielsweise, Abt eines Klosters bei Marseille, beharrte darauf: Gott wendet seine Gnade dem Einzelnen nicht nach Gutdünken zu. Vielmehr umfasst Gottes Heilswille prinzipiell alle Menschen. Deshalb wird die Gnade allen Menschen angeboten, und Gottes Fürsorge hilft dabei, dass die Menschen sie auch annehmen können. Ähnliche Auffassungen vertraten im 5. Jahrhundert die südgallischen Mönche Vinzenz von Lérins und Abt Faustus von Riez (gest. 495).

Andere wiederum folgten Augustinus. Prosper von Aquitanien (gest. nach 455) sammelte in seinem *Sententiarum ex operibus S. Augustini delibatarum liber* („Exzerpte aus den Werken des hl. Augustinus") 392 Sätze aus den Schriften des Nordafrikaners und brachte sie in einen freilich noch wenig systematischen Zusammenhang. Um das Jahr 515 hat Fulgentius (gest. 527 oder 533), Abt und Bischof von Ruspe in Nordafrika, Augustins Gnadenlehre in der Form eines systematischen Kompendiums zusammengefasst *(De Fide ad Petrum)*. Das Kompendium wurde zur Grundlage einer Regionalsynode, die Bischof Caesarius von Arles (gest. 542) wenige Jahre später (529) in das südgallische Orange einberief. Diese Synode bekräftigte die gnadentheologischen Positionen des Augustinus. Zugleich wies sie die Positionen der gallischen Mönche zurück (DzH 370–397). Den Synodenbeschlüssen zufolge macht die Erbsünde den Menschen völlig unfähig zum Guten. Bekehrung und Glaube sind deshalb ausschließlich Wirkungen der Gnade Gottes. Zwar wird durch die Taufgnade der freie Wille des Menschen wiederhergestellt. Dennoch gilt: Ohne Gottes Gnade können auch die Getauften keine verdienstvollen Werke verrichten.

Obwohl die Beschlüsse des Konzils von Orange durch Papst Bonifaz II. (530–532) lehramtlich bestätigt wurden, sind seine Akten im Mittelalter nicht rezipiert worden. Erst 1538 – im Zusammenhang mit den Diskussionen um die Gnadentheologie der Reformatoren – hat man sich ihrer erinnert. Dann jedoch erlangten sie auf dem Konzil von Trient im Zusammenhang mit den Diskussionen um die Erbsünde erheblichen Einfluss.

Langfristig hat sich in der kirchlichen Frömmigkeit nicht die extreme Prädestinationslehre des späten Augustinus, sondern ein abgemilderter Augustinismus durchgesetzt. Nicht zuletzt aus pastoralen Motiven hat besonders Papst Gregor der Große (590–604) betont, dass die Gnade Gottes zwar Entscheidendes wirkt, dass sie aber im Menschen ohne dessen freie Zustimmung nicht wirksam werden kann. Diese gnadentheologische Position blieb im lateinischen Abendland beherrschend; sie prägte Frömmigkeit und Glaubenspraxis der Menschen weit über das Mittelalter hinaus bis in die Neuzeit hinein.

7.5 „Doppelte Prädestination": Der radikale Augustinismus des Gottschalk von Orbais

Die Synode von Orange hatte 529 die Frage nach der Prädestination ausgespart. Damit fehlte ein entscheidendes Stück der Gnadenlehre des späten Augustinus. Eben hierauf aber insistierte im 9. Jahrhundert ein sächsischer Grafensohn namens Gottschalk (gest. um 869).

Von seinen Eltern war Gottschalk im Alter von sechs oder sieben Jahren als „Oblate" dem Reichskloster in Fulda übergeben und dort von Hrabanus Maurus (gest. 856) erzogen worden. Später lebte er in den Abteien Corbie und Orbais im heutigen Nordostfrankreich.

Unklar ist, warum sich Gottschalk in seinen Schriften auf Augustins Prädestinationslehre konzentrierte. Sollte dies mit seinem eigenen Schicksal als Oblate zu tun haben? Tatsächlich hat sich Gottschalk zunächst geweigert, seine ewige Profess abzulegen – freilich ohne Erfolg. Jedenfalls radikalisierte Gottschalk die Prädestinationslehre Augustins. Gottschalk betonte nicht nur das Wirken der Gnade, die Gott allen Erwählten bereits vor dem Sündenfall Adams zugedacht hatte. Er ging auch davon aus, dass Gott von Ewigkeit her beschlossen hatte, die Übrigen unter dem Strafgericht seines Zornes zu belassen. Deshalb komme Christi Sühnetod nur denjenigen zugute, die zum Heil vorherbestimmt sind. Den von Ewigkeit her Verworfenen hingegen nütze Christi Tod nicht; sie gehen trotz der Taufe zugrunde.

Mit seiner These von der „doppelten Vorherbestimmung" *(gemina praedestinatio)*, der Prädestination der Menschen zur Seligkeit oder zum Gericht, bestreitet Gottschalk den universalen Heilswillen Gottes. An seine Stelle setzt er einen unbedingten Determinismus. Dieser Determinismus lässt nach

Gottschalk weder Raum für die Freiheit Gottes noch für die Freiheit des Menschen.

Gottschalks Thesen blieben im Reich der Karolinger nicht unwidersprochen. Hrabanus Maurus verteidigte gegen Gottschalk die Freiheit des Menschen zum Guten. Gegen seinen Schüler machte er geltend, dass dessen Lehre von einer doppelten Vorherbestimmung zum Fatalismus und damit zur sittlichen Indifferenz führe. Wenn ohnehin von Ewigkeit her über das endgültige Schicksal eines jeden Menschen beschlossen ist, dann braucht sich niemand mehr sittlich anzustrengen und sich darum zu bemühen, Gottes Willen zu erfüllen.

Nach einigem Hin und Her wurde Gottschalks Auffassung von einer doppelten Vorherbestimmung auf zwei Synoden verurteilt (Mainz 848; Quierzy 849); die Lehre von der Prädestination der zum Heil Erwählten und dem universalen Heilswillen Gottes hingegen wurde bestätigt. Eine weitere Synode in der nordfranzösischen Königspfalz Quierzy bekräftigte im Jahr 853 unter dem Vorsitz des Erzbischofs Hinkmar von Reims (gest. 882) die menschliche Willensfreiheit erneut. Der Sühnetod Christi gelte allen Menschen, nicht nur den Erwählten (DzH 621–624). Gottschalk wurde ein Bußschweigen auferlegt; er selbst wurde in Klosterhaft überstellt. Um das Jahr 869 ist er gestorben.

Langfristig hat sich in der katholischen Kirche die Auffassung durchgesetzt, wonach sich der Mensch zu der ihm angebotenen Gnade Gottes frei verhalten kann. Im 16. Jahrhundert hat das Konzil von Trient diese Position gegen die Reformatoren festgeschrieben (vgl. DzH 1525; 1554). Eine präzise Verhältnisbestimmung von Gnade und Freiheit hat das Konzil freilich vermieden. Auch deshalb wurde in der Zeit der „katholischen Reform" teils erbittert um das Verhältnis von göttlicher Gnade und menschlicher Freiheit gestritten. Bis in die Gegenwart hinein ist das Verhältnis von Gnade und Freiheit eines der zentralen Themen der Theologie geblieben.

7.6 Negative Theologie: Dionysius Areopagita

Über Augustinus gelangte ein breiter Strom neuplatonischen Denkens in das Mittelalter. Ein zweiter Strom verbindet sich mit Pseudo-Dionysius, einem anonymen Autor des 5. oder beginnenden 6. Jahrhunderts, den die Tradition mit Blick auf Apg 17,34 schon früh als „Dionysius vom Areopag" *(Dionysius Areopagita)* identifizierte. Sein Werk umfasst Texte, die in griechischer Sprache verfasst wurden, die aber bereits unter den Karolingern von Hilduin (gest. 840), dem Abt des Königsklosters Saint-Denis bei Paris, ins Lateinische übertragen wurden. Alle drei Hauptwerke des Pseudo-Dionysius – die „Himmlische Hierarchie" *(De caelesti hierarchia)*, die „Kirchliche Hierarchie" *(De ecclesiastica hierarchia)* und vor allem sein Buch über „Die göttlichen Namen" *(De divinis nominibus)* – sind zutiefst neuplatonisch geprägt. Beglaubigt mit der Autorität eines Apostelschülers haben sie die griechische Theologie in Byzanz, aber auch die lateinische Theologie im Abendland über Jahrhunderte hinweg maßgeblich geprägt. Erst die Humanisten weckten Zweifel an der Autorschaft des *Corpus Dionysiacum*.

Eine wichtige Quelle für Pseudo-Dionysius ist der Neuplatoniker Proklos (gest. 485). Dessen Buch über die „Grundlagen der Theologie" (Στοιχείωσις θεολογική; *Elementatio theologica*) beschreibt die Wirklichkeit im Ganzen so, dass sie als Ergebnis eines stufenweisen Hervortretens aus einem ursprünglichen Einen verstanden werden kann. Das ursprüngliche Eine ist zugleich die Fülle des Seins. Im höchsten Maße „seiend" wiederum ist für die Neuplatoniker das, was sich durch den geringsten Grad an Unterschiedenheit bzw. Differenz auszeichnet. Zuletzt gilt dies für das in jeder Hinsicht differenzlose Eine, in dem Proklos die erste und einzige Ursache von allem erblickt.

Insofern das „Eine" immer noch gegenüber dem „Nicht-Einen" abgehoben und das „Seiende" vom „Nicht-Seienden" unterschieden werden könnte, muss von dem differenzlosen „Einen" genauer gesagt werden, dass es jenseits von allem „ist", „was ist und was nicht ist". Diese Konsequenz hat im 9. Jahrhundert der karolingische Theologe Johannes Scottus Eriugena (gest. nach 877) im Anschluss an den Areopagiten – und über diesen vermittelt an Proklos – gezogen (*Periph.* I 1).

Als „jenseits von allem, was ist und was nicht ist", so Eriugena in seinem Hauptwerk „Über Naturen" (Περὶ φύσεων; lat. *De divisione naturae*), kann das Eine vom menschlichen Geist nicht erfasst werden. Denn Erkennen vollzieht sich immer in der Weise begrifflicher Differenzierung. Die Seele erkennt einen Gegenstand in seiner Eigenart gerade dadurch, dass sie ihn von anderem begrifflich unterscheidet. Der neuplatonische Philosoph Porphyrius (gest. 305), ein Schüler Plotins, hat das in seiner „Einleitung" (Εἰσαγωγή; *Isagoge*) zu den Schriften seines Lehrers so ausgedrückt, dass ein Gegenstand stets durch Angabe der Gattung *(genus)* und seiner artbildenden Unterscheidung *(differentia specifica)* erkannt wird.[38]

---

[38] Offen bleibt dabei die Frage, ob das im Erkennen auf diese Weise fortschreitende Denken die Wirklichkeit eines *individuellen* Gegenstandes (der aristotelischen *prima substantia*) erfassen kann – oder ob es nicht unvermeidlich im Bereich des allgemeinen Begriffs ver-

Wenn aber das ursprüngliche Eine durch seine Differenzlosigkeit gegenüber allem anderen ausgezeichnet ist, dann kann es als solches nicht erkannt werden. Man kann sich ihm allenfalls im Denken annähern, und zwar so, dass man von ihm durch Verneinungen spricht.

In Bezug auf Gott, den Dionysius – gut neuplatonisch – mehr als transzendente Einheit denn als Einheit in drei Personen vorstellt, wird hierzu in den *Göttlichen Namen* ein methodischer Dreischritt skizziert. Demnach sind von Gott zunächst bestimmte Aussagen zu treffen, die sich aus der biblischen Offenbarung oder der philosophischen Reflexion nahelegen – so etwa die, dass Gott Güte, Leben, Licht oder auch Liebe ist. Dann aber ist sofort hinzuzufügen, dass Gott Güte, Leben, Licht oder auch Liebe nicht in dem Sinne ist, wie Menschen normalerweise von Güte, Leben, Licht und Liebe sprechen. Deshalb sind alle diese Begriffe in Bezug auf Gott zu verneinen. Um aber von Gott nicht schweigen zu müssen, kann in einem dritten Schritt gesagt werden, Gott sei „mehr als" (ὑπέρ) Güte, „mehr als" Leben, „mehr als" Licht oder auch „mehr als" Liebe.

So ergibt sich für die Methode der Theologie ein Dreischritt: von der „affirmativen" über die „negative" zur „überbietenden" Theologie – bzw. in griechischer Terminologie: von der „kataphatischen" über die „apophatische" zur „hyperbolischen" Theologie. Allein dieser methodische Dreischritt ist der Unbegreiflichkeit des göttlichen Wesens angemessen. Denn Dionysius begreift Gott als den „Überwesentlichen", der als solcher zugleich der „Namenlose" ist: Gott ist „über jedem Namen, der nicht allein in dieser, sondern auch in der kommenden Weltzeit genannt wird" (Eph 1,21). Ähnlich formuliert etwa zeitgleich Boethius (gest. 524/26) in seinem Kommentar zu den *Kategorien* des Aristoteles das theologische Prinzip, dass alle Kategorien ihre Bedeutung verändern, wenn sie auf Gott angewendet werden.

Anders als das *Wesen* Gottes zu erfassen, ist es dem endlichen Verstand durchaus möglich, Gottes *Wirken* in der Welt zu erkennen. Denn dieses Wirken ist dem Menschen in dreifacher Gestalt erschlossen: in der Schöpfung, in den Worten der Heiligen Schrift und in göttlichen Inspirationen. Als Schöpfung spiegelt die Welt etwas von der Herrlichkeit Gottes; als inspirierte Schrift ist die Bibel ein Abglanz der göttlichen Wahrheit, und in besonders inspirierten Menschen wird Gottes Güte immerhin schattenhaft deutlich. Dass dabei gerade die Metaphorik des Lichtes eine besondere

---

bleibt. Wenn dies aber so ist, drängt sich die Frage auf, was hinzukommen muss, damit der menschliche Geist einen individuellen Gegenstand erfassen kann.

Bedeutung erlangt, ist nicht zufällig. Gott ist für Dionysius derjenige, der nach 1 Tim 6,16 „im unzugänglichen Licht wohnt, den kein Mensch je gesehen hat noch zu sehen vermag"; er ist das alles überstrahlende Licht, das als solches nicht erkannt werden kann, das aber gerade so ermöglicht, dass überhaupt etwas erkannt werden kann.

Neben seiner Schrift über die *Göttlichen Namen* hat Dionysius vor allem durch seine beiden Schriften *Über die himmlische Hierarchie* und *Über die kirchliche Hierarchie* in das Mittelalter hineingewirkt. Die *Himmlische Hierarchie* wurde bereits im 9. Jahrhundert von Johannes Scottus Eriugena kommentiert, im 12. Jahrhundert unter anderem von Hugo von Sankt Viktor sowie im 13. Jahrhundert von Albert dem Großen. In der *Himmlischen Hierarchie* geht es vor allem um die Hierarchie der Engelwelt. Im Anschluss an verschiedene neutestamentliche Texte – darunter Kol 1,16, wo von „Thronen" und „Herrschaften", „Mächten" und „Gewalten" die Rede ist – skizziert Dionysius eine Abfolge von drei Triaden himmlischer Wesen. Entsprechendes geschieht in der *Kirchlichen Hierarchie*, wo von der Taufe angefangen bis zur Buße eine Abstufung sakramentaler Vollzüge und Mysterien entfaltet wird.

Bedeutsam für die theologische Rezeption ist sowohl im Blick auf die *Göttlichen Namen* wie im Blick auf beide *Hierarchien* das ontologisch-metaphysische Stufenschema, das den Spekulationen des Dionysius zugrunde liegt. Die Wirklichkeit im Ganzen ist hierarchisch organisiert. Vor diesem Hintergrund erscheint die Sünde als eine Abkehr von der obersten Stufe der Hierarchie, dem unnennbaren transzendenten Gott. Umgekehrt erstrebt jede christliche Existenz den Aufstieg zu ebendiesem namenlosen transzendenten Gott. Insofern überrascht es kaum, dass die neuplatonische Theologie des Pseudo-Dionysius besonders in monastischen Kreisen, aber auch bei Mystikern besondere Aufmerksamkeit erlangte. Beide Gruppen – die Mönche und die Mystiker – bemühten sich darum, Gott durch Gebet, Askese und Meditation besonders nahe zu kommen.

Dies gilt vor allem für den Hesychasmus, eine mystische Strömung in der Orthodoxie, die auf das 12. Jahrhundert zurückgeht und einen ersten Höhepunkt im 14. Jahrhundert erlebte. Hier spielt die neuplatonische Lichtmetaphorik eine zentrale Rolle. Im Zuge von Gebet und Kontemplation erfahrene Lichtvisionen wurden von den Hesychasten als „Taborlicht" gedeutet, das nach Ausweis der drei synoptischen Evangelien Jesus bei seiner Verklärung umstrahlte (Mt 17,2.5 parr.). Besonders Gregorios Palamas (1296/97–1359), Erzbischof von Thessaloniki, wurde zum Theoretiker dieser Form orthodoxer Mystik. Demnach kann der in seinem Wesen für

Menschen unzugängliche Gott in seinem Wirken („Energien") geschaut werden. In der Schau des ungeschaffenen Taborlichts wird Gott in seinen Energien wahrnehmbar. Kritiker dieser einflussreichen mystischen Theorie, die ihr sprituelles Zentrum auf dem griechischen Athos hatte, bezweifelten freilich, dass es außerhalb von Gottes ungeschaffenem Wesen ungeschaffene Wirkungen geben könne.[39]

Für viele Bereiche der Theologie lieferten die neuplatonischen Spekulationen des Areopagiten einen überzeugenden metaphysischen Begriffsrahmen. Dieser Begriffsrahmen freilich geriet spätestens dann in eine Krise, als mit dem Übergang von der Spätantike zum Frühmittelalter und mit dem Vordringen gentiler Kulturen das neuplatonische Denken in eine tiefgehende Krise geriet.

7.7 Die eucharistische Gegenwart Christi zwischen Spätantike und Frühmittelalter

Der Wandel des Begriffsrahmens, der sich mit jenen kulturellen Transformationsprozessen verbindet, die sich im Übergang von der Spätantike zum Mittelalter vollzogen und die Theologie nachhaltig beeinflussten, wird an einer theologischen Kontroverse deutlich, die etwa zeitgleich mit dem Prädestinationsstreit im 9. Jahrhundert ausgetragen wurde. Gemeint ist der Streit um die begriffliche Fassung der realen Gegenwart Christi in der Eucharistie. Um diesen Streit, der zwischen zwei Benediktinermönchen im heutigen Nordfrankreich entbrannte, in seiner Tiefenstruktur zu verstehen, bedarf es erneut einer Erinnerung an das spätantike Wirklichkeitsverständnis.

Im Begriffsrahmen des Neuplatonismus wird die raumzeitliche Wirklichkeit wesentlich als vergängliches Abbild einer überzeitlichen Wirklichkeit verstanden. Die Wahrheit der Dinge lässt sich deshalb nicht in Äußerlichkeiten finden, sondern nur durch die Einkehr bei sich selbst. *Noli foras ire!* – „Geh nicht hinaus!" *In te ipsum redi!* – „Kehr in dich selbst zurück!" *In interiore hominis latet veritas* – „Im Innern des Menschen verbirgt sich die Wahrheit" – so Augustinus um 390 prägnant in *De vera religione* (39,72).

---

[39] Vgl. Georgi Kapriev, *Philosophie in Byzanz*, Würzburg 2005, 249–308; Ferdinand R. Gahbauer, *Byzantinische Dogmengeschichte,* Heiligenkreuz 2010, 159–169.

Für Augustins Verständnis der Sakramente bedeutet dies: Die sinnenfällige Gestalt eines Ritus verweist die Menschen auf einen geistigen Gehalt. Und dieser Gehalt ist das Wort Christi – jenes Wort, das jedem, der glaubt, die Befreiung von Sünde und Schuld verheißt. Die Sakramente haben Anteil an Christi heilschaffender Wirklichkeit und lassen sie in Raum und Zeit wirksam werden.

Entscheidend für die Konstitution eines Sakraments – worunter Augustinus ganz allgemein ein „Heilszeichen" versteht – ist die geistig-geistliche Dimension des Glaubens. Sie gewinnt in einer rituellen Handlung eine raumzeitliche Gestalt. In der Eucharistie beispielsweise ist die Materie von Brot und Wein nachrangig gegenüber der Gegenwart des Auferstandenen; die Elemente haben zwar Anteil an dessen Wirklichkeit; sie sind aber als solche bloß äußere Zeichen einer geistig-geistlichen Realität. Wesentlich für das Sakrament ist die vom Heiligen Geist gewirkte Gegenwart Christi. Dass Brot und Wein durch den Geist substanziell verwandelt würden, wie es die spätere „Transsubstantiationslehre" begrifflich zu fassen versucht, kommt Augustinus nicht in den Sinn.

Auch die Kirche ist für den Neuplatoniker Augustinus zunächst eine geistig-spirituelle Wirklichkeit. Ihre sichtbare Gestalt ist nur Beiwerk; Institutionen und kirchliche Ämter sind der Unvollkommenheit der sündigen Menschheit geschuldet. Denn letztendlich ist die Kirche der Leib Christi – und zwar der „wahre Leib Christi" *(corpus Christi verum)*. Dieser Leib nährt sich immer und immer wieder aus dem „mystischen Leib Christi" *(corpus Christi mysticum)*: Kirche lebt aus der Feier der Eucharistie, in der sie des göttlichen Heilswirkens nicht nur gedenkt, sondern seiner *realiter* teilhaftig wird. Augustinus hat dies prägnant in einer Predigt zum Ausdruck gebracht, die er an einem Ostermorgen für soeben Getaufte gehalten hat: „Empfangt, was ihr seid: Leib Christi, damit ihr werdet, was ihr empfangt: Leib Christi" (*Sermo* 272).

Für die Christen der Alten Kirche verbindet sich mit der Feier der Eucharistie eine Vielzahl von Deutungen. So ist die Eucharistie Vorwegnahme des endzeitlichen Freudenmahls (vgl. Mk 14,25). Zugleich ist sie Gedächtnismahl: Feier des Gedenkens an Tod und Auferstehung Jesu Christi. Sie ist Danksagung (εὐχαριστία) für das heilschaffende Wirken Gottes in der Welt. Die Eucharistie ist ein unblutiges Opfer (λογικὴ λατρία bzw. λογικὴ θυσία; *rationabilis oblatio*) der Kirche – und setzt sich darin von den Opfern der Juden und Heiden ab. Und schließlich ist die Eucharistie das Mahl der Gemeinschaft (κοινωνία; *communio*): der Gemeinschaft der

Feiernden mit Christus und der Glaubenden untereinander.[40] In der Feier der Eucharistie erfährt die Gemeinde die Gegenwart des Auferstandenen und an sich selbst dessen verwandelnde Kraft. Durch die Feier der Eucharistie werden die Gläubigen in die heiligende Wirklichkeit Gottes hineingenommen.

Dabei geht es um zweierlei Verwandlung: Die Eucharistie feiernde Gemeinde ist hineingenommen in die Gemeinschaft mit dem Auferstandenen und mit dem Heiligen Geist. Aber auch Brot und Wein sind nicht mehr gewöhnliche Speisen, sondern Leib und Blut Christi. Diese „Verwandlung" von Brot und Wein in Leib und Blut Christi geschieht durch das Wirken des Heiligen Geistes. Sie konnte recht drastisch ausgedrückt werden. So liest man bei Hippolyt von Rom zu Beginn des 3. Jahrhunderts: „Wir kauen das Lamm, den lebendigen Leib und Blut unseres Heilands" (*In Cant., Fragm.* 19).

Bleiben die Elemente Brot und Wein für Augustinus Symbole und Zeichen *(signum, figura, similitudo)* einer wesentlich geistigen Wirklichkeit *(res ipsa)*, so ist mit Blick auf die Eucharistietheologie des Ambrosius von Mailand (339–397) bisweilen von einem „symbolischen Metabolismus" gesprochen worden. Denn der Bischof von Mailand betont: In Brot und Wein der Eucharistie sind der Leib und das Blut Christi nicht etwa nur gleichnishaft gegenwärtig, sondern tatsächlich und in Wahrheit. Für den Übergang von Brot und Wein in Leib und Blut Christi gebraucht Ambrosius deshalb häufig die Worte *mutare* oder *convertere*. Die „Verwandlung" von Brot und Wein vollzieht sich kraft der Einsetzungsworte Jesu und in Entsprechung zum Schöpfungswort Gottes (*De sacr.* 4,13–17; *De myst.* 52).[41]

Dennoch: Im Rahmen des neuplatonischen Wirklichkeitsverständnisses ist die reale Gegenwart Christi in der Eucharistie gerade dadurch gegeben, dass zu den sichtbaren Gestalten ein deutendes Wort hinzutritt, das zugleich performativ wirksam ist. Für Augustinus sind Brot und Wein deshalb nach der Konsekration „gegebene Zeichen" *(signa data)*; sie setzen eine Wirklichkeit gegenwärtig, die über die natürliche Bedeutung von Brot und Wein als Nahrungsmittel hinausweist. Entsprechendes gilt für die Taufe:

---

[40] Vgl. Alfons Fürst, *Die Liturgie der Alten Kirche. Geschichte und Theologie*, Münster 2008, S. 83–87.

[41] Vgl. Alexander Gerken, *Theologie der Eucharistie*, München 1973, S. 87–91; Helmut Hoping, *Mein Leib für euch gegeben. Geschichte und Theologie der Eucharistie*, Freiburg – Basel – Wien 2011, S. 119f.

> „Warum sagt er [Christus] nicht: ‚Ihr seid rein wegen der Taufe, mit der ihr gewaschen worden seid?', sondern sagt: ‚Wegen des Wortes, das ich zu euch gesprochen habe', außer weil auch im Wasser das Wort reinigt? Nimm das Wort weg, und was ist das Wasser als eben Wasser? Es tritt das Wort zum Element, und es wird das Sakrament, auch dieses gleichsam ein sichtbares Wort *[accedit verbum ad elementum et fit sacramentum]* [...] Die Reinigung also würde keineswegs dem fließenden und verfließenden Element zugeschrieben werden, wenn nicht hinzugefügt würde: ‚im Wort'" (*In Ioh. Tr.* 80,3).

Wenn Brot und Wein auf dem Altar auf Christus verweisen, dann ist es innerhalb des neuplatonischen Begriffsrahmens selbstverständlich, dass Brot und Wein nicht bloß äußerlich auf Christus hinweisen. Es ist Christus selbst, der sich in Brot und Wein gibt: Christus ist „real" gegenwärtig. Aber er ist es zugleich verhüllt unter den Elementen Brot und Wein.[42] Auch der „symbolische Metabolismus" des Ambrosius sprengt den neuplatonischen Begriffsrahmen keineswegs. Sowohl für Augustinus wie für Ambrosius verweisen die sinnenfälligen Elemente von Brot und Wein die Gläubigen auf die geistige Wirklichkeit des Auferstandenen, der in ihnen inmitten seiner Kirche und in der Kraft des Heiligen Geistes wahrhaft gegenwärtig ist. Und vorrangig darum geht es in der Feier der Eucharistie.

Der neuplatonische Begriffsrahmen freilich zerbricht am Ende der Spätantike. An die Stelle eines platonischen Wirklichkeitsverständnisses tritt ein grob-sinnlicher Realismus. Der Gedanke, dass das Urbild im Abbild real gegenwärtig ist und dass das sichtbare Zeichen eine unsichtbare Wirklichkeit vergegenwärtigt – diesen Gedanken können die Theologen zum frühen Mittelalter hin immer weniger nachvollziehen. Das theologische Interesse konzentriert sich nun auf die Frage, ob Christus in Brot und Wein „wirklich" – und das heißt jetzt: „dinglich" – vorhanden ist.

Der erste Eucharistiestreit: Ratramnus gegen Paschasius

Eucharistietheologisch lässt sich diese veränderte Akzentsetzung an einer berühmten Kontroverse ablesen, die zwei Benediktinermönche, Paschasius Radbertus (gest. um 865) und Ratramnus von Corbie (gest. um 868), im 9. Jahrhundert miteinander ausgefochten haben.

---

42 Vgl. Gerken, *Theologie der Eucharistie*, S. 91–95; Hoping, *Mein Leib für euch gegeben*, S. 121–123.

Nur kurz zum historischen Hintergrund: Zu Weihnachten des Jahres 843 oder 844 hatte Paschasius Radbertus, Abt des Klosters Corbie in der Picardie (Nordostfrankreich), seinem König Karl – einem Enkel Karls des Großen – eine Abhandlung über die Eucharistie geschenkt: *De corpore et sanguine Domini* – „Leib und Blut Christi". Um dieses Geschenk angemessen würdigen zu können, hatte der König einen Mönch aus demselben Kloster beauftragt, die Ausführungen zu begutachten. Der Mönch hieß Ratramnus – und er war mit den Überlegungen seines Abtes überhaupt nicht einverstanden. Ebenfalls unter dem Titel *De corpore et sanguine Domini* verfasste Ratramnus einen eucharistietheologischen Traktat, in dem er zu ganz anderen Positionen gelangte als Paschasius Radbertus.

Dabei haben weder Paschasius Radbertus noch Ratramnus die reale Gegenwart des Auferstandenen in den eucharistischen Elementen geleugnet – ganz im Gegenteil! Allerdings gingen ihre Meinungen hinsichtlich dessen, *wie* diese Gegenwart begrifflich zu fassen sei, erheblich auseinander. Weil Paschasius Radbertus den platonisch-neuplatonischen Symbolismus Augustins nicht mehr nachvollziehen kann, identifiziert er den sakramentalen Leib mit dem historischen Leib Christi. Deshalb, so Paschasius Radbertus, „empfangen wir im Brot, was am Kreuz hing, und wir trinken im Kelch, was aus der Seitenwunde Christi floss" *(Epist. ad Fred.)*.

Demgegenüber verteidigt Ratramnus den traditionellen Symbolismus der Alten Kirche. Die geweihten Gaben von Brot und Wein vergegenwärtigen Leib und Blut Christi nicht „leibhaftig" *(corporaliter)*, sondern „geistlich" *(spiritualiter)*. Ihr Bezugspunkt ist nicht der historische Jesus, sondern der auferstandene Christus. Als Zeichen *(figura, similitudo)* haben Brot und Wein Anteil an der Wirklichkeit des Auferstandenen *(veritas)*, sind aber nicht mit ihr identisch. Sie repräsentieren den auferstandenen Christus geistlich *(spiritualiter)* und symbolisch *(figurate)*. Eucharistischer, historischer und verklärter Leib Jesu Christi bleiben voneinander unterschieden und sind doch aufeinander bezogen.

Wird für Paschasius Radbertus in der Eucharistie der historische Leib Jesu vergegenwärtigt, so nach Ratramnus der verklärte Leib Christi. Von je unterschiedlichen Bezugsgrößen her wollen die beiden Benediktinermönche die Realität der Eucharistie verstanden wissen.

Beiden gemeinsam ist, dass sie nicht mehr im platonisch-symbolischen Wirklichkeitsverständnis der Spätantike denken. Deshalb müssen beide die Frage, ob Christus in den eucharistischen Gestalten „nur zeichenhaft" oder

„wirklich“ gegenwärtig sei, in einer gegenüber der platonischen Denkform veränderten Weise beantworten. In der Feier der Eucharistie ist Christus in Brot und Wein nicht deshalb gegenwärtig, weil das deutende Wort des Priesters den Elementen *selbst* eine neue Wirklichkeit verleiht. Vielmehr ist die Gegenwart Christi für beide Theologen des 9. Jahrhunderts eine *vermittelte* Gegenwart: für Paschasius Radbertus vermittelt durch die Identifikation mit der historischen Gestalt Jesu, für Ratramnus durch die Identifikation mit der Gestalt des Auferstandenen.

Der Streit der beiden gelehrten Mönche ist kaum über die Klostermauern von Corbie hinausgedrungen; er wurde nach derzeitiger Quellenlage auch nie entschieden. Frömmigkeitsgeschichtlich hat sich auf lange Sicht der sensualistische Realismus des Paschasius durchgesetzt. Heute freilich signalisiert der Streit – in der Rückschau – den Prozess kultureller Transformation zwischen Spätantike und Mittelalter. Dieser Prozess blieb auch theologiegeschichtlich nicht folgenlos.

Der zweite Eucharistiestreit: Berengar gegen Lanfrank

Wie tiefgreifend der kulturelle Transformationsprozess war, der den neuplatonischen Begriffsrahmen zerbrechen ließ, verdeutlicht die Tatsache, dass der Streit um das rechte Verständnis der eucharistischen Gegenwart im 11. Jahrhundert erneut aufbrach. Wiederum ging es um das Verhältnis zwischen dem eucharistischen Abbild *(imago, forma)* auf der einen Seite und der eucharistischen Wirklichkeit *(veritas, res)* auf der anderen Seite.

Ausgelöst wurde der zweite Eucharistiestreit dadurch, dass der in Chartres von Bischof Fulbert (gest. 1028) ausgebildete Theologe und Dialektiker Berengar von Tours (gest. 1088) den eucharistietheologischen Ansatz des Ratramnus aufgriff. Berengar ging jedoch insofern über Ratramnus hinaus, als er versuchte, dessen Kritik an der realistischen Deutung des Paschasius Radbertus durch einen präziser gefassten Substanzbegriff zu plausibilisieren. Demnach meint *substantia* allein die wahrnehmbaren Eigenschaften eines Dings. Diese bleiben offenkundig auch beim konsekrierten Brot und Wein unverändert bestehen. Von daher versteht Berengar die konsekrierten Elemente nur als Symbole: als Bild *(figura)* nämlich und als Gleichnis *(similitudo)* des wahren Leibes und Blutes. Vermittelt durch die eucharistischen Elemente wirkt Christus in den Gläubigen auf eine geistige Weise – aber deshalb nicht weniger real – seine Gnade.

Berengars als bloßer „Symbolismus“ wahrgenommene Deutung der eucharistischen Wirklichkeit rief bei seinen Zeitgenossen heftigen Widerspruch hervor. Wiederum war es die fortschreitende Transformation eines Begriffsrahmens, nämlich der Verlust eines auf dem Begriff der Teilhabe fußenden Wirklichkeitsverständnisses, welcher kritische Anfragen weckte. Losgelöst vom Teilhabegedanken stellte sich unausweichlich die Frage: Sind die konsekrierten Elemente Brot und Wein nun wahrhaft Leib und Blut Christi – oder sind sie es nicht? Angesichts dieser Alternative erblickten viele Kritiker in Berengars Deutung eine Leugnung der realen Gegenwart des Auferstandenen in der Eucharistie.

Erst die Einführung weiterer begrifflicher Unterscheidungen versprach, zu einer Überwindung des Gegensatzes zwischen eucharistietheologischem Realismus und eucharistietheologischem Symbolismus beizutragen. Diese Unterscheidungen gehen auf den Prior von Bec und späteren Erzbischof von Canterbury Lanfrank (gest. 1089) und dessen Schüler Guitmund von Aversa zurück. Ihnen zufolge ist zwischen der Substanz *(substantia)* des Brotes und seiner sichtbaren Gestalt *(species visibilis)* einerseits sowie zwischen dem Wesen *(essentia)* des Leibes Christi und seinen Eigenschaften *(proprietates)* andererseits zu unterscheiden. Mit dieser begrifflichen Unterscheidung ist es möglich, eine Wandlung der irdischen Substanzen von Brot und Wein in Leib und Blut Christi anzunehmen, ohne damit zu unterstellen, dass der Auferstandene in seiner eucharistischen Gegenwart raumzeitlichen Eigenschaften unterworfen ist. Da zudem der Fortbestand der sichtbaren Gestalten begrifflich plausibel wird, kann fortan sowohl am Realismus der eucharistischen Gegenwart Christi festgehalten werden als auch der Zeichencharakter der Elemente gewahrt bleiben.

Die eucharistietheologischen Differenzierungen von Lanfrank und Guitmund wurden im Februar 1079 im Rahmen einer römischen Synode unter dem Vorsitz Papst Gregors VII. (1073–1085) diskutiert und gebilligt. Das daraufhin Berengar abverlangte Bekenntnis zur realen Gegenwart Christi in der Eucharistie spricht erstmals von einer substanzhaften Verwandlung *(substantialiter converti)* von Brot und Wein in das wahre und lebenspendende Fleisch und Blut Christi (DzH 700).

Im Zuge der fortschreitenden Aristoteles-Rezeption wird diese Begrifflichkeit seit dem 12. Jahrhundert unter anderem durch den Zisterzienser Alanus von Lille (gest. 1202) weiter differenziert. Mit Blick auf die Eucharistie unterscheidet Alanus zwischen Substanz *(substantia)* und Akzidenz *(accidentia)* auf der einen Seite sowie Materie *(materia)* und Form *(forma)* auf der anderen Seite. In der Mitte des 12. Jahrhunderts erscheint bei dem Bologneser Dekretisten Rolandus Bandinelli – dem späteren Papst Alexander III. (1159–1181) – der Begriff einer „Wesensverwandlung" *(transsubstantiatio)* von Brot und Wein.[43] Der Begriff wird unter Papst Innozenz III. (1198–1216) vom Vierten Laterankonzil (1215) auch lehramtlich rezipiert (DzH 802) und gilt seit dem Konzil von Trient als „höchst angemessene" (*aptissime*: DzH 1652) Deutung des eucharistischen Geschehens.[44]

Allerdings war der Begriff einer „Wesensverwandlung" *(transsubstantiatio)* in der mittelalterlichen Theologie nicht ohne Alternativen. So vertraten etwa Johannes Duns Scotus (gest. 1308), Wilhelm von Ockham (gest. 1347), Petrus von Ailly (gest. 1420), Johannes Gerson (gest. 1429) oder Gabriel Biel (gest. 1495) die Lehre von einer eucharistischen „Konsubstantiation". Martin Luthers Abendmahlslehre ist in dieser eucharistietheologischen Tradition verortet. Auch deshalb wird in der nachreformatorischen Theologie der Begriff „Transsubstantiation" zur Grundlage eines dezidiert *katholischen* Eucharistieverständnisses.

---

[43] Es ist umstritten, ob Bandinelli mit Papst Alexander III. (1159–1181) identisch ist, wie früher oft angenommen wurde.

[44] Vgl. Hans Jorissen, *Die Entfaltung der Transsubstantiationslehre bis zum Beginn der Hochscholastik* (Münsterische Beiträge zur Theologie 28,1), Münster 1965.

8 Heilslehren und Wissenschaftsorganisation: Theologie im frühen Mittelalter

Ging es in den ersten Jahrhunderten der Theologiegeschichte vorrangig um eine Selbsterhellung des christlichen Glaubens – und dies auch dort, wo sich die Apologeten und Kirchenväter mit nichtchristlichen Autoren auseinandersetzten –, so gewinnt im Verlauf des Mittelalters die Reflexion des christlichen Glaubens im Medium der Vernunft zunehmend an Gewicht. Der Tübinger Theologe Peter Hünermann hat die erste Phase der Theologie als die Epoche der *sapientia christiana* charakterisiert, die zweite Phase als die Epoche des *intellectus fidei*.[45] Der Begriff *sapientia christiana* kann als „christliche Weisheitslehre" übersetzt werden, der Begriff *intellectus fidei* als „vernunftgeleitete Einsicht in den Glauben". Demnach stellt sich die Theologie in der Spätantike als Entfaltung der Glaubenslehre dar: Die Theologie bedient sich der humanen Vernunft, um ihre innere Plausibilität und begriffliche Kohärenz zu erweisen. Im Mittelalter hingegen wird die Vernunft zu einer im Dialog unterschiedlicher theologischer Positionen neutralen und gerade deshalb auch kritischen Instanz – einer Instanz, an der sich die Darstellung des christlichen Glaubens bewähren muss, damit die mit dem Glauben beanspruchte Wahrheit einsichtig werden kann. Diese kriteriologische Bedeutung der menschlichen Vernunft deutet sich bereits Ende des 11. Jahrhunderts bei Anselm von Canterbury (gest. 1109) an.

8.1 „Allein mit der Vernunft": Die Satisfaktionstheorie des Anselm von Canterbury

Für die lateinische Christenheit sind das 11. und das 12. Jahrhundert eine Epoche politischer Expansion. In Spanien werden im Zuge der *Reconquista* dem Emirat von Cordoba größere Gebiete abgerungen; 1085 kommt die alte westgotische Hauptstadt Toledo wieder unter christliche Herrschaft. In

---

[45] Vgl. Peter Hünermann, *Dogmatische Prinzipienlehre. Glaube – Überlieferung – Theologie als Sprach- und Wahrheitsgeschehen*, Münster 2003, S. 99–147. Vgl. auch ders., *Zur Wesensgeschichte des sich offenbarenden Gottes. Reflexionen über das Wechselverhältnis von Theologie und Philosophie*, in: ders., Offenbarung Gottes in der Zeit. Prolegomena zur Christologie, Münster 1989, S. 80–98.

Süditalien verliert Byzanz nach 1030 seinen Einfluss an die Normannen; 1096 brechen die Kreuzfahrer in das Heilige Land auf.

Mit den Expansionsbewegungen des 11. und 12. Jahrhunderts gewannen die Menschen im Abendland ein Bewusstsein davon, dass das Christentum in Konkurrenz nicht nur zum Heidentum und zum Judentum steht, sondern auch zum Islam. Obwohl man zuvor vom Islam nur sehr weniges wusste, war doch bekannt, dass es sich dabei um eine Religion handelt, deren Anhänger in Jesus von Narareth nicht den Sohn Gottes verehren, sondern lediglich einen Vorläufer Mohammeds erblicken. Viele Christen betrachteten den Islam im Anschluss an Johannes Damaszenus (gest. 754) als christliche Häresie.[46]

Im Sommer des Jahres 1098, als die Kreuzfahrer nach der Durchquerung Kleinasiens Antiochia erreichen, verfasst Anselm von Canterbury – die Italiener nennen ihn Anselm von Aosta, die Franzosen Anselm von Bec – in einem kleinen Ort oberhalb von Capua in Süditalien sein wohl einflussreichstes Werk: *Cur Deus homo* – „Warum Gott Mensch geworden ist". Darin rekonstruiert Anselm die christliche Erlösungslehre auf eine Weise, welche sowohl die Christologie als auch die Soteriologie auf Jahrhunderte hin nachhaltig prägen wird.

Anders als die Theologie im griechischen Osten haben die Theologen im lateinischen Westen Christus nicht als denjenigen begriffen, der durch seine Menschwerdung die Natur des Menschen „vergöttlicht", indem er sie wieder in ihre ursprüngliche Gottebenbildlichkeit einsetzt. Im lateinischen Abendland erscheint Christus vielmehr als derjenige, der den Willen Gottes vorbehaltlos erfüllt hat und so die Menschen erlösen kann. Sein Gehorsam gegenüber dem Vater vollendet sich am Kreuz. Durch sein unschuldiges Leiden und durch seinen Tod am Kreuz hat Christus die Strafe für unsere Sünden auf sich genommen. Im Anschluss an Paulus wird Jesu Tod als stellvertretendes Sühneopfer interpretiert – oder auch als Lösepreis für den Satan, der wegen der Sünde des Menschen ein Anrecht darauf erworben hat, ihn unter seine Herrschaft zu zwingen.

Freilich: Warum dies alles so geschehen „musste", wie es vor allem im Matthäusevangelium wiederholt heißt, war weder in der Spätantike noch im frühen Mittelalter je zur Frage geworden. Angesichts der Bestreitung von Gottessohnschaft und Sühnetod durch die Muslime bedurfte es allerdings einer neuartigen Rechtfertigung des christlichen Glaubens. Denn

---

46 Allerdings ist die Echtheit von Kapitel 100 [101] der „Quelle der Erkenntnis" des Johannes Damaszenus, wo der Islam als christliche Häresie vorgestellt wird, umstritten. Vgl. *Johannes Damaskenos und Theodor Abu Qurra, Schriften zum Islam*, hrsg. von Reinhold Glei / Theodor Khoury (CISC, Series Graeca 3), Würzburg – Altenberge 1995.

konnte man mit den Juden über die rechte Auslegung der heiligen Schriften streiten, so entfiel diese gemeinsame Grundlage im Gespräch mit den Muslimen. Hier lieferte allein die allen Menschen gemeinsame Vernunft ein Fundament, auf dem sich die Wahrheit des christlichen Glaubens plausibilisieren ließ.

Es ist dieser neue Zugang zur Auslegung des christlichen Glaubens, der Anselms Originalität ausmacht und der ihn für viele zum „Vater der Scholastik" hat werden lassen.[47]

Der Begriff „Scholastik" meint nichts anderes als „Schultheologie" oder „gelehrte Theologie". Der Begriff leitet sich vom griechischen σχολή her und bedeutet – bei Aristoteles beispielsweise – eine frei gewählte Tätigkeit, aber auch die den Wissenschaften gewidmete Muße. Zur Zeit Ciceros (106–43 v. Chr.) bürgert sich σχολή bzw. der lateinische Begriff *schola* als Bezeichnung für Philosophenschulen und deren jeweilige Ausrichtung ein. Noch im Frühmittelalter verweist das Wort *scholasticus* allerdings nicht auf eine besondere Weise theologischen Lehrens und Lernens, sondern meint schlicht den „Gelehrten".

Orte theologischen Lehrens und Lernens waren im frühen Mittelalter noch nicht die Universitäten, sondern die Klosterschulen und die Kathedralschulen. In den Klosterschulen lernten die Novizen vorzugsweise die biblischen Texte und deren Auslegungen durch die Kirchenväter kennen. An den Kathedralschulen, wo die Diözesankleriker ausgebildet wurden, wurden diese Lehrinhalte durch das Studium des Kirchenrechts ergänzt. Hinzu kamen Bestandteile des antiken Weltwissens, besonders in der Astronomie, Mathematik, Geometrie und Musik.

In formaler Hinsicht war das verfügbare Wissen in lateinischen Übersetzungen eines Teils des aristotelischen *Organons*, der *Logica vetus,*[48] der *Einführung* (Εἰσαγωγή) des Porphyrius zu den *Kategorien* (Κατηγορίαι)

---

[47] Allerdings wurde der Titel „Vater der Scholastik" in der Forschung auch anderen Theologen zugesprochen – darunter Augustinus, Eriugena, Abaelard, Thomas von Aquin. Entscheidend ist natürlich der jeweils leitende Begriff von „Scholastik" – und der kann durchaus unterschiedlich bestimmt werden.

[48] Das aristotelische *Organon* besteht aus sechs Einzelschriften, die vermutlich nicht von Aristoteles selbst, sondern von byzantinischen Gelehrten zusammengestellt worden sind: die *Kategorien*, die Schrift *De interpretatione*, die Lehre vom logischen Schluss *(Analytica priora)*, die Lehre vom Beweis *(Analytica posteriora)*, die *Topik* und die *Sophistischen Widerlegungen*. Die von Boethius übersetzten *Kategorien* und *De interpretatione* galten im Mittelalter als *Logica vetus*, die übrigen und seit dem 12. Jahrhundert in lateinischer Übersetzung zugänglichen Schriften des *Organons* als *Logica nova*.

des Aristoteles und in den logischen Schriften des Boethius erschlossen. In den *Kategorien* und in *De interpretatione* (Περὶ ἑρμηνείας) analysiert Aristoteles die formalen Bedingungen, unter denen Urteile, Sätze und Schlüsse beanspruchen dürfen, wahre Aussagen zu treffen. Dazu werden Behauptungen unterschiedlichen Inhalts auf ihre Wahrheit hin geprüft, und zwar so, dass alle verfügbaren Argumente, die für oder gegen einen Sachverhalt sprechen, vorgestellt und gegeneinander abgewogen werden. Auf dieser Grundlage wird am Ende eine Entscheidung getroffen. Deren Richtigkeit wird eigens begründet, indem anderslautende Behauptungen entweder als formal fehlerhaft oder als Ergebnis begrifflicher Unschärfen erwiesen werden. Hieraus ergibt sich ein spezifischer Begriff von „Wissenschaftlichkeit", der für die Ausbildung der abendländischen Theologie, ja des abendländischen Wissens überhaupt bestimmend werden sollte.

Der *Topik* zufolge und nach der *Zweiten Analytik* wird die Erkenntnis eines Gegenstandes dann zu einer *gewissen* Erkenntnis, wenn die menschliche Vernunft jene Gründe (αἰτίαι; *rationes*) benennen kann, aus denen der Gegenstand mit Notwendigkeit hervorgeht. Da die Theologen beanspruchten, Einsichten zu vertreten, die in höchstem Maße wahr und gewiss sind, sahen sie sich dazu herausgefordert, diesem Erkenntnisideal auch in der von ihnen angewandten Methodik zu entsprechen. Die Scholastik kann deshalb in formaler Hinsicht als Ausdruck des Bemühens verstanden werden, dem aristotelischen Wissenschaftsideal im Bereich der Glaubensreflexion gerecht zu werden. Der Mediävist Martin Grabmann (1875–1949) charakterisierte 1909 die Methodik der Scholastik folgendermaßen:

> „Die scholastische Methode will durch Anwendung der Vernunft, der Philosophie auf Offenbarungswahrheiten möglichste Einsicht in den Glaubensinhalt gewinnen, um so die übernatürliche Wahrheit dem denkenden Menschengeiste näher zu bringen, eine systematische, organisch zusammenfassende Gesamtdarstellung der Heilswahrheit zu ermöglichen und die gegen den Offenbarungsinhalt vom Vernunftstandpunkte aus erhobenen Einwände lösen zu können" (*Gesch. d. schol. Meth.* I, 36f.).

Die scholastische Methode der Erkenntnissicherung findet ihre charakteristische Gestalt bei der Auslegung biblischer Texte *(lectio* und *praedicatio)*, besonders aber in Struktur und Aufbau der theologischen *Summen* und der *Disputationen*. Diese sind in Fragen *(quaestiones)* und Abschnitte *(articuli)* untergliedert, in denen unterschiedliche Argumente, die zugunsten oder gegen eine bestimmte Behauptung sprechen, jeweils begründet und gegeneinander abgewogen werden. Die jeweilige Schlussfolgerung *(responsio)* wiederum ist gegenüber möglichen Einwänden zu rechtfertigen.

In Anselms Werken findet sich diese klare Struktur methodisch geleiteter Argumentation erst in Ansätzen. Die von ihm bevorzugte literarische Form des Dialogs gestattet es jedoch zwanglos, Argumente auszutauschen, sie auf ihre Stichhaltigkeit zu überprüfen, systematisch gegeneinander abzuwägen und am Ende eine eigene Position zu beziehen. Seinen Mitbrüdern, indirekt aber auch den „ungläubigen" Muslimen, will Anselm in *Cur Deus homo* den christlichen Glauben an die Menschwerdung Gottes und an den heilschaffenden Tod des menschgewordenen Gottessohnes allein mit Vernunftgründen *(sola ratione)* erklären, mehr noch: Er will ihn in seiner Denknotwendigkeit begrifflich rekonstruieren.

Hierzu macht Anselm eine Reihe begrifflicher Voraussetzungen, von denen er hofft, dass seine Gesprächspartner sie deshalb nachvollziehen können, weil sie nicht den Glauben voraussetzen, sondern der jedermann zugänglichen Vernunft entsprechen. Zu diesen Voraussetzungen zählt zunächst die Überzeugung, dass die Welt nicht in sich selbst gründet, sondern im schöpferischen Ratschluss des allmächtigen Gottes, der sie ins Sein gerufen und zur Vollendung bestimmt hat. Eine andere als diese religiöse Deutung des Wirklichkeitsganzen ist im Mittelalter nicht vorstellbar.

Eine zweite Voraussetzung betrifft die Anthropologie. Anselm ist der Überzeugung, dass der Mensch ein Geschöpf ist, das nicht nur sündigen *kann*, sondern tatsächlich sündigt und so seine ihm von Gott gegebene Bestimmung verfehlt. Die Sünde des Menschen wiederum fasst Anselm als frei gewollte Abkehr des Menschen vom Willen Gottes auf. Die Konsequenz dieser frei gewollten Abkehr von Gott ist eine vom Menschen verantwortete Störung der von ihrem göttlichen Ursprung her guten Schöpfungsordnung.

Für den Gedankengang in *Cur Deus homo* entscheidend ist schließlich Anselms Voraussetzung, dass es weder Gottes Wille noch seinem Wesen angemessen ist, dass mit der Sünde des Menschen das letzte Wort über die Wirklichkeit im Ganzen gefallen ist. Vielmehr entspricht es Gottes Güte und Gerechtigkeit, dass die Schöpfung eine geordnete und insofern heilvolle Wirklichkeit ist. Auf die Sünde des Menschen muss Gott deshalb irgendwie reagieren. Allerdings scheidet die Möglichkeit, die menschliche Sünde vonseiten Gottes einfach durch Bestrafung *(poena)* zu beantworten, für Anselm aus. Denn dadurch käme zu dem durch menschliche Sünde in die Welt gelangten Übel nur ein weiteres Übel hinzu.

Wie also kann angesichts der Sünde des Menschen Gottes Gerechtigkeit in seiner Schöpfung am Ende doch noch entsprochen werden? Hierzu bedient sich Anselm einer Vorstellung, die sich ihm aus dem soziokulturellen Kontext des mittelalterlichen Lehnswesens nahelegte. Dieses konstituiert innerhalb der frühmittelalterlichen Adelsgesellschaft ein Geflecht von genau definierten Verantwortungen und persönlichen Treueverhältnissen. Deren Verletzung zog nicht nur die Verpflichtung zur Wiedergutmachung nach sich, sondern – darüber hinaus – die Erbringung einer Leistung, die jene aus dem Treueverhältnis resultierenden Verpflichtungen *übertraf*. Diese überpflichtige Leistung ist die „Genugtuung“ *(satisfactio)*. Sie erst ist imstande, nach einer Verletzung das anfängliche Treueverhältnis wiederherzustellen.[49]

Übertrug man dieses lehnsherrschaftlich verortete Modell sozialer Beziehungen auf das Verhältnis von Gott und Mensch – und ebendies tut Anselm in *Cur Deus homo* –, dann freilich stellte sich folgendes Problem: Welche überpflichtige Leistung *(satisfactio)* kann der Mensch gegenüber Gott überhaupt erbringen, auf die sein Schöpfer nicht ohnehin schon einen legitimen Anspruch hätte? Verdankt nicht der Mensch Gott alles, was er besitzt und vermag? Zugleich aber bedarf es *notwendigerweise* einer solchen überpflichtigen Leistung – denn anders könnte das gestörte Gott-Mensch-Verhältnis nicht wieder in Ordnung gebracht werden. Der Mensch *muss* eine überpflichtige Leistung erbringen; zugleich *kann* er es aber nicht, weil er als Geschöpf und Sünder seinem Schöpfer ohnehin alles schuldet.

Anselms Antwort angesichts dieses Dilemmas lautet: Tatsächlich kann kein sündiger Mensch jene freie und zugleich notwendige Leistung gegenüber Gott erbringen, die allein imstande wäre, die durch die Sünde gestörte Gott-Mensch-Beziehung wiederherzustellen. Eine überpflichtige Leistung gegenüber Gott kann nur ein Mensch leisten, der selbst ohne Sünde ist. Denn nur ein solcher Mensch schuldete Gott nichts; nur er könnte deshalb das für die Wiederherstellung der Gott-Mensch-Beziehung notwendige überpflichtige Werk der Genugtuung verrichten.

Von der Sünde frei ist nach christlicher Überzeugung allein der Gottmensch Jesus Christus. Denn nur Christus ist nicht unter den Fluch der Erbsünde gestellt, und er allein war frei von jeder Tatsünde. Deshalb schuldet Christus seinem Vater rein gar nichts. Und gerade deshalb kann allein er jenes Werk vollbringen, das notwendig und frei zugleich ist und das als

[49] Vgl. Gisbert Greshake, *Wandel der Erlösungsvorstellungen in der Theologiegeschichte*, in: Leo Scheffczyk / Rudolf Affemann (Hrsg.), Erlösung und Emanzipation (Quaestiones disputatae 61), Freiburg – Basel – Wien 1973, S. 69–101.

ein vollständig ungeschuldetes und deshalb überpflichtiges Werk imstande ist, die gestörte Gott-Mensch-Beziehung wiederherzustellen.

Worin aber besteht diese überpflichtige Leistung? Anselm erblickt sie im Tod des Gottmenschen am Kreuz. Heißt es doch bei Paulus: „Der Sold der Sünde ist der Tod" (vgl. Röm 6,23). Weil aber Christus als einziger Mensch frei von Sünde ist, brauchte er „von Rechts wegen" nicht zu sterben. Wenn er dennoch – und zwar aus freiem Willen – sein Leben hingegeben hat, so besteht gerade darin jene überpflichtige Leistung, die allein dazu imstande ist, das gestörte Gott-Mensch-Verhältnis wiederherzustellen.

So wird deutlich: Angesichts der Alternative „Strafe oder Genugtuung" *(aut poena aut satisfactio)* wurde der Sohn Gottes Mensch, um frei von jeder Sünde und aus freiem Willen *(sponte)* den Tod auf sich zu nehmen, auf diese Weise die gestörte Gott-Mensch-Beziehung wiederherzustellen und so alle Menschen zu erlösen. Denn von diesem überpflichtigen Werk profitieren nun *alle* Menschen. Weil Jesu freiwilliger Tod wegen der unendlichen Würde seiner Person ein unendliches Gewicht hat, ist dieser Tod die Quelle unermesslicher Verdienste. Diese wiederum können den Sündern zugutekommen.

Bereits Theologen der Alten Kirche – unter ihnen besonders der spätere Erzbischof von Konstantinopel Johannes Chrysostomos (gest. 407) – hatten den Kreuzestod Jesu in kultischen Kategorien gedeutet. Christus ist nicht bloß Opfer (θύμα) ungerechter Gewalt, die er durch die Predigt der Gottesherrschaft auf sich gezogen hat; er hat vielmehr am Kreuz sich selbst als eine heilbringende Opfergabe (θυσία) dargebracht, die den Sündern einen Weg zu Gott zu bahnen imstande ist. Diejenigen aber, die dieses Opfer vollzogen – die römischen Autoritäten und besonders die Juden –, werden schon in der Spätantike, besonders aber im Mittelalter verantwortlich gemacht für ihre ambivalente Rolle im Heilsgeschehen: Ohne die Kreuzigung Jesu wäre das Heilswerk Christi unvollendet geblieben, aber dennoch war es der *Gottessohn*, den die Juden ans Kreuz schlagen ließen. Schon in der Osterfestpredigt des Meliton von Sardes (gest. um 180) werden die Juden als Gottesmörder angeklagt (vgl. *De pass.* 72–99); Johannes Chrysostomos tut es ihnen gleich: „Weil ihr Christus getötet habt, weil ihr gegen den Herrn die Hand erhoben habt, weil ihr sein kostbares Blut vergossen habt, deshalb gibt es für euch keine Besserung mehr, keine Verzeihung und auch keine Entschuldigung" (*Adv. Iud.* VI). Jahrhundertelang werden solche Vorstellungen die Beziehungen zwischen Christen und Juden prägen. Sie liefern den ideologischen Nährboden für den im 19. Jahrhundert entstehenden rassistischen Antisemitismus.

Anselms Deutung des Kreuzestodes Jesu kommt ohne derartige Schuldzuweisungen aus. Christi heilsnotwendiger Tod wird als göttlicher Akt der Sühne „allein aus seiner Macht“ gedeutet. Vor diesem Hintergrund spielen „die Juden“ keine nennenswerte Rolle. Anselms Gesprächspartner Boso schlussfolgert sogar, dass Jesu Tod am Kreuz auch ihnen zugutekommt: „Du hast begründet bewiesen, dass die Mörder Christi zur Verzeihung ihrer Sünden gelangen konnten“ (*Cur Deus homo* II 15).

Im klaren Bewusstsein ihrer Originalität stellt Anselm seine Deutung des Kreuzestodes Christi den Mitbrüdern und Schülern im Benediktinerkloster zur Diskussion. Denn alle vorausgehenden Erlösungslehren – darunter etwa die, dass der Tod Jesu als Lösepreis für den Teufel zu gelten habe, der aufgrund der Sünde der Menschen ein Anrecht auf deren Seelen erworben habe – scheinen wenig tragfähig. Sie stützen sich auf kirchliche Dogmen; diese aber werden weder von Juden noch von Muslimen als verbindlich anerkannt.

Gerade so erlangt bei Anselm die *Vernunft* für die Theologie ein kriteriologisches Gewicht. Sie dient nicht mehr nur der Selbsterhellung des Glaubens. Sie gewinnt vielmehr die Bedeutung einer neutralen Instanz. Mit ihrer Hilfe ist es möglich, Argumente, die für oder gegen eine bestimmte Glaubensauffassung sprechen, gegeneinander abzuwägen. Diesen Argumenten gegenüber erweist sich die Vernunft als kritisch, indem sie ihre Tragfähigkeit und Überzeugungskraft überprüft. Gerade so ermöglicht die menschliche Vernunft eine Verständigung über Inhalte des christlichen Glaubens auch mit jenen, welche die Offenbarungsgrundlagen dieses Glaubens nicht nur nicht teilen, sondern sogar bezweifeln.

8.2 Peter Abaelard: Dialektik als Überlieferungskritik

Nicht zuletzt vor dem Hintergrund des soziokulturellen Aufbruchs, der in Westeuropa im 12. Jahrhundert allenthalben zu beobachten ist,[50] erfährt auch die Theologie eine neue Dynamik. Einer ihrer Exponenten und zugleich eine ihrer innovativsten Gestalten ist Petrus Abaelardus (gest. 1142), ein Theologe und Philosoph, der unter anderem in Paris lehrte. Abaelard ist vielen vor allem wegen seiner Liebschaft mit Heloise bekannt, seiner

[50] Vgl. Hannah Vollrath, *Die „Renaissance“ des 12. Jahrhunderts*, in: Dirk Ansorge / Dieter Geuenich / Wilfried Loth (Hrsg.), Wegmarken europäischer Zivilisation, Göttingen 2001, S. 74–82.

Schülerin, mit der er einen Sohn zeugte. Die Affäre ist durch Abaelards Briefwechsel mit Heloise und durch seine Autobiographie – die er *Historia Calamitatum Mearum* betitelt, wörtlich übersetzt etwa „Geschichte meines an Unglücksfällen reichen Lebens" – gut dokumentiert.

Neu ist zunächst einmal, dass Abaelard überhaupt eine Autobiographie schreibt – die erste Autobiographie des Mittelalters nach Augustins *Confessiones*. In einer Autobiographie macht sich ein Mensch selbst zum Thema. Werden vor dem 12. Jahrhundert einzelne Menschen ausschließlich als Exponenten einer sozialen Rolle dargestellt, so wendet sich Abaelard nun dem eigenen Ich zu. Dieses Ich hält Abaelard offenbar für so bedeutsam, dass er es für angebracht hält, darüber zu schreiben, um anderen davon zu erzählen.

Diese Hinwendung zur menschlichen Subjektivität zeigt sich auch in Abaelards Ethik: Als einer der ersten Denker im Mittelalter vertritt er eine Gesinnungsethik. Entscheidend für die sittliche Beurteilung einer Tat ist demnach nicht die Tat selbst, sondern die Intention, mit der sie ausgeführt wird.[51]

In seiner Autobiographie teilt Abaelard mit, dass er zwar aus einer Adelsfamilie stammt, allerdings auf sein Erbe verzichtet und Kleriker wird – allerdings nicht, um eine kirchliche Karriere zu durchlaufen, sondern um Theologie zu studieren und zu lehren. Das ist im soziokulturellen Kontext des frühen Mittelalters ungewohnt: Nicht Karriere und Status bewegen Abaelard, sondern der wissenschaftliche Eros.

Weil es aber in Europa noch keine Universitäten gab – als erste Gründungen gelten Bologna (1088/1155), Paris (nach 1150) und Oxford (1167) –, war Abaelard mit seinem wissenschaftlichen Verlangen entweder an die Klöster oder an die Kathedralschulen verwiesen. Um dort studieren zu können, genügten die niederen Weihen. Für deren Inhaber galt der 1022 von Kaiser Heinrich II. (1014–1024) und Papst Benedikt VIII. (1012–1024) auf der Synode von Pavia für Priester, Diakone und Subdiakone verpflichtend vorgeschriebene Zölibat nicht.

Abaelard wählte nicht den Weg in ein Kloster, sondern begab sich zu den Kathedralschulen der Île-de-France: nach Compiègne, Laon, Paris und Chartres. Dort unterrichteten an der Wende vom 11. zum 12. Jahrhundert berühmte Männer, die nicht nur die traditionellen sieben freien Künste *(artes liberales)* lehrten, sondern auch philosophische und theologische

---

[51] Vgl. Stephan Ernst, *Petrus Abaelardus* (Zugänge zum Denken des Mittelalters 2), Münster 2003, S. 114–121.

Grundfragen diskutierten.[52] Diese Gelehrten – darunter Anselm von Laon (gest. 1117), Wilhelm von Champeaux (gest. 1121), Roscelin von Compiègne (gest. 1125) und Bernhard von Chartres (gest. 1130) – hatten kleinere Schülerkreise um sich versammelt, von deren Studiengebühren sie lebten. Ihre Schüler wiederum studierten nicht, um Mönche zu werden, sondern um als Scholaren an den Kathedralschulen zu lehren oder als Ministerialen in der Verwaltung zu arbeiten. Nicht die ruhige Kontemplation der etablierten Orden kennzeichnete den Lehrbetrieb in diesen Zirkeln, sondern Kritikfreudigkeit, ja oft Respektlosigkeit gegenüber den eigenen Lehrern.

An den Kathedralschulen gewann innerhalb des alten Triviums die Dialektik gegenüber Grammatik und Rhetorik immer mehr an Bedeutung. Sie hatte im frühen Mittelalter eine nur untergeordnete Rolle gespielt; nun aber setzte sich die Überzeugung durch, dass es im Sinne der Wahrheitserkenntnis unabdingbar sei, widerspruchsfrei, regelhaft und deshalb überprüfbar zu denken und zu argumentieren.

Auch Abaelard vertrat die Auffassung, die Menschen sollten die ihnen von Gott gegebene *ratio*, den Verstand, einsetzen, um die Werke der religiösen Überlieferung gemäß den Regeln der Dialektik kritisch zu würdigen. Die Dialektik wird so zur Propädeutik der Theologie, zur methodischen Anleitung des Urteilens und Schlussfolgerns; ihr wird zugetraut, die Wahrheit der jeweils behaupteten Sachverhalte formal zu sichern.

Abaelard war der Überzeugung, dass logisches Denken für die Erkenntnis von Glaubenswahrheiten unabdingbar sei. *Sic et non* – zu übersetzen etwa mit „Entweder oder" – lautet charakteristischerweise eines seiner Hauptwerke. Ziel von *Sic et non* ist es, den Widerspruch einander widerstreitender Stellen in der Heiligen Schrift oder bei den Kirchenvätern (besonders bei Augustinus) mit dem Instrumentarium der Vernunft aufzulösen. „Indem wir nämlich zweifeln, gelangen wir zur Untersuchung, und durch diese erfassen wir die Wahrheit", so Abaelard im Prolog zu *Sic et non*. Auf diese Weise fordert er zur kritischen Analyse einander widerstreitender Texte auf. Durch diesen hermeneutischen Ansatz hat Abaelard wesentlich der Ausbildung der scholastischen Methode vorgearbeitet.

Abaelards gegenüber den überlieferten Autoritäten prinzipiell kritische Einstellung provozierte seine Zeitgenossen aufs Höchste. Der Zisterzienser-

---

52 Vgl. Peter Schulthess / Ruedi Imbach, *Die Philosophie im lateinischen Mittelalter. Ein Handbuch mit einem bio-bibliographischen Repertorium*, Zürich 1996, S. 118–133.

abt Bernhard von Clairvaux (gest. 1153), dessen Reformeifer die religiöse Landschaft des 12. Jahrhunderts maßgeblich prägte, polemisierte unversöhnlich gegen Abaelard. Für den Abt von Clairvaux ist die spekulativdiskursive Theologie Abaelards *stultilogia*, Rede eines Toren. Ihr setzte Bernhard eine Theologie der kontemplativen Aneignung entgegen; demnach geht es um *lectura* und *meditatio*, nicht um *disputatio*.[53] Auch kirchenpolitisch ging Bernhard gegen Abaelard vor; im Jahr 1141 ließ er ihn von einer Synode in Sens als Häretiker verurteilen.

Für Abaelard – und für die ganze nachfolgende Scholastik – gilt die menschliche Vernunft *(ratio)* als konstitutiv zwar nicht für den überlieferten Glauben selbst, wohl aber für sein Verständnis. Damit redet Abaelard einer Universalisierung der Theologie das Wort: Als vernunftbegabtes Geschöpf ist prinzipiell *jeder* Mensch in der Lage, sich und anderen Rechenschaft über den christlichen Glauben und seine Wahrheit zu geben. Theologie tritt aus den Mönchszellen der Klöster heraus in die Öffentlichkeit: auf die Marktplätze der Städte und in die dort nun bald entstehenden Universitäten.

8.3 Zwischen Naturphilosophie und Mystik: Theologische „Schulen“ im 12. Jahrhundert

Die bedeutendsten theologischen Schulen vor der Anerkennung der Pariser *Universitas magistrorum et scholarium*, der „Vereinigung von Lehrenden und Lernenden“, durch den französischen König Philipp II. (1180–1223) waren die Kathedralschulen von Chartres und Sankt Viktor.[54]

---

[53] Bernhard ist – nach einer Unterscheidung von Hans Urs von Balthasar – ein vehementer Verteidiger der „knienden Theologie“ gegenüber der „sitzenden Theologie“: *Theologie und Heiligkeit*, in: ders., Verbum Caro (Schriften zur Theologie 1), Einsiedeln 1960, S. 195–224.

[54] Anders als bei Forschern des 19. und beginnenden 20. Jahrhunderts wird heute bezweifelt, ob man jeweils von „Schulen“ im engeren Sinne sprechen darf, da die verschiedenen Theologen recht unterschiedliche Positionen vertraten. Vgl. Richard W. Southern, *Humanism and the School of Chartres*, in: ders., *Medieval Humanism and Other Studies*, Oxford 1970, S. 61–85. Vgl. hingegen Kurt Flasch, *Das philosophische Denken im Mittelalter. Von Augustin zu Machiavelli*, Stuttgart ^{2}2001, S. 255–258; Heinrich Schipperges, Art. „*Chartres, Schule von*“, in: Lexikon des Mittelalters, Bd. 2 (1982), Sp. 1755–1757.

Naturphilosophie und Kosmologie: Die „Schule von Chartres"

Zur „Schule von Chartres" zählt man heute eine Reihe bedeutender Theologen des 11. und 12. Jahrhunderts. Fulbert von Chartres (gest. 1028), der Gründer der Schule, stammte vermutlich aus Italien. Als Kanzler des Bischofs und als Leiter der Domschule sorgte er für die Berufung fähiger Lehrer. Der wohl berühmteste Schüler Fulberts war Berengar von Tours, der mit Lanfrank, dem Vorgänger von Anselm sowohl als Abt von Bec wie auch als Erzbischof von Canterbury, den zweiten Eucharistiestreit austragen sollte. Bischof Ivo von Chartres (gest. 1115/16) wurde für seine kirchenrechtlichen Sammlungen bekannt; sein *Prolog* über die Quellen und Methoden des kanonischen Rechts beinhaltet eine wegweisende theologische Grundlegung des Kirchenrechts. Ab etwa 1110/15 war Bernhard von Chartres (gest. um 1130) Magister („Lehrer") an der Domschule, später stieg er zum Kanzler und damit zum Leiter der Schule auf. Zu seinen Schülern zählte Gilbert (gest. 1155), der Bischof von Poitiers; dieser wiederum war Lehrer des Alanus von Lille (gest. 1202), der in seinem *Anticlaudianus* einen allegorischen Überblick über das gesamte seinerzeit bekannte Wissen gibt.

Bei den mit der „Schule von Chartres" in Verbindung gebrachten Theologen ist ein ausgeprägtes Interesse für naturphilosophische und kosmologische Fragen zu beobachten. Dies gilt insbesondere für Thierry von Chartres (gest. um 1155), der sich im Übrigen auch für arabische Literatur interessierte. Von Thierry ist mit *De sex dierum operibus* („Über das Sechstagewerk") ein von platonischer Philosophie geprägter Kommentar zu den ersten Kapiteln der biblischen *Genesis* überliefert. Demnach ist der göttliche Vater die Wirkursache und der Sohn als Inbegriff der Ideen die Formalursache von allem; der Heilige Geist durchwirkt als Weltseele alles Geschaffene, indem er die in den Elementen verborgenen Kräfte zur Entfaltung bringt.

Viele Diskussionen in Chartres ranken sich um den platonischen *Timaios*, einen Spätdialog Platons, in dem ein Weltentstehungsmythos überliefert ist. Darin wird erzählt, wie der Weltbaumeister (δημιουργός) aus einem anfänglichen Chaos eine geordnete Welt (κόσμος) formt. Demnach verdankt die Welt ihr Dasein drei zusammenwirkenden Prinzipien: dem Demiurgen, den Ideen und der von Ewigkeit her bestehenden, allerdings zunächst noch formlosen Materie.

Im Westen Europas war der *Timaios* für lange Zeit das einzige Werk Platons, das den Theologen im Mittelalter bekannt war. Teilübersetzungen, die Cicero (106–43 v. Chr.) und Calcidius (Ende des 4. Jahrhunderts) angefertigt hatten, machten den Mythos im lateinischen Abendland wenigstens in Auszügen (17a–53c) bekannt. Boethius (gest. 524/526) gibt in seiner *Consolatio philosophiae* („Der Trost der Philosophie“) zentrale Gedanken aus dem *Timaios* wieder. Spätantike Theologen verglichen den platonischen Mythos mit der biblischen Schöpfungsgeschichte. Einige Kirchenväter haben sogar eine unmittelbare Abhängigkeit Platons von der Tora angenommen; deren Text sei Platon durch Mose vermittelt worden.[55]

Ab dem 11. Jahrhundert ist im gesamten lateinischen Westen ein gesteigertes Interesse am *Timaios* festzustellen. Besonders in der Schule von Chartres wurden die darin vertretene Kosmogonie und Kosmologie diskutiert. Bernhard von Chartres und Wilhelm von Conches (gest. nach 1154) verfassten eigene Kommentare zum *Timaios*. Wilhelm bemüht sich darum, die biblische Schöpfungsgeschichte mit dem platonischen Weltschöpfungsmythos in Einklang zu bringen. Wie schon Thierry von Chartres bringt er dabei die platonische Weltseele mit dem Heiligen Geist in Verbindung – wohl wissend, dass die Weltseele bei Platon etwas „Gewordenes“ ist, der Heilige Geist jedoch eine göttliche Person. Vorsichtshalber will Wilhelm deshalb seine Interpretation als bloße Hypothese verstanden wissen.

In seinem *Timaios*-Kommentar vertritt Wilhelm die Auffassung, es ließe sich in der gesetzmäßigen Struktur des Kosmos, im Lauf der Gestirne und in der Harmonie bestimmter Bewegungsabläufe in der Natur *(ius concretum)* das Wirken Gottes erkennen, seine „natürliche Gerechtigkeit“ *(iustitia naturalis)*. Entsprechend werde der Betrachter durch die Anschauung der Natur dazu angeregt, Gottes Güte und seine Weisheit zu erkennen. Dies bedeutete eine für die damalige Zeit bahnbrechende, theologisch legitimierte Aufwertung naturkundlicher Disziplinen, wie sie im *Quadrivium* aus Mathematik, Astronomie, Musik und Geometrie bereits Teil des frühmittelalterlichen Schulbetriebs waren.

Sapientiale Theologie: Die „Schule von Sankt Viktor“

Vielleicht bedeutender noch als die „Schule von Chartres“ war die „Schule von Sankt Viktor“. Sankt Viktor war eine 1113 vom französischen König Ludwig VI. (1108–1137) gegründete Abtei südöstlich des mittelalterlichen Paris. Das Kloster beherbergte eine Klerikergemeinschaft um Wilhelm von

---

[55] So der jüdische Philosoph Aristobulos aus Alexandria (2. Jahrhundert v. Chr.) nach Eusebius von Caesarea, *Praeparatio Evangelii* XIII 12,1.4.

Champeaux (gest. 1121) – bei ihm studierte auch Abaelard, bevor sich beide zerstritten – und es war von Anfang an eines der intellektuellen und spirituellen Zentren von Paris. Neben Richard und Andreas gingen aus der Schule von Sankt Viktor weitere bedeutende Gelehrte hervor.

Wilhelm von Champeaux war zunächst Lehrer an der Kathedralschule von Notre-Dame gewesen, hatte diese Tätigkeit jedoch aufgegeben, um fortan kontemplativ zu leben. Allerdings folgten ihm seine Schüler in die klösterliche Einsamkeit und drängten ihn, seine Lehrtätigkeit wieder aufzunehmen. Damit war der Grundstein für die spätere Kongregation der Augustiner-Chorherren vom Heiligen Viktor gelegt. Um dieses Kloster herum entstand recht bald ein überregionaler Orden mit 30 Abteien und 40 Prioraten.

Sankt Viktor war im 12. Jahrhundert eines der bedeutendsten Zentren des intellektuellen Lebens – nicht nur für die Île-de-France, sondern für den gesamten lateinischen Westen. Die engen Verbindungen zwischen dem Kloster und Bernhard von Clairvaux (gest. 1153) signalisieren eine Grundausrichtung der Theologie in Sankt Viktor: Dort ging es weniger um gelehrte Diskurse und dialektische Analysen. Vielmehr stand eine geistig-geistliche Durchdringung der Heiligen Schrift und der Glaubensüberlieferung im Vordergrund von Studium und Lehre. Aus dem Umkreis Bernhards stammt denn auch eine Bestimmung dessen, was „christliche Mystik" im 12. Jahrhundert bedeuten mochte: „Wir beginnen, den inneren Sinn der Schriften und die Kraft der Geheimnisse und Gnadenmittel Gottes nicht nur zu verstehen, sondern auch – sozusagen mit der Hand der Erfahrung wahrnehmend – zu berühren und zu betasten", so der Zisterzienserabt Wilhelm von Saint-Thierry (gest. 1148; *De nat. et dign. amoris* X 31).

Dass es beim wissenschaftlichen Studium auch um ein „gewisses innerliches Schmecken der Gottheit" geht, ist auch die Auffassung Hugos von Sankt Viktor (gest. 1141). Um 1127 verfasste der spätere Leiter der Klosterschule (ab 1133) ein Buch zur Einführung in das Studium, das *Didascalicon: De studio legendi*. Dieses Werk bietet die erste mittelalterliche Wissenschaftslehre, welche die wechselseitigen Beziehungen zwischen einer humanen Bildung auf der Grundlage der *artes liberales* und einer religiösen Bildung durch die Lektüre der Heiligen Schrift umfassend darlegt.[56] Dem-

[56] Vgl. Rainer Berndt, *Hugo von St. Viktor: Theologie als Schriftauslegung*, in: Ulrich Köpf (Hrsg.), Theologen des Mittelalters, Darmstadt 2002, S. 101.

entsprechend ist das *Didascalicon* in zwei, jeweils drei Bücher umfassende Teile gegliedert. Der erste Teil behandelt das Studium der sieben freien Künste, der zweite Teil das Studium der Heiligen Schrift. Dabei fasst Hugo das Studium als die erste Stufe eines Bildungsweges auf, der zur vollkommenen Weisheit führt. Man kann deshalb auch vom „sapientialen Charakter" viktorinischer Theologie sprechen: Theologie ist in erster Linie Erlösungslehre des Menschen. Nach Hugo erlangt man die zur Erlösung nötige Weisheit durch Lektüre *(lectura)* und Meditation *(meditatio)*.

Richtungsweisende Hilfen auf dem Heilsweg sind die zentralen Inhalte des christlichen Glaubens, aber auch die Lebensformen und rituellen Vollzüge des Christentums. Hugos 1137 abgeschlossenes Hauptwerk handelt deshalb über „Die Heiltümer des christlichen Glaubens" *(De sacramentis christiani fidei)*. „Sakramente" sind für Hugo noch nicht die heute geläufigen sieben Sakramente; deren Zahl wird erst im Jahr 1274 durch das Konzil von Lyon lehramtlich fixiert. Wie schon Augustinus versteht Hugo unter einem „Sakrament" das sinnenfällige Zeichen einer geistigen Wirklichkeit. Darin klingt die neuplatonisch-augustinische Bedeutung des Begriffs nach. Folgerichtig kennt Hugo eine Fülle von Sakramenten, die den drei Epochen der Heilsgeschichte zugeordnet sind. Auch die Trinität und die Auferstehung Jesu Christi sind für ihn „Sakramente", nämlich wirksame Zeichen des Heils.

Im liturgischen Zusammenhang ist ein Sakrament für Hugo „ein sinnlich wahrnehmbares körperliches oder stoffliches Element in der Außenwelt, das eine unsichtbare und geistliche Gnade durch seine Ähnlichkeit darstellt *(sacramentum est corporale vel materiale elementum foris sensibiliter propositum ex similitudine repraesentans)*, durch die Einsetzung *(institutione)* bezeichnet und durch die Weihung enthält" (*De sacr.* I 9,2). Konstitutiv für ein Sakrament in diesem Sinn ist demnach das Moment der Einsetzung:

> „Dass die Elemente Sakramente sind, macht nicht ihr ursprüngliches Wesen *(natura prima)* aus, sondern die Einsetzung aufgrund des göttlichen Heilsplanes *(propter dispensationem)* und die eingegossene Gnade aufgrund der Segensworte *(propter benedictionem)*, und wenn dies beides nicht zum ursprünglichen Wesen der Elemente hinzugekommen wäre, so könnten sie nicht wirklich Sakramente sein" (ebd., I 9,4).

Nahezu alle mittelalterlichen Theologen werden sich auf Hugos Begriffsbestimmung beziehen, wenn sie die Natur der Sakramente erörtern.

Als bedeutender Vertreter der Schule von Sankt Viktor gilt auch Richard von Sankt Viktor (gest. 1173). Dessen relationaler Personbegriff stellt für die begriffliche Entfaltung der Trinitätslehre einen wesentlichen Fortschritt dar. Bis dahin nämlich bestimmte die klassische Definition des Boethius die Trinitätslehre: „Person ist die unteilbare Substanz eines vernünftigen Wesens" (*persona est naturae rationabilis individua substantia*: *Tr. Theol.* V 3). Diese Definition vermochte jedoch die wesentliche Relationalität von Begriffen wie „Vater" oder „Sohn" nicht angemessen zum Ausdruck zu bringen. Indem Richard von Sankt Viktor die göttliche Person als „unmitteilbare Existenz der göttlichen Natur" (*divinae naturae incommunicabilis existentia*: *De Trin.* IV 18,22) definiert, ersetzt er den Begriff *substantia* durch *existentia.*

Was ist mit dem Begriff der „unmitteilbaren Existenz" gewonnen? Zunächst: Der Begriff *substantia*, welcher der Person-Definition des Boethius zugrunde liegt, erinnert an das griechische Wort ὑπόστασις, das eine „in-sich-ständige" Natur bezeichnet. Die konkrete Seinsweise einer Substanz – die Art und Weise also, in der eine in-sich-ständige Natur eine konkrete Wirklichkeit ist – beschreibt Boethius als *subsistentia.* Und von dieser Seinsweise wiederum sagt er: „Das nämlich subsistiert, was keines anderen – nämlich eines Akzidens – bedarf, um zu sein" (*Subsistit hoc quod non indiget alio, hoc est accidente, ut sit*: *Tr. Theol.* V 3). Damit aber ist es ausgeschlossen, Relationalität in die Wesensbestimmung einer Substanz aufzunehmen.

Schon die Kappadokier hatten deshalb im Verlauf der theologischen Auseinandersetzungen des 4. Jahrhunderts ὑπόστασις durch den relational konnotierten Begriff πρόσωπον ergänzt. Dieser stand dem Begriff der οὐσία ferner als ὑπόστασις. Πρόσωπον erläuterten die Kappadokier als „Seinsweise" (τρόπος τῆς ὑπάρξεως), um die wesentliche Bezogenheit von Vater und Sohn begrifflich fassen zu können. Ein vergleichbares Anliegen verfolgt Richard mit dem Begriff der *existentia.* Dieser meint nämlich nicht bloß Vorhandenheit, sondern eine bestimmte und ihrem Inhalt nach qualifizierte Seinsweise. Dabei will Richard das Wort *existentia* so verstanden wissen, dass der Wortbestandteil *sistentia* auf das Gegenüber verweist, der Wortbestandteil *ex* hingegen auf das, von woher etwas auf etwas anderes hin bezogen ist. In diesem relationalen Sinn bezeichnet der Begriff *existentia* in trinitätstheologischem Zusammenhang nichts anderes als „Personalität" – wenngleich nicht im neuzeitlichen Verständnis des Wortes, sondern in Anknüpfung an seine spätantike Bedeutung als „Rolle" in der Bürgerschaft oder im Theater.

Nach Richard ist das Sein des Vaters durch seine Beziehung zum Sohn und zum Geist konstituiert. Ohne den Sohn und den Geist wäre der Vater nicht „Vater“. Entsprechendes gilt für die anderen beiden göttlichen Personen. Alle drei sind höchste Einheit und Unterschiedenheit zugleich. Die Einheit Gottes gründet in der dem Vater, dem Sohn und dem Geist gemeinsamen göttlichen Natur; ihre Unterschiedenheit in ihrer wesentlichen Bezogenheit aufeinander: in ihrer durch die Bezogenheit auf die anderen Personen je anders bestimmten „Existenz“.

Indem Richard im Rahmen seiner trinitätstheologischen Reflexionen die Relationalität als Wesensbestimmung der göttlichen Personen zur Geltung bringt, leistet er einen wesentlichen Beitrag auch zur Herausbildung des neuzeitlichen Personbegriffs. Denn für diesen ist das Moment der Bezogenheit konstitutiv.

8.4 Petrus Lombardus: Sammlung und Systematisierung der theologischen Überlieferung

Zu den Viktorinern wird oft auch Petrus Lombardus (gest. 1160) gerechnet, obwohl nicht sicher ist, ob er tatsächlich in Sankt Viktor studiert hat. Der Lombarde – der Beiname verweist auf eine norditalienische Herkunft – war Zeitgenosse Bernhards, Abaelards und Hugos von Sankt Viktor. Mitte des 12. Jahrhunderts sind alle wenigstens zeitweise in Paris anzutreffen; Petrus tritt in diesen Jahren als weithin anerkannter Lehrer an der Kathedralschule von Notre-Dame sowie als theologischer Gutachter hervor. 1159 wird er zum Bischof von Paris geweiht, stirbt allerdings im darauffolgenden Jahr.

Petrus hat bedeutende und einflussreiche Bibelkommentare verfasst, und zwar vor allem zu den Psalmen und zu den Briefen des Paulus. Diese Kommentare wurden als *Magna Glossatura* in die *Glossa Ordinaria* aufgenommen, den im Mittelalter am weitesten verbreiteten Kommentar zur lateinischen Bibel. Deren Text – die sogenannte *Vulgata* – geht auf die Ende des 4. Jahrhunderts von Hieronymus (347–420) unternommene Übersetzung der Bibel ins Lateinische zurück. Ab dem 9. Jahrhundert hatte die Übersetzung des Hieronymus andere Übersetzungen verdrängt, die bis dahin ebenfalls im Westen kursierten. Bei der *Glossa Ordinaria* zur *Vulgata* handelt es sich um ein exegetisches Gemeinschaftswerk, bei dem vermutlich Anselm von Laon (gest. 1117) federführend war.

Wichtiger und einflussreicher noch wurden die vier *Bücher über die Sentenzen*, deren erste (nicht erhaltene) Fassung Petrus bereits 1142 verfasst hat. Der Lombarde systematisiert darin anhand sorgfältig ausgewählter theologischer Texte die kirchliche Lehre. Buch I bietet Texte zu den Themen Gotteslehre und Trinität, Buch II zur Schöpfungstheologie, Anthropologie, Sündenlehre und Gnadentheologie. Buch III beinhaltet Texte zur Menschwerdung und Erlösung (Christologie und Soteriologie) sowie eine ausführliche Darstellung der Tugenden; in Buch IV finden sich Texte zur Sakramententheologie und zur Eschatologie.

Fast vier Fünftel aller Texte hat Petrus den Schriften des heiligen Augustinus entnommen. Allerdings benutzte der Lombarde auch ein enzyklopädisches Werk der griechischen Theologie, das erst kurz zuvor durch Burgundius von Pisa (gest. 1193) ins Lateinische übersetzt worden war: die *Genaue Darlegung des orthodoxen Glaubens* (Ἔκδοσις ἀκριβὴς τῆς ὀρθοδόξου πίστεως) des Johannes von Damaskus (gest. vor 754). Bei dieser im Lateinischen als *Expositio fidei* zitierten Abhandlung handelt es sich um den dritten Teil der bereits erwähnten *Quelle der Erkenntnis* (Πηγὴ γνώσεως) des Damaszener Theologen. Damit verbreiteten sich auch zentrale Gedanken griechischer Theologie im Westen.

Vor allem die zweite Fassung der *Sentenzen*, die Lombardus kurz vor seiner Bischofswahl vollendete, beeinflusste den mittelalterlichen Studienbetrieb nachhaltig. Jeder angehende Magister der Theologie hatte seit dem 13. Jahrhundert zunächst die *Sentenzen* des Petrus Lombardus zu kommentieren, bevor er eigenständige Thesen formulieren durfte. Diese Praxis strukturierte den mittelalterlichen Lehrbetrieb bis ins Jahrhundert der Reformation hinein.

Hinter seinem Ziel, theologische Texte zu sammeln und zu systematisieren, tritt die theologische Originalität des Lombarden oft in den Hintergrund. Umso mehr verdienen es manche seiner Gedanken, nicht vergessen zu werden. So fragt der Lombarde etwa im dritten Buch seiner *Sentenzen* mit Blick auf die ersten Kapitel der Genesis nach dem Grund, warum Gott Eva aus der Rippe Adams und nicht etwa aus seinem Kopf oder aus seinen Füßen erschaffen habe. Seine Antwort: „Hier wurde nicht eine Herrin und auch keine Sklavin des Mannes, sondern eine Gefährtin geformt" (III *Sent.* 18,3).

Wegweisend für die nachfolgende Geschichte nicht nur der Theologie, sondern auch der christlichen Frömmigkeit sind die begrifflichen Klärungen, die Petrus Lombardus im vierten Buch seiner *Sentenzen* zur sakramentalen Praxis der Kirche vorgelegt hat. So präzisiert er in Anknüpfung an ältere Definitionen:

> „Im eigentlichen Sinne wird das als Sakrament bezeichnet, was in der Weise Zeichen der Gnade Gottes und (sichtbare) Form der unsichtbaren Gnade ist, dass es deren Bild trägt und Ursache ist. Denn die

> Sakramente sind nicht nur eingesetzt, um die Gnade zu bezeichnen, sondern auch, um zu heiligen" (IV *Sent.* 1,4).

Dass die Sakramente „sichtbares Zeichen der unsichtbaren Gnade" (*invisibilis gratiae visibilis forma*: IV 1,2) sind, wird in der katholischen Theologie zur klassischen Definition eines Sakraments. Als „Bild der Gnade" sind die Sakramente zugleich „Ursache der Gnade" – dies freilich nicht aus sich heraus, sondern nur in dem Sinn, dass sie die Fähigkeit haben, das göttliche Leben wirksam mitzuteilen. Sakramente wirken allein aus der Kraft des dreifaltigen Gottes.

Die Unterscheidung zwischen materiellem und formalem Element, die der Lombarde mit Blick auf die Sakramente trifft, wird von den späteren Theologen zustimmend rezipiert und begrifflich vertieft. Das materielle Element ist die spürbare und sichtbare Wirklichkeit, das formale Element sind die vom Amtsträger gesprochenen Worte. Für die Sakramente ist beides wesentlich und konstitutiv: die Materie, die sinnenfällige Wirklichkeit, und das Wort, das ihr die geistliche Bedeutung verleiht. Nach dem Zerbrechen des für Augustinus noch selbstverständlichen neuplatonischen Begriffsrahmens muss der Lombarde die Wirksamkeit der Sakramente eigens betonen, indem er auf die ihnen eigentümliche Ursächlichkeit verweist. Dabei bekräftigt er – wiederum ganz auf der antidonatistischen Linie Augustins –, dass die Sakramente die göttliche Gnade auf objektive Weise vermitteln (vgl. *Sent.* IV 2,1).

Die klar geordnete und konsequent systematisierende Darstellung des christlichen Glaubens in den *Sentenzen* gaben den Lehrenden und Studierenden nicht nur an den Kathedralschulen, sondern auch an den im 13. Jahrhundert entstehenden Universitäten ein zuverlässiges Standardwerk an die Hand. Alexander von Hales (gest. 1245), der erste Theologieprofessor des gerade erst vom Papst zugelassenen Franziskanerordens an der Universität von Paris, vereinfachte den Zugang zu den *Sentenzen*, indem er sie in thematische Abschnitte unterteilte. Alexanders Schüler Bonaventura, aber auch Albertus Magnus, Thomas von Aquin, Johannes Duns Scotus und viele andere begannen ihre akademische Laufbahn damit, dass sie die *Sentenzen* kommentierten.

9 Theologie zwischen Neuplatonismus und Aristotelismus: Die Hochscholastik

Nachdem die Theologie im frühen und auch noch im hohen Mittelalter weitgehend durch einen neuplatonischen Begriffsrahmen bestimmt ist, für den in erster Linie Augustinus und Pseudo-Dionysius Areopagita stehen, verändert sich dieser Begriffsrahmen ab der zweiten Hälfte des 12. Jahrhunderts mit der Rezeption der aristotelischen Philosophie. Diese hatte weniger die ideale Struktur der Wirklichkeit zu ihrem Gegenstand als vielmehr das konkret Vorfindliche. Die neuerliche Veränderung des philosophischen Begriffsrahmens blieb für die Theologie nicht folgenlos. Sie ging einher mit einer weitreichenden institutionellen Veränderung des Schul- und Lehrbetriebes.

9.1 Neue Orden und Aristoteles-Rezeption im Hochmittelalter

Im 13. Jahrhundert traten vielerorts Universitäten an die Seite der Kloster- und Kathedralschulen als Zentren theologischen Lehrens und Lernens. Dieser institutionelle Wandel ist tiefgreifenden soziokulturellen und religiösen Veränderungen in den europäischen Gesellschaften geschuldet. Es entstehen neue Formen religiösen Lebens und neue Orden. Deren Anhänger streben nicht zuerst die Abgeschlossenheit einsamer Orte an, sondern entfalten ihre Wirksamkeit in den aufblühenden Städten. Franziskanern und Dominikanern geht es nicht in erster Linie um die Ausbildung von Mönchen, die in der Tradition Benedikts den geregelten Ausgleich zwischen Lektüre *(lectura)*, Gebet *(oratio)* und Arbeit *(labor)* suchen. Vorrangige Ziele des Studiums sind vielmehr Predigt und Mission.

Neue Formen religiösen Lebens und Lehrens: Die Prediger- und Bettelorden

Die sozioökonomischen und frömmigkeitsgeschichtlichen Veränderungen, die zu dieser neuen Akzentsetzung beitrugen, sind vielschichtig. Schon im 12. Jahrhundert führten sie zu neuen religiösen Bewegungen – darunter die

Katharer, die Humiliaten, die Waldenser und die Albigenser.[57] Diesen oft ins Häretische abgleitenden Bewegungen wirksam zu begegnen, war das vorrangige Ziel der Dominikaner. Sie traten deshalb auch als „Predigerorden" *(Ordo Praedicatorum)* hervor und stellen eine der historischen Wurzeln der kirchlichen Inquisition dar. Die den Dominikanern gestellten kirchlichen Aufgaben machten die Einrichtung eines gediegenen Studiums für den Nachwuchs im Orden notwendig.

Ebenso folgenreich für Frömmigkeit und Theologie des 13. Jahrhunderts ist der Armutsgedanke. „Nackt dem nackten Christus nachfolgen" *(nudus nudum Christum sequi)* ist ein Motiv, das viele Menschen bereits im 12. Jahrhundert, vor allem aber im Verlauf des folgenden 13. Jahrhunderts dazu veranlasste, in radikaler Armut zu leben. Auch diese Bewegung ist außerordentlich vielschichtig. Eines ihrer Ergebnisse ist das Entstehen einer päpstlicherseits durch Innozenz III. (1198–1216) anerkannten Armutsbewegung unter der Führung des Franz von Assisi (1184–1226) und ihres weiblichen Zweigs, der auf Klara von Assisi (1193/94–1253) zurückgeht. Deren Ziel war es, die verschiedenen religiösen Armutsbewegungen in die Kirche einzubinden. Herausragende Vertreterinnen dieser seitens der Päpste erst nach einigem Zögern anerkannten Bewegungen waren Elisabeth von Thüringen (1207–1231) und Agnes von Prag (1205–1282), die Tochter des böhmischen Königs Ottokar I. Přemysl (1198–1230).

Dominikaner und Franziskaner verband, dass sie sich nicht – wie zuvor die Benediktiner und deren reformierter Zweig, die Zisterzienser – in die Einsamkeit ländlicher Regionen zurückzogen. Vielmehr errichteten beide Orden ihre Konvente und Kirchen inmitten der im 13. Jahrhundert aufstrebenden Städte – vielerorts im Schatten der Kathedralen. Deren Klerus, die Stifts- und Chorherren, aber auch die Priester an den Pfarrkirchen nahmen das missionarische Wirken der neuen Orden oft nur widerwillig zur Kenntnis. Denn die radikale und vielfach durch Armut überzeugende Lebensweise der Dominikaner und Franziskaner erfreute sich beim Volk großer Beliebtheit. Dies kam auch in finanziellen Zuwendungen und reich ausgestatteten Stiftungen zum Ausdruck.

War die Arbeit der Dominikaner von Anfang an auf Predigt und Seelsorge ausgerichtet, so dass die ordensinterne Ausbildung auch ein theologi-

---

57 Grundlegend weiterhin die klassische Darstellung von Herbert Grundmann, *Religiöse Bewegungen im Mittelalter. Untersuchungen über die geschichtlichen Zusammenhänge zwischen der Ketzerei, den Bettelorden und der religiösen Frauenbewegung im 12. und 13. Jahrhundert und über die geschichtlichen Grundlagen der deutschen Mystik* (1935), ND Darmstadt 1977.

sches Studium umfasste, so zeigte sich dessen Notwendigkeit schon bald auch bei den Franziskanern, um in qualifizierter Weise Katechese und Mission treiben zu können. Vor allem an den nun entstehenden Universitäten sollten beide Orden die Gestalt der Theologie bis ins 16. Jahrhundert hinein maßgeblich prägen, als die Jesuiten an ihre Seite traten. Zugleich brachte die konfessionelle Spaltung der abendländischen Christenheit neue Institutionen theologischer Bildung hervor.

Wiederentdeckung und kritische Aneignung des Aristoteles

Vor dem Hintergrund der religiösen, kulturellen und soziologischen Umwälzungen des 13. Jahrhunderts fand auch die Theologie im lateinischen Westen Europas zu einer neuen Gestalt.

In den sozialen, politischen und kulturellen Umbrüchen des frühen Mittelalters waren fast alle Übersetzungen der aristotelischen Schriften ins Lateinische verlorengegangen. Zwar wurden die *Ethiken*, die *Physik* und die *Metaphysik* des Aristoteles in Byzanz weiterhin eifrig kopiert und auch kommentiert; die griechischen Texte aber konnte im lateinischen Westen niemand übersetzen oder gar verstehen. Greifbar waren dort allein die logischen Schriften des Aristoteles, nämlich Teile des *Organons* bzw. „Handwerkszeugs" der Philosophie: die *Kategorien* und *De interpretatione*. Boethius hatte diese Schriften Anfang des 6. Jahrhunderts ins Lateinische übersetzt und teilweise kommentiert. Hinzu kam die *Isagoge* („Einführung") zu beiden Schriften durch den Plotin-Schüler Porphyrius.

Erst gegen Ende des 12. Jahrhunderts wird der Rest des *Organons* in lateinischer Sprache weiteren Gelehrtenkreisen zugänglich: die *Erste Analytik*, die *Topik*, die *Sophistischen Widerlegungen* in der Übersetzung des Boethius, die *Zweite Analytik* in der Übersetzung des Jakob von Venedig (gest. 1147).

Im Verlauf des 12. Jahrhunderts gelangten über Sizilien, Süditalien und Südspanien Übersetzungen weiterer aristotelischer Schriften aus dem Arabischen in den lateinischen Westen. Seit mehr als vierhundert Jahren waren diese Regionen von Muslimen aus Nordafrika besiedelt und beherrscht worden. Unter den arabischen Gelehrten zirkulierten Übersetzungen sämtlicher Werke des Aristoteles. Diese wurden ab der zweiten Hälfte des 12. Jahrhunderts in Toledo und Neapel aus dem Arabischen ins Lateinische übertragen. Hinzu kamen nach dem vierten Kreuzzug, in dessen Verlauf im Jahr 1204 Konstantinopel erobert worden war, zahlreiche griechische Handschriften in den Westen; viele davon wurden hier ebenfalls ins Lateinische übersetzt. Auf diese Weise wurde zwischen 1150 und 1230 das gesamte *Corpus Aristotelicum* im lateinischen Westen zugänglich. Hinzu traten eine Reihe von Kommentaren zu den Werken des Aristoteles aus der Feder arabischer Philosophen sowie eine große Menge an Apokryphen und Pseudepigraphen.

Deren wichtigster ist der *Liber Aristotelis de expositione bonitatis purae*, besser bekannt unter dem Kurztitel *Liber de causis* („Buch von den Ursachen"). Der vermutlich im 9. Jahrhundert in Bagdad entstandene Text wurde von Gerhard von Cremona (gest. 1187) aus dem Arabischen ins Lateinische übersetzt. Bis ins 15. Jahrhundert hinein galt der Traktat als ein Text des Aristoteles und als eigenhändige Zusammenfassung seiner *Metaphysik*. Allerdings hatte bereits Thomas von Aquin im *Liber de causis* mit Recht eine Adaptation der *Elementatio theologica* (Στοιχείωσις θεολογική) des Proklos erkannt. Auf jeden Fall wurde Aristoteles von den Theologen des Mittelalters immer durch eine neuplatonisch eingefärbte Brille gelesen. Die *Elementatio* selbst wurde 1268 durch Wilhelm von Moerbeke (gest. 1286) ins Lateinische übersetzt; später folgten weitere Werke des Proklos: die *Tria Opuscula*, das zweite Buch des Kommentars über den *Timaios* und die Kommentare des Proklos über den *Parmenides*. Diese genuin philosophischen Schriften ergänzten die theologischen Schriften der christlichen Neuplatoniker Marius Victorinus, Augustinus, Boethius und Dionysius Areopagita.

Für die christliche Theologie bargen die Schriften des Aristoteles einen enormen Zündstoff. Hatten die wenigen zuvor bekannten Texte des Aristoteles bislang lediglich das methodische Rüstzeug geliefert, wie man korrekt Urteile fällt oder Schlussfolgerungen zieht, so wurden seine *Physik* und seine *Metaphysik* als eine begrifflich kohärente Interpretation der Welt wahrgenommen, die dem christlichen Glauben an zentralen Punkten widersprach. Dies betraf besonders die Auffassung des Aristoteles, die Welt habe keinen Anfang in der Zeit, seine Lehre von einer universalen Geistseele sowie seinen metaphysischen Nezessitarismus. Bei Letzterem wird vor dem Hintergrund eines bestimmten Verständnisses von Ursächlichkeit aus der Tatsache, dass es eine Wirklichkeit gibt, auf deren Notwendigkeit geschlossen. Bei alledem beanspruchte die aristotelische Philosophie – auf dem Fundament einer sich wissenschaftlich ausweisenden Vernunft – universale Gültigkeit.

Die Lehre des Aristoteles, die Welt habe keinen Anfang in der Zeit, widersprach dem biblischen Weltbild diametral. Denn auf der Grundlage der ersten Kapitel der *Genesis* waren die christlichen Theologen der festen

Überzeugung, dass die Welt einen zeitlichen Anfang hat: Gott hat Himmel und Erde durch sein schöpferisches Wort aus dem Nichts geschaffen. Aristoteles hingegen lehrte die Ewigkeit der Welt; diese hat keinen Anfang und kein Ende. Ein gewichtiges Argument hierfür lautet: In der Welt ist augenscheinlich Bewegung und Veränderung anzutreffen. Jede Veränderung ist aber ein Übergang von einer Möglichkeit zur Wirklichkeit. Dieser Übergang bedarf zwingend eines Anstoßes, da die Möglichkeit nicht aus sich selbst heraus zur Wirklichkeit wird. „Alles, was sich bewegt, muss von etwas bewegt werden" (*Physik* VII,1 241b). Der insofern notwendige Anstoß ist selbst freilich wiederum eine Bewegung bzw. Veränderung, die eines ihr vorausgehenden Anstoßes bedarf. Und diesem Anstoß muss erneut eine Veränderung vorausgehen. Diese Reihe ist niemals abschließbar und in der Vergangenheit also unendlich. Kurz: Weil es in der Welt Veränderung gibt, hat es in der Vergangenheit immer schon Veränderung gegeben. Und folglich kann die Welt keinen Anfang in der Zeit haben.

Christliche Theologen wie Augustinus hatten die aristotelische Lehre von der Ewigkeit der Welt bereits in der Spätantike zurückgewiesen. Teils wurde sie auch argumentativ bestritten – so etwa durch Johannes Philoponos (gest. um 575), einen christlichen Theologen und Naturforscher, der im 6. Jahrhundert in Alexandria lehrte. Diese Einwände waren zwar in der arabischen Welt bekannt und wurden dort kontrovers diskutiert. Im lateinischen Abendland hingegen wurde die Kosmologie des Aristoteles erst im 13. Jahrhundert als eine theologische Herausforderung wahrgenommen. Nun aber konnte ihr unmöglich ausgewichen werden.

In einem zweiten Punkt widersprach die aristotelische Kosmologie dem christlichen Schöpfungsglauben. Denn die aristotelische Bewegungslehre ließ in letzter Konsequenz keine Freiheit zu: Jede Veränderung folgt notwendig aus einem ihr vorausgehenden Impuls. Bei Aristoteles steht hierfür exemplarisch die ewige Bewegung der Himmelssphären. Der persische Universalgelehrte Avicenna (Ibn Sīnā; gest. 1037) hatte hieraus die Notwendigkeit der Schöpfung insgesamt gefolgert: Die Welt ist mit Notwendigkeit aus Gott hervorgegangen und in ihren Veränderungen lückenlos determiniert. Alles in der Welt ist von Ewigkeit her vorherbestimmt.

Offenkundig ist dieser metaphysische Nezessitarismus (wörtlich: „Notwendigkeitslehre") mit der christlichen Auffassung unvereinbar, wonach Gott die Welt aus freiem Entschluss hervorgebracht hat, in ihr weiterhin in Freiheit wirkt und auch die Menschen in der Welt Akte vollziehen, durch die sie sich untereinander und zu Gott in ein freies Verhältnis setzen können. Wie aber ließ sich diese christliche Position im Gegenzug zu Aristoteles argumentativ überzeugend verteidigen?

Die dritte Herausforderung, der christliche Theologen im 13. Jahrhundert nicht ausweichen konnten, war die Annahme einer universalen Geistseele. Diese Konzeption ist nicht zu verwechseln mit der platonischen Vorstellung von einer universalen Weltseele, die alles belebt und Prinzip jeglicher Veränderung ist; diese Vorstellung hielt Aristoteles für nicht tragfähig.[58] Die universale Geistseele hingegen ist Ermöglichungsgrund der Welterkenntnis; diese Funktion kann sie deshalb erfüllen, weil sie eine und einzig ist. Diese Konsequenz hatte bereits Alexander von Aphrodisias in seinem Kommentar zu Aristoteles' *De anima* III,5 hervorgehoben.

Alexander war ein bedeutender Aristoteles-Kommentator, der an der Wende vom 2. zum 3. Jahrhundert lebte; auf ihn beruft sich im 12. Jahrhundert auch der andalusische Gelehrte Ibn Rush (Averroës; gest. 1198). Beiden zufolge ist in der Welt eine einzige Geistseele anzunehmen, der *intellectus agens*; der Verstand eines jeden einzelnen Menschen ist lediglich eine befristete Gestaltwerdung dieser universalen Geistseele. Wie die ungeformte Materie, so ist der *intellectus agens* reine Potenzialität. Erst im Erkennen des Einzelnen, im *intellectus passibilis*, vollzieht sich die Individualisierung der universalen Geistseele. Zu Lebzeiten des Menschen ermöglicht die im Akt des Erkennens vermittelte Identität von Weltseele und individueller Seele die wahre und gewisse Erkenntnis der Wirklichkeit. Nach dem Tod des Individuums jedoch löst sich die individuelle Geistseele *(intellectus passibilis)* wieder in die universale Geistseele *(intellectus agens)* auf.

Diese Lehre findet sich voll entfaltet nicht nur bei Alexander von Aphrodisias, sondern auch in der neuplatonisch geprägten Philosophie Avicennas.[59] Auch Averroës, der im lateinischen Westen vor allem wegen seiner Aristoteles-Kommentare Beachtung fand (und deshalb meist als „der Kommentator" zitiert wird), unterstellt in seinem Kommentar zu Alexander von Aphrodisias die Existenz einer universalen Geistseele, die in den

[58] Dem Mittelalter war die Idee einer universalen Weltseele über die lateinische Version von Platons *Timaios*, die *Consolatio philosophiae* des Boethius, den *Timaios-Kommentar* des Calcidius und den Kommentar des Macrobius zum *Somnium Scipionis* Ciceros vermittelt worden. Im Hochmittelalter kam die Rezeption der Vorstellung von einer Weltseele durch den in Spanien lebenden, neuplatonisch geprägten jüdischen Philosophen Solomon ibn Gabirol (Avencebrol, Avicebron; gest. um 1070) hinzu. In der Schule von Chartres spielt die Idee einer Weltseele im *Timaios-Kommentar* des Wilhelm von Conches eine wichtige Rolle.

[59] Vgl. Theo Kobusch, *Die Philosophie des Hoch- und Spätmittelalters* (Geschichte der Philosophie V), München 2011, S. 182–184.

Einzelseelen befristet Gestalt annimmt. Offenkundig jedoch widerspricht diese Lehre der christlichen Überzeugung, dass die individuelle Geistseele des Menschen nach dem Gericht auf ewig bei Gott oder in der ewigen Verdammnis fortexistiert.

Diese drei Annahmen – die Lehre von der Ewigkeit der Welt, der metaphysische Nezessitarismus und die Annahme einer einzigen universalen Geistseele – zwangen die christlichen Theologen dazu, ihre Lehren argumentativ zu begründen und gegenüber alternativen Wirklichkeitsdeutungen zu verteidigen. Dabei konnten sie sich inzwischen auf Diskussionen beziehen, die im persischen und arabischen Raum von muslimischen und jüdischen Denkern – allen voran Avicenna und Averroës, aber auch Algazel (Al-Ghazāli; gest. 1111), Solomon ibn Gabirol (gest. um 1070) und Maimonides (Moshe ben Maimon; gest. 1204) – geführt worden waren. Deren Argumente wurden ihnen nun in immer größerem Umfang zugänglich.

Was Avicenna betrifft, so waren dessen Lehren dem lateinischen Mittelalter schon vor der Erschließung der aristotelischen Hauptwerke zugänglich geworden; denn große Teile seiner umfangreichen philosophischen Enzyklopädie, des *Kitāb al-Šifāʾ* („Buch der Heilung"), waren bereits in der zweiten Hälfte des 12. Jahrhunderts in Toledo ins Lateinische übersetzt worden. Den lateinischen Gelehrten war die Enzyklopädie des Avicenna unter dem Titel *Philosophia prima* („Erste Philosophie") oder auch als *Scientia divina* („Göttliche Wissenschaft") bekannt.

Nicht zuletzt Albertus Magnus wird sich in reichem Maße durch Avicennas Neuplatonismus dazu anregen lassen, eine christliche Naturlehre und Kosmologie zu entfalten. Darüber hinaus stützte sich Albert auf lateinische Übersetzungen von Schriften des Juristen und Philosophen Al-Fārābī (870–950), der in der arabischen Welt als „zweiter Meister" nach Aristoteles galt. Während Al-Fārābī und Avicenna als kreative Rezipienten aristotelischer Philosophie gelten können, hat Averroës durch seine umfangreichen und einlässlichen Kommentare dem lateinischen Abendland das Denken des Aristoteles selbst erschlossen. Seine von Michael Scotus zwischen 1220 und 1235 aus dem Arabischen ins Lateinische übersetzten „Großen Kommentare" *(tafasīr)* zur *Physik*, zu *De caelo*, *De anima* und zur *Metaphysik* lieferten die Grundlagen für den mittelalterlichen Aristotelismus.

Aus alledem resultierte ein spannungsvolles und aspektreiches Diskussionsgefüge, das vonseiten der kirchlichen Autoritäten nicht selten mit Argwohn beobachtet wurde. Denn die Herausforderung, die der Theologie durch ein Welt- und Selbstverständnis erwuchs, das seinen universalen

Anspruch nicht auf die göttliche Offenbarung, sondern auf menschliche Vernunft gründet, wurde schon früh erkannt. Bereits 1210 und 1215 kam es in Frankreich zu ersten Aristoteles-Verboten. Auf den „radikalen Aristotelismus", der sich um die Jahrhundertwende in der Artisten-Fakultät an der Universität von Paris zu etablieren begann, reagierte Bischof Étienne Tempier (gest. 1279) im Jahr 1270 und vor allem 1277 mit Verurteilungen aristotelischer Lehren.[60] Zu sehr fürchtete der Bischof, dass durch die Übernahme der aristotelischen Philosophie zentrale Gehalte des christlichen Glaubens verdunkelt würden.

Letzten Endes jedoch war der Siegeszug des Aristoteles im mittelalterlichen Schulbetrieb nicht aufzuhalten. Zu überzeugend erschien das begriffliche Instrumentarium, das seine Philosophie bereitstellte, um zentrale theologische Herausforderungen zu meistern. Selbst dort noch, wo – dies gilt vor allem für die Franziskanerschule, die maßgeblich durch Augustinus geprägt blieb – Distanz und Skepsis überwogen, haben die Gotteslehre, die theologische Anthropologie, aber auch die Sakramentenlehre und vor allem die Gnadenlehre in reichem Maße von Aristoteles profitiert, um ihre Gedanken einsichtig darlegen zu können.

9.2 Ein enzyklopädischer Theologe: Albertus Magnus

Einer der Ersten, die sich den neuen Herausforderungen stellten, die der Theologie von der Philosophie des Aristoteles her erwuchsen, war Albertus Magnus (gest. 1280). Um 1200 wurde Albert als Sohn eines staufischen Ministerialen an der Donau geboren; 1223 trat er dem kurz zuvor (1215) päpstlicherseits anerkannten Dominikanerorden bei. Nach der ordensinternen Ausbildung lehrte er an verschiedenen Orten Theologie, zunächst in Köln und Paris, später in Würzburg und Straßburg. Im Orden bekleidete er mehrere höhere Ämter. Von 1260 bis 1262 war er Bischof von Regensburg.

Albert war ausgesprochen belesen; er kannte zahlreiche philosophische und theologische Werke, aber auch Abhandlungen zur Medizin und Naturkunde. Späteren Generationen gilt er als „doctor universalis". Tatsächlich war sein Anliegen keineswegs bescheiden: Albert wollte das gesamte

[60] Vgl. Kurt Flasch, *Aufklärung im Mittelalter? Die Verurteilung von 1277. Das Dokument des Bischofs von Paris eingeleitet, übersetzt und erklärt*, Mainz 1989.

Wissen seiner Zeit enzyklopädisch erfassen und in Lehrbüchern verständlich machen. Zu diesem Wissen gehörte auch der soeben durch neue Übersetzungen aus dem Arabischen und bald auch aus dem Griechischen erschlossene Aristoteles. Auch diese Werke, so Albert, seien in den Kanon theologischer Ausbildung zu integrieren. Als Erster hat Albert das vollständige Werk des Aristoteles kommentiert.

Deutlicher als vor ihm Augustinus oder auch Anselm von Canterbury unterscheidet Albert zwischen Theologie und Philosophie. „Die leitende Grundeinstellung *(universalis habitus regens)* im ganzen Bereich der Theologie ist der Glaube. Mit den Grundsätzen der Vernunft allein ist in der Theologie nichts auszurichten" (*Super Dion. Cael. Hier.* I, § 1 dub. 4). Die materiale Grundlage der Theologie, so Albert, ist die göttliche Offenbarung, sind aber auch die von Gott gewirkten Wunder. Beides gelte es im Glauben anzunehmen, um anschließend seine Bedeutung mit dem Instrumentarium der humanen Vernunft auszulegen und verständlich zu machen. Die Grundlage der Philosophie hingegen ist jene Erkenntnis, die der Mensch aus der Ordnung der Natur gewinnt. Weil aber die Natur in Gott gründet, können die Erkenntnisse, die der Mensch vermittels seiner Vernunft aus ihr gewinnt, jenen Erkenntnissen, die auf der Offenbarung gründen, prinzipiell nicht widersprechen.[61] Die Erforschung der irdischen Wirklichkeit, aber auch die Philosophie können deshalb als Wege zur Erkenntnis Gottes und zur Vollendung gelten:

> „Der Intellekt des Menschen gelangt, indem er sich von sich aus unaufhörlich auf Höheres erstreckt, durch die Betrachtung der himmlischen Welt endlich zur Betrachtung des Göttlichen; wenn er darin auf vollkommene Weise verharrt, steht er unerschütterlich wie die Sonne" (*In Metaph.* XI 1,9).

Dieses Zitat aus Alberts Kommentar zur *Metaphysik* des Aristoteles zeigt, wie sehr seine Theologie durch neuplatonisches Denken bestimmt ist. Dieses ist ihm bei seiner Beschäftigung mit Augustinus, aber auch mit Pseudo-Dionysius begegnet. Auch der *Liber de causis*, den Albert als Werk „eines gewissen Juden David" kommentierte, ist durch neuplatonisches Denken geprägt.

---

[61] Vgl. Georg Wieland, *Albert der Große. Der Entwurf einer eigenständigen Philosophie*, in: Theo Kobusch (Hrsg.), Philosophen des Mittelalters. Eine Einführung, Darmstadt 2000, S. 125–139, bes. S. 128f.

Anders aber als im Neuplatonismus erscheint die Wirklichkeit der Welt bei Albert nicht bloß als Abbild intelligibler – d. h. nur durch den Verstand und nicht durch sinnliche Wahrnehmung erkennbarer – Wirklichkeiten. Die Dinge in Raum und Zeit haben vielmehr ein eigenes Gewicht. Ihnen kommt eine eigentümliche Würde zu; denn sie sind Geschöpfe Gottes. Deshalb befasst sich Albert mit den Naturwissenschaften, mit der Physik, der Astronomie, der Musik. Und deshalb verteidigt er gegen die Averroisten auch den christlichen Glauben an die Auferstehung der Seele und des Leibes. Der Theorie von der Weltseele tritt Albert in einer eigenen Schrift entgegen: *De unitate intellectus contra Averroistas* – „Über die Einheit der Geistseele gegen die Anhänger des Averroës“ (um 1267).

Albert ist ein Theologe des Übergangs. Theologie und Philosophie, neuplatonisches und aristotelisches Denken stehen bei ihm oft unverbunden nebeneinander. Anders als seinem Meisterschüler Thomas von Aquin – den er um sechs Jahre überlebt – gelingt ihm keine auf Dauer tragfähige Synthese zwischen beiden Denkformen.

9.3 Natur und Übernatur: Thomas von Aquin

Für den Dominikanertheologen Thomas von Aquin (1225–1274) ist Aristoteles „der Philosoph“ schlechthin. Natürlich respektiert auch Thomas die Autorität des Pseudo-Dionysius; doch interpretiert er dessen neuplatonisch geprägte Theologie konsequent durch die Brille des Aristoteles und seiner arabischen Kommentatoren.

Dabei ist für Thomas die Philosophie – anders als beispielsweise für den Kirchenreformer und Kardinal Petrus Damiani (gest. 1072) – keine der Theologie untergeordnete Hilfswissenschaft, keine „Magd der Theologie“ *(ancilla theologiae)*. Philosophie ist vielmehr eine eigenständige Instanz der Wahrheitsfindung, die als solche auch kritisch gegenüber dem Offenbarungsglauben zur Geltung gebracht werden kann. Von dieser Kritik verspricht sich Thomas ein vertieftes Verständnis des überlieferten Glaubens.

Mit Blick auf die Erschaffung der Welt beispielsweise stützt sich Thomas auf die Lehre des Aristoteles von der Ursächlichkeit. In seiner *Physik* (II 3) unterscheidet Aristoteles vier Momente im Geschehen der Verursachung: die Materialursache, die Formalursache, die Wirkursache und die Zweckursache. Dabei ist die Materialursache *(causa materialis)* eines Gegenstandes das, „woraus als etwas schon Vorhandenem etwas entsteht“ (194b). Gemeint ist der Stoff, aus dem ein Gegenstand besteht, im Fall einer silbernen Statue beispielsweise das Metall. Die Formalursache *(causa formalis)* ist dasjenige, was dem Material eines Gegenstandes seine jeweilige Bestimmtheit verleiht – im Fall der silbernen Statue etwa die Gestalt eines Pferdes. Unter der Wirkursache *(causa efficiens)* versteht Aristoteles eine Art Impuls, „woher der anfängliche Anstoß zu Wandel oder Beharrung kommt". Die Wirkursache gibt den Anstoß dazu, dass etwas aus dem Modus der Möglichkeit in den der Wirklichkeit überführt wird. Im Falle der Statue ist die Wirkursache der Künstler, der die Statue aus einem formbaren Klumpen Silber gestaltet hat. Und schließlich spricht Aristoteles von der Zweckursache *(causa finalis)* eines Gegenstandes, von dem also, wozu ein Gegenstand geschaffen ist. Im Falle der silbernen Statue könnte dies etwa der Zweck sein, ein Zimmer zu schmücken.

Thomas wendet diese Ursachenlehre auf den christlichen Schöpfungsgedanken und auf das Wirken Gottes in der Welt an. In der Welt wirkt Gott nicht unmittelbar, sondern vermittels der „Zweitursachen" *(causae secundae)*. Dass freilich diese Ursachen überhaupt existieren und wirken können, das garantiert Gott als „Erstursache" *(causa prima)*. Diese Konzeption erlaubt es Thomas, von einer umfassenden Wirksamkeit Gottes in Bezug auf die Welt und zugleich von deren relativer Autonomie zu sprechen. Zwar behält sich Thomas ein Eingreifen Gottes in die Welt unter Umgehung der Zweitursachen vor – das wäre dann ein Wunder –; grundsätzlich aber betont er die Autonomie der Naturordnung.

Die Autonomie des Geschaffenen betrifft auch die sittliche Ordnung; dieser wohnt eine ihr eigene Logik inne, die nicht ohne weiteres aus der Naturordnung abzulesen ist.[62] Vielmehr ist die sittliche Verpflichtung *(lex)* eine Forderung der Vernunft; sie ist nicht unmittelbar aus der Natur abzuleiten, sondern resultiert aus „allgemeinen, auf die Tätigkeit hingeordneten Gesetzen der praktischen Vernunft" (*S. Theol.* I-II 90,1 ad 2).

Der Schöpfung wohnt – entsprechend der aristotelischen *causa finalis* – eine Zielgerichtetheit (Teleologie) inne, die auf die Verwirklichung des ihr von Gott eingestifteten Zieles drängt: ein „natürliches Verlangen zur Gottesschau" *(desiderium naturale in visionem beatificam)*. Diese Vollendung – ihr Aufgehobensein in der Wirklichkeit Gottes – kann die Schöpfung freilich nicht aus eigenem Vermögen erlangen. Hierzu bedarf es der Zuwendung Gottes, seiner „Gnade". Dabei gilt: „Die Gnade zerstört die Natur nicht, sondern vollendet sie; das Übernatürliche erfüllt

[62] Vgl. Wolfgang Kluxen, *Philosophische Ethik bei Thomas von Aquin*, Hamburg 1998.

und vollendet die Natur" (*Gratia non tollit naturam, sed perficit; supernaturale complet et perficit naturam*: *S. Theol.* I 1,8 ad 2). Durch die Gnade erlangt das Geschaffene eine Erfüllung, die sich Welt und Mensch aus eigenem Vermögen nicht geben können.

Anders als in der neuplatonisch geprägten Kosmologie der Alten Kirche bringt sich bei Thomas der von Aristoteles her inspirierte Gedanke der Eigenständigkeit von Welt und Mensch zur Geltung. Gott hat die Welt in seiner Allmacht und durch seinen freien Willen ins Sein gerufen. Dieses Sein bedeutet aber gerade keine fortdauernde Abhängigkeit der Welt von ihrem Schöpfer, sondern ihre von Gott gewollte Unabhängigkeit. Gott ist in der Welt als derjenige gegenwärtig, der den Selbststand der Welt und die Differenz gegenüber ihrem Schöpfer begründet hat. Zugleich ist jeder geschöpfliche Akt, wenn er sich bestimmungsgemäß vollzieht, in einer anfänglichen Weise auf das ihm von Gott bestimmte übernatürliche Ziel hingeordnet. Natur und Gnade sind nicht – wie in der *natura pura*-Lehre der späteren Barockscholastik – voneinander geschieden, sondern innerlich aufeinander verwiesen.[63]

Das Bemühen, die Philosophie des Aristoteles der Theologie dienstbar zu machen, veranlasst Thomas zur Unterscheidung zweier Erkenntnisordnungen: einer Erkenntnisordnung der Natur und einer der Offenbarung. Beides ist zu unterscheiden, nicht aber voneinander zu trennen. So erfasst beispielsweise die menschliche Vernunft das Prinzip aller Veränderungen in der Welt als „unbewegten Beweger" (vgl. Arist., *Met.* XII 6–7). Dass dieser unbewegte Beweger in christlicher Perspektive der dreifaltige Gott ist, übersteigt hingegen die Einsicht der humanen Vernunft. Hierzu bedarf es einer göttlichen Offenbarung, die den menschlichen Geist so erleuchtet, dass er die trinitarische Natur Gottes erkennen kann. Dabei gilt: Zwar vermag der menschliche Verstand Gottes trinitarische Wirklichkeit nicht auszuschöpfen; doch kann er ihre Wirklichkeit so erfassen, dass sie den Kategorien der Vernunft jedenfalls nicht widerspricht.

Die Unterscheidung von Natur und „Übernatur" liefert auch den Hintergrund für die berühmten „Gottesbeweise" des Thomas. Bereits Anselm

---

[63] Im 20. Jahrhundert werden vor allem die beiden Jesuiten Henri de Lubac (1896–1991) und Karl Rahner (1904–1984) diese Einsicht des Thomas wieder zur Geltung bringen – dann freilich in der über Thomas hinausweisenden Absicht, die Freiheit des Menschen nicht nur in einer aristotelisch-teleologischen Perspektive, sondern – darüber hinaus – in ihrer formalen Unbedingtheit zu betonen. Das aber bedeutet anzuerkennen, dass sich die menschliche Freiheit auch dann ihrem Wesen entsprechend vollzieht, wenn sie sich dazu bestimmt, ihren göttlichen Ursprung zu verleugnen.

von Canterbury hatte in seinem *Proslogion* (Kap. 2–4) ein Argument für die Existenz Gottes zu liefern versucht, das Immanuel Kant in seiner *Kritik der reinen Vernunft* (^{2}1787) als „apriorischen" Gottesbeweis bezeichnen wird (B 619: Akad.-Ausg. III 396). Anselms Argument fußt auf dem Gedanken, dass zu dem Begriff eines „vollkommenen Wesens", wie er in Bezug auf Gott zweifelsfrei in Anschlag zu bringen ist, wesentlich die Existenz gehört. Denn ein Begriff, der die Existenz *nicht* beinhaltet, wäre allemal weniger vollkommen als ein solcher, der die Existenz beinhaltet. Ist aber Gott definitionsgemäß dasjenige, „worüber hinaus nichts Größeres gedacht werden kann" *(quo nihil maius cogitari potest)*, dann ist dieser Begriff nach Anselm nur dann widerspruchsfrei zu denken, wenn Gott tatsächlich existiert.

Anselms Beweisführung *(argumentum)* wurde im Mittelalter und darüber hinaus vielfach diskutiert. Unter anderem Johannes Duns Scotus (gest. 1308) und Gottfried Wilhelm Leibniz (1646–1716) haben sich mit ihr auseinandergesetzt. Strittig war insbesondere, ob aus einer Begriffsanalyse die Existenz eines Sachverhaltes zwingend hergeleitet werden kann oder ob hierzu die Erfahrung notwendig ist. Der Begriff eines Einhorns beispielsweise lässt sich vollständig denken; ob Einhörner tatsächlich existieren, ist jedoch nur dann mit Gewissheit zu sagen, wenn ein solches Wesen irgendwann einmal wahrgenommen wurde. Immanuel Kant hat deshalb in seiner *Kritik der reinen Vernunft* die Auffassung vertreten, dass „sein" (im Sinne von Existenz bzw. Vorhandenheit) kein reales, sondern ein bloß logisches Prädikat ist: Um einen Sachverhalt logisch richtig zu denken, ist es belanglos, ob er existiert oder nicht (B 625f.). Die Existenz ist etwas, was aus dem gedachten Sachverhalt selbst nicht abzuleiten ist, sondern aus der Erfahrung hinzutreten muss. Umgekehrt fügt die Aussage, dass etwas existiert, dem betreffenden Gegenstand keine zusätzliche Eigenschaft hinzu.

Anselms Gottesbeweis fußt auf der Analyse eines *Begriffs* (nämlich dem eines vollkommenen Wesens); er wurde deshalb auch „apriorischer Gottesbeweis" genannt. Demgegenüber sucht Thomas von Aquin die Existenz Gottes im Ausgang von der *Erfahrung* – d. h. „aposteriorisch" – plausibel zu machen. Im ersten Teil seiner *Summa theologiae* beschreitet er hierzu „fünf Wege zu Gott" *(quinque viae ad Deum)*: den Aufweis Gottes aus der Bewegung *(ex parte motus)*, aus der Wirkursache *(ex ratione causae efficientis)*, aus dem Möglichen und Notwendigen *(ex possibili et necessario)*, aus den Graden der Vollkommenheit *(ex gradibus)* und aus der Zielgerichtetheit aller Dinge *(ex gubernatione rerum)*. Die ersten vier Wege sind Varianten des von Immanuel Kant so genannten „kosmologischen" Gottesbeweises, insofern sie darauf abzielen, Gott als denknotwendige Ursache der Welt und ihrer Ordnung auszumachen. Der fünfte Weg – wiederum mit Kants Terminologie – ist ein „teleologischer" Beweis, der den Gedanken einer Zielgerichtetheit aller Veränderung in der Welt voraussetzt (*KrV*, B 631–658).

Wie Aristoteles versteht Thomas Bewegung als Übergang von einer Möglichkeit zur Wirklichkeit. Weil dieser Übergang nicht spontan erfolgt, bedarf er notwendig eines äußeren Anstoßes. Anders aber als Aristoteles schlussfolgert Thomas hieraus nicht auf die Ewigkeit der Welt. Vielmehr schließt er aus der Tatsache, dass nichts in der Welt aus sich selbst heraus von der Möglichkeit in die Wirklichkeit übergeht, auf einen von der Welt unterschiedenen „ersten Beweger". Andernfalls nämlich wäre die Reihe der Bewegungen in die Vergangenheit unendlich. Wie aber sollte man dann beim Heute ankommen?

Bereits im 6. Jahrhundert hatte der christliche Gelehrte Johannes Philoponos unter anderem mit diesem Argument die Vorstellung einer seit Ewigkeit bestehenden Welt zurückgewiesen (*De aetern. mundi* 18,3). Ähnlich, wenngleich zurückhaltender, plädierte der jüdische Gelehrte Maimonides gegen Ende des 12. Jahrhunderts in seinem (auf Arabisch verfassten) Hauptwerk „Führer der Unschlüssigen" (arabisch: *Dalālat al-ḥā'irīn*) für einen zeitlichen Anfang der Welt (II, 13–26). Auch Thomas von Aquin beharrt – im Anschluss an Aristoteles – auf der Notwendigkeit, einen „ersten Beweger" *(primum movens)* anzunehmen, der selbst von nichts anderem außerhalb seiner in Bewegung gesetzt wurde und insofern als „unbewegt" *(immotum)* gelten kann. Und, so Thomas: *Ergo necesse est devenire ad aliquod primum movens, quod a nullo movetur, et hoc omnes intelligunt Deum* – „Deshalb müssen wir zu einem ersten Bewegenden gelangen, das selbst von keinem anderen bewegt wird. Und das begreifen alle als Gott" (*S. Theol.* I 2,3).

Dass die Idee eines unbewegten Bewegers und der Glaube an die Existenz eines Schöpfergottes nicht schlechterdings identisch sind, weiß Thomas genau. Einen philosophischen Beweis für oder gegen die Anfanglosigkeit der Welt hält er deshalb auch nicht für möglich. Dennoch leisten seine „Gottesbeweise" den begrifflichen Nachweis, dass es jedenfalls nicht unvernünftig ist, an einen Gott zu glauben. Dieser besitzt nach biblischem Zeugnis jene Eigenschaften, die ihm die philosophische Reflexion zuspricht, wenn sie ein letztes Prinzip des Wirklichkeitsganzen denkt.

Wie sehr sich freilich Thomas der Grenzen der menschlichen Vernunft in Bezug auf die Wirklichkeit Gottes bewusst war, verdeutlicht jene Legende, wonach er sein Lebenswerk, die *Summa theologiae*, unvollendet gelassen hat. Am Nikolaustag des Jahres 1273 soll Thomas laut einem Bericht des Bartholomäus von Capua (gest. 1328) – der sich wiederum auf Reginald von Piperno (gest. 1290), den Sekretär des Thomas, beruft – während der Feier einer Eucharistie eine Art Gotteserfahrung gemacht haben. Anschließend habe er jegliches Schreiben eingestellt. Auf die Aufforderung zur Weiterarbeit soll er mit den Worten reagiert haben: „Alles, was ich geschrieben habe, kommt mir vor wie Stroh im Vergleich zu dem, was ich gesehen habe" (*omnia quae scripsi videntur mihi ut paleae [...] respectu eorum quae vidi et revelata sunt*: *Processus Canon.* 79).

Dennoch – die Gedanken, die Thomas von Aquin in seinen beiden *Summen* und in zahlreichen theologischen Traktaten vorgelegt hat, prägten die Theologie bis weit ins 20. Jahrhundert hinein. Dies ist weniger seiner Heiligsprechung im Jahr 1323 geschuldet als vielmehr dem Umstand, dass die Theologie des Thomas auf dem Konzil von Trient (1545–1563) als Alternative zu Augustinus wahrgenommen wurde. Damit schien sie in besonderer Weise dazu geeignet, katholische Lehrmeinungen gegenüber reformatorischen Positionen zu profilieren, beanspruchten doch viele Reformatoren Augustinus als maßgebliche Autorität, wenn sie Kritik an der scholastischen Theologie übten.

9.4 Theologie als praktische Wissenschaft: Bonaventura

Doch schon zu Lebzeiten des Thomas gab es einflussreiche theologische Strömungen, die sich weiterhin auf Augustinus beriefen. Nicht selten war damit eine skeptische Haltung gegenüber der aristotelischen Philosophie verbunden. Dies gilt insbesondere für Theologen aus dem Franziskanerorden. War doch der 1226 verstorbene und bereits 1228 von Papst Gregor IX. (1227–1241) heiliggesprochene Franz von Assisi dem wissenschaftlichen Studium eher ablehnend begegnet. Allerdings etablierte sich schon bald auch im Franziskanerorden ein wissenschaftliches Studium der Theologie – nicht zuletzt im Dienste der Ausbildung von Predigern.

Historisch nimmt das Studium der Franziskaner an der Universität von Paris seinen Ausgang im Jahr 1231. In diesem Jahr trat der aus England stammende Magister Alexander von Hales dem Franziskanerorden bei. Bis zu seinem Tod im Jahr 1245 setzte er – nun als Franziskaner – seine Lehrtätigkeit in Paris fort. Einflussreich wurde Alexander vor allem wegen seines Kommentars zu den *Sentenzen* des Petrus Lombardus. Alexander war der erste Theologe, der in seinen Pariser Einführungsvorlesungen (um

1220) die *Sentenzen* der Reihe nach ausgelegt hat. Diese Methode wurde zum Vorbild für den gesamten scholastischen Lehrbetrieb. Erst im 16. Jahrhundert begannen Dominikaner, nicht die *Sentenzen* des Lombarden, sondern die *Summa theologiae* des Aquinaten zu kommentieren.

Unter Alexanders Schüler reiht sich auch Bonaventura (1221–1274) ein, der 1257 zum Generalminister des Franziskanerordens gewählt werden sollte. Wie sein Lehrer begegnet Bonaventura der Aufnahme aristotelischer Philosophie an der Artistenfakultät und – mehr noch – seitens der Theologen mit äußerster Skepsis. Was hat die Philosophie dort zu suchen, wo es um den Glauben geht? Das Erkenntnisvermögen des Menschen ist doch durch die Erbsünde entscheidend geschwächt, argumentiert Bonaventura. Deshalb kann die Philosophie dem Heil der Menschen nicht dienen; im Gegenteil: Sie verleitet sie vielmehr, einer falschen Sicherheit zu vertrauen. Wie schon Augustinus betont Bonaventura stattdessen die Notwendigkeit des Glaubens: Nicht die Philosophie, sondern der Glaube erschließt die Wahrheit über Gott, Mensch und Welt.

Den sogenannten „Gottesbeweisen" des Thomas kann Bonaventura folgerichtig nur wenig abgewinnen. Stattdessen betont er mit Blick auf die theologische Erkenntnis das Prinzip der Inspiration bzw. der inneren Erleuchtung (*Solil.*, Prolog). Niemand anders als der Geist Gottes und seine Gnade verleihen dem Sünder die wahre Erkenntnis über die Welt und die Wirklichkeit Gottes. Und diese Erkenntnis vollzieht sich nicht vermittels menschlicher Erfahrung und begrifflicher Reflexion, sondern allein durch die kontemplative Einkehr bei sich selbst. Auch dies ist ein Gedanke, der schon bei Augustinus begegnet.

Der Begriffsrahmen der Theologie Bonaventuras ist neuplatonisch bestimmt. Dies zeigt sich unter anderem darin, dass er in der Schöpfung vielfältige „Spuren der Dreifaltigkeit" *(vestigia trinitatis)* entdeckt. In seinem „Pilgerbuch der Seele zu Gott" *(Itinerarium mentis in Deum)* beschreibt Bonaventura – ganz neuplatonisch – den Aufstieg der Seele zu ihrem Schöpfer und Erlöser. Bonaventura vergleicht die Gesamtheit der geschaffenen Dinge einschließlich der menschlichen Seele mit einer Leiter, auf welcher der Aufstieg zu Gott erfolgt. Dabei setzen die letzten Stufen eine gnadenhafte Formung durch das Licht der ewigen Wahrheit voraus.

Folgenreich für die Theologie bis hin zur Reformation und darüber hinaus ist eine Grundentscheidung, die nicht nur das Denken Bonaventuras, sondern das der Franziskanertheologen insgesamt charakterisiert. Thomas von Aquin hatte sich der Wirklichkeit Gottes in ontologischen Kategorien angenähert: Gott ist das für sich selbst bestehende Sein (*ipsum esse per se subsistens*: vgl. *S. Theol.* I 44,1). Er ist reine Wirklichkeit und als solche das „höchst vollendete Sein" *(ens perfectissimum)*. Gott bedarf keines anderen – und deshalb auch nicht der Schöpfung –, um vollkommen zu sein. Diesem Gott nähert sich der glaubende Mensch auf dem Weg des Erkennens – das hatte Thomas in seinen theologischen Traktaten und Summen, besonders aber in seinen „Gottesbeweisen" demonstriert.

Aber – ist dieser Zugang zu Gott überhaupt angemessen? Ist Gott tatsächlich eine Wirklichkeit, die in erster Linie *erkannt* werden will? Ist Gott vorrangig ein Objekt der theoretischen Vernunft? Ist Theologie *(sacra doctrina)* tatsächlich zunächst eine „spekulative Wissenschaft" *(scientia speculativa)* – eine Wissenschaft also, der es vorrangig um Erkenntnis geht? Und besteht die Vollendung des Menschen tatsächlich vor allem anderen in der ewigen Kontemplation des dreifaltigen Gottes und seiner „beseligenden Anschauung" *(visio beatifica)*?

Die Franziskanertheologen wollten die Theologie jedenfalls nicht als *scientia speculativa* verstanden wissen. Denn Gott ist nicht in erster Linie Gegenstand theoretischer oder spekulativer Erkenntnis; Gott ist vielmehr die Liebe, wie es im ersten Johannesbrief heißt (1 Joh 4,16). Gott ist jene Liebe, die um der Sünder willen Leiden und Tod auf sich genommen hat und so die antwortende Liebe der Menschen zu ihrem Erlöser wecken will. Weil Gott Liebe ist und geliebt werden will, hat es die Theologie nach Bonaventura immer auch mit Affekten zu tun, mit Emotionen und Gefühlen, nicht bloß mit der Vernunft. Hat nicht auch der heilige Franziskus alles darangesetzt, Gott mit ganzem Herzen und ganzer Seele zu lieben?

Ist Gott aber Liebe, dann ist er vollendete *Freiheit* – er ist als der Dreifaltige jene unbedingte Freiheit, die am Anfang die Welt erschaffen hat, die inmitten der Geschichte die Erlösung der Sünder ins Werk gesetzt hat und die am Ende der Zeiten die Seelen der Gerechten in die vollendete Gemeinschaft mit jener Liebe aufnehmen wird, die Gott selbst ist. Diese Liebe beantwortet der Mensch nicht durch Erkenntnis, sondern ebenfalls durch Liebe. Theologie ist deshalb ihrer Natur nach nicht theoretisches Wissen *(scientia speculativa)*, sondern eine praktische Wissenschaft *(scientia practica)*.

9.5 Eine Theologie der Freiheit: Johannes Duns Scotus

Es ist vor allem Johannes Duns Scotus (gest. 1308), der diese Akzentsetzung der Franziskanertheologie in seinen subtilen Begriffsanalysen zur Geltung bringt. Die Überzeugung des heiligen Franziskus, wonach Gott nicht in erster Linie Gegenstand theoretischer Erkenntnis, sondern Subjekt und „Objekt“ der Liebe ist, wird für Duns Scotus zum Prinzip der Theologie. „Gott will lieben, und er will geliebt werden“, so heißt es in der Nachschrift zu seinem Pariser Sentenzenkommentar. „Gott will Mit-Liebende seiner selbst“ (*Deus vult condiligentes suis*: *Rep. Par.* III 7,4,4).

Während es Thomas um die Vermittlung von Theologie und Philosophie zu tun war – Ausdruck dieses Bemühens sind nicht zuletzt seine „Gottesbeweise“ –, beharrt Duns Scotus auf der strengen Unterscheidung beider. Nach Duns Scotus ist es durchaus vorstellbar, dass die Philosophie zu Einsichten gelangt, die dem Glauben widersprechen – und dies ist sogar legitim. Denn der Wahrheitsanspruch, den die Philosophie erhebt, ist keine Hybris. Sie kann vielmehr mit Recht beanspruchen, wahre und gewisse Erkenntnis über Gott, Mensch und Welt zu gewinnen. Philosophie erreicht damit nur nicht die Wirklichkeit des *biblischen* Gottes. In seiner Liebe nämlich ist dieser Gott absolute Freiheit, die sich als solche jedem Begreifen des Menschen entzieht.

Weil der biblische Gott absolute Freiheit ist, gilt für Duns Scotus auch: Hätte er nur gewollt, so hätte Gott in seiner unbegrenzten Allmacht – *de potentia absoluta* – sowohl die Welt als auch den Menschen ganz anders erschaffen können, als er beide tatsächlich gemacht hat. Auch die Erlösung der Sünder hätte Gott anders wirken können als durch das Leiden und Sterben Christi am Kreuz. Dass Welt und Mensch so sind, wie sie sind, und dass das Erlösungswerk Gottes den in den heiligen Schriften bezeugten Verlauf genommen hat, ist nach Duns Scotus allein das Resultat einer freien Entscheidung Gottes. Aus ihr ist – *de potentia ordinata* – die Welt so hervorgegangen, wie wir sie wahrnehmen.

Nicht einmal in der Menschwerdung des göttlichen Logos erblickt Duns Scotus eine Reaktion Gottes auf die Erlösungsbedürftigkeit des Menschen. Denn dass Gott Mensch wird, das hatte er von Ewigkeit her beschlossen – unabhängig also von der faktischen Sünde des Menschen. Duns Scotus liefert damit das Fundament für eine Theologie der „absoluten Inkarnation“ Gottes.

Was aber veranlasste Gott zur Menschwerdung, wenn nicht die Sünde des Menschen und seine Erlösungsbedürftigkeit? Duns Scotus argumentiert: Weil Gott unendliche Liebe ist, wollte er ein Gegenüber, das er lieben kann und von dem er selbst geliebt werden würde. Dieses Gegenüber ist ursprünglich nicht etwa der Mensch, sondern vielmehr der ewige Sohn, die zweite Person der Trinität. Erst in einem weiteren Schritt – aber doch von Ewigkeit her beschlossen – ist der ewige Sohn Mensch geworden. Und als

Menschgewordener ist er jenes Geschöpf, das allein Gott in vollkommener Weise zu lieben gewillt und imstande ist. Dazu unterscheidet Duns Scotus eine „Ordnung der Liebe“ *(ordo amoris)*:

> „An erster Stelle liebt Gott sich selbst. An zweiter Stelle liebt er sich selbst im anderen, und diese Liebe ist rein. An dritter Stelle will er geliebt sein von einem, der ihn im höchsten Maße lieben kann. Ich spreche von der Liebe eines geschaffenen Wesens außerhalb von ihm. Schließlich sah er die Einheit der Natur mit sich voraus, die ihn am höchsten lieben sollte, auch wenn der Mensch nicht gefallen wäre“ (*Rep. Par.* III 7,4f.).

Aus der innertrinitarischen Liebe Gottes zu sich selbst – die Kirchenväter hätten gesagt: „in einer ewigen Geburt“ – geht der Gottmensch Christus hervor, um dessen willen die ganze Schöpfung ins Sein gerufen ist.

Bei allem hebt Gottes absolute Freiheit sein Handeln über jede Notwendigkeit hinaus – und somit auch über jede philosophisch-metaphysische Rekonstruktion seines Wesens. Wenn dieses als grundlos-unbedingte Liebe charakterisiert wird, dann behauptet Duns Scotus damit – gerade auch vor dem Hintergrund der Theologie des Aquinaten – nichts Geringeres als den Vorrang der Kontingenz vor der Notwendigkeit und den Vorrang der Freiheit vor der Metaphysik. In Bezug auf die Christologie bedeutet das: Nicht, was Christus *ist*, ist für die Menschen heilsbedeutsam, sondern das, was er aus liebender Freiheit in menschlicher Weise für die Menschen *getan* hat. Das aber lässt sich nicht im Voraus wissen, sondern erst im Nachhinein gläubig annehmen.

Was wir über Gott wissen, das wissen wir deshalb nach Duns Scotus allein aus der Offenbarung. Sie nachvollziehbar auszulegen, ist das Geschäft der Theologie. Christliche Dogmen wie die dreifaltige Natur Gottes oder die Unsterblichkeit der Seele können philosophisch nicht erkannt, wohl aber begrifflich rekonstruiert werden – wenn sie denn erst einmal geoffenbart sind.

Es ist diese Unverfügbarkeit Gottes, die radikale Unergründlichkeit seines Wesens, Willens und Wirkens für die humane Vernunft, deren Reflexion die Gelehrten der sogenannten „Spätscholastik“ beherrscht und die letztendlich in Martin Luthers Frage einmündet: „Wie kriege ich einen gnädigen Gott?“ (WA 37, 661). Denn Gott, der alles menschliche Begreifen unendlich übersteigt, handelt in Bezug auf seine Schöpfung in unergründlicher Freiheit. Rein gar nichts Geschaffenes könnte ihn dazu veranlassen, in einer bestimmten Weise zu handeln. Dies gilt auch für Gottes Heilswirken:

„Nichts Geschaffenes kann Gott im strengen Sinne dazu nötigen, dafür den Lohn des ewigen Lebens zu geben“ *(nihil creatum formaliter est a Deo acceptandum).*[64] Gottes Heilswirken ist seinem Ursprung nach ein innergöttlicher Akt, der deshalb weder Grund noch Anlass in etwas Außergöttlichem haben kann. Deshalb erfolgen selbst die Rechtfertigung des Menschen und seine Rettung vor der ewigen Verdammnis unabhängig von einer ihnen möglicherweise vorausgegangenen Gewähr göttlicher Gnade.

9.6 Kontingenz und Individualität: Wilhelm von Ockham

Argumentierten die meisten „Thomisten“ zugunsten eines Vorrangs des Intellekts über den Willen, so vertraten die meisten „Skotisten“ – darunter Franz von Mayronis (gest. nach 1326) und Gregor von Rimini (gest. 1358) – den Primat des Willens über den Intellekt. Bisweilen wird deshalb zwischen einem dominikanischen „Intellektualismus“ einerseits und einem franziskanischen „Voluntarismus“ andererseits unterschieden.

Wilhelm von Ockham (gest. 1347) gilt als einer der profiliertesten Vertreter der Franziskanerschule. Als solcher geriet er in den 20er Jahren des 14. Jahrhunderts an der Universität von Paris in eine heftige Auseinandersetzung mit den Dominikanern, die seinerzeit mit John Lutterell (gest. um 1335) den Kanzler der Universität stellten. Ockham musste sich daraufhin in Avignon, wo die Päpste seit 1308 residierten, einem Häresieverfahren stellen. Die Anklage lautete unter anderem auf Pelagianismus. An dem Verfahren gegen Ockham war neben anderen Lutterell als Ankläger beteiligt. Zwar kam es zu keiner förmlichen Verurteilung, doch Papst Johannes XXII. (1316–1334) hatte im Verlauf des Prozesses gegen Ockham und die Franziskaner insgesamt Stellung bezogen. Auch die Heiligsprechung des Dominikanertheologen Thomas von Aquin (1323) ist vor dem Hintergrund der im Zusammenhang mit dem „Armutsstreit“ gegen die Franziskaner gerichteten päpstlichen Politik zu sehen. So verwundert es nicht, dass Ockham nach 1328 aus seinem Münchner Exil heraus zu einem scharfen Kritiker des Papsttums wurde.

---

[64] Zahlreiche Belege für dieses gnadentheologische Prinzip bei Werner Dettloff, *Die Lehre von der acceptatio divina bei Johannes Duns Scotus mit besonderer Berücksichtigung der Rechtfertigungslehre*, Werl 1954; ders., *Die Entwicklung der Akzeptations- und Verdienstlehre von Duns Scotus bis Luther mit besonderer Berücksichtigung der Franziskanertheologen*, Münster 1963.

Ockham wird oft als ein Denker gekennzeichnet, der für den Niedergang der scholastischen Theologie steht – wenn nicht gar dafür mitverantwortlich ist. Tatsächlich hat Ockham die Unterscheidung von Theologie und Philosophie zu einer Trennung beider vorangetrieben. Ockham traut der menschlichen Vernunft zu, begründet Rechenschaft über die Reichweite ihrer Einsichten abzulegen. Allerdings erfasst sie nicht das Wesen Gottes – und zwar vor allem deshalb nicht, weil Gott (und hier steht Ockham in der franziskanischen Tradition eines Duns Scotus) unbedingte Freiheit ist.

Um die Freiheit Gottes zu betonen, fasst Ockham die Welt als nur eine von unbegrenzt vielen möglichen Welten auf, die Gott ebenfalls hätte verwirklichen können. Auch kann Gott, nachdem er die Welt einmal geschaffen hat, in ihr jederzeit Naturgesetze ändern oder aufheben. Der Mensch kann keinerlei Grund benennen, warum und wie Gott jeweils handelt. Zugleich ist es gerade die beschränkte Einsichtsfähigkeit des Menschen, die es ihm verbietet, Gottes Handeln „willkürlich" zu nennen. Der Mensch kann die innere Logik des göttlichen Handelns nicht erfassen. Deshalb kann er auch nicht erklären, warum die Welt so und nicht anders ist.

Ockhams Betonung der Kontingenz der Schöpfung hat weitreichende erkenntnistheoretische Implikationen. Grundsätzlich könnte nämlich alles, was in der Welt ist, immer auch anders sein, als es sich der Mensch in seiner begrenzten Vernunft vorstellt. Nichts ist notwendig so, wie es ist. Denn Gott hätte die Wirklichkeit in seiner nur durch die Gesetze der Logik beschränkten Allmacht *(de potentia absoluta)* immer auch anders einrichten können, als sie faktisch ist. Deshalb ist die Aufmerksamkeit des Verstandes für die tatsächlich gegebene Wirklichkeit unerlässlich: ohne Erfahrung keine Erkenntnis! Dieses epistemologische Prinzip wird zur Grundlage der neuzeitlichen empirischen Wissenschaften werden. Bereits Ende des 13. Jahrhunderts formuliert Roger Bacon (gest. nach 1291) den Grundsatz, man könne in den Naturwissenschaften „ohne Erfahrung nichts Zureichendes wissen" (*sine experientia nihil sufficienter sciri potest: Op. Maius* VI, 1).

Folgenreich für die philosophische Grundlegung der neuzeitlichen Wissenschaften ist auch Ockhams Forderung, dass Aussagen innerhalb einer Wissenschaft widerspruchsfrei zu formulieren seien. Indem Ockham diese Forderung nicht nur für den Bereich der Logik erhebt, sondern auch in der Ontologie, der Erkenntnistheorie und der Theologie zur Geltung gebracht wissen will, deutet sich eine grundlegende Formalisierung der Wissenschaften an. Im Bereich der Theologie ist es gegenwärtig vor allem die Analytische Theologie, welche die Erkenntnisgewissheit durch Formalisierung zu sichern bestrebt ist.

Der Formalisierung der Wissenschaften entspricht ein weiteres Prinzip, das Ockham zugeschrieben wird und seit dem 17. Jahrhundert als methodischer Grundsatz „Seiendes ist nicht unnötig zu vervielfachen“ *(Entia non sunt multiplicanda praeter necessitatem)* geläufig ist. Tatsächlich fordert Ockham bei allen Theorien einen möglichst sparsamen Umgang mit theoretischen Annahmen. In der Forschungsliteratur ist häufig auch – vereinfachend – von „Ockhams Rasiermesser“ die Rede.

Vor diesem Hintergrund bestreitet Ockham entschieden die Realität der Allgemeinbegriffe *(universalia)*. Auf der Linie des Aristoteles ist für ihn das jeweilige Einzelding *(singulare)* Ausgangspunkt jeder Erkenntnis. Hingegen sind allgemeine Begriffe wie die Bezeichnung einer Art *(species)* oder einer Gattung *(genus)* nichts als Abstraktionen von den Wahrnehmungen konkreter Dinge. Allgemeinbegriffen kommt keine eigene Realität zu. Letzten Endes sind sie nicht mehr als bloße Namen *(nomina)*. Sie sind Begriffsbildungen, die der menschliche Verstand im Ausgang von der sinnlichen Wahrnehmung vornimmt, ohne dass ihnen eine Realität außerhalb des Verstandes zukäme.

Die Auffassung, dass die allgemeinen Ideen *(universalia)* lediglich begriffliche Abstraktionen sind, kennzeichnet die scholastische Schule der *via moderna*. Diese Schule wird oft auch als die der „Nominalisten“ bezeichnet; denn für ihre Vertreter sind die Allgemeinbegriffe nichts als bloße „Namen“ für etwas, das nur im menschlichen Verstand real ist. Die Skotisten wie auch die Thomisten hingegen vertraten bezüglich der Realität der Allgemeinbegriffe eine gemäßigt realistische Position; sie standen im bald aufkeimenden „Universalienstreit“ auf der Seite der *via antiqua*.

Ockhams Aufmerksamkeit für das Einzelne prägt auch seine Auffassungen vom Staat und von der Kirche. In jedem Gemeinwesen ist vom Individuum auszugehen. Was „Staat“ *(civitas)* oder „Kirche“ *(ecclesia)* heißt, ist lediglich ein Allgemeinbegriff, der nur im menschlichen Geist gegeben ist, dem aber keine reale Wirklichkeit außerhalb des menschlichen Verstandes zukommt. „Staat“ und „Kirche“ sind lediglich Namen *(nomina)* oder Begriffe *(conceptus)* im Denken.

Deshalb haben weder Staat noch Kirche nach Ockham irgendeinen Selbstzweck noch stellen sie einen übergeordneten Wert dar. Sie dienen allein dem Zweck, das Wohl der einzelnen Bürger und das Heil der Getauften zu sichern. Dieser Zweck ist deshalb zugleich das Kriterium, von dem her alle staatlichen und kirchlichen Gesetze ihre Legitimation beziehen und woran sie zu messen sind. Konkret bedeutet das: Jeder Herrscher hat nur insoweit Gewalt über sein Volk, als dieses sie ihm zur Wahrung des Gemeinwohles und zum Nutzen des Einzelnen anvertraut hat. Missbraucht ein Herrscher die ihm anvertraute Gewalt, so besteht für die einzelnen Bürger keine Verpflichtung mehr, ihm zu gehorchen.

Die Anwendung dieser Prinzipien auf die Kirche musste zu erheblichen Differenzen mit dem kirchenleitenden Amt führen. Tatsächlich haben weder Papst noch Bischöfe nach Ockham irgendwelche Kompetenzen in Bezug auf die Gläubigen als allein die, ihrem Seelenheil zu dienen und den christlichen Glauben nach innen und nach außen zu verteidigen. In weltliche Angelegenheiten darf sich der Papst nur dann einmischen, wenn er glaubhaft machen kann, dass anderenfalls das Heil der Getauften gefährdet wäre.

Ockham zufolge kann nicht nur der Papst, sondern auch ein ökumenisches Konzil in Glaubensdingen irren. Zugleich hält er daran fest, dass die Kirche *(ecclesia universalis)* vom Heiligen Geist in der Wahrheit Jesu Christi gehalten wird (vgl. Mt 28,20). Letzten Endes bedeutet dies, dass die Wahrheit des christlichen Glaubens in jedem einzelnen Glaubenden unverfälscht und irrtumsfrei vorliegen kann – im Extremfall sogar in einem einzigen unmündigen Kind. Damit weist Ockham letztendlich jedem Getauften die Kompetenz zu, mittels seiner Urteilskraft und in der Kraft des Heiligen Geistes über die Wahrheit des Glaubens zu befinden – ein Gedanke, in dem sich Luthers Verständnis vom „allgemeinen Priestertum" aller Getauften andeutet. Tatsächlich hat Wilhelm von Ockham manche Kritik der Reformatoren an dem zu Beginn des 16. Jahrhunderts vorherrschenden Kirchenverständnis vorweggenommen. Gleiches gilt für John Wyclif (gest. 1384) und Jan Hus (gest. 1415), die sich in ihrer Kirchenkritik maßgeblich auf Ockham stützen.

10 Theologie und Mystik im „Herbst des Mittelalters“

Die Kritik von Ockham, Wyclif und Hus an der Kirche und ihren Institutionen wird nachvollziehbar, vergegenwärtigt man sich die kirchenpolitischen Umstände ihrer Zeit. Ist doch das 14. und 15. Jahrhundert eine in vielerlei Hinsicht spannungsvolle Epoche. In ihr zerbrechen Plausibilitäten, die jahrhundertelang das Leben der Christen bestimmt haben. Vor allem das Exil der Päpste in Avignon (1308–1377), aber noch mehr das sich unmittelbar anschließende Abendländische Schisma (1378–1417) führten zu einer vertieften Heilsunsicherheit der Christen. An welche kirchliche Autorität sollte man sich noch halten, wenn es zwei oder zeitweise sogar drei Päpste gab? Hinzu kam der bereits in Avignon spürbare Verfall der päpstlichen Autorität in moralischen Fragen.

Weitere Ereignisse erschütterten die Christenheit im 14. und 15. Jahrhundert: der Hundertjährige Krieg zwischen England und Frankreich (1339–1453), die Große Pest und die damit verbundenen Judenpogrome und Geißlerzüge in ganz Europa (1347–1351); Bauernaufstände in Frankreich (1358) und England (1381), das Vordringen der Türken auf dem Balkan (1389 Schlacht auf dem Amselfeld) und die Eroberung Konstantinopels durch die türkischen Osmanen (1453).

Freilich: Der „Herbst des Mittelalters“ (Johan Huizinga) barg kraftvolle Keime eines möglichen Aufbruchs in allen Bereichen von Gesellschaft und Kirche. Bereits ein flüchtiger Blick in die Kunstgeschichte zeigt eindrucksvolle Zeugnisse spätgotischer Malerei, Architektur und Skulptur. In Italien beginnt die Renaissance; Dichtung und bildende Künste erobern sich neue Formen und Ausdrucksmittel. In Flandern und den Niederlanden entstehen Zentren humanistischer Bildung, in denen die Kultur der griechischen wie der römischen Antike entdeckt und für das eigene Schaffen fruchtbar gemacht wird. Und was sich bei Ockham im Denken ankündigt, das wird auf den Tafeln der Maler in Brügge und Gent sichtbar: die Geburt des Individuums, des einzelnen, unverwechselbaren Menschen mit seiner nicht auf eine gesellschaftliche Rolle zu reduzierenden Persönlichkeit und Biographie.

Die religiöse Verunsicherung, die im 14. und 15. Jahrhundert die Menschen angesichts von Exil und Schisma erfasste, hat ihr Vertrauen in die heilsmittlerische Kraft der kirchlichen Institutionen und Rituale ebenso unweigerlich wie nachhaltig untergraben. Woran konnte man sich noch halten, wenn die Kirche Armut und Keuschheit predigte, ihre Vertreter aber in ungezügeltem Reichtum und moralischer Verwahrlosung lebten? Bereits die verschiedenen Armutsbewegungen des 13. Jahrhunderts hatten auf diesen Widerspruch aufmerksam gemacht.

Unterschiedliche Interpretationen des Armutsideals führten innerhalb des Franziskanerordens in den 20er Jahren des 14. Jahrhunderts zu leidenschaftlich geführten Auseinandersetzungen. Spannungen hatten sich bereits zu Lebzeiten des Franz von Assisi abgezeichnet. Dessen ursprünglichen Idealen standen die Notwendigkeiten eines stetig wachsenden Ordens entgegen. Wiederholt griffen die Päpste in daraus resultierende Konflikte ein. Papst Innozenz IV. (1243–1254) erklärte im Jahr 1245 sowohl das bewegliche wie auch das unbewegliche Gut des Ordens zum Eigentum der römischen Kirche. Tatsächlich aber blieben die Ordensmitglieder Nutznießer des Ordensgutes. Die päpstliche Regelung erwies sich als Fiktion; sie zog die Kritik von Kreisen auf sich, die sich dem Armutsideal des Franz von Assisi weiterhin verpflichtet wussten. Als *Zelanti* oder *Spiritualen* standen sie den *Relaxati* gegenüber, die später auch *Konventualen* genannt wurden. Die Konventualen nahmen im Einklang mit den päpstlichen Regelauslegungen eine gemäßigtere Haltung ein; teils wollten sie das Armutsgebot sogar grundsätzlich aufgehoben wissen.

Als Papst Nikolaus III. (1277–1280) im Jahr 1279 durch eine Bulle *(Exiit qui seminat)* den Streit schlichten wollte, erreichte er damit das genaue Gegenteil. Vertreter beider Seiten äußerten im Verlauf der bisweilen sogar gewaltsam ausgetragenen Auseinandersetzungen öffentlich Zweifel daran, ob das Papsttum überhaupt autorisiert sei, die verschiedenen Regeln des inzwischen heiliggesprochenen Franziskus verbindlich zu interpretieren. Solche Vorbehalte trugen nicht unerheblich zum Autoritätsverlust eines Papsttums bei, dessen Machtanspruch ohnehin fortschreitender Kritik ausgesetzt war.

Angesichts dessen verwundert es nicht, dass sich die Menschen im religiösen Bereich das Heil weniger von der Kirche als Institution und von den Sakramenten erwarteten, sondern sich zunehmend auf sich selbst und Formen privater Frömmigkeit besannen. Das späte Mittelalter ist durch neue Formen individueller Spiritualität und Mystik gekennzeichnet, die sich durch ihre Innerlichkeit deutlich von jenen Formen der Mystik abheben, wie sie im hohen Mittelalter bei Bernhard von Clairvaux (gest. 1153) oder bei Hildegard von Bingen (gest. 1179) begegnen.

10.1 Mystische Theologien der Gottesliebe: Die Beginen

Wie die Mystik insgesamt, so sind auch ihre Ausprägungen im hohen und späten Mittelalter durch neuplatonische Denkformen geprägt. Deren Gewährsleute blieben in erster Linie Augustinus und Pseudo-Dionysius. Auf sie stützten sich nicht nur Theologen der franziskanischen Schulen, sondern auch Vertreter mystischer Bewegungen.

Unter Hinweis auf 1 Kor 14,34f und 1 Tim 2,11f war Frauen im Mittelalter die Lehre in der Öffentlichkeit – und somit auch an den Universitäten – verwehrt. Allerdings konnte dieses Verbot im Mittelalter dadurch umgangen werden, dass sich Frauen auf unmittelbare göttliche Eingebungen beriefen. Dies geschah vor allem in der Visionsliteratur. Ein frühes Zeugnis hierfür sind die mystischen Schauungen Hildegards von Bingen. Anders als bei Gregor von Nyssa, Augustinus oder Dionysius Areopagita artikuliert sich die nun entstehende Mystik nicht „apophatisch" – d. h. als „negative Theologie" –, sondern „kataphatisch": Berichtet wird von mystischen Schauungen und von Auditionen, in denen überirdische Wahrheiten versinnbildet oder verlautbart werden.

Verbreitet war die mittelalterliche Frauenmystik zunächst unter Benediktinerinnen und Zisterzienserinnen. Von diesen frommen Frauen *(mulieres sanctae* oder *mulieres religiosae)*, die streng innerhalb der kirchlichen Ordnung lebten, sind freilich kaum Texte überliefert. Von ihrem Leben, ihrem Wirken und ihrer Theologie berichten vor allem Heiligenviten. Diesen ist zu entnehmen, dass besonders die Zisterzienserinnen eine eigene Spiritualität pflegten, in deren Mittelpunkt Erfahrungen persönlicher Frömmigkeit standen. Kennzeichnend sind Formen inniger Beziehung zu Jesus – sei es als Kind, als Knabe oder auch als leidender Schmerzensmann. Daneben treten ekstatische Erlebnisse der eucharistischen Gegenwart oder des Herzens Jesu, die nicht selten mit entsprechenden Visionen verknüpft sind.

Zentrale Elemente dieser Frömmigkeit kennzeichnen auch die Religiosität der Beginen, deren Bewegung ihre Ursprünge an der Wende vom 12. zum 13. Jahrhundert hat. Bei den Beginen handelt es sich um eine religiöse Frauenbewegung, die vor allem in Niederdeutschland, Frankreich, Oberitalien und in der Schweiz verbreitet war. Ihre Angehörigen waren nicht durch Ordensgelübde gebunden und lebten auch nicht in Klausur. Um in die Gemeinschaft aufgenommen zu werden, legten sie ein feierliches Versprechen auf Zeit ab, das meist jährlich erneuert wurde. Die meisten Beginen lebten in Häusern oder Höfen, die ihnen gemeinsam gehörten. Ihren Lebensunterhalt erwarben sie durch handwerkliche Arbeit. Einige Beginen waren in der Krankenpflege, andere in der Armenfürsorge tätig, wieder andere erteilten Schulunterricht. Daneben führten sie ein intensives Gebetsleben; regelmäßige Gottesdienste prägten den Tagesablauf.

Mit den Begarden hatte die Bewegung der Beginen auch einen männlichen Zweig. Die etablierten Orden, aber auch der Weltklerus begegneten beiden Formen individueller Frömmigkeit vielfach mit Misstrauen. Kirchlicherseits kaum kontrollierbar, galt ihr religiöses Leben als möglicher Wurzelgrund häretischer Lehren. Vertraten doch viele Beginen die Auffassung, dass sich der fromme Mensch unabhängig von kirchlichen Institutionen und Sakramenten von Gott unmittelbar geliebt wissen darf. Auch deshalb stießen die Beginen ab dem beginnenden 14. Jahrhundert kirchlicherseits zunehmend auf Ablehnung. 1309 gab es in Toulouse erste Inquisitionsprozesse gegen Beginen; die Bettelorden wurden aufgefordert, die Seelsorge an den Beginen einzustellen. Viele Beginen wurden dazu gedrängt, sich in bestehende Klostergemeinschaften einzugliedern oder sich den Drittordensgemeinschaften anzuschließen.

Nicht wenigen Beginen wurden religiöse Erfahrungen und Visionen zuteil, die von ihnen selbst oder von ihren Mitschwestern verschriftlicht wurden. Zu diesen Beginen zählen insbesondere Hadewijch von Brabant (13. Jahrhundert), Mechthild von Magdeburg (1207–1282) und Margareta Porete (gest. 1310).

Schon der Titel von Mechthilds Sammlung *Das fließende Licht der Gottheit* lässt den neuplatonischen Strom der in ihr wirksam werdenden Theologie erkennen: Die Lichtmetaphorik erinnert an Pseudo-Dionysius; das Bild vom Fluss verweist auf den neuplatonischen Emanationsgedanken. Das Werk berichtet von Visionen, die Mechthild gewährt wurden. In deren Zentrum steht häufig die Vermählung der Seele mit Christus. Diese Visionen beschreibt Mechthild mit Bildern, die dem biblischen Hohelied und der zeitgenössischen Minnedichtung entlehnt sind.

Durch ihre mystischen Erfahrungen sah sich Mechthild dazu autorisiert, Missstände in Kirche und Welt zu kritisieren. Möglicherweise wegen der dadurch provozierten Gegnerschaft von Teilen des Klerus verbrachte Mechthild ihre letzten Lebensjahre im Zisterzienserinnenkloster von Helfta, das seinerzeit unter Gertrud von Hackeborn (gest. 1292) eine Blütezeit erlebte. Dort begegnete sie nicht nur Gertruds Schwester Mechthild (gest. 1299), sondern auch Gertrud von Helfta (gest. 1301/02). Auch Mechthild von Hackeborn und Gertrud von Helfta wurden mystische Visionen zuteil; Mitschwestern zeichneten diese Visionen auf, verbreiteten sie und machten Helfta auf diese Weise zu einem Zentrum mystischer Theologie in Deutschland.

Wie Mechthild von Magdeburg war auch die aus dem französisch-belgischen Hennegau stammende Margareta Porete eine Begine. Ihr Hauptwerk ist *Der Spiegel der einfachen, zunichte gewordenen Seelen und derer, die einzig im Wunsch und der Sehnsucht nach Liebe verharren (Le mirouer des simples ames anienties et qui seulement demourent en vouloir et désir d'amour)*, meist kurz zitiert als *Spiegel der einfachen Seelen*. Darin beschreibt Margareta das Verhältnis der menschlichen Seele zu Gott und den geschaffenen Dingen sowie die stufenweise Befreiung der Seele von allem, was sie in Abhängigkeiten gefangen hält. Anders als andere Frauen beruft sich Margareta nicht auf mystische Erfahrungen oder Visionen, um ihre Gedanken vor der kirchlichen Öffentlichkeit zu legitimieren. Zugleich beansprucht sie für ihr Werk, dass es göttlich inspiriert sei. Schon dies weckte Misstrauen in der kirchlichen Öffentlichkeit.

Nicht wenige ihrer Lehren erschienen ihren Zeitgenossen ausgesprochen kühn. So betrachtet Margareta die Seele als wesensgleich mit Gott. Daher ist sie zwar geschaffen, doch ewig – eine Auffassung, die offenkundig dem kirchlichen Dogma widerspricht. Von der Seele schreibt Margareta, sie sei „aus der Güte Gottes ausgeflossen"; deshalb sei in jedem einzelnen Menschen Gott anwesend – ein Gedanke, der einer Relativierung der Christologie gleichkommt. Vor allem aber lehnt Margareta jede Form religiöser Leistung ab. Entschieden verwirft sie die Vorstellung, der Gläubige könne sich vor Gott dadurch Verdienste erwerben, dass er die göttlichen Gebote beobachtet, ein tugendhaftes Leben führt oder gute Werke verrichtet.

Wenig überraschend wurden die kirchlichen Autoritäten schon bald auf Margaretas *Spiegel der einfachen Seelen* aufmerksam. Das Buch wurde als häretisch verurteilt, Margareta zum Widerruf ihrer darin vertretenen Lehren aufgefordert. Als die Autorin dieser Aufforderung nicht nachkam, wurde gegen sie ein Inquisitionsverfahren angestrengt, das im Jahr 1310 mit ihrer Hinrichtung endete. Trotz der kirchlicherseits angeordneten Vernichtung wurde ihr *Spiegel der einfachen Seelen* weiterhin verbreitet – wenngleich meist ohne namentliche Nennung seiner Autorin.

10.2 Das Göttliche im Menschen: Meister Eckhart

Margaretas theologische Positionen ähneln in vielem denen, die auch ihr Zeitgenosse Meister Eckhart von Hochheim (gest. 1328) vertrat. Vermutlich hat Eckhart den *Spiegel der einfachen Seelen* gelesen; möglicherweise kannte er auch die Visionen der Mechthild von Magdeburg. Der Dominikaner gilt vielfach als Exponent einer theologisch reflektierten Spiritualität und Mystik, die durch neuplatonisches Denken geprägt ist. Allerdings hat unter anderem der Freiburger Religionsphilosoph Bernhard Welte (1906–1983) schon vor Längerem auf die bei Eckhart ebenfalls anzutreffenden Elemente aristotelischer Philosophie aufmerksam gemacht.[65] Von Aristoteles übernimmt Eckhart vor allem die Wertschätzung des Einzelnen; zugleich aber fügt er das Einzelne in eine Metaphysik ein, die neuplatonisch geprägt ist.

In Zeiten bedrängender Heilsunsicherheit, wie sie das späte Mittelalter kennzeichnet, besaßen neuplatonisches Denken und Mystik offenkundig eine besondere Attraktivität. Die Vorstellung von der Präsenz Gottes in allem Geschaffenen und die Möglichkeit einer unmittelbaren göttlichen Inspiration eröffneten religiöse Erfahrungsräume, die auf keine institutionellen oder sakramentalen Vermittlungen angewiesen sind. Wo Gott selbst in der Seele des Einzelnen präsent ist, dort bedarf es weder kirchlicher Autoritäten noch der Sakramente, um in Gemeinschaft mit ihm zu leben. Die Frömmigkeit und die Mystik der Beginen fußte auf dieser Überzeugung; Eckhart hat sie theologisch reflektiert.

Allerdings war Eckhart nicht nur Mystiker. Seine trotz der posthumen Lehrverurteilung von 1329 (vgl. DzH 950–980) erhalten gebliebenen Schriften beinhalten eine Reihe theologischer Traktate sowie Kommentare Eckharts zu biblischen Texten. Dabei beruft sich der Dominikaner zwar auf eine Vielzahl theologischer Autoritäten; zugleich aber beansprucht er, den Wahrheitsgehalt seiner Schlussfolgerungen gestützt auf Vernunft und Erfahrung zu verantworten. Damit unterstellt er nicht nur, dass seine theologischen Einsichten allgemeingültig sind, sondern auch, dass sie von jedermann – auch von Nichttheologen – nachvollzogen werden können.

Freilich bedarf es hierzu, wie Eckhart vor allem in seinen Predigten wiederholt betont, mehr als eines rein begrifflichen Nachvollziehens des jeweiligen Gedankengangs. Vielmehr setzt Eckhart voraus, dass der Mensch für bestimmte Dimensionen seiner selbst empfänglich ist. Diese Achtsamkeit

---

[65] Bernhard Welte, *Meister Eckhart als Aristoteliker*, in: Philosophisches Jahrbuch 69 (1961), S. 64–74 [auch in: ders., Auf der Spur des Ewigen, Freiburg/Br. 1965, S. 197–210]. Kurt Flasch hat auf die Vermittlung aristotelischen Denkens an Eckhart durch Averroës hingewiesen: Kurt Flasch, *Meister Eckhart. Die Geburt der „Deutschen Mystik“ aus dem Geist der arabischen Philosophie*, München 2006.

ist unabdingbare Voraussetzung einer Theologie, die nicht im Abstrakten verbleiben will, sondern „Erfahrungswissenschaft" sein und gerade so ihre Gewissheit sicherstellen will. Eckhart ist nämlich der Auffassung, dass Erfahrungen unbezweifelbare Evidenzen begründen – und dies nicht nur im Bereich weltlichen Erkennens, sondern auch im religiösen Bereich.

Auf diese Weise tritt die Theologie bei Eckhart aus dem Elfenbeinturm der Universitätsgelehrsamkeit heraus und wird zur Anleitung für eine Spiritualität des Alltags. Folgerichtig hat Eckhart in seiner Predigttätigkeit eine wesentliche Dimension theologischen Wirkens gesehen; als „Lese- und Lebemeister" ist er in die Geschichte christlicher Theologie und Mystik eingegangen. Insbesondere waren es Konvente religiös gebildeter Frauen, vor denen er seine Theologie entfaltete.

Was aber sind deren Inhalte? Wie sein Ordensbruder Thomas von Aquin sucht Eckhart zwischen einem philosophischen und einem theologischen Zugang zu Gott zu vermitteln. Seiner Überzeugung nach widersprechen sich Vernunft und Glaube, Philosophie und Theologie keineswegs; sie ergänzen einander vielmehr wechselseitig. Allerdings ist der Glaube aufgerufen, sich zum Erkennen zu läutern; der glaubende Mensch soll zum wissenden Menschen werden. Wie dies gelingen kann und wie der Mensch in allem Gott finden kann, dazu gibt Eckhart in seinen zahlreichen Predigten Hinweise und Anleitungen, ohne dabei einen bestimmten Weg als allgemein verbindlich vorzuschreiben.

Wenn das Erkennen des Menschen – und zwar *jedes* Erkennen – ganz selbstverständlich auf „Gott" zielt, weil darin der göttliche Geist wirksam wird, dann ist dabei zu beachten, dass Eckhart in Gott zwei Wirklichkeitsbereiche unterscheidet. Der eine Bereich ist die „überwesentliche", „überseiende", transzendente „Gottheit" – jene Wirklichkeit, in der Gott jenseits aller Unterschiedenheit der differenzlos Eine ist. Die so verstandene „Gottheit" ist gerade darin von allem unterschieden, dass sie von nichts unterschieden ist. Deshalb kann sie zugleich *in* allen Dingen angetroffen werden. Die radikale Transzendenz der „Gottheit" gegenüber allem Seienden veranlasst Eckhart dazu, die Unterschiedenheit zwischen Gott und Schöpfung zu betonen. „Da also alles Verursachte seinem Wesen nach ein Seiendes ist, so ist Gott seinem Wesen nach kein Seiendes" (*Quaest. Paris.* I, n. 11). Im Vergleich zu seinem Schöpfer ist alles Geschaffene ein „reines Nichts". Zugleich ist es allein Gott, der die Schöpfung vor dem Sturz ins Nichts bewahrt.

Der andere Wirklichkeitsbereich in Gott ist „Gott". Damit ist der Gott der Bibel und des kirchlichen Dogmas gemeint: jener Gott, der sich in der

Heilsgeschichte als dreifaltig geoffenbart hat: „Gott wird, wo alle Kreaturen Gott aussprechen: da wird Gott [...]. In der Quelle der Gottheit, da entwird Gott“ (Predigt 109: *Nolite timere eos*). Eckhart folgt der Dynamik neuplatonischen Denkens, indem er hinter der Dreipersonalität Gottes als Vater, Sohn und Geist eine reine, einheitliche Einheit annimmt, die er „Gottheit“ nennt. Sie ist der Grund nicht nur alles Geschaffenen, sondern auch der Selbstoffenbarung Gottes als „Gott“.

Besteht das Ziel des Menschen in der Gemeinschaft mit seinem Schöpfer, dann stellt sich unausweichlich die Frage der Vermittlung zwischen Schöpfung und Gott. Diese Vermittlung ereignet sich nach Eckhart in der menschlichen Seele. Denn die Seele des Menschen ist zwar eine geschaffene Wirklichkeit; zugleich aber ist die Gottheit selbst unmittelbar in ihr anwesend. Und deshalb kommen der menschlichen Seele göttliche Prädikate wie Ewigkeit und Unvergänglichkeit zu. Wie Margareta Porete im *Spiegel der einfachen Seelen* betrachtet Eckhart die menschliche Seele zwar zunächst als geschaffene Wirklichkeit. In ihrem innersten Kern, in ihrem „Grund“, ist die Seele jedoch mit der transzendenten „Gottheit“ identisch. Eckhart nennt diesen Kern „Seelengrund“: „Gottes Grund und der Seele Grund sind *ein* Grund“ (Predigt 15: *Homo quidam nobilis*).

Dabei sind beide – Gottheit und Seelengrund – von jeglicher Bestimmtheit unterschieden; sie sind das reine „Nichts“. Deshalb ist die Identität von Gottheit und Seelengrund keine Identität der Substanz. Der gegen Eckhart schon von seinen Zeitgenossen erhobene Vorwurf, eine pantheistische Kosmologie zu vertreten, ist zwar nachvollziehbar, zielt aber ins Leere. In einer Predigt zu Mt 10,28 („Fürchtet euch nicht vor denen, die den Leib töten, die Seele aber nicht töten können“) vergleicht Eckhart die Seele mit einem Spiegel, der das Sonnenlicht reflektiert: „Gott ist in der Seele mit seiner Natur, mit seinem Sein und seiner Gottheit, und doch ist er nicht in der Seele. Das Rückstrahlen der Seele, das ist in Gott Gott, und doch ist sie [die Seele] das, was *sie* ist“ (Predigt 109). Der „Spiegel“ Gottes im Menschen sind seine Vernunft und sein freier Wille. Deshalb kann Gott im Seelengrund „geboren“ werden, wenn der Mensch ganz von sich selbst absieht, so dass er empfänglich wird für den Willen Gottes:

> „Wenn der Wille so [mit Gottes Willen] eins wird, dass ein einziges Eins daraus wird, dann gebiert der Vater vom Himmelreich seinen eingeborenen Sohn in sich [zugleich] in mich. Warum in sich [zugleich] in mich? Weil ich eines mit ihm bin, er kann mich nicht ausschließen, und in diesem Werk empfängt der Heilige Geist sein

Sein und sein Werden von mir ebenso wie von Gott! Warum? Weil ich in Gott bin. Empfängt er [der Heilige Geist] es nicht von mir, so empfängt er es auch von Gott nicht" (DW II 10f.).

In einer irritierenden Weise scheint der dreifaltige Gott vom Menschen abhängig zu werden; und doch zieht Eckhart mit seinem Gedanken einer „Geburt" des dreifaltigen Gottes nur die begriffliche Konsequenz daraus, dass Gott kein abstraktes „An-sich" ist, sondern der lebendige Grund allen Seins, das ohne sein schöpferisches Wirken „nichts" wäre. „Wer etwas außerhalb Gottes oder neben ihm oder auch mit ihm noch etwas anderes sucht, der denkt nicht recht von Gott" (*Expos. Libr. Sap.* I 1,7). Und deshalb wird die Seele in der Geburt des dreifaltigen Gottes in ihrem Grund nicht zu etwas, was sie vorher nicht war. Sie erkennt vielmehr nun das, was sie überzeitlich immer schon ist: reines Nichts, das nur durch Gottes Willen und seine Macht im Sein gehalten wird, in ihrem Gehalten-Sein aber ganz in ihrem Schöpfer und mit ihm eins ist.[66]

Wie Gott von allem von ihm Geschaffenen unterschieden ist, so ist der Seelengrund von allen äußeren Tätigkeiten der Seele wie Begehren, Gedächtnis oder Wille unterschieden. Für das Leben des Menschen folgert Eckhart daraus, dass es die Aufgabe eines jeden Menschen ist, sich dem zuzuwenden, was in ihm selbst – im Grund seiner Seele – unerschaffen und göttlich ist. Wenn die Seele die Göttlichkeit ihrer eigenen Natur wahrnimmt, dann findet sie Gott in sich selbst. Insofern bedeutet Selbsterkenntnis zugleich und in einem Erkenntnis Gottes. Allerdings ist die Erkenntnis Gottes im Grund der eigenen Seele keine Erkenntnis, die Gott irgendwie begrifflich zum Gegenstand hätte. Vielmehr ist es eine Erkenntnis, die ohne Gegenüber auskommt und die deshalb keiner begrifflichen Vermittlung bedarf. Eckhart bedient sich hierzu vielerorts in seinen Schriften und Predigten des Begriffs der „Weiselosigkeit": Wie Gott selbst in seiner absoluten Andersheit ohne jede Bestimmung ist, so verlangt auch der Glaube an ihn vom Menschen den Verzicht auf alle Vorstellungen und Gottesbilder. Selbst die bewährten Wege mystischer Versenkung und Kontemplation sind nur vorläufige Etappen auf dem Weg zu Gott. Deshalb

66 Vgl. auch Augustinus, *Confessiones* I 2,2: „Nicht also wäre ich, mein Gott, ganz und gar nicht wäre ich, wenn du nicht in mir wärst. Oder vielmehr: ich wäre nicht, wenn ich nicht in dir wäre, aus dem, durch den und in dem alles ist" *(Non ergo essem, Deus meus, non omnino essem, nisi esses in me. An potius non essem nisi essem in te, ex quo omnia, per quem omnia, in quo omnia).*

findet sich bei Eckhart auch nicht mehr das seit der Spätantike in der christlichen Literatur weit verbreitete Schema eines geistlichen Aufstiegs zu Gott, der sich auf den drei Stufen von Reinigung *(purgatio)*, Erleuchtung *(illuminatio)* und Einigung *(unio)* vollzieht. Vielmehr bedarf es eines „Entwerdens“: einer Haltung, in welcher der Mensch seiner selbst und auch Gottes „ledig wird“, damit Gott und Mensch zueinanderfinden.

Obwohl der Ausgang jeder Gotteserkenntnis eine Art Achtsamkeit des Menschen für sich selbst ist, erfolgt die Gottesgeburt nicht auf der Grundlage eines Glaubens, eines Gefühls oder einer übernatürlichen Vision. Grundlage ist vielmehr die Vernunft des Menschen. In der Gottesgeburt wird die menschliche Vernunft nicht überwunden; vielmehr gelangt die Vernunft in der „Gewahrwerdung“ *(intellectus)* der transzendenten Gottheit allererst zu sich selbst. Und dies nicht zuletzt deshalb, weil Gott – wie Eckhart im Anschluss an Joh 4,24 und gegen seinen Ordensbruder Thomas von Aquin betont – in erster Linie „Geist“ ist und nicht „Sein“.

Nicht also durch Askese, sondern in einem intellektuellen Akt reinigt sich die Seele von allem, was nicht Gott ist, um so der Gottesgeburt Raum zu geben. Diese geschieht dann sogar notwendig; denn nach Eckhart entspricht das Wirken Gottes in der Seele seinem göttlichen Wesen: „Er muss es tun, es sei ihm lieb oder leid“ (Predigt 6: *Iusti vivent in aeternum*).

Nach Eckhart wird die Gewahrwerdung Gottes in der Seele nicht durch eine diskursiv gewonnene Erkenntnis ermöglicht – etwa durch die Einsicht in die Wahrheit der christlichen Dogmen. Entscheidend ist vielmehr eine bewusst vollzogene Lebenspraxis. Diese kann durchaus unterschiedliche Formen annehmen. Denn Gott kann auf vielerlei Weisen Raum gegeben werden. Niemand kann alle Weisen zugleich verwirklichen, aber es genügt, so Eckhart, diejenige Weise, die einem Menschen zugewiesen wurde, entschieden zu leben. Das bedeutet zugleich, dass niemandem eine bestimmte Lebenspraxis aufgenötigt werden darf – nicht einmal die Praxis Christi, auch wenn Jesus dem Göttlichen in ihm in einer exemplarischen Weise Raum gegeben hat.

Ohne Zweifel wirft Eckharts Deutung der Menschwerdung Jesu Christi Fragen auf. Wenn im „Seelengrund“ Gott und Mensch identisch sind – wenngleich nicht in substanzieller Weise, sondern jeweils als „Nichts“ –, dann ist letztendlich *jeder* Mensch ein Wesen, in dem Göttliches und Menschliches vereint sind. Dann aber gäbe es keinen wesentlichen Unterschied mehr zwischen Jesus von Nazareth und einem beliebigen Menschen auf der Welt außer dem, dass Jesus dem Göttlichen in ihm – anders als alle anderen Menschen – in einer vollkommenen Weise Raum gibt. Damit aber wäre das Inkarnationsgeschehen auch dann relativiert, wenn Eckhart formell an der Besonderheit der hypostatischen Union von göttlicher und menschlicher Natur in Jesus festhält.

Diese Christologie erinnert nicht nur an den Versuch des Origenes, die Besonderheit Christi aus der unverwandten Hinordnung seiner Seele auf den göttlichen Ursprung herzuleiten. Sie weist auch in die Neuzeit voraus. Wenn etwa Friedrich Schleiermacher zu Beginn des 19. Jahrhunderts in seiner *Glaubenslehre* die Besonderheit Christi dadurch charakterisiert, dass in ihm eine „stetige Kräftigkeit des Gottesbewusstseins" gegeben ist (*GL* [^{2}1831], § 93, 2–3), dann kann dies als eine mit Eckhart vergleichbare Konzeption der Christologie im veränderten Begriffsrahmen neuzeitlichen Denkens gedeutet werden. Sowohl bei Eckhart als auch bei Schleiermacher wird die Besonderheit Jesu vor dem Hintergrund einer allgemeinen Anthropologie begründet und entfaltet. Damit ist eine fundamentale Herausforderung der Christologie angesprochen, die im 20. Jahrhundert von Karl Rahner, aber auch von vielen anderen Theologen aufgegriffen werden wird.

10.3 Mystik zwischen Abgeschiedenheit und Öffentlichkeit: Birgitta von Schweden und Katharina von Siena

Neben den religiösen Bewegungen der Beginen und Begarden begegnen im 14. Jahrhundert Vertreterinnen mystischer Theologie, die nicht nur in klösterlicher Abgeschiedenheit wirkten, sondern auch in Kirche und Öffentlichkeit weithin Beachtung fanden. Zu ihnen zählen insbesondere Birgitta von Schweden und Katharina von Siena.

Der zunächst am königlichen Hof als Erzieherin tätigen Birgitta von Schweden (1303–1373) wurden der Überlieferung zufolge bereits im Alter von zehn Jahren erste mystische Erfahrungen zuteil. Nach einer Pilgerfahrt nach Santiago de Compostela empfing sie um 1342 erstmals Offenbarungen, die um den Gedanken der göttlichen Gerechtigkeit kreisen. Diese schafft über die Schwelle des Todes hinweg einen Ausgleich, indem Lohn und Strafe im Jenseits in einem umgekehrten Verhältnis zu Armut und Überfluss im Diesseits stehen. Dabei tritt immer wieder Maria als universale Fürsprecherin auf, die ihren Sohn zu liebender Verzeihung ermuntert.

Diese später als „Himmlische Offenbarungen" *(Revelationes caelestes)* ins Lateinische übersetzten Visionen verstand Birgitta so, dass sie nicht nur für sie persönlich, sondern für die ganze Kirche bestimmt waren und deren Reform dienen sollten. Dieser widmete sie sich mit großer Entschiedenheit, nachdem sie im Jahr 1349 eine Pilgerfahrt nach Rom unternommen hatte. Zusammen mit Kaiser Karl IV. (1346–1378) und den beiden Dichtern Giovanni Boccaccio (1313–1375) und Francesco Petrarca (1304–1374) gelang es Birgitta im Jahr 1364 in Avignon, Papst Urban V. (1362–1370) zur Rückkehr nach Rom zu bewegen. Dort allerdings traf der Papst erst drei Jahre später ein – und auch nur, um die Stadt im September 1370 wieder in Richtung Avignon zu verlassen, wo er kurz darauf starb.[67]

Als „Braut und Sprachrohr Christi“ sah sich Birgitta dazu beauftragt, in Schweden ein Kloster zu gründen und eine Reform des Mönchswesens auf den Weg zu bringen. Langfristig ist aus ihren Bemühungen der Birgittenorden hervorgegangen. Dieser wurde jedoch erst nach dem Tod der Gründerin – im Jahr 1378 – von Papst Urban VI. (1378–1389) offiziell anerkannt.

Bei Birgitta von Schweden wird eine Gestalt christlicher Mystik wirksam, in der klösterliche Abgeschiedenheit und öffentliche Wirksamkeit eng verbunden sind. Vergleichbares gilt auch für Katharina von Siena (1347–1380), die sich zwanzigjährig gegen den Widerstand ihrer Familie den Dominikaner-Tertiarinnen angeschlossen hatte. In einer mystischen Vision erlebt Katharina 1367 ihre Vermählung mit Christus; es folgen Ekstasen, in denen sie unter anderem in der Nachfolge Christi einen mystischen Tod erleidet. Alles dies zielt auch bei ihr nicht in erster Linie auf eine persönliche Vervollkommnung, sondern soll einer umfassenden Reform der Kirche dienen. Die Kirche ist für Katharina die Braut Christi, die der Gottessohn durch sein Blut erlöst hat. Weil die Hirten der Kirche – allen voran der Papst – die Stelle des Bräutigams vertreten, müssen sie ihren Dienst in Demut und Hochherzigkeit erfüllen. Um dies zu erreichen, diktiert Katharina zahlreiche Briefe an hochgestellte Persönlichkeiten in der Kirche, von denen fast vierhundert erhalten sind. Anders als Birgitta von Schweden gelingt es ihr, den bis dahin in Avignon residieren-

---

[67] Nachhaltige Spuren in der bildenden Kunst hinterließ die letzte Pilgerreise, die Birgitta im Jahr 1372/73 ins Heilige Land führte. In der Geburtsgrotte von Bethlehem wurde ihr eine Vision der Geburt Christi zuteil. Darin erscheint Maria nicht als liegende Wöchnerin, sondern kniend und anbetend neben der Krippe. Das Jesuskind ist von einem strahlenden Lichtkranz umgeben. Josef hält eine brennende Kerze – später oft in einer Laterne dargestellt –, die von dem Licht überstrahlt wird, das vom Jesuskind ausgeht. Birgittas Vision hat die bildende Kunst des späten Mittelalters so nachhaltig geprägt, dass Darstellungen der Geburt Jesu nach ihr datiert werden können.

den Papst Gregor XI. (1370–1378) zur dauerhaften Rückkehr nach Rom zu bewegen.

Das von Katharina um 1378 diktierte „Buch der göttlichen Lehre" *(Libro della divina dottrina)* beinhaltet eine Christusmystik, die vom Gedanken der Brautschaft und der Erlösung durch den blutigen Opfertod Christi geprägt ist. Ebenfalls um 1378 vollendet sie ihr Hauptwerk, das „Buch von der göttlichen Vorsehung" *(Libro della divina provvidenza)*, das auch unter dem Titel „Dialog" *(Il dialogo)* verbreitet wird. Darin bittet Katharina Christus nicht nur darum, ihr die Gnade der Buße für sich selbst zu gewähren, sondern auch, in seiner Vorsehung die Reform der Kirche zu vollenden sowie den Frieden in der Welt und vor allem zwischen den Christen zu stiften.

Ihre außerordentliche Wirksamkeit in Kirche und Welt konnten Birgitta und Katharina im 14. Jahrhundert auch deshalb entfalten, weil durch die Art und Weise, wie die Päpste in Avignon ihr universales Leitungsamt ausübten, der Reformbedarf der Kirche offen zutage getreten war. Vor diesem Hintergrund forderten – wie bereits erwähnt – Marsilius von Padua, Wilhelm von Ockham und John Wyclif entschieden die Trennung von weltlicher und geistlicher Gewalt des Papstes. Zugleich veranlasste die Verweltlichung des Papsttums und des höheren Klerus eine Hinwendung zu Formen privater Frömmigkeit. Deren Spiegel sind nicht zuletzt die zahllosen Privataltäre, die im späten Mittelalter entstehen. Andere Männer und Frauen wiederum – wie etwa Juliana von Norwich (gest. nach 1413) – zogen sich als Reklusen in die Einsamkeit zurück. In ihren „Offenbarungen der göttlichen Liebe" *(Revelations of Divine Love)* berichtet Juliana von mystischen Erfahrungen, die ihr Einsichten in das Leben Christi und die göttliche Dreifaltigkeit vermittelten. Ihre Schriften zeugen von einem fundierten biblischen wie auch theologischen Wissen.

Aus den vielgestaltigen Bewegungen privater Frömmigkeit, die an der Wende vom 14. zum 15. Jahrhundert in Europa zu beobachten sind, ragt die „Neue Frömmigkeit" *(Devotio moderna)* als eine der bedeutendsten hervor. Diese Bewegung entstand im ausgehenden 14. Jahrhundert in den Niederlanden (Deventer) und verbreitete sich im 15. Jahrhundert auch in Nordwestdeutschland. Ihr bedeutendstes Werk ist die *Nachfolge Christi*, die meist Thomas von Kempen (1379/80–1471) zugeschrieben wird. Für die Anhänger der *Devotio moderna* waren die äußeren Formen kirchlicher Frömmigkeit – darunter die Sakramente, aber auch die monastischen Gelübde – weniger bedeutsam als die individuelle Christusbeziehung. In dieser Grundausrichtung kann die *Devotio moderna* – wie schon die Bewegung der Beginen – als eine Wegbereiterin der Reformation gelten.[68]

10.4 Von der „via negativa“ zur „coincidentia oppositorum“: Nikolaus von Kues

Der Hinweis auf die *Devotio moderna* illustriert den religiösen Hintergrund, in den sich das Wirken des Nikolaus von Kues (1401–1464) einzeichnet. Der schon zu Lebzeiten berühmte Fürstbischof und Kardinal war ein universal gebildeter Philosoph, Theologe und Mathematiker. In der Epoche des Übergangs zwischen Spätmittelalter und Früher Neuzeit gehört er zu den ersten deutschen Humanisten und damit zu jener gelehrten Bewegung, die durch ihre Rückkehr zu den antiken Quellen der abendländischen Kultur eine tiefgreifende Reform auch der Theologie einleiteten.

Wie vor ihm Meister Eckhart, so steht auch Nikolaus in der Tradition des Neuplatonismus. Neuplatonisches Denken rezipiert er aus antiken wie aus mittelalterlichen Texten. Die lateinischen Werke Meister Eckharts hat Nikolaus intensiv studiert – davon zeugt eine in Kues an der Mosel aufbewahrte Handschrift mit seinen eigenhändigen Randnotizen. Neuplatonischem Denken begegnete Nikolaus auch in den Schriften des Pseudo-Dionysius und des Albertus Magnus, und hier insbesondere in dessen Dionysius-Kommentar. Den spätantiken Neuplatoniker Proklos, der das Denken des Dionysius maßgeblich geprägt hat, las Nikolaus im griechischen Original.

Doch auch die Philosophie des Aristoteles kannte Nikolaus – wenngleich eher in polemischer Abgrenzung, wie sie für zahlreiche Humanisten typisch war. In seinem Dialog *Idiota de sapientia* (1450) wendet sich Nikolaus polemisch gegen die aristotelisch geprägte Scholastik des Spätmittelalters. Ein „Laie“, d. h. ein scheinbar ungebildeter Mensch, unterhält sich darin mit einem universitär gebildeten Gelehrten, der sein Wissen nur aus Büchern bezieht, über die Weisheit. Entsprechend humanistischem Ideal kritisiert der Laie die spätmittelalterliche Scholastik; ihr gegenüber plädiert er dafür, *jeder* Mensch sei dazu befähigt, einen Begriff vom Wahren

[68] Vgl. Volker Leppin, *Infragestellung der rituellen Vollzüge der Kirche. Mystische Frömmigkeit und sakramentale Heilsvermittlung im späten Mittelalter,* in: ders., Transformationen. Studien zu den Wandlungsprozessen in Theologie und Frömmigkeit zwischen Spätmittelalter und Reformation (Spätmittelalter, Humanismus, Reformation 86), Tübingen 2015, bes. S. 171–188.

zu erlangen. Der Weg dorthin führe durch ein ständiges Fortschreiten ins Unendliche und damit letztendlich zu Gott, dem „Begriff der Begriffe“ oder dem „absoluten Begriff“ *(conceptus absolutus)*. Der absolute Begriff zeichnet sich nach Cusanus dadurch aus, dass er durch den Zusammenfall aller Gegensätze *(coincidentia oppositorum)* charakterisiert ist. In Gott als dem Zusammenfall aller Gegensätze lösen sich nach Cusanus alle Widersprüche zwischen scheinbar Unvereinbarem auf. So fällt in Gott das Größte mit dem Kleinsten zusammen.

Als Zusammenfall aller Gegensätze ist Gott Cusanus zufolge jenseits alles vom Menschen Wissbaren, jenseits aller Wahrheit und jenseits allen Lebens: „Denn Gott in seiner eigenen Herrlichkeit ist weder intelligibel noch wissbar; er ist weder Wahrheit noch Leben, noch ist er überhaupt. Vielmehr geht er allem Erkennbaren als der einfachste Urgrund *(unum simplicissimum principium)* voraus“ (*De filiatione Dei* III 63). Deshalb ist die Wahrheit lediglich eine Weise, wie sich Gott der Seele des Menschen zu erkennen gibt, nicht aber Gott selbst in seiner Absolutheit und Unendlichkeit (vgl. *Idiota de mente* 12,144). Gott allein ist in seinem Wesen die „absolute Wahrheit“ (*veritas absoluta est Deus uti est*: *Sermo* 123).

Für Nikolaus ist der Gedanke eines Zusammenfalls aller Gegensätze zu einer Einheit das Fundament seines Denkens. Jegliches Bemühen in Theologie und Philosophie, aber auch in der Jurisprudenz und in der Staatslehre müsse darauf abzielen, einen Zustand zu erreichen, in dem alle Arten von Gegensätzen zu einer Einheit zusammenfallen.

Dass dies immer nur näherungsweise möglich ist, veranschaulicht Nikolaus mit einem mathematischen Modell: Ein regelmäßiges Vieleck mit unendlich vielen Ecken nähert sich einem Kreis immer nur an, ist aber nie mit ihm identisch (*Docta ign.* I 3). Der ewige, unendliche Gott ist und bleibt immer größer als menschliches Erkennen. Nikolaus kennt noch nicht die Infinitesimalrechnung, wonach ein regelmäßiges unendliches Vieleck einem Kreis nicht nur ähnlich, sondern mit ihm identisch ist. Entscheidend ist, was er mit seinem Modell veranschaulichen will: Die volle Wahrheit des Unendlichen bleibt unergründbar.

Nikolaus erblickt deshalb auch in dem Begriff eines Zusammenfalls der Gegensätze einen philosophischen Vorbegriff für Gott. Gott ist zwar – neuplatonisch gedacht – jenseits alles Bestimmbaren. Aber er ist nicht – wie bei den Neuplatonikern – differenzlose Einfachheit und Einheit. Als Fülle des Seins und Ursprung der Welt ist Gott vielmehr zugleich auch *Mannigfaltigkeit*. Gäbe es nämlich das Viele *neben* dem Einen, so wäre das Eine nicht wirklich umfassend, sondern vom Vielen begrenzt. Um diese Schlussfolgerung zu vermeiden, begreift Nikolaus die Unendlichkeit des Einen so, dass es zugleich auch das Viele ist. Theologisch gewendet heißt das: Gott ist die Einfaltung *(complicatio)* der Welt; die Welt ist die Ausfaltung *(explicatio)* Gottes. Das wiederum bedeutet: Als Grund aller Unterschiedenheiten erscheint Gott in allem Einzelnen und kann in allen Dingen als ebendieser Grund erkannt werden.

Daraus folgt freilich, dass Gott auch im Menschen selbst erscheint, wenn dieser eine wahre Erkenntnis gewinnt. Die Wahrheit, welche die Menschen im Erkennen anstreben, ist in ihnen selbst zu finden. Die Welt ist in Bezug auf das erkennende Subjekt das „Nicht-Andere“ *(non aliud)*. Dabei löst sich die Wirklichkeit nicht in eine monistische All-Einheit auf. Denn Einheit und Differenz sind schon im Göttlichen gleichursprünglich gegeben. Deshalb muss das menschliche Erkennen danach streben, im Erkennen alle Unterschiedenheiten hinter sich zu lassen, ohne sie zu leugnen. In gewisser Weise nimmt der Cusaner mit dieser Theorie des menschlichen Erkennens Hegels dialektische Erkenntnislehre vorweg.

In der Wahrheit, dass der Mensch im Erkennen der Dinge immer mehr erkennt, als die Dinge von sich aus sind, erblickt Nikolaus eine Entsprechung zur „mystischen Theologie“ des Pseudo-Dionysius. Diese schreitet ja *per modum eminentiae* von der kataphatischen über die apophatische zur hyperbolischen Theologie voran. Die Gott angemessene Weise, etwas über ihn zu wissen, ist gerade das Wissen um sein Nicht-Wissen, die „belehrte Unwissenheit“ *(docta ignorantia)*. Vollzogen wird dieses Wissen durch die menschliche Vernunft *(intellectus)*. Anders als der Verstand *(ratio)*, der durch sein Vermögen der Unterscheidung ausgezeichnet ist, vermag die Vernunft das unterscheidende Negieren des Verstandes zu negieren. Auf diese Weise schreitet die Vernunft zum Begriff der Unendlichkeit und der unendlichen Einheit voran, ohne diese freilich je als solche erfassen zu können. Denn der Einheit des Gegensätzlichen kann sich die menschliche Vernunft lediglich denkend annähern; begrifflich erfassen kann sie sie nicht.

Bei aller konzeptionellen Nähe unterscheidet sich die so verstandene Gotteserkenntnis wesentlich von jenem Weg „negativer Theologie“, der seit Dionysius Areopagita die mystische ebenso wie die wissenschaftliche Theologie geprägt hatte. Cusanus geht es nicht zunächst um eine Negation *(remotio)* aller Gottesprädikate; vielmehr führt der Weg zur Erkenntnis Gottes über die intellektuelle Anstrengung, Gott als den Zusammenfall des Gegensätzlichen zu denken, ja als den Gegensatz der Gegensätze: „Du, o Gott, bist der Gegensatz der Gegensätze, weil du unendlich bist; und weil du unendlich bist, bist du die Unendlichkeit. In der Unendlichkeit ist der Gegensatz der Gegensätze ohne Gegensatz“ (*De vis. Dei* 13,55).

Eine wahre Erkenntnis Gottes anzunehmen, gestattet sich Nikolaus erst in seinen späteren Werken. Autorisiert sieht er sich dazu durch die Idee der Gottebenbildlichkeit des menschlichen Geistes. Wie der göttliche Geist die reale Welt schafft, so schafft der menschliche Geist die Welt der Begriffe. Insofern er dabei imstande ist, auch das Paradoxe wenn nicht zu begreifen, so doch zu denken, vermag sich der endliche Geist der Wirklichkeit Gottes anzunähern – jenes Gottes, in dem alle Gegensätze in eins fallen.

Bereits die Zeitgenossen des Cusaners haben dessen Spekulationen als gewagt empfunden. Vor allem drängte sich ihnen – wie schon bei Meister Eckhart – der Verdacht auf, Nikolaus unterscheide nicht hinreichend zwischen Gott und Welt. Tatsächlich wurden die Gedanken des Cusaners im 16. Jahrhundert von Giordano Bruno (1548–1600) in diesem Sinne verstanden. Bruno selbst vertrat eine Kosmologie, die mindestens dazu tendierte, Gott und Welt miteinander zu identifizieren. In der pantheistischen Weltsicht Baruch de Spinozas (1632–1677) spielt Nikolaus allerdings schon keine Rolle mehr.

Die Zeit, in der Nikolaus Cusanus lebte und arbeitete, ist durch eine zunehmende Skepsis gegenüber der scholastischen Theologie gekennzeichnet. Dies zeigt sich bereits in der Abkehr von der literarischen Gattung, in der sich die theologische Reflexion seit dem Hochmittelalter vorzugsweise vollzogen hatte. Zunehmend wurden nicht mehr die Sentenzen des Lombarden kommentiert, sondern gelehrte Traktate verfasst. Diese bedienen sich nicht selten der platonischen Form des Dialogs. Mit stetig wachsender Kompetenz und mit Eifer bemühten sich die Humanisten darum, die antiken Quellen der abendländischen Kultur- und Geistesgeschichte zu erschließen *(ad fontes)*. Die subtilen begrifflichen Distinktionen der scholastischen Theologen hingegen erschienen ihnen als blutleer und substanzlos. Humanisten wie Dante Alighieri (1265–1321) oder Petrarca (1304–1374) erschlossen deshalb neue literarische Formen, in denen sie metaphysische Themen, aber auch politische oder gesellschaftlich relevante Fragen erörterten. Im Rückblick erscheinen Theologen wie der in Tübingen lehrende Gabriel Biel (gest. 1495) als die „letzten Scholastiker“. Die sich abzeichnende Spannung zwischen scholastischer Theologie und Humanismus wird auch die theologischen Konflikte der Reformationszeit nachhaltig prägen.

11 Um Rechtfertigung und Kirche: Theologien im Jahrhundert der Reformation

Im 16. Jahrhundert – dem Jahrhundert der Reformation – werden die maßgeblichen theologischen Diskussionen nicht mehr in den traditionellen Diskurs-Formen der Scholastik geführt. An die Stelle einer differenzierten Abwägung einander entgegenstehender Argumente treten vielmehr zusammenhängende Traktate zu einzelnen Themen. Neben Auslegungen der Heiligen Schrift entstehen vielfach Gelegenheitsschriften, bisweilen auch systematische Zusammenfassungen der jeweiligen Glaubensüberzeugungen. Zu ihnen zählen dogmatische Handbücher, Katechismus und Bekenntnisschriften *(Confessiones)*, aber auch liturgische Agenden und Kirchenlieder. Alles dies trug im Konfessionellen Zeitalter wesentlich zur theologischen Profilierung der verschiedenen reformatorischen Bewegungen bei.

11.1 Martin Luther: Theologie aus Reflexion und Erfahrung

Meister Eckhart und die Vertreter der *Devotio moderna* hatten den abstrakten Begriffsdistinktionen der spätscholastischen Theologie den Rekurs auf die religiöse Erfahrung entgegengesetzt. Das Moment der Erfahrung sollte auch für die reformatorischen Aufbrüche im frühen 16. Jahrhundert und besonders für die Theologie des jungen Luther richtungsweisend werden. Wurden im scholastischen Lehrbetrieb die einzelnen Themen meist mit großer Nüchternheit und Akribie erörtert, so sind die theologischen Dispute im 16. Jahrhundert von einer bislang unbekannten existenziellen Entschiedenheit gekennzeichnet. Diese spiegelt sich nicht selten in polemischen Schriften, deren drastische Wortwahl und verletzende Schärfe heute oft befremdlich erscheinen. Ihr psychologischer Hintergrund dürfte aber wohl auch die existenzielle Ergriffenheit sein, mit der damals um Fragen des Glaubens und des Heils gerungen wurde. Teilten doch nicht wenige Christen die Überzeugung, das in der biblischen Offenbarung des Johannes angekündigte Ende der Welt und das damit verbundene Gottesgericht stehe unmittelbar bevor.

Dies gilt in besonderer Weise für Martin Luther (1483–1546). Luthers Eintritt in das Erfurter Kloster der Augustiner-Eremiten (1505) geht auf ein

Gelübde zurück, das er wenige Tage zuvor als junger Student der *artes liberales* und der Juristerei unter dem Eindruck eines heftigen Gewitters abgelegt hatte. Zuvor – von 1497 bis 1498 – hatte der damals fünfzehnjährige Martin in Magdeburg die dortige Schule der „Brüder vom gemeinsamen Leben" besucht, die durch die *Devotio moderna* und deren Frömmigkeit geprägt waren. Nach seinem Eintritt in den Erfurter Augustinerkonvent wurde Luther 1507 zunächst zum Diakon und bald darauf zum Priester geweiht.[69]

Schon hier ringt Luther um die Frage: „Wie kriege ich einen gnädigen Gott?" Denn die ihm im Kloster vermittelte Bußtheologie forderte nicht nur tägliche strenge Bußübungen, sondern vor allem, dass für die Vergebung der Sünden eine Form von Reue verlangt wurde, die nicht aus der Angst vor Gottes Strafe *(attritio cordis)*, sondern aus der Liebe zu Gott *(contritio cordis)* hervorgehen müsse. Darüber hinaus wurde die umfassende Beichte aller Sünden gefordert – auch der geringsten und vor allem der unbewusst begangenen.

Luther nahm diese Forderungen sehr ernst. Aber gerade deshalb zweifelte er daran, ob er sie erfüllen könne – oder ob er mit einer ungültigen Absolution ewige Verdammnis auf sich ziehe. So jedenfalls legt es ein viel zitiertes Selbstzeugnis nahe, das Luther 1545 in die Vorrede zum ersten Band der Gesamtausgabe seiner lateinischen Schriften aufgenommen hat:

> „Es ist wahr, ich bin ein frommer Mönch gewesen und habe meinen Orden so streng gehalten, dass ich sagen darf: Ist je ein Mönch in den Himmel gekommen durch Möncherei, so wollte ich auch hineingekommen sein. Das werden mir alle meine Klostergesellen, die mich gekannt haben, bezeugen. Denn ich hätte mich, wenn es länger gewährt hätte, zu Tod gemartert mit Wachen, Beten, Lesen und anderer Arbeit […] Christus und seine Taufe hatte ich auf diese Weise schon längst verloren. Da war ich der elendste Mönch auf Erden, Tag und Nacht war lauter Klagen und Verzweifeln, dass mir niemand wehren konnte" (WA 38, 143).

---

[69] Die Literatur zu Luthers Theologie ist – besonders auch in globaler Perspektive – kaum zu übersehen. Eigens genannt seien: Bernhard Lohse, *Luthers Theologie in ihrer historischen Entwicklung und in ihrem systematischen Zusammenhang*, Göttingen – München 1995; Oswald Bayer, *Martin Luthers Theologie. Eine Vergegenwärtigung*, Tübingen 2004; Otto Hermann Pesch, *Hinführung zu Luther*, Mainz 2004; Hans-Martin Barth, *Die Theologie Martin Luthers. Eine kritische Würdigung*, Gütersloh 2009; Ulrich Köpf, *Martin Luther. Der Reformator und sein Werk*, Stuttgart 2015.

Auf Empfehlung seines Beichtvaters Johann von Staupitz (gest. 1524) nahm Luther im Jahr 1508 das Studium der Theologie an der erst 1502 von Friedrich dem Weisen gegründeten Universität von Wittenberg auf. Die dortige Theologie war durch den Ockhamismus geprägt, wie er in Deutschland vor allem durch den Tübinger Systematiker Gabriel Biel (gest. 1495) vermittelt wurde. Mit Biel verbindet sich eine extreme Betonung der göttlichen Allmacht. Wo Thomas und selbst Ockham noch die Autonomie der Zweitursachen betonten, wirkt nach Biel der göttliche Wille unmittelbar und direkt. „Ein Geschöpf hat nämlich nichts, wenn nicht Gott es ihm einzig und allein durch einen Willensentscheid in freier und kontingenter Weise gibt" (*Collectorium* I 17,1). Die Konvergenz dieser Ontologie mit der Gnadentheologie des späten Augustinus liegt auf der Hand; in beiden Perspektiven ist der Wille Gottes allein ausschlaggebend für Existenz und Heil des Geschaffenen.

Augustins Theologie war Luther durch die Lektüre eigener Werke des Ordenspatrons, aber auch durch deren Systematisierung in den *Sentenzen* des Petrus Lombardus vertraut. Nach seiner Priesterweihe (1507) und noch vor seiner Romreise (1510) hat Luther in Erfurt und Wittenberg über die *Sentenzen* gelesen. Im Oktober 1512 wird Luther an der Universität Wittenberg zum „Doctor theologiae" promoviert. In den folgenden Jahren hält er im Rahmen seiner exegetischen Lehrveranstaltungen *(Lectura in Biblia)* Vorlesungen über die Psalmen, den Römerbrief und den Galaterbrief.

Theologisch prägend wurde für Luther neben dem augustinischen Neuplatonismus die Mystik von Johannes Tauler (gest. 1361), einem Schüler Meister Eckharts; im Jahr 1526 las Luther Taulers Predigten. In dieser Zeit publizierte er auch Auszüge aus der *Theologia Teütsch*, einem vermutlich um 1400 in Frankfurt entstandenen mystischen Traktat. Wie die Texte der *Devotio moderna* und der Mystik lassen Luthers Auslegungen der Psalmen und des Römerbriefes ein gesteigertes Interesse für den Glauben des Einzelnen erkennen. Den aus dieser Akzentsetzung resultierenden Fragen nach der Bedeutung von Kirche, Dogma und Sakramenten stellt sich Luther in dieser Zeit allerdings noch nicht.

„Iustitia Dei passiva": Luthers reformatorische Wende

Weiterhin umstritten ist, ob sich in jenen Jahren Luthers Theologie- und Glaubensverständnis allmählich wandelte oder ob sich seine „reformatorische Wende" ereignishaft vollzog. Inhaltlich geht es dabei um ein neues Verständnis, was mit „Gerechtigkeit Gottes" gemeint ist. Von ihr ist ja in den biblischen Texten wiederholt die Rede – darunter auch im Römerbrief. Hier heißt es gleich im ersten Kapitel nach dem lateinischen Text der *Vulgata*, im Evangelium werde Gottes Gerechtigkeit geoffenbart „aus Glauben zum Glauben“ (Vers 17). Dies stehe so auch beim Propheten Habakuk (Hab 2,4) geschrieben: „Der Gerechte aber wird aus Glauben leben“ *(Iustitia enim Dei in eo revelatur ex fide in fidem sicut scriptum est: ‚Iustus autem ex fide vivit‘).*

Traditionellem Verständnis zufolge meint „Gerechtigkeit Gottes“ so viel wie „Verteilungsgerechtigkeit“ *(iustitia distributiva)* oder auch „Strafgerechtigkeit“ *(iustitia vindicativa).* Gemeint ist damit die gerechte Zuteilung von Lohn und Strafe durch den endzeitlichen Richter – „gerecht“ in Entsprechung zum jeweiligen Tun der Menschen. Nach im Mittelalter verbreiteter Vorstellung wird Christus in seiner Eigenschaft als der kommende Weltenrichter die Gerechten für ihr Tun belohnen und zu sich in den Himmel aufnehmen; die Sünder aber wird er auf ewig verdammen. Auf zahlreichen Tafelbildern und über vielen Eingangsportalen mittelalterlicher Kirchen ist diese in Mt 25 angedeutete Szene mehr oder weniger drastisch dargestellt.

Luther hingegen deutet bereits in seiner Römerbriefvorlesung von 1515/16 *iustitia Dei* in Röm 1,17 vom zweiten Teil des Verses her: „Gerechtigkeit Gottes“ müsse als *iustitia ex fide*, als „Gerechtigkeit aus dem Glauben“ verstanden werden. Diese „Gerechtigkeit aus dem Glauben“ ist nicht die richtende Gerechtigkeit Gottes, sondern seine wirksame Gerechtigkeit: jene nämlich, durch die Gott die Sünder gerecht spricht, sie „rechtfertigt“. *Iustitia Dei* ist *iustitia Dei passiva*, nämlich jene Gerechtigkeit Gottes, durch die der Mensch gerechtfertigt *wird.* Dass Luther ebendieses Verständnis von *iustitia Dei* nicht nur beim Propheten Habakuk, sondern auch bei Augustinus wiederfand, bestätigte ihn in seiner Interpretation des paulinischen Satzes.[70]

Nach seinem Selbstzeugnis von 1545 führte Luther die Auslegung von *iustitia Dei* in Röm 1,17 zu einem grundsätzlich neuen Schriftverständnis. Demnach bezeugt die Schrift, dass Gottes ewige Gerechtigkeit ein reines Gnadengeschenk ist, das dem Menschen nur durch den Glauben an Jesus Christus gegeben wird. Dieses Geschenk kann durch keinerlei Eigenleistung erzwungen werden. Indem die Schrift diese Wahrheit verlautet, er-

[70] Vgl. *De spiritu et littera* XI 18 (wo Augustinus Röm 1,16f auslegt) und ebd., IX 15 (wo Augustinus in Verbindung mit Röm 3,20f *iustitia Dei* als die Gerechtigkeit versteht, mit der Gott gerecht macht).

weist sie sich als „Gesetz und Evangelium“ zugleich: Sie richtet über die Eigenmächtigkeit des Menschen gerade dadurch, dass sie dem Sünder die Barmherzigkeit Gottes zusagt.

Das an Augustins *De spiritu et littera* angelehnte und gegenüber der Spätscholastik zugleich neue Verständnis von Röm 1,17 findet sich bereits in Luthers erster Psalmenvorlesung von 1513/15 (bes. in der Notiz *[Scholion]* zu Ps 71,2: WA 55, 453); im Römerbriefkommentar von 1515 ist es in aller Klarheit entfaltet. Demnach ist Gottes Gerechtigkeit ein reines Geschenk der Gnade für die Menschen. Es kann durch keinerlei Leistung verdient, sondern nur gläubig empfangen werden. Dabei ist auch der Glaube selbst keine Leistung des Menschen, sondern Geschenk Gottes. Gegen den mittelalterlichen Synergismus von göttlicher Gnade und menschlicher Freiheit setzt Luther das augustinische Verständnis von der allein wirksamen Gnade Jesu Christi im Heilsgeschehen.

Im Zusammenhang mit seiner Auslegung des Römerbriefes – und dann auch des Galaterbriefes – gewinnen für Luther die antipelagianischen Schriften Augustins eine wachsende Bedeutung. Gegen die heilsoptimistische Anthropologie des Asketen Pelagius hatte Augustinus mit Entschiedenheit die Verderbtheit des Menschen betont: Aufgrund der Erbsünde ist kein Mensch in der Lage, zum Heil zu gelangen, wenn ihm nicht die Gnade Gottes zuvorkommt.

Diese Perspektive bestimmt zunehmend auch Luthers Theologie. Weder Askese noch gute Werke, aber auch nicht – und hier wird es brisant – die Sakramente der Kirche können den Sünder vor dem göttlichen Gericht bewahren. Dies vermag allein der Glaube an die rettende Gerechtigkeit Gottes. Wie Augustinus geht Luther davon aus, dass der Mensch in einem radikal verkehrten Wollen gefangen ist. Er kann nicht einmal das Gute *wollen*. Der augustinische Begriff der „Begierlichkeit“ oder „Begierde“ *(concupiscentia)* bezeichnet diesen unfreien Willen. Die Erbsünde deutet Luther nicht bloß als einen Mangel an heiligmachender Gnade, sondern als ein *peccatum radicale*: als eine wurzelhafte Neigung des Menschen zum Bösen. Um diese wurzelhafte Neigung zum Bösen zu überwinden, bedarf es der rechtfertigenden Gnade Gottes.

Diese Position hat Luther 1518 bei einem Ordenskapitel in Heidelberg mit Nachdruck vertreten, als er in seinen dort verteidigten Disputationsthesen an die Stelle einer „Theologie der Herrlichkeit“ *(theologia gloriae)* die „Theologie des Kreuzes“ *(theologia crucis)* gesetzt wissen wollte: „Das freie Willensvermögen ist nach dem Sündenfall ein bloßer Name *(res est de solo titulo)*, und indem es tut, was in seinen Kräften steht *(facit quod in se est)*, sündigt es tödlich“ (These 13: WA 1, 353). Denn der Mensch will immer nur das, was ihm erstrebenswert erscheint, nicht aber das, was der Wille Gottes ist. Deshalb ist der Mensch ohne Gottes Gnade unrettbar verloren. Dabei gibt es nach Luther im Menschen keinerlei Anknüpfungspunkt für das Wirken der Gnade; ein solcher muss von Gott selbst allererst gewährleistet werden: „Die Liebe Gottes findet das für sie Liebenswerte nicht vor, sondern erschafft es“ *(Amor Dei non invenit, sed creat suum diligibile*: These 28 [WA 1, 465]).

Gottes Gnade wird von Luther nun nicht – wie in der mittelalterlichen Scholastik üblich – als eine „Überformung“ der menschlichen Seele, d. h. als *qualitas animae* bestimmt. Sie ist vielmehr ein personales Geschehen göttlicher Zuwendung, der sich der Mensch rückhaltlos anvertrauen kann und soll. Mit anderen Worten: „Rechtfertigung“ *(iustificatio)* wird nicht mehr – aristotelisch – in ontologischen Kategorien begriffen, sondern existenziell. So kündigt sich in Luthers Rechtfertigungsbegriff die neuzeitliche Wende zum Subjekt an. Luther versteht den Menschen nicht mehr in den aristotelischen Kategorien von *habitus* und *forma*, sondern im Ausgang von Kategorien der *Beziehung*: des Glaubens, der Gnade und der Rechtfertigung. Die Rechtfertigungsgnade ist keine Qualität, die im Menschen die Erbsünde tilgt, sondern Gottes Tat am Menschen. In Luthers *Disputatio de homine* von 1536 heißt es mit Bezug auf Röm 3,28: „Paulus […] fasst kurz die Definition des Menschen zusammen, indem er sagt: Der Mensch wird durch den Glauben gerechtfertigt“ (*Paulus […] breviter hominis definitionem colligit dicens, Hominem iustificari fide*: These 32 [WA 39/I, 176]).[71] Modern gesprochen: Der Mensch gewinnt sich selbst gerade dadurch, dass er sich vom Anderen seiner selbst, von dem ihn rechtfertigenden Gott her versteht. Er ist wesentlich durch jene Beziehung konstituiert, in der er als Sünder vor Gott steht.

Während für die neuzeitliche Anthropologie die Ich-Zentriertheit des Subjektes grundlegend ist, geht Luther von einer radikalen „Exzentrizität“ des Menschen in seiner Beziehung zu Gott aus. In einer Vorlesung über Psalm 51, einen der sieben Bußpsalmen, heißt es 1532 folgerichtig: „Unsere Heiligkeit gehört nicht in den begrifflichen Bereich der Substanz, sondern in den der Beziehung“ (*non in praedicamento substantiae sed relationis*: WA 40/II, 354,3). Der Mensch ist vor Gott gerechtfertigt dadurch, dass er

[71] Vgl. Wilfried Härle, *„Hominem iustificari fide“. Grundzüge der reformatorischen Anthropologie*, in: Eilert Herms (Hrsg.), Grund und Gegenstand des Glaubens nach römisch-katholischer und evangelisch-lutherischer Lehre, Tübingen 2008, S. 338–358.

nicht auf sich selbst und sein eigenes Vermögen vertraut, sondern allein auf den rettenden Gott. Für dieses Verständnis steht die Formel vom „extra nos" des Heiles: Der Mensch erlangt seine Bestimmung nicht dadurch, dass er auf sich selbst vertraut, sondern nur dadurch, dass er im Glauben seine Existenz aus der Beziehung zu Gott heraus lebt.

Luthers relationale Anthropologie bleibt nicht folgenlos für sein Freiheitsverständnis. Unter der Knechtschaft der Erbsünde ist der Mensch nämlich außerstande, sich aus der rechtfertigenden Beziehung zu Gott heraus zu verstehen. Damit aber verfehlt die menschliche Freiheit ihre Bestimmung; sie ist Gefangene der Sünde. Aus dieser Gefangenschaft kann sie allein die rechtfertigende Gnade Gottes befreien. Der Mensch wiederum kann sich dieser Gnade nur glaubend anvertrauen.

Bereits in seiner *Disputation gegen die scholastische Theologie* von 1517 hatte Luther gegen die „vorherrschende Meinung" *(opinio communis)* darauf beharrt, dass das Begehren des Menschen unfrei sei, zwischen Gutem oder Bösem zu wählen. Von der menschlichen Natur heißt es dort, sie sei zwar von Gott nicht böse geschaffen, unter der Herrschaft der Erbsünde aber unfähig zum Guten (Thesen 5–9: WA 1, 224). Und in der erwähnten Disputation *De homine* von 1536 betont Luther: „Wer sagt, die natürlichen Fähigkeiten des Menschen seien nach dem Fall unversehrt erhalten geblieben, der philosophiert gottlos wider die Theologie" (These 26: WA 39/I, 176).

Tatsächlich forderte Luthers Auffassung, dass der Mensch ohne die Gnade Gottes nichts Gutes tun kann, die spätmittelalterliche Theologie und Frömmigkeit an einem für sie ausgesprochen kritischen Punkt heraus. Jedenfalls konnte Luthers Provokation unmöglich ausgewichen werden. Nicht zuletzt auf Drängen von Papst Hadrian VI. (1523–1534) verfasste Erasmus von Rotterdam (gest. 1536), der wohl prominenteste Humanist seiner Zeit, 1524 einen Traktat, in dem er den freien Willen des Menschen verteidigt.

Nicht zufällig betitelt Erasmus seinen Traktat mit *De libero arbitrio.* Damit spielt er auf eine Streitschrift an, in der schon Augustinus die menschliche Freiheit verteidigt hatte. Hatte sich Augustinus gegen die Manichäer gewandt, so beharrt nun Erasmus gegen Luther darauf, dass Gott auch dem sündigen Menschen die Wahlfreiheit *(arbitrium)* gelassen habe, zwischen dem Guten und dem Bösen zu wählen. Der menschliche Wille könne zwar nur mit Gottes Gnade wirksam werden. Dennoch sei es unsinnig, die Freiheit des Menschen gänzlich zu leugnen. Andernfalls nämlich würde nicht nur dem sittlichen Relativismus Tür und Tor geöffnet. Auch sei die christliche Erwartung eines endzeitlichen Gerichtes, in dem Gott die Taten der Menschen abschließend beurteilt, nicht weiter zu verantworten.

Demgegenüber betont Luther 1525 in seiner Antwort auf Erasmus *(De servo arbitrio)* unter Berufung auf den späten Augustinus die unentrinnbare Macht der Erbsünde. Unter ihrer Knechtschaft sei der Mensch in keiner Weise zu irgendetwas Gutem fähig. Er könne sittlich Gutes nicht einmal *wollen*. In einem berühmten Bild vergleicht Luther den menschlichen Willen mit einem Lasttier, das entweder vom Teufel oder von Gott gelenkt wird. Es sei dem Menschen unter keinen Umständen möglich, einen der beiden loszuwerden; vielmehr sei jedes menschliche Schicksal das Resultat eines Ringens zwischen Gott und Teufel. Je nach Ausgang dieses Ringens ende der Mensch entweder in der ewigen Verdammnis oder in der himmlischen Seligkeit (vgl. WA 18, 635).

Um Luthers gegen Erasmus vehement vorgetragene These recht zu verstehen, ist zu bedenken, dass Luther den freien Willen des Menschen keineswegs grundsätzlich leugnet. Was er bestreitet, ist allein die Freiheit des Menschen, irgendetwas zu seinem Heil beizutragen. In seiner 1520 verfassten Schrift *Von der Freiheit eines Christenmenschen* betont Luther daher die Verantwortung eines jeden Getauften, für das Wohl der Gemeinschaft oder der Kirche einzutreten. Im Blick auf das Heil freilich ist Luthers Nähe zur Gnadenlehre und zum Prädestinationsgedanken des späten Augustinus unverkennbar.

Luthers Abkehr von der scholastischen Gnadentheologie

Luthers Anthropologie und seine Theologie der Rechtfertigung veranlassten ihn zu einer radikalen Kritik an der spätmittelalterlichen Theologie, und zwar sowohl an deren Methodik als auch an ihren Inhalten. Nach spätscholastischer Überzeugung beispielsweise kann sich nach der Taufe jeder Mensch aus freiem Willen heraus vom Bösen abwenden. Als Getaufter kann er aus freiem Willen Akte setzen, mit denen er Gott über alles liebt, und er kann aus freiem Willen Gutes tun. Dieses Vermögen des von der Erbsünde befreiten und von der Vernunft geleiteten Willens lässt den Menschen die an sich freie Gnade Gottes als Belohnung und als Verdienst erfahren.

Nach Luther hingegen bleibt der Mensch auch nach seiner Taufe im verkehrten und zur Sünde hingeneigten Willen gefangen. Und diese Hinneigung ist im eigentlichen Sinne Sünde. Von daher bleibt der Getaufte auch als Gerechtfertigter „Gerechter und Sünder zugleich“ *(simul iustus et peccator)*. Auch wenn ihn die Gnade Gottes rechtfertigt, so verändert sie damit nicht das Wesen des Menschen als eines Sünders. Es wird ihm lediglich seine Sünde nicht angerechnet. Dies gilt auch für die Heiligen:

> „Die Heiligen sind *intrinsece* immer Sünder, deshalb werden sie *extrinsece* immer gerechtfertigt. Die Heuchler aber sind *intrinsece* immer gerecht, deshalb sind sie *extrinsece* immer Sünder. *Intrinsece* sage ich, d. h. wie wir in uns, in unseren Augen, in unserer Einschätzung sind, *Extrinsece* aber, wie wir bei Gott und in seiner Einschätzung *(reputatione)* sind. [...] ‚Wunderbar ist Gott in seinen Heiligen', für den sie *zugleich Gerechte und Ungerechte* sind *(cui simul sunt Iusti et Iniusti)*. Und wunderbar ist Gott in den Heuchlern, für den sie zugleich Ungerechte und Gerechte sind"

– so Luther bereits in seiner Römerbriefvorlesung von 1515 (Notiz *[Scholion]* zu Röm 4,7: WA 56, 268f.). Weil der Mensch in Bezug auf Gott nicht frei zwischen Gut und Böse wählen kann, ist die Gnade Gottes nicht Verdienst und Belohnung, sondern ein souveräner Akt Gottes, in dem Gott in seiner Barmherzigkeit dem Menschen die Sünde nicht anrechnet.

Man hat deshalb auch von einer „forensischen Rechtfertigung" gesprochen: einer „Rechtsprechung", die das Wesen des Menschen nicht verwandelt. Dem Sünder wird eine ihm „fremde Gerechtigkeit" *(iustitia aliena)* angerechnet *(imputata)*, nämlich die Gerechtigkeit Christi.

Luthers Konzeption unterscheidet sich wesentlich vom hochmittelalterlichen Verständnis von Gnade. Ab dem 12. Jahrhundert wurde „Gnade" nicht nur als eine je neu gewährte Befähigung zum sittlichen Handeln verstanden, sondern – zusätzlich – als Ursache für einen *habitus* der Seele. Die göttliche Gnade bewirkt eine bleibende Bestimmtheit der menschlichen Seele, Gottes Gebote leichter erfüllen zu können. Thomas von Aquin fasst Gnade deshalb als eine „Bestimmtheit der Seele" auf, als *qualitas animae* (*S. Theol.* I-II 10,2). Die Gnade bewirkt die Heiligung des Menschen und bleibt nicht folgenlos für das sittliche Handeln.

Anders als in der Hochscholastik wird in der Spätscholastik von der Gnade vorrangig nicht mehr in der Tugendlehre gehandelt, sondern in der Gotteslehre. Vor dem Hintergrund der Unterscheidung von *potentia absoluta* und *potentia ordinata* Gottes meint „Gnade" freilich nicht mehr – wie noch bei Thomas – das Ankommen Gottes *selbst* beim Menschen. „Gnade" ist nach spätscholastischer Lehre vielmehr ein von Gott *verschiedenes* Geschenk, über das Gott in unbedingter Freiheit und unabhängig von menschlichen Verdiensten frei verfügen kann. Infolgedessen konnte auch der frömmste Mensch nicht sicher sein, ob Gott seine Bemühungen dereinst mit dem ewigen Leben belohnen würde.

Allerdings kennt die spätscholastische Theologie auch eine gegenläufige Argumentation, die der Heilsunsicherheit des Menschen ein Hoffnungszeichen entgegensetzt. Nach Duns Scotus etwa soll der Mensch alles in seiner Macht Stehende tun, um Gott zu lieben. Wenn das geschehen ist, dann gewährt ihm Gott – *de potentia ordinata* – jene Gnade, die seine Liebe vollendet.[72] Aufgrund der freien Selbstbindung Gottes kann sich die menschliche Liebe ihres Lohnes gewiss sein.

Die spätscholastischen Theologen haben hier zwischen zweierlei Verdienst unterschieden: Da der Mensch nur selten in der Lage ist, Gott vollkommen zu lieben und auf diese Weise ein „Verdienst der Würdigkeit" *(meritum de condigno)* zu erwerben, ergänzt die Gnade Gottes an seiner unvollkommenen Liebe das noch Fehlende, so dass gleichwohl von einem Verdienst gesprochen werden kann – nun aber bloß von einem frei gewährten „Verdienst der Billigkeit" *(meritum de congruo)*. Entscheidend an diesem Gedanken ist, dass Gottes Gnade verlässlich verliehen wird, wenn sich der Mensch nur aufrichtig darum bemüht, Gott zu lieben und seine Gebote zu erfüllen. Denn: *Facienti quod in se est Deus non denegat gratiam* – wer das in seiner Macht Stehende tut, dem verweigert Gott die Gnade nicht.

Dieses gnadentheologische Prinzip geht der Sache nach auf den Ambrosiaster zurück, einen anonymen Paulus-Kommentator des späten 4. Jahrhunderts, dessen Schriften lange dem heiligen Ambrosius zugeschrieben wurden. Mit Blick auf Röm 3,21 argumentiert der Ambrosiaster, Gott wäre ungerecht, wiese er jene zurück, die bei ihm Zuflucht suchen.

Das Prinzip, wonach Gott demjenigen seine Gnade nicht verweigert, der das in seiner Macht Stehende tut, war in der Hochscholastik und besonders in der Franziskanerschule weithin akzeptiert. Es stellt dem voluntaristischen Grundsatz „Nichts Geschaffenes kann Gott im strengen Sinne dazu nötigen, dafür den Lohn des ewigen Lebens zu geben" *(nihil creatum formaliter est a Deo acceptandum)* ein Moment der Verlässlichkeit, ja der Heilssicherheit gegenüber: *De potentia absoluta* ist Gott durch nichts und niemanden dazu genötigt, irgendeinen Menschen – und lebte er noch so heiligmäßig – zu begnaden und zur ewigen Seligkeit zu führen. *De potentia*

---

[72] Vgl. Berndt Hamm, *Promissio, pactum, ordinatio. Freiheit und Selbstbindung Gottes in der scholastischen Gnadenlehre* (Beiträge zur historischen Theologie 54), Tübingen 1977, S. 345–355. Vgl. zum Folgenden ebd., S. 437–461: Elemente und Wandlungen des Verdienstbegriffs.

ordinata hingegen wird er denen, die sich aufrichtig darum bemühen, seinen Willen zu tun, seine Gnade nicht vorenthalten.

Dieser Gedanke verselbstständigt sich im 15. Jahrhundert. Nicht nur Johannes Duns Scotus, sondern auch der für Luthers Theologie wichtige Ockhamist und Tübinger Theologe Gabriel Biel (gest. 1495) hat ihn vertreten und verteidigt. Biel war Mitbegründer der Tübinger Universität, zeitweise deren Rektor und Inhaber des ersten dortigen Lehrstuhls für die *via moderna*. Seiner Auffassung nach kann der Mensch aus natürlichem Vermögen, d. h. auch ohne die Gnade Gottes, Gott über alles lieben und seine Gebote erfüllen. Nur nach der bestehenden Heilsordnung *(de potentia ordinata)* ist die Gnade notwendig zur Erfüllung des Gesetzes. Für das Verständnis der Sünde bedeutet dies, dass die Sünde den Menschen nicht in der Wurzel verdirbt, dass sie vielmehr lediglich ein Missbrauch seiner Freiheit ist, der eine gerechte Strafe nach sich zieht.

Aber – bedeutet diese Auffassung letzten Endes nicht Pelagianismus? Biel war diesem Verdacht ausdrücklich begegnet, indem er in seinem Sentenzenkommentar *(Collectorium)* erklärt: Pelagius „hat die Meinung vertreten, dass Gott jemandem das ewige Leben nicht aus Gnade, sondern notwendigerweise dann gebe, wenn er eine sittlich gute Handlung vollbringt, so dass Gott ungerecht wäre, wenn er dies nicht täte“. Er selbst hingegen vertrete die Auffassung, dass Gott, „wenn er einem Menschen die Glückseligkeit zuteilwerden lässt, dies ohne jede Notwendigkeit, frei und aus purer Barmherzigkeit *(mere contingenter, libere et misericorditer)* tut“ (*Collect.* I, d. 17, q. 1).

Auch der von Luther geschätzte Theologe und Ordensbruder Gregor von Rimini (gest. 1358) hat – in der Tradition Ockhams – gegenüber den Skotisten zu bedenken gegeben, dass ihre Gnadentheologie dem Pelagianismus gefährlich nahe komme. Denn die Skotisten beharrten darauf, dass sich der Mensch in Bezug auf Gott frei verhalten kann. Hingegen betonten die Ockhamisten die absolute Kontingenz alles Geschaffenen und seine Abhängigkeit vom göttlichen Willen. Auf dieser Linie will auch Gregor – im engen Anschluss an Augustinus – die absolute Souveränität Gottes unbedingt gewahrt wissen.

In seinen *Disputationsthesen gegen die scholastische Theologie*, die Luther noch vor seinen Ablassthesen, nämlich am 4. September 1517 veröffentlicht hat, macht sich auch der Reformator zum Anwalt der Gnadenlehre des späten Augustinus: „Zu sagen, dass Augustinus gegen die Irrlehrer übertreibend *[excessive]* redet, heißt zu sagen, Augustinus habe fast überall gelogen“ (These 1: WA 1, 224). Augustins antipelagianische Anthropologie wird schöpfungstheologisch vertieft, indem Luther bekräftigt, dass „der

Mensch, ein ‚fauler Baum' [Mt 7,18] geworden, nur das Böse wollen und tun kann" (These 4). Zugleich bestreitet er die allgemeine Auffassung, dass „das freie Streben *(appetitus)* sich nach jeder von zwei entgegengesetzten Richtungen bewegen kann"; vielmehr sei das Streben des Menschen gar nicht frei, sondern gefangen (These 5). Denn der Wille könne sich nicht – wie Duns Scotus und Gabriel Biel nach Luther fälschlicherweise annehmen – „aus seinen natürlichen Kräften *(naturaliter)* nach dem rechten Befehl [der Vernunft] richten" (These 6). Deshalb bringe der menschliche Wille ohne die Gnade Gottes „notwendig einen Akt hervor, der damit nicht übereinstimmt und böse ist" (These 7).

Ausdrücklich weist Luther den naheliegenden Vorwurf zurück, er nehme damit – wie die Manichäer – ein böses Prinzip in der Natur an. Wohl aber unterstellt er die Existenz einer bösen Macht, welcher der Mensch verknechtet sei. Unter der Herrschaft der Sünde sei der Wille nicht frei, sich allem Guten zuzuwenden, was ihm von der Vernunft gezeigt wird. In den Bann gezogen durch das Irdische sei der Mensch unfähig zur Gottesliebe. Denn „nicht kann der Mensch aus seinen natürlichen Kräften *(naturaliter)* wollen, dass Gott Gott ist"; vielmehr möchte er, *er* wäre Gott und Gott wäre nicht Gott (Thesen 17 und 18). Demnach ist der Mensch als Sünder der geschöpflichen Wirklichkeit so sehr verfallen, dass er nicht anders wollen kann, als sich selbst an Gottes Stelle zu setzen.

Aus dieser Situation können den Menschen nicht eigenes Bemühen, Verdienst oder Leistung befreien, sondern allein die völlig unverdiente Gnade Gottes. Diese gewährt Gott nach Ausweis der Schrift nirgendwo anders als in der Selbsthingabe Christi und durch die Vermittlung des Heiligen Geistes. An Gottes rechtfertigendes Handeln wiederum kann der Sünder im Bewusstsein seiner eigenen Verlorenheit nur vertrauensvoll glauben.

Oft wird Luthers Theologie deshalb mit einem vierfachen „Allein" zusammengefasst: „Allein die Heilige Schrift" *(sola scriptura)* ist die Quelle allen Glaubens an Gott und allen Wissens von Gott. Sie ist daher der kritische Maßstab allen christlichen Redens und Handelns. „Allein durch Gnade" *(sola gratia)* – und das heißt: ohne jedes eigene Zutun und besonders ohne irgendwelche „Werke" – wird der Mensch durch Gott gerechtfertigt. „Allein durch den Glauben" *(sola fide)*, d. h. durch die vertrauensvolle Annahme des rechtfertigenden Wortes Gottes in Jesus Christus, kommt das Heil zum Sünder. Dabei ist diese Annahme selbst noch einmal Geschenk Gottes. Und „allein durch Christus" *(solo Christo)*, den wahren Menschen und wahren Gott, und dessen stellvertretende Hingabe am Kreuz sind die Sünder gerechtfertigt. In einem „fröhlichen Wechsel und Tausch“ lädt Christus, der allein ohne Sünde ist, die Sünden der Menschen am Kreuz ein für alle Mal auf sich. Ebendies meint Luthers Begriff einer Rechtfertigung des Sünders allein aus Gnade.

Die zentrale Bedeutung des Rechtfertigungsglaubens begründet seine kriteriologische Bedeutung gegenüber jeder Art von Theologie und gegenüber jeglicher kirchlichen Praxis:

> „Der Artikel von der Rechtfertigung ist Meister und Fürst, Herrscher, Lenker und Richter über alle Arten von Lehre; er erhält und regiert jegliche kirchliche Lehre und richtet unser Gewissen vor Gott auf. Ohne diesen Artikel ist die Welt durch und durch Tod und Finsternis“ (Promotionsdisputation 1537: WA 39/I, 205,2f.).

Folgerichtig gilt Luthers Kritik vor allem der Kirche seiner Zeit, insofern sie durch ihre institutionelle Gestalt und durch ihre sakramentale Praxis eine Vermittlungsrolle im Rechtfertigungsgeschehen beansprucht, die ihr nicht zusteht.

Luthers Kritik an Ablass, Fegefeuer und Heiligenverehrung

Luthers Kirchenkritik zielte anfänglich vor allem auf die seinerzeit weit verbreitete Ablasspraxis. Beim Ablass handelt es sich um eine spezifische Frömmigkeitspraxis der spätmittelalterlichen Kirche, deren Anfänge noch in die Zeit vor den Kreuzzügen verweisen. Mit den Kreuzzügen, aber bald auch mit Pilgerfahrten nach Rom und zu anderen Wallfahrtsorten war das Vertrauen verknüpft, sich von Bußleistungen befreien zu können, die dem Gläubigen im Zusammenhang mit dem Empfang des Bußsakramentes auferlegt waren. Dieses Vertrauen wurde im 14. und 15. Jahrhundert auf die Verstorbenen ausgedehnt. Im Ergebnis beruhte die Ablasspraxis auf der Hoffnung, durch fromme Werke solche Bußleistungen mindern zu können, die einem selbst auferlegt waren, oder solche, die von Verstorbenen im Fegefeuer abzulösen waren.

Die Vorstellung von einem „Reinigungsort“ *(purgatorium)*, an dem sich die Verstorbenen zwischen dem „besonderen Gericht“ (auch „Partikulargericht“) unmittelbar nach ihrem Tod und dem „allgemeinen Weltgericht“ (dem „Jüngsten Gericht“) am Ende der Geschichte aufhalten, um ihre zeitlichen Sündenstrafen zu verbüßen, ist in vielerlei Hinsicht herausfordernd. Vor allem provoziert die im 12. Jahrhundert unter anderem durch Richard von Sankt Viktor eingeführte Unterscheidung die

Frage nach der Beziehung zwischen Zeit und Ewigkeit: In welcher Art von Zeitlichkeit befinden sich die Verstorbenen, wenn sie auf das Jüngste Gericht „warten“? An Gottes Ewigkeit haben sie noch keinen Anteil. Wie also ist die Rede von den „zeitlichen Sündenstrafen“ zu verstehen, ohne als bloße Metaphorik gelten zu müssen?

Hier nur so viel: Im Zusammenhang der gnadentheologischen Akzentsetzungen, die Martin Luther vornahm, ist der Gedanke, dass Leistungen oder Verdienste der Menschen eine wie auch immer zu bestimmende Wirkung vor Gott im Blick auf das Heil der Menschen – seien es Lebende, seien es Verstorbene – haben könnten, ganz abwegig. Die berühmten Ablassthesen vom 31. Oktober 1517 *(Disputatio pro declaratione virtutis indulgentiarum)* richten sich denn auch präzise gegen die Vorstellung, man könne durch irgendeine menschliche Leistung ein Verdienst erwerben bzw. ein irgendwie heilsbedeutsames Werk verrichten.

Luthers Kritik an der Ablasspraxis hatte weitreichende Folgen. Denn mit der Verdienstlichkeit guter Werke kritisierte Luther zugleich die unter Berufung auf Mt 16,19 und Joh 20,23 beanspruchte Autorität der Kirche, über die Verteilung der Gnadengüter autoritativ befinden zu können. Diese Lehre, die sich im Mittelalter mit der Vorstellung von einem „Kirchenschatz“ *(thesaurus ecclesiae)* verbindet, hat zur Voraussetzung, dass die kirchlichen Autoritäten über die Zuwendung der Verdienste Jesu Christi und der Heiligen wirksam verfügen können. Luther musste auch diese Vorstellung ablehnen, da sie dem Gedanken der alleinigen Wirksamkeit der göttlichen Gnade nur allzu offenkundig widersprach.

Luther hat im weiteren Verlauf der Reformation weitere Vorstellungen zurückgewiesen, die mit dem Ablass verbunden waren – darunter etwa die, dass die Heiligen durch ihr Leben dem Verdienst Jesu Christi etwas hinzuzufügen imstande sind. Oder die, wonach der Fürbitte der Heiligen oder Marias bei Gott eine besondere Wirksamkeit zukommt. Die Heiligen oder die Gottesmutter wollten die Reformatoren allenfalls als Vorbilder im Glauben gelten lassen.

Entsprechend kritisierten die Reformatoren den verbreiteten Reliquienkult und die mit ihm meist verbundenen Wallfahrten. Die Vorstellung von einer dinglichen Gegenwart der Heiligen schien ihnen dort entbehrlich, wo das für das individuelle Heil allein Entscheidende der persönliche Glaube war. In radikalen Kreisen der Reformation wurden nicht nur Reliquien, sondern auch Bilder abgelehnt. Im Zentrum sollte allein das Wort Gottes stehen, dessen Predigt im Menschen das Vertrauen auf die barmherzige Zuwendung Gottes wecken soll. Besonders in oberdeutschen Städten und in der Schweiz, aber auch in Flandern kam es wiederholt zu „Bilderstürmen“, in denen sich diese Überzeugung gewaltsam Bahn brach.

Seine Kritik am verbreiteten Ablasswesen verband Luther von Anfang an mit der Mahnung zu Umkehr und Buße. Das ganze Leben des Christen, so gleich die erste seiner Ablassthesen von 1517, solle Umkehr und Buße sein: „Als unser Herr und Meister Jesus Christus sagte: ‚Tut Buße, denn das Himmelreich ist nahe herbeigekommen‘, wollte er, dass das ganze Leben der Glaubenden Buße sei“ (WA 1, 233). Es ist der Glaube an die barmherzige Zuwendung Gottes, der allein den Sünder rechtfertigt – jener Glaube, der fest darauf vertraut, dass der barmherzige Gott die Sünde des Menschen „zudeckt“.

Schrift oder Lehramt? Ekklesiologische Dimensionen des Rechtfertigungsgeschehens

Luthers Betonung des persönlichen Glaubens führte ihn zwangsläufig zu einer Infragestellung der kirchlichen Institutionen und der Sakramente. Kritik übte Luther zunächst dort, wo seiner Wahrnehmung nach die sakramentale Praxis den Glauben behinderte oder den Zugang zu Jesus Christus verstellte. Vor allem aber wies Luther den Anspruch des kirchlichen Lehramts zurück, über die Auslegung der Heiligen Schrift autoritativ zu befinden.

Den päpstlichen Anspruch, die dogmatische Überlieferung authentisch und autoritativ auszulegen, kritisierte Luther zunehmend schärfer. Seit dem Ablass-Streit erblickte er in den Juristen und Theologen der Kurie – freilich zunächst nicht im Papst selbst – Vertreter und Vorläufer des von Johannes angekündigten „Antichristen“ (vgl. 1 Joh 2,18.22; 4,3). Auslöser hierfür waren die Widersprüche, die Luther bei der Vorbereitung der Leipziger Disputation (1518) mit dem Ingolstädter Theologen Johannes Eck (1486–1543) zwischen Bibel und kanonischem Recht zu erkennen glaubte. Strittig war vor allem der Anspruch der Päpste, die Heilige Schrift letztgültig auszulegen. Von 1520 – anlässlich der Verbrennung der päpstlichen Bannbulle – bis zu seinem Tod hat Luther dann auch öffentlich den Papst mit dem Antichristen identifiziert.

Für Luther war der Papst deshalb der Antichrist, weil er seine Autorität über die der Heiligen Schrift stellte. Der Papst mache sich selbst anstelle Jesu Christi zum Herrscher über die Kirche, so Luther 1520 in seinen beiden Schriften *Über die Babylonische Gefangenschaft der Kirche* und *Von der Freiheit eines Christenmenschen*. Doch sei auch der Nachfolger Petri auf dem römischen Bischofsstuhl nicht autorisiert zu ändern, was Christus angeordnet hat. Tatsächlich aber unterdrücke er die Gläubigen durch zahlreiche willkürliche, weil durch keine Worte der Heiligen Schrift gerechtfertigte Vorschriften – darunter den Zölibat, den Zwang zur Beichte oder den Entzug des Laienkelches bei der Eucharistie. Bei Zuwiderhandlungen oder Ungehorsam drohe der Papst den Christen mit der ewigen Verdammnis; er regiere also mit Zwang und nicht mit Liebe. Darüber hinaus beanspruche der Papst den Vorrang auch gegenüber weltlichen Herrschern, wo doch Christus klar zwischen seinem Reich und dem Reich Gottes unterschieden habe.

In seine Kritik an der römischen Kirche bezog Luther bald auch die Bischöfe mit ein. Ihnen warf er vor, sich nicht um das Heil der ihnen anvertrauten Seelen zu bemühen, sondern weltlichen Einfluss und Reichtum anzustreben. Auch missachteten sie die Autorität der Heiligen Schrift. Eine besondere Autorität in der Kirche billigte Luther Amtsträgern nur insoweit zu, als sie ihnen vonseiten der Gläubigen eingeräumt wurde, um dem Evangelium dienen zu können. Das Priestertum ist, so Luther in der *Babylonischen Gefangenschaft der Kirche*, „im eigentlichen Sinne nichts anderes als der Dienst am Wort" (WA 6, 566).

Wie das kirchliche Amt nicht in einer besonderen Weihe gründet, sondern in der allen gemeinsamen Taufgnade, in einer besonderen, vom Geist verliehenen Gabe und in der Beauftragung durch die Gemeinde, so ist auch das bischöfliche Amt nicht durch eine formelle apostolische Sukzession begründet, sondern durch die Treue zum Evangelium und durch die Beauftragung zum Amt. In seiner Schrift *An den christlichen Adel deutscher Nation. Von des christlichen Standes Besserung* stellt Luther im August 1520 fest:

> „Was aus der Taufe gekrochen ist, das kann sich rühmen, dass es schon zum Priester, Bischof und Papst geweihet sei, obwohl es nicht einem jeglichen ziemt, solch Amt auszuüben. Denn weil wir alle gleich Priester sind, darf sich niemand selbst hervortun und sich unterwinden, ohne unser Bewilligen und Erwählen das zu tun, wozu wir alle gleiche Gewalt haben" (WA 6, 408).

Eines besonderen kirchlichen Lehramtes in der Tradition der Apostel bedarf es nach Luther auch deshalb nicht, weil sich die Schrift selbst auslegt (*Sacra scriptura sui ipsius interpres:* WA 7, 97). In der Heiligen Schrift begegnet dem Glaubenden Christus selbst, und wie könnte es da irgendeine menschliche Instanz geben, die diese Begegnung noch einmal zu vermitteln beanspruchen dürfte? Lehramt und Tradition mögen hilfreich sein, wenn die Auslegung eines bestimmten Textes der Schrift strittig ist. Sie können das Verständnis dann möglicherweise bereichern. Eine besondere Autorität gegenüber der Schrift besitzen jedoch weder die Kirchenväter noch die Theologen des Mittelalters noch das kirchliche Lehramt. Wo es allein auf den Glauben, allein auf Christus, allein auf seine Gnade ankommt, dort können alle anderen Bezeugungsinstanzen des Glaubens allenfalls subsidiäre Funktion beanspruchen.

Luthers Sakramentenverständnis

Luthers Infragestellung der apostolischen Sukzession und des kirchlichen Lehramtes weitete sich schon bald auf sein Verständnis der Sakramente aus. Nach dem Auseinanderbrechen des neuplatonischen Begriffsrahmens wurden die Sakramente im Mittelalter vor allem mit Blick auf ihre gnadenursächliche Wirkung gedeutet: Sakramente wurden als rituelle Vollzüge interpretiert, vermittels derer den Getauften die göttliche Gnade zugewendet wurde. Auf diese Weise sollten die Christen dazu befähigt werden, ihr Leben entsprechend den Geboten Gottes zu führen. Zugleich vollzog sich unter dem Eindruck der paulinischen Rede von den „Gefäßen der Ehre" und den „Gefäßen der Schande" (Röm 10,9) bzw. der „Ausgießung der Liebe Gottes" (Röm 5,5) eine Art Materialisierung der Gnadenvorstellung. Seit Gregor dem Großen (gest. 604) war diese Metaphorik in der mittelalterlichen Sakramententheologie weit verbreitet.

Nach Thomas von Aquin *bewirken* die Sakramente Gnade; in ihnen wird Gott als „Erstursache" *(causa principalis)* wirksam. Gott bedient sich eines Sakramentes wie eines Werkzeuges, das Christus seiner Kirche anvertraut hat. Auf diese Weise kann ein Sakrament als durch das Handeln des Amtsträgers vermittelter Eingriff des Schöpfer- und Erlösergottes in die Wirklichkeit der Menschen interpretiert werden.

Durch die Vermittlung des Konzils von Trient ist diese Auffassung von der sakramentalen Wirksamkeit in der katholischen Kirche bis in die Neuscholastik hinein vorherrschend geblieben. Sie war jedoch nicht die einzige; denn nach Bonaventura beispielsweise hat Gott seine Macht keineswegs an die Sakramente gebunden. Die Vermittlung der Gnade erfolgt nicht durch eine den Sakramenten (als *causae secundae*) innewohnende Kraft, sondern allein aufgrund der verlässlichen Zusage Gottes, jedes Mal dann seine Kraft wirken zu lassen, wenn ein Sakrament gespendet und empfangen wird. Bonaventura zufolge erfolgt die Mitteilung der Gnade *anlässlich* der Sakramente und nicht durch ihre instrumentelle Wirksamkeit. Nach Duns Scotus wiederum bereiten die Sakramente den Menschen auf den Empfang der Gnade vor. Diese aber wird von Gott unmittelbar verliehen.

Trotz aller Unterschiede im Detail sind sich die scholastischen Theologen freilich darin einig, dass es einen – wie unterschiedlich auch immer bestimmten – Zusammenhang zwischen sakramentalem Ritus und Gnadenvermittlung gibt. Luther setzt demgegenüber einen anderen Akzent, indem er an die christologische Grundlegung der Sakramente erinnert. So heißt es 1520 in der *Babylonischen Gefangenschaft der Kirche*: „Wenn ich nach dem Sprachgebrauch der Schrift reden will, gibt es nur ein einziges Sakrament (d. i. Christus) und drei sakramentale Zeichen“ (WA 6, 501) – nämlich Taufe, Abendmahl und Buße. Mit anderen Worten: Gott kommt beim Menschen nicht anders an als durch die Vermittlung Jesu Christi. Die Sakramente weisen auf Christus hin und wecken so den Glauben an ihn; selbst vermitteln sie die Gnade Christi jedoch nicht.

Scharf wendet sich Luther deshalb auch gegen ein Verständnis der Sakramente, wonach diese *ex opere operato* wirken, d. h. unabhängig vom Glauben der sie empfangenden Menschen. Ohne das Vertrauen auf Christus, so der Reformator, kann der bloß äußerliche Vollzug des Ritus keine Gnade vermitteln. Nötig ist vielmehr ein persönlicher Glaube, der auf die Verheißungen vertraut, die im Sakrament dargereicht werden.

Gottes Verheißungen zum Heil der Menschen verbinden sich für Luther vor allem mit den drei „sakramentalen Zeichen“ Taufe, Abendmahl und Beichte. Zeitlebens schätzte Luther die Beichte sehr. In seiner Schrift *Über die Babylonische Gefangenschaft der Kirche* heißt es:

> „Die heimliche Beichte aber, wie sie jetzt gebräuchlich ist, gefällt mir, auch wenn sie aus der Schrift nicht zu belegen ist, doch ausgezeichnet: Sie ist nützlich, sogar notwendig, und ich möchte sie nicht missen, ja, ich freue mich, dass wir sie in Christi Kirche haben, ist sie doch für die betrübten Gewissen ein einzigartiges Hilfsmittel“ (WA 6, 546).

Allerdings bindet Luther die Beichte nicht an das kirchliche Amt. Sie gilt ihm vielmehr als eine hilfreiche Praxis, die der Auferbauung des Einzelnen und dem Wohl der Gemeinde dient. Entscheidend für die Vergebung der Sünden ist weder die Vollständigkeit der aufgezählten Sünden – der junge Luther hatte ja gerade unter dem Zwang gelitten, auch unbewusste Sünden beichten zu müssen – noch Zerknirschung und Reuegefühl. Demgegenüber warnt Luther davor,

> „auf deine Reue zu vertrauen oder die Sündenvergebung mit deinem Schmerz zu verbinden. Nicht deshalb sieht Gott dich an, sondern er tut es wegen des Glaubens, mit dem du seinen Droh- und Verheißungsworten geglaubt hast und welcher solchen Schmerz bewirkt hat. Und daher haben wir, was auch immer an Gutem in der Buße ist, nicht der Sorgfalt beim Aufzählen unserer Sünden zu verdanken, sondern der Wahrheit Gottes und unserm Glauben" (WA 6, 545).

Die Sakramente als Gestaltwerdung des göttlichen Verheißungswortes zu deuten, bleibt auch nicht folgenlos für das Verständnis der Eucharistie. Ist diese nämlich nicht selbstständiges Tun der Kirche, sondern Verheißung jener Sündenvergebung, die in der Selbsthingabe Jesu Christi gründet, dann ist jedem Verständnis der Messe als Opfer der Kirche der Boden entzogen. Das im späten Mittelalter verbreitete Verständnis der Eucharistie als einer Gott wohlgefälligen Handlung *(sacrificium)*, welche den Gnadenschatz der Kirche zu mehren imstande ist, erweist sich so als unhaltbar.[73]

Luthers Kritik am Verständnis der Messe bedeutete keineswegs eine Abkehr von dem Glauben an die reale Gegenwart Christi im Sakrament. Christus, der auferstandene Herr, sitzt nicht nur zur Rechten des Vaters; er ist vielmehr – und zwar auch mit seiner menschlichen Natur – überall in der Welt gegenwärtig. Deshalb ist er auch bei jeder Feier des Abendmahls als Gott und Mensch real gegenwärtig. In besonderer Weise verbindet sich Christus in der Abendmahlsfeier mit den Elementen Brot und Wein.

Allerdings stellt sich damit unvermeidlich die Frage nach der „Kommunion der Ungläubigen" *(manducatio impiorum)*: ob nämlich die Ungläubigen, die zum Abendmahl hinzutreten, Christus empfangen und der göttlichen Gnade teilhaftig werden oder nicht (vgl. 1 Kor 11,27–29). Während Luther und Melanchthon diese Frage bejahen, verneinen sie Calvin und Zwingli: Den Reformierten zufolge genießen die Ungläubigen bloß „leere Zeichen". Allerdings: Wenngleich nach lutherischer Auffassung auch die Ungläubigen den Leib Christi verzehren, so geschieht dies nicht zu ihrem Heil, sondern zu Gericht und Verdammnis.

Die reale Gegenwart Christi in Brot und Wein versteht Luther nicht in der Weise, wie sie seit dem 13. Jahrhundert die Transsubstantiationslehre zu erklären beansprucht. Nein: Nach Luther werden die Substanzen von Brot und Wein nicht in die Substanzen von Leib und Blut Christi *verwan-*

---

[73] Vgl. Arnold Angenendt, *Offertorium. Das mittelalterliche Messopfer* (Liturgiewissenschaftliche Quellen und Forschungen 101), Münster 2013.

delt. Luthers Begründung: Die Bibel überliefert, dass Christus im Abendmahlssaal seinen Jüngern *Brot* und *Wein* gereicht hat. „Weil die Evangelisten klar schreiben", so Luther in *De captivitate Babylonica,*

> „dass Christus ein Brot genommen und gesegnet habe, und auch die Apostelgeschichte und der Apostel Paulus hernach von ‚Brot' reden, muss man auch echtes Brot und echten Wein darunter verstehen, genauso wie man auch von einem echten Kelch ausgeht; denn dass der Kelch nicht gewandelt wird, sagen sie ja selbst" (WA 6, 509).

Scharf weist Luther deshalb die in aristotelischer Begrifflichkeit formulierte Transsubstantiationslehre zurück:

> „Die ‚Wandlung' aber, die sich ‚durch Gottes Macht vollzieht', sollte man – denn nichts zwingt uns, das vorauszusetzen – als menschliches Phantasiegebilde betrachten, zumal sie sich, wie wir sehen werden, auf keinen einzigen Schriftbeleg und auf keinen Vernunftgrund stützen kann. [...] Die Kirche hat mehr als 1200 Jahre den richtigen Glauben vertreten. Zu keiner Zeit, an keiner einzigen Stelle, haben die heiligen Väter dieser sogenannten ‚Transsubstantiation' (was für ein Albtraum von Wort!) Erwähnung getan, bis in der Kirche die aristotelische Pseudophilosophie ihr Unwesen zu treiben begann, das heißt: In den letzten 300 Jahren, in denen auch sonst noch so mancher Unsinn festgelegt worden ist [...]. Warum aber sollte Christus nicht in der Lage sein, seinen Leib in der Substanz des Brotes vorhanden sein zu lassen, genauso wie in den Akzidentien?" (WA 6, 509f.).

Anstelle einer „Transsubstantiation" von Brot und Wein in Leib und Blut Christi bevorzugt Luther die Vorstellung, dass die Substanzen von Brot und Wein fortbestehen und Christus zu ihnen hinzutritt. Ähnlich hatten bereits Duns Scotus, Wilhelm von Ockham und Gabriel Biel mit Blick auf die eucharistische Konsekration eine „Konsubstantiation" in Erwägung gezogen – so wie im glühenden Eisen die Substanzen des Eisens und des Feuers nebeneinander bestehen. Der Fortbestand zweier Substanzen in den eucharistischen Gestalten wird dieser Auffassung zufolge nicht nur den biblischen Texten besser gerecht; darüber hinaus vermeidet dieses Modell begriffliche Probleme, die mit der Vorstellung von einer Transsubstantiation von Brot und Wein unausweichlich verbunden sind. Wie – beispielsweise – kann der göttliche Logos „Träger" der sinnlich wahrnehmbaren Akzidenzien von Brot und Wein sein? Um Konflikten mit dem kirchlichen Lehramt aus dem

Weg zu gehen, hielten die meisten Theologen jedoch formal an der Transsubstantiationslehre des Vierten Laterankonzils fest.

Realpräsenz, aber keine Transsubstantiation – das ist die eucharistietheologische Position, die Luther zeitlebens vertreten hat.[74] Unter den Reformatoren war sie jedoch keineswegs unumstritten.

11.2 Symbol oder Realität? Der innerreformatorische Abendmahlsstreit

Eine alternative Deutung dessen, was im Abendmahl geschieht, vertrat der 1484 im Schweizer Kanton Sankt Gallen geborene Reformator Ulrich [Huldrych] Zwingli (gest. 1531). Zwingli hat vor allem in Zürich, später auch in Genf die Reformation mit großem Elan vorangebracht. Bei verschiedenen Disputationen beteiligte er sich an den innerreformatorischen Diskussionen um die Ausrichtung der Reform in Theologie und Kirche. In diesem Rahmen nahm Zwingli im Sommer 1523 erstmals auch zu Luthers Abendmahlsverständnis Stellung.[75] Seine Haltung dazu war ausgesprochen kritisch. Es folgten Schriften aus beiden Lagern: Der Baseler Reformator Johannes Oekolampad (1482–1531) unterstützte Zwingli; Johannes Brenz (1499–1570), Reformator in Schwäbisch Hall, verteidigte Luther.

Hinsichtlich der Rechtfertigungslehre stimmten beide Lager weitgehend miteinander überein: Rechtfertigung vor Gott ist nicht durch verdienstvolle Werke zu erringen, sondern allein durch den Glauben an den Sühnetod Jesu Christi. 1529 trafen sich Zwingli, Luther und weitere führende Reformatoren auf Einladung des Landgrafen Philipp von Hessen in Marburg, um die verbleibenden Differenzen im Abendmahlsverständnis beizulegen. Es kam freilich nicht zu einem Konsens.[76] Zwar lehnten sowohl

---

[74] Vgl. Martin Luther, *Vom Abendmahl Christi. Bekenntnis* [1528], in: WA 26, 261–509; vgl. auch *Confessio Augustana*, Art. 10, in: Bekenntnisschriften der evangelisch-lutherischen Kirche, hrsg. im Gedenkjahr der Augsburgischen Konfession 1930, Göttingen ^{3}2010, S. 64 (auch in: Die Bekenntnisschriften der Evangelisch-Lutherischen Kirche. Vollständige Neuedition, hrsg. von Irene Dingel, Göttingen 2014, S. 104f.).

[75] Ulrich Zwingli, *Auslegung und Begründung der Thesen oder Artikel 1523*, in: Huldrych Zwingli, Schriften II, Zürich 1995, S. 168–179 (kritische Ausgabe in: Huldreich Zwinglis sämtliche Werke, Bd. II [Corpus Reformatorum 89], Leipzig 1908, S. 141–151).

[76] Weniger aus theologischen als aus politischen Gründen strebte Philipp, der nach Friedrich dem Weisen als zweiter Landesfürst die Reformation auf seinem Territorium eingeführt und 1527 die erste protestantische Universität gegründet hatte, eine Allianz gegen die „altgläubigen" Habsburger an.

Luther als auch Zwingli die katholische Transsubstantiationslehre ab. Doch vermochten sie es nicht, sich beim Abendmahlsverständnis auf einen gemeinsamen Standpunkt zu einigen. Zwingli sah sich außerstande, den Elementen Brot und Wein irgendeine Heilsbedeutung beizumessen. Deshalb gestand er dem Abendmahl lediglich eine symbolhafte Kraft zu. Brot und Wein wecken lediglich die Erinnerung an den Auferstandenen. Zwar ist Christus real gegenwärtig; dies aber ist er nach Zwingli ausschließlich im gläubigen Gedenken der Gemeinde.

Martin Luther wies diese Auffassung des Zürcher Reformators scharf zurück. Selbst war er der Überzeugung, dass es in der Einsetzung des Abendmahls zu einer *praedicatio identica* kommt. In seiner Schrift *Vom Abendmahl Christi. Bekenntnis* (1528) präzisiert er, was damit gemeint ist. Dort spricht Luther von „Leibsbrot“ und „Blutswein“ (WA 26, 42–44). „In“, „mit“ und „unter“ Brot und Wein werde der wahre Leib und das wahre Blut Christi ausgeteilt und mit dem Mund empfangen.

Ursächlich für den Dissens zwischen Luther und Zwingli waren unterschiedliche Weichenstellungen in der Christologie. Für Luther war die menschliche Natur Christi vollständig von der göttlichen Natur abhängig. Entsprechend der altkirchlichen „Logoshegemonie“, die nicht nur Apollinaris, sondern – modifiziert – auch die alexandrinischen Kirchenväter vertraten, schien es ihm problematisch, ein eigenständiges Wirken der menschlichen Natur in Christus anzunehmen. Christi menschliche Natur erlangt im Offenbarungs- und Heilsgeschehen keine ihr eigentümliche Bedeutung; sie ist vielmehr allein als Instrument der göttlichen Natur wirksam. Für Luthers Abendmahlsverständnis folgt hieraus, dass die menschliche Natur Christi nach Auferstehung und Himmelfahrt an der Allgegenwart seiner göttlichen Natur teilhat.

Diese sogenannte „Ubiquitätslehre“ hat Zwingli ebenfalls auf der Grundlage seiner – freilich anders akzentuierten – Christologie entschieden zurückgewiesen. Im Unterschied zu Luther ist Zwingli der Auffassung, dass es der menschlichen Natur wesentlich ist, in einem Leib zu existieren und insofern räumlich begrenzt zu sein. Dies gilt auch für die menschliche Natur Christi: Sie ist auf den Leib des Menschgewordenen begrenzt. „Wir glauben, dass er leiblich in den Himmel aufgefahren ist. Demzufolge kann er hier unten auf Erden nicht sein. Denn sein Leib ist auch nach seiner Auferstehung an nicht mehr als nur an einem Ort.“[77]

[77] Ulrich Zwingli, *Antwort auf die Predigt Luthers gegen die Schwärmer* (1527), in: Schriften IV, S. 23 (Kritische Gesamtausgabe V [Corpus Reformatorum 92], Leipzig 1934, S. 786).

Im Hintergrund dieser Christologie steht Zwinglis Einschätzung, dass es im Glauben allein auf das Geistige ankommt, nicht auf das Sinnliche. Jedes Festhalten am Sinnlichen ist „Abgötterei", die vom wahren Glauben ablenkt. Sich auf das Sinnliche zu verlassen, komme fast schon der von den Reformatoren entschieden verworfenen Werkgerechtigkeit gleich. Häufig zitiert Zwingli Joh 6,63: „Der Geist ist's, der lebendig macht; das Fleisch gibt gar nichts her." Die Sakramente sind deshalb für Zwingli lediglich äußere Zeichen, in denen Christen ihren Glauben und ihre Zugehörigkeit zur Kirche bekennen, nicht aber Heilsmittel. Gemeinschaft mit dem dreifaltigen Gott erlangt der Christ im Abendmahl allein durch die Gegenwart des Heiligen Geistes im Inneren des gläubigen Menschen.

Auch Zwingli geht von der Hegemonie der göttlichen Natur Christi über dessen menschliche Natur aus, doch zieht er hieraus andere Konsequenzen als Luther. Der Wittenberger sieht die menschliche Natur Christi ganz von der göttlichen Natur beherrscht, so dass sie Anteil an deren Eigenschaften – besonders der Allgegenwart – erhält. Hingegen meint der Zürcher Reformator die Vollständigkeit der menschlichen Natur Christi nur dadurch wahren zu können, dass er ihre Begrenztheit auch nach der Himmelfahrt betont.

Nach Zwinglis Tod 1531 wurden weitere Versuche unternommen, den Streit zwischen Lutheranern und Reformierten zu überwinden. Vor allem die beiden „Vermittlungstheologen" Martin Bucer (1491–1551) und Philipp Melanchthon (1497–1560) bemühten sich um einen Ausgleich. In der *Wittenberger Konkordie* von 1536 gelang es aber nur, die Vertreter der „oberdeutschen" Reformation für die Positionen der Lutheraner zu gewinnen. Die von Zwinglis Nachfolger Heinrich Bullinger (1504–1575) angeführten Schweizer evangelischen Kantone beharrten auf Zwinglis Deutung des Abendmahlsgeschehens.

Eine vermittelnde Stellung nahm der Genfer Reformator Jean Calvin (1509–1564) ein. Calvin bestreitet, dass das Abendmahl lediglich ein Zeichen sei und dass es bei dessen Feier vor allem auf das vom Geist erfüllte gläubige Handeln der Gemeinde ankomme. Zwar stimmt Calvin Zwinglis Lehre zu, wonach Christi Gegenwart im Abendmahl durch den Heiligen Geist vermittelt ist. Deshalb bedarf es Luthers Vorstellung von der Allgegenwart der menschlichen Natur Christi nicht. „Vermittlung" bedeutet nach Calvin aber „Vergegenwärtigung" des zur Rechten des Vaters thronenden Christus: „Was räumlich getrennt ist, das wird vom Heiligen Geist in Wahrheit geeint" (*Inst.* IV 17,10). Nach Calvin sind deshalb Brot und

Wein wirkliche Gnadenmittel. Durch sie empfängt der Gläubige Christus und in ihm die Fülle der Gnadengaben.

Calvin lehnt jedoch – hier wiederum Zwingli folgend – die Gleichsetzung der Elemente mit Jesu Leib und Blut ab; denn Jesu Leib – seine menschliche Natur – sei nach der Himmelfahrt ausschließlich im Himmel anwesend. Ausdrücklich verneint Calvin eine reale Gegenwart des Auferstandenen und Erhöhten in den Gaben von Brot und Wein. Denn als Auferstandener und Erhöhter hat Jesus schon jetzt an der Herrlichkeit Gottes Anteil. Als solcher kann er nicht unter vergänglichen Gestalten erscheinen. Gegenwärtig in der Kraft des Heiligen Geistes ist nicht der irdische *Jesus*, sondern allein der erhöhte *Christus*.

Für diese Lehre wird in der theologischen Literatur bisweilen der Terminus „Extra-Calvinisticum" gebraucht. Er besagt, dass Christus zwar als göttliche Person *(totus)*, nicht aber in seiner menschlichen Natur *(totum)* allgegenwärtig ist. Ziel dieser Lehre ist es, die Integrität sowohl der göttlichen als auch der menschlichen Natur Christi zu wahren: Trotz ihrer Einheit in der Person *(unio hypostatica)* bleiben ihre jeweiligen Eigenschaften unverändert.

Zwar akzeptierte Luther zunächst – wenngleich zögernd – Calvins Auffassung. Allerdings näherten sich 1549 – drei Jahre nach Luthers Tod – im „Zürcher Konsens" (*Consensus Tigurinus*) Calvin und Zwinglis Nachfolger Bullinger der symbolischen Abendmahlslehre Zwinglis an. Darauf kam es in den 1550er Jahren zu einem weiteren Abendmahlsstreit zwischen Lutheranern und Reformierten. Die Differenzen bezüglich des Abendmahls innerhalb des reformatorischen Lagers konnten erst im 20. Jahrhundert ausgeräumt werden. Ökumenische Gespräche, die auch über das jeweilige Abendmahlsverständnis geführt wurden, mündeten 1973 in die *Leuenberger Konkordie* ein, in der Lutheraner und Reformierte einander Kanzel- und Abendmahlsgemeinschaft gewähren.

11.3 Kein einheitliches Bild: Kontroverstheologien und Einigungsbemühungen

Wiederholt hat es im 16. Jahrhundert auch Einigungsbemühungen zwischen den verschiedenen Konfessionen gegeben. Zwar waren die Fronten nach dem Bann, den Papst Leo X. (1513–1521) über Luther ausgesprochen hatte, verhärtet; die Gegensätze schienen nahezu unüberwindlich. Gleichwohl gab es immer wieder Versuche, eine Verständigung zwischen den Lagern herbeizuführen. Von evangelischer Seite ist hier neben Philipp

Melanchthon (1497–1560) besonders der Straßburger Reformator Martin Bucer (1491–1551) zu erwähnen, von katholischer Seite der Kölner Domherr Johannes Gropper (1503–1559).

Schon auf dem Reichstag zu Augsburg von 1530 kam es unter der Federführung von Philipp Melanchthon zu einer weitgehenden Verständigung zwischen Reformatoren und Altgläubigen über wesentliche Punkte der Rechtfertigungslehre, der Ekklesiologie und des Sakramentenverständnisses. Das „Augsburger Bekenntnis" *(Confessio Augustana)*, das die der Reformation zugeneigten Reichsstände in Augsburg Kaiser Karl V. (1519–1556) vorlegten, ist für Katholiken noch heute eine verlässliche Grundlage des ökumenischen Dialogs mit den Lutheranern. Nicht zufällig wurde im Jahr 1999 die *Gemeinsame Erklärung zur Rechtfertigungslehre* von Katholiken und Lutheranern in Augsburg unterzeichnet.

Auf dem Augsburger Reichstag von 1530 erarbeiteten zwanzig katholische Theologen mit der *Confutatio Confessionis Augustanae* eine ausführliche Gegenschrift zur *Confessio Augustana*. Darin erläuterten sie – gestützt auf die Heilige Schrift und die Tradition – das katholische Verständnis von Erbsünde, Gnade und Rechtfertigung sowie von der Bedeutung der guten Werke und der Sakramente. Weitere Schriften folgten, in denen katholische Positionen begründet und entfaltet wurden. Vor allem die theologische Fakultät an der Universität von Löwen veröffentlichte in den 30er Jahren des 16. Jahrhunderts zahlreiche Werke, in denen die dortigen Theologen die Standpunkte der Reformatoren zu widerlegen suchten. Die Reformatoren ihrerseits antworteten auf solche „Widerlegungen" regelmäßig mit Darstellungen ihrer eigenen Positionen.

Auf das Scheitern der Verständigungsbemühungen in Augsburg reagierten beide Seiten mit der Intensivierung einer bekenntnisorientierten Kontroverstheologie. Für sie stehen auf katholischer Seite der gelehrte Thomist und einflussreiche Kardinal Thomas de Vio Cajetan (1469–1534) und der Ingolstädter Theologe Johannes Eck (1486–1543). Eck hat 1519 in Leipzig mit Luther über den päpstlichen Primat disputiert. Zahlreiche Schriften Ecks befassen sich mit Themen, die im Brennpunkt reformatorischer Kritik standen: mit der Bußlehre, dem Ablass, dem Fegefeuer, der Genugtuung und dem Messopfer. Kirche, Messopfer und das Verhältnis von Glaube und Werken stehen auch im Mittelpunkt zahlreicher Veröffentlichungen von Kardinal Cajetan, der 1518 und 1519 mit Luther zusammengetroffen war und im Rahmen des römischen Verfahrens maßgeblich an dessen Verurteilung mitgewirkt hatte.

Auf lutherischer Seite hat unter anderem Matthias Flacius (1520–1575) ein umfangreiches kontroverstheologisches Schrifttum hinterlassen. 1541 war der aus Istrien stammende „Illyricus" in Wittenberg noch Melanchthon und Luther begegnet. 1544 berief ihn die Wittenberger Universität auf eine außerordentliche Professur in hebräischer Sprache. Zwischen 1559 und 1574 wird Flacius zusammen mit Johannes Wigand (1523–1587) die *Magdeburger Zenturien* herausgeben, die erste Theologie- und Kirchengeschichte aus lutherischer Perspektive. Die *Zenturien* zielten darauf ab, Luthers Theologie als Wiederherstellung des wahren Glaubens der ersten Christen darzustellen.

Flacius hat sich auch in zahlreichen innerreformatorischen Disputen zu Wort gemeldet – darunter im „adiaphoristischen Streit" und im Streit um den „philippistischen Synergismus". Im Ende der 40er Jahre ausgetragenen adiaphoristischen Streit ging es darum, ob Lutheraner bestimmte Gebräuche der Katholiken tolerieren dürften, solange sie nicht Kernpunkte ihrer Lehre berührten. Diese von Melanchthon unter anderem in den *Leipziger Artikeln* (1548/49) vertretene Position wies Flacius kompromisslos zurück. Damit stellte er sich auf die Seite der sogenannten „Gnesiolutheraner", welche der Auffassung waren, dass es in Bekenntnisfragen keine gleichgültigen Dinge geben könne. Auch warfen die „Gnesiolutheraner" den Anhängern Melanchthons – den „Philippisten" – vor, von Luther abzuweichen, wenn sie die Auffassung vertraten, dass der Mensch zwar in weltlichen Dingen frei sei, nicht aber bei seiner Rechtfertigung mitwirken könne. Melanchthons Auffassung, wonach eine Mitwirkung des Menschen bei der Rechtfertigung nicht durch dessen natürliche Kräfte erfolgt, sondern durch jene Kräfte, die durch die Gnade verliehen werden, wurde von den Gnesiolutheranern – darunter auch Flacius Illyricus – als „Synergismus" denunziert.[78]

Trotz der unübersehbar fortschreitenden Konfessionalisierung bemühten sich nicht wenige Theologen weiterhin um die Einheit der Kirche. Zu ihnen zählt besonders der Kölner Domherr Johannes Gropper. Am Augsburger Reichstag (1530) hatte Gropper als Vertreter des Bischofs von Münster teilgenommen. Das Provinzialkonzil vom März 1536, auf dem zahlreiche Beschlüsse zur Reform der Kirche von Köln gefasst wurden, war von Gropper maßgeblich vorbereitet worden. In seinem einflussreichen „Enchiridion" *(Institutio compendiaria doctrinae christianae, in concilio*

---

[78] Vgl. *Confessio Augustana*, Art. 18: Der Mensch ist in weltlichen Handlungen frei, „ohne Gnad, Hilf und Wirkung des Heiligen Geistes vermag der Mensch aber nicht Gott gefällig zu werden".

provinciali pollicita) näherte sich Gropper in der Rechtfertigungslehre reformatorischen Auffassungen an, ohne jedoch die Lehre der katholischen Kirche aufzugeben. 1540 nahm Gropper an den Religionsgesprächen in Hagenau und Worms teil, 1541 am Reichstag in Regensburg. Dort unterbreitete die katholische Delegation um Johannes Eck, den päpstlichen Legaten Gasparo Contarini (1483–1542) und Kardinalbischof Giovanni Morone (1509–1580) den Vertretern der Reformation – darunter Martin Bucer, Johannes Calvin, Philipp Melanchthon und der hessische Reformator Johannes Pistorius (1504–1583) – weitgehende Zugeständnisse in Fragen der Kirchenreform. Gemeinsam erarbeitete Texte zur Rechtfertigungslehre und zum Eucharistieverständnis deuteten zunächst sogar eine theologische Annäherung an. Nach Beendigung des Reichstages distanzierten sich aber beide Seiten von den Vereinbarungen; zu unbestimmt erschienen vielen die in Regensburg erzielten Kompromissformeln.

Gropper sah zwar deutlich die Notwendigkeit von Kirchenreformen, war aber zu einem Konfessionswechsel nicht bereit. Als der Kölner Erzbischof Hermann von Wied (1515–1547) im Mai 1543 Melanchthon, Bucer und andere evangelische Theologen nach Köln berief, um in seinem Bistum die Reformation einzuführen, machte sich Gropper zum Wortführer der „Altgläubigen". Nach verschiedenen Interventionen in Rom wurde Hermann von Wied von Papst Paul III. (1534–1549) im Jahr 1546 zunächst suspendiert, dann exkommuniziert und schließlich abgesetzt; im Februar des folgenden Jahres 1547 trat der Erzbischof von seinem Amt zurück. Als „Retter der Kölner Kirche" bemühte sich Gropper danach mit Unterstützung der Jesuiten um die Rekatholisierung Kölns. 1551/52 nahm er an der zweiten Sitzungsperiode des Konzils von Trient teil, zu der auch protestantische Theologen geladen waren. Gropper äußerte sich auf dem Konzil mehrfach ausführlich zur Rechtfertigunglehre, zum Bußsakrament und zur Eucharistie. Ein Aufstand deutscher Fürsten gegen Kaiser Karl V. veranlasste jedoch 1552 den Abbruch der Beratungen, noch bevor die Protestanten – unter ihnen Melanchthon – in Trient eingetroffen waren.

11.4 Verspätet, aber nachhaltig: Das Konzil von Trient (1545–1563)

Das von verschiedenen Seiten schon seit langem geforderte Reformkonzil, an dessen zweiter Tagungsperiode Gropper, aber auch Kardinal Giovanni Morone mitwirkten, war nach mühsamen Vorbereitungen im Dezember

1545 zu seiner ersten Sitzung zusammengetreten. Bereits im 15. Jahrhundert war die Forderung nach einer „Reform der Kirche an Haupt und Gliedern" regelmäßiger Bestandteil der sogenannten *Gravamina der Deutschen Nation* gewesen. Eine solche Reform war jedoch nicht gerade das Herzensanliegen der Renaissance-Päpste.

Zwar fand in den Jahren 1512 bis 1517 – kurz bevor Luther seine Thesen zum Ablasswesen veröffentlichte – im Lateran eine noch von Papst Julius II. (1503–1513) einberufene Synode statt, das 5. Laterankonzil, das heute als 18. ökumenisches Konzil der katholischen Kirche gezählt wird. Sein Gegenstand war jedoch nicht in erster Linie die geforderte Kirchenreform, sondern Pietro Pomponazzis (1462–1525) neuaristotelische Lehre von der Unsterblichkeit der Seele. Daneben wurde über Themen wie das Konkordat mit Frankreich gesprochen, einen neuerlich geplanten Kreuzzug sowie über Fragen der Zinsnahme und der Pfandhäuser. Vorschläge für eine Reform der Kirche wurden zwar erörtert; es wurden jedoch keine verbindlichen Beschlüsse gefasst.

Im Zuge der reformatorischen Auseinandersetzungen war seit 1524 wiederholt ein deutsches Nationalkonzil gefordert worden, das die Einheit der Kirche wiederherstellen sollte. Immer wieder zerschlugen sich solche Pläne. Als das Konzil unter Papst Paul III. (1534–1549) am 13. Dezember 1545 endlich zusammentrat, war es bereits zu spät: Die konfessionelle Konsolidierung war bereits so weit vorangeschritten, dass eine Wiedervereinigung der getrennten Lager kaum noch vorstellbar schien.

Als Konzilsort wurde die norditalienische Stadt Trient gewählt, weil sie einerseits zum Reich gehörte, andererseits von Rom rasch zu erreichen war. Erst am 4. Dezember 1563 waren die Beratungen abgeschlossen. Im Rahmen von drei Sitzungsperioden wurden theologische Themen und Fragen der Kirchenpraxis erörtert, die sich von den Anfragen der Reformatoren her aufdrängten. Eine umfassende Darstellung des christlichen Glaubens, wie sie das Zweite Vatikanische Konzil (1962–1965) vorlegt, war zu keinem Zeitpunkt angezielt. Die vom Konzil verabschiedeten Dekrete widmen sich kontroverstheologischen Fragen teils recht ausführlich; teils beschränken sie sich darauf, solche Lehren zu verurteilen, die der katholischen Lehre widersprechen.[79]

[79] Vgl. zusammenfassend: Günter Frank (Hrsg.), *Von der Reformation zur Reform. Neue Zugänge zum Konzil von Trient*, Freiburg – Basel – Wien 2015.

In seiner ersten Sitzungsperiode (1545 bis 1547) bekräftigte das Konzil gegen das reformatorische Prinzip *sola scriptura* den verbindlichen Charakter der kirchlichen Tradition. Das entsprechende Dekret stellt fest, dass die Wahrheit des Evangeliums und die Lehre der Kirche „in geschriebenen Büchern und ungeschriebenen Überlieferungen enthalten" sind (DzH 1501). Damit versicherte sich das Konzil zugleich seiner eigenen Autorität.

Ebenfalls in seiner ersten Sitzungsperiode befasste sich das Konzil mit der zentralen theologischen Herausforderung der Reformation, dem Verständnis des Rechtfertigungsgeschehens. Im Januar 1547 verabschiedete das Konzil hierzu ein ausführliches Dekret (DzH 1520–1583). Darin wird die alleinige Mittlerschaft Jesu Christi im Heilsgeschehen bekräftigt. Alles Tun der Kirche ist Dienst an dieser Mittlerschaft. Weiter wird die Bedeutung des Glaubens für die Rechtfertigung betont – Rechtfertigung lässt sich nicht durch noch so gute Werke „verdienen".

Zugleich wird das Rechtfertigungsgeschehen als ein Gnadengeschehen interpretiert, das den ganzen Menschen erfasst, verwandelt und heiligt. Rechtfertigung ist nach katholischem Verständnis „nicht nur Vergebung der Sünden [...], sondern auch Heiligung und Erneuerung des inneren Menschen durch die willentliche Annahme der Gnade und der Gaben, aufgrund derer der Mensch aus einem Ungerechten ein Gerechter und aus einem Feind ein Freund wird" (DzH 1528). Luthers Auffassung, dass auch der gerechtfertigte Mensch „Gerechter und Sünder zugleich" *(simul iustus et peccator)* ist, wird damit zurückgewiesen.

Das Rechtfertigungsdekret vertritt eine theologische Anthropologie, in der die Gnade Gottes und die Freiheit des Menschen gleichermaßen zur Geltung gelangen, doch ohne eine synergistische Position einzunehmen oder gar Pelagianismus zu vertreten. Zwar ist durch Adam die Ursünde in die Welt gekommen und durch die Fortpflanzung zu allen Menschen gelangt. Doch wird diese Ursünde durch die Taufgnade getilgt, so dass im Menschen nicht eigentlich die Sünde zurückbleibt, sondern nur – als „Begierlichkeit" *(concupiscentia)* oder „Sündenzunder" *(fomes peccati)* – seine Hinneigung zur Sünde. Da beides nach katholischer Auffassung nicht eigentlich Sünde ist, darf die Natur des Menschen nicht als wesentlich verderbt angesehen werden. Sie ist vielmehr empfänglich für die Gnade Gottes, die sie in einer übernatürlichen Weise verwandelt, heiligt und vollendet.

Dem Konzil zufolge bedarf es zur übernatürlichen Vollendung des Menschen der „zuvorkommenden Gnade" Gottes *(gratia praeveniens)*. Erst mit ihrer Hilfe kann sich der auch nach der Taufe noch zur Sünde neigende Mensch Gott zuwenden. Und erst jetzt kann er das Gute überhaupt *wollen*.

Ist er aber erst einmal durch die zuvorkommende Gnade dazu befähigt, sich Gott zuzuwenden, so kann diese Hinwendung als Tat seiner Freiheit interpretiert werden. Umgekehrt kann sich der Mensch der rechtfertigenden Gnade Gottes auch verschließen; er kann ihr einen „Riegel“ *(obex)* vorschieben, so dass sie an ihm nicht wirksam wird.

Unter anderem gegen Zwinglis Verständnis der Sakramententheologie zielt die Feststellung:

> „Wer sagt, die Sakramente des Neuen Bundes enthielten nicht die Gnade, die sie bezeichnen, oder sie teilten nicht die Gnade selbst denen mit, die kein Hindernis entgegensetzen, als ob sie nur äußere Zeichen der durch den Glauben erlangten Gnade oder Gerechtigkeit seien und gewisse Kennzeichen des christlichen Bekenntnisses, nach denen sich vor den Menschen Gläubige von den Ungläubigen unterscheiden, der sei ausgeschlossen“ (DzH 1606).

Die Wirkung der Gnade sieht das Konzil darin, dass sie die menschliche Natur durch die „heiligmachende Gnade“ *(gratia sanctificans; gratia gratum faciens)* über ihre naturgegebenen Anlagen hinaus vervollkommnet.

Gegen die Reformatoren wird in einem Dekret, das neben einer Einleitung ausschließlich aus *Canones* (Verurteilungen) besteht, die Siebenzahl der Sakramente eingeschärft und ihre Einsetzung durch Christus bekräftigt (DzH 1601). Dabei ist es wesentlich, dass nach dem Verständnis des Konzils „Einsetzung“ nicht notwendig einen Stiftungsakt des historischen Jesus von Nazareth voraussetzt. Vielmehr versteht sich die katholische Kirche als durch den Auferstandenen autorisiert und durch die Kraft des Heiligen Geistes befähigt, darüber zu befinden, was eine sakramentale Handlung ist, bzw. diese als solche zu bestätigen.

Nach einer Unterbrechung der Beratungen, die durch den Schmalkaldischen Krieg (1546/47) und durch Konflikte zwischen Papst Paul III. und Kaiser Karl V. erzwungen worden war, fasste das Konzil zwischen 1551 und 1552 eine Vielzahl von Beschlüssen, welche die Sakramente betreffen. Im Rahmen dieser zweiten Sitzungsperiode wurden Dekrete über die Sakramente der Eucharistie (DzH 1635–1661), der Buße (*poenitentia*: DzH 1667–1693; 1701–1715) und der Letzten Ölung (*ultima unctio*: DzH 1694–1700; 1716–1719) verabschiedet.

In Bezug auf die Eucharistie wird auf der 13. Sitzung des Konzils festgehalten, dass das Wandlungsgeschehen „höchst angemessen“ *(aptissime)* als „Transsubstantiation“ beschrieben werden kann (DzH 1652). Damit ist die Möglichkeit angedeutet, das eucharistische Geschehen auch in anderer

Begrifflichkeit zu artikulieren – sofern nur diese der Wirklichkeit der Eucharistie besser entspricht als der Begriff der „Transsubstantiation".[80] Die tatsächliche Gegenwart Christi in der Eucharistie – seine „Realpräsenz" – wird vom Konzil als „wahrhaft, wirklich und substanzhaft" (*vere, realiter et substantialiter*: DzH 1651) charakterisiert.[81]

Dass das *Dekret über das Sakrament der Eucharistie* bereits am 11. Oktober 1551 verabschiedet wurde, die *Lehre und Kanones über das Messopfer* aber erst im Rahmen der dritten und letzten Sitzungsperiode des Konzils am 17. September 1562, deutet den mit dem Opfercharakter der Messe verbundenen eucharistietheologischen Klärungsbedarf an. Die heftige Kritik der Reformatoren am Opfercharakter der Messe wurde nicht einfach zurückgewiesen, sondern von den Konzilsvätern ebenso sorgfältig wie leidenschaftlich diskutiert. Im Ergebnis wurde die traditionelle Messopferlehre nicht aufgegeben, wohl aber der innere Zusammenhang von Kreuzesopfer und Messopfer verdeutlicht (DzH 1739–1741).

Überhaupt waren die Konzilsväter während ihrer Beratungen keineswegs immer einer Meinung. Dem päpstlichen Legaten Giovanni Morone, der als einer der wenigen Konzilstheologen die Entwicklungen in Deutschland seit 1536 persönlich kennengelernt hatte, gelang es jedoch, zwischen verschiedenen theologischen Positionen zu vermitteln und so das Konzil – nach einer zweiten Unterbrechung – in der dritten Sitzungsperiode von 1561 bis 1563 zum Abschluss zu bringen. In dieser letzten Sitzungsperiode wurden unter anderem die *Lehre von der Kommunion unter beiderlei Gestalten und von der Kommunion der Kleinkinder* (DzH 1725–1734), die erwähnte *Lehre vom Heiligen Messopfer* (DzH 1738–1760) sowie als letztes Dokument des Konzils das *Dekret über die Ablässe* (DzH 1835) verabschiedet.

Trotz seiner langen Dauer hat sich das Konzil von Trient zu keinem Zeitpunkt mit der vonseiten Luthers und der Reformatoren in Frage gestellten Rolle des Papstes in der Kirche befasst. Auch deshalb wurde der bereits im 15. Jahrhundert von papalistischen Theologen wie Juan de Torquemada (gest. 1468) gegen den Konziliarismus formulierte Primats-

---

80 Vgl. hierzu auch die Enzyklika *Mysterium fidei* (3. Sept. 1965), in der Papst Paul VI. den Begriff „Transsubstantiation" gegenüber alternativen Terminologien („Transfinalisation", „Transsignifikation") abwägt.

81 Wobei im Einzelnen durchaus offenbleibt, ob die mit diesen Begriffen angezielten Positionen tatsächlich getroffen sind. Denn auf Betreiben Melanchthons beinhaltet etwa die erwähnte *Wittenberger Konkordie* von 1536 die Formel „vere et substantialiter".

anspruch des römischen Bischofs zu einem Kennzeichen der nachkonziliaren katholischen Kirche. Am Ende des 16. Jahrhunderts wird der Kontroverstheologe Kardinal Roberto Bellarmin (1542–1621) gegen die Reformatoren gewendet von der Kirche sagen, sie sei

> „die Vereinigung der Menschen, die durch das Band des Bekenntnisses desselben Glaubens und die Teilnahme an denselben Sakramenten unter der Leitung der rechtmäßigen Hirten und besonders des einen Statthalters Christi auf Erden, des römischen Papstes, verbunden sind“ (*Disputationes* IV 3,2).

Theologisch lassen die verschiedenen Dekrete des Konzils immer wieder die Theologie des Thomas von Aquin durchscheinen. Ein Rückgriff auf Augustinus erschien vielen Konzilsvätern insofern nicht angeraten zu sein, als der Bischof von Hippo vonseiten der Reformatoren vereinnahmt galt. Als problematisch wurde auch die franziskanische Tradition (Bonaventura, besonders aber Heinrich von Gent, Duns Scotus und Wilhelm von Ockham) mit ihrer Tendenz zum Voluntarismus empfunden. Auf diese Weise erlangte Thomas von Aquin einen nachhaltig prägenden Einfluss auf die katholische Theologie in der Frühen Neuzeit.

Schon bald nach Abschluss des Konzils veröffentlichte Papst Pius IV. 1564 das *Tridentinische Glaubensbekenntnis*, das die Dekrete des Konzils zusammenfasst (DzH 1862–1870). Den zahlreichen Katechismen, die inzwischen auch auf katholischer Seite erschienen waren, stellte der Papst 1566 einen eigenen *Tridentinischen Katechismus* an die Seite. Beschlossen wurden ferner die Einrichtung von Priesterseminaren zur besseren Ausbildung der Seelsorger sowie eine Liturgiereform. Ihre auffälligsten Merkmale waren die zentrale Stellung des Hochaltars als sichtbarer Fluchtpunkt der Liturgie sowie die Bedeutung des Tabernakels als Aufbewahrungsort der eucharistischen Elemente. Hinzu kam die Einführung geschlossener Beichtstühle sowie die Bestuhlung von Kirchenräumen, um der nunmehr auch im katholischen Gottesdienst üblichen Predigt besser folgen zu können.

Für die katholische Kirche leitete das Konzil von Trient die „katholische Reform“ ein. Treffender als der früher gebräuchliche Begriff der „Gegenreformation“ ist damit gesagt, dass die katholische Kirche nach Trient nicht einfach zu jener Theologie und Praxis zurückkehrte, die sie vor der Reformation geprägt hatten. Vielmehr veränderten die Beschlüsse des Konzils den Katholizismus so sehr, dass die vier Jahrhunderte zwischen dem Konzil von Trient und dem Zweiten Vatikanischen Konzil oft als „nachtridentinisch“ bezeichnet werden.

12 Apologetik und Kontroverstheologien im Konfessionellen Zeitalter und in der Frühen Neuzeit

Im letzten Drittel des 16. Jahrhunderts ist die Theologie in Europa durch konfessionelle Konsolidierungsprozesse geprägt. Für die katholische Theologie maßgeblich bleibt für mehrere Jahrhunderte das Konzil von Trient. Für die Theologie der Reformatoren leisten Entsprechendes die „Bekenntnisschriften“ oder „Konkordien“ – Konsenstexte, in denen die verschiedenen Kirchen innerhalb des reformatorischen Lagers ihren jeweiligen Glauben verbindlich formulierten. Für die lutherischen Kirchen grundlegend ist die *Konkordienformel* von 1577, für die reformierten Kirchen das *Zweite Helvetische Bekenntnis* von 1566.

Gemeinsame Bekenntnisgrundlage aller Kirchen blieben die altkirchlichen Glaubensbekenntnisse. Das *Konkordienbuch* von 1580, die Bekenntnisgrundlage der lutherischen Kirchen, fasst die drei altkirchlichen Symbola (das Apostolicum, das Nizäno-Konstantinopolitanum und das Athanasianische Glaubensbekenntnis), ferner das Augsburger Bekenntnis von 1530, die Apologie dieses Bekenntnisses, die sogenannten *Schmalkaldischen Artikel*, den *Kleinen* und den *Großen Katechismus* Martin Luthers sowie einen Traktat von Philipp Melanchthon über die Gewalt und die Obrigkeit des Papstes als für alle Lutheraner verbindliche Texte zusammen. Nach der Heiligen Schrift sind solche Bekenntnisschriften und Konkordien noch heute die Grundlage, auf der das Selbstverständnis der verschiedenen Kirchen der Reformation ruht.

Eine wichtige Rolle spielen dabei die verschiedenen Katechismen, die teils Martin Luther selbst, teils andere Reformatoren verfasst haben. Die Katechismen vermittelten die unterschiedlichen theologischen Positionen in die gemeindliche Katechese und in den schulischen Unterricht hinein. Auf lutherischer Seite erfreuten sich Luthers *Großer Katechismus* und sein *Kleiner Katechismus* (1529) hoher Wertschätzung. Auf reformierter Seite prägten Calvins *Genfer Katechismus* (1542) und der *Heidelberger Katechismus* (1563) das konfessionelle Profil. Auf katholischer Seite waren besonders die Katechismen der beiden Jesuiten Petrus Canisius (1521–1597) und Kardinal Roberto Bellarmin (1542–1621) verbreitet. Die katholischen Katechismen boten Gesamtdarstellungen des katholischen Glaubensverständnisses, die insofern über das Konzil von Trient hinausreichten, als dieses lediglich kontroverstheologische Fragen erörtert und entschieden hatte.

Europaweit verlief der Prozess der Konfessionalisierung unterschiedlich. In Italien und Spanien, wo die Reformatoren nur eine geringe Resonanz fanden, entfaltete sich die nachtridentinische katholische Theologie weniger polemisch als in Deutschland. Vergleichbares gilt für England, wo seit 1529 die anglikanische Staatskirche ihrem Selbstverständnis nach die einzige Form kirchlich verfassten Christentums repräsentierte. Und auch in Skandinavien, wo es einen lutherischen Episkopat in apostolischer Sukzession gibt, verhinderte das Staatskirchenwesen eine Kirchenspaltung, die zu nennenswerter konfessioneller Polemik Anlass gegeben hätte.

12.1 Bezeugungsinstanzen des Glaubens: Melchior Canos „Loci theologici“

Waren es zu Beginn der Reformation einzelne Persönlichkeiten, die in den kontroverstheologischen Debatten für die eine oder andere kirchliche Richtung Partei ergriffen, so entstammten auf katholischer Seite gegen Ende des 16. Jahrhunderts die maßgeblichen Theologen mehrheitlich den Franziskanern, den Dominikanern und dem 1534 neu gegründeten Jesuitenorden. Ein Zentrum theologischer Bildung und Gelehrsamkeit war neben Rom, wo die Jesuiten 1551 das *Collegio Romano* gründeten, das spanische Salamanca. Hier hatte König Alfons IX. (1188–1230) bereits 1218 eine Universität gegründet, um den Bemühungen um eine Re-Christianisierung der Iberischen Halbinsel im Zuge der *Reconquista* eine theologische Grundlage zu verleihen. Zu den wichtigsten Vertretern der „Schule von Salamanca“ gehören die Dominikaner Francisco de Vitoria (nach 1483–1546), Domingo de Soto (1494–1560), Melchior Cano (1509–1560) und Domingo Báñez (1528–1604), ferner der Franziskaner Alfonso de Castro (1495–1558) sowie die Jesuiten Luis de Molina (1535–1600) und Francisco Suárez (1548–1617).

An der Universität von Salamanca sowie an der dominikanischen Ordenshochschule *San Esteban* wurden nicht nur theologische Themen erörtert. Die Eroberungen Portugals und des spanischen Habsburgerreiches in Süd- und Mittelamerika warfen auch Fragen auf, deren Diskussion grundlegende anthropologische und soteriologische Probleme berührte. Welcher rechtliche Status kam den „Heiden“ in den neu entdeckten Gebieten in Amerika, Afrika und Ozeanien zu? Welche Bedeutung im göttlichen Heilsplan hatte eine so große Zahl Ungetaufter? Konnten sie überhaupt als Menschen gelten? Auf lange Sicht trug die Erörterung dieser und ähnlicher Fragen zur theoretischen Begründung der neuzeitlichen Naturrechtslehre, zur Grundlegung individueller Menschenrechte und zur Entfaltung eines internationalen Völkerrechtes bei.

Ein Meilenstein auf diesem Weg war die berühmte Disputation von Valladolid (1550/51). Ausgetragen wurde sie zwischen dem Dominikaner Bartholomé de Las Casas (1484/85–1566) und dem Humanisten Juan Ginés de Sepúlveda (1495–1573); ihr Anlass war die Versklavung der Indianer in Hispaniola. Im Streit zwischen Las Casas und Sepúlveda ging es um nichts Geringeres als um die Tragfähigkeit und Reichweite einer theologischen Anthropologie, die ausgehend vom Gedanken der Gottebenbildlichkeit eines jeden Menschen diesen als Träger unveräußerlicher Rechte begriff. Zu einer Einigung kam es nicht; beide Seiten beanspruchten im Anschluss an die Disputation, diese zu ihren Gunsten entschieden zu haben.

Hinsichtlich der Methode der Theologie ging von Salamanca eine folgenreiche Neuerung aus. Jahrhundertelang hatten dem scholastischen Lehrbetrieb die *Sentenzen* des Petrus Lombardus zugrunde gelegen; nun wurden sie von der *Summa theologiae* des Thomas von Aquin abgelöst.

Noch bevor Kardinal Thomas Cajetan, der im Jahr 1518 als Ordensgeneral der Dominikaner beim Konvent der Augustiner in Augsburg Martin Luther verhörte, im Jahr 1540 seinen großen Kommentar zur *Summa theologiae* des Thomas von Aquin veröffentlichte, war die *Summa* des Aquinaten in Salamanca von seinem Ordensbruder Francisco de Vitoria kommentiert worden. Dieser hatte bereits während seiner Studien in Paris Teile der *Summa* herausgegeben; ab 1526 lehrte de Vitoria an der Universität von Salamanca. Hier ersetzte er die *Sentenzen* des Lombarden durch die *Summa* des Aquinaten. Damit legte er den Grundstein für eine Thomas-Renaissance, die nicht nur das Konzil von Trient maßgeblich beeinflusste, sondern weit über das 16. Jahrhundert hinaus ausstrahlte. Bis in die Neuscholastik des 20. Jahrhunderts hinein sollte Thomas von Aquin die maßgebliche Bezugsgröße katholischer Theologie bleiben. Lehramtliche Bekräftigungen erfuhr diese Ausrichtung im Jahr 1879 durch Papst Leo XIII. (1878–1903) und 1923 durch Papst Pius XI. (1922–1939)[82] – dies freilich zu einem Zeitpunkt, als zunehmend fraglich wurde, ob Neuscholastik und Thomis-

---

[82] 1879 durch Papst Leo XIII. in seiner Enzyklika *Aeterni patris* (DzH 3139–3140) und 1923 durch Papst Pius XI. in der Enzyklika *Studiorum ducem* (DzH 3665–3667).

mus den veränderten theologischen Herausforderungen des 20. Jahrhunderts gewachsen waren. Unter dem Eindruck von Phänomenologie und Existenzialismus zeichneten sich alternative Denkformen ab; sie sollten nach der Jahrhundertmitte die Theologie maßgeblich prägen.

Für das Verständnis der Theologie als Wissenschaft richtungsweisend wurde eine Systematik, die der Dominikanertheologe Melchior Cano (1509–1560) mit seiner theologischen Erkenntnislehre vornahm. Cano lehrte in Salamanca zunächst Philosophie, dann auch Theologie. Im Jahr 1551 wurde er von Kaiser Karl V. (1519–1556) zur zweiten Sitzungsperiode des Konzils von Trient entsandt. Canos theologische Erkenntnislehre wurde 1563 unter dem Titel *De locis theologicis* („Orte der Theologie“) posthum gedruckt.

Den Anstoß für Canos Überlegungen lieferte die durch die Reformatoren aufgeworfene Frage nach dem Verhältnis von Schrift und Tradition. Woraus schöpft der Glaube, woraus schöpft aber auch die Theologie ihre Inhalte und ihre Gewissheit? Cano greift auf Aristoteles zurück, in dessen *Topik* der Begriff τόπος *(locus)* auf die Prinzipien eines Beweisverfahrens verweist. Im Humanismus hatte der Begriff eine veränderte Bedeutung gewonnen: Hier meint *locus* nicht mehr in erster Linie einen Grundsatz, von dem her ein Wahrscheinlichkeitsbeweis zu führen ist, sondern einen Gesichtspunkt, unter dem man eine bestimmte Sache betrachten kann.

Dementsprechend hatte Philipp Melanchthon 1521 in einer *Loci communes rerum theologicarum* betitelten Schrift die *loci theologici* als Gesichtspunkte verstanden, unter denen die Stoffgebiete der Theologie thematisch gegliedert werden können. Näherhin sind dies die Themenbereiche Gott, Sünde, Gnade, Rechtfertigung, Sakramente, Obrigkeit usw. Melanchthon hat in seinen *Loci* die Theologie der Reformatoren erstmals systematisch dargestellt und in eine für den Unterricht geeignete Form gebracht. Rückblickend kann das Werk als erste reformatorische Dogmatik gelten.

Anders als bei Melanchthon umfasst der Begriff *locus* bei Cano weniger die Inhalte und Themen der Dogmatik als vielmehr deren Erkenntnisquellen. Cano will aus den *loci* die Wahrheiten der kirchlichen Lehrtradition gewinnen. Deshalb meint *locus* bei Cano eine Bezeugungsinstanz des Glaubens und der sich darauf beziehenden Theologie. Dieser Ansatz trägt der durch Thomas von Aquin gleich zu Beginn seiner *Summa theologiae* (I 1,8) formulierten Einsicht Rechnung, wonach der christliche Glaube nicht zunächst in rationaler Überlegung gründet, sondern aus einem Offenbarungs- und Überlieferungsgeschehen hervorgeht. Glaube und Theologie schöpfen ihre Inhalte deshalb primär aus Bezeugungsinstanzen wie der

Heiligen Schrift, dem kirchlichen Lehramt oder den Traditionen der Kirchenväter. Aus diesen formalen Instanzen gewinnt die Theologie inhaltliche Prinzipien, aus denen sie anschließend ihre theologischen Schlussfolgerungen ableitet.

Konkret unterscheidet Cano zwei Hauptgruppen theologischer Erkenntnisquellen: sieben „eigentliche" Erkenntnisquellen *(loci theologici proprii)* und drei Erkenntnisquellen, welche die Theologie von anderen Wissenschaften her gewinnt *(loci theologici alieni)*. Unter den eigentlichen theologischen Quellen gibt es wiederum zwei Gruppen: diejenigen, die für die Offenbarung konstitutiv sind, nämlich Schrift *(sacra scriptura)* und Tradition *(traditio)*, sowie diejenigen, die die Offenbarung interpretieren. Zu ihnen zählen das Glaubensbewusstsein der Gesamtkirche *(ecclesia catholica)*, die Konzilien *(concilia)* und der Papst *(ecclesia Romana)*, ferner die Kirchenväter *(patres)* und die Theologen der Scholastik *(scholastici theologici)*.[83]

Neben diesen im eigentlichen Sinne theologischen Quellen kennt Cano drei nichttheologische Erkenntnisquellen, nämlich den menschlichen Verstand *(ratio humana)*, die Philosophie *(philosophia)* und die Geschichte *(historia humana)*. Damit ist nichts Geringeres gesagt, als dass die Theologie in ihre Reflexionen über den Glauben auch die Einsichten der Naturwissenschaften und der Humanwissenschaften einfließen lassen muss. Anders formuliert: Theologie verfehlte ihre Aufgabe, die göttliche Offenbarung auszulegen, bezöge sie in ihre Reflexionen nicht zugleich auch die Umstände mit ein, unter denen die Offenbarung erfolgt und auf die sie bezogen ist.

Damit allerdings wird die Dimension der „Kontextualität" als substanzielle Erkenntnisquelle der Theologie gewürdigt. Wenn das Zweite Vatikanische Konzil mehrfach von den „Zeichen der Zeit" spricht, von denen her sich die Sendung der Kirche in einer bestimmten geschichtlichen Situation erschließt (vgl. *Gaudium et spes* 4.11; *Unitatis redintegratio* 4; *Presbyterorum ordinis* 9; *Apostolicam actuositatem* 14), dann hat Melchior Cano hierfür ein theoretisches Fundament gelegt. Und wenn für die Theologie zu Beginn des 21. Jahrhunderts der Dialog der Religionen und Kulturen eine zentrale Herausforderung darstellt, so galt dies nicht minder für das 16. Jahrhundert. Öffnete sich doch für Europa – und damit für das abendländische Christentum – in dieser Epoche die Vielfalt der Religionen und Kulturen

---

83 Vgl. Bernhard Körner, *Melchior Cano De locis theologicis. Ein Beitrag zur theologischen Erkenntnislehre*, Graz 1994, S. 432.

weltweit. Zugleich sah die Kirche sich dazu herausgefordert, ihr Verhältnis zu dieser kulturellen und religiösen Vielfalt auch theologisch zu klären.

12.2 Die Frage nach der Gewissheit des Glaubens: „Analysis fidei"

Innertheologisch wurde mit der Besinnung auf die Bezeugungsinstanzen des christlichen Glaubens eine Reflexion auf dessen Gewissheitsgründe unausweichlich – Gewissheitsgründe, die der Glaube für sich in Anspruch nehmen kann und muss, will er sich vor der humanen Vernunft verantworten. Diese Reflexion wird seit dem 17. Jahrhundert „Analysis fidei" genannt.

Der Begriff *analysis fidei* begegnet erstmals 1585 bei dem Jesuiten Gregor von Valencia (1549–1603) im Titel eines Buches: *Analysis fidei catholicae* („Analyse des katholischen Glaubens"). Die *analysis fidei* fragt nach der Art und Weise, wie der christliche – für Gregor der katholische – Glaube Gewissheit erlangt, wenn er sich auf Vernunft und Offenbarung stützt. Bedeutende Beiträge zu dieser Frage lieferten später der Jesuitentheologe Francisco Suárez und sein Ordensbruder, der spätere Kardinal Juan de Lugo (1583–1660). Dieser hatte sich bereits mit dem von René Descartes als Grundlage jeglicher Erkenntnisgewissheit eingeführten Prinzip des methodischen Zweifels auseinanderzusetzen.

Die zentrale Aufgabe der *analysis fidei* besteht darin, das Verhältnis zwischen der über alles hinausgehenden Gewissheit *(certitudo super omnia)* des Glaubensgegenstandes *(fides quae)* zu seiner stets begrenzten subjektiven Aneignung *(fides qua)* begrifflich zu klären. Vorausgesetzt ist dabei, dass die menschliche Vernunft Gewissheit nicht losgelöst vom Gegenstand ihres Erkennens gewinnt. So ist die Gewissheit der sich auf die Erkenntnis der Natur richtenden Wissenschaften eine andere als die Gewissheit der Theologie, insofern diese auf übernatürliche Wahrheiten zielt.

Canos Frage nach den Bezeugungsinstanzen des Glaubens ist maßgeblich durch die inzwischen manifesten konfessionellen Spaltungen veranlasst. Vergleichbares gilt für die – grundlegendere – Frage nach der Gewissheit des Glaubensaktes. Grundlegender ist diese Frage insofern, als die verschiedenen Wahrheitsansprüche miteinander konkurrierender Kirchen nicht mehr durch den bloßen Hinweis auf Bezeugungsinstanzen (Autoritäten) abgewogen und womöglich entschieden werden konnten. War doch gerade das Verhältnis von Schrift und Tradition zwischen den Konfessionen hochgradig umstritten. Konsensfähig war allein der Rekurs auf die allen Menschen gemeinsame Vernunft. Dementsprechend bemühten sich Suárez, de Lugo und andere darum, Gründe für die Wahrheit des katholischen Glaubens aus der Vernunft zu gewinnen, zugleich aber dessen Übereinstimmung mit dem Offenbarungszeugnis zu sichern.

Ihre Grenzen fanden diese Versuche darin, dass sie in ihrem Bemühen um eine rationale Vergewisserung der Glaubenszustimmung den Bereich des Übernatürlichen ausklammerten. Hier, so die Rechtfertigung der genannten Theologen, ersetzen Offenbarung und Gnade, wofür die Vernunft aus eigenem Vermögen nicht einstehen kann. Damit jedoch wird genau das verfehlt, was die *analysis fidei* leisten soll: die Glaubwürdigkeit des christlichen Glaubens auch hinsichtlich seiner ewigen Wahrheiten – darunter etwa das Bekenntnis zum trinitarischen Gott – zu erweisen.

Erst zu Beginn des 20. Jahrhunderts und in Auseinandersetzung mit neueren philosophischen Strömungen finden sich in der Theologie überzeugendere Ansätze einer *analysis fidei*. So hat etwa der französische Jesuit Pierre Rousselot (1878–1915) im Anschluss an Thomas von Aquin und Maurice Blondel (1861–1949) vorgeschlagen, im Menschen ein von Gott gewecktes „Glaubenslicht" *(lumen fidei)* anzunehmen, eine spezifische Empfänglichkeit für die Wirklichkeit Gottes.[84] Als besondere Erkenntnisfähigkeit korrespondiert dieses Glaubenslicht dem Offenbarungshandeln Gottes. Dieses Handeln erscheint dem Glaubenden in vielfältigen Zeichen, die ihm einen Zugang zur Offenbarungswirklichkeit eröffnen. Auf diese Weise kann die Zustimmung zur Offenbarung als berechtigt und verantwortbar gelten. „Glaubwürdigkeitserkenntnis" geschieht jedoch erst dann, wenn der Mensch der Offenbarung Gottes formell zustimmt. Damit sind nach Rousselot Glaubwürdigkeitserkenntnis und Glaubensgewissheit zwei Aspekte ein und desselben Aktes, des Glaubensvollzuges.

12.3 Der Streit um das Verhältnis von göttlicher Allmacht und menschlicher Freiheit

Im weiteren Sinne ordnet sich das Problem der *analysis fidei* in die Frage nach dem Verhältnis von Natur und Gnade ein: In welcher Beziehung stehen die geschaffene Wirklichkeit und das Handeln Gottes zueinander? Wie sind Schöpfungswirklichkeit und Gottes Offenbarung, menschliche

---

[84] Vgl. Pierre Rousselot, *Die Augen des Glaubens*, Einsiedeln 1963.

Freiheit und göttliche Gnade aufeinander bezogen? Konkurrieren sie miteinander? Ergänzt Gottes Gnade, was der Vernunft des Menschen und seinem endlichen Vermögen fehlt? Oder vervollkommnet die Gnade das, was im Menschen als Geschöpf bereits angelegt ist? Fragen wie diese waren in der westlichen Theologie spätestens seit Augustinus wiederholt gestellt worden. Gottschalk von Orbais und Anselm von Canterbury hatten sie erwogen; Martin Luther und Erasmus von Rotterdam hatten sich darüber entzweit.

Vor diesem Hintergrund entzündete sich gegen Ende des 16. Jahrhunderts ein theologischer Disput, dessen Ernsthaftigkeit und Konsequenz in der Geschichte der christlichen Theologie seinesgleichen sucht: der sogenannte „Gnadenstreit“ (lateinisch: *de auxiliis*). Dieser Streit hatte mit der Verurteilung einer streng augustinisch geprägten Schrift des Löwener Theologen Michael Bajus (1513–1589) durch Papst Pius V. (1566–1572) im Jahr 1567 ein Vorspiel; er endete 1607 mit einer Erklärung Papst Pauls V. (1605–1621), der zufolge der Streit vorläufig nicht zu entscheiden sei. Seither hielten sämtliche Päpste und Konzilien die im Gnadenstreit verhandelten Fragen offen.

Theologische Voraussetzungen des Gnadenstreits sind nicht nur die Schriften des Augustinus, sondern auch Bestimmungen, die das Konzil von Trient mit Blick auf die Gnadenlehre vorgenommen hatte. Die gegen die Reformatoren – und damit oft auch gegen die Humanisten – gerichteten Beschlüsse des Konzils wurden nach dessen Abschluss unterschiedlich rezipiert. Favorisierten die Dominikaner eine streng an Thomas angelehnte Interpretation, so suchten die Jesuiten auf der Grundlage ihrer Studienordnung *(ratio studiorum)* von 1599 den Anschluss an die zeitgenössische Philosophie zu wahren. Diese war im 17. Jahrhundert zunehmend durch einen cartesischen Rationalismus geprägt. Hieraus resultierten in beiden Orden unterschiedliche Interpretationen der *Summa* des Aquinaten. Diese Interpretationen wiederum führten mit Blick auf die Frage nach dem Zusammenspiel von göttlicher Gnade und menschlicher Freiheit zu unterschiedlichen Positionierungen.

In seinem Rechtfertigungsdekret hatte das Konzil von Trient bereits 1547 festgestellt, dass die rechtfertigende Gnade Gottes die Bereitschaft des Menschen voraussetzt, sich ihr zu öffnen, um in ihm wirksam werden zu können. Der Sünder kann und muss sich mithilfe der aktuellen Gnade auf den Empfang der Rechtfertigungsgnade vorbereiten; er kann sich ihr aber auch verschließen. Denn „wer behauptet, der freie Wille des Menschen sei nach dem Sündenfall Adams verloren oder ausgelöscht worden, oder er sei nur eine Sache dem Namen nach, ja sogar ein Name ohne Sache […], der sei ausgeschlossen" (DzH 1555). Gegen die Reformatoren betonte das Konzil, dass die Rechtfertigung eines Erwachsenen zwar nicht ohne Glaube möglich ist, zum Glauben aber weitere Dispositionsakte hinzukommen müssen. Das konkrete Zusammenspiel von Gnade und Freiheit hatte das Konzil nicht näher bestimmt; hier bestand fortdauernder Klärungsbedarf.

Reformatorischer Gnadenlehre war das Konzil darin entgegengekommen, dass es als allein wesensbestimmende Ursache *(causa formalis)* der Rechtfertigung nicht eine von Gott unterschiedene Gnade in Anschlag brachte, sondern jene Gerechtigkeit, in welcher der barmherzige Gott selbst dem Sünder begegnen will (DzH 1529). Diese Gerechtigkeit aber wird dem Menschen nicht nur äußerlich angerechnet („imputiert"), so dass er Gerechter und Sünder zugleich wäre *(simus iustus et peccator)*. Vielmehr heiligt Gottes rechtfertigende Gnade den Menschen so, dass sie ihn innerlich umgestaltet (DzH 1561).

Während Luther von einem Fortbestehen der Sünde auch im gerechtfertigten Menschen ausging, betont das Konzil von Trient die sündentilgende Wirkung der rechtfertigenden Gnade. Mit Thomas versteht das Konzil die Gnade als *qualitas animae*, als eine akzidentelle Bestimmung der menschlichen Seele. Die so verstandene Gnade heiligt die Seele, indem sie deren Teilhabe an der göttlichen Natur bewirkt; sie verleiht dem Gerechten ein Anrecht auf die ewige Seligkeit. Mit der heiligmachenden Gnade werden dem Menschen nicht nur die drei göttlichen Tugenden des Glaubens, der Hoffnung und der Liebe eingegossen, sondern auch die moralischen Tugenden und die Gaben des Heiligen Geistes. Allerdings kann kein Mensch ohne eine besondere göttliche Offenbarung mit Gewissheit sagen, ob er sich tatsächlich im Stand der Gnade befindet.

Nach dem Konzil von Trient beharrte die Mehrheit der katholischen Theologen darauf, dass die Freiheit des Menschen auch nach dem Sündenfall nicht gänzlich verdorben sei. Dann aber war die Frage unausweichlich, in welcher Beziehung Gottes Gnade und die Freiheit des Menschen zueinander stehen. Ungeachtet individueller Schwerpunktsetzungen betonten die Jesuiten mehr die menschliche Freiheit, die Dominikaner hingegen die göttliche Gnade. Der Streit wurde zunächst in Spanien ausgetragen, und zwar zwischen dem Jesuiten Luis de Molina (1535–1600) und dem Dominikaner Domingo Báñez (1528–1604), dem Beichtvater der Ordensreformerin und Theologin Teresa von Ávila (1515–1582).

Seinen eigentlichen Anfang nahm der Gnadenstreit im Todesjahr Teresas. Durch die Verurteilung des radikalen Augustinismus des Michael Bajus durch Papst Pius V. im Jahr 1567 sahen sich der Jesuit Prudencio de Montemayor und der Augustiner Luis de León ermuntert, den Stellenwert der menschlichen Willensfreiheit zu betonen. Dies wiederum weckte den Widerspruch konkurrierender Orden. 1582 zeigte der Dominikaner Domingo Báñez die beiden wegen ihres vermeintlichen Pelagianismus bei der Inquisition an. Das – von Dominikanern geführte – Inquisitionstribunal entzog ihnen daraufhin die Lehrerlaubnis. Im Gegenzug zeigte der Augustiner Luis de León den Dominikaner Báñez wegen „Lutheranismus" beim Heiligen Stuhl an. Als Báñez freigesprochen wurde, eilte der Jesuit Luis de Molina dem Augustiner zu Hilfe. Unter dem programmatischen Titel *Liberi arbitrii cum gratiæ donis, diuina præscientia, prouidentia, prædestinatione, et reprobatione concordia* („Die Vereinbarkeit der Willensfreiheit mit den Gnadengaben, dem Vorauswissen Gottes, seiner Vorsehung, Vorherbestimmung und Verdammung") veröffentlichte Molina 1588 einen ausführlichen Kommentar zum ersten Teil der *Summa theologiae* des Thomas von Aquin, in dem er das Zusammenwirken der göttlichen Gnade mit dem freien menschlichen Willen zu erhellen suchte. Dabei betont Molina die freie Zustimmung des Menschen zum ihr vorausgehenden Angebot der göttlichen Gnade. Erst die freie Zustimmung lässt aus der „hinreichenden Gnade" *(gratia sufficiens)* eine „wirksame Gnade" *(gratia efficax)* werden.

Weil Gott die Mitwirkung des Menschen unfehlbar voraussieht *(post praevisum cooperationem hominis)*, liegt die Alternative zwischen hinreichender und wirksamer Gnade ausschließlich bei Gott, nicht etwa beim Menschen. Auf diese Weise hoffte Molina, dem Vorwurf des Pelagianismus zu entgehen.

In der Vergangenheit war die Frage nach der Beziehung zwischen Gottes Allwissenheit und der Freiheit des Menschen wiederholt kontrovers diskutiert worden.[85] Für Boethius beispielsweise war der Gegensatz zwischen menschlicher Freiheit und göttlicher Allwissenheit kaum zu überbrücken: „Denn wenn Gott alles voraussieht und auf keine Weise getäuscht werden

[85] Vgl. Michael Greiner, *Gottes wirksame Gnade und menschliche Freiheit. Wiederaufnahme eines verdrängten Schlüsselproblems*, in: Thomas Pröpper, *Theologische Anthropologie*, Bd. II, Freiburg – Basel – Wien 2011, S. 1351–1436; aus analytischer Perspektive: Johannes Grössl, *Die Freiheit des Menschen als Risiko Gottes. Der Offene Theismus als Konzeption der Vereinbarkeit von göttlicher Allwissenheit und menschlicher Freiheit* (Studien zur systematischen Theologie, Ethik und Philosophie 3), Münster 2015.

kann, muss notwendig geschehen, was die Vorsehung als zukünftig vorausgesehen hat. Daher wird es keine Willensfreiheit geben" (*Cons.* V 3). Anders als Boethius hatte der frühe Augustinus keinen Widerspruch zwischen göttlicher Allwissenheit und menschlicher Freiheit erblickt: „Weil aber Gott auch unseren zukünftigen Willen vorherweiß, folgt daraus trotzdem keineswegs, dass wir nicht mit unserem Willen etwas wollen" (*Lib. Arb.* III 7). Denn das Wissen Gottes *(praescientia)*, so Augustinus, ist nicht Ursache *(praedeterminatio)* der freien Entscheidung des Menschen. Ähnlicher Auffasssung war Anselm von Canterbury. Die menschliche Willensfreiheit meinte Anselm schon deshalb wahren zu müssen, weil anders Gott alles Unrecht in der Welt angelastet werden müsse (vgl. *Conc.* 2,3).

In seinen späteren, gegen Pelagius und die Semipelagianer gerichteten Schriften räumte Augustinus der Prädestination Gottes und seiner Gnade gegenüber der menschlichen Freiheit einen unbedingten Vorrang ein. Zwar ist das kirchliche Lehramt der Lehre von einer doppelten Prädestination nicht gefolgt. Eine theologisch befriedigende Lösung für die Frage nach dem Verhältnis von Gnade, Freiheit und göttlicher Vorhersehung brachten die Theologen im Mittelalter freilich nicht zuwege.

Thomas von Aquin vertrat die Ansicht, dass Gott nicht nur das Notwendige, sondern auch alles künftig Mögliche als gegenwärtig vor Augen stehe. Deshalb wisse Gott auch um die freien Entscheidungen der Menschen, ohne diese durch sein Wissen vorherzubestimmen (vgl. *S. Theol.* I 14,13 resp.). Diese Auskunft wurde schon im Mittelalter als unbefriedigend empfunden. Die modallogischen Überlegungen, die Duns Scotus zum Begriff des „künftig Möglichen" *(futura contingentia)* anstellte, wiesen zwar in eine verheißungsvolle Richtung, indem sie das Wissen Gottes in seinem Willen gründen lassen. Demnach erkennt Gott das Künftige nicht in seinem tatsächlichen Sein, sondern in seinem „gewollten Sein" *(esse volitum)*. Doch erst der Jesuit Luis de Molina entfaltete von diesem Gedanken her seine Konzeption eines Gott eigentümlichen „mittleren Wissens" *(scientia media)*. Dieser Theorie zufolge kann Gott eine freie Entscheidung vollständig vorhersehen, ohne sie dadurch in ihrer Freiheit einzuschränken. Zugleich will Molina mit seiner Konzeption eines „mittleren Wissens" dem Verdacht begegnen, Gottes Allmacht und seine Allwissenheit zugunsten der menschlichen Freiheit zu begrenzen.

Worin aber besteht das „mittlere Wissen" Gottes? Die *scientia media* unterscheidet sich einerseits vom natürlichen Wissen Gottes *(scientia naturalis)*, durch das er die reinen Möglichkeiten erkennt; andererseits unterscheidet sie sich von seinem freien Wissen *(scientia libera)*, mit dem Gott die Wirklichkeit in ihrer realen Existenz erfasst. Durch das – nur ihm eigene – „mittlere Wissen“ erkennt Gott im Voraus und unfehlbar die zukünftigen freien Handlungen des Menschen *(futuribilia)*. Demnach weiß Gott in seiner Ewigkeit immer schon, wie Menschen unter den ihnen vorgegebenen Bedingungen frei entscheiden werden. Entsprechend bleibt er in seinem Gnadenhandeln souverän. Gott ist nicht abhängig vom freien Willen des Menschen; zugleich bleibt die Freiheit des Menschen gewahrt. Als absolutes göttliches Vorauswissen, so Molina, respektiert die Annahme einer *scientia media* beides: sowohl die Souveränität Gottes über die Geschichte als auch die Freiheit des Menschen. Allerdings, das muss Molina einräumen, gibt es nach dieser Theorie in der Geschichte kontingente, d. h. nichtnotwendige Fakten, die Gott zwar kennt, die er aber nicht ändern kann.

Auch deshalb ließ sich der Dominikaner Domingo Báñez durch Molinas Vorschlag nicht überzeugen. War nun nicht Gottes Heilswirken doch irgendwie durch die Rücksicht auf den vorausgewussten Willen des Menschen bedingt? Nein: Gottes Wirken im Menschen – seine Gnade – musste losgelöst vom menschlichen Willen zur Geltung gebracht werden.

Anders als Molina versteht Báñez im Anschluss an Augustinus und Thomas von Aquin die göttliche Gnade deshalb als ein unfehlbares Einwirken Gottes auf den Menschen. Gegenüber dem Semipelagianismus hatte schon Augustinus darauf beharrt: „Es kann nicht die Wirkung des göttlichen Erbarmens in der Macht des Menschen liegen, so dass sich Gott vergebens erbarmte, wenn der Mensch nicht will“ (*Quaest. Simpl.* I 2,13). Und bei Thomas heißt es, Gottes freie Gnade veranlasse die menschliche Seele unmittelbar dazu, etwas zu erkennen, zu wollen oder zu tun (*Anima hominis movetur a Deo ad aliquid cognoscendum vel volendum vel agendum*: *S. Theol.* I-II 110,2; vgl. 109,1).

Nach Báñez wirkt die Gnade in Bezug auf die menschliche Seele wie ein „Hilfsmittel“ *(auxilium)*. Allerdings bewirkt sie nicht zunächst eine konkrete Handlung; vielmehr ermöglicht sie das freie *Einstimmen* des Menschen in Gottes Willen. Weil Gottes Gnade dabei unfehlbar wirkt, kommt sie einer physischen Vorausbewegung *(praemotio physica)* gleich. Die Gnade bewirkt den Übergang von einer Möglichkeit *(potentia)* zu einer Wirklichkeit *(actualitas)*. Als solche unterscheidet sie sich von einer bloß moralischen Beeinflussung. Durch die physische Vorausbewegung hebt Gott die menschliche Freiheit nicht auf; vielmehr begründet er sie allererst, so Báñez, indem er die Freiheit als Tat wirksam werden lässt. Als Freiheit begründende und ermöglichende Vorherbestimmung wahrt die so verstandene Gnade sowohl die Allwirksamkeit Gottes als auch das freie Wirken des Menschen.

Wie nun sind beide Vorschläge zu beurteilen? Molinas Konzept einer *scientia media* verabschiedet die Gnade Gottes keineswegs. Auch vor dem Hintergrund seines „mittleren Wissens" ist die Gnade ein „Hilfsmittel" *(auxilium)*, durch das Gott der menschlichen Freiheit ermöglicht, sich im Sinne seines Willens zu bestimmen. Die Gnade determiniert die Freiheit des Menschen nicht, sondern befähigt sie dazu, den Willen Gottes in Freiheit zu tun. Nach Molina ermöglicht das Zusammenwirken von göttlicher Gnade und freiem Willen die Rechtfertigung des Sünders und die sittlichen Akte des Menschen.

Aber – ist dieser *concursus divinus* letzten Endes nicht doch mindestens Semipelagianismus? Und wie verhält sich Gott zur menschlichen Freiheit, wenn sich diese zum Bösen bestimmt? Schaut Gott dem etwa macht- und tatenlos zu?

In beiden Lagern wurde die Beziehung zwischen dem Heilswirken Gottes – seiner Gnade – und der Freiheit des Menschen weiterhin unterschiedlich gefasst. Betonten die Molinisten die menschliche Freiheit, so die Anhänger des Báñez die göttliche Allwirksamkeit. Hoben die Molinisten die hinreichende Gnade Gottes hervor, so die Anhänger des Báñez die wirksame Gnade. Legten die Molinisten den Akzent auf den allgemeinen Heilswillen Gottes, so die Anhänger des Báñez auf die Notwendigkeit einer Prädestination im Einzelnen. Und fassten die Molinisten den Begriff der Vorherbestimmung *(praedestinatio)* als ein göttliches Wissen *nach* dem Vorauswissen der Verdienste des Menschen *(post praevisa merita)*, so fassten die Anhänger des Báñez den Begriff der Vorherbestimmung *vor* dem Vorauswissen der Verdienste des Menschen *(ante praevisa merita)*.

Die Defizite beider Ansätze liegen auf der Hand: Drohten bei den Anhängern Molinas die Souveränität Gottes und seine Allwirksamkeit Schaden zu nehmen, so bei den Anhängern des Báñez die menschliche Freiheit. Wie war diesem Dilemma zu entrinnen? Durch eine grundsätzliche Besinnung auf das Verhältnis von Natur und Gnade etwa?

12.4 Der Streit um das Verhältnis von Natur und Gnade

Bereits der Dominikaner Michael Bajus (1513–1589) hatte die augustinische Lehre von der unbedingten Notwendigkeit der göttlichen Gnade ins Zentrum seiner theologischen Anthropologie gerückt. Bajus hatte 1563 an der letzten Sitzungsperiode des Konzils von Trient teilgenommen. Anders als die meisten Konzilsväter berief sich Bajus in seinen Einlassungen auf Augustinus. Damit wollte er die Theologie der Reformatoren widerlegen, ohne sich auf die von den Protestanten zurückgewiesene Scholastik zu stützen. Mit dem späten Augustinus beharrte Bajus auf der Notwendigkeit der Gnade zum menschlichen Heil. Denn ohne Gottes Gnade, so Bajus, wäre die unter der Herrschaft der Sünde stehende Natur des Menschen *(natura corrupta)* unrettbar verloren. Mit Augustinus gegen Luther – das war das ambitionierte Vorhaben des Bajus.

Sein theologisches Programm trug Bajus auf dem Konzil nicht nur den Verdacht ein, sich in einer gefährlichen Nähe zum Protestantismus zu bewegen. Auch in der Sache stieß Bajus auf Skepsis. Theologen aus dem Franziskanerorden wandten ein, dass dann, wenn die Natur unbedingt der göttlichen Gnade bedarf, diese – die Gnade – nicht als ungeschuldet gelten darf. Die Wiederherstellung der gefallenen menschlichen Natur erfolge dann vielmehr aus Notwendigkeit; von einer freien Erhebung der Natur zur Vollkommenheit könne keine Rede sein.

Tatsächlich hatte Bajus keinerlei Zweifel zugelassen: Ohne Gottes Gnade ist die geschaffene Natur dem Verderben verfallen. Und ohne Gottes Gnade kann der Mensch nur sündigen. In letzter Instanz führt diese Überzeugung zu einer Naturalisierung der Gnade, die ihrem eigenen Begriff widerspricht: Eine Gnade, derer die Natur notwendigerweise bedarf, um gerettet und vollendet zu werden, ist – will man am Heilswillen Gottes festhalten – nicht mehr frei und also keine Gnade mehr.

Kritiker des Bajus haben diese Konsequenz rasch erkannt. In einem auf Drängen der Franziskaner erstellten Gutachten widersprach die Universität von Paris 1560 der Lehre des Bajus. Als der Streit eskalierte, intervenierte das kirchliche Lehramt. In einer Bulle betont Pius V. (1566–1572) sieben Jahre später, dass Gottes Gnade nur dann ungeschuldet bleibt, wenn die Natur als eine um ihrer Vollendung willen geschaffene Wirklichkeit gedacht wird (DzH 1923; 1926). Deshalb sei die geschaffene Freiheit des Menschen auch ohne die göttliche Gnade imstande, sich für das Gute zu entscheiden. Die Gnade *vollendet* die Natur; sie ist aber nicht notwendig, um die Schöpfung vor dem Verderben zu bewahren.

In den verschiedenen Traktaten und Stellungnahmen, die in diesen Jahren erscheinen, werden die Bajus und seine Gegner bewegenden Fragen deutlich: Wie kann die Ungeschuldetheit der Gnade gegenüber einer ihr bedürftigen Natur gedacht werden? Wie kann gedacht werden, dass Mensch und Natur auf Gottes Gnade angewiesen sind, um zur Vollendung zu gelangen, und dass Gott seine Gnade dennoch frei gewährt? Sind Mensch und Natur von ihrem Wesen her auf die Gnade Gottes angewiesen? Wie aber könnte die Gewährung der Gnade dann noch als frei gedacht werden? Oder sind Mensch und Natur von ihrem Wesen her der Gnade nicht bedürftig? Dann aber wären Mensch und Natur gegenüber Gott Wirklichkeiten, die womöglich sogar in sich selbst zur Vollendung gelangen könnten. Auf jeden Fall käme dem Menschen und der Natur die Gnade dann als etwas bloß Äußerliches hinzu.

Bajus ist 1589 gestorben. Fast zehn Jahre nach seinem Tod hat unter anderem Francisco Suárez gegen ihn Stellung bezogen. In seinen *Disputationes Metaphysicae* (1597) bezieht sich der Jesuit explizit auf Thomas von Aquin; anders aber als dieser kennt Suárez eine naturimmanente Vollendung des Geschöpfs. Damit entscheidet er sich für die zweite der soeben angedeuteten Möglichkeiten. Demnach bedarf es keiner durch Gottes Gnade erwirkten „Erhebung" *(elevatio)* oder „Vollendung" *(perfectio)*, um die geschaffene Natur zu ihrem Ziel zu führen. Vielmehr kommt der „reinen Natur" *(natura pura)* des Geschaffenen die aus Gnade gewirkte Vollendung als „Zugabe" *(superadditum)* hinzu. Im Menschen, so Suárez, „gibt es weder eine aktive noch passive natürliche Potenz zur Gottesschau in der Hinsicht, dass die *visio* ein konnaturales Ziel ist" (*Disp. Met.* 21). Demnach ist die Hinordnung der Natur auf die Gnade nur von Gott angeordnet, nicht aber dem Geschaffenen selbst eingestiftet. Innerhalb des Geschaffenen gibt es eine zweifache Ordnung *(duplex ordo)*: eine Ordnung der Natur und eine Ordnung der Gnade.

Der von Cajetan erstmals gebrauchte Begriff einer „reinen Natur" *(natura pura)* fasst bei Suárez das Geschaffene als neutral gegenüber der göttlichen Gnade auf. Ziel dieser begrifflichen Abstraktion ist es, die Ungeschuldetheit der Gnade und somit die Freiheit Gottes gegenüber der geschaffenen Natur zu wahren. Damit freilich entsteht das Problem, in welchem Verhältnis Natur und Gnade zueinander stehen. Wie kann Gnade noch als Erfüllung und Vollendung der Natur verstanden werden? Müssen jetzt nicht zwei Seinsordnungen voneinander unterschieden werden? Wie aber sind die Ordnung der Natur und die Ordnung der Gnade aufeinander bezogen – besonders auch mit Blick auf die von Gott verheißene Vollendung? Und überhaupt: Wenn die Natur in sich vollendbar ist, droht dann nicht Gottes Gnade überflüssig zu werden?

Die begriffsgeschichtlichen Konsequenzen dieser Lehre sind weitreichend. In historischer Rückschau legitimierte sie eine von Gott unabhängige Sicht auf Welt und Mensch. Pointiert gesprochen: Säkularität und

Moderne gründen – auch – in den barockscholastischen Disputationen um das Verhältnis von Natur und Gnade. An ihrem vorläufigen Ende steht der Begriff einer „säkularen" Wirklichkeit, die keiner Vollendung durch Gott bedarf. Und dies gilt nicht nur für die Naturdinge. Auch die dem menschlichen Geist eigene Bewegung der Selbsttranszendenz kann in letzter Konsequenz schöpfungsimmanent gedacht werden, ohne den Begriff des Menschen defizitär erscheinen zu lassen.

12.5 Der absolute Vorrang der Gnade: Augustinismus und Jansenismus

Die Lehren des Bajus von der menschlichen Sünde, dem freien Willen und der Notwendigkeit der göttlichen Gnade wurden zu Beginn des 17. Jahrhunderts durch den holländischen Theologen Cornelius Jansen (1585–1638) aufgegriffen. Schon während seiner Studien in Löwen war Jansen in die gnadentheologischen Auseinandersetzungen zwischen den Jesuiten einerseits und den Anhängern des Michael Bajus andererseits geraten. Denn die Meinungsverschiedenheiten waren trotz der päpstlichen Verurteilung von 1567 nicht beigelegt worden; zu grundlegend erschienen die von Bajus angesprochenen Fragen.

Kurz bevor er im Jahr 1638 als Bischof von Ypern an der Pest starb, hat Cornelius Jansen sein Hauptwerk *Augustinus. Oder die Lehre des heiligen Augustinus von Gesundheit und Krankheit der menschlichen Natur. Ein Heilmittel gegen die Pelagianer und die Semipelagianer* vollenden können.[86] Schon der Titel des Werkes lässt den strengen Augustinismus erkennen, dem sich Jansen zugewandt hatte. Demnach sind die menschliche Natur und der freie Wille zwar nicht von Natur aus, wohl aber unter der Herrschaft der Sünde zutiefst korrumpiert. Ob der sündige Mensch durch Gottes Gnade gerettet wird, so Jansen, hängt allein von der göttlichen Prädestination ab.

Diese Lehre schien dem theologischen Selbstverständnis der Calvinisten zu entsprechen. Umgehend widersprachen ihr die Jesuiten; erneut intervenierte das kirchliche Lehramt. Innozenz X. (1644–1655) verurteilte den

---

[86] Im lateinischen Original: *Augustinus, sive doctrina Sti. Augustini de humanae naturae sanitate, aegritudine, medicina adversus pelagianos et massilienses.* Mit den „aus Marseille Stammenden" sind Mönche wie Johannes Cassian, Faustus von Riez oder Gennadius von Marseille gemeint, die im 5. Jahrhundert den strengen Augustinismus zurückwiesen und „semipelagianische" Auffassungen vertraten.

von Jansen vertretenen extremen Augustinismus posthum im Jahr 1653. Gegen Jansen besteht der Papst auf der grundsätzlichen Freiheit des Menschen, auch ohne Gottes Gnade Gutes zu bewirken. Auch erinnert er an die Lehre des Konzils von Trient, der zufolge der Mensch die Gnade Gottes zurückweisen kann, diese also nicht ohne freie Zustimmung wirkt. Und schließlich weist Innozenz Jansens Behauptung zurück, dass Gott die einen zum ewigen Heil erwählt, die anderen aber zur ewigen Verdammnis verurteilt habe. Vielmehr habe Christus für alle Menschen gelitten und sei für das Heil aller gestorben (DzH 2001–2007).

Waren bereits die Lehren das Bajus trotz ihrer lehramtlichen Verurteilung weiter vertreten und diskutiert worden, so brachte auch Jansens Verurteilung die von ihm ausgehende Bewegung nicht zum Schweigen. Neben theologische Argumente traten kanonistische: Die Anhänger Jansens bestritten dem päpstlichen Lehramt zwar nicht das Recht, Verurteilungen auszusprechen *(quaestio iuris)*, wohl aber bestritten sie, dass die päpstlichen Verurteilungen ihre Positionen überhaupt trafen *(quaestio facti)*.

Widerhall fand der Jansenismus besonders in den beiden Zisterzienserinnenklöstern Port-Royal de Paris und Port-Royal de Champs (bei Versailles). Neben den dortigen Äbtissinnen machte sich besonders der französische Philosoph und Theologe Antoine Arnauld (1612–1694) zu ihrem Anwalt. Zusammen mit dem Philosophen Blaise Pascal (1623–1662) warf Arnauld den mehrheitlich den Reihen der Jesuiten entstammenden Kritikern „Laxismus" und eine kasuistische Beichtpraxis vor.

Die gnadentheologische Kontroverse verwandelte sich in einen Disput um die rechte christliche Lebensführung. Fortan ging es nicht mehr nur um gnadentheologische Differenzierungen, sondern auch – und oft sogar vorrangig – um Fragen der sakramentalen Praxis, und hier vor allem um die Häufigkeit von Beichte und Kommunion. Als die Jansenisten mehrere Schulen gründeten, um ihre sittlichen und religiösen Ideale zu verbreiten, drangen sie damit auf ein seit dem 16. Jahrhundert zunehmend auch von den Jesuiten beanspruchtes Hoheitsgebiet vor. Der Streit zwischen Jansenisten und Jesuiten eskalierte; unter dem Druck König Ludwigs XIV. (1643–1715) floh Arnauld 1679 nach Brüssel. Wenig später folgte ihm der französische Oratorianer Pasquier Quesnel (1634–1719) dorthin, nachdem auch er des Jansenismus verdächtigt worden war. Quesnel sollte nach Arnaulds Tod dessen Nachfolger in der Leitung der Bewegung werden.

Quesnels *Moralische Überlegungen zu den Evangelien* (*Reflexions morales sur les Évangiles*, 1693) wurden für den Jansenismus fast ebenso bedeutsam wie Jansens *Augustinus*. Nach Quesnel ist es nicht eine unspezifische

Gnade, sondern die „Gnade Christi", welche den Menschen erneuert. Dieser Christozentrismus speist sich aus der Spiritualität des französischen Oratoriums. Ohne die Gnade Christi sei der Mensch gänzlich verdorben, so Quesnel; deshalb ist sie für den Menschen heilsnotwendig. Zugleich sei sie unwiderstehlich, wenn sie einmal gewährt werde. Sie allein schenke dem Menschen die reine Liebe *(amour pur)*. Diese wiederum bewege den Menschen nicht nur zu wahrhaft sittlichen Taten; sie befähige ihn auch zu wahrer Frömmigkeit. Umgekehrt sei die Menschennatur ohne den Beistand der göttlichen Gnade völlig unfähig zum Guten.

Gegen Suárez betont Quesnel: Weder vor noch nach dem Sündenfall gibt es eine reine Natur *(natura pura)*. Vielmehr ist Adam die Ursprungsgnade *naturaliter* mitgegeben. Deshalb konnte Adam den Willen Gottes aus natürlichem Vermögen vollkommen erfüllen. Erst beim Sündenfall hat die Begehrlichkeit *(cupiditas)* den Sieg über die Liebe *(caritas)* davongetragen: Aus der Geistnatur des Menschen wurde eine Fleischesnatur.

Quesnels Auffassung, dass die Konkupiszenz als Sünde aufgefasst werden muss, weil sie die verdorbene Natur vollständig beherrscht, erinnerte seine Gegner an protestantische Lehren. Als protestantisch erschien auch Quesnels Deutung des Rechtfertigungsgeschehens: Durch seine rechtfertigende Gnade befähigt Gott den menschlichen Willen unmittelbar, dem Anreiz der Gnade zu folgen und die böse Begierlichkeit zu überwinden.

Solche Thesen weckten Misstrauen nicht nur bei den Jesuiten, sondern auch bei König Ludwig XIV. (1643–1715). Der „Sonnenkönig" *(le Roi-Soleil)* sah sich in seiner prunkvollen Hofhaltung durch die sittlichen Ideale der Jansenisten öffentlicher Kritik ausgesetzt. 1710 ließ er das Kloster Port-Royal de Champs zerstören; von Clemens XI. (1700–1721) erwirkte der König – gegen den Widerstand eines nicht unbedeutenden Teils des französischen Episkopats – im Jahr 1713 eine päpstliche Bulle, die eine umfassende Verurteilung Quesnels beinhaltete. Diese Bulle (*Unigenitus Dei Filius*: DzH 2400–2502) ist zugleich die letzte lehramtliche Verurteilung des Jansenismus.

Nicht wenige Theologen und Bischöfe sahen in der Bulle freilich auch zentrale Gedanken Augustins getroffen. Nicht zuletzt deshalb überlebte der Jansenismus seine Verurteilung – und zwar weniger als theologische Lehre denn als königs- und papstkritische Bewegung. Einen späten Nachhall erfuhr er kurz vor der Französischen Revolution auf der Synode von Pistoia (1786). Beeinflusst vom jansenistisch orientierten Bischof Scipione de' Ricci (1741–1810) verabschiedete die Synode ein Memorandum, das in vielem jansenistischen Auffassungen entsprach. Als sich dieses Memorandum in der Folge der Französischen Revolution europaweit ausbreitete, verurteilte Pius VI. (1775–1799) im Jahr 1794 nicht weniger als 85 Lehrsätze, die er den Synodenakten entnommen hatte (DzH 2600–2700).

Rückblickend tritt das grundlegende Dilemma zutage, das den Diskussionen um das Verhältnis von Natur und Gnade zugrunde lag: Ist die göttliche Gnade in Bezug auf die geschaffene menschliche Natur und die Freiheit des Menschen ungeschuldet oder notwendig? Die Frage blieb unbeantwortet.

Immerhin führten die Auseinandersetzungen des 16. und 17. Jahrhunderts zu wichtigen theologischen Klärungen. So wurde mit Blick auf den Begriff der Gnade festgestellt: Gott offenbart sich selbst („ungeschaffene Gnade") und nicht etwas von ihm Getrenntes („geschaffene Gnade"). Und spätestens im 20. Jahrhundert setzte sich die Auffassung durch: Die Natur ist als von Gott geschaffene Wirklichkeit empfänglich für die Offenbarung Gottes; es gibt keine *natura pura*. Anders nämlich müsste man zwischen Natur und Gnade streng unterscheiden. Damit aber zerbräche die Einheit der Schöpfung. Nein: Durch die Gnade Gottes und seine Offenbarung gelangt die geschaffene Natur zu ihrer kreatürlichen Bestimmung.

Mit Blick auf die menschliche Freiheit bedeutet dies: Vollzieht sich Freiheit ihrem Wesen entsprechend – und d. h. nach Kant als Autonomie –, dann vollzieht sie sich nicht in Konkurrenz zu Gott, sondern entspricht ihrer in der Schöpfung angelegten Bestimmung. Henri de Lubac, Yves Congar und Karl Rahner wurden nicht müde, in ihren Schriften auf dieses positive Entsprechungsverhältnis hinzuweisen. Der Mensch muss sich nicht zurücknehmen, damit Gott in der Welt wirksam werden kann. Vielmehr gewinnt er gerade in der Beziehung zu seinem Schöpfer seinen Eigenstand. Und umgekehrt: Gott wird in dem Maße in der Welt gegenwärtig, wie Menschen in der Nachfolge Christi ihre jeweiligen Kräfte, Gaben und Charismen zur Entfaltung bringen.

12.6 Theologien und konfessionell geprägte Frömmigkeit in der Frühen Neuzeit

Die Theologie im Europa der Frühen Neuzeit ist maßgeblich durch das Bemühen gekennzeichnet, zur konfessionellen Profilierung der nunmehr getrennten Kirchen beizutragen. Dies geschieht vor allem dadurch, dass die Theologen den konkurrierenden Wahrheitsansprüchen der Konfessionen

Begründungen liefern. Argumente hierzu boten nicht nur die im Zuge der Reformation aufgebrochenen verschiedenen Auffassungen vom Menschen und vom Wirken der Gnade, sondern auch die daraus resultierenden unterschiedlichen Formen kirchlicher und sakramentaler Praxis.

Theologie im Dienst konfessioneller Identitäten

Der Sicherung kirchlicher Identitäten diente nicht zuletzt eine konfessionell geprägte Kirchengeschichtsschreibung. Zwischen 1559 und 1574 hatten unter anderem Matthias Flacius und Johannes Wigand (1523–1587) die *Magdeburger Zenturien* erarbeitet, die erste Theologie- und Kirchengeschichte aus reformatorischer Perspektive. Katholische Gegendarstellungen ließen nicht lange auf sich warten. Bereits 1549, drei Jahre vor seinem Tod, hatte der Humanist und Theologe Johannes Cochläus (1479–1552) eine von Polemik und Ressentiments geprägte Lutherbiographie veröffentlicht, die jahrhundertelang die katholische Reformationsgeschichtsschreibung bestimmen sollte. Ebenfalls kurz vor seinem Tod konnte Kardinal Caesar Baronius (1538–1607) den letzten Band seiner insgesamt zwölf Bände umfassenden Chronik der Kirchengeschichte von Christi Geburt bis zum Jahr 1198 *(Annales ecclesiastici a Christo nato ad annum 1198)* publizieren, die er seit 1588 in Rom herausgegeben hatte. Darin betont Baronius die bruchlose Kontinuität der katholischen Kirche mit der Alten Kirche und der des Mittelalters. Baronius gilt bis heute als maßgebliche Gestalt katholischer Kirchengeschichtsschreibung.

Sowohl für die *Zenturien* als auch für die *Annales* kennzeichnend war die von den Autoren angewandte Quellenkritik. Für die weitere Kirchengeschichtsschreibung wurde sie wegweisend – so auch für den französischen Benediktiner Jean Mabillon (1632–1707). Dieser sammelte patristische und mittelalterliche theologische Handschriften und machte sie in gedruckten Editionen der theologischen Forschung zugänglich. Etwa zeitgleich edierten die Benediktiner der Kongregation des Heiligen Maurus („Mauriner“) patristische Texte. Daneben entstanden auf katholischer Seite maßgebliche Editionen der Werke scholastischer Theologen. Auf evangelischer Seite entsprachen dem zahlreiche Ausgaben reformatorischer Schriften.

Für das konfessionelle Selbstverständnis in den Gemeinden prägend wurden im 17. und 18. Jahrhundert die unterschiedlich strukturierten Katechismen und die darauf aufbauende Unterweisung in den Gemeinden. Konfessionsprägend wurden aber auch Texte und Melodien der jeweiligen

Kirchenlieder. Auf katholischer Seite profilbildend erwiesen sich fromme Gebräuche wie das Rosenkranzgebet, der tägliche Angelus und eucharistische Anbetungen, Fronleichnams- und Bittprozessionen, ferner Wallfahrten mit Empfang des Bußsakramentes. Auf evangelischer Seite wirkten sich Wortgottesdienst und Predigt, gemeinsame Lektüre der Bibel und spezifische Formen katechetischer Unterweisung konfessionsprägend aus. Ihren künstlerischen Niederschlag fanden die konfessionellen Besonderheiten nicht zuletzt in der Architektur von Kirchen und in deren künstlerischer und liturgischer Ausstattung.

In den Kirchen der Reformation kam es im 17. und 18. Jahrhundert zu einer umfassenden liturgischen Erneuerung. Deren Leitlinien entsprachen vielfach den Prinzipien der Aufklärung: Die gottesdienstlichen Liturgien sollten klar strukturiert sein, die Predigt sollte der Glaubensunterweisung und der sittlichen Orientierung der Gläubigen dienen. Diesem Ziel entsprach auch der vielerorts im Rahmen der allgemeinen Schulpflicht eingeführte Religionsunterricht.

Sowohl für katholische als auch für evangelische Theologen war die jeweilige Praxis des Glaubens Ausgangspunkt theologischer Reflexionen. In der katholischen Kirche waren es oftmals die Orden, in denen Glaubenspraxis und Theologie eine enge Verbindung eingingen. Ignatius von Loyola (1491–1556), dessen „Gesellschaft Jesu“ 1540 von Papst Paul III. (1534–1549) als neuer Orden anerkannt wurde, ist weniger als origineller Theologe hervorgetreten denn als Meister der Spiritualität und der Seelenführung.

Die Ausrichtung auf das intellektuelle Apostolat, für das die Jesuiten schon bald standen, geht vor allem auf das Wirken des Spaniers Jerónimo Nadal (1507–1580) zurück. Obwohl Nadal Ignatius bereits während seiner Studien in Paris kennengelernt hatte, war er erst nach längerem Zögern in die Gesellschaft Jesu eingetreten. Schon bald wurde er jedoch zu einem der engsten Mitarbeiter des Ordensgründers. In Messina gründete Nadal das erste auch für externe Schüler offene Jesuitenkolleg. An dessen Studienordnung orientierten sich später auch andere Jesuitenschulen. Nadal war maßgeblich dafür verantwortlich, dass die schulische Bildung auf allen Ebenen zu einer der wichtigsten Aufgaben des Jesuitenordens wurde. Dies begründete nicht zuletzt auch dessen herausragende Bedeutung im Rahmen der katholischen Reform.

Eine zentrale Stellung in dieser Reform darf auch Teresa von Ávila (1515–1582) beanspruchen, die spanische Karmelitin und Kirchenlehrerin. Ihre mystischen Schriften und Briefe wirkten weit über Spanien hinaus. Die Lektüre ihrer Autobiographie lieferte den entscheidenden Impuls für die Konversion der jüdischen Philosophin Edith Stein (1891–1942) zur katholischen Kirche. Mit großer Entschlossenheit reformierte Teresa den zu Beginn des 13. Jahrhunderts im Heiligen Land gegründeten Karmelitenorden im Sinne der Regel von 1247, der zufolge dem Orden neben dem ursprünglichen Ideal des Eremitentums auch die Seelsorge und das wissenschaftliche Studium oblagen. Vor allem aber begründete Teresa in ihren Schriften eine Form der Mystik, die darin als spezifisch neuzeitlich gelten darf, dass sie der subjektiven Dimension spiritueller Erfahrung weiten Raum gibt. Im Mittelpunkt ihrer mystischen Theologie steht der Gedanke der Freundschaft: Gott ist für Teresa nicht zunächst ein höheres Wesen, dessen Majestät Furcht einflößt, sondern der im Menschen Jesus begegnende Freund. Diese Überzeugung sollte nicht nur die Spiritualität, sondern auch die seelsorgliche Praxis des Karmelitenordens prägen. Zusammen mit Katharina von Siena (1347–1380) wurde Teresa von Ávila von Papst Paul VI. (1963–1978) im Jahr 1970 zur Kirchenlehrerin erhoben.

Auch der Teresa nahestehende Ordensreformer und Mystiker Johannes vom Kreuz (1542–1591) begründete mit seiner Aufmerksamkeit für das religiöse Individuum und dessen Erfahrung der Abwesenheit Gottes eine spezifisch neuzeitliche Gestalt mystischer Theologie. Während seiner Klosterhaft in Toledo (1577/78) verfasste Johannes das berühmte *Cántico espiritual*. In diesem „geistlichen Gesang" besingt die Seele ihre Sehnsucht nach dem ihr schmerzhaft entzogenen Geliebten. Man hat darauf aufmerksam gemacht, dass sich in der von Johannes durchlittenen Entzogenheit Gottes strukturell das protestantische „extra nos" widerspiegelt: Aus eigenem Vermögen kann sich der Mensch nicht rechtfertigen; er ist vielmehr ganz auf die ihn rechtfertigende Gnade Gottes angewiesen, der er sich im Glauben anvertrauen muss.[87]

Nachdem im 16. Jahrhundert die äußere Einheit der lateinischen Christenheit zerbrochen war, zielten die Bemühungen um eine konfessionelle Identitätsbildung in allen christlichen Kirchen und Gemeinschaften auf die Verinnerlichung des Glaubens. Der kanadische Philosoph und Politologe Charles Taylor (geb. 1931) erblickt in dieser Akzentsetzung einen maßgeblichen Beitrag zur Ausbildung des neuzeitlichen Menschenbildes.[88] Ausdruck des Bemühens um die Verinnerlichung des Glaubens ist katholi-

[87] Vgl. Gerhard Ruhbach, *Art. „Johannes vom Kreuz"*, in: Theologische Realenzyklopädie, Bd. 17, Berlin – New York 1988, S. 134–140, hier 137.

[88] Vgl. Charles Taylor, *Quellen des Selbst. Die Entstehung der neuzeitlichen Identität* [Sources of the Self. The Making of the Modern Identity, 1989], Frankfurt/M. 1996, bes. S. 207–353.

scherseits die Ausprägung einer Theologie, die wesentlich durch den Bezug auf mystische Erfahrungen charakterisiert ist. Als einer ihrer maßgeblichen Vertreter darf der Genfer Bischof, Kirchenreformer und Ordensgründer Franz von Sales (1567–1622) gelten, dessen Schriften um die Gottes- und Menschenliebe kreisen und der von dorther die katholische Dogmatik zu erschließen sucht.

Eine von der Mystik geprägte Theologie gab es nicht nur im katholischen Bereich. Auf evangelischer Seite sind der lutherische Pfarrer Johann Arndt (1555–1621) sowie die pietistischen Theologen Gerhard Tersteegen (1697–1769) und Friedrich Christoph Oetinger (1702–1782) zu nennen. Auch in ihren Texten und Dichtungen artikuliert sich das neuzeitliche Insistieren auf der Individualität der Frömmigkeit und der Gottesbeziehung. Hinzu trat bisweilen – so etwa bei Oetinger – eine von der jüdischen Kabbala und der Theosophie Jakob Böhmes (1575–1624) beeinflusste Naturmystik, der zufolge Gott und Welt innerlich aufeinander verweisen. Oetingers Theologie prägte nicht nur die Frömmigkeit des lutherischen Pietismus; vielmehr beeinflusste sie auch Dichtung und Philosophie. Einen späten Nachhall findet sie in Schellings Naturphilosophie.

Theologie und Spiritualität: Das Oratorium und der Quietismus

Im Jahr 1575 hatte der Florentiner Dominikaner Filippo Romolo Neri (1515–1595) in Rom eine Gebetsgemeinschaft gegründet, das sogenannte „Oratorium“. Dieses verstand sich als eine Gemeinschaft von Laien und Diözesanpriestern, die ohne Gelübde und mit Privateigentum zusammenlebten. Das Oratorium war aus Treffen hervorgegangen, in deren Mitte ein freies Schriftgespräch stand. Diese Praxis war seinerzeit in der katholischen Kirche ungewöhnlich; nicht selten wurde deshalb die Gemeinschaft der Nähe zum „Lutheranismus“ verdächtigt.

Die Zusammenkünfte des Oratoriums fanden auch deshalb großen Zuspruch, weil bei ihnen in der Volkssprache gebetet und gesungen wurde. Zugleich kümmerten sich die Mitglieder der Gemeinschaft um Pilger, Kranke und Arme. Nach der päpstlichen Bestätigung durch Gregor XIII. (1572–1585) entstanden in Neapel und anderenorts weitere Oratorien. Diese waren – und sind auch heute noch – eigenen Rechts, unterstehen also nicht einer zentralen Ordensleitung. Ein prominentes Mitglied und Förderer des Oratoriums war Kardinal Caesar Baronius, der Herausgeber der *Annales ecclesiastici*.

Nach dem Vorbild Philipp Neris stiftete der Jesuit Pierre de Bérulle (1575–1629) im Jahr 1611 in Paris das französische Oratorium, eine Kongregation von Weltpriestern zur Pflege der Seelsorge und Wissenschaft. Mit seiner christozentrischen, asketischen und mystischen Theologie legte Bérulle den Grundstein für die „Französische Schule der Spiritualität" *(École française de spiritualité)*. Diese übte einen maßgeblichen Einfluss auf den französischen Klerus der folgenden Jahrhunderte aus. Im Mittelpunkt der Spiritualität des Oratoriums standen persönliche Askese, gemeinsame Schriftlektüre, die Betrachtung der Menschwerdung Gottes sowie die eucharistische Anbetung. Hieraus resultiert eine christozentrische Frömmigkeit, die darauf abzielt, Christus „in den Seelen zu bilden". Demgegenüber treten traditionelle Formen der Gnadenvermittlung in den Hintergrund. Nicht zufällig geriet deshalb der bereits erwähnte Oratorianer Pasquier Quesnel (1634–1719) schon bald nach der Veröffentlichung seiner *Moralischen Überlegungen zu den Evangelien* (1693) in den Verdacht, jansenistisches Gedankengut zu vertreten. Ausschlaggebend für Quesnels Verurteilung (1713) wurde freilich seine durch den späten Augustinus inspirierte Auffassung von der Unwiderstehlichkeit der göttlichen Gnade.

Als spirituelle Sonderform des asketischen Jansenismus kann die Bewegung der „Quietisten" gelten. Diese mystische Strömung im Katholizismus wurde durch Miguel de Molinos (1628–1696) inspiriert, einen spanischen Priester, der seit 1663 in Rom lebte. Molinos' Hauptwerk ist die „Geistliche Freude" *(Guía espiritual)*. 1675 wurde das Werk in Rom erstmals veröffentlicht; schon wenige Jahre später war es aus dem Spanischen in verschiedene europäische Sprachen übersetzt und als Buch herausgegeben worden.

Nach Molinos zielt die fromme Betrachtung auf die vollständige Ruhe der Seele in Gott. Dieses Ziel wird erreicht, wenn sich ein Christ ganz auf Gott verlässt und zur vollständigen Passivität seines Willens gelangt. Dem dient vor allem ein intensives Gebetsleben, während das Bemühen um ein tugendhaftes Leben oder gute Werke, aber auch der Empfang der Sakramente diesem Ziel eher entgegenstehen.

Diese Relativierung kirchlicher Praxis traf besonders bei den Jesuiten auf Widerstand. Zielt doch die ignatianische Spiritualität auf eine Schulung der Seelenkräfte für den tätigen Dienst an Gott und Kirche. Obwohl zunächst mit einer kirchlichen Druckerlaubnis versehen, wurde Molinos' *Guía espiritual* zwanzig Jahre nach dem Erscheinen auf Betreiben jesuitischer Kreise auf den Index der verbotenen Bücher gesetzt. Molinos wurde 1685 verhaftet und „zu ewigem Kerker" verurteilt, wo er nach neunjähriger Haft starb.

Gleichwohl fand Molinos' Bewegung besonders in Frankreich einen fruchtbaren Boden. Wegbereitend wurde dabei Jeanne Marie Guyon du Chesnoy (1648–1717), eine adelige Frau, die zunächst gegen ihren Willen verheiratet worden war, nach dem Tod ihres Mannes aber ihrem ursprünglichen Bestreben folgte, ein geistliches Leben zu führen. Dabei orientierte sie sich maßgeblich am Quietismus Molinos'. Ihre ausgedehnte Reisetätigkeit führte zur Verbreitung der Bewegung in ganz Europa. Ab etwa 1680 beanspruchte Guyon, dass ihr Visionen und Offenbarungen zuteilwurden. Wesentliches Ziel christlichen Betens sei eine absolute Passivität der Seele, die jegliches Interesse an ihrem Schicksal verloren hat *(amour desinteressé)*. In diesem Zustand werde die Seele von nichts Äußerem geleitet; sie sei nichts anderes als reine Gottesliebe *(amour pur)*.

Zeitgenössische katholische Kritiker der Bewegung, darunter Jacques-Bénigne Bossuet (1627–1704), seit 1681 Bischof von Meaux, beanstandeten nicht nur die Relativierung der kirchlichen Sakramente. Sie befürchteten überdies eine übermäßige Nähe zu pantheistischen Weltanschauungen und zu östlichen Religionsformen, von denen man im 17. Jahrhundert in Europa zunehmend Kenntnis nahm. Vielen galt der Quietismus wegen seiner Vorbehalte gegenüber katholischen Frömmigkeitsformen schlicht als „Krypto-Protestantismus".

Theologiegeschichtlich bedeutsam ist Bossuets Unterscheidung zwischen theologischen Schulmeinungen einerseits und lehramtlich-verbindlichem Sprechen der kirchlichen Autoritäten andererseits. Diese Unterscheidung trifft Bossuet in seiner 1686 veröffentlichten *Exposition de la doctrine catholique sur la matière de controverse* („Darlegung der katholischen Lehre über den Gegenstand des Streites"). Gegen die „Neuerungen" der Protestanten vertritt er das theologische Prinzip eines *semper eadem* („immer dasselbe"). Wie schon Vinzenz von Lérins (gest. 435/450) in seiner „Denkschrift" *(Commonitorium)* erachtet Bossuet das als „katholisch", was „überall, immer und von allen geglaubt wurde" (*quod ubique, quod semper, quod ab omnibus creditum est*: *Com.* II, 5). Indem beide das Traditionsprinzip zum Kriterium für die Unterscheidung von Orthodoxie und Irrlehre machen, bekräftigen sie die Autorität des kirchlichen Lehramtes.

Bossuets Intervention veranlasste den dem Quietismus nahestehenden Erzbischof von Cambrai, François Fénelon Salignac de la Mothe (1651–1715), quietistische Lehrbücher von solchen Inhalten zu reinigen, die eine Relativierung der Sakramente nahezulegen und sich gegen das Bemühen um eine moralische Lebensführung auszusprechen schienen. Zugleich machte sich Fénelon zum Anwalt eines Ideals selbstloser Liebe *(amour pur)*.

Weil er dabei jedoch nach Auffassung seiner theologischen Gegner einem moralischen Rigorismus verfiel, verurteilte im Jahr 1699 das kirchliche Lehramt unter Papst Innozenz XII. (1691–1700) Fénelons Lehre als „Semiquietismus" (DzH 2351–2374).

Theologie und fromme Innerlichkeit: Der Pietismus

Jansenismus und Quietismus fanden in der Bewegung des Pietismus eine gewisse Entsprechung auf evangelischer Seite. Der Pietismus erlebte seinen Höhepunkt in Europa zwischen 1690 und 1740, strahlte aber auch bis nach Nordamerika hin aus. Bei aller inneren Differenzierung ging es den Pietisten weniger um Theologie und Kirchlichkeit als vielmehr um fromme Innerlichkeit. Diese stützte sich auf die gemeinsame Lektüre der Bibel und zielte auf die Erfahrung der göttlichen Gnade. Beides sollte zur Grundlage einer entschiedenen christlichen Lebensführung werden.

Den Rationalismus der Aufklärung und die zaghaft aufkeimende historisch-kritische Schriftauslegung lehnten die Pietisten ab, weil sie darin eine Abkehr vom Prinzip der Verbalinspiration und eine Infragestellung der göttlichen Allmacht fürchteten. Auch verstand sich der Pietismus als eine Alternative zu der sogenannten „Lutherischen Orthodoxie", einer Schule innerhalb der evangelischen Theologie, der es um eine Systematisierung der reformatorischen Lehren ging. Ihren Höhepunkt hatte die Lutherische Orthodoxie im 17. Jahrhundert erlebt. In gewisser Weise spiegelt sich in ihr das Anliegen der katholischen Barockscholastik um eine Systematisierung der Glaubenslehren wider. Doch konnte das dogmatische Schriftprinzip der Lutherischen Orthodoxie der historischen Kritik auf Dauer nicht standhalten.

Es war nicht zuletzt der für die Lutherische Orthodoxie kennzeichnende Rückgriff auf den aristotelischen Wissenschaftsbegriff, der kritische Reaktionen hervorrief – Luther selbst hatte sich gegenüber Aristoteles ausgesprochen abfällig geäußert. Auch schien eine philosophisch geleitete Interpretation der Bibel Luthers Anliegen zu widersprechen, die Heilige Schrift unmittelbar zur Geltung zu bringen. Ebendiesem Anliegen jedoch sahen sich verschiedene Theologen verpflichtet, die schon bald nach dem Hauptwerk des lutherischen Theologen Philipp Jacob Spener (1635–1705) als „Pietisten" bezeichnet wurden.

Spener, der wohl bedeutendste Theologe des Pietismus, veröffentlichte im Jahr 1675 sein Hauptwerk *Pia Desideria oder Herzliches Verlangen nach gottgefälliger Besserung der wahren evangelischen Kirche*. Darin prangerte er verschiedene Missstände in den evangelischen Kirchen und die mangelnde Bibelkenntnis der Gläubigen an. Beidem sucht er durch ein umfassendes Reformprogramm zu begegnen, dessen Begründung und konkrete Gestalt er konsequent im Rückgriff auf biblische Texte liefert. Die Botschaft der Bibel will Spener durch unmittelbare, in Bibelkreisen vom Heiligen Geist geleitete Lektüre für die Gemeindewirklichkeit erschließen; historisch-kritische Analysen lehnt er ab.

Aufgegriffen wurden Speners Ideen von Nikolaus Ludwig von Zinzendorf (1700–1760). Dieser gründete die Herrnhuter Brüdergemeine („Brüder-Unität“), wurde ihr erster Bischof und ist Dichter zahlreicher Kirchenlieder. Zinzendorfs Schriften und Lieder übten auf Theologen und Dichter wie John Wesley, Gotthold Ephraim Lessing, Johann Wolfgang von Goethe, Johann Gottfried Herder und Friedrich Schleiermacher nachhaltigen Einfluss aus.

Auch der Tübinger pietistisch-lutherische Theologe Johann Albrecht Bengel (1687–1752) lehnte die historisch-kritische Methode ab. Am traditionellen Dogma der Verbalinspiration ließ er keinerlei Zweifel aufkommen. Dies hinderte ihn jedoch nicht daran, sich als einer der Begründer der neutestamentlichen Textkritik zu profilieren. So prägte Bengel beim Vergleich von Textvarianten den für die neuere Exegese richtungsweisenden Grundsatz, dass die „schwierigere Lesart der leichteren vorzuziehen ist“ *(lectio difficilior potior)*.

Im historischen Kontext der europäischen Neuzeit kann der Pietismus als Abkehr von der verhängnisvollen Rolle der christlichen Konfessionen im Zusammenhang mit dem Dreißigjährigen Krieg (1618–1648) gedeutet werden. Der politischen Instrumentalisierung der Konfessionen suchte er durch die Wendung zur Innerlichkeit und zur Neuorientierung christlichen Lebens durch die Bibel zu begegnen. Damit musste der Pietismus unausweichlich in einen Konflikt mit der im 18. Jahrhundert zunehmend auch innerkirchlich wirksam werdenden Aufklärung geraten. Deren Infragestellung der Autorität der biblischen Schriften untergrub nämlich nicht nur die Fundamente der Lutherischen Orthodoxie, sondern auch die des Pietismus. Theologen aller Konfessionen sahen sich herausgefordert, dem Rationalismus der Aufklärung zu begegnen, ohne dabei ihren Anspruch aufzugeben, mit dem christlichen Glauben die letzte und unhintergehbare Wahrheit über Gott, Mensch und Welt zu vertreten.

13 Zwischen Offenbarungsanspruch und Zweifel: Theologien im Zeitalter der Aufklärung und des Rationalismus

Die konfessionellen Auseinandersetzungen, mehr noch aber die blutigen Konfessionskriege hatten die Menschen im 16. und 17. Jahrhundert nach der Möglichkeit eines die religiösen Gegensätze überwölbenden gesellschaftlichen und politischen Konsenses suchen lassen. Eine von allen Menschen gleichermaßen anzuerkennende Religion, so stand zu hoffen, würde keinerlei Anlass zu Streit und Krieg liefern. Wollte man ein friedvolles Miteinander der Menschen sicherstellen, ohne die Religion gänzlich zu verabschieden, so musste eine Gestalt von Religion gefunden werden, die von allen konfessionellen Eigentümlichkeiten befreit war. Um dies zu erreichen, bot sich die menschliche Vernunft als eine Instanz an, die es ermöglichte, dass alle Menschen – unabhängig von ihrer jeweiligen Konfession – miteinander übereinstimmten und friedfertig miteinander lebten.

Der Bezug auf die humane Vernunft war für die christliche Glaubensreflexion nichts grundsätzlich Neues. Von den Anfängen der Kirche her hatten Christen und christliche Theologen die Wahrheit ihres Glaubens im Medium der Vernunft zu artikulieren versucht. Den Apologeten, den Alexandrinern, den Theologen der Scholastik galt die menschliche Vernunft als tragfähige Grundlage, die Wahrheit des christlichen Glaubens überzeugend zu plausibilisieren. Auch die Religionsdialoge des Mittelalters wären ohne das Vertrauen in die Wahrheitsfähigkeit der menschlichen Vernunft undenkbar gewesen.

Durch die Rezeption des aristotelischen Wissenschaftsideals erlangte die Vernunft im Mittelalter eine kriteriologische Funktion in Bezug auf den christlichen Glauben und seine Praxis. An der Schwelle zur Frühen Neuzeit konkretisierte sich die kriteriologische Funktion der humanen Vernunft dadurch, dass ihr gegenüber nicht nur die Inhalte des christlichen Glaubens rechenschaftspflichtig waren. Vielmehr musste sich fortan der Wahrheitsanspruch des Glaubens selbst als begründet ausweisen. Spätestens seit Descartes fragt die menschliche Vernunft nach den Möglichkeitsbedingungen von Gewissheit. Damit ist nichts Geringeres als das Fundament des christlichen Glaubens vernunftgeleiteter Kritik ausgesetzt: der Glaube an die Offenbarung Gottes in der Geschichte.

Wo die Vernunft den Wahrheitsanspruch einer Religion in Frage stellt, dort entscheidet nach ihrem Selbstverständnis nicht mehr der Rekurs auf übernatürliche Offenbarungen, sondern allein sie selbst, was im Leben der Menschen und für eine Gesellschaft gut und gerecht, wahr und gewiss ist.

13.1 Ein Vorläufer theologischer Aufklärung: Der Sozinianismus

Ein frühes Beispiel für die kriteriologische Bedeutung der Vernunft sowohl hinsichtlich des Wahrheitsanspruches, den der christliche Glaube erhebt, als auch hinsichtlich seiner Inhalte liefert der Sozinianismus. Der Name der Bewegung geht auf den italienischen Humanisten Lelio Sozzini (1525–1562) und seinen Neffen Fausto Sozzini (1539–1604) zurück. Deren reformatorische Predigt fand ab 1551 besonders in Polen-Litauen Widerhall, das unter der Regierung von Sigismund II. August (1545–1572) durch religiöse Toleranz gekennzeichnet war.

Hatte sich die Alte Kirche in der Auseinandersetzung mit dem Mittleren Platonismus erfolgreich dagegen gewehrt, den philosophischen Begriff des differenzlos Einen als inhaltliches Kriterium ihrer Theologie wirksam werden zu lassen, machte sich die Bewegung der Sozinianer zur Anwältin einer philosophisch begründeten Kritik am Trinitätsdogma und an der Zwei-Naturen-Christologie, die der Vernunft den Vorrang gegenüber dem Dogma einräumte. Als vernunftwidrig galten vielen Sozinianern ferner die Lehren von der Präexistenz Christi und seiner Realpräsenz im Abendmahl. In seiner Schrift *De Iesu Christi Servatore* (1578) kritisiert Fausto Sozzini die traditionelle Satisfaktionslehre mit dem Argument, dass Gottes Wille als selbstgenügsam zu gelten habe. Deshalb sei er nicht von einem äußeren Ereignis abhängig. Und deshalb bedarf Gott zur Vergebung der Sünden keines besonderen Werkes, wie es der stellvertretende Sühnetod Christi darstellt.

Die Anhänger des Sozinianismus vertraten eine rationalistische Bibelauslegung; gegen den sich verfestigenden Konfessionalismus betonten sie die Einheit der christlichen Religion und setzten sich für religiöse, politische und gesellschaftliche Toleranz ein.

Die polnischen Sozinianer, deren Anhänger überwiegend aus humanistischen Kreisen stammten, gründeten Schulen und Hochschulen. Hier entstanden verschiedene Katechismen, in denen die Lehren der Sozinianer zusammengefasst wurden. Deren einflussreichster war der 1605 erschienene *Rakówer Katechismus*. Von der polnischen Stadt Raków breitete sich der Sozinianismus über ganz Polen und Litauen, nach Deutschland, in die Niederlande und nach England aus. Auswanderer brachten ihn von dort aus bis nach Nordamerika.

Als zu Beginn des 17. Jahrhunderts die katholische Reform an Boden gewann, wurde der Sozinianismus in Polen verboten. Die Vertreibung seiner Anhänger beförderte allerdings die Verbreitung ihrer Lehren. Frühe Aufklärer wie John Locke in England oder Voltaire in Frankreich setzten sich mit sozinianischen Ideen auseinander. In gewissem Sinne kann der Sozinianismus als Vorläufer der Aufklärung, näherhin des englischen Deismus und des französischen Rationalismus betrachtet werden. Unter dem Sammelbegriff „Unitarier“ bestehen verschiedene Zweige dieser Bewegung bis heute fort.

13.2 Eine Vergewisserung: Was ist „Aufklärung“?

In der Sicht nicht weniger Reformatoren erschien jenes Zeitalter, das der Renaissance und dem Humanismus vorausgegangen war, als eine Epoche des Niedergangs. Hatten sich doch ihrer Wahrnehmung nach Kirche und Theologie in verhängnisvoller Weise von ihren biblischen Wurzeln abgekehrt. Mit ihrer Kritik an der Vergangenheit trafen sich viele Reformatoren mit den Humanisten; nicht selten stammten sie selbst aus deren Kreisen. Viele Humanisten und Reformatoren teilten das Interesse für griechische und lateinische Literatur – und somit auch das Interesse für eine philologische Erschließung der heiligen Schriften des Alten und des Neuen Testaments.

Humanisten des 14. Jahrhunderts prägten erstmals den Begriff „Mittelalter“. Diese Epoche – die Zeit zwischen Antike und der damaligen „Moderne“ – wurde bald mit dem Prädikat „finster“ oder „dunkel“ belegt – wobei je nach Nationalität und historischer Erinnerung die Datierung des „finsteren Mittelalters“ in Europa unterschiedlich ausfallen konnte. Demgegenüber wurde die Gegenwart von den Gelehrten des 16. und 17. Jahrhunderts als „lichtvoll“ empfunden und auch so charakterisiert. Die Metaphorik der „Aufklärung“ *(illuminatio, engl. enlightenment)* in ihrer spezifischen Bedeutung für eine Epoche der europäischen Geistesgeschichte war geboren.

Bald schon emanzipierte sich die europäische Aufklärung auch von der Antike. Zwischen 1680 und 1720 wurde in Paris darüber gestritten, ob in der nun „Moderne“ genannten Gegenwart nicht eine ganz eigene Kultur im Entstehen begriffen sei, die dem Mittelalter und der Antike überlegen sei. Aus dieser „Querelle des Anciens et des Modernes“ erwuchs zunehmend das Bewusstsein der Aufklärung, mit der Vergangenheit insgesamt zu brechen und sich von überkommenen Autoritäten zu lösen. Im Jahr 1732 sprach der französische Theologe und Historiker Jean-Baptiste Dubos (1670–1742) erstmals von einem *Siècle des Lumières* („Jahrhundert der Lichter"). Die Philosophen Jean-Jacques Rousseau (1712–1778) und Jean-Baptiste le Rond d'Alembert (1717–1783) griffen den Ausdruck auf.

Im Dezember 1783 – im Todesjahr d'Alemberts – hatte der Berliner Pastor Johann Friedrich Zöllner (1753–1804) in einem Artikel der *Berlinischen Monatsschrift* beklagt, dass bislang noch niemand hinreichend klar gesagt habe, was „Aufklärung" eigentlich sei. Hierauf entspann sich in der Berliner Mittwochsgesellschaft eine lebhafte Debatte über den Begriff der Aufklärung, in deren Verlauf auch der jüdische Aufklärer Moses Mendelssohn (1729–1786) das Wort ergriff. Im Mai 1784 stellte Mendelssohn fest: „Die Worte *Aufklärung, Kultur, Bildung* sind in unsrer Sprache noch neue Ankömmlinge" *(Ueber die Frage: was heißt aufklären?)*. Seine eigenen Überlegungen zum Begriff lassen erkennen, dass Mendelssohn „Aufklärung" als zentrales Element der Bildung des Menschen versteht und beides in den umfassenden Rahmen der Kultur stellt. Dabei scheint Kultur „mehr aufs Praktische zu gehen [...]. Aufklärung hingegen scheint sich mehr aufs Theoretische zu beziehen".

Insgesamt bleiben Mendelssohns Gedanken zum Begriff der Aufklärung recht vage. Kurz darauf hingegen lieferte Immanuel Kant (1724–1804) – wiederum in der *Berlinischen Monatsschrift* – eine Begriffsbestimmung, die zur Standard-Definition von „Aufklärung" werden sollte:

> „Aufklärung ist der Ausgang des Menschen aus seiner selbst verschuldeten Unmündigkeit. Unmündigkeit ist das Unvermögen, sich seines Verstandes ohne Leitung eines anderen zu bedienen. Selbst verschuldet ist diese Unmündigkeit, wenn die Ursache derselben nicht am Mangel des Verstandes, sondern der Entschließung und des Muthes liegt, sich seiner ohne Leitung eines anderen zu bedienen. Sapere aude [wage es, verständig zu sein]! Habe Muth, dich deines eigenen Verstandes zu bedienen! ist also der Wahlspruch der Aufklärung."[89]

Die Bewegung der Aufklärung breitete sich im 18. Jahrhundert in ganz Europa und Nordamerika aus. Dabei bezeichnen Begriffe wie „lumières", „illuminismo" oder „enlightenment" durchaus unterschiedliche Akzent-

---

[89] Immanuel Kant, *Beantwortung der Frage: Was ist Aufklärung?*, in: Akademie-Ausgabe VIII 35_{1-6}.

setzungen. Im angelsächsischen Raum ist die Aufklärung wesentlich durch das Bemühen gekennzeichnet, auf der Grundlage einer wissenschaftlich geleiteten Wahrnehmung der Welt deren Rationalität zu ergründen und diese anschließend kritisch auf die Religion zu übertragen. Demgegenüber standen Philosophen der französischen Aufklärung – oft einfach „les philosophes“ genannt – den Ansprüchen von Religion und Kirche überwiegend kritisch bis ablehnend gegenüber. Hier profilierte sich die Aufklärung nicht nur kirchenkritisch, sondern – grundlegender noch – religionskritisch, ja bisweilen atheistisch.

13.3 Methodischer Zweifel oder rückhaltloser Glaube? René Descartes und Blaise Pascal

Fragt man nach den Wurzeln der Aufklärung in der Frühen Neuzeit, dann wird in Darstellungen der europäischen Geistesgeschichte meist auf Person und Werk des Philosophen und Mathematikers René Descartes (1596–1650) verwiesen. Dieser hatte unter Herzog Maximilian von Bayern (1597–1651) auf kaiserlich-katholischer Seite an den ersten Kämpfen des Dreißigjährigen Krieges und so auch an der Eroberung Prags teilgenommen, wo er unter anderem das Observatorium des 1601 verstorbenen dänischen Astronomen und Mathematikers Tycho Brahe besuchte.

Descartes' Interesse für die Naturwissenschaften blieb nicht folgenlos für Philosophie und Theologie. In seinem 1637 in Leiden herausgegebenen *Discours de la méthode pour bien conduire sa raison et chercher la verité dans les sciences* („Abhandlung über die Methode, seine Vernunft gut zu gebrauchen und die Wahrheit in den Wissenschaften zu suchen“) formuliert Descartes als „erstes Erkenntnisprinzip“, der Wissenschaftler solle „nichts für wahr halten, was nicht so klar und deutlich erkannt ist, dass es nicht in Zweifel gezogen werden kann“ (*Discours* II 7–10). Entsprechend seiner erklärten Absicht, eine universal gültige Methodologie zu begründen, gilt diese Regel nicht nur für die Mathematik oder die Naturwissenschaften; sie gilt auch für Philosophie und Theologie.

Für eine allgemeine Theorie der Erkenntnis folgert Descartes in seinem *Discours*, dass nur das als richtig und wahr akzeptiert werden darf, was durch eigene Analyse und logische Reflexion als plausibel verifiziert ist. Im Bereich der Ethik ist für den methodisch geläuterten Menschenverstand nur das akzeptabel, was sich als den allgemeinen Pflichten entsprechend und moralisch vertretbar ausweisen kann. Die Naturwissenschaft wiederum darf die

Natur zwar als durch gottgegebene und allgemeingültige Gesetze geregelt betrachten; ihre Aufgabe beschränkt sich aber darauf, die Natur rational zu erklären und so beherrschbar zu machen. Und die Metaphysik kann zwar vermittels der Logik – so etwa mit dem Satz vom zureichenden Grund – die Existenz eines vollkommenen Schöpfergottes plausibel machen. Für Offenbarung oder Kirche bleibt dabei freilich wenig Raum.

Wie nun kann die Wahrheit des Wahrgenommenen überhaupt verbürgt werden? Kann sich der Mensch doch in allem, ja in den einfachsten Dingen irren. Diese Beobachtung führt Descartes zu der Einsicht, dass für das zweifelnde Subjekt allein sein eigenes Denken unbezweifelbar ist: „Je pense donc je suis" – „Ich denke, also bin ich". Diese Formulierung findet sich in Französisch bereits im *Discours* (Teil IV 1–3), in Lateinisch erst in den späteren *Principia philosophiae* (1644). Dort heißt es unter anderem: „Ego cogito, ergo sum" (§ 7). Mit dem eigenen Denken ist für den zweifelnden Menschen ein unerschütterlicher Punkt der Gewissheit erreicht. Von ihm ausgehend sind alle anderen Gewissheiten zu begründen, die das Erkennen des Menschen beansprucht.

Zu diesen Gewissheiten zählt auch die Existenz Gottes. Descartes nähert sich ihr im Rahmen seiner sechs *Meditationes de prima philosophia* von 1641. Auch hier ist der Ausgang der Überlegungen der methodische Zweifel an jeder möglichen Erkenntnis. Und auch hier gilt der Satz „Ich bin, ich existiere" als unerschütterliches Fundament jeglicher Wahrheitserkenntnis. Eines muss freilich hinzukommen: ein machtvolles Wesen, welches dem menschlichen Bewusstsein nicht nur die Gewissheit der Existenz von Gegenständen außerhalb seiner garantiert, sondern auch verbürgt, dass das Bewusstsein von diesen Gegenständen eine „klare und bestimmte" Erkenntnis erlangt.

Denn dass es Gewissheit gibt, das hält Descartes aufgrund der Evidenz des *cogito ergo sum* für gesichert. Begründet ist diese Gewissheit aber nicht in sich selbst; denn dass Gewissheit dem Zweifel vorzuziehen ist, diese Einsicht gewinnt das menschliche Bewusstsein nicht aus sich selbst heraus. Vielmehr ist hierzu ein Wesen vorauszusetzen, das seiner Natur nach nicht nur die Inhalte des Erkennens, sondern die Gewissheit ihrer Erkenntnis *als Erkenntnisideal* verbürgt. Dieses Wesen erblickt Descartes in dem wahrhaftigen und allmächtigen Gott. Die Gewissheit von dessen Existenz resultiert nicht nur – wie bei Anselm – aus dem Begriff eines vollkommenen Wesens, sondern aus der Einsicht, dass es unbezweifelbar gewisse Erkenntnis gibt. Gott ist die notwendige Bedingung der Möglichkeit dieser Erkenntnis. Umgekehrt resultiert der immer noch mögliche Irrtum aus der Unvollkommenheit des Menschen.

Descartes' „Gottesbeweis" blieb nicht unwidersprochen. Besonders Blaise Pascal (1623–1662), dessen ursprünglich wenig religiöse Familie seit 1646 der Bewegung um Cornelius Jansen folgte, polemisierte gegen jegliche Form eines theologischen Rationalismus. Im Jahr 1647 traf Pascal mehrfach mit Descartes in Paris zusammen – allerdings wohl vor allem, um mit ihm über physikalische Fragen zu sprechen. Nach dem Tod des Vaters trat Pascals Schwester Jacqueline in das jansenistische Kloster von Port-Royal in Paris ein. Nach einem religiösen Erweckungserlebnis, das er in seinem berühmten *Memorial* von 1654 dokumentiert, sucht auch Pascal die Nähe zu Port-Royal. In seinem *Memorial* stellt er den „Gott Abrahams, Isaaks und Jakobs" dem „Gott der Philosophen" entgegen. Der Wirklichkeit Gottes nähert sich der Mensch nicht im Denken; vielmehr lässt sich Gott über mystische Erfahrungen erspüren.

In seinen 1669 posthum von Jansenisten veröffentlichten *Pensées sur la religion et sur quelques autres sujets* („Gedanken über die Religion und einige andere Gegenstände") verwirft Pascal die Gottesbeweise als nicht zwingende Gedankenexperimente. Bei Descartes verkomme Gott zum bloßen „Lückenbüßer", der die Verbindung zwischen Bewusstsein *(res cogitans)* und Körper *(res extensa)* herstellen müsse, um die Gewissheit der Erkenntnis zu verbürgen: „Der Gott Abrahams ist nicht der Gott der Philosophen", heißt es auch in den *Pensées*. Der cartesische Dualismus von *res extensa* und *res cogitans* sei nur durch das „Herz" (*cœur*: fragm. 282 Br.) oder durch den „Geist des Feinsinnes" *(l'esprit de finesse)* zu überwinden.

In diesem Zusammenhang steht auch Pascals „Wette": Demnach ist der Erwartungswert des Glaubens an die Existenz Gottes stets größer als der Erwartungswert im Fall des Unglaubens. „Wir wollen Gewinn und Verlust abwägen, setze du aufs Glauben, wenn du gewinnst, gewinnst du alles, wenn du verlierst, verlierst du nichts. Glaube also, wenn du kannst" (*Pensées*, fragm. 418 Laf.). Demgemäß ist der Glaube an Gott nicht nur richtig, sondern auch vernünftig. Kritiker dieses Gedankens haben freilich unter anderem eingewandt, dass Pascals Argumentation nur dann triftig ist, wenn vorausgesetzt wird, dass der Glaube keine Kosten verursacht – etwa durch den Zwang zu moralischer Anstrengung oder zu asketischem Verzicht.

Die verschiedenen Essays und Aphorismen, die in den *Pensées* versammelt sind, waren ursprünglich von Pascal als eine Apologie des jansenistisch interpretierten Christentums konzipiert und richteten sich gegen die von König und Papst begünstigten Jesuiten in Frankreich. Sie skizzieren pointiert die Situation des Menschen in der Welt zu Beginn der Frühen Neuzeit. Während der erste Teil der Apologie „Das Elend des Menschen ohne Gott“ zu seinem Inhalt haben sollte, geht es im zweiten Teil um „Die Glückseligkeit des Menschen mit Gott“. Im ersten Teil wird die Situation des Menschen mit teils brillanten Formulierungen charakterisiert:

> „Der Mensch ist nur ein Schilfrohr, das schwächste der Natur, aber er ist ein denkendes Schilfrohr.
> Das ganze Weltall braucht sich nicht zu waffnen, um ihn zu zermalmen, ein Dampf, ein Wassertropfen genügen, um ihn zu töten. Doch wenn das Weltall ihn zermalmte, so wäre der Mensch nur noch viel edler als das, was ihn tötet, denn er weiß ja, dass er stirbt und welche Überlegenheit ihm gegenüber das Weltall hat. Das Weltall weiß davon nichts.
> Unsere ganze Würde besteht also im Denken. Daran müssen wir uns wieder aufrichten und nicht an Raum und Zeit, die wir nicht ausfüllen können. Bemühen wir uns also, gut zu denken: das ist die Grundlage der Moral“ (Laf. 200).

Trotz seines Plädoyers für das Denken, so Pascal, kann den Menschen aus den Aporien seiner Existenz nicht die Philosophie, sondern nur der christliche Glaube befreien.

Sowohl bei René Descartes als auch bei Blaise Pascal wird die neuzeitliche Wende von der Objektivität der Wirklichkeit (Realismus) zur Frage nach der subjektiven Gewissheit erkennbar. „Subjektivität“ muss geradezu als Index der Neuzeit gelten. Fortan erfasst sich das seiner selbst bewusste Subjekt als Möglichkeitsbedingung nicht nur allen Gegenstandsbewusstseins, sondern auch seiner religiösen Überzeugung. Damit steht die Theologie vor neuen Begründungsproblemen. Anknüpfen kann sie dabei an dem zunehmend schärfer ausgeprägten Bewusstsein des Menschen darum, dass er sich nicht selbst verdankt bzw. nicht selbst begründen kann.

13.4 Um die Vernunft der Religion: Der englische Deismus und Empirismus

Die bei Descartes und Pascal unterschiedlich beantwortete Frage nach der Möglichkeit von Gewissheit, aber auch die beide verbindende Hochschätzung der Vernunft in Wissenschaft und Gesellschaft zeichneten die Frühe Neuzeit insgesamt aus. Und beides blieb nicht folgenlos für die Theologie. Denn vor dem Hintergrund der Entdeckung neuer Kontinente und Kulturen reifte im Europa des 17. Jahrhunderts die Überzeugung, dass in allen besonderen Religionen eine die Menschheit insgesamt umfassende religiöse Grundhaltung anzutreffen ist. Alle besonderen („positiven") Religionen können demnach als jeweils spezifische Ausprägungen dieser einen universalen („natürlichen") Religion gelten. Nicht zuletzt im Dienste einer universalen Toleranz sei es notwendig, hinter den unterschiedlichen Vorstellungen, Dogmen und Gebräuchen den allen Religionen gemeinsamen Kern zu identifizieren. Dieser Kern sei der humanen Vernunft zugänglich; seine Erkenntnis sei zum Heil hinreichend.

Als Erster hatte solche Überlegungen im Jahr 1624 der anglowalisische Religionsphilosoph Edward Herbert of Cherbury (1583–1648) in seinem Werk *De veritate, prout distinguitur a revelatione, a verisimili, a possibili, et a falso* („Über die Wahrheit und wie sie von der Offenbarung, dem Wahrscheinlichen, dem Möglichen und dem Falschen unterschieden wird") angestellt. In diesem auf Anregung des niederländischen Rechtsphilosophen Hugo Grotius (1583–1645) verfassten Buch vertritt Cherbury die Auffassung, dass die „natürliche Religion" des Menschen nicht mehr als fünf Grundprinzipien beinhaltet. Zu ihnen zählen die Annahme eines höheren Wesens sowie die Pflicht seiner Verehrung, ferner die Pflicht zu einer moralischen Lebensführung sowie die Pflicht zu Reue und zur Buße von Sünden und Vergehen. Hinzu komme schließlich die Erwartung, dass die Taten der Menschen nach ihrem Tod belohnt oder bestraft werden. Alles dies sei allen Menschen gleichermaßen vermittels vernunftgeleiteter Einsicht zugänglich. Deshalb bedürfe es zum Heil keiner besonderen Offenbarung – und selbstverständlich auch keiner Kirche und keiner Sakramente.

Mit seiner Kritik an der Veräußerlichung des Religiösen und mit seiner Auffassung, dass dem Christentum als Institution keinerlei Heilsbedeutung zukommt, stand Cherbury nicht allein. Vor allem im angelsächsischen Raum erschienen an der Wende vom 17. zum 18. Jahrhundert mehrere Werke, die bereits in ihren Titeln eine ähnliche Perspektive erkennen lassen. Im Jahr 1695 veröffentlichte der als Empirist geltende englische Frühaufklärer John Locke (1632–1704) ein Buch mit dem Titel *The Reasonableness of Christianity as delivered in Scriptures*. Darin sucht er nachzuweisen, dass Jesus eine Morallehre verkündigte, die mit dem allgemeinen Sittengesetz der Menschen in vollkommenem Einklang stand. Schon die paulinischen Schriften freilich beinhalteten eine theologische Verfremdung dieser ursprünglichen Heilslehre, so Locke. Ein authentisches Christentum habe sich nicht an kirchlichen Dogmen zu orientieren, sondern ausschließlich an der humanen Vernunft.

Ein Jahr später vertrat auch der irische Philosoph John Toland (1670–1722), der zuvor in Oxford gelehrt hatte, in *Christianity not Mysterious* (1696) die Auffassung, dass die biblische Offenbarung nichts beinhalte, was die menschliche Vernunft im Ausgang von natürlichen Prinzipien nicht auch aus eigener Anstrengung zu erfassen imstande wäre. Faktisch freilich sei es schon in den ersten Jahrhunderten der Kirchengeschichte zu einer Überfremdung dieser ursprünglichen Religion durch Dogmen und Riten gekommen. Diese sei nun rückgängig zu machen. Das Buch wurde 1697 in Dublin öffentlich verbrannt; 1700 folgte eine Verurteilung durch das englische Unterhaus.

Tolands Ideen waren freilich nicht mehr aus der Welt zu schaffen. In *Christianity as Old as the Creation; or, the Gospel a Republication of the Religion of Nature* (1730) erblickte der anglikanische Jurist Matthew Tindal (1657–1733) in der Bibel eine Urkunde der natürlichen Religion. Deshalb sei das Christentum so alt wie die Schöpfung; es sei im Kern die seit Anbeginn der Menschheit gegebene Naturreligion. Tindals Argument: Wenn Gott alle Menschen zur Glückseligkeit führen wollte – warum sollte er dann mit der Offenbarung dieser Absicht so lange gewartet und die Menschheit im Ungewissen gehalten haben?

Vor diesem Hintergrund plädiert auch Tindal für ein von Offenbarung und Offenbarungslehren befreites Christentum. Die Bibel sei nicht mehr als das Dokument einer „natürlichen“ Religion, welche nach Maßgabe der Vernunft zu interpretieren sei. Und die Kirche sei nur eine späte Einrichtung staatlicher Ordnung. Ihre Dogmen rechtfertigten sich insofern ausschließlich, als sie sich als moralisch nützlich und dem sozialen Frieden zuträglich erwiesen. Wahre Religion beruhe auf moralischen Grundsätzen und nehme eine tolerante Haltung gegenüber Andersdenkenden ein – ausgenommen Atheisten, welche Religion überhaupt ablehnen.

Anders als die frühere Religionsphilosophie, die in der Regel von ewigen Ideen ausging, die jedem Menschen eingestiftet seien – so etwa Cherbury –, stützte sich Tindal auf Lockes Empirismus. Alles Äußerliche ist bloßer Ausdruck innerer, ewiger Wahrheiten. Die Offenbarung zielt auf nichts anderes als auf die Bestätigung dieser Wahrheiten. „Positive“ Religionen spiegeln lediglich den unveränderlichen Gehalt der ewigen natürlichen Religion in eine institutionelle und rituelle Gestalt hinein. Deshalb besteht auch das Christentum in seinem Wahrheitskern seit Anbeginn der Welt.

Unter allen Religionen wiederum hielt Tindal ausschließlich ein von kirchlichen „Überfremdungen“ befreites Christentum für glaubwürdig.

Die Bibel sei das Dokument dieser natürlichen Religion; sie sei deshalb der Vernunft gemäß auszulegen. Biblisch bezeugte Wunder und Prophezeiungen lehnte Tindal ebenso ab wie anthropomorphe Gottesvorstellungen. Nach seiner Auffassung ist die Natur Gottes ewig, einfach, universal und vollkommen. Gleiches gilt für die sittlichen Pflichten, die der Mensch ihr gegenüber zu erfüllen hat. Deshalb besteht die Praxis der Religion aus nichts anderem als aus Moral, und diese wiederum ist wesentlich Erfüllung der universalen Pflichten der Menschen gegenüber Gott. Zu kritisieren ist alles, was in den verschiedenen Religionen – das Christentum eingeschlossen – der Einfachheit, Natürlichkeit und Vernünftigkeit von Gott und Welt zuwiderläuft. Sowohl die heiligen Schriften als auch die kirchlichen Einrichtungen und Gebräuche müssen sich an der universalen Vernunft messen, von ihr kritisieren und gegebenenfalls auch korrigieren lassen. Allein *das* in Schrift, Tradition und Kirche kann Gültigkeit beanspruchen, was in vernunftgeleiteter Weise der Ehre Gottes und dem Wohl der Menschen dient. Die Vernunft ist nicht nur Kriterium kirchlicher Praxis; sie ist vielmehr kritischer Maßstab der göttlichen Offenbarung selbst.

Tindals *Christianity as Old as the Creation* erfuhr in rascher Folge vier Auflagen und wurde schon bald als „Bibel des Deismus“ (so der US-amerikanische Religionswissenschaftler Edward Graham Waring) betrachtet. 1741 wurde das Buch ins Deutsche übersetzt. Einfluss geltend machen konnte Tindal vor allem unter protestantisch gesinnten Aufklärern in Deutschland. Tindal selbst bezeichnete sich als „christlichen Deisten“ und prägte damit einen Begriff, der die christliche Schöpfungs- und Offenbarungslehre nachhaltig herausfordern sollte.

Die von Locke vertretene empiristische Auffassung vom Erkennen des Menschen wird bei David Hume (1711–1776) entschieden religionskritisch gewendet. In seiner 1757 erschienenen Abhandlung über *The Natural History of Religion* („Die Naturgeschichte der Religion“) stellt Hume fest, dass weder die Existenz Gottes noch die Unsterblichkeit der Seele empirisch erkannt werden können. Weder die Seele noch Gott sind mögliche Gegenstände menschlicher Erfahrung. Und weil niemand eine Wahrnehmung vom Anfang aller Dinge hat, kann auch niemand Gott als letzten Urheber der Wirklichkeit erkennen.

Weil Gott also per definitionem niemals zum Gegenstand menschlicher Erfahrung wird, kann der Mensch keine wahre und gewisse Erkenntnis von seiner Natur gewinnen. Vorstellungen von Gott entstammen allein menschlichen Wünschen oder der Art und Weise, wie Menschen gelernt haben, sich Gott vorzustellen. Wenn ihnen nie Böses widerfahren ist, dann stellen sie sich Gott als ein gutherziges und gutes Wesen vor, so Hume. Wer aber niemals Liebe erfahren hat, wird sich Gott unweigerlich als böse und willkürlich handelnd vorstellen.

In den posthum veröffentlichten *Dialogues Concerning Natural Religion* („Dialoge über natürliche Religion") geht es Hume weniger um die Existenz als vielmehr um das Wesen Gottes.

> „Nicht das Dasein, sondern die Natur Gottes steht in Frage. Und von dieser behaupte ich, dass sie infolge der Schwachheit des menschlichen Verstandes uns völlig unbegreiflich und unbekannt ist. Das Wesen jenes höchsten Geistes, seine Eigenschaften, die Art seiner Existenz, die Natur seiner Dauer, dies und überhaupt jede Besonderheit eines so göttlichen Wesens, sind für den Menschen Geheimnisse. [...] Es ist Frevel, diese heiligen Dunkelheiten durchdringen zu wollen; und gleich nach der Gottlosigkeit, die sein Dasein leugnet, kommt die Verwegenheit, die in seine Natur und sein Wesen, seine Ratschlüsse und Eigenschaften Einblick zu gewinnen strebt" (*Dialoge über natürliche Religion,* Hamburg 1993, S. 17).

Die metaphysikkritischen Tendenzen des englischen Empirismus weckten aber auch Widerspruch. Eine als „Cambridger Platoniker" *(Cambridge Platonists)* bezeichnete Gruppe englischer Philosophen und Theologen – darunter Henry More (1614–1687), Ralph Cudworth (1617–1688), Benjamin Whichcote (1609–1683) und John Smith (1616–1652) – vertrat einen neuplatonisch geprägten christlichen Platonismus, dessen Wurzeln in die spätantike Philosophie (Plotin), in die Patristik (Origenes) und in die Renaissance (Marsilio Ficino; 1433–1499) zurückreichen.

In deren Geist waren die Cambridger Platoniker von der inneren Kohärenz von Vernunft und Glaube überzeugt. Weil Gott die Welt vernünftig geschaffen und geordnet hat, sind die Menschen vermittels ihrer Vernunft und aus eigener Kraft dazu imstande, die Wahrheit über Gott, Mensch und Welt zu erkennen.

Diese Überzeugung veranlasste die Cambridger Platoniker freilich dazu, die Notwendigkeit göttlicher Offenbarungen zu bestreiten. Zwar hielten sie Offenbarungen, die den Bereich der Vernunft anfänglich übersteigen, für möglich. Doch waren sie davon überzeugt, dass sich die Inhalte solcher Offenbarungen der Vernunft allmählich erschließen würden. Denn Vernunft und Glaube bilden ja keinen Gegensatz.

Weil Wissenschaft und Religion nach ihrer Überzeugung im Wesentlichen übereinstimmen, strebten die Cambridger Platoniker eine rationale

Begründung des christlichen Glaubens an. Damit freilich wurden für sie – wie bereits bei den Sozinianern – die dogmatische Christologie und die Trinitätstheologie, aber auch die Sakramententheologie zu intellektuellen Herausforderungen. Denn diese Lehren schienen der humanen Vernunft zu widersprechen.

Gegen den ethischen Rigorismus puritanisch-calvinistischer Gruppen in England traten die Cambridger Platoniker für Gewissensfreiheit in der Gesellschaft und für Toleranz in religiösen Dingen ein. Langfristig beeinflusste ihr Denken nicht nur so bedeutende Philosophen wie John Locke und Anthony Ashley-Cooper, den dritten Earl of Shaftesbury, ferner Leibniz und Newton, Berkeley und Kant. Vielmehr legten die Cambridger Platoniker auch die Fundamente für die spezifische angelsächsische Prägung von Theologie und Philosophie im Sinne eines liberalen Rationalismus.

13.5 Versuch einer Antwort auf den Deismus: Die Physiko-Theologen

Während sich weite Kreise der katholischen Kirche dem Denken der Aufklärung beharrlich verschlossen, konnte sich im 17. und 18. Jahrhundert in den evangelischen Kirchen eine eigene „Aufklärungstheologie" etablieren. Wie schon die Cambridger Platoniker versuchten ihre Anhänger, die Inhalte des geoffenbarten Glaubens mithilfe der menschlichen Vernunft zu rekonstruieren. Hieraus resultierte eine Haltung, die gewöhnlich als „theologischer Rationalismus" tituliert wird. Der theologische Rationalismus traut es der menschlichen Vernunft zu, im Ausgang von der Erfahrung und vermittels begrifflicher Analysen die Wirklichkeit Gottes sicher zu erkennen.

Viele Theologen waren im 17. und 18. Jahrhundert der Überzeugung, dass sich Gott aus der Schöpfung heraus – näherhin aus ihrer mathematisch rekonstruierbaren Ordnung – mit unbezweifelbarer Sicherheit erkennen lässt. Ähnlich hatten zwar schon die Theologen des Mittelalters mit Blick auf Weish 11,21 („Gott hat alles nach Maß, Zahl und Gewicht geordnet") Gottes Schöpfermacht gepriesen. Bonaventura meinte sogar, in den Strukturen des Geschaffenen „Spuren der Dreieinigkeit" *(vestigia trinitatis)* zu erkennen. Seit dem ausgehenden 16. Jahrhundert aber hatten die auf die Natur bezogenen Wissenschaften einen zuvor unvorstellbaren Aufschwung erlebt. Meinte noch Johannes Kepler (1571–1630) in den Planetenbahnen das Wirken der göttlichen Vorsehung identifizieren zu können, so schien die fortschreitende Erforschung der Welt und ihrer Gesetzmäßigkeiten der Hypothese „Gott" nicht mehr zu bedürfen.

Das Panorama, das sich den Europäern durch eine Folge beispielloser Horizonterweiterungen auftat, war schier überwältigend. Nachdem Kolumbus im Jahr 1492 Amerika für die Europäer entdeckt hatte, gelang 1522 die erste Umsegelung der Welt. Damit war die Kugelgestalt der Erde nachgewiesen. Vermutlich schon im 16. Jahrhundert erreichten portugiesische, französische, spanische und vor allem niederländische Seefahrer die Küsten eines bis dahin den Europäern unbekannten Kontinents, den bereits der griechische Gelehrte Claudius Ptolemäus (gest. um 160) vermutet und „Terra Australis incognita" genannt hatte. Eine Vielzahl bislang unbekannter Tiere, Pflanzen und Kulturen weitete nicht nur die Perspektiven eines weltweiten Handels, sondern weckte auch den Forscherdrang der Europäer. Die barocken „Wunderkammern" zeugen davon, in welchem Maße die Natur als Quelle zuvor unbekannter Materialien und Formen wahrgenommen wurde.

Am Beginn der Frühen Neuzeit standen zunehmend wissenschaftliche Instrumente zur Verfügung, welche die Beobachtung der Natur erleichterten und methodisch auf ein sicheres Fundament stellten, indem sie die Wiederholung von Abläufen unter reproduzierbaren Bedingungen ermöglichten. Um 1590 konstruierten die holländischen Optiker Hans und Zacharias Janssen das erste Mikroskop, um 1608 beantragte Hans Lippershey ein Patent für das erste Fernrohr. Der Spanier Michael Servet (1511–1553) machte in seinen Werken der lateinischen Welt die Theorie des Blutkreislaufes zugänglich, die der islamische Arzt Ibn an-Nafis (gest. 1288) bereits im 13. Jahrhundert entwickelt hatte; 1616 wurde die Theorie von dem englischen Arzt William Harvey (1578–1657) experimentell bestätigt. Im Jahr 1674 konstruierte Anton van Leeuwenhoek ein Mikroskop, das eine detaillierte Beobachtung von Bakterien ermöglichte. Auf der Grundlage von Überlegungen, die der niederländische Physiker Christiaan Huygens (1629–1695) angestellt hatte, konstruierte 1657 Salomo Coster die erste Pendeluhr mit Spindelhemmung; damit wurden Naturbeobachtungen unter zeitlich präzisen Bedingungen möglich.

Nachdem bereits 1543 *De revolutionibus orbium coelestium* erschienen war, das Hauptwerk des Astronomen Nikolaus Kopernikus (1473–1543), in dem er ein heliozentrisches Weltmodell vertrat, formulierte Kepler zu Beginn des 17. Jahrhunderts die Gesetze der Planetenbewegungen. Dem italienischen Universalgelehrten Galileo Galilei (1564–1642) gelangen bahnbrechende physikalische Entdeckungen; ein Jahr nach Galileis Tod wurde Isaak Newton (1643–1727) geboren, der mit seinen drei Bewegungssätzen die mathematischen Grundlagen für die klassische Mechanik legte. Zeitgleich mit Gottfried Wilhelm Leibniz (1646–1716) entwickelte Newton die Infinitesimalrechnung.

Dies sind nur einige wenige, mehr oder weniger willkürlich herausgegriffene Beispiele für den atemberaubenden Aufschwung, den Naturforschung und Mathematik in der Frühen Neuzeit nahmen. Der Satz des Paulus, man könne Gott aus der Schöpfung erkennen (vgl. Röm 1,20), wurde nun in einer zuvor ungeahnten Weise mit Inhalt gefüllt. Nicht wenige Theologen erblickten in den neuen Erkenntnissen unwiderlegbare Beweise für die Allmacht und die Weisheit Gottes. Und weil Gottes Wirken in den Wundern seiner Schöpfung zweifelsfrei erkennbar sei, so diese Theologen, könne seine Existenz vernünftigerweise nicht geleugnet werden.

Vor diesem Hintergrund angestrengte „Beweise“ der Existenz Gottes stützen sich fortan weniger auf theoretische Überlegungen als vielmehr auf vermeintliche empirische Evidenzen. Es entstand eine eigene Gattung von Gottesbeweisen, die sogenannten „physikotheologischen“ oder auch „physikoteleologischen“ Beweise. Dabei verweist der Begriff „Physikotheologie“ auf den Versuch, auf der Grundlage einer zweckhaften Einrichtung der Natur die Existenz Gottes zu plausibilisieren. Die „physikotheologischen“ bzw. „physikoteleologischen“ Beweise modifizieren die kosmologischen bzw. teleologischen „Gottesbeweise“ des Mittelalters in der Weise, dass sie ihnen nun reiches empirisches Material liefern.

Einer der wichtigsten und einflussreichsten Vertreter der Physikotheologie ist der englische Theologe und Philosoph William Paley (1745–1805). In seinem 1802 erschienenen Buch *Natural Theology* bedient sich Paley einer Analogie, um das Wirken eines Schöpfers in der Natur wahrscheinlich zu machen: Fände man am Meeresstrand einen Stein, so würde man vermuten, er habe dort schon immer gelegen. Fände man hingegen eine Uhr, dann käme wohl niemand auf diesen Gedanken. Vielmehr liege es nahe, aus der Zweckmäßigkeit, mit der die Einzelteile der Uhr zusammengefügt seien, zu schließen, dass die Uhr einen intelligenten Schöpfer – den Uhrmacher eben – gehabt habe.

Einer Uhr entsprechend zweckmäßig zusammenwirkende Einzelteile findet der Forscher nun allenthalben in der Natur, so Paley, besonders aber in lebendigen Organismen. Hier gibt es hochgradig komplex organisierte Systeme wie das Auge oder das Gehirn. Solche Systeme müssten folglich einen intelligenten Schöpfer haben. Paley nennt ihn den „Designer“: „Where there is design, there must be a designer.“ In der – von Paley noch als unveränderlich betrachteten – Schöpfung macht die universelle Adaptiertheit von Lebewesen die Existenz eines Schöpfers plausibel. In dieser Argumentation begegnet eine typisch neuzeitliche Variante des teleologischen Gottesbeweises.

Paleys Physikotheologie bereitete mit dem für sie zentralen Begriff der Adaptiertheit die Evolutionstheorie von Charles Darwin (1809–1882) vor. Allerdings erklärt Darwin den Vorgang der Adaption nicht im Rückgriff auf einen göttlichen Plan *(design)*, sondern evolutionstheoretisch durch das Wirken von Mutation und Selektion. Damit allerdings erübrigt sich die Hypothese eines Schöpfergottes. Der britische Biologe Richard Dawkins (geb. 1941) konnte deshalb von einem „blinden Uhrmacher" (*The blind Watchmaker*, 1986) sprechen. Tatsächlich wird heutzutage die Entstehung von komplexen und organisierten Systemen im Allgemeinen durch die Evolutionstheorie erklärt. Im 17. Jahrhundert hingegen versprach die Physikotheologie nicht nur, den sich anbahnenden Konflikt zwischen Theologie und Naturwissenschaften zu überwinden, sondern – mehr noch – durch eine theologische Deutung naturwissenschaftlicher Erkenntnisse eine Synthese von Glaube und Wissen herbeizuführen.

Gegen die schier unaufhaltsame „Entzauberung der Welt" (Max Weber, 1917) vermochte die Physikotheologie jedoch nicht anzukommen: Immer weniger wunderbar erschienen die Naturzusammenhänge, immer nachvollziehbarer ihre Strukuren, immer sicherer vorhersagbar ihre Prozesse. Dennoch erlebte die Physikotheologie seit den 90er Jahren des 20. Jahrhunderts in Form des sogenannten *Intelligent Design*, einer modernen Variante des Kreationismus, besonders unter US-amerikanischen Christen eine gewisse Renaissance.

13.6 Religionskritik im Namen der Vernunft: Atheismus, Materialismus und Antiklerikalismus in Frankreich

Der englische Deismus war nicht die einzige Gestalt der philosophischen Aufklärung, durch die sich christliche Theologen dazu herausgefordert sahen, die Fundamente ihres Glaubens und seine Dogmen zu überdenken. Dabei stellt sich die Aufklärungsphilosophie in Europa ausgesprochen vielgestaltig dar. Bemühten sich die englischen Deisten mehrheitlich um eine begriffliche Rekonstruktion der christlichen Religion, so beanspruchten viele französische Aufklärer die Vernunft in religionskritischer, mindestens aber doch kirchenkritischer Absicht. Das gilt zwar noch nicht für René

Descartes (1596–1650), wohl aber für Paul-Henri Thiry, den Baron d'Holbach (1723–1789), und für Jean-Jacques Rousseau (1712–1778).

Als radikaler Religionskritiker und erster Atheist der Neuzeit kann freilich ein katholischer Priester gelten, der französische Abbé Jean Meslier (1664–1729). In seinen wohl zwischen 1719 und 1729 handschriftlich verfassten *Pensées et sentiments* („Gedanken und Ansichten") bestreitet Meslier vehement die Existenz übernatürlicher Mächte – darunter auch die Existenz des christlichen Gottes. Sinn und Nutzen von Religionen werden radikal in Frage gestellt; die Kirche – aber auch den Staat – betrachtet Meslier als Ausbeuter und Unterdrücker der Armen. Mesliers Aufzeichnungen wurden erst nach seinem Tod aufgefunden. Sie zirkulierten zunächst unter der Hand; erst 1761 veröffentlichte Voltaire eine Version des „Testaments" von Meslier. Allerdings hatte er zuvor alle atheistischen und materialistischen Passagen im Text getilgt. Ging es ihm doch mit seiner Veröffentlichung vorrangig um Mesliers Kirchenkritik. Voltaires Überarbeitung des „Testaments" erfuhr durch Neuauflagen und die Aufnahme in seine Gesammelten Werke bis ins 20. Jahrhundert hinein weite Verbreitung.

Wurde Meslier deshalb lange Zeit als antiklerikaler Deist betrachtet, so gilt als erster Atheist der Aufklärung, der auch öffentlich auftrat, der Philosoph Julien Offray de La Mettrie (1709–1751). Nachdem seine frühe Schrift *Histoire Naturelle de l'Âme* („Naturgeschichte der Seele") 1745 in Paris als materialistisch und atheistisch verurteilt worden war, floh La Mettrie in das calvinistische Holland. Dort publizierte er 1748 das Werk, für das er berühmt werden sollte: *L'Homme Machine* („Der Mensch als Maschine"). Darin vertritt La Mettrie nicht nur eine radikal materialistische Anthropologie, sondern auch die These, „dass die Welt niemals glücklich sein wird, solange sie nicht atheistisch ist". Noch im gleichen Jahr verbreitete La Mettrie in seinem *Discours sur le Bonheur* („Abhandlung über das Glück") die Auffassung, dass religiöse Phänomene insgesamt als Pathologien der Seele zu gelten hätten.

An La Mettrie anknüpfend entwarf Paul-Henri Thiry d'Holbach in seinem *Système de la nature* von 1770 ein mechanistisches Weltbild, wonach die Natur rein aus sich selbst wirkt und demzufolge alle Prozesse deterministisch ablaufen. Anklänge an den metaphysischen Determinismus Spinozas drängen sich auf; doch argumentiert d'Holbach rein immanent. Die traditionellen „Gottesbeweise" hielt d'Holbach für nicht tragfähig. Der Glaube an höhere Wesen sei auf Unwissenheit, Angst und Gewohnheit zurückzuführen. Im Vergleich mit religiösen Interpretationen der Wirklichkeit erschien d'Holbach der Atheismus auch moralisch überlegen. Hier nämlich herrsche Toleranz, nicht aber religiöser Fanatismus. Religiös begründete Morallehren seien deshalb durch Vernunftmoral zu ersetzen. Anzustreben sei eine von Religion freie „Herrschaft der Moral“ (Ethokratie).

In der Rückschau profilierte sich die menschliche Vernunft in Neuzeit und Moderne zunehmend als naturwissenschaftliche und technische Vernunft. Vor diesem Hintergrund hat der Positivist Auguste Comte (1798–1857) verschiedene Male – zuletzt im Jahr 1844 im *Discours sur l'esprit positif* – sein „Drei-Stadien-Gesetz“ formuliert. Demnach wird in der Geschichte der Menschheit das ursprüngliche Stadium des „Mythos“ bzw. der „natürlichen Religion“ durch das Stadium der „positiven Religionen“ und dieses wiederum durch das Stadium der „Wissenschaft“ abgelöst. Dieses Stadium bedarf nach Comte der Religion nicht mehr, sondern stützt sich ausschließlich auf die humane Vernunft; diese wiederum dient in Naturwissenschaft und Technik dem Wohl der Menschen.

13.7 Moralismus statt Metaphysik: Voltaires Kritik an Leibniz

Für eine nicht unter kirchlichem Diktat stehende, sondern von der Vernunft geleitete Moral plädiert auch Voltaire (1694–1778). Unbarmherzig geißelt Voltaire zahlreiche Missstände in der Kirche des vorrevolutionären Frankreich. Theologiegeschichtlich bedeutsam ist vor allem sein Insistieren auf der den Gottesglauben irritierenden, ja erschütternden Erfahrung des Bösen und des Leidens in der Welt.

Voltaires Polemik war nicht zuletzt durch den Versuch des deutschen Philosophen Gottfried Wilhelm Leibniz (1646–1716) provoziert worden, die Übel in der Welt in einen umfassenden metaphysischen Sinnzusammenhang zu integrieren. Bereits der französische Aufklärer Pierre Bayle (1647–1706) hatte in der 1707 erschienenen zweiten Auflage seines *Dictionnaire historique et critique* („Historisches und kritisches Wörterbuch“; 1. Aufl. 1696) die Ansicht von Leibniz, es gebe in der Welt eine von Gott eingerichtete „prästabilierte Harmonie“, mit Blick auf die Übel in der Welt kritisiert.

Dieser Kritik suchte Leibniz mit seinen der preußischen Königin Sophie Charlotte (1668–1705) gewidmeten „Versuchen zu einer Rechtfertigung Gottes“ (*Essais de Théodicée sur la bonté de Dieu, la liberté de l'homme et l'origine du Mal*; Amsterdam 1710) zu begegnen. Darin interpretierte er den Begriff der göttlichen Vollkommenheit dahingehend, dass wegen der Vollkommenheit Gottes das von ihm Geschaffene als bestmöglich aufzufassen sei. Demnach hat der vollkommene Gott zwar keine vollkommene Welt, wohl aber die „beste aller möglichen Welten" geschaffen.

In diese Welt wirkt Gott nach ihrer Erschaffung nicht in Form besonderer Akte hinein, oder genauer: Der in sich selbst und in seinem Wirken vollkommene Gott kann in die beste aller möglichen Welten gar nicht eingreifen, weil es an ihr nichts zu verbessern gibt. Leibniz vergleicht Gott mit einem Uhrmacher, der das von ihm hergestellte vollkommene Uhrwerk einmal in Gang setzt, anschließend aber in dessen Lauf nicht mehr eingreift. Wunder sind damit ebenso problematisch geworden wie der Glaube an die Erhörung von Bittgebeten. Dass es in dieser „besten aller möglichen Welten" dennoch Übel gibt – physische und moralische –, ist nach Leibniz eine unausweichliche Konsequenz dessen, dass Gott überhaupt eine endliche Welt erschaffen hat *(malum metaphysicum)*.

Leibniz' metaphysischer Optimismus zerschellte freilich an der Erfahrung einer Wirklichkeit, deren Übel nicht mehr als Prüfungen Gottes, sondern als Infragestellungen seiner Güte wahrgenommen wurden. Allzu verstörend erschienen im 17. Jahrhundert die Leiden, die durch Naturkatastrophen, Pestepidemien, Krankheiten oder Kriege über die Menschen gekommen waren. Nicht nur der Dreißigjährige Krieg (1618–1648), sondern nicht minder der Pfälzische Erbfolgekrieg (1688–1697) und vor allem der Siebenjährige Krieg (1756–1763) brachten unvorstellbare Gräuel mit sich. Wie konnte Gott das alles nur zulassen?

Vor allem das furchtbare Erdbeben, das im Jahr 1755 die portugiesische Hafenstadt Lissabon heimsuchte, wurde in ganz Europa als Infragestellung des Glaubens an einen guten und fürsorglichen Gott interpretiert. Bereits 1756 in seinem *Poème sur le Desastre de Lisboa*, dann in seiner Satire *Candide ou l'Optimisme* (1759) polemisierte Voltaire gegen eine rationalistische Deutung des Übels im Sinne einer göttlichen Pädagogik oder eines „Mangels an Gutem" *(privatio boni)*. Unverhüllt wandte sich Voltaire gegen die optimistische Weltanschauung von Leibniz. Aufrichtiger und wahrhaftiger erschien ihm eine Haltung des aufgeklärten Skeptizismus.[90]

Die bereits im Alten Orient, in der Bibel und in der klassischen Antike laut gewordene Frage nach der Beziehung zwischen Gottes Güte, seiner

---

90 Beginnend mit Voltaire über Kleists Erzählung *Das Erdbeben in Chili* (1807), Reinhold Schneiders Erzählung *Das Erdbeben* (1932), einem Radioessay für Kinder von Walter Benjamin bis hin zu Peter Sloterdijks Roman *Der Zauberbaum* (1985) wurde das Erdbeben von Lissabon zum Inbegriff der Frage nach der Rechtfertigung Gottes angesichts des Übels in der Welt.

Allmacht und seiner Allwissenheit bewegt die Theologie bis auf den heutigen Tag. Dem Dramatiker Georg Büchner (1813–1837) gilt die Erfahrung des Leidens als „Fels des Atheismus" (*Dantons Tod* [1835], 3. Akt). Der christliche Glaube daran, dass Gott selbst in seinem Sohn gelitten hat, kann bisweilen trösten; er rechtfertigt aber nicht jegliches menschliche Leiden. Vielmehr haben die abgründigen Erfahrungen des Leidens bislang jeden Versuch einer theologischen Rechtfertigung als zynisch entlarvt. Theologen wie Johann Baptist Metz (1928–2019) oder Jürgen Moltmann (geb. 1926) bestehen deshalb darauf, dass um der Leidenden willen die Frage nach dem Grund des Übels in der Welt nicht beantwortet werden darf, sondern „offenzuhalten" ist. Die den Leidenden gegenüber allein zu vertretende Haltung sei die der Klage – ergänzt durch das politisch engagierte Bemühen, Leiden zu lindern.

13.8 Offenbarungskritik im Namen der Vernunft: Reimarus, Lessing und Immanuel Kant

Im deutschsprachigen Raum ging es den Vertretern der Aufklärung weniger um Kirchen- als vielmehr um Offenbarungskritik. Viele von ihnen wollten mithilfe der Vernunft jene Wahrheitsansprüche rekonstruieren, welche die Religionen – und hier vor allem das Christentum – erheben. Für dieses Bemühen stehen vor allem der Philosoph und Dramatiker Gotthold Ephraim Lessing (1729–1781) sowie der Königsberger Philosoph Immanuel Kant (1724–1804).

Geschichtsphilosophie und Offenbarungskritik: Gotthold Ephraim Lessing

Für Lessing gehört die Religion zur Natur des Menschen. Dem zu Beginn der Menschheitsgeschichte anzunehmenden Naturzustand sei deshalb eine „natürliche Religion" zuzuordnen. Den Begriff der „natürlichen Religion" erklärt Lessing in seiner vermutlich 1762/63 entstandenen Schrift *Über die Entstehung der geoffenbarten Religion* folgendermaßen: „Einen Gott erkennen, sich die würdigsten Begriffe von ihm zu machen suchen, auf diese würdigsten Begriffe bei allen unsern Handlungen Rücksicht nehmen, ist der vollständigste Inbegriff aller natürlichen Religion" (Werke 7, S. 282). Unter den Bedingungen des Gesellschaftsvertrages sei die allen Menschen gemeinsame natürliche Religion durch Konventionen in „positive Religionen" überführt worden. Dabei handelt es sich um Religionen mit bestimmten, für sie konstitutiven Traditionen, Institutionen und Regeln. Ihre Autorität erlangen die positiven Religionen durch die jeweilige Person ihres Stifters. Denn von ihm wird geglaubt, dass aus seinem Munde die göttliche Autorität selbst spricht. Auf diese Weise verbürgt der Religionsstifter die Wahrheit der von ihm und seinen Anhängern verkündigten Lehre.

Den von Lessing zitierten Begriff „Gesellschaftsvertrag" *(contract social)* hatte kurz zuvor der Genfer Philosoph Jean-Jacques Rousseau (1712–1778) geprägt, um damit die Herausbildung rechtlicher, dem Gemeinwohl dienlicher Strukturen in sozialen Gemeinschaften zu erklären. Zu diesen Strukturen zählen auch Formen religiöser Vergemeinschaftung, wie sie beispielsweise die christlichen Kirchen darstellen. Das im Rahmen des Gesellschaftsvertrages der natürlichen Religion Hinzugefügte ist zwar unvermeidlich, so Lessings Interpretation des Gesellschaftsvertrages; es macht die positiven Religionen aber nicht „wahr". Das Wahre an ihnen bleibt vielmehr ihr gemeinsamer Kern, die natürliche Religion.

Von Rousseau übernimmt Lessing auch die Überzeugung, dass es der Erziehung bedarf, um den Menschen zu seiner ihm von Natur aus eingestifteten Bestimmung zu führen. In seinem religionsphilosophischen Hauptwerk *Die Erziehung des Menschengeschlechts* (1780) vergleicht Lessing die Offenbarungsgeschichte mit der Erziehung des Menschen. Dabei ist die göttliche Offenbarung für die Menschheit das, was die Erziehung für den einzelnen Menschen ist. Während im Alten Testament die Erziehung durch unmittelbares Strafen und Belohnen erfolgt, wird beides im Neuen Testament ins Jenseits verlagert. Ziel der Geschichte aber sei die Verinnerlichung der Moral: Wenn sich die sittliche Vernunft zur Selbstgesetzgebung (Autonomie) entwickelt hat, bedarf es keiner Strafen oder Belohnungen mehr. Vielmehr werden die Menschen das Gute allein um des Guten willen tun.

Die Erziehung eines ausgewählten Volkes durch göttliche Offenbarung, so Lessing, ist lediglich ein Bild dessen, wie sich die gesamte Menschheit zunächst durch mythologische Erklärungen der Natur, dann aber durch die schrittweise Entmythologisierung dieser Erklärungen hin zur reinen Vernunfterklärung entwickelt. Auf dem Weg zur Erkenntnis der Wahrheit durchläuft die Menschheit einen geschichtlichen Prozess fortschreitender Emanzipation von religiösen Autoritäten und Bevormundung. Ebendarin besteht ihre Erziehung:

> „Erziehung giebt dem Menschen nichts, was er nicht auch aus sich selbst haben könnte: sie giebt ihm das, was er aus sich selber haben

> könnte, nur geschwinder und leichter. Also giebt auch die Offenbarung dem Menschengeschlechte nichts, worauf die menschliche Vernunft, sich selbst überlassen, nicht auch kommen würde: sondern sie gab und giebt ihm die wichtigsten dieser Dinge nur früher" (*Erz. des Menschengeschl.*, § 4).

Ist „Erziehung" die zentrale Funktion von Religion, so kommt Christus in diesem Rahmen lediglich die Rolle eines sittlichen Vorbilds zu. Und der für die christliche Religion grundlegende Begriff der „Offenbarung" beschränkt sich darauf, das zu bestätigen, was die Vernunft auch aus eigenem Vermögen als wahr erkennen kann. Letzten Endes mündet Lessings Kritik an Offenbarung und Kirche in ein Verständnis der Geschichte, als deren Ziel die uneingeschränkte Herrschaft der humanen Vernunft gelten muss.

Unschwer ist in dieser Konzeption der Grundgedanke der „Ringparabel" in Lessings Drama *Nathan der Weise* (1779) vorgezeichnet. Bei der Parabel handelt es sich ursprünglich um eine Erzählung iberischer Juden, auf die Lessing vermutlich in Giovanni Boccaccios (1313–1375) Novellensammlung *Il Decamerone* gestoßen ist (3. Novelle des 1. Tages). Vor dem Hintergrund seiner Religions- und Geschichtsphilosophie wird klar, dass Lessing mit der Ringparabel keineswegs sagen will, dass sich die wahre Religion durch ihre sittliche Bewährung erweist, wie oft vermutet wurde. Vielmehr geht es ihm um die Überwindung der geoffenbarten Religionen und ihrer partikulären Wahrheitsansprüche. Denn nur so kann die reine, allein von der Vernunft bestimmte Sittlichkeit zur Geltung gelangen.

Für die „positiven" bzw. geoffenbarten Religionen bedeutet dies freilich: Sie alle sind gleich wahr bzw. gleich falsch. Der Vernunft wiederum kommt die Aufgabe zu, die in den verschiedenen Offenbarungsansprüchen verborgenen Wahrheiten aufzuspüren und ihrer mythischen Überformungen zu entkleiden, um so einer universalen Sittlichkeit Geltung zu verschaffen.

Die Anfänge der historischen Bibelkritik: Hermann Samuel Reimarus

Es verwundert nicht, dass Lessings Kritik am überlieferten Offenbarungsglauben in den etablierten Kirchen auf entschiedenen Widerspruch stieß. Einen ersten Eklat hatte Lessing bereits einige Jahre zuvor provoziert, indem er ab 1774 unter dem Titel *Fragmente eines Wolfenbüttelschen Ungenannten* sukzessive Auszüge aus einem religionskritischen Werk des Hamburger Orientalisten Hermann Samuel Reimarus (1694–1768) veröffentlichte. In seiner zwischen 1736 und 1768 verfassten, doch erst nach seinem Tod von

Lessing in Auszügen („Fragmenten“) veröffentlichten und erst seit 1814 vollständig zugänglichen *Apologie oder Schutzschrift für die vernünftigen Verehrer Gottes* hielt Reimarus ein flammendes Plädoyer für die menschliche Vernunft, wenn diese sich anschickt, religiöse Wahrheiten zu erfassen.

Aufbauend auf der rationalistischen Bibelkritik, die zuvor bereits im angelsächsischen Raum bei Cherbury, Toland und Tindal laut geworden war, folgert Reimarus, dass es keiner übernatürlichen Offenbarung bedürfe, um die Wahrheiten der Religion zu erfassen. Die biblische Rede von Wundern, aber auch die Vorstellung von einer Menschwerdung des Gottessohnes und seiner Auferstehung von den Toten müssen deshalb als Symbole für eine übergeschichtliche Wahrheit verstanden werden. So hält Reimarus das neutestamentliche Zeugnis von der Auferstehung Jesu für einen Versuch der Jünger, das Scheitern ihres verehrten Meisters durch eine dessen Tod überdauernde Botschaft zu kompensieren.

Um diese These zu beweisen, identifiziert Reimarus zahlreiche Widersprüche in den Auferstehungsberichten der Evangelien. Wegen dieser Widersprüche könne „der Beweis aus der Schrift für die Auferstehung Jesu vor dem Richterstuhl der gesunden Vernunft in Ewigkeit nicht bestehen“, so Reimarus im 1778 von Lessing herausgegebenen Fragment *Von dem Zwecke Jesu und seiner Jünger* (§ 35). Die Osterbotschaft rettet freilich nicht einfach die Verkündigung Jesu über die Katastrophe des Kreuzes hinweg. Vielmehr ist sie eine kreative Interpretation der Jünger, welche die Botschaft eines politischen Messias in eine universale Heilslehre verwandelten. Infolgedessen sind die Taufe und die Feier des Abendmahls für Reimarus keine Stiftungen Jesu, sondern Schöpfungen der Urgemeinde.

Die von Reimarus aufgeworfene Frage nach dem Verhältnis zwischen dem irdischen Jesus und dem verkündigten Christus beherrscht fortan nicht nur die Exegese, sondern auch die Systematische Theologie. Letzten Endes geht es dabei um die Frage, ob und in welcher Weise der „irdische Jesus“ als Grund des christlichen Glaubens an die Selbstoffenbarung des dreifaltigen Gottes in der Geschichte beansprucht werden darf.

Lessing hat diese Herausforderung für die christliche Dogmatik klar erkannt. Im Zusammenhang mit der Diskussion um die *Fragmente* des Reimarus kritisiert er in seiner kurzen Schrift *Über den Beweis des Geistes und der Kraft* (1777) die klassische Beweisführung der Dogmatik aus dem Wunder. Wer Wunder nicht mit eigenen Augen gesehen hat, sondern auf ihre Bezeugung angewiesen ist, der kann darauf keine allgemeingültigen Wahrheiten gründen. Denn er verfügt nicht über eine unmittelbare Gewissheit der Erkenntnis. Lessing spricht deshalb von einem „garstig breiten Graben", der zwischen dem Glauben und seiner historischen Beweisbarkeit klaffe. Es handele sich dabei um einen Graben, „über den ich nicht kommen kann, sooft und ernstlich ich auch den Sprung versucht habe". Vergangenes, so Lessing, kann mithilfe der menschlichen Vernunft nicht als wahr bewiesen werden. Es ist ausschließlich durch Zeugen vermittelt zugänglich; ein Zeugnis aber kann immer auch bezweifelt werden. Nur eigene Erfahrungen dürfen als zweifelsfrei gesichert gelten.

Dies gilt auch für die historischen Wurzeln des Christentums. Die biblischen Berichte von Wundern und besonders auch die Berichte von der Auferstehung Jesu sind lediglich mehr oder weniger glaubwürdige Zeugnisse; sie können die eigene Anschauung nicht ersetzen. Pointiert formuliert Lessing: „Zufällige Geschichtswahrheiten können der Beweis von notwendigen Vernunftwahrheiten nie werden."

Akzeptiert man diesen Satz, dann freilich bedarf es eines Offenbarungsbegriffs, der die traditionelle Lehre einer Inspiration der heiligen Schriften neu zu fassen imstande ist. Denn eine bloß historische Begründung der Wahrheit des christlichen Glaubens – etwa durch den Hinweis auf in der Bibel bezeugte Wunder – kann nicht mehr als tragfähig gelten. Vielmehr bedarf es einer eigenen, in der Vernunft selbst begründeten Plausibilisierung der christlichen Dogmen. Über die historische Kritik des Reimarus hinausgehend formuliert Lessing auf diese Weise die Notwendigkeit einer erneuerten Glaubensbegründung. Tatsächlich hat die christliche Apologetik im 19. Jahrhundert im vertieften Gespräch mit der Philosophie neue Wege erschlossen, den Glauben vernunftgeleitet zu rechtfertigen. Rückblickend haben insofern die Kontroversen um die *Fragmente* des Reimarus und um Lessings Kommentare dazu das Problembewusstsein der Theologie erheblich geschärft.

Doch nicht nur die Autorität der Heiligen Schrift wurde durch das Denken der Aufklärung erschüttert; auch zentrale christliche Dogmen wie die Erbsündenlehre oder die Lehre vom stellvertretenden Sühnetod Jesu gerieten in die Kritik. Denn die unter den englischen Empirikern verbreitete Skepsis gegenüber dem Vermögen der Vernunft, Wesen und Wirken Gottes mit Gewissheit zu erkennen, lässt theologische Überzeugungen zunehmend erodieren. Gewissheit und Verlässlichkeit sucht die menschliche Vernunft fortan außerhalb der Religion: in Wissenschaft und Technik. Diese leiten nicht nur dazu an, die Welt zu verstehen; vielmehr versprechen sie auch, Grundlagen und Werkzeuge bereitzustellen, die Natur zu beherrschen und das gesellschaftliche Leben zu ordnen.

Religion innerhalb der Grenzen der bloßen Vernunft: Immanuel Kant

Hat Religion deshalb als unvernünftig zu gelten? Die englischen Deisten hatten zwar die Besonderheiten der „positiven" Religionen als sekundär zurückgewiesen; die Grundprinzipien einer „natürlichen Religion" hingegen hatten sie nicht angetastet. Die französischen „philosophes" gingen in ihrer Religionskritik weiter. Jean Mesliers *Mémoire*, der anonym erschienene *Theophrastus redivivus* (um 1659) und vor allem der wohl Ende des 17. Jahrhunderts ebenfalls anonym veröffentlichte französischsprachige *Traité des trois imposteurs: Moïse, Jésus-Christ, Mahomet* („Über die drei Betrüger: Mose, Jesus Christus und Mohammed") sind Schlüsseltexte einer materialistisch-atheistischen Radikalaufklärung.

Demgegenüber geht es dem Königsberger Philosophen Immanuel Kant (1728–1804) darum, der Religion einen legitimen Platz „innerhalb der Grenzen der bloßen Vernunft" – so der Titel seines religionsphilosophischen Hauptwerkes von 1793 – zuzuweisen.[91] Kant ist der Auffassung, dass sich die Existenz Gottes mithilfe der theoretischen Vernunft nicht beweisen lässt. Zwar lässt sich die Idee Gottes gehaltvoll *denken* – etwa indem Gott als das allervollkommenste Wesen konzipiert wird. Ob Gott freilich *existiert*, dazu bedarf es einer der Idee hinzukommenden Erfahrung. Denn „Sein" ist kein „reales Prädikat": Ob etwas existiert oder nicht, kann aus dem Begriff einer Sache nicht hergeleitet werden. Hierzu bedarf es vielmehr einer vom Begriff der Sache unabhängigen Erfahrung.[92] Kant führt hierzu ein einprägsames Beispiel an: Jedermann kann sich zwar leicht hundert Taler denken – aber der Gedanke daran hat keineswegs zwingend zur Folge, dass er tatsächlich hundert Taler in seiner Geldbörse vorfindet.

Für die Theologie resultiert hieraus jedoch ein fundamentales Problem; denn die Wirklichkeit Gottes transzendiert – und zwar definitionsgemäß! – jede endliche Erfahrung. Deshalb vermag die theoretische Vernunft Gottes Existenz nicht mit unzweifelhafter Gewissheit zu beweisen. Alle derartigen Versuche – sei es mit Anselm *apriorisch* aus dem Begriff eines vollkommenen Wesens oder mit Thomas *aposteriorisch* aus Beobachtungen in der Natur – erreichen womöglich einen gehaltvoll bestimmten Begriff von Gott, beweisen aber nicht dessen Existenz.

---

91 Vgl. Norbert Fischer (Hrsg.), *Kants Metaphysik und Religionsphilosophie* (Kant-Forschung 15), Hamburg 2004; Georg Essen / Magnus Striet (Hrsg.), *Kant und die Theologie*, Darmstadt 2005.

92 Immanuel Kant, *Kritik der reinen Vernunft*, 2. Aufl. [1787], in: Kant's Gesammelte Schriften, Bd. III (Akademie-Ausgabe), S. 401.

Das unvermeidliche Scheitern aller Versuche, Gottes Existenz mithilfe der theoretischen Vernunft zu beweisen, veranlasst Kant keineswegs dazu, die Religion als unvernünftig zu diskreditieren. Vielmehr misst er ihr einen unverzichtbaren Ort im Rahmen der praktischen Vernunft bei. Denn obwohl sich die Existenz Gottes nicht beweisen lässt, ist der Glaube an ihn nicht ohne Sinn und Bedeutung. Als Postulat der praktischen Vernunft nämlich erfüllt die Idee Gottes eine unverzichtbare Funktion in der Gesellschaft, Sittlichkeit zu begründen. Lehrt doch die Erfahrung, dass beim Menschen moralisches Streben und Vollbringen nur allzu oft auseinanderklaffen. Das Gute bloß zu wollen, es sogar mit allen Kräften anzustreben, genügt oft nicht: Äußere Umstände können die Verwirklichung der guten Absicht vereiteln, sie sogar in ihr Gegenteil verkehren. Wenn „Glückseligkeit" der Einklang von Streben und Vollbringen ist, dann lehrt die Erfahrung: Moralisches Streben führt Menschen nicht zwangsläufig zur Glückseligkeit.

Da aber nur das sittlich verpflichtet, was Menschen auch vollbringen können – jedes Sollen setzt ein Können voraus –, laufen angesichts dieser Erfahrungen Sittlichkeit und Moralität Gefahr, ihre Verbindlichkeit einzubüßen. Einer Auflösung von Sittlichkeit und Moral kann nur dann entgegengewirkt werden, wenn es jenseits allen sittlichen Scheiterns einen Anlass zu der begründeten Hoffnung gibt, dass Moralität und Glückseligkeit zur Einheit gelangen. Eine solche Perspektive setzt zum einen die Unsterblichkeit der menschlichen Seele voraus; denn innerhalb der befristeten Spanne menschlichen Lebens ist die geforderte Einheit von Moralität und Glückseligkeit meist nicht zu realisieren. Zum anderen setzt eine begründete Hoffnung auf die Einheit von Moralität und Glückseligkeit die Existenz einer machtvollen Instanz voraus, die sowohl imstande als auch willens ist, das zu Lebzeiten Unabgegoltene im moralischen Streben des Menschen zur Vollendung zu bringen. Freiheit, Seele und Gott erscheinen so als notwendige Postulate der praktischen Vernunft, ohne dass damit über die tatsächliche Existenz Gottes irgendetwas entschieden wäre. „Die Wirklichkeit eines höchsten moralisch-gesetzgebenden Urhebers ist also bloß für den praktischen Gebrauch unserer Vernunft hinreichend dargetan, ohne in Ansehung des Daseins desselben etwas theoretisch zu bestimmen" (*KpV*, 256).

Die Idee Gottes erlangt ihre Bestimmtheit allein für die praktische Vernunft. Hier sichert sie die Verbindlichkeit des sittlichen Imperativs dadurch, dass sie die moralischen Pflichten als göttliche Gebote fasst. Rituelle Praktiken hingegen kritisiert Kant als „Pfaffentum". „Alles, was außer dem guten Lebenswandel der Mensch noch zu thun können vermeint, um Gott wohlgefällig zu werden, ist bloßer Religionswahn und Afterdienst Gottes"

(*Rel.*, B 260f.). Letzten Endes wird damit Religion auf Ethik reduziert. Denn inhaltlich fügt die Religion der Moral nichts hinzu; das sittliche Urteil lässt sich vollständig aus Erwägungen der praktischen Vernunft gewinnen *(principium diiudicationis)*. Allenfalls motiviert die Religion Menschen dazu, entschieden moralisch zu handeln *(principium executionis)*. Kirche und Moral kommen jedenfalls in ihrer Zielsetzung überein, den Menschen zu einem sittlichen Wesen zu erziehen. Christus erscheint in dieser Perspektive als die „personificirte Idee des guten Princips", wie es in Kants *Religionsschrift* heißt:

> „Dieser allein Gott wohlgefällige Mensch ‚ist in ihm von Ewigkeit her'; die Idee desselben geht von seinem Wesen aus; er ist sofern kein erschaffenes Ding, sondern sein eingeborner Sohn, ‚das Wort (das Werde!), durch welches alle andre Dinge sind, und ohne das nichts existirt, was gemacht ist' (denn um seinet-, d. i. des vernünftigen Wesens in der Welt, willen, so wie es seiner moralischen Bestimmung nach gedacht werden kann, ist alles gemacht). – ‚Er ist der Abglanz seiner Herrlichkeit.' – ‚In ihm hat Gott die Welt geliebt', und nur in ihm und durch Annehmung seiner Gesinnungen können wir hoffen ‚Kinder Gottes zu werden'" (B 73f.; Akademie-Ausgabe VI, 60f.).

In diesem Sinne bedeutet „Nachfolge Christi" nichts anderes als sittliches Handeln; dieses aber ist keine besondere Auszeichnung der Christen, sondern „allgemeine Menschenpflicht". In Lehre und Beispiel verkörpert Jesus das Ideal sittlichen Lebens in größtmöglicher Allgemeinheit und Vollkommenheit. „Im praktischen Glauben an diesen Sohn Gottes (sofern er vorgestellt wird, als habe er die menschliche Natur angenommen) kann nun der Mensch hoffen, Gott wohlgefällig (dadurch auch selig) zu werden" (B 76; VI, 62).

Kants kritische Philosophie wurde von vielen Theologen als Bedrohung jenes umfassenden Wahrheitsanspruchs wahrgenommen, auf den der christliche Glaube nicht verzichten kann, ohne sich selbst aufzugeben. Berühmt wurde Moses Mendelssohns Charakterisierung Kants als des „Alleszermalmers der Metaphysik".[93] Tatsächlich war Kant der Auffas-

[93] Vgl. Moses Mendelssohn, *Morgenstunden oder Vorlesungen über das Daseyn Gottes* [1785], in: Metaphysische Schriften, hrsg. von Wolfgang Vogt (Philosophische Bibliothek 594), Hamburg 2008, S. 91. Mendelssohn gibt hier freilich zu, er habe Kenntnis von Kants Schriften gewonnen „nur aus unzulänglichen Berichten meiner Freunde oder aus gelehrten Anzeigen" (ebd.; auch in: Ausgewählte Werke. Studienausgabe, Bd. II, Darmstadt 2009, S. 219).

sung, dass niemand von Gott ein bestimmtes Wissen erlangen kann. „Ich musste also das Wissen aufheben, um zum Glauben Platz zu bekommen", schrieb der Königsberger in der Vorrede zur zweiten Auflage seiner *Kritik der reinen Vernunft* (1787). Einschätzungen wie diese wurden von vielen Theologen als Angriff auf die Vernünftigkeit des Glaubens gedeutet. Im Juni 1827 setzte das Heilige Offizium Kants *Kritik der reinen Vernunft* auf den „Index der verbotenen Bücher" *(Index librorum prohibitorum)*; dieses Verzeichnis wurde erst nach dem Zweiten Vatikanischen Konzil abgeschafft (1966).

Bis ins 20. Jahrhundert hinein interpretierten viele katholische Theologen Kants These, die Existenz Gottes lasse sich weder beweisen noch widerlegen, als den Versuch, dem Menschen den Zugang zu Gott zu versperren. Zu einer konstruktiven Rezeption Kants gelangten katholische Theologen im Grunde erst nach dem Zweiten Vatikanischen Konzil und vor dem Hintergrund einer positiven Würdigung von Autonomie und Säkularität. Erst jetzt wurden die theologischen Perspektiven erkennbar, die sich aus Kants Erkenntniskritik für einen unter den Bedingungen der Moderne verantworteten Glauben ergaben.

14 Zwischen Idealismus und Romantik: Theologien im 19. Jahrhundert

Das „lange 19. Jahrhundert" (Eric Hobsbawm) – beginnend mit der Französischen Revolution (1789) und endend mit dem Beginn des Ersten Weltkriegs (1914) – ist durch die endgültige Heraufkunft der „Moderne" gekennzeichnet. Zu deren Merkmalen zählen in Europa und in den Vereinigten Staaten von Amerika nicht nur das Vordringen der Natur- und Ingenieurwissenschaften, die Industrialisierung, der Kolonialismus und die Herausbildung bürokratisch verfasster Nationalstaaten, sondern auch die „Säkularisierung". Hierunter wird seit dem Ende des 19. Jahrhunderts jener geschichtliche Vorgang verstanden, durch den es seit der Frühen Neuzeit in Europa und der westlichen Welt zu einer Emanzipation des kulturellen, gesellschaftlichen und wissenschaftlichen Lebens von den Vorgaben der Religion und des Christentums kam.

Radikaler als je zuvor schien die Theologie nun gefordert, Verstehensmöglichkeiten für den Glauben zu erschließen und eine human zu verantwortende Gottesrede zu ermöglichen. Im Anschluss an Kant und in Auseinandersetzung mit den idealistischen Entwürfen der deutschen Philosophie standen Theologen beider Konfessionen im 19. Jahrhundert insofern vor weitreichenden Fragen. Wie war fortan das Verhältnis von Glaube und Wissen zu bestimmen? Wie verhalten sich Theologie und Philosophie zueinander? In welcher Beziehung stehen Offenbarung und Vernunft zueinander, Geschichte und Dogma, Heilige Schrift und dogmatische Lehre?

14.1 Gott in der Geschichte: Die Religionsphilosophien von Hegel und Schelling

Fragen wie diese bewegten nicht nur Theologen, sondern auch Philosophen. Besonders Georg Wilhelm Friedrich Hegel (1770–1831) und Friedrich Wilhelm Joseph Schelling (1775–1854) bemühten sich um eine Versöhnung von Glaube und Vernunft, Theologie und Philosophie, Gott und Geschichte.

Bei Hegel nimmt der Begriff der Geschichte eine Schlüsselrolle ein. Bislang, so Hegel, sei das Absolute als zeitenthoben und unveränderlich gedacht worden. Dabei aber habe es das Zeitliche gegen sich. Wie kann man es dann aber als absolut begreifen? Ein vollständiger Begriff des Absoluten müsse deshalb den Gegensatz von Zeitlichkeit und Ewigkeit ebenso wie die Differenz von Gott und Welt noch einmal umgreifen und in sich zu einer höheren Einheit führen.

Nach Hegel ist diese Einheit so zu denken, dass das Absolute in und durch die Geschichte hindurch zu sich selbst findet. Da das Absolute aber – weil es die Einheit von Substanz und Subjekt ist[94] – den Gegensatz von Materie und Geist umgreift, geschieht das Zu-sich-selbst-Kommen des Absoluten im und durch den endlichen Geist, genauer: im und durch das menschliche Bewusstsein, wie es sich in Raum und Zeit vorfindet. Dieses Bewusstsein ist ursprünglich durch ein unmittelbares Wissen gekennzeichnet; um zum realen Wissen zu werden, muss das Bewusstsein die Unmittelbarkeit des ursprünglichen Wissens im Zweifel negieren, um schließlich über den Zweifel hinweg zu einem nunmehr vermittelten, gleichwohl aber vergewisserten Wissen zu gelangen.

Hegel zufolge erlangen auf diese Weise Zeit und Geschichtlichkeit Heimatrecht im Absoluten. Im Christentum wird dieser Gedanke symbolisch durch die Idee einer Menschwerdung des göttlichen Logos veranschaulicht: Das ewige Wort des Vaters geht in Raum, Zeit und Geschichte ein, um auf diese Weise den Gegensatz zwischen Zeitlichkeit und Ewigkeit zu überwinden. Durch die Negation seiner Unveränderlichkeit und Ewigkeit gelangt der absolute Geist im Bewusstsein des Gottmenschen zum Bewusstsein seiner selbst. Durch dessen Tod wird der überwundene Gegensatz von Zeit und Ewigkeit in einem „spekulativen Karfreitag" in Gott selbst zu einer beides überwölbenden Synthese vereint. Dieser Gedanke, den die Theologie in ihrer Trinitätslehre durchbuchstabiert hat, erweist nach Hegel die christliche Religion als die allen anderen überlegene Religion.

Die Vorstellung von einem durch die Geschichte hindurch zu sich selbst vermittelten Gott widerspricht jedoch der klassischen Metaphysik und auch der scholastischen Theologie in einem zentralen Punkt. Hatten diese doch Gott als „reine Aktualität" *(actus purus)* verstanden, als vollendete Wirklichkeit, in Bezug auf die keinerlei Potenzialität auch nur gedacht werden kann, ohne ihre Vollkommenheit zu mindern. Jedes Werden und

---

[94] „Daß das Wahre nur als System wirklich, oder daß die Substanz wesentlich Subjekt ist, ist in der Vorstellung ausgedrückt, welche das Absolute als Geist ausspricht, – der erhabenste Begriff, und der der neuern Zeit und ihrer Religion angehört" (Hegel, *Philosophie des Geistes* [1807], Vorrede).

jede Geschichtlichkeit schien deshalb mit Blick auf Gott, über den hinaus nach Anselm von Canterbury „Größeres nicht gedacht werden kann" (*Prosl.* 2–4), ausgeschlossen.

Ein im Anschluss an Hegel gefasster Gottesbegriff hingegen, der die Dimension der Geschichtlichkeit beinhaltet, stellt nicht nur die Unveränderlichkeit Gottes, sondern auch die Existenz unveränderlicher Wahrheiten in Frage. Denn selbst dann, wenn man an der Unveränderlichkeit Gottes festhalten will, ist es im Licht der Philosophie Hegels naheliegend, Gottes Offenbarung in geschichtlichen Kategorien zu denken. Das aber bedeutete, die Vorstellung zu verabschieden, es gebe unveränderliche kirchliche Dogmen. Vielmehr erscheinen die Dogmen nun als zeitgebundene Ausdrucksformen ursprünglicher Selbstbekundungen Gottes und als deren Widerschein im gläubigen Bewusstsein der Menschen.

Besonders in seiner Spätphilosophie hat Schelling Hegels Gedanken einer Vermittlung des Absoluten zu sich selbst durch die Geschichte hindurch weitergeführt. Schon in den Vorlesungen zur *Philosophie der Weltalter*, die Schelling ab 1811 hält, wird die Geschichte als ein Geschehen „werdender Offenbarung" Gottes begriffen, das auf eine Vollendung zuläuft, in der Gott „alles in allem" ist. Dieser Gedanke wird in den beiden Vorlesungen zur *Philosophie der Mythologie* und zur *Philosophie der Offenbarung* von 1854 vertieft. Hier begreift Schelling die Mythologie als einen „theogonischen Prozess", in dem sich das Werden Gottes im menschlichen Bewusstsein vollzieht. Die Offenbarung wiederum deutet Schelling als „zweite Schöpfung": Die Präexistenz des Logos, seine Menschwerdung sowie die Auferstehung Christi sind Phasen eines Prozesses, in dem Gott durch die Geschichte hindurch zu sich selbst vermittelt ist.

Sowohl Hegel als auch Schelling gegenüber wurde der Verdacht geäußert, eine pantheistische Metaphysik zu vertreten, die nicht hinreichend zwischen Gott und Welt unterscheidet. Schelling hat diesem Einwand bereits in seiner *Freiheitsschrift* (1809) durch eine Analyse menschlicher Freiheit zu begegnen versucht: Diese ist zwar durch die göttliche Freiheit ermöglicht, in ihrem Vollzug aber nicht aus ihr abzuleiten. Schellings Überlegungen regten insbesondere evangelische Theologen zu eigenen Reflexionen über das Gott-Mensch-Verhältnis an. Nicht zuletzt die Existenzanalysen, die Kierkegaard in *Der Begriff Angst* (1844) vorlegt, verdanken sich großteils Schellings Gedanken zum Wesen der menschlichen Freiheit und ihrer Autonomie. Kierkegaard hat 1841 in Berlin Schellings Vorlesungen zur *Philosophie der Offenbarung* besucht. Schellings Naturphilosophie wiederum blieb nicht ohne Einfluss auf das Verständnis der sich im 19. Jahrhundert weiter ausdifferenzierenden Naturwissenschaften.

14.2 Die Eigentümlichkeit des Religiösen: Friedrich Daniel Ernst Schleiermacher

Eine erste Auseinandersetzung mit der kritischen Philosophie Immanuel Kants und den Philosophen des deutschen Idealismus führte der lutherische Theologe Friedrich Schleiermacher (1768–1834), in dem viele den „Kirchenvater des 19. Jahrhunderts" erblicken. Dieser bis heute einflussreiche evangelische Theologe war Gründungsdekan der Evangelisch-Theologischen Fakultät an der 1809 durch den preußischen König Friedrich Wilhelm III. (1797–1840) gegründeten Humboldt-Universität zu Berlin (damals Friedrich-Wilhelm-Universität).

Anders als Kant hatte Hegel die Religion nicht im Kontext der praktischen Vernunft zu verorten versucht, sondern im Kontext der theoretischen Vernunft. Religion ist für Hegel die Erhebung des menschlichen Selbstbewusstseins vom Endlichen zum Unendlichen, vom Bedingten zum Unbedingten.

Hegels Bemühen um eine philosophische Rekonstruktion des Religiösen deutet Schleiermacher jedoch als eine erneute Reduktion von Religion auf Philosophie. Deshalb lehnt Schleiermacher Hegels Religionsphilosophie ebenso entschieden ab wie Kants Reduktion von Religion auf Moral. Abwegig scheint es ihm, die Religion lediglich als Instrument zur Durchsetzung von Moralität zu instrumentalisieren. Zugleich hält Schleiermacher Kants Kritik an den traditionellen Gottesbeweisen für triftig. Vor allem um der Eigenart des Religiösen willen will er deshalb Religion und Metaphysik unterscheiden. „Die Frömmigkeit, welche die Basis aller kirchlichen Gemeinschaften ausmacht, ist rein für sich betrachtet weder ein Wissen noch ein Tun, sondern eine Bestimmtheit des Gefühls oder des unmittelbaren Selbstbewusstseins", heißt es in der zweiten Auflage (1830/31) von Schleiermachers *Glaubenslehre* (§ 3). Ähnlich hatte Schleiermacher bereits in seinen 1799 erschienenen fiktiven *Reden über die Religion* festgestellt: Das Wesen der Religion ist „weder Denken noch Handeln, sondern Anschauung und Gefühl. Anschauen will sie das Universum, in seinen eigenen Darstellungen und Handlungen will sie es andächtig belauschen, von seinen unmittelbaren Einflüßen will sie sich in kindlicher Paßivität ergreifen und erfüllen laßen" (*Reden*, 50). Anschauung und Gefühl gehören untrennbar zusammen; denn „Anschauung ohne Gefühl ist nichts und kann weder den rechten Ursprung noch die rechte Kraft haben, Gefühl ohne Anschauung ist auch nichts: beide sind nur dann und deswegen etwas, wenn und weil sie ursprünglich Eins und ungetrennt sind" (*Reden*, 73).

Schleiermachers Begriff der Religion als Anschauung des Universums und als Gefühl verdankt sich wesentlich der Bewegung der Frühromantik. Diese hatte sich im ausdrücklichen Gegenzug zu Kants Kritizismus formiert, um die nunmehr prekär gewordene Frage nach letzten Gewissheiten auf ein neues Fundament zu stellen. Romantiker wie der mit Schleiermacher eng befreundete Friedrich Schlegel (1772–1829) bezogen sich dazu in erster Linie auf Kants dritte Kritik, die nach der *Kritik der reinen Vernunft* (1781) und der *Kritik der praktischen Vernunft* (1788) im Jahr 1790 erschienene *Kritik der Urteilskraft*. Kant hatte darin versucht, eine Brücke zwischen Sinnlichkeit und Moral zu schlagen: Will die Freiheit praktisch werden, so muss sie sich in der Sinnenwelt entfalten. Zugleich suchte Kant in seiner dritten Kritik Phänomene wie das Schöne in Natur und Kunst, das Genie, das Organische und die Einheit der Natur philosophisch zu würdigen.

Dichter und Denker der Romantik griffen diese Überlegungen auf, um von ihnen her nicht nur die Produktivität des Künstlers, sondern auch dessen Quelle der Inspiration begrifflich zu erfassen.[95] Gegen die aufklärerische Alleinherrschaft der Vernunft betonten sie das „Gefühl", gegen den Vorrang des Universalen die Individualität. Nicht mehr das Allgemeine steht im Vordergrund, sondern das Individuelle, das Persönliche, die Authentizität des Künstlers. Indem dieser seiner Eingebung folgt, wird er zum „Virtuosen", der seine Begabungen – und damit sich selbst – im Kunstwerk verwirklicht und so anderen mitteilt. Die Gesellschaft wiederum ist der Rahmen, in dem alles dies wachsen soll und sich entfalten kann. Eine organologische Metaphorik beherrscht die theoretischen Abhandlungen der Romantiker. Sie wird auch das theologische Verständnis von Christentum und Kirche beeinflussen.

Zunächst aber wird im Bemühen der Romantiker um eine Alternative zu Metaphysik und Moral der Genie-Gedanke wichtig. Hatte Kant in seiner *Kritik der Urteilskraft* das Genie als jene Instanz bezeichnet, wodurch die Natur der Kunst die Regel vorschreibt (§ 46–49), so ist das Genie nach Auffassung von Romantikern wie Friedrich Schlegel oder Novalis (1772–1801) der kreative Künstler, der die Natur in seinem Schaffen nicht bloß nach-

---

95 Vgl. Isaiah Berlin, *Die Wurzeln der Romantik*, Berlin 2004.

ahmt, sondern Neues erschafft. Schelling betrachtete das Genie sogar als Manifestation der Absolutheit Gottes.[96] Damit schien die von Kant her zugespitzte Gewissheitsfrage in einer unerwarteten Weise beantwortet: In der schöpferischen Inspiration des Künstlers meldet sich der letzte Grund der Wirklichkeit in einer solchen Weise an, dass er unbezweifelbare Gewissheit beanspruchen darf.

Indem Schleiermacher in diesem Sinne das „Gefühl" als „unmittelbares Selbstbewusstsein" fasst, sucht er Kants Kritik an der Möglichkeit jeder Erkenntnis Gottes zu entkräften. Dazu wird vorausgesetzt, dass die Verfassung eines jeden seiner selbst bewussten Menschen durch ein „Gefühl der Abhängigkeit" gekennzeichnet ist: Jeder reflektierende Mensch ist sich dessen bewusst, dass sein Denken und sein Handeln, besonders aber seine Freiheit nie absolut sind, sondern stets von äußeren Gegebenheiten abhängen. Für religiöse Menschen mündet dieses Bewusstsein der Abhängigkeit letzten Endes in ein Gefühl völliger Abhängigkeit von einem Unendlichen ein. Dieses „Gefühl der schlechthinnigen Abhängigkeit" – so Schleiermacher in beiden Auflagen seiner *Glaubenslehre* (1821/22; 1830/31)[97] – beschreibt das Wesen dessen, was „Religion" ist.

Nicht minder bedeutsam ist die Bestimmung der Religion als „Anschauung". Anschauungen, so Schleiermacher, sind immer mit Gefühlen verbunden, die auf das wahrnehmende Individuum einwirken. Eine religiöse Anschauung zeichnet sich nun dadurch aus, dass endliches Einzelnes im Horizont des Unendlichen wahrgenommen wird. Dadurch aber wird das wahrgenommene Einzelne zu einer Darstellung des Unendlichen. Religion entsteht folglich dort, wo Wahrnehmungen nicht bei dem jeweils wahrgenommenen Einzelnen verharren, sondern dieses „als eine Darstellung des Unendlichen hinnehmen" (*Reden*, 51). Das Endliche kann als solches nach Schleiermacher nur gedacht werden, wenn und indem es auf ein Unendliches hin in ein Verhältnis gesetzt wird. Insofern Unendlichkeit eine Wesensbestimmung des Absoluten ist, ist das Denken des Endlichen *als* eines Endlichen immer schon Religion. Und ist Religiosität die bewusste Anerkennung dessen, dass der Mensch nicht in sich selbst gründet, sondern sich einer ihn unendlich überragenden Macht verdankt, dann kann sie geradezu als Wesensbestimmung des endlichen Selbstbewusstseins gelten.

---

96 Ähnlich hat Eckhart den „Seelengrund" als Präsenz des Göttlichen im Menschen begriffen.

97 Der vollständige Titel lautet in beiden Auflagen: *Der christliche Glaube nach den Grundsätzen der evangelischen Kirche im Zusammenhange dargestellt.*

Für die christliche Religion folgt daraus, dass sie wesentlich als frommes Gefühl schlechthinniger Abhängigkeit von jenem Gott beschrieben werden kann, der sich den Menschen in Jesus von Nazareth geoffenbart hat. Von anderen Formen der Religion unterscheidet sich die christliche Religion „dadurch, dass alles in derselben bezogen ist auf die durch Jesum von Nazareth vollbrachte Erlösung“ (*GL*, § 11). Die Bestimmtheit des Christentums ergibt sich für Schleiermacher aus dem Bezug aller subjektiven Vollzüge, in denen fromme Menschen ihr Gottesbewusstsein vollziehen, auf den Menschen Jesus. Dessen Besonderheit besteht darin, dass in ihm das Gottesbewusstsein in einer einzigartigen und „stetigen Kräftigkeit“ gegeben ist (*GL*[2], § 94, Leitsatz). Hat Jesus in seiner menschlichen Natur vollen Anteil an der Menschheit, dann kann sein einzigartiges Gottesbewusstsein als das „Sein Gottes“ in ihm gelten.

Die Rekonstruktion der Zweinaturenlehre von Chalzedon aus einer Betrachtung des religiösen Bewusstseins Jesu führt dazu, dass Leben und Wirken des irdischen Jesus für Schleiermacher eine herausgehobene Bedeutung erlangen. Hingegen verlieren die traditionellen Lehrstücke der Soteriologie, nämlich Leiden, Tod und Auferstehung Christi, an Bedeutung. Tatsächlich betont Schleiermacher, dass Jesu erlösendes und versöhnendes Wirken nicht in seiner Passion besteht, sondern in seinem aktiven Wirken. Soteriologische Bedeutung hat nicht das Leiden als solches, sondern Jesu Hingabe an dasselbe (vgl. *GL*[2], § 101,4).

Folgerichtig vollzieht sich die Erlösung so, dass Jesus die Gläubigen an der „Kräftigkeit seines Gottesbewusstseins“ (*GL*[2], § 100, Leitsatz) teilhaben lässt. Die Versöhnung geschieht dadurch, dass Jesus die Gläubigen „in die Gemeinschaft seiner ungetrübten Seligkeit“ (*GL*[2], § 101, Leitsatz) aufnimmt. In der Kraft des Heiligen Geistes erlangen die Gläubigen auf diese Weise Anteil an der Lebensgemeinschaft mit dem Erlöser und Versöhner; sie werden dazu befähigt, ein Leben in anfänglicher Heiligkeit zu führen.

Was ist vor diesem Hintergrund die Aufgabe der Theologie? Für Schleiermacher ist dogmatische Theologie „die Wissenschaft von dem Zusammenhange der in einer christlichen Kirchengemeinschaft zu einer bestimmten Zeit geltenden Lehre“ (*GL*[1], § 1). Dementsprechend rekonstruiert er in den beiden Auflagen seiner *Glaubenslehre* die überlieferten Dogmen der christlichen Religion: die Lehrstücke von den Eigenschaften Gottes, von der Schöpfung, von Urstand, Sünde und Gnade. Grundlagen seiner Rekonstruktion sind zwar die Heilige Schrift und das kirchliche Dogma; hermeneutischer Schlüssel zu deren Auslegung aber ist eine in der Auseinandersetzung mit der zeitgenössischen Philosophie gewonnene Anthropologie.

In deren Mitte steht der Begriff freier Subjektivität. Vom endlichen Freiheitsbewusstsein des Menschen her erschließen sich die Inhalte der Dogmatik, wenn es sich in ein Verhältnis zu den Bedingungen setzt, unter denen es sich vorfindet. Der Gefahr einer Reduktion der religiösen Gehalte auf Zustände des menschlichen Bewusstseins sieht Schleiermacher dabei durch den Gedanken gewehrt, dass sich der Glaube als individuelles „Gefühl schlechthinniger Abhängigkeit" auf etwas bezieht, das in keiner Weise vom Menschen abhängt.

Dies alles bedeutet nun nicht, dass das religiöse Bewusstsein bloß als ein vereinzeltes Bewusstsein begegnet. Weder geht es in der christlichen Religion um ein individualistisches Streben nach Erlösung noch ist der Einzelne ein bloßes Moment am kirchlichen „Gesamtleben". Individualität und Sozialität sind vielmehr gleichursprünglich: „Ist die Religion einmal, so muß sie nothwendig auch gesellig sein" (*Reden*, 177). An der Kirchlichkeit des religiösen Bewusstseins entscheidet sich, wie Schleiermachers allgemeiner Religionsbegriff mit der konkreten Religionspraxis zu vermitteln ist. In welcher Beziehung stehen Individualität und Sozialität zueinander? Seit der Reformation wurde diese Frage von Protestanten und Katholiken unterschiedlich beantwortet. Schleiermacher zufolge besteht die Differenz zwischen Protestantismus und Katholizismus darin, dass „ersterer das Verhältnis des einzelnen zur Kirche abhängig macht von seinem Verhältnis zu Christo, der letztere aber umgekehrt das Verhältnis des einzelnen zu Christo abhängig von seinem Verhältnis zur Kirche" (*GL*^{2}, § 24, Leitsatz).

Schleiermachers Theologie hat sowohl Befürworter als auch Kritiker gefunden. Würdigten die einen seinen konsequent verfolgten Versuch, die kirchliche Dogmatik auf das Fundament selbstbewusster Subjektivität zu gründen, als überzeugendes Bemühen um die Vermittlung von Glauben und Denken im Kontext neuzeitlicher Philosophie, so sahen andere genau hierin das grundlegende Defizit seines Entwurfes. Insbesondere Vertreter der „Dialektischen Theologie" wie Emil Brunner (1889–1966) oder Karl Barth (1886–1968) warfen Schleiermacher vor, Religion auf Anthropologie zu reduzieren und damit den Anspruch des biblischen Offenbarungszeugnisses zu verfehlen.

14.3 Das Paradox des Glaubens: Søren Kierkegaard

Schleiermachers Theologie und sein bildungspolitisches Wirken in Berlin sind eng mit den institutionellen Rahmenbedingungen des frühen 19. Jahrhunderts und mit der Gesellschaft seiner Zeit verwoben. Sein Dialog mit Vertretern des deutschen Idealismus und der Romantik lässt seine Theologie anschlussfähig erscheinen für das Denken seiner Zeit, ohne auf dieses reduzierbar zu sein.

Es ist ebendiese Anschlussfähigkeit der Theologie, die den dänischen Theologen Søren Kierkegaard (1813–1855) zu entschiedenem Widerspruch provoziert. Bereits Lessing hatte von dem unvermeidlichen „Sprung des Glaubens" gesprochen, weil die Vernunft in den Zumutungen des Glaubens nicht jene Gewissheit findet, die eine existenziell tragfähige Entscheidung rechtfertigt. Kierkegaard greift die Metapher vom Sprung auf. Braucht nach Schleiermacher der Mensch lediglich seinem religiösen Gefühl Raum zu geben, um zum Glauben zu gelangen, so vertritt Kierkegaard ein Christentum, das eine radikale Entscheidung des Individuums fordert. Deshalb weist er jede Anleihe der Theologie bei der Philosophie, aber auch jeden Kompromiss der Kirche mit dem Zeitgeist entschieden zurück. Vernunft und Glaube haben einander nichts zu sagen; deshalb kann der Glaube weder bewiesen noch widerlegt werden. Besonders Hegels Geschichtsphilosophie erscheint Kierkegaard viel zu abstrakt, als dass sie der vom Christentum geforderten Umkehr irgendwie dienlich sein könnte.

Überhaupt stellt der christliche Glaube nach Kierkegaard eine Zumutung für die menschliche Vernunft dar. Denn das Dogma verlangt ja, dass der endliche Mensch Jesus als Gott geglaubt wird – und zwar als jener Gott, der die Menschen erlöst hat. Es geht also nicht bloß darum, Gott in seiner Schöpfung oder im menschlichen Bewusstsein zu erkennen. Vielmehr will er in einem konkreten geschichtlichen Ereignis – in Jesus von Nazareth – erkannt und als Erlöser anerkannt werden. Die bislang von der christlichen Apologetik hierfür angeführten „Beweise" hält Kierkegaard für nicht tragfähig; die in der Bibel bezeugten Prophezeiungen und Wunder Jesu können angesichts der Kritik der aufgeklärten Vernunft nicht überzeugen.

Niemals kann bloßes Wissen dem mit der christlichen Erlösungslehre verbundenen Anspruch genügen, sein Leben ganz aus der barmherzigen Zuwendung Gottes heraus zu bestimmen. Zielt doch der christliche Glauben nicht zunächst auf die Vervollkommnung einer menschlichen Natur. Er ist vielmehr jedem verzweifelten Individuum als heilsame Möglichkeit verheißen, das sich in Leid, Schuld und Sünde gefangen weiß. Dem Sünder aber helfen keine hehren Gedanken über eine an sich gute Natur des Menschen. Vielmehr bedarf er der gnädigen Zuwendung des sich ihm barmherzig und verzeihend zuwendenden Gottes. Diese Zuwendung wiederum ermöglicht eine existenzielle Bekehrung, die ein neues Leben in der Entschiedenheit des Glaubens möglich macht.

Allerdings: Je mehr der Gläubige der verzeihenden Barmherzigkeit Gottes innewird, umso mehr gewahrt er seine eigene Schuld. Deshalb bedarf es nach Kierkegaard einer existenziellen Leidenschaft, um „dennoch" an Gott zu glauben. Im Augenblick der Glaubensentscheidung freilich bricht die Ewigkeit Gottes mitten in die Zeit hinein und führt so eine unbezweifelbare Gewissheit herbei.

Der Einbruch Gottes im Sprung des Glaubens ist auch deshalb nötig, weil Kierkegaard in den kirchlichen Verhältnissen seiner Zeit nicht mehr den notwendigen Rahmen erkennt, der zu einem entschiedenen christlichen Glauben anleiten könnte. Der dänischen Staatskirche wirft er vor, aus einem christlichen Entweder-oder ein billiges Kulturchristentum gemacht zu haben. Kurz vor seinem Tod schreibt Kierkegaard:

> „Der Protestantismus ist ganz einfach, christlich, eine Unwahrheit, eine Unredlichkeit, welche die Lehre, die Welt- und Lebensanschauung des Christentums verfälscht [...]. Christus hat Nachfolger verlangt, und ganz genau bestimmt, was er meinte: Sie sollten Salz sein, bereit, geopfert zu werden" (*Der Augenblick*; 1855).

Nach Kierkegaard führt der Glaube in die Nachfolge und in die Bereitschaft zum Martyrium – oder er ist kein Glaube.

Eindringlich betont Kierkegaard die existenzielle Gebrochenheit der menschlichen Existenz. Manche erblicken darin einen Reflex seiner persönlichen Biographie. Jedenfalls ist der einzelne Mensch für Kierkegaard weder das autonome Subjekt Kants, das sich aus vernünftiger Einsicht freiwillig dem Sittengesetz unterstellt, noch das romantische Genie Schleiermachers, das in sich selbst den unauslotbaren Abgrund des Göttlichen gewahrt. Vielmehr gilt:

> „Der Mensch ist Geist. Was aber ist Geist? Geist ist das Selbst. Was aber ist das Selbst? Das Selbst ist ein Verhältnis, das sich zu sich selbst verhält, oder ist das an dem Verhältnisse, dass das Verhältnis sich zu sich selbst verhält" (*Die Krankheit zum Tode*; 1848).

Mit dem Begriff „Verhältnis" sind die vielfältigen, in der menschlichen Natur gelegenen Spannungen bezeichnet – so etwa die zwischen Körper und Geist, zwischen Notwendigkeit und Freiheit, zwischen Zeit und Ewigkeit. Jeder einzelne Mensch ist unausweichlich mit der Aufgabe konfrontiert, sich zu diesen Spannungen in ein Verhältnis zu setzen. Man kann sich dieser Aufgabe stellen oder aber ihr auch verweigern. Letzteres kann sich in doppelter Weise zeigen: entweder darin, dass der Mensch „verzweifelt nicht er selbst sein will“, oder darin, dass er „verzweifelt er selbst sein will“ (ebd.). Ersteres ist nach Kierkegaard eine Haltung der Schwachheit, Letzteres eine Haltung des Trotzes. In beiden Fällen verfehlt der Mensch sowohl sein eigenes Wesen wie auch seine göttliche Bestimmung. Ebendarin aber besteht nach Kierkegaard die Sünde. Aus ihr wiederum befreit allein jener Glaube, für den es einer existenziellen und durch keine Vernunftgründe gestützten Bekehrung bedarf.

Kierkegaards bleibende Bedeutung für die christliche Theologie besteht darin, die enge wechselseitige Verwiesenheit von menschlicher Existenz und Glaubensvollzug verdeutlicht zu haben. Glaube ist nicht die Annahme abstrakter Dogmen, sondern eine existenzielle Grundhaltung, in der sich das Selbst in ein bestimmtes Verhältnis zu dem es begründenden Gott setzt. Allerdings veranlasst die Einheit von Existenz und Glaube bei Kierkegaard keine Synthese von Vernunft und Theologie. Vielmehr kann sein Glaubensverständnis als „Fideismus“ charakterisiert werden, d. h. als eine Glaubenshaltung, die ihre Gewissheit nicht aus der menschlichen Vernunft, sondern allein aus der Offenbarung bezieht.

Durch seine Analyse des menschlichen Bewusstseins radikalisiert Kierkegaard nicht nur die bereits von Pascal gegen Descartes geäußerte Kritik an dessen rationalistischer Theologie, sondern auch die Kritik an der Aufklärungstheologie. Denn indem er den paradoxalen Charakter des Glaubens betont, lässt Kierkegaard die Religionskritik der Aufklärung gleichsam ins Leere laufen.

Ihre größte Wirksamkeit entfaltete Kierkegaards Theologie erst lange nach seinem frühen Tod. In der Rückschau kann Kierkegaard als Begründer der „Existenzphilosophie“ gelten und als Vorläufer der „Dialektischen Theologie“. Diese wiederum profilierte sich im kritischen Gegenzug zur „Liberalen Theologie“, die im weitläufigen Anschluss an Schleiermacher die evangelische Theologie im 19. Jahrhundert zunehmend prägen sollte.

14.4 Auf der Suche nach dem historischen Jesus: Die evangelische „Tübinger Schule“

Trotz vielfältiger Widerstände in den lutherischen Kirchen war nach Lessings Veröffentlichung der *Fragmente* die historisch-kritische Methode in die biblische Exegese eingedrungen. Ihr wohl einflussreichster Anwalt war der in Halle lehrende evangelische Theologe Johann Salomo Semler (1725–

1791). Im Geist der Aufklärung unterscheidet Semler in seiner von 1771 bis 1775 erschienenen vierbändigen *Abhandlung von freier Untersuchung des Kanon* zwischen der Heiligen Schrift als Text und dem Wort Gottes. Dieses versteht er als geistlich-moralische Belehrung über das Heil der Menschen. In Semlers Zugang zur Heiligen Schrift deutet sich bereits das gegen Ende des 19. Jahrhunderts wirksam werdende Bibelverständnis der Liberalen Theologie an.

Galt die Bibel den Kirchenvätern und Theologen des Mittelalters, ja noch den Reformatoren als eine vom Heiligen Geist bis in den Wortlaut hinein inspirierte Schrift, so liest sie vor allem der Tübinger Kirchen- und Dogmenhistoriker Ferdinand Christian Baur (1792–1860) als einen Text, der in vielfältiger Weise mit den kulturellen und religiösen Entstehungsbedingungen seiner jeweiligen Epoche verwoben ist. Vehement plädiert Baur für eine von dogmatischen Voraussetzungen freie historisch-kritische Theologie. Biblische Wunderberichte interpretiert er auf die sich in ihnen artikulierende theologische Aussageabsicht hin. Diese wiederum sucht Baur unter anderem im religionsgeschichtlichen Vergleich zu erschließen.

Im Anschluss an Schleiermacher deutet Baur auch die christlichen Dogmen als zeitbedingte – und insofern wandelbare – Ausprägungen des christlichen Bewusstseins. In der Dogmengeschichte, die sich als spannungsvolles Ringen unterschiedlicher Positionen vollziehe, erblickt Baur im Sinne Hegels das dialektisch fortschreitende Zu-sich-selbst-Kommen der christlichen Wahrheit. Diese bestimmt Baur als „subjective Freiheit und Autonomie des Selbstbewusstseins“ *(Lehrbuch der christlichen Dogmengeschichte, Einleitung)*. Die ursprüngliche Wahrheit des Christentums, die sich durch eine historisch-kritische Exegese der neutestamentlichen Schriften rekonstruieren lasse, sei im Verlauf der Dogmengeschichte zwar verdunkelt, in der Reformation jedoch wieder zur Geltung gebracht worden.

Ferdinand Christian Baur gilt als Begründer der evangelischen „Tübinger Schule“. Für sie ist ein Doppeltes kennzeichnend: die historisch-kritische Interpretation der Bibel sowie eine geschichtliche Deutung der Kirchen- und Dogmengeschichte. „Geschichtlich“ meint dabei im Anschluss an Schelling und Hegel, dass in den verschiedenen Epochen der Theologiegeschichte die Wahrheit des christlichen Glaubens nicht unveränderlich gegeben ist, sondern in wandelbaren Gestalten begegnet. Damit allerdings stellt sich unausweichlich die Frage, in welcher Beziehung geschichtlicher Wandel und übergeschichtliche Geltung stehen, wie also Historie und Dogma aufeinander bezogen sind. Bis weit in das 20. Jahrhundert hinein wird diese Frage Theologen beider Konfessionen beschäftigen.

Zusammen mit einer verbreiteten Verfallstheorie der Kirchen- und Dogmengeschichte veranlasste das von Luther nachdrücklich vertretene Schriftprinzip viele evangelische Theologen dazu, die ursprüngliche Botschaft Jesu rekonstruieren zu wollen. Die Rückfrage nach dem „historischen Jesus“ wurde so zu einem Kennzeichen auch der Tübinger Schule. Kann Reimarus als Begründer der kritischen Rückfrage nach dem historischen Jesus gelten, so Baurs Schüler David Friedrich Strauß (1808–1874) als Begründer einer philologisch vorgehenden und insofern methodisch begründeten „Leben-Jesu-Forschung“. In seiner 1835/36 in zwei Bänden veröffentlichten Schrift *Das Leben Jesu, kritisch bearbeitet* interpretierte Strauß Jesu Wirken allerdings als geschichtliche Manifestation überzeitlicher Wahrheiten. Aufgabe der Exegeten sei es, diese Wahrheiten in den Evangelien zu identifizieren, indem sie die Texte von allem zeitgeschichtlich Bedingten und insofern Partikulären reinigen.

Unschwer lässt sich in diesem Zugang ein Reflex der Hegel'schen Geschichtsphilosophie erkennen. Demnach manifestiert sich die abstrakte Idee des Absoluten in den konkreten Ereignissen der realen Geschichte. Tatsächlich hatte Strauß während seines Studiums in Berlin (1831/32) Vorlesungen von Schleiermacher und Hegel besucht. Für den Exegeten Strauß ist Jesus die geschichtliche Manifestation der Idee einer vollkommenen Einheit von Gott und Mensch. Während jedoch Hegel an der Notwendigkeit festgehalten hat, dass diese Einheit in der Konkretion eines bestimmten geschichtlichen Subjekts verwirklicht ist, um die Totalität der Wirklichkeit auf den Begriff zu bringen, erblickt Strauß in Jesus von Nazareth lediglich eine zufällige, wenngleich die bislang vortrefflichste Vermittlung der Idee einer Einheit von Gott und Mensch. In dieser Perspektive erscheint die christliche Dogmengeschichte als begriffliche Entfaltung der Idee einer Einheit von Gott und Mensch.

Im Lauf des 19. Jahrhunderts erschienen fast zweihundert Darstellungen, die sich um eine Rekonstruktion des historischen Jesus bemühten. Wie voraussetzungsreich jedoch nicht nur der Ansatz von Strauß, sondern die historisch-kritische Jesusforschung insgesamt war, wurde spätestens im Jahr 1906 deutlich, als Albert Schweitzer (1875–1965) seine *Geschichte der Leben-Jesu-Forschung. Von Reimarus zu Wrede* veröffentlichte. Schweitzer wies darin nach, dass ausnahmslos alle Entwürfe eines „historischen Jesus“ durch die – meist sittlichen – Ideale geprägt waren, welche ihre Autoren in die neutestamentlichen Texte hineinprojizierten: „Jeder einzelne schuf ihn nach seiner eigenen Persönlichkeit.“ Pointiert resümiert Schweitzer am Ende seines Werkes das Scheitern der Leben-Jesu-Forschung:

> „Sie zog aus, um den historischen Jesus zu finden, und meinte, sie könnte ihn dann, wie er ist, als Lehrer und Heiland in unsere Zeit hineinstellen. Sie löste die Bande, mit denen er seit Jahrhunderten an den Felsen der Kirchenlehre gefesselt war, und freute sich, als wieder Leben und Bewegung in die Gestalt kam und sie den historischen Menschen Jesus auf sich zukommen sah. Aber er blieb nicht stehen, sondern ging an unserer Zeit vorüber und kehrte in die seinige zurück" (S. 620).

14.5 Die Kirche in ihrer Geschichte: Die katholische „Tübinger Schule"

Eine Schleiermacher vergleichbar beherrschende Gestalt kennt die katholische Theologie im 19. Jahrhundert nicht. Gleichwohl sind ihr sowohl in der katholischen „Tübinger Schule" als auch in der „Römischen Schule" einflussreiche Theologen erwachsen. Daneben gibt es bedeutende Einzelpersönlichkeiten – darunter der Italiener Antonio Rosmini (1797–1855), der Engländer John Henry Newman (1801–1890) oder die beiden Deutschen Matthias Joseph Scheeben (1835–1888) und Hermann Schell (1850–1905).

Um die Geschichtlichkeit von Kirche und Dogma

Dem Rationalismus der Aufklärung begegneten katholische Theologen im 19. Jahrhundert vielfach dadurch, dass sie auf dem übernatürlichen Charakter der göttlichen Offenbarung und des kirchlichen Glaubens beharrten. Trotz Lessings Hinweis auf den „garstig breiten Graben" zwischen Historie und Dogma galten ihnen bis weit in das 20. Jahrhundert hinein die in der Bibel bezeugten Wunder als unwiderlegbare Glaubwürdigkeitsbeweise für die Wahrheit der christlichen Lehre.

Zugleich wurde allenthalben die Notwendigkeit verspürt, eine bloß äußerliche – weil auf Autorität sich berufende – Begründung christlichen Glaubens durch einen begrifflichen Aufweis seiner Kohärenz zu ergänzen. Dies geschah im Bereich der deutschsprachigen Theologie nicht zuletzt in der „Tübinger Schule". Als deren Begründer gilt der Apologet und Fundamentaltheologe Johann Sebastian von Drey (1777–1853). Zur katholischen Tübinger Schule zählen neben Drey der Systematiker Johann Adam Möhler (1796–1838), der Moraltheologe Johann Baptist von Hirscher (1788–1865) sowie der Dogmatiker Johannes Evangelist von Kuhn (1806–1887). Maßgeblich von den Tübingern geprägt war der Freiburger Dogmatiker Franz Anton Staudenmaier (1800–1856). Unter dem Einfluss der Spätaufklärung, der Romantik und des deutschen Idealismus bemühten sich diese Theologen um eine Vermittlung von historisch-kritischer und systematisch-spekulativer Erkenntnismethode. Ähnlich hatte sich bereits der Würzburger Dogmatiker Franz Oberthür (1745–1831) um die anthropologische Ausrichtung einer biblisch fundierten Theologie bemüht.

Dabei wurde der Philosophie zunehmend eine eigenständige und somit auch kritische Bedeutung für die Theologie zugemessen. Nach Johannes von Kuhn schadete es der Theologie selbst, verstünde sie die Philosophie bloß als ihre Dienstmagd, als *ancilla theologiae*. Auch deshalb war Kuhn ein überzeugter Gegner der in der zweiten Hälfte des 19. Jahrhunderts vom kirchlichen Lehramt zunehmend geförderten Neuscholastik. Stattdessen plädierte er entschieden für eine Rezeption der idealistischen Freiheitsphilosophie in der Systematischen Theologie.

Hegels Geschichtsphilosophie, aber auch der Organismusgedanke der Romantik veranlassten Kuhn, sich von einem statischen Wahrheitsbegriff zu lösen und fortan die Geschichtlichkeit von Christentum, Kirche und Dogma zu betonen. Der für den christlichen Glauben zentrale Inkarnationsgedanke lieferte hierfür die offenbarungstheologische Grundlage: Gott selbst ist in die Geschichte der Menschen hineingetreten, und diese Geschichte vollzieht sich als Wandlung und Veränderung. Inspiriert durch Hegels Dialektik verstand Kuhn die Dogmengeschichte nicht mehr als Entfaltung eines überzeitlichen Kerns, sondern als ein konfliktreiches Ringen unterschiedlicher theologischer Positionen. Damit freilich relativierten sich auch die kirchlichen Institutionen; innerkirchliche Vielfalt schien fortan denkbar und legitim.

Nachdem es an der 1477 gegründeten Eberhard-Karls-Universität in Tübingen, deren theologische Fakultät im Jahr 1535 evangelisch geworden war, seit 1817 auch wieder eine katholisch-theologische Fakultät gab, bestanden dort gute Voraussetzungen für einen Austausch zwischen evangelischen und katholischen Theologen. Naturgemäß bildeten dabei Fragen der Ekklesiologie einen Schwerpunkt. Auch die in Tübingen von Ferdinand Christian Baur propagierte historisch-kritische Auslegung der heiligen Schriften forderte die katholischen Theologen zur Stellungnahme heraus. Als Pendant zur evangelischen *Tübinger Zeitschrift für Theologie* begründeten Johann Sebastian Drey und Johann Baptist von Hirscher im Jahr 1819 die in katholischen Kreisen schon bald weithin geschätzte *Theologische Quartalschrift*.

In seinen beiden im gleichen Jahr erschienenen Werken *Vom Geist und Wesen des Katholizismus* und *Kurze Einleitung in das Studium der Theologie* skizziert Drey das theologische Programm der katholischen Tübinger Schule. Demnach ist der Katholizismus die objektive und konsequente Fortsetzung des Urchristentums. Diese Fortsetzung beruht auf der von Christus gestifteten Kirche. Zugleich betont Drey gegenüber einem Verständnis der Kirche als rechtlich verfasster Gesellschaft eine organische Auffassung von Geschichte und Kirche. Die Kirche ist lebendige Verobjektivierung des Reich-Gottes-Gedankens; sie ist die Trägerin der Offenbarung durch die Geschichte. Vor diesem Hintergrund gewinnt die Pneumatologie eine bislang unbekannte Bedeutung für die Ekklesiologie.

Ekklesiologie im Zeichen der „Symbolik“

Dreys Schüler Johann Adam Möhler wird diese Perspektive schon in seinem ersten größeren Werk aufgreifen. Möhler war 1822 auf einer Reise durch verschiedene deutsche Universitätsstädte in Berlin auch Schleiermacher begegnet; die Begegnungen mit ihm und anderen evangelischen Theologen haben Möhler zeitlebens geprägt. 1825 erscheint Möhlers Werk *Die Einheit der Kirche, oder das Princip des Katholicismus, dargestellt im Geiste der Kirchenväter der ersten drei Jahrhunderte*. Demnach ist die Kirche die geschichtliche Verkörperung des durch die Zeiten hindurch in der Gemeinschaft der Christgläubigen wirkenden und die Kirche begründenden Heiligen Geistes. Mit seiner Betonung der pneumatologischen Dimension der Kirche und dem Rückgriff auf die Ekklesiologie der Patristik setzt sich Möhler entschieden von einem Kirchenverständnis ab, wie es im 17. und 18. Jahrhundert weithin vertreten wurde: Kirche ist weder eine Erziehungsanstalt zur moralischen Besserung der Gläubigen noch eine bloß rechtlich verfasste Institution.

Wesentliche Impulse verdankt Möhlers Ekklesiologie dem Dogmatiker und Regensburger Bischof Johann Michael Sailer (1751–1832). Im Anschluss an Paulus und unter dem Einfluss der Frühromantik hatte bereits Sailer die Kirche als einen lebendigen Organismus verstanden: Die Kirche ist ein vom Heiligen Geist beseeltes Wesen, ein vielgliedriger Leib, der von Christus als seinem Haupt regiert wird.

Auch nach Möhler ist der Heilige Geist die Quelle des Lebens in der Kirche und ihrer Lebendigkeit. Der Geist belebt die Kirche als durch Gottes Offenbarung „gesetzte“ (positive) Wirklichkeit in der Welt. Die Kirche verkörpert gleichsam den Heiligen Geist in Zeit und Geschichte. Ihr Fundament ist die Menschwerdung Christi. Die Kirche ist der Ort der im Heiligen Geist gegenwärtig gehaltenen Christusverkündigung. Wichtig für Möhler wird dabei der Symbolbegriff der Romantik, wie er insbesondere von Friedrich Schlegel im kritischen Gegenzug zum Rationalismus der Aufklärung vertreten wurde. Von ihm her begreift Möhler die Kirche als geschichtliches Symbol des unendlichen Gottesgeistes. Weil das Symbol Geistiges und Sinnliches, Unendliches und Endliches verbindet, kann die Kirche als Gestaltwerdung der alles umfassenden religiösen Idee in den Gläubigen, den Sakramenten und in den kirchlichen Institutionen verstanden werden.

Überhaupt ist „Symbol“ ein Schlüsselbegriff im Denken des frühen 19. Jahrhunderts. Zwischen 1810 und 1813 veröffentlichte der evangelische Berliner Theologe Philipp Konrad Marheineke (1780–1846) ein dreibändiges Werk unter dem Titel *System des Katholizismus in seiner symbolischen Entwickelung*. Zwar zielt Marheinekes Symbolbegriff zunächst auf die altkirchlichen Glaubensbekenntnisse („Symbola“), nimmt dann aber auch das Selbstverständnis und die institutionelle Gestalt der katholischen Kirche in den Blick. Deren gefühlsmäßig-ästhetischer Religiosität stehe die Betonung von Verstand und Wissenschaft in den Kirchen der Reformation komplementär gegenüber.

Ähnlich hielt in Tübingen Ferdinand Christian Baur 1828 Vorlesungen über *Christliche Symbolik*. Darin vertrat Baur auch die These, dass Katholizismus und Protestantismus zwei notwendige Ausprägungen der einen gemeinsamen christlichen Idee seien. Allerdings stünden beide in einem dialektischen Verhältnis zueinander: Der mittelalterlichen katholischen Kirche, die durch vielerlei Zwänge bestimmt gewesen sei, stellten die Reformatoren eine auf individueller Freiheit beruhende Kirche entgegen, aus der nunmehr der Protestantismus hervorgegangen sei.

Wie Baurs Vorlesungen trägt auch Möhlers zweites Hauptwerk den Begriff „Symbolik“ im Titel: *Symbolik oder Darstellung der dogmatischen Gegensätze der Katholiken und Protestanten nach ihren öffentlichen Bekenntnisschriften* (1832). Das Buch kann als katholische Antwort auf Baurs Thesen verstanden werden. Dies zeigt sich nicht zuletzt in Möhlers Rechtfertigung des Autoritätsprinzips. Tatsächlich spitzt Möhler in seiner *Symbolik* die Grunddifferenz zwischen Katholizismus und Protestantismus auf den Gegensatz von Objektivität und Subjektivität zu. Damit rückt die Frage der Autorität in der Kirche ins Zentrum seiner Argumentation. Gegenüber der protestantischen Wertschätzung individueller Glaubens- und Gewissensfreiheit beharrt Möhler auf der Objektivität kirchlicher Vollzüge und der Autorität des Lehramts. Gegenüber dem Objektiven und Allgemeinen sei das Subjektive und Individuelle unweigerlich im Unrecht. In dieser Hinsicht sei der Katholizismus dem Protestantismus klar überlegen.

Die These des Tübinger Dogmatikers blieb nicht unwidersprochen – zumal sie von evangelischer Seite als theologische Rechtfertigung des Autoritätsprinzips wahrgenommen wurde, das sich in der nachnapoleonischen Ära der Restauration zunehmend politisch Geltung verschaffte. Ferdinand Christian Baur antwortete 1833 auf Möhlers *Symbolik* mit einem Beitrag unter dem Titel *Der Gegensatz des Katholizismus und Protestantismus nach den Prinzipien und Hauptdogmen der beiden Lehrbegriffe*. Darin betont er den Beitrag des Protestantismus für die Heraufkunft der Neuzeit und der Moderne. Dieser bestehe vorrangig darin, dass der Protestantismus für die individuelle Glaubens- und Gewissensfreiheit eingetreten sei. Dieses Argument hatte nicht zuletzt deshalb Gewicht, weil im Jahr zuvor – am 13. August 1832 – Papst Gregor XVI. die Meinung als „widersinnig und irrig" verurteilt hatte, „einem jeden müsse die Freiheit des Gewissens zugesprochen und sichergestellt werden" (DzH 2730).

Dem von Katholiken erhobenen Einwand, mit dem evangelischen Beharren auf der Freiheit des Gewissens sei individueller Beliebigkeit und subjektiver Willkür Tür und Tor geöffnet, suchte Baur mit dem Hinweis auf das geschichtliche Fortschreiten des menschlichen Bewusstseins zu Freiheit und Autonomie zu begegnen. Demnach handelt es sich beim Katholizismus um eine inzwischen überwundene Stufe des religiösen Bewusstseins. Auf ihr wussten sich die Gläubigen noch in eins mit der objektiven Gestalt der Kirche, waren aber noch nicht zum freien Glaubensentscheid vorgedrungen.

Die Debatte zwischen Baur und Möhler berührt nicht nur die Ekklesiologie, sondern auch grundsätzliche Fragen der Glaubenslehre. Manche Philosophen der Aufklärung hatten sich mindestens offenbarungskritisch, wenn nicht offenbarungsfeindlich gebärdet. Demgegenüber bemühten sich viele Theologen des 19. Jahrhunderts und insbesondere die Vertreter der Tübinger Schule darum, einen Offenbarungsbegriff zu formulieren, der nicht einfach positivistisch gefasst war, d. h. Offenbarung als göttliches Willensdekret versteht. Andererseits hielten nicht wenige Theologen Schleiermachers Ansatz für problematisch, die biblische Offenbarung in die allgemeine Religionsgeschichte einzubinden und ihre christliche Bestimmtheit allein aus dem Christusbezug hervorgehen zu lassen. Stattdessen wurde die vorrangige Aufgabe darin gesehen, der Konkretheit der göttlichen Offenbarung in Raum und Zeit – nämlich in der Geschichte des Volkes Israel und in der Person Jesu von Nazareth – gerecht zu werden.

Auf diese Herausforderung versprach der Symbolbegriff eine Antwort zu geben, verweist er doch auf das Geschehen, in dem ein Unendliches im Endlichen in Erscheinung tritt. Dies aber nicht als bloßes Phänomen, sondern als ein wirksames Geschehen; denn die in der Heilsgeschichte wirksam gewordene göttliche Gnade zielt auf die Erlösung und Vollendung der Menschen. In diesem Sinne ist für Möhler Jesus Christus, der Gottmensch, das eigentliche und letzte „Symbol“ Gottes in der Welt. Und die Kirche ist der konkrete und bestimmbare Ort, an dem Gottes Geist in der Geschichte versöhnend wirksam wird. Sie ist der Lebensraum, in dem die Versöhnung der Menschen mit Gott nicht nur verkündet, sondern – vor allem in der Spendung der Sakramente – verwirklicht wird.

Die Kirche ist somit das durch die Offenbarung des göttlichen Heilswillens gesetzte „Symbol“ Gottes in der Welt. Als solches ist sie wirksamer Ausdruck des göttlichen Heilswirkens. Die Kirche setzt Gottes Heilswirken fort, das in der Menschwerdung des Sohnes seinen Höhepunkt gefunden hat. Von daher gelangt Möhler zu seiner oftmals zitierten Bestimmung von Kirche:

> „So ist denn die sichtbare Kirche […] der unter den Menschen in menschlicher Form fortwährend erscheinende, stets sich erneuernde, ewig sich verjüngende Sohn Gottes, die andauernde Fleischwerdung desselben, so wie denn auch die Gläubigen in der Heiligen Schrift der Leib Christi genannt werden“ (*Symbolik*, § 36).

An die Stelle der in der *Einheit* noch pneumatologisch akzentuierten Ekklesiologie ist in der *Symbolik* eine christologisch akzentuierte Ekklesiologie getreten.

Dabei ist für Möhler die Inkarnation Ausgangspunkt nicht nur der Ekklesiologie, sondern auch der Soteriologie und der theologischen Anthropologie. Denn „was es heißt, das Wort ist Fleisch geworden, ist Mensch geworden, wurde Luthern niemals klar“ (*Symbolik*, § 48). Indem die Reformatoren das Wesen des Menschen in einer vom Inkarnationsgedanken abweichenden Weise bestimmten, so Möhler, wurde die Spaltung der Kirche unausweichlich.

Im Ausgang von der Inkarnation des göttlichen Wortes wird bei Möhler die Anthropologie zum Fundament und zum Bestimmungsgrund der Heilsgeschichte. Anders freilich als bei Schleiermacher wird die Heilsgeschichte nicht vom religiösen Subjekt allein her rekonstruiert, sondern in steter Wechselwirkung zwischen kirchlicher Überlieferung und gläubigem Individuum. Dieses Individuum aber ist wesentlich – und darin folgt Möhler wiederum der Romantik – auf die „lebendige Gemeinschaft“ verwiesen, um wahrhaft Mensch und Christ sein zu können.

Möhlers Entwurf einer vom Glauben an die Menschwerdung Gottes her bestimmten Theologie kann als Vorläufer einer anthropologischen Ausrichtung der Theologie gelten, wie sie im 20. Jahrhundert durch Theologen wie Karl Rahner SJ (1904–1984) oder Edward Schillebeeckx OP (1914–2009) vertreten wurde und auch das beginnende 21. Jahrhundert prägt. Doch auch bereits in seiner Zeit wurde Möhler hoch geschätzt; seine *Symbolik* erfuhr 25 Auflagen und wurde mehrfach übersetzt.

14.6 Glaubenszustimmung, Gewissen und Kirchenreform: John Henry Newman und Antonio Rosmini-Serbati

Besonders hervorzuheben ist Möhlers Einfluss auf John Henry Newman (1801–1890) und dessen Verständnis der Kirche ebenfalls im Ausgang vom Gedanken der Inkarnation. Obwohl Newman selbst kein Deutsch sprach, wusste er seit seiner Begegnung mit dem Theologen und späteren Kardinal Nicholas Wiseman (1802–1865) im Jahr 1833 so viel von dem Tübinger Theologen, dass er in seinen späteren Schriften eine tiefe Geistesverwandtschaft mit Möhler bekundete.

Newman steht – neben seiner 1845 vollzogenen Konversion zum Katholizismus – bis heute insbesondere für den Versuch, eine theologische „Zustimmungslehre“ zu begründen. Auch dieser Versuch kann als Ausdruck des Bemühens verstanden werden, den im 19. Jahrhundert grundlegend veränderten wissenschaftstheoretischen Voraussetzungen der Theologie zu genügen. Dabei werden Ansätze aufgegriffen und vertieft, die seit Beginn der Frühen Neuzeit im Rahmen der *analysis fidei* diskutiert worden waren.

Um den Glaubensentscheid zu rechtfertigen, geht Newman in seiner 1870 erschienenen theologischen Zustimmungslehre *(Essay in Aid of a Grammar of Assent)* von der Erfahrung des Gewissens aus. Die vom menschlichen Gewissen ausgehende Nötigung, das Moralische zu tun, verweist nach Newman auf einen obersten Gesetzgeber und Richter. Einen solchen aber verkündet der christliche Glaube im Ausgang von der Heiligen Schrift. Das Gewissen erscheint damit nicht bloß als Prinzip der Ethik, sondern auch der Religion. Der verpflichtende Spruch des Gewissens kann nach Newman als Hinweis und Vorbereitung auf die Offenbarung des göttlichen Willens gedeutet werden, die ihrerseits das Gewissen läutert und erleuchtet. Die Zustimmung zum christlichen Dogma leistet die menschliche Vernunft insofern weder grundlos noch folgt sie zwingend aus vernunftgeleiteten Überlegungen. Ihr Haftpunkt ist vielmehr die moralische Autorität des Gewissens.

Maßgebliche Beiträge zur katholischen Theologie des 19. Jahrhunderts lieferte Newman durch seine Überlegungen zur Geschichtlichkeit des Dogmas und zur Stellung der Theologie in der Kirche. Seine Lehre vom *sensus fidei* („Glaubenssinn“) ermöglichte die Wertschätzung des gläubigen Laien, an die im 20. Jahrhundert Yves Congar mit seiner „Theologie des Laientums“ (*Jalons pour une théologie du laïcat,* 1953) anknüpfen wird.

Schließlich darf in einem gesamteuropäischen Blick auf das 19. Jahrhundert Antonio Rosmini-Serbati (1797–1855) nicht unerwähnt bleiben. Dieser italienische Theologe und Philosoph ist besonders durch sein 1849 im zeitlichen Umfeld der Revolutionsunruhen veröffentlichtes Werk *Die fünf Wundmale der heiligen Kirche (Delle Cinque Piaghe della Santa Chiesa)* bekannt geworden. Neben der darin erklärten Kritik an verschiedenen Missständen in der katholischen Kirche – darunter die Verstrickung des Klerus in weltliche Belange, die mangelhafte Ausbildung des Klerus und die Spaltung zwischen Klerus und Laien – ist Rosmini für die Theologie besonders deshalb von Bedeutung, weil er einen konsequenten Personalismus vertrat, von dem her er die prinzipielle Offenheit des menschlichen Bewusstseins für die göttliche Offenbarung plausibel zu machen hoffte.

14.7 Innovation und Tradition: Neuscholastik und „Römische Schule“

Newman und Rosmini waren nicht die Einzigen, die sich durch ihren innovatorischen Geist dem Argwohn und den Verdächtigungen ultramontan gesinnter Kreise und insbesondere der Jesuiten aussetzten. Diese hatten es sich im 19. Jahrhundert zur Aufgabe gemacht, die Stellung des Papsttums und die lehramtliche Autorität der katholischen Kirche nicht nur auf dem Gebiet der Schriftauslegung, sondern auch in Fragen der Dogmatik theologisch zu fundieren und zu befestigen. Eine wesentliche Rolle spielten dabei die Vertreter der Neuscholastik und die Angehörigen der „Römischen Schule“.

Bei aller Gemeinsamkeit setzen deren wichtigste Vertreter – Perrone, Passaglia, Schrader, Franzelin und Scheeben – durchaus unterschiedliche theologische Akzente. Mit Ausnahme von Scheeben gehören sie allesamt dem Jesuitenorden an. Mittelpunkt der „Römischen Schule“ war das 1824 wiedereröffnete „Collegium Romanum“, der Vorläufer der 1873 gegründeten Päpstlichen Universität „Gregoriana“. Von seiner Gründung im Jahr 1551 bis zur Aufhebung des Ordens im Jahr 1771 sowie erneut ab 1824 diente das „Collegium Romanum“ der theologischen Ausbildung von Jesuiten.

Die Neuscholastik

Nach dem Sieg über Napoleon und im Zuge der gesamteuropäischen Restauration bemühten sich viele katholische Theologen im 19. Jahrhundert um eine Wiederbelebung scholastischer Traditionen. Referenzpositionen dazu waren einerseits die nach dem Konzil von Trient zu Einfluss gelangte Theologie des Thomas von Aquin, vor allem aber dessen frühneuzeitliche Rezeption in der italienischen und spanischen Barockscholastik. Die hier vermutete „christliche Philosophie“ wurde als Alternative zur „bürgerlichen“ Philosophie des deutschen Idealismus verstanden, zunehmend aber auch als Alternative zum linkshegelianischen Materialismus und Sozialismus.

Theologische Versuche, dem Reflexionsniveau der zeitgenössischen Philosophie gerecht zu werden, wie sie in Tübingen, aber auch in Wien von Anton Günther (1783–1863) oder in Bonn von Georg Hermes (1775–1831) unternommen wurden, weckten in eher konservativen kirchlichen Kreisen nicht geringen Argwohn. Schienen solche Versuche doch nicht nur die Geltung und die Unveränderlichkeit dogmatischer Aussagen, sondern die Autorität der Kirche insgesamt in Frage zu stellen. Nach den Entstehungsbedingungen kirchlicher Lehren zu fragen, bedeutete zwangsläufig auch, nichttheologische Faktoren in die Überlegungen mit einzubeziehen. Dies aber konnte als Relativierung, wenn nicht Infragestellung des mit den Dogmen verbundenen kirchlichen Wahrheitsanspruches empfunden werden.

Weniger aus einem eigenen Ansatz heraus, wohl aber aus Argwohn und Misstrauen gegenüber Theologen wie Hermes oder Günther formierte sich deshalb ab der Mitte des 19. Jahrhunderts eine theologische Strömung, die seit 1862 unter dem Stichwort „Neuscholastik“ firmierte. Statt Originalität zu beanspruchen, beharrten ihre Vertreter darauf, lediglich der überlieferten Theologie Geltung zu verschaffen. Und diese Theologie war in der katholischen Kirche nach dem Konzil von Trient grundlegend mit der Person und dem Wirken des Thomas von Aquin verbunden.

Die Suche der neuscholastischen Theologen nach festen Fundamenten von Glaube, Theologie und Kirche wurde nicht zuletzt durch die politischen Verhältnisse in Europa befördert. Gebärdeten sich doch die sich im 19. Jahrhundert in Europa formierenden Nationalbewegungen – besonders auch in Italien – nicht selten als kirchenkritisch, ja kirchenfeindlich. Der Kirchenkampf in Deutschland ließ es geboten erscheinen, die kirchlichen Reihen zu schließen und jeglichem Säkularismus oder Liberalismus entschlossen zu begegnen. Papst Pius IX. (1846–1878) identifizierte im neuzeitlichen Liberalismus den Mutterboden aller Irrtümer und den Erzfeind des Glaubens (*Syllabus errorum*; 1864: DzH 2977–2980). Um ihm Widerstand leisten zu können, galt es, sich auf die eigenen – auch theologischen – Traditionen zu besinnen.[98]

Die Päpste förderten die Neuscholastik bis ins 20. Jahrhundert hinein durch Vorgaben für Lehrpläne und Studienordnungen. Mit der Enzyklika *Aeterni patris* (1879) erklärte Papst Leo XIII. (1878–1903) die Philosophie des Thomas von Aquin zur offiziellen Lehre der katholischen Kirche (DzH 3139f.). Noch im Jahr 1950 empfahl Papst Pius XII. (1939–1958) in seiner Enzyklika *Humani generis* die Neuscholastik als für Katholiken maßgebliche Gestalt der Theologie (DzH 3894).

Was sind die Kennzeichen der Neuscholastik? Trotz unleugbarer Differenzen im Einzelnen stimmen die meisten neuscholastischen Theologen darin überein, dass es ewige und unveränderliche Wahrheiten gibt, die vom Menschen mit Gewissheit erkannt werden können. Jedem epistemischen Relativismus ist damit eine entschiedene Absage erteilt. Zwar räumen die Neuscholastiker ein, dass das menschliche Erkennen nicht unabhängig von der Weise des Erkennens ist. Vielmehr gilt: „Alles Erkannte wird nach Art und Weise des Erkennenden erkannt“ (*Quidquid cognoscitur ad modum cognoscentis cognoscitur*: Thomas von Aquin, *S. Theol.* I 12,4). Doch löst sich damit das Erkannte nicht in einen konstruktivistischen Subjektivismus auf. Vielmehr wird – oft explizit gegen Kant – darauf beharrt, dass die Wirklichkeit an sich selbst erkennbar ist.

Dieser epistemische Realismus hat Konsequenzen auch für die Ethik: Ist nämlich das Sein der Wirklichkeit objektiv erkennbar, dann folgern die Anhänger der Neuscholastik daraus, dass sich menschliches Handeln an der objektiven Ordnung der Natur orientieren muss. Der Mensch ist dazu angehalten, die innere Logik der Schöpfung zu ergründen und die Gestaltung von Moral und Sittlichkeit, Recht und Staat daran auszurichten. Die

---

98 In der Perspektive der Romantik verband sich der Thomismus überdies mit dem Bild einer noch ungeteilten abendländischen Christenheit (vgl. Novalis, *Die Christenheit oder Europa. Ein Fragment*; 1799).

Lehre vom sogenannten „Naturrecht" *(ius naturae* bzw. *naturale)*, der zufolge die sittlichen Normen des menschlichen Verhaltens aus der Natur der Dinge und des Menschen begründet werden können und müssen, ist eine zwingende Konsequenz der neuscholastischen Epistemologie.

Methodisch und inhaltlich orientierten sich die Neuscholastiker am Wissenschaftsideal und an den begrifflichen Kategorien des Aristotelismus. Begriffe wie Substanz und Akzidenz, Wesenheit und Dasein *(essentia* und *existentia)*, Akt und Potenz erfassen demnach die Wirklichkeit sachgerecht. Die Welt wird als eine hierarchische Ganzheit von körperlichen, lebendigen, beseelten und geistbegabten Wesen beschrieben. Von den Tieren unterscheidet sich der Mensch durch die Seele; diese gilt als immateriell, substanziell und unsterblich. In theologischer Perspektive ist zwischen geschaffenem und ungeschaffenem Sein zu unterscheiden. Erste Ursache allen Seins, aller Wahrheit und aller Werte ist der transzendente Gott, das in sich ständige Sein *(ipsum esse subsistens)*.

Als Hauptvertreter der Neuscholastik gilt der Jesuit Josef Kleutgen (1811–1883); seine Theologie hat er vor allem in dem vierbändigen Werk *Die Theologie der Vorzeit* (1853–1870) dargelegt. Darin entwickelte er unter anderem die folgenreiche Lehre vom „ordentlichen Lehramt" des Papstes. Kleutgen war theologischer Berater von Papst Pius IX. und wirkte bei der Vorbereitung des Ersten Vatikanischen Konzils (1869/70) mit. Als Konsultor hatte er maßgeblichen Anteil an der Verurteilung Anton Günthers durch die römische Indexkongregation (1857).

Die „Römische Schule"

Obwohl mehrheitlich konservativ ausgerichtet, können die Theologen der „Römischen Schule" keineswegs ohne weitere Differenzierungen der Neuscholastik zugeordnet werden. Vielmehr wird bei den meisten von ihnen auch ein durch die Romantik inspiriertes und über Johann Adam Möhler vermitteltes organologisches Denken wirksam, das einer statischen Auffassung von Theologie und Kirche entgegenwirkt.

Bereits 1837 hat sich der Jesuit Giovanni Perrone (1794–1876), der vielfach als Begründer der „Römischen Schule" gilt,[99] mit Möhlers *Symbolik*

---

[99] Den Begriff „Römische Schule" prägte Heribert Schauf (1910–1988): *Die Einwohnung des Heiligen Geistes. Die Lehre von der nichtappropriierten Einwohnung des Heiligen Geistes als Beitrag zur Theologiegeschichte des neunzehnten Jahrhunderts unter besonderer Berücksichtigung der beiden Theologen Carl Passaglia und Clemens Schrader* (Freiburger Theologi-

befasst. Einflüsse Möhlers sind auch für Perrones Kollegen Passaglia, dessen Schüler Schrader und Passaglias Nachfolger Franzelin nachgewiesen. Gemeinsam ist ihnen das Bemühen, dogmatische Theologie durch den Rückgriff auf Patristik und Scholastik in einer historischen Perspektive zu betreiben. Damit unterschieden sie sich in einem wesentlichen Punkt vom ungeschichtlichen Vorgehen der „Neuscholastik“, die sich nahezu ausschließlich auf die Theologie des Aquinaten stützte.

Während in Deutschland die Neuscholastik vor allem von Theologen in Würzburg, Mainz und Eichstätt gelehrt wurde, war sie in Rom nahezu allgegenwärtig. Insofern unterschied sich die Ausgangssituation der „Römischen Schule“ erheblich von der durch die Aufklärung, die Romantik und den deutschen Idealismus geprägten „Tübinger Schule“. Gleichwohl gab Möhlers Theologie auch in Rom Impulse zu einer heilsgeschichtlich akzentuierten Betrachtung der Beziehungen zwischen Gott, Mensch und Welt. Diese Dynamisierung wirkte sich nicht nur schöpfungstheologisch und heilsgeschichtlich aus, sondern betraf auch das traditionell strittige Verhältnis von Natur und Gnade und die Ekklesiologie.

Perrones Kollege Carlo Passaglia (1812–1887) beispielsweise verdankt Möhlers *Einheit* den für seine Theologie richtungsweisenden Hinweis auf die Historizität von Glaube und Kirche: Der christliche Glaube ist immer durch geschichtliche Zeugen vermittelt. Deren Autorität ist für die Kirche maßgeblich. Dabei versteht Passaglia die Kirche wegen der Einwohnung des Heiligen Geistes in ihr als Fortführung des Werkes Christi. Mehr noch: In ihrer Einheit von göttlicher und menschlicher Wirklichkeit ist die Kirche Abbild der hypostatischen Einigung von göttlicher und menschlicher Natur in Christus – ein Gedanke, der sich in der Kirchenkonstitution des Zweiten Vatikanischen Konzils *Lumen gentium* (Nr. 8) wiederfindet. Der absteigenden Bewegung vom Vater über den Sohn und den Heiligen Geist zur Kirche entspricht – wie schon bei Möhler – eine aufsteigende Bewegung: Der Heilige Geist verbindet die Glaubenden mit Christus und dem Vater. Entscheidend und für die Ekklesiologie des 20. Jahrhunderts wegweisend ist auch hier die Überwindung einer statisch-juridischen Sicht der Kirche durch eine dynamische, heilsgeschichtlich-trinitarische Perspektive.

Ihr heilsgeschichtliches Verständnis von Kirche veranlasste die Vertreter der „Römischen Schule“ keineswegs zu einer Relativierung oder gar Infra-

---

sche Studien 59), Freiburg/Br. 1941. Vgl. auch Walter Kasper, *Die Lehre von der Tradition in der Römischen Schule (Giovanni Perrone, Carlo Passaglia, Clemens Schrader)*, Freiburg/Br. 1962.

gestellung von Lehramt und päpstlichem Primat. Nach seinem zu Beginn des 19. Jahrhunderts erlittenen Niedergang erlebte das Papsttum in der Folgezeit einen triumphalen Aufstieg. Dieser ließ es nicht nur die Revolutionswirren von 1848/49 einigermaßen unbeschadet überstehen – im November 1848 musste Pius IX. allerdings aus Rom fliehen –, sondern mündete schließlich in die Definition von Unfehlbarkeit und Jurisdiktionsprimat auf dem Ersten Vatikanischen Konzil (1869/70) ein. Diese Definition wie auch schon die Dogmatisierung der Unbefleckten Empfängnis Mariens (1854) und die Verurteilung „zeitgenössischer Irrtümer" im *Syllabus errorum* (1864) waren durch die Vertreter der „Römischen Schule" maßgeblich vorbereitet worden. Überhaupt verstand sich die Mehrzahl der Jesuitentheologen im 19. Jahrhundert als entschiedene Verteidiger des Papstes gegen Säkularismus, Rationalismus, Sozialismus und Atheismus.

Zu den Rationalisten zählte man seinerzeit nahezu alle Theologen, die irgendwie um einen konstruktiven Dialog zwischen Theologie und zeitgenössischer Philosophie bemüht waren. Im deutschsprachigen Raum galten unter anderem der Bonner Dogmatiker Georg Hermes, der Wiener Theologe und Philosoph Anton Günther und der Tübinger Moraltheologe Johann Baptist von Hirscher als Rationalisten oder auch „Pantheisten". Dabei bezog sich der Vorwurf des Rationalismus auf den Versuch, die wechselseitige Verwiesenheit von Glaube und Vernunft begrifflich zu durchdringen. Der Vorwurf des Pantheismus zielte auf den Versuch, der Geschichtlichkeit von Offenbarung und Kirche Rechnung zu tragen. Genährt wurde dieser Verdacht auch dadurch, dass einige Vertreter der Romantik, auf die sich mehrere Theologen bezogen, mehr oder weniger ausgeprägte Neigungen zu einer pantheistischen Naturmystik zeigten.

Als Markstein eines verderblichen Irrwegs katholischer Theologie galt vielen Neuscholastikern die Münchner „Gelehrtenversammlung". Zu ihr hatte der Kirchenhistoriker und auch politisch engagierte Theologe Ignaz von Döllinger (1799–1890) im September 1863 eingeladen. Josef Kleutgen sah in Döllingers Eröffnungsrede *Über Vergangenheit und Gegenwart der katholischen Theologie* das Programm einer sich vom kirchlichen Lehramt emanzipierenden Theologie. Nach dem Selbstverständnis der Kongressteilnehmer hingegen ist die Theologie dazu aufgerufen, den im 19. Jahrhundert gewandelten wissenschaftstheoretischen Standards Rechnung zu tragen. Keineswegs sollte dabei die Verbindlichkeit der kirchlichen Dogmen in Frage gestellt werden. Die von Döllinger geforderte Freiheit der theologischen Wissenschaft sollte einer „katholischen Ghettoisierung" entgegenwirken und der gesamtgesellschaftlichen Bedeutung von Kirche und Theologie Rechnung tragen. In Zeiten des heraufziehenden „Kulturkampfes“ stieß diese Forderung beim kirchlichen Lehramt allerdings auf harsche Ablehnung.

Das theologische Programm der „Römischen Schule“ wurde in Deutschland maßgeblich durch Matthias Joseph Scheeben (1835–1888) vertreten. Während seiner Studien in Rom hatte er Vorlesungen von Passaglia, Schrader und Franzelin gehört. Seit 1860 am Kölner Priesterseminar lehrend, trat Scheeben gleichwohl – unter anderem gegen Kleutgen – für einen gemäßigten Pluralismus in Theologie und Kirche ein. Für Scheeben sind Kategorien wie „Organismus“ und „Leben“ zentral, um die Wirklichkeit der Kirche zu beschreiben. „Leben“ ist für ihn auch der zentrale Begriff für die Wirklichkeit des dreifaltigen Gottes, der sich den Menschen im Anfang schöpferisch und in der Geschichte in besonderen Ereignissen der Offenbarung mitteilt.

Dem von neuscholastischer Seite her drohenden Verdacht des Pantheismus sucht Scheeben dadurch zu begegnen, dass er sich in breitem Maße auf die verbindliche Lehrtradition der katholischen Kirche beruft. Von ihr her will er der Besonderheit und Konkretheit der in Christus Wirklichkeit gewordenen Offenbarung Gottes Rechnung tragen. Der Heilige Geist führt die Menschen in die göttliche Lebensfülle ein, indem er sie durch seine Gnade am trinitarischen Leben teilhaben lässt. Natur und Gnade („Übernatur“) stehen deshalb nicht beziehungslos nebeneinander; vielmehr sind sie innerlich aufeinander verwiesen. Die Natur ist von Anbeginn dazu bestimmt, sich durch die Gnade in das dreifaltige Leben Gottes hinein vollenden zu lassen.

Gegen die Neigung der Neuscholastiker, an der Unveränderlichkeit der Dogmen und des Glaubens festzuhalten, sieht Scheeben nicht in einer abstrakten Wahrheit, sondern im lebendigen Gott den Ursprung und das Ziel christlichen Lebens. Damit gewährt er einem Entwicklungsdenken Einlass in die Dogmatik, wie es maßgeblich auch in der „Tübinger Schule“ vertreten wurde. Seine innovatorische Wirkung entfaltete dieses Denken allerdings erst im Verlauf des 20. Jahrhunderts.

15 Liberale Theologie, Dialektische Theologie und Modernismus: Konfliktfelder im frühen 20. Jahrhundert

Die Methoden der sich im 19. Jahrhundert weiter ausdifferenzierenden empirischen Naturwissenschaften ließen die wissenschaftlichen Standards in den Geisteswissenschaften nicht unverändert. Als „wissenschaftlich“ galten fortan nicht nur solche Aussagen, die beanspruchen konnten, irgendwie mit dem von ihnen behaupteten Sachverhalt übereinzustimmen. Gefordert wurden darüber hinaus die Kohärenz des Gegenstandsbereiches selbst und – vor allem – die wissenschaftliche Überprüfbarkeit der mit Blick darauf getroffenen Behauptungen und Hypothesen. Welchen Stellenwert unter den Wissenschaften konnte die Theologie angesichts solcher Kriterien noch beanspruchen?

Diese Frage betraf nicht zuletzt die Stellung der Theologie als eigenständige Fakultät an den staatlichen Universitäten. Zudem berührte sie das Verhältnis von Autonomie der Theologie und lehramtlicher Autorität. Zwei Akzentsetzungen schienen diesbezüglich denkbar: eine rationalistische Position, wonach auch auf dem Feld des Glaubens der Vernunft der Vorrang gebührt, und eine fideistische Position, wonach sich die menschliche Vernunft der Offenbarungswahrheit zu unterwerfen hat. Die Theologie im 19. Jahrhundert ist durch ein unablässiges Ringen zwischen beiden Positionen gekennzeichnet.

Dieses Ringen mündete zwar für die katholische Kirche in die lehramtliche Definition des Ersten Vatikanischen Konzils (1869/70) ein, die einen Kompromiss zwischen theologischem Rationalismus und Fideismus anzielt. Wie aber nicht zuletzt die fortdauernde Diskussion um die Enzyklika *Fides et ratio* (1998) von Johannes Paul II. zeigt, ist die Beziehung zwischen Glaube und Vernunft weiterhin strittig.

15.1 Philosophische Religionskritik und Modernismuskrise

Bereits in der Mitte des 19. Jahrhunderts hatten verschiedene Philosophen die Vertretbarkeit religiöser Weltdeutungen in einem zuvor unbekannten Maße in Frage gestellt. Für Ludwig Feuerbach (1804–1872) etwa reduziert sich Religion auf eine Leistung des menschlichen Bewusstseins. Religionen fußen nicht auf übernatürlichen Offenbarungen, sondern spiegeln unerfüllte Bedürfnisse der menschlichen Natur wider. Religiöse Gehalte – darunter vor allem die verschiedenen Vorstellungen von Gott – sind nichts anderes als Projektionen der menschlichen Seele (*Das Wesen des Christentums*, 1841). So ist die religiöse Idee einer Unsterblichkeit der Seele bloß ein Reflex auf die Erfahrung der Sterblichkeit der Menschen; die Vorstellung von einem allgütigen Gott ist bloßer Reflex auf die Unmöglichkeit, alle Menschen gleichermaßen zu lieben. Kurz: Die menschliche Vorstellung von Gott ist nichts anderes als die an den Himmel projizierte Objektivierung menschlicher Sehnsüchte; sie ist bloßer Ausdruck des endlichen Selbstbewusstseins, das sich für sich selbst Unendlichkeit ersehnt. Will der Mensch wahrhaft zu sich selbst kommen, so Feuerbach, dann muss er sich von seinen religiösen Vorstellungen verabschieden und sich entschieden der irdischen Wirklichkeit zuwenden – auch mit dem Ziel, diese zu seinem Nutzen zu gestalten.

Dieses „linkshegelianische" Programm wird von Karl Marx (1818–1883) radikalisiert, indem er zur revolutionären Umgestaltung der gesellschaftlichen Verhältnisse aufruft. Deren Ziel ist eine klassenlose und deshalb gerechte Gesellschaft. In ihr bedarf es keiner Religion mehr, um sich gegenüber dem Elend der sozialen Verhältnisse zu immunisieren. Manifestiert sich nach Hegel im menschlichen Bewusstsein das Absolute in der Geschichte, so ist es nach Marx gerade umgekehrt: Der Mensch – und damit auch sein Bewusstsein – ist das Produkt der gesellschaftlichen Verhältnisse, in denen er lebt.

Der Wiener Psychoanalytiker Sigmund Freud (1856–1939) prägte im Jahr 1917 die Rede von den „drei Kränkungen", die der Mensch in der Neuzeit erfahren habe und die sein Selbstverständnis zutiefst erschüttert haben. Die erste Kränkung verbindet Freud mit der Entdeckung des Kopernikus (1473–1543), dass die Erde nicht der Mittelpunkt des Weltalls ist; die zweite erblickt er in Darwins Entdeckung, dass der Mensch aus einer durch Mutation und Selektion bestimmten „natürlichen Zuchtwahl" hervorgegangen ist.[100] Die dritte Kränkung verbindet Freud mit der von ihm selbst

---

[100] Da half es auch nichts, dass Charles Darwin im Nachwort zu seinem Buch *Über die Entstehung der Arten* bekannt hatte: „Es liegt etwas wirklich Erhabenes in der Auffassung, dass der Schöpfer den Keim allen Lebens, das uns umgibt, nur wenigen oder gar nur einer einzigen Form eingehaucht hat und dass, während sich unsere Erde nach den Gesetzen der Schwerkraft im Kreise bewegt, aus einem so schlichten Anfang eine unendliche Zahl der schönsten und wunderbarsten Formen entstand und noch weiter entsteht" (*On the origin of species by means of natural selection, or the preservation of favoured races in the struggle for life*, 1859).

beanspruchten Einsicht, dass sich ein beträchtlicher Teil des menschlichen Seelenlebens der Kenntnis und der Herrschaft des bewussten Willens entzieht. Bei den Religionen handelt es sich nach Freud um „kollektive Zwangsneurosen"; ihnen liegen „die Unterdrückung, der Verzicht auf gewisse Triebregungen" zugrunde (*Zwangshandlungen und Religionsübungen*, 1907). Bis zu seinem Tod erwartete Freud, dass „die Menschheit diese neurotische Phase überwinden wird", ja „daß sich die Abwendung von der Religion mit der schicksalsmäßigen Unerbittlichkeit eines Wachstumsvorgangs vollziehen muß und daß wir uns gerade jetzt mitten in dieser Entwicklungsphase befinden" (*Zukunft einer Illusion*, 1927).

Doch damit nicht genug: Mit der Philosophie Friedrich Nietzsches (1844–1900) hatte sich ein nihilistisches Denken artikuliert, das jede metaphysische Spekulation der „Hinterwelt" zuordnete und in der Welt des Lebendigen nur einen anonymen „Willen zur Macht" gelten lassen will (*Also sprach Zarathustra*, 1883–1885). Die mit Nietzsche formulierte Infragestellung der Möglichkeit von Metaphysik reicht tiefer noch als Kants Kritizismus. Dieser räumte der Religion immerhin noch eine Bedeutung für die praktische Vernunft ein. Auch dieses Zugeständnis weist Nietzsche unerbittlich zurück: In der Geschichte waltet nichts anderes als ein anonymer „Wille zur Macht". Schon weil das Christentum dem nicht Rechnung trägt, hält Nietzsche dessen Gottesidee für überholt. Seine oftmals zitierte Feststellung „Gott ist tot" (u. a. Aphorismus 125 der *Fröhlichen Wissenschaft*) ist deshalb nicht als Programm, sondern als zeitdiagnostische Ansage zu verstehen. In seiner letzten Schrift wertet Nietzsche den Atheismus als naturgegebene Tatsache: „Ich kenne den Atheismus durchaus nicht als Ergebniss, noch weniger als Ereigniss: er versteht sich bei mir aus Instinkt. […] Gott ist eine faustgrobe Antwort, eine Undelicatesse gegen uns Denker –, im Grunde sogar bloss ein faustgrobes Verbot an uns: ihr sollt nicht denken!" *(Ecce homo)*. Nietzsches Atheismus ist nicht bloß Gottesleugnung; er fügt sich vielmehr in eine umfassende und grundsätzliche Kultur- und Religionskritik ein.

Den Herausforderungen insbesondere für die theologische Anthropologie, die sich angesichts radikaler atheistischer, materialistischer und nihilistischer Positionen aufdrängten, stellten sich anfangs nur wenige Theologen. Maßgebliche Gesprächspartner blieben mehrheitlich solche Philosophen, deren Denken anschlussfähig erschien für den christlichen Glauben. Besonders die katholische Theologie führte seit dem 19. Jahrhundert gleich an mehreren Fronten einen Abwehrkrieg gegen Liberalismus, Sozialismus, Kommunismus, Rationalismus, Naturalismus und andere Zeitströmungen.

Diese Strömungen wurden zu Beginn des 20. Jahrhunderts unter dem Stichwort „Modernismus" zusammengefasst.[101]

Nach den dogmatischen Entscheidungen des Ersten Vatikanischen Konzils (1869/70) hatte sich das kirchliche Lehramt einer nahezu unanfechtbaren Autorität versichert. Sie gestattete es ihm, auch disziplinarisch gegen solche Theologen vorzugehen, denen an einem kritisch-konstruktiven Dialog mit den außerkirchlichen Zeitströmungen gelegen war. Bleibender Bezugspunkt für die durch das Heilige Offizium ausgesprochenen Verurteilungen blieben die 1864 im *Syllabus errorum* verurteilten achtzig Thesen – besonders diejenigen, die das Verhältnis von Glaube und Vernunft oder die Quellen der Morallehre betrafen. Daneben ging es um die Anwendung der historisch-kritischen Exegese auf die Auslegung der Heiligen Schrift, aber auch auf die Interpretation der Dogmen. Jede Frage nach den geschichtlichen Bedingungen, unter denen ein Lehrentscheid zustande gekommen war, wurde als Infragestellung der Möglichkeit unveränderlicher Wahrheiten beargwöhnt. Ausdrücklich war deshalb im *Syllabus* die Auffassung verurteilt worden, wonach die traditionellen Methoden und Prinzipien der Scholastik unvereinbar seien mit den Standards der (damaligen) Wissenschaften (DzH 2913).

Zu Beginn des 20. Jahrhunderts bezeichnete Papst Pius X. (1903–1914) den Modernismus als „Sammelbecken aller Häresien" *(omnium haereseon collectum*: Motuproprio *Praestantia Scripturae* vom 18. Nov. 1907). Erneut war es die Anwendung der historisch-kritischen Methode auf Bibel und Dogma, welche seitens des Lehramts als Infragestellung der Möglichkeit übernatürlicher Wahrheiten beargwöhnt wurde. Im Juli 1907 verurteilte Pius X. fünfundsechzig Thesen, die sich hauptsächlich auf die Auslegung der Heiligen Schrift und die diesbezügliche Autorität des kirchlichen Lehramts bezogen (Dekret *Lamentabili sane exitu*: DzH 3401–3466). Im September des gleichen Jahres folgten mit der Enzyklika *Pascendi dominici gregis* (vgl. DzH 3475–3500) weitere Verurteilungen; diese betrafen vor allem neuere Auffassungen von den Beziehungen zwischen Glaube, Vernunft und Dogma.

Die Enzyklika *Pascendi* war vor allem gegen den französischen Theologen Alfred Loisy (1857–1940) gerichtet, der sich am renommierten *Institut Catholique* in Paris entschieden für die von ihren Gegnern so genannte „exégèse allemande" eingesetzt hatte, d. h. die Anwendung der historisch-kritischen Methode in der Bibelwissenschaft. Sein erklärtes Ziel, mit dieser Methode

[101] Vgl. Claus Arnold, *Kleine Geschichte des Modernismus*, Freiburg – Basel – Wien 2007; Peter Neuner, *Der Streit um den katholischen Modernismus*, Frankfurt/M. 2009.

eine christliche Apologetik zu begründen, die den zeitgenössischen wissenschaftlichen Standards genügte, bewahrte Loisy nicht vor der 1908 ausgesprochenen Exkommunikation. Loisys vielfach zitiertes Diktum, Jesus habe das Reich Gottes verkündet, entstanden aber sei die Kirche („Jésus annonçait le Royaume, et c'est l'Église qui est venue": *L'Évangile et l'Église*, Paris 1902, S. 112f.), ist vor dem Hintergrund seines historisch-kritischen Zugangs zur Gestalt Jesu zu verstehen: Nachdem sich Jesu Erwartung der nahen Gottesherrschaft nicht erfüllt hatte, ist es die Kirche, die weltweit für sein Evangelium einsteht und auf diese Weise eine heilsgeschichtliche Sendung wahrnimmt.

Loisys These richtete sich nicht zuletzt gegen die Verfallstheorie, die der einflussreiche evangelische Theologe Adolf von Harnack (1851–1930) in seinen Vorlesungen über *Das Wesen des Christentums* (1899/1900) vertreten hatte. Demnach ist die Geschichte der frühen Kirche, ja der vorreformatorischen Kirche insgesamt als ein fortschreitender Abfall von den lichtvollen Anfängen der Jesusbewegung zu verstehen. Harnack prägte in diesem Zusammenhang das Schlagwort von der „Hellenisierung" des Christentums. Die Aufgabe von Theologie und Verkündigung sei es dementsprechend, die authentische Verkündigung Jesu zu rekonstruieren und so den Gläubigen einen unverstellten Zugang zum historischen Jesus zu bahnen.

Während Harnack die kirchliche Dogmengeschichte als verhängnisvollen Abfall von den authentischen Ursprüngen des Christentums wertet, erblickt Loisy darin ein legitimes, ja notwendiges Bemühen, die ursprüngliche Botschaft unter veränderten geschichtlichen Bedingungen verständlich zu machen. Damit knüpft Loisy an Überlegungen von John Henry Newman an. Dieser hatte im Jahr seiner Konversion zum Katholizismus (1845) in seinem *Essay on the Development of Christian Doctrine* geschichtliche Veränderungen für unverzichtbar erklärt, um die Treue der Kirche zum Ursprung zu wahren.

Loisys Versuch, im Anschluss an Newman und andere Theologen des 19. Jahrhunderts die Kategorie der Geschichtlichkeit in der katholischen Theologie heimisch werden zu lassen, traf auf die hartnäckige Weigerung des kirchlichen Lehramts, die Theologie dem historischen Denken zu öffnen. Wurde doch der sogenannte „Historismus" weiterhin als Infragestellung ewiger und unveränderlicher Wahrheiten beargwöhnt und deshalb als Modernismus verurteilt. So vermochte auch Maurice Blondels in *Histoire et Dogme* („Geschichte und Dogma", 1904) unternommener Versuch einer Vermittlung zwischen Historismus und Dogmatismus in Rom nicht zu überzeugen.

Für viele katholische Theologen glich das halbe Jahrhundert zwischen 1864 und 1918 – dem Ende des Ersten Weltkriegs – einer bleiernen Zeit.

Der Streit um den Modernismus gipfelte 1910 in der allen katholischen Theologen auferlegten Pflicht, den „Antimodernisteneid" abzulegen. Nicht wenige von ihnen – darunter etwa der französische Dominikaner Marie-Joseph Lagrange (1855–1938), der 1890 in Jerusalem die berühmte *École biblique et archéologique Française* gegründet hatte – distanzierten sich von Lehren, die sie in einen Konflikt mit dem Lehramt geführt hatten. Heutzutage hoch geschätzte Theologen wie George Tyrrell (1861–1909), Friedrich von Hügel (1852–1925) oder Maurice Bondel (1861–1949) galten in Rom seinerzeit als gefährliche „Modernisten". Innovative Ansätze in der katholischen Theologie wie zuvor bereits der des Würzburger Dogmatikers Hermann Schell (1850–1905) fanden dort kaum Widerhall.

Schell hatte es sich unter anderem zur Aufgabe gemacht, die trinitarische Gotteslehre des Christentums philosophisch plausibel zu machen. Um die aristotelisch-thomistische Metaphysik mit dem neuzeitlichen Freiheitsdenken zu versöhnen, wurden für Schell die von der Romantik und dem deutschen Idealismus her geprägten Begriffe „Geist" und „Leben" wichtig. Von ihnen her strebt Schell eine Reformulierung der scholastischen Konzeption an, wonach Gott als „Ursache seiner selbst" *(causa sui)* zu denken ist. Dabei bemüht sich Schell darum, Gottes Wirken und seine Existenz nicht in zeitlicher Abfolge zu verstehen: Weder setzt Gott sich selbst, so dass er anschließend existierte, noch existiert er zunächst, um anschließend zu handeln. Tätigkeit und Dasein Gottes sind vielmehr gleichursprünglich.

In zweifacher Richtung ist Schells Bemühen richtungsweisend. Zum einen gelingt es ihm von seinem dynamischen Seinsbegriff her, die Konsequenzen der Trinitätslehre für die Dogmatik insgesamt darzulegen. Zum anderen macht seine trinitarische Ontologie die Dogmatik anschlussfähig für den philosophischen Diskurs seiner Zeit. Die Philosophie, so Schell, vermag durch eine Reflexion auf den Begriff der Kausalität zum formalen Begriff eines „durch sich selbst Seienden" *(ens a se)* vorzustoßen. Die Selbstursprünglichkeit *(Aseität)* einer ersten Ursache gehaltvoll zu bestimmen, das freilich gelingt erst der christlichen Trinitätslehre. Insofern ist Schells Entwurf dogmatisch, fundamentaltheologisch und apologetisch zugleich.

Gleichwohl warfen ihm seine neuscholastischen Kollegen in Würzburg und anderenorts Monismus, Rationalismus und Protestantismus vor. Schells Reformschriften *Der Katholicismus als Princip des Fortschritts* (1897) und *Die neue Zeit und der alte Glaube* (1898) wurden kurz nach ihrem Erscheinen von der Indexkongregation verurteilt; Schell unterwarf sich dem Urteil, starb jedoch kurz darauf im Alter von nur 56 Jahren.

15.2 Die evangelische „Liberale Theologie“: Albrecht Ritschl und Adolf von Harnack

Im Vergleich mit der katholischen Theologie erlebte die evangelische Theologie an der Wende vom 19. zum 20. Jahrhundert einen gewaltigen Aufbruch. Für ihn stehen Persönlichkeiten wie Albrecht Ritschl (1822–1889), Adolf von Harnack (1851–1930), Ernst Troeltsch (1865–1923), Albert Schweitzer (1875–1965), Karl Barth (1886–1968), Rudolf Bultmann (1884–1976) und Paul Tillich (1886–1965).

Ende des 19. Jahrhunderts hatte die von Ferdinand Christian Baur mit Nachdruck vertretene historisch-kritische Analyse nicht nur der Bibel, sondern auch der Dogmengeschichte weite Kreise der evangelischen Theologenschaft erfasst. In den Jahren 1840/41 veröffentlichte Baurs Schüler David Friedrich Strauß in zwei Bänden *Die christliche Glaubenslehre in ihrer geschichtlichen Entwicklung und im Kampfe mit der modernen Wissenschaft*. Darin analysiert Strauß die geschichtliche Genese kirchlicher Dogmen. Indem er diese in ihren jeweiligen theologie- und begriffsgeschichtlichen Kontext einordnet, entkleidet er sie ihres absoluten Wahrheitsanspruches. Der programmatische und vielzitierte Kernsatz seines Werkes lautet: „Die wahre Kritik des Dogmas ist seine Geschichte“ (Bd. 1 [1840], S. 71). Diese These liegt nicht zuletzt Adolf von Harnacks dreibändigem *Lehrbuch der Dogmengeschichte* (1886–1890) zugrunde.

Mit dem wissenschaftlichen Ideal einer kritischen Auseinandersetzung mit der Heiligen Schrift und der Dogmengeschichte hat Strauß ein Thema angeschlagen, das die evangelische Theologie im 19. Jahrhundert nachhaltig prägen sollte. Vorbehalte oder Ablehnung gab es freilich aus pietistischen und evangelikalen Kreisen. Deren Vertreter beharrten meist auf der Verbalinspiration der Schriften. Doch gerade so stellten auch sie die absolute Geltung der kirchlichen Dogmen in Frage; denn diese mussten sich nun vor dem Richterstuhl der biblischen Wissenschaften verantworten.

Eine kritische Distanz zur Dogmatik kennzeichnet auch die 1850 erschienenen Studien von Albrecht Ritschl über *Die Entstehung der altkatholischen Kirche*. Der Göttinger Neutestamentler und Dogmatiker will theologische Aussagen in der Bibel streng als Aussagen über die Welt und den Menschen verstanden wissen. Demnach geht es den heiligen Schriften nicht um Metaphysik, sondern um Anthropologie. Konkret versteht Ritschl die Geschichte der Alten Kirche als das Wirksamwerden der Reich-Gottes-Botschaft im Innern des Menschen und in seinem sittlichen Handeln. Vor allem anderen gehe es im Christentum um die Verwirklichung von Nächstenliebe und Pflichterfüllung im Alltag der Gläubigen. Dem Vorwurf, er verkürze damit das Christentum auf Ethik, begegnete Ritschl mit dem Anspruch, Dogmatik und Ethik wieder in ein ausgewogenes Verhältnis zueinander gebracht zu haben; denn „das Christentum ist nicht einer Kreislinie zu vergleichen, welche um einen Mittelpunkt liefe, sondern einer Ellipse, welche durch zwei Brennpunkte beherrscht ist“, nämlich Dogmatik und Ethik (*Die christliche Lehre von der Rechtfertigung und Versöhnung*, Bd. III, Bonn 1874, S. 6).

In Grundzügen wird bei Ritschl das Programm der „Liberalen Theologie“ erkennbar. Deren Ziel ist es, die Bedeutung des Glaubens für den Menschen als Individuum und in der Gesellschaft zu profilieren. Hierzu suchten die Vertreter der Liberalen Theologie den Anschluss an Human- und Geisteswissenschaften zu gewinnen. Zugleich waren sie nicht selten auf eine kritische Distanz zur kirchlichen Lehrtradition bedacht.

Besonders der einflussreiche Berliner Theologe Adolf von Harnack versteht die theologische Disziplin der Dogmengeschichte konsequent als Dogmenkritik. Ansätze hierzu hatte es bereits bei Lessing und Reimarus gegeben. Diese freilich hatten – in aufklärerischem Gestus – die historische Kritik an den biblischen Texten als Infragestellung des Geltungsanspruches des christlichen Glaubens insgesamt betrieben. Harnack hingegen – und mit ihm andere Vertreter der „Liberalen Theologie“ – suchten mithilfe der historischen Kritik die authentischen Ursprünge und Anfänge des christlichen Glaubens von späteren dogmatischen Überformungen freizulegen. Es galt, den Weg vom Glauben an das inkarnierte Wort Gottes zum irdischen Jesus zurück zu finden, vom verkündigten Christus zum verkündigenden Jesus. Es galt, hinter den Deutungen seiner Person, die bereits im Neuen Testament vorgenommen worden waren, den authentischen Künder der frohen Botschaft vom Gottesreich aufzuspüren.

Dieses Anliegen ging nicht selten von der Annahme aus, dass die Dogmengeschichte als Verfallsgeschichte zu interpretieren sei: Leben und Wirken Jesu wurden schon bald nach Ostern durch abstrakte Spekulationen über seine Herkunft aus Gott und seine kosmische Bedeutung bis zur Unkenntlichkeit übermalt. Doch „nicht der Sohn, allein der Vater gehört in das Evangelium, wie es Jesus verkündet hat, hinein“ (*Das Wesen des Christentums*, S. 91). Deshalb geht es nicht darum, *an* Jesus zu glauben, sondern *wie* er zu glauben.

Im Begriffs- und Vorstellungsrahmen der hellenistischen Kultur, so Harnack, entstand nach Ostern eine Christologie, die mit dem galiläischen Wanderprediger kaum mehr etwas zu tun hatte. Die von Jesus verkündigte Befreiung zur Gotteskindschaft wurde abgelöst durch die Verpflichtung zu einem religiösen Bekenntnis und zu einem sittenstrengen Leben. An die Stelle der schlichten Nachfolge im Horizont des Gottesreiches trat die Verpflichtung zu einem Glauben an metaphysische Wahrheiten. Vor diesem Hintergrund kann an der Aufgabe der Theologie kein Zweifel bestehen: Sie muss einen Weg zurück zum ursprünglichen Evangelium bahnen, wie es von Jesus verkündigt und gelebt wurde.

Für den Lutheraner Harnack versteht sich von selbst, dass die Reformation zu diesem Bemühen einen wesentlichen Beitrag geleistet hat. Doch erfolgte bereits mit der Verabschiedung der *Konkordienformel* (1580) eine Rehabilitierung der Philosophie innerhalb der evangelischen Theologie. Diese steht deshalb nach Harnack weiterhin – und je neu – vor der Aufgabe, die ursprüngliche Botschaft Jesu aufzuspüren, wie sie im Neuen Testament bezeugt ist, und sie in ihrer jeweiligen Zeit verständlich zu machen.

Die Rückfrage nach dem historischen Jesus, deren Anfänge sich mit Lessing und Reimarus verbinden, kann geradezu als konfessionelles Unterscheidungsmerkmal verstanden werden. Beharrte nämlich die katholische Theologie darauf, dass ein sachgerechter Zugang zu Jesus von Nazareth den kirchlich überlieferten Glauben und die autoritativ verbürgte Interpretation seiner Person und seines Wirkens durch das Lehramt voraussetzt, so sahen sich evangelische Theologen dazu verpflichtet, sich der Person Jesu im unmittelbaren Rückgriff auf das neutestamentliche Zeugnis zu nähern. Das von Luther ausdrücklich gegen das päpstliche Lehramt formulierte hermeneutische Prinzip, wonach die Schrift sich durch sich selbst auslege, schien dieses Vorgehen zu rechtfertigen. Die Nähe zum historischen Jesus, so schien es, verbürgt Authentizität und Glaubwürdigkeit des Christentums und seiner Lehren. Die Rückfrage nach dem historischen Jesus wurde so zu einem Kennzeichen evangelischer Theologie im 19. und 20. Jahrhundert. Ihr Scheitern hat – wie erwähnt – Albert Schweitzer eindrucksvoll nachgewiesen.

Doch auch im Scheitern noch entfaltete die Rückfrage nach dem historischen Jesus ein kritisches Potenzial. In seinem 1892 erschienenen Buch *Die Predigt Jesu vom Reiche Gottes* beispielsweise hat Johannes Weiß (1863–1914) gegenüber seinem liberalen Kollegen Ritschl geltend gemacht, dass es dem historischen Jesus in seiner Predigt vom Gottesreich nicht zunächst um ein sittliches Ideal gegangen war, sondern um die Ankündigung des nahen Weltendes. Dieses verband Jesus in apokalyptischer Perspektive mit einem Endgericht.

Mit der Erwartung einer überzeitlichen Endkatastrophe aber war jeder liberalen Vorstellung eines sich in Welt und Geschichte vollziehenden Fortschritts zu seelischer oder sittlicher Vollkommenheit der Boden entzogen. Weiß' Überlegungen wurden richtungsweisend für den leidenschaftlichen Widerspruch, den Karl Barth (1886–1968) gegen jede „liberale" oder „bürgerliche" Interpretation der Gestalt Jesu anmeldete.

15.3 Dialektische Theologie und Offenbarungsbegriff: Karl Barth und Emil Brunner

Spätestens mit der Katastrophe des Ersten Weltkriegs war für den reformierten Schweizer Theologen Karl Barth der Optimismus der Liberalen Theologie in sich zusammengebrochen. Das von Schweitzer diagnostizierte Scheitern der Leben-Jesu-Forschung verdeutlichte Barth, dass der christliche Glaube auf einem Fundament ruht, das sich menschlichem Begreifen prinzipiell entzieht. Nach Barth sind Mensch und Gott durch einen vonseiten des Menschen nicht zu überbrückenden Abgrund getrennt. Es ist Gott allein, der sich dem Menschen offenbarend zuwendet. Seine Offenbarung hat kein menschliches Maß, sondern genügt allein den Maßstäben Gottes. Jeglicher Versuch, sich der göttlichen Offenbarung auf den Wegen und mit den Mitteln der Philosophie anzunähern, muss deshalb notwendigerweise scheitern. Wenn Gott spricht, kann der Mensch nur zuhören.

Karl Barth hat diese Überzeugung erstmals in der 1922 erschienenen zweiten Auflage seines *Kommentars zum Römerbrief* zum Ausdruck gebracht. Kaum ein anderes Werk hat die Theologie des 20. Jahrhunderts nachhaltiger geprägt als dieses Buch. Bisweilen wird die Wirkung von Barths *Römerbriefkommentar* mit derjenigen der *Reden über die Religion* von Friedrich Schleiermacher für das 19. Jahrhundert verglichen. Auch die politischen Konsequenzen, die Barth aus seinem Verständnis der göttlichen Offenbarung zog, machten ihn zu einer der einflussreichsten theologischen Gestalten des 20. Jahrhunderts.

War es Schleiermacher darum zu tun, die Religion als eine der Natur des Menschen entsprechende Dimension menschlicher Existenz auszuweisen, setzt Barth auf einen Gott, der sich souverän und unverfügbar den Menschen offenbart. Gegen die Vertreter der Liberalen Theologie betont Barth: Gottes Selbstoffenbarung, die für Christen in der Menschwerdung seines Sohnes kulminiert, sprengt alle menschlichen Kategorien – auch die der Theologie. Jeder menschliche Versuch, sich der Wirklichkeit Gottes zu bemächtigen – und darin erblickt Barth das Wesen von „Religion" –, muss angesichts der unbegreiflichen Andersheit Gottes unweigerlich scheitern.

Jedes theologische Nachdenken über Gottes Wort ist deshalb zugleich Kritik an der „Religion", ja an den Religionen insgesamt.

Es ist frappierend zu sehen, wie die Zurückweisung der historisch-kritischen Interpretation von Bibel und Dogma durch die katholische Neuscholastik bei Barth unter protestantischem Vorzeichen wiederkehrt. Selbstverständlich kennt der reformierte Theologe kein die Offenbarung autoritativ auslegendes kirchliches Lehramt. Doch wird bei ihm die Theologie selbst zur normativen Instanz der Glaubensinterpretation. Dabei sucht er – in einem an den Pietismus erinnernden Gestus – den unmittelbaren Zugang zur Heiligen Schrift als allein normativer Offenbarungsquelle.

Entschieden wendet sich Barth gegen jede Kontextualisierung von Theologie und gegen jede Historisierung des Glaubens. Weil Jesus Christus allein Gottes Selbstoffenbarung in der Zeit ist, kann der dreifaltige Gott ausschließlich durch den menschgewordenen Sohn und vermittels des Heiligen Geistes als derjenige erkannt werden, der die Welt mit sich versöhnt.

> „Gott kann nur durch Gott erkannt werden. […] Gerade im Glauben werden wir sagen müssen, dass unsere Erkenntnis Gottes allen Ernstes beginnt mit der Erkenntnis der Verborgenheit Gottes" (*Die kirchliche Dogmatik*, Band II/1, ^{4}1958, S. 205).

Gottes Verborgenheit anzuerkennen bedeutet nun keineswegs, dass der Glaube ein vernunftwidriges Paradox wäre. In den voluminösen Bänden seiner (unvollendeten) *Kirchlichen Dogmatik*, die Barth zwischen 1932 und 1968 veröffentlicht, bemüht er sich um eine vernunftgeleitete Explikation des Offenbarungsgeschehens und des Glaubensaktes. Hier wird der im *Römerbriefkommentar* formal eingeführte Offenbarungsbegriff trinitätstheologisch entfaltet. Während die katholische Theologie – und auch die lutherisch-orthodoxe Dogmatik – nach philosophischen Zugängen zu einem theologischen Verständnis von Gottes Offenbarung suchte, betont Barth in seiner *Dogmatik*: Allein dadurch, dass sich Gott den Menschen in Jesus von Nazareth als der Dreieinige offenbart, eröffnet er ihnen die Möglichkeit, Gott als den Schöpfer und Vollender der Welt zu erkennen. Von Natur aus hingegen ist den Menschen diese Einsicht verschlossen.

Dass Gottes Wort selbst dem Menschen die Einsicht in das erwählende und vollendende Wirken Gottes erschließt, bedeutet eine behutsame Abkehr von der strengen Dialektik des *Römerbriefkommentars*. Tatsächlich nähert sich Barth in seiner *Kirchlichen Dogmatik* der von ihm zunächst vehement abgelehnten Analogielehre an. Analogie will er freilich nicht – wie etwa der katholische Theologe und Jesuit Erich Przywara (1889–1972) – als „Ähnlichkeit des Seins“ *(analogia entis)*, sondern als „Ähnlichkeit des Glaubens“ *(analogia fidei)* verstanden wissen. Unabhängig von der göttlichen Offenbarung, so Barth, kann der Mensch nichts über Gott erkennen. In deren Licht freilich werden ihm Mensch und Welt zu Orten der Gegenwart Gottes (vgl. *KD* I/2, 50).

„Kirchlich“ ist Barths *Dogmatik* insofern, als dieser Glaube den Menschen stets und nicht anders als durch die Gemeinschaft der Glaubenden erschlossen ist. Ihren theologischen Ausdruck findet die Kirchlichkeit des Glaubens in der Erwählungslehre. Diese ist bei Barth kein Lehrstück unter anderen, sondern grundlegendes Prinzip seiner Dogmatik: Die freie Erwählung der Menschen durch Gott zur Gemeinschaft mit ihm und untereinander ist Quelle jeglicher Glaubensgewissheit. Für Jesus wiederum gilt, dass er „der erwählende Gott und der erwählte Mensch in Einem“ ist (*KD* II/2, § 32).

Was sich aus dieser Christologie für das christliche Verständnis von Gott, Mensch, Welt und Gesellschaft im Einzelnen ergibt, wird auf den vielen Seiten der *Kirchlichen Dogmatik* aspektreich entfaltet. Nicht zuletzt beansprucht Barths Erwählungslehre, die Defizite von Calvins Prädestinationslehre zu beheben.

Barths Theologie profilierte sich im Widerspruch, und sie provozierte auch Widerspruch. Barths ehemaliger Freund Emil Brunner (1889–1966), der schon 1919 eine Rezension zur ersten Auflage von Barths *Römerbriefkommentar* verfasst hatte, distanzierte sich zunehmend von dessen Theologie. Brunner erinnerte daran, dass der Theologie auch die Aufgabe zukomme, den christlichen Glauben gegenüber Zweiflern, Ungläubigen und Andersgläubigen zu plausibilisieren. Damit aber sei für sie die Frage nach „Anknüpfungspunkten“ beim Menschen unabweisbar.

Solche Anknüpfungspunkte erblickt Brunner in Vernunft, Gewissen und Personalität des Menschen. Denn die Sünde hat das Selbstverständnis des Menschen als Person und das sich im Spruch seines Gewissens bekundende Wissen um ein göttliches Gesetz nicht so radikal verdorben, dass der Mensch nicht weiterhin empfänglich wäre für Gottes Offenbarung. Adams Sünde führte zwar zum Verlust der *materialen* Gottebenbildlichkeit des Menschen, nicht aber zum Verlust seiner *formalen* Gottebenbildlichkeit, so Brunner.

Ähnlich hatten bereits die Kirchenväter im Anschluss an Gen 1,27 Vulg. zwischen Bild *(imago)* und Gleichnis *(similitudo)* des Menschen unterschieden: Ist durch Adams Sünde die Ähnlichkeit des Menschen mit Gott verdunkelt, so bleibt der Mensch doch in wesentlichen Eigenschaften – darunter vor allem Verstand und Willensfreiheit – dessen Abbild. Zwar waren die

Reformatoren dieser Auffassung mehrheitlich nicht gefolgt, da ihrer Meinung nach Adams Sünde die Natur des Menschen im Ganzen verdorben hat. Doch hatte bereits die altprotestantische Orthodoxie zwischen einer Gottebenbildlichkeit im allgemeinen Sinn *(imago Dei generaliter)* und einer solchen im besonderen Sinn *(imago Dei specialiter)* unterschieden. Wird die erste strukturell, so die zweite materiell gefasst: Mit seiner Personalität ist dem Menschen auch nach dem Fall eine formale Gottebenbildlichkeit erhalten geblieben, die seiner Empfänglichkeit für Gottes Gnade entspricht. Hingegen ist die materielle Gottebenbildlichkeit des Menschen nach dem Sündenfall verloren und kann erst durch das Wirken der göttlichen Gnade wiedererlangt werden.

Brunner knüpft bei dieser Unterscheidung an, um eine sich von Barth her aufdrängende Frage zu beantworten: Wie kann der Mensch die Selbstoffenbarung des ihm gegenüber „ganz anderen" Gottes überhaupt wahrnehmen? Nach Brunner ist es die fortbestehende formale Gottebenbildlichkeit des Menschen, welche gewährleistet, dass der Mensch Gottes Wort hören kann. Die nach dem Sündenfall fortbestehende Gottebenbildlichkeit des Menschen besteht in seiner Empfänglichkeit für Gottes Wort.

Karl Barth zeigte sich wenig geneigt, Brunners offenbarungstheologische Hermeneutik zu akzeptieren. Als Brunner daraufhin seine Position im Jahr der *Barmer Theologischen Erklärung* noch einmal bekräftigte (*Natur und Gnade. Zum Gespräch mit Karl Barth*; 1934), antwortete Barth noch im selben Jahr mit einem ebenso entschiedenen *Nein! Antwort an Emil Brunner*. Eine theologische Verständigung zwischen den einstigen Weggefährten der Dialektischen Theologie war endgültig gescheitert.

15.4 Existenzialistische Theologie: Rudolf Bultmann

Eine weitere fundamentale Anfrage an Barths Theologie formulierte der in Marburg lehrende Neutestamentler Rudolf Bultmann (1884–1976). Bultmann hatte sich in den 20er Jahren der Dialektischen Theologie angeschlossen und diese maßgeblich mitgestaltet. Entscheidend für seinen eigenen theologischen Ansatz wurde freilich die Begegnung mit dem Philosophen Martin Heidegger (1889–1976), der von 1923 bis 1928 in Marburg lehrte.

In seinem 1927 erschienenen frühen Hauptwerk *Sein und Zeit* rückt Heidegger das Dasein des Menschen ins Zentrum philosophischer Reflexion. Im Rahmen einer existenzialontologischen Analyse zeigt Heidegger, dass das Sein des Menschen gegenüber allem anderen Seienden durch ein nur ihm eigenes Seinsverstehen ausgezeichnet ist. Dieses Seinsverstehen ist wesentlich zeitlich strukturiert; im Letzten ist es als ein „Sein zum Tod" zu bestimmen, das durch die „Sorge" beherrscht ist. Nicht ohne Einfluss auf Heideggers Denken waren neben der Phänomenologie seines Lehrers Edmund Husserl (1859–1938) die Lebensphilosophie von Wilhelm Dilthey (1833–1911) und die Existenzanalysen von Søren Kierkegaard.

Der Neutestamentler Bultmann schlussfolgerte aus Heideggers Existenzialanalysen, dass es im historischen Verstehen nicht zunächst darum geht, Vergangenes „objektiv" zu erkennen. Vielmehr ist jedes historische Erinnern zugleich eine Vergegenwärtigung des Vergangenen mit dem Ziel, die gegenwärtige Existenz des Menschen besser zu verstehen und deren aktuelle Möglichkeiten auszuloten. Weil jeder geschichtliche Rückblick unausweichlich ein Dialog zwischen dem Betrachteten und dem Betrachter ist, gibt es keine gleichsam neutrale und objektive historische Wahrheit.

In gewisser Weise hatte Albert Schweitzer diese Einsicht bereits in seiner Kritik der Leben-Jesu-Forschung zur Geltung gebracht. Bultmann wendet Schweitzers Kritik ins Positive: Die unvermeidlich subjektive Interpretation der Person Jesu ist zugleich existenzielle Begegnung mit seiner Sendung und seinem Anspruch. Und nur sie allein antwortet sachgerecht auf Jesu Botschaft vom Gottesreich und seinen Ruf in die Nachfolge. Konkret vollzieht sich solche Antwort im Wort der Predigt und in der gläubigen Antwort der Gemeinde. Christliche Theologie verfehlte ihre Aufgabe, wollte sie jenseits dieses existenziellen Geschehens eine bloß historische oder vermeintlich objektive Wahrheit aufdecken.

Nicht zufällig melden sich in der Zeit, in der Bultmann seine „existenzielle Theologie" entfaltet, neben Heidegger maßgebliche Gestalten der Dialogphilosophie zu Wort. Im Jahr 1921 hatte Ferdinand Ebner (1882–1931) mit seinem Hauptwerk *Das Wort und die geistigen Realitäten. Pneumatologische Fragmente* für die dialogische Philosophie richtungsweisende Überlegungen veröffentlicht. In einem zwischenmenschlichen Gespräch geht es demnach nicht bloß um den Austausch von Informationen, sondern um existenzielle Begegnung. Zwei Jahre später erscheint Martin Bubers (1878–1965) für die Dialogphilosophie grundlegende Monographie *Ich und Du.* Buber vertritt darin die These, dass sich die Identität des Menschen in der Begegnung mit einem menschlichen Gegenüber herausbildet. Letzten Endes ist es das „ewige Du" Gottes, auf das die Beziehungsfähigkeit des Menschen zielt und dem sich seine Identität verdankt.

Alles dies fließt in Bultmanns existenziale Hermeneutik der biblischen Überlieferungen ein. Pointiert gesprochen: Spricht bei Barth Gott allein, so eröffnet sich bei Bultmann in den biblischen Texten ein Raum existenzieller Begegnung zwischen Gott und Mensch. Beide stimmen hingegen darin überein, dass sich der Mensch in der Glaubensentscheidung unvertretbar zu Gottes Wort verhalten muss.

Bultmann fasst seine existenziale Hermeneutik der Heiligen Schrift im Jahr 1941 unter dem Stichwort der „Entmythologisierung" zusammen. Damit will er der Schwierigkeit Rechnung tragen, dass den Menschen in der Moderne die Denkformen der Bibel und der Spätantike unverständlich geworden sind. Die damit gegebene Herausforderung für Theologie und Glaubensverkündigung hatte sich bereits seit der Aufklärung abgezeichnet; sie wurde verschärft durch die im 19. Jahrhundert machtvoll und unaufhaltsam vordringenden Naturwissenschaften, die viele biblische Texte schlicht als „Mythen" erscheinen ließen. Dies gilt für die biblischen Wunderberichte, die Lehren von der Präexistenz Christi und der Jungfrauengeburt, aber auch für die Sprachformen der christologischen Dogmen.

Angesichts dessen steht die Theologie vor der Aufgabe, so Bultmann, durch eine „Entmythologisierung" der biblischen Rede von Gott das dahinterstehende „Kerygma" und die authentische Botschaft Jesu freizulegen. Beides aber sei wesentlich dadurch geprägt, dass sich der Mensch von Gott unmittelbar in seiner Existenz angesprochen fühlt und aus diesem Anspruch heraus sein Leben neu gestaltet. Das christologische „Kerygma" – für Bultmann ein Begriff, der die neutestamentliche Verkündigung des auferstandenen Christus in der Unterscheidung vom historischen Jesus abhebt – beansprucht eschatologische Endgültigkeit. Denn es erschließt unüberbietbar den Sinn und die Wahrheit von Gott, Mensch und Geschichte. Insofern lädt das Kerygma nicht bloß zu einem formalen Bekenntnis ein; vielmehr fordert es die existenzielle Antwort des Glaubens.

Bultmann sieht das Wesentliche des Christentums nicht in seiner Historizität, sondern jenseits davon: in der unmittelbaren Gegenwart des verkündigten Gotteswortes. Von daher ergibt sich als Aufgabe der Theologie, die biblischen Texte so zu interpretieren, dass das ihnen zugrunde liegende Existenzverständnis nicht nur verständlich, sondern bei den Hörern und Hörerinnen auch wirksam wird. Ziel dieser Interpretation ist es, dass sich Menschen durch die biblische Botschaft vor eine für sie existenzielle Entscheidung gestellt sehen.

Der naheliegenden Gefahr, dass der christliche Glaube auf diesem Wege seine objektiven Fundamente im geschichtlichen Handeln Gottes – etwa in der Auferweckung Jesu Christi – verliert und sich so in subjektive Beliebigkeit auflöst, sucht Bultmann dadurch zu entgehen, dass er keineswegs darauf verzichtet, von einem Handeln Gottes in der Geschichte zu sprechen. Dieses Handeln als „wahr“ anzunehmen – und zwar ohne jede Möglichkeit eines zwingenden Beweises –, darin erblickt Bultmann gerade die vom Christentum in religionsgeschichtlicher Perspektive ins Werk gesetzte Überwindung mythischer Gottesrede. Richtig freilich bleibt auch, dass die „Heilstatsachen“ dem Menschen der Moderne nicht anders denn in der Deutung der Auferstehungszeugen zugänglich sind. Das neutestamentliche Zeugnis von Jesu Auferstehung verweist nach Bultmann deshalb auch nicht zunächst auf ein historisches Ereignis, sondern auf den Glauben der Jünger und ihr Osterzeugnis.

Angesichts der Spannungen zwischen Historie und Kerygma hat sich vor allem der Tübinger Theologe Eberhard Jüngel (geb. 1934) darum bemüht, Bultmanns existenzialistische Theologie mit Barths Wort-Gottes-Theologie zu verbinden. Weil sich Gott von Ewigkeit her dazu bestimmt hat, sich dem Menschen in seinem Wort zu offenbaren, ist keine Gotteserkenntnis möglich, die der geschichtlichen Offenbarung vorausgeht. Damit wahrt Jüngel die historische Dimension des Glaubens. Doch erst im Glauben erkennt der Mensch, dass im Kreuz Jesu Gottes unbedingte Liebe zur Welt und zum Menschen offenbar geworden ist. Dieser Wahrheit entspricht der Mensch nicht durch theoretisches Wissen, sondern allein in existenziell vollzogener Nachfolge: „‚Gott ist Liebe‘ ist […] nur dann ein wahrer menschlicher Satz, wenn Gott als Liebe unter Menschen Ereignis ist. […] Der Satz ‚Gott ist Liebe‘ ist formulierte Wahrheit. Soll er nicht zur Formel gerinnen, muss er sowohl gelebt als auch gedacht werden“ (*Gott als Geheimnis der Welt*, [8]2010, S. 430).

Bultmanns ambivalente Haltung zur Historizität des Offenbarungsgeschehens hat nicht wenige seiner Schüler – unter ihnen so bedeutende Theologen wie Heinrich Schlier (1900–1978), Ernst Käsemann (1906–1998), Günther Bornkamm (1905–1990), Hans Conzelmann (1915–1989), Willi Marxsen (1919–1993), Gerhard Ebeling (1912–2001) und Walter Schmithals (1923–2009) – dazu veranlasst, sich wieder verstärkt der biblisch bezeugten Geschichte zuzuwenden.

Jedenfalls hat die Frage nach der Historizität der „Heilstatsachen“ Theologen beider Konfessionen seither nicht mehr losgelassen. Sie konkretisiert sich in der Frage nach dem sachlichen Gehalt der biblischen Wunderberichte, vor allem aber in der Frage nach der Natur der Auferstehung Jesu Christi. Die auch in der katholischen Theologie leidenschaftlich geführte Debatte um das „leere Grab“ steht beispielhaft für Bultmanns Einfluss auf die neutestamentliche Exegese und die Systematische Theologie.

15.5 Gottesrede in säkularer Welt: Dietrich Bonhoeffer und Friedrich Gogarten

Die von Bultmann nüchtern erkannte Herausforderung der Theologie, die biblische Rede von Gott und die Dogmen des christlichen Glaubens unter den Verstehensvoraussetzungen der Moderne verständlich zu machen, bewegt auch den lutherischen Theologen Dietrich Bonhoeffer (1906–1945). Die Theologie fordert Bonhoeffer dazu auf, eine „nicht-religiöse Interpretation der biblischen Begriffe" zu erarbeiten. Denn „Gott als moralische, politische, naturwissenschaftliche Arbeitshypothese ist abgeschafft, überwunden; ebenso aber als philosophische und religiöse Arbeitshypothese (Feuerbach!). Es gehört zur intellektuellen Redlichkeit, diese Arbeitshypothese fallen zu lassen [...]" (Werke 8, 532f.). In einer säkularen Welt, so Bonhoeffer, muss das Christentum ohne einen „deus ex machina" auskommen, einen Gott also, der unvermittelt gleichsam von oben in die Welt eingreift.[102] Denn die Menschen haben inzwischen gelernt, mit ihren Problemen ohne Gott als „Arbeitshypothese" oder „Lückenbüßer" auszukommen. Deshalb gilt:

> „Wir können nicht redlich sein, ohne zu erkennen, daß wir in der Welt leben müssen – ‚etsi deus non daretur'. Und eben dies erkennen wir – vor Gott! [...] Der Gott, der uns in der Welt leben läßt ohne die Arbeitshypothese Gott, ist der Gott, vor dem wir dauernd stehen. Vor und mit Gott leben wir ohne Gott" (Brief vom 16. Juli 1944; Werke 8, 534).

Bonhoeffer sieht in der aktuellen Abwesenheit Gottes das deutlichste Zeichen für jenen Gott, der sich in Menschwerdung, Leiden und Sterben seines Sohnes vollständig „entäußert" hat (vgl. Phil 2,7). „Die Bibel weist den

---

[102] Unter „Säkularisierung" wird seit dem Ende des 19. Jahrhunderts jener geschichtliche Vorgang in Europa und der westlichen Welt verstanden, durch den es seit der Frühen Neuzeit zu einer Emanzipation des kulturellen, gesellschaftlichen und wissenschaftlichen Lebens von den Vorgaben des Christentums kam. Radikaler als je zuvor standen Theologen fortan vor der Aufgabe, Verstehensmöglichkeiten für den Glauben zu erschließen und eine verantwortliche Rede von Gott zu ermöglichen. Theologie vollzieht sich fortan in einem wesentlichen Strang als „hermeneutische Theologie"; die frühere „Apologetik" wird zur „Fundamentaltheologie". Diese wiederum nähert sich der Dogmatik an, weil zunehmend deutlich wird, dass eine Glaubensbegründung nicht losgelöst von den Inhalten des Glaubens gelingen kann.

Menschen an die Ohnmacht und das Leiden Gottes; nur der leidende Gott kann helfen“ (ebd.).

Bonhoeffer war es nicht beschieden, seine Theologie einer weltlichen Rede von Gott auszuarbeiten; am 9. April 1945, wenige Tage vor dem Ende des Zweiten Weltkriegs, wurde er im Konzentrationslager Flossenbürg ermordet.

Nach dem Zweiten Weltkrieg ist Bonhoeffers theologisches Anliegen von evangelischen Theologen wie Friedrich Gogarten (1887–1967) und auf katholischer Seite unter anderem von Johann Baptist Metz (1928–2019) aufgegriffen worden. Gogarten wie Metz bemühen sich darum, die neuzeitliche Emanzipation von Kultur und Gesellschaft vom christlichen Standpunkt her nicht bloß als Abfall und Verirrung zu werten. Denn der Gedanke einer „Weltlichkeit der Welt“ sei dem biblischen Welt- und Offenbarungsverständnis keineswegs fremd. Schon der biblische Schöpfungsgedanke erlaube es, von einem Selbststand der Welt in Bezug auf Gott zu sprechen. Auch setzen sowohl der alttestamentliche Bundesgedanke als auch der neutestamentliche Begriff des Glaubens (πίστις) die Möglichkeit voraus, sich in Freiheit zu Gott zu verhalten. Der Gedanke einer „Weltlichkeit der Welt“ ist für Theologen unverzichtbar, wollen sie die Unterschiedenheit von Gott und Welt denken, dem Pantheismus entgehen und das Verhältnis von Gott und Mensch als ein Freiheitsgeschehen begreifen.

Mit ihrer theologischen Würdigung von Säkularität widersprachen Gogarten und Metz unter anderem der geschichtsphilosophischen Auffassung des Münsteraner Philosophen Hans Blumenberg (1928–1996). Blumenberg zufolge ist die säkulare Welt der Moderne aus einer gegen das Christentum gerichteten Emanzipationsbewegung hervorgegangen – einer Emanzipationsbewegung, in der sich die Neuzeit gegenüber den Zumutungen eines Willkürgottes zur Wehr gesetzt habe, wie er im spätmittelalterlichen Gedanken einer *potentia Dei absoluta* zum Ausdruck gekommen sei. Demgegenüber erblicken Gogarten und Metz in der Säkularität der Moderne ein legitimes Erbe des biblischen Welt- und Menschenbildes.

Dabei sind „Säkularität“ und „Säkularismus“ begrifflich zu unterscheiden: Der Säkularismus sucht Welt und Mensch dezidiert innerweltlich zu verstehen. Während Gogarten den Säkularismus als Verfallsform einer theologisch legitimen Säkularisierung verurteilt, plädiert Metz dafür, im Säkularismus eine – nicht zuletzt auch politische – Herausforderung für das Christentum zu erkennen. Damit profilierte sich Metz seit den 60er Jahren des 20. Jahrhunderts als Begründer einer „neuen politischen Theologie“ im katholischen Raum. Auf evangelischer Seite entspricht dem das Anliegen des

Tübinger Theologen Jürgen Moltmann (geb. 1926) und seiner Frau Elisabeth Moltmann-Wendel (1926–2016), den christlichen Glauben auch gesellschaftskritisch und politisch wirksam werden zu lassen.

15.6 Katholische Aufbrüche: Die „Nouvelle Théologie"

Bis zur Mitte des 20. Jahrhunderts war der Thomismus die beherrschende Denkform in der katholischen Theologie. Systematische Reflexionen auf den Glauben erfolgten mehrheitlich als Versuche, den als kirchenkritisch und atheistisch wahrgenommenen Existenzialismus zu widerlegen. Schöpfungstheologie und theologische Anthropologie artikulierten sich überwiegend in Kategorien einer Entgegensetzung von Natur und Gnade. Gegenüber der Dogmatik waren die biblischen Wissenschaften wenig profiliert; der Beitrag der Exegeten beschränkte sich vielfach darauf, dogmatischen Lehrsätzen nachträglich ein biblisches Fundament zu liefern. Kritische Anfragen an die Dogmatik formulierte die katholische Exegese nicht.

Institutionelle Zentren des Thomismus waren die päpstlichen Universitäten und Ordenshochschulen in Rom. Allerdings zeichnete sich im zweiten Drittel des 20. Jahrhunderts eine Schwerpunktverlagerung der Theologie nach Mitteleuropa ab. Katholisch-theologische Institute und Fakultäten in Frankreich, Belgien, Deutschland, Österreich und der Schweiz profilierten sich durch profunde Forschungsleistungen. Von ihnen ausgehende innovative theologische Entwürfe deuteten eine Abkehr von der bislang dominierenden Neuscholastik an. Dabei ging es nicht darum, sich von der theologischen Tradition zu verabschieden; diese sollte vielmehr im Begriffsrahmen der Moderne erschlossen und verständlich gemacht werden.

Zahlreiche Theologen trugen zu dieser Entwicklung bei. Zu ihnen zählen Romano Guardini (1885–1968), Hans Urs von Balthasar (1905–1988), die Dominikaner Marie-Dominique Chenu (1895–1990), Yves Congar (1904–1995) und Edward Schillebeeckx (1914–2009), die Jesuiten Jean Daniélou (1905–1974), Pierre Teilhard de Chardin (1881–1955), Henri Bouillard (1908–1981), Henri de Lubac (1896–1991), Piet Schoonenberg (1911–1999) und nicht zuletzt Karl Rahner (1904–1984). Sie und viele andere Theologen legten durch ihre Arbeit die Fundamente, auf denen das für die katholische Kirche richtungsweisende Zweite Vatikanische Konzil (1962–1965) seine Arbeit aufnehmen konnte.

Viele der genannten Theologen wurden von ihren Kritikern seit den frühen 40er Jahren als Vertreter einer „Nouvelle Théologie" denunziert; ihre

Arbeit gefährde die Gewissheit des katholischen Glaubens, so hieß es, indem sie neueren philosophischen Strömungen Einlass in die Theologie gewährten. Freilich bildeten die so bezeichneten Theologen keine Schule im strengen Sinne. Sie arbeiteten vielmehr meist selbstständig, standen aber in unterschiedlich engem Kontakt miteinander. Zentren der „Nouvelle Théologie" in Frankreich waren die beiden von Jesuiten geleiteten *Instituts Catholiques* in Lyon-Fourvière und Paris sowie die Ordenshochschule der Dominikaner *Le Soulchoir*, die 1938/39 aus dem belgischen Exil (seit 1904) wieder nach Frankreich zurückgekehrt war.

Ein Präludium hatte die „Nouvelle Théologie" in den 30er Jahren des 20. Jahrhunderts im deutschsprachigen Raum erlebt. Gemeint ist die heute fast vergessene „Innsbrucker Verkündigungstheologie" oder auch „Kerygmatische Theologie". Ihren Vertretern – darunter Joseph Andreas Jungmann (1889–1975), Anselm Stolz (1900–1942), Johann B. Lotz (1903–1992), Michael Schmaus (1897–1993) sowie die Brüder Hugo Rahner (1900–1968) und Karl Rahner – ging es um eine Theologie, die zwischen der christlichen Verkündigungsbotschaft und den Bedürfnissen der Menschen vermitteln kann.

Angesichts der Erfolglosigkeit kirchlicher Pastoral und Verkündigung bemühte sich der Jesuit und Liturgiewissenschaftler Jungmann, der als Initiator der Innsbrucker „Verkündigungstheologie" gilt, um eine enge Verbindung von Heilslehre und Leben in der kirchlichen Verkündigung (*Die Frohbotschaft*, 1936). Sein Ordensbruder, der junge Hugo Rahner, forderte im Rückgriff auf die Patristik für die Gnadenlehre eine Überwindung der neuscholastischen „Stockwerk-Theologie" (*Eine Theologie der Verkündigung*, 1939). Der Begriff geht auf eine Formulierung des französischen Philosophen Maurice Blondel zurück und betont die mangelnde Verbundenheit von Natur und Gnade.

Die in Innsbruck laut werdende Kritik an der neuscholastischen Theologie verhallte nicht wirkungslos. Viele Theologen der „Nouvelle Théologie" – darunter Bouillard, Chenu, Congar, Daniélou und de Lubac – bemühten sich darum, in kritischer Auseinandersetzung mit der Neuscholastik dem vom Lehramt lange beargwöhnten geschichtlichen Denken Heimatrecht in der Theologie einzuräumen. Wesentlich diente diesem Ziel ein intensivierter Bezug auf die biblischen Überlieferungen und die Theologie der Kirchenväter; diese wurde als Quelle des christlichen Glaubens neu erschlossen *(ressourcement)*. Hierzu wurden in Lyon-Fourvière – gegen den anfänglichen Widerstand der Ordensleitung – seit 1943 die *Sources Chrétiennes* herausgegeben. Ziel dieser Textsammlung war es – und ist es bis heute –, Werke christlicher Autoren der Spätantike und des Mittelalters in der Originalsprache und in (französischer) Übersetzung der Wissenschaft und einem breiteren Publikum zugänglich zu machen.[103]

Das Bemühen um die Erschließung patristischer Quellen konnte an eine Bewegung anknüpfen, die schon in der ersten Hälfte des 19. Jahrhunderts die Kirchenväter als eine mögliche Quelle theologischer Erneuerung gewürdigt hatte. So bemühte sich in England besonders die Oxford-Bewegung darum, über die Reformation und das Mittelalter hinweg einen Zugang zu den Theologen der Alten Kirche zu gewinnen. Herausragende Vertreter dieser Bewegung waren John Keble (1792–1866), John Henry Newman (1801–1890) und Edward Pusey (1800–1882); sie publizierten in englischer Übersetzung die am Ende fünfzig Bände umfassende Bibliothek der Kirchenväter (*A library of fathers of the holy Catholic church: anterior to the division of the East and West*, 1838–1881). Ab 1844 gab in Frankreich Jean-Paul Migne die beiden Reihen der *Patrologia Latina* und der *Patrologia Graeca* heraus. Und seit 1866 erschien in Wien das *Corpus Scriptorum Ecclesiasticorum Latinorum*, das der theologischen Forschung Werke lateinischer Theologen in kritischen Editionen zugänglich machte. Auf alle diese Reihen konnten die Vertreter der „Nouvelle Théologie“ nun zurückgreifen.

In ihrem Bemühen um eine zeitgemäße Darlegung des christlichen Glaubens stützten sich viele Vertreter der „Nouvelle Théologie“ zunehmend auf die zeitgenössische Philosophie – darunter zunächst auf die Phänomenologie (Husserl, Heidegger, Merleau-Ponty), später auch auf den Existenzialismus (Sartre, de Beauvoir). Zentrale Themen der „Nouvelle Théologie“ waren die Fragen nach der gläubigen Existenz des Menschen und der Geschichtlichkeit der Wahrheit.

In diesem Sinne engagierte sich auch der französische Jesuit Joseph Moingt (1915–2020) für eine wechselseitige Verschränkung von Dogma und Pastoral. Bestens vertraut mit der theologischen Tradition nimmt Moingt zugleich die Radikalität des Bruches ernst, den ihr die Moderne aufbürdet. Mit seinem Ordensbruder Michel de Certeau (1925–1968) will er diesen Bruch als „gründenden Bruch“ *(rupture instauratrice)* verstanden wissen: als Aufbruch zu einer am Evangelium orientierten Kirche, die sich von der heilschaffenden Gegenwart Christi in der Welt leiten lässt.

[103] Unter dem Titel *Fontes Christiani* gibt es seit 1990 eine von den *Sources Chrétiennes* inspirierte Textsammlung, die ebenfalls den Originaltext und eine (deutsche) Übersetzung bietet. Einige Texte und Übersetzungen erscheinen darin in deutscher Sprache erstmalig.

Für die Systematische Theologie bahnbrechend waren die Forschungen von de Lubac zu Thomas von Aquin. Sie erlaubten es, die in der Neuscholastik verbreitete Auffassung zu überwinden, wonach die göttliche Gnade eine ihr zugrunde liegende und vorausgehende Natur *(natura pura)* nachträglich „vervollkommnet“ und „heiligt“. Indem de Lubac stattdessen im Rückbezug auf den Aquinaten eine innere Dynamik des Geschaffenen auf seine Vollendung hin plausibel machte, öffnete er die Theologie insgesamt einer geschichtlichen Perspektive. Diese trug dazu bei, die statische Ontologie der Neuscholastik von innen heraus zu überwinden. Als Hans Urs von Balthasar zwischen 1932 und 1936 in Lyon-Fourvière studierte, machte ihn de Lubac nicht nur mit dem Denken der Kirchenväter vertraut, sondern vermittelte ihm auch die Einsicht, dass die Treue zur theologischen Überlieferung nur vermittels einer kreativen Anverwandlung der kirchlichen Tradition gewahrt werden kann.

Eines seiner letzten Rückzugsgefechte führte das kirchliche Lehramt 1950 mit der Enzyklika *Humani generis.* Papst Pius XII. (1939–1958) sprach darin zwar keine Lehrverurteilungen aus, wandte sich aber – wie es im Untertitel heißt – gegen „einige Auffassungen, welche die katholische Lehre auszuhöhlen drohen“ (Acta Apostolicae Sedis 42 [1950] 561). Nur wenige zweifelten damals daran, dass damit Vertreter der „Nouvelle Théologie“ gemeint waren. Zu den als problematisch eingeschätzten Auffassungen zählen der Enzyklika zufolge Existenzialismus, Historismus, Rationalismus, Immanentismus, Idealismus und Relativismus. Diese philosophischen Richtungen und Schulen werden als Ausdrucksformen einer offenbarungskritischen, wenn nicht offenbarungsfeindlichen Grundhaltung eingestuft. Demgegenüber bezeichnet das Lehramt die Auffassung, dass es ewige Wahrheiten gibt, die vom Menschen klar und sicher erkannt werden können, als für katholische Christen verbindliche Lehre.

Gegenüber der Auffassung, dass es keine vom menschlichen Bewusstsein unabhängige Wahrheiten gibt, beharrt *Humani generis* auf der Empfänglichkeit des menschlichen Geistes für die Wahrheiten der Offenbarung. Wie aber kann diese Empfänglichkeit gedacht werden? Es war vor allem Karl Rahner, der mit dem Rückgriff auf den scholastischen Begriff der *potentia oboedientialis* („Gehorsamsfähigkeit“) die grundlegende Offenheit des menschlichen Geistes für die göttliche Offenbarung kritisch gegenüber der neuscholastischen „Stockwerk-Theologie“ geltend machte. Als Konzilsberater *(Peritus)* hat Rahner auf diese Weise die Offenbarungskonstitution des Zweiten Vatikanischen Konzils *Dei Verbum*, aber auch andere Texte des Konzils richtungsweisend mit vorbereitet.

16 Im Dialog mit der „Welt“: Theologien im Umfeld des Zweiten Vatikanischen Konzils

Neben den verschiedenen theologischen Impulsen, die von der „Nouvelle Théologie“ ausgingen, war das Zweite Vatikanische Konzil durch eine Reihe religiöser Bewegungen vorbereitet worden, welche die katholische Kirche schon im Verlauf der ersten Hälfte des 20. Jahrhunderts grundlegend verändern sollten. Die Bibelbewegung führte zu einer Neubesinnung auf die Heilige Schrift; die Jugendbewegung leitete junge Katholiken und Katholikinnen dazu an, sich als mündige Christen zu verstehen; die Bewegung des Laienapostolats führte zu einem neuen Verständnis der Kirche und ihrer Sendung; die ökumenische Bewegung weckte die Aufmerksamkeit für nichtkatholische Formen christlichen Lebens; die liturgische Bewegung veränderte das Verständnis von Liturgie und Sakrament. Alle diese Bewegungen haben – wenngleich in unterschiedlichem Maße – den Verlauf des Konzils auch in theologischer Hinsicht geprägt.

16.1 Das Zweite Vatikanische Konzil als theologisches Ereignis

Die vom Konzil verabschiedeten Dokumente sind nicht nur inhaltlich, sondern auch sprachlich durch die Abkehr von jener Apologetik gekennzeichnet, die das lehramtliche Sprechen noch bis in die Mitte des 20. Jahrhunderts prägte. Papst Johannes XXIII. hatte hierzu in seiner Konzils-Eröffnungsansprache *Gaudet Mater Ecclesia* am 11. Oktober 1962 die Richtung vorgegeben:

> „Der springende Punkt für dieses Konzil ist es also nicht, den einen oder den andern der grundlegenden Glaubensartikel zu diskutieren […]. Es wird vorausgesetzt, dass all dies hier wohl bekannt und vertraut ist. Dafür braucht es kein Konzil. Aber von einer wiedergewonnenen, nüchternen und gelassenen Zustimmung zur umfassenden Lehrtradition der Kirche […] erwarten jene, die sich auf der ganzen Welt zum christlichen, katholischen und apostolischen Glauben bekennen, einen Sprung nach vorwärts, der einem vertieften Glaubensverständnis und der Gewissensbildung zugutekommt.“[104]

---

[104] Zitiert nach: Ludwig Kaufmann / Nikolaus Klein (Hrsg.), *Johannes XXIII. Prophetie im Vermächtnis*, Fribourg 1990, S. 135f.

Entsprechend seiner Zielsetzung, den überlieferten Glauben in einer veränderten Zeit authentisch und überzeugend zur Sprache zu bringen, verzichtet das Konzil auf Lehrverurteilungen – ein Novum in der bisherigen Konziliengeschichte.[105] Dies wirkte sich unmittelbar auch auf Zielsetzung und Arbeit des Heiligen Offiziums aus. Diese Einrichtung der römischen Kurie, die aus der 1542 von Papst Paul III. (1534–1549) begründeten Inquisitionsbehörde hervorgegangen ist, wurde 1965 von Papst Paul VI. in „Kongregation für die Glaubenslehre" umbenannt. Mussten katholische Theologen noch bis zum Vorabend des Konzils ständig gewahr sein, vom Heiligen Offizium gemaßregelt zu werden, so weiteten sich mit und nach dem Konzil die Möglichkeiten erheblich, den christlichen Glauben kreativ und innovativ zu bedenken.

Schon während des Konzils kam es zu einer geradezu schlagartigen Ablösung des bis dahin nahezu alles beherrschenden Thomismus. An seine Stelle trat eine Vielzahl theologischer Versuche, mit zeitgenössischen Philosophen einen Dialog über Glaube, Kirche und Welt zu führen. Weiterhin spielte dabei der Existenzialismus eine bedeutende Rolle; dieser wurde fortan jedoch weniger als Infragestellung christlicher Wahrheit verstanden denn als Herausforderung, den christlichen Glauben begrifflich klarer zu profilieren. Dem diente auch die verstärkte Hinwendung zu den Humanwissenschaften – eine Hinwendung, die zuvor von ihren Kritikern nicht selten als „Anthropozentrismus" diffamiert worden war.

Nicht zuletzt erklärte das Konzil jede Form von Theologie für verfehlt, welche die biblischen Fundamente des Glaubens missachtet. Die in der evangelischen Theologie seit dem 19. Jahrhundert angewandten exegetischen Methoden der Textanalyse – Textkritik, Formkritik, Gattungskritik, Redaktionskritik – werden vollumfänglich in die katholische Exegese integriert (vgl. *Dei Verbum* 12). Von Rudolf Bultmann und seinen Schülern lässt sich nun auch die katholische Systematik die Frage stellen, wie sich der „Christus des Glaubens" zum „historischen Jesus" verhält. Anschlussprobleme wie etwa die Frage nach der Gründung der Kirche durch Jesus von Nazareth werden offen und kontrovers diskutiert. Nicht zuletzt sahen sich katholische Theologen durch das Konzil dazu ermutigt, über das Wesen der Kirche, ihre Ämter und Strukturen, über das Verhältnis der Kirche zum

[105] Als Überblicksdarstellungen zu Geschichte und Theologie des Konzils seien genannt: Otto Hermann Pesch, *Das Zweite Vatikanische Konzil (1962–1965). Vorgeschichte – Verlauf – Ergebnisse – Nachgeschichte*, Würzburg 1993, S. 75–77; Knut Wenzel, *Das Zweite Vatikanische Konzil. Eine Einführung*, Freiburg/Br. 2014.

Judentum, ihre Beziehung zu den nichtkatholischen Christen sowie zu den nichtchristlichen Religionen nachzudenken.

Nicht unerwähnt bleiben dürfen in diesem Zusammenhang die Impulse, die von der zweiten Kirchenkonstitution des Konzils, der Pastoralkonstitution „über die Kirche in der Welt von heute" *Gaudium et spes*, für die Verhältnisbestimmung von Kirche, Gesellschaft und Politik ausgingen. Die Konstitution lieferte unter anderem Impulse für eine theologische Interpretation von Säkularität und für eine erneuerte politische Theologie. Zugleich war sie richtungsweisend für das gesellschaftliche und politische Engagement der Kirche besonders in Lateinamerika und die Entstehung verschiedener „Befreiungstheologien" weltweit.

Nach dem Zweiten Vatikanischen Konzil ist die katholische Theologie wesentlich durch Versuche gekennzeichnet, die Relevanz des christlichen Glaubens dadurch auszuweisen, dass sie nach „Anknüpfungspunkten" beim Menschen forscht und von dorther die Gehalte des Glaubens in ihrer auch existenziellen Bedeutung zu erschließen versucht. Angesichts des fortdauernden Ost-West-Konflikts blieb der Atheismus bis in die 80er Jahre des 20. Jahrhunderts ein wesentlicher Bezugspunkt fundamentaltheologischer Reflexionen über das Problem der Gotteserkenntnis. Innerkirchlich standen Fragen der Liturgiereform, des kirchlichen Amtes und der christlichen Moral im Mittelpunkt theologischer Kontroversen. In der Ökumene entfaltete sich auf allen Ebenen kirchlichen Lebens jener Aufbruch, der sich schon lange angebahnt hatte, doch erst durch das Konzil auch lehramtlich sanktioniert wurde. Dieser Aufbruch erfasste auch die Theologie: Keine katholisch-systematische Theologie kann heute davon absehen, ihre Problemstellungen auch in ökumenischer Perspektive zu erörtern. Gleiches gilt im Prinzip auch für die evangelisch-systematische Theologie.

16.2 Transzendentale Theologie in pastoraler Perspektive: Karl Rahner

Zu den Wegbereitern des ökumenischen Dialogs in Deutschland zählt zweifellos der Jesuit Karl Rahner. Rahner, dessen theologische Wortmeldungen für Verlauf und Ergebnis des Zweiten Vatikanischen Konzils kaum überschätzt werden können, hat in seinen jungen Jahren eine solide Ausbildung in neuscholastischer Theologie erhalten. Während seiner Innsbrucker Lehrtätigkeit (1936–1939) war Rahner der dortigen „Kerygmatischen Theologie" begegnet. Deren Bemühen um eine Vermittlung der überlieferten Glaubenslehre mit der Alltagserfahrung von Christen prägte seine Theologie zeitlebens. Näherhin will Rahner zeigen, wie der Glaube bei der realen Verfassung endlicher Menschen, ihrem Selbstverständnis und ihrem Seinsvollzug, anknüpfen kann. Welche Voraussetzungen sind aufseiten des Menschen anzunehmen, damit er die Offenbarung Gottes überhaupt wahrnehmen kann?

Rahners Frage nach den Bedingungen der Möglichkeit des Glaubens erlaubt es, seine Theologie als „transzendentale Theologie" zu charakterisieren. Damit verfolgt Rahner ein ähnliches Anliegen wie Schleiermacher und Kierkegaard. Diese wollten den christlichen Glauben in der Weise plausibilisieren, dass sie sein Fundament in der Verfassung des menschlichen Bewusstseins aufdeckten.

Rahner ist der Überzeugung, dass im erkennenden Subjekt eine „reine Geöffnetheit" für schlechthin jeden möglichen Gegenstand der Erkenntnis gegeben ist. Nur innerhalb eines „Vorgriffs" des erkennenden Subjekts auf den unendlichen „Horizont" alles Erkennens gibt es die Möglichkeit, etwas Endliches und Bestimmtes als solches zu erkennen. Dabei wird dieser Vorgriff nicht bewusst – „reflex" – vollzogen; vielmehr ist er in jedem Akt endlichen Erkennens immer schon als Bedingung seiner Möglichkeit – also transzendental – mitgegeben. Rahner nennt das Bewusstsein hiervon eine „transzendentale Erfahrung"; als solche sei sie in jedem Vollzug endlicher Erkenntnis implizit mitgegeben.

Mit der transzendentalen Erfahrung aber – und hier wird die Argumentation theologisch – ist nach Rahner immer schon und zugleich ein anonymes und unthematisches Wissen von Gott gegeben. In jedem Akt des Erkennens erscheint Gott als das alles Umgreifende und insofern jedem kategorialen Erkennen vorausgehende Absolute. In diesem Sinne ist „Gott" in jedem endlichen Erkennen immer schon gegenwärtig – dies aber gerade nicht als Gegenstand kategorialen Erkennens, sondern als dessen transzendentale Möglichkeitsbedingung. Gott bleibt unnahbares, wesentlich entzogenes „Geheimnis". Zugleich kann die Verwiesenheit des Menschen auf Gott als ein anthropologisches Existenzial geltend gemacht werden; sie ist in jedem auch noch so alltäglichen Tun und Erkennen gegenwärtig.

Rahner entwickelt diesen anthropologischen Ansatz zwar zunächst von einer Analyse des menschlichen Bewusstseins her. Die transzendentale Erfahrung des „Eröffnetseins" betrifft aber auch das menschliche Wollen: Auch der menschliche Wille geht in jedem seiner freien Vollzüge auf ein Unendliches aus. Dieses kann er freilich nicht als solches wollen, weil das

Unendliche jeden einzelnen Willensakt ermöglichend umgreift. Seinem Gehalt nach ist das alles Wollen ermöglichend Umgreifende als Freiheit zu bestimmen. Als absolute Freiheit, welche die endliche Freiheit des Menschen umfasst und sie allererst ermöglicht, ist diese Freiheit als personale Freiheit, als freies Wollen und letztendlich als Liebe zu denken.

Auf diese Weise beansprucht Rahner, einen philosophischen Vorbegriff jener Wirklichkeit gewonnen zu haben, welche die Theologie mit dem Begriff eines unbedingt liebenden Gottes umschreibt. Zugleich kann er das rätselhafte Phänomen der menschlichen Sünde transzendentaltheologisch reformulieren. „Rätselhaft" ist die Sünde deshalb, weil schlichtweg unverständlich bleibt, aus welchem Motiv heraus sich die Freiheit des Menschen zum Bösen bestimmen kann. Nach Rahner besteht das Wesen der Sünde in der Weigerung des Menschen, seine Hinordnung auf das absolute Geheimnis, von dem er als erkennendes und wollendes Wesen in seiner Existenz begründet und in seinem Vollzug getragen ist, frei zu bejahen. Diese Entscheidung liegt allen kategorialen Akten voraus; sie ist aber als eine reale Entscheidung anzunehmen, da stets vorauszusetzen ist, dass sich der Mensch als ein freies Wesen zu dem unbegreiflichen Horizont seines Erkennens und Wollens in ein freies Verhältnis setzen kann. Auf diese Weise gewinnt Rahner in letzter Konsequenz auch ein transzendentaltheologisch verantwortetes Verständnis von „Erbsünde".

Christus ist für Rahner jener Mensch, in dem das, was in jedem Einzelnen prinzipiell angelegt und möglich ist – die unbedingte Affirmation jenes Wovonher und Woraufhin, in Bezug auf das sich jeder Mensch erkennend und wollend vollzieht –, in einer einzigartigen, unüberbietbaren und deshalb einmaligen Weise real gegeben ist. In Christus sind die Selbstgegebenheit des menschlichen Subjekts einerseits und die Bewegung der Transzendenz eines jeden menschlichen Bewusstseins auf das göttliche Geheimnis hin andererseits zu einer einmaligen und höchsten Synthese gelangt.

Ebendies aber, so Rahner, behauptet das Dogma von der hypostatischen Union, wenn es auf der Grundlage des Konzils von Chalzedon von der personalen Einheit von göttlicher und menschlicher Natur in Christus spricht. Dabei will Rahner die klassische „ontische Christologie" durch eine „ontologische" Christologie ergänzt – nicht ersetzt! – wissen. „Ontologisch" ist für Rahner die Christologie deshalb, weil sie der transzendentalen Verfassung des bewussten und freien Subjekts entspringt. Vielfach zitiert wurde Rahners Kurzformel, wonach die Christologie als „geglückte" oder „vollendete Anthropologie" zu gelten hat und Anthropologie als „defizitäre" oder auch „implizite Christologie" (vgl. *Grundkurs des Glaubens* VI 4).

In heilsgeschichtlicher Perspektive sieht Rahner in Christus eine Bewegung zur anfänglichen Vollendung gelangt, welche die geschaffene Wirklichkeit insgesamt kennzeichnet. Ist doch alles Geschaffene dazu bestimmt, dereinst in Gott vollendet zu werden. Vorläufige Erfahrungen vollendeter Erfüllung deutet Rahner als Explikationen dessen, was die traditionelle Theologie „Gnade" genannt hat. Auch andere Lehrstücke der Dogmatik werden von Rahner im Licht seines transzendentaltheologischen Ansatzes reformuliert – darunter die Erwartung einer Auferstehung der Toten und die Hoffnung auf ein ewiges Leben, die Lehre vom stellvertretenden Sühnetod Christi, der Glaube an die Menschwerdung des Gottessohnes und dessen Bedeutung für eine Theologie der göttlichen Dreifaltigkeit.

Mit Ausnahme seines *Grundkurs des Glaubens* (1976 erstmals erschienen), in dem bereits vorliegende Texte zu einer systematischen Einheit zusammengeführt sind, hat Rahner keine Gesamtdarstellung seiner Theologie vorgelegt; vielmehr hat er sich immer wieder im Ausgang von einzelnen Fragen dazu herausfordern lassen, einzelne Problemstellungen in Theologie und Kirche gesondert zu bedenken. In diesem Vorgehen manifestiert sich das pastorale Anliegen, das Rahners Theologie insgesamt durchzieht. In ihm spiegelt sich auch jene Grundausrichtung des Zweiten Vatikanums wider, die Papst Johannes XXIII. (1958–1963) gewollt und welche die Konzilsväter verwirklicht haben.

Kritisch ist gegenüber Rahners Theologie geltend gemacht worden, er reduziere Theologie auf Anthropologie. In Wahrheit stellt seine Anthropologie eine Art Koordinatensystem bereit, in das er die traditionelle Offenbarungslehre neu einschreibt. Wie nun, wenn sich dieses Koordinatensystem verschöbe? Für Rahner trüge dies wohl lediglich der Geschichtlichkeit des Glaubens und der Theologie Rechnung. Gleichwohl stellte sich dann umso dringlicher die Frage nach Kriterien, denen gegenüber sich eine neuerliche Transformation theologischer Kategorien als legitim ausweisen könnte. Doch können solche Kriterien überhaupt gewonnen werden? Gibt es einen archimedischen Punkt, von dem her Transformationen theologischer Denkformen abschließend beurteilt werden können? Oder bedarf es hierzu letzten Endes nicht doch des Vertrauens auf das Wirken des Heiligen Geistes, der die Kirche durch alle Veränderungen hindurch in der Wahrheit des Glaubens halten wird (vgl. *Lumen gentium* 12)? Dieses Vertrauen bedeutete zugleich ein entschiedenes Plädoyer für die freie Diskussion theologischer Positionen im Zusammenspiel aller Bezeugungsinstanzen des christlichen Glaubens *(loci theologici)*.

Manche Kritiker haben Rahner gegenüber zu bedenken gegeben, sein theologischer Ansatz reduziere die Offenbarung auf das, wofür das menschliche Bewusstsein empfänglich ist. Ist nicht – mit Barth und von Balthasar etwa – darauf zu bestehen, dass Gott je größer ist als der menschliche Verstand? Wie aber ließe sich das „je größer" *denken*? Und auf welche Weise bekundet sich der „je größere" Gott dem endlichen Bewusstsein des Menschen? Nicht zufällig verweist Hans Urs von Balthasar auf die ästhetische Kategorie der „Herrlichkeit", um die mit dem Begriff der Offenbarung gegebene Uneinholbarkeit des von Gott her „Gegebenen" zu umschreiben.

Dass Rahner das Woraufhin des transzendentalen Vorgriffs mit dem durch die biblische Offenbarung bezeugten Gott identifiziert – und insofern die Faktizität der Offenbarung bereits voraussetzt –, erscheint demgegenüber weniger gravierend. Geht es ihm doch ebenso wenig wie etwa Thomas von Aquin um einen Gottes-„Beweis" im strengen Sinne. Vielmehr will auch Rahner den christlichen Glauben als gegenüber der menschlichen Vernunft verantwortbar ausweisen – nicht mehr, aber auch nicht weniger.

Rahners transzendentaltheologischer Ansatz ermöglicht ein Verstehen Jesu Christi nicht nur als Höchstfall, sondern auch als Bedingung der Möglichkeit gelingenden Menschseins. Wer daran glaubt, dass der menschgewordene Gottessohn das Heil des Menschen nicht nur *verheißt*, sondern in eschatologischer Unüberholbarkeit zugleich *ist*, für den kann Gott in Jesus Christus als das letzte Ziel des Menschen, der Menschheit, ja des ganzen Kosmos plausibel werden. Zugleich ist damit die in der Neuscholastik drohende Trennung von Person und Werk Christi überwunden.

In der Begegnung mit Jesus Christus erfährt der glaubende Mensch: In Jesus von Nazareth hat Gott nicht irgendetwas, sondern sich selbst den Menschen geoffenbart. Von daher erschließt Rahner die Dreifaltigkeit als gottimmanente Möglichkeitsbedingung der Menschwerdung. In Jesus von Nazareth offenbart Gott sich so in der Welt, wie er von Ewigkeit her in sich selbst ist. Rahner nennt dies die „immanente Trinität"; deren Gegenwart in Raum, Zeit und Geschichte hingegen ist die „ökonomische Trinität". Von daher gelangt er zu seinem viel diskutierten Axiom: „Die ‚ökonomische' Trinität *ist* die immanente und umgekehrt."[106] Christus kann nur von der Heilsgeschichte her verstanden werden; diese aber erschließt Gottes Dreifaltigkeit als die Möglichkeitsbedingung der Selbstoffenbarung Gottes in

---

[106] Vgl. u. a. Karl Rahner, *Der dreifaltige Gott als transzendenter Urgrund der Heilsgeschichte*, in: Mysterium Salutis. Grundriß heilsgeschichtlicher Dogmatik, Bd. II (1967), S. 317–401, hier 328 (auch in: Sämtliche Werke, Bd. 22/1B, Freiburg/Br. 2013, S. 513–628, hier 534).

der Person Jesu von Nazareth. In alledem bleibt Gott für Rahner freilich „Geheimnis"; noch in seiner letzten Vorlesung kurz vor seinem Tod hat Rahner eindringlich betont: Die Wirklichkeit Gottes lässt sich nicht auf sein Handeln in der Geschichte reduzieren.

Dies gilt auch für die Beziehung der drei göttlichen Personen zueinander. Rahner hat die Herausforderung, die der neuzeitliche Person-Begriff für die Theologie darstellt, in aller Schärfe wahrgenommen. Darf man in Gott tatsächlich drei eigenständige „Personen" annehmen – womöglich ein dreifaches Ich-Bewusstsein? Dies führte am Ende unausweichlich zu einer tritheistischen Gottesvorstellung. Angesichts dieser Gefahr will Rahner die Anwendung des neuzeitlichen Person-Begriffs in Bezug auf Gott nach Möglichkeit vermieden wissen. Geht es doch in der Trinitätslehre lediglich um die Daseinsweise eines geistigen Wesens, nicht aber um drei individuelle, ihrer selbst bewusste und freie Subjekte. Anstelle der Rede von einer göttlichen „Person" befürwortete Rahner deshalb den Begriff „distinkte Subsistenzweise".

Ungeteilte Zustimmung unter Theologen und Theologinnen fand dieser Vorschlag freilich nicht. Zwar gelingt es mit seiner Hilfe, die Einheit Gottes zu wahren; doch bleibt die Unterschiedenheit der göttlichen Personen unterbestimmt. Diese Einheit aber offenbart sich nicht zuletzt in der Heilsökonomie – etwa im Ringen Jesu um den Gehorsam gegenüber dem Willen des Vaters. Bereits Maximus Confessor hat dieses Ringen auf seine Implikationen für die Christologie hin bedacht. Jüngere Theologen wie Georg Essen, Magnus Striet oder Bernhard Nitsche haben sich vor diesem Hintergrund um eine freiheitstheoretische Reformulierung der Trinitätstheologie bemüht, die – darin über Rahner hinausgehend – den neuzeitlichen Person-Begriff zu integrieren vermag.[107]

16.3 Theologische Anthropologie im Horizont der Geschichte: Wolfhart Pannenberg

Die „anthropologische Wende", welche die katholische Theologie im 20. Jahrhundert vollzogen hat, wurde katholischerseits von zahlreichen Theologen getragen. Richtungsweisend waren neben Karl Rahner Theologen wie Ed-

[107] Vgl. Georg Essen, *Die Freiheit Jesu. Der neuchalkedonische Enhypostasiebegriff im Horizont neuzeitlicher Subjekt- und Personenphilosophie* (ratio fidei 5), Regensburg 2001; Magnus Striet, *Offenbares Geheimnis. Zur Kritik der negativen Theologie* (ratio fidei 14), Regensburg 2003, S. 213–250; Bernhard Nitsche, *Gott und Freiheit. Skizzen zur trinitarischen Gotteslehre* (ratio fidei 34), Regensburg 2008.

ward Schillebeeckx (1914–2009), Johann Baptist Metz (1928–2019) oder Hans Küng (geb. 1928). Insbesondere Küng hat durch zahlreiche Schriften, die sich auch an das breite Publikum richten, der anthropologischen Wende der Theologie eine vor dem Konzil kaum vorstellbare Breitenwirkung verschafft. Werke wie *Christ sein* (1974) oder *Existiert Gott? Antwort auf die Gottesfrage der Neuzeit* (1978) wurden in zahlreiche Sprachen übersetzt.

Küngs Popularität wurde auch dadurch nicht gemindert, dass ihm die Deutsche Bischofskonferenz im Dezember 1979 die kirchliche Lehrbefugnis *(missio canonica)* entzog. Anlass hierzu war Küngs wiederholte Kritik an der Lehre von der päpstlichen Unfehlbarkeit. Auch danach hat Küng in Tübingen gelehrt und zahlreiche theologische Werke veröffentlicht. Zunehmend engagierte sich Küng im Dialog der Religionen. Sein „Projekt Weltethos" hat er seit 1989 unter das UNESCO-Motto gestellt: „Kein Weltfriede ohne Religionsfriede".

Auf evangelischer Seite hat sich vor allem Wolfhart Pannenberg (1928–2014) um eine anthropologisch ausgewiesene Theologie bemüht. Anders als Rahner setzt Pannenberg in seiner *Anthropologie in theologischer Perspektive* (1983) nicht transzendentalphilosophisch an, sondern fragt – vom Christentum zunächst abstrahierend – nach einer allgemeinen Theorie des Religiösen. In deren Rahmen hofft er den christlichen Glauben plausibel machen zu können. Bei diesem Versuch werden Forschungsfelder wie die Humanbiologie, die Psychologie, die Kulturanthropologie oder die Soziologie theologisch relevant. Alle diese Wissenschaften verweisen auf die Selbstvermitteltheit der menschlichen Existenz, deren Gelingen die Offenheit für eine auch religiöse Dimension wahrscheinlich macht.

Von Pannenbergs Bemühen, die Wahrheit des christlichen Glaubens im Dialog mit nichttheologischen Wissenschaften zu verantworten, zeugt bereits sein Werk *Wissenschaftstheorie und Theologie* (1973). Auch im Dialog mit den nichtchristlichen Religionen will Pannenberg den christlichen Offenbarungsanspruch als rational verantwortbar ausweisen.[108] In den Religionen identifiziert er ebenso vielfältige wie unterschiedliche Erfahrungen göttlicher Wirklichkeit. So fragmentarisch diese Erfahrungen auch sein mögen, so verweisen sie doch ausnahmslos auf einen alles umfassenden Sinnhorizont. Insofern Christen diesen Sinnhorizont mit jener Wahrheit identifizieren, die in Jesus von Nazareth offenbar geworden ist, können sie

[108] Vgl. Wolfhart Pannenberg, *Erwägungen zu einer Theologie der Religionsgeschichte* [1967], in: ders., Grundfragen systematischer Theologie. Gesammelte Aufsätze, Göttingen ^{2}1971, S. 252–295.

die nichtchristlichen Religionen als vorläufige Gestalten der christlichen Wahrheit würdigen.

Allerdings ist auch für Christen die letzte Wahrheit über Gott, Mensch und Welt erst am Ende der Geschichte zur Gänze offenbar; denn erst dann erscheint die Totalität des je Gewesenen im Licht der göttlichen Wahrheit. Und erst von dieser Totalität her ist über Sinn und Bedeutung eines jeden konkreten Ereignisses in Raum und Zeit entschieden. Der endgültige Beweis für die Wahrheit des christlichen Glaubens ist deshalb erst vom Ende der Geschichte her erbracht.

Indem Pannenberg in seinem programmatischen Werk *Offenbarung als Geschichte* (1961) die Geschichte als Ort der Selbstoffenbarung Gottes anerkennt, setzt er sich von der bis dahin die evangelische Theologie beherrschenden Wort-Gottes-Theologie ab. Zugleich stellt er sich der Aufgabe, schon im Verlauf der Geschichte solche Ereignisse zu identifizieren, die den umfassenden Sinnhorizont gültig antizipieren. Diese Aufgabe setzt ein wenigstens anfanghaftes, aber doch sicheres Wissen davon voraus, was dieser Sinnhorizont wesentlich *ist*. Dieses Wissen gewinnen Christen aus der geschichtlichen Offenbarung. Denn tatsächlich offenbaren sich nach christlichem Verständnis die Wahrheit über die Welt im Ganzen und der letzte Sinn der Geschichte nicht erst an deren Ende. Vielmehr ist sie bereits in der Mitte der Zeit offenbar geworden – nicht vollendet zwar, aber doch endgültig und ein für alle Mal, nämlich anfanghaft in der Geschichte des Volkes Israel und endgültig in der Person Jesu von Nazareth. Im Leben Jesu vermag der Glaube sogar das Geheimnis der hypostatischen Union zu erkennen; denn: „Als dieser Mensch ist Jesus Gott“ – so der zentrale Satz in Pannenbergs *Grundzügen der Christologie* von 1964 (S. 334).

Allerdings scheint es der existenziellen Bedeutsamkeit des Glaubens nur unvollkommen zu entsprechen, wenn sich die von ihm geforderte Entschiedenheit menschlicher Freiheit lediglich auf eine antizipierte – und insofern hypothetische – Gewissheit stützen kann. Zwar teilt der christliche Glaube diese Unsicherheit mit allen anderen Wissenschaften; deren Eigentümlichkeit ist es ja, hypothetisch zu argumentieren und Gewissheiten methodisch in Zweifel zu ziehen. Doch gilt Entsprechendes etwa auch für den Glauben?

16.4 Um den Ernst der Nachfolge: Die theologische Ästhetik Hans Urs von Balthasars

Es ist vor allem der Schweizer Germanist und Theologe Hans Urs von Balthasar (1905–1988), der dieser Frage zeitlebens nachgespürt hat. Gegen

Rudolf Bultmann und Karl Rahner besteht von Balthasar in einer kleinen polemischen Schrift, die er kurz nach Abschluss des Zweiten Vatikanischen Konzils veröffentlicht hat, auf dem Ernst der Nachfolge: „Wer folgen will, zieht Jesus vor [...], wer aber Jesus vorzieht, wählt das Kreuz als den Ort, wo nicht eventuell, sondern todsicher gestorben wird." Jeglicher Versuchung, den Glauben auf Hypothesen zu gründen, wird damit eine Absage erteilt. „Hier liegt die Fatalität des Christentums, daß man auf keine billigere Weise Dankeschön sagen kann als mit seiner ganzen Existenz."[109] Wie aber muss sich eine Theologie vollziehen, die der Ernsthaftigkeit der Glaubensentscheidung gerecht werden will?

Bereits zu Beginn des Konzils hatte von Balthasar in einer kleinen Schrift (*Glaubhaft ist nur Liebe*, erschienen 1963) zwei problematische „Reduktionen" der Theologie identifiziert: eine kosmologisch-weltgeschichtliche und eine anthropologische Reduktion. Den Vertretern einer kosmologisch-weltgeschichtlichen Reduktion der Theologie, welche nach von Balthasar die Patristik, das Mittelalter und auch noch die Gegenwart bestimmt, sei es darum gegangen, sich der Wirklichkeit Gottes im Ausgang von einer bestimmten Metaphysik oder Deutung der Geschichte anzunähern. Den Vertretern einer anthropologischen Reduktion der Theologie, die von Balthasar insbesondere seit der Aufklärung ausmacht, gehe es darum, die Gehalte des christlichen Glaubens im Ausgang von einer Analyse menschlicher Existenz zu plausibilisieren. Ihnen zufolge ist der christliche Glaube die wahre und zugleich tiefste Interpretation dessen, was der Mensch ist.

Beide Versuche hält von Balthasar für problematisch. Denn sie laufen darauf hinaus, die Wirklichkeit des sich offenbarenden Gottes auf weltliche Kategorien zu reduzieren.

> „Ist der erste Versuch zeitgeschichtlich begrenzt, so ist der zweite systematisch verfehlt: was Gott in Christo dem Menschen sagen will, kann weder an der Welt im ganzen noch am Menschen im Besonderen eine Normierung erhalten; es ist unbedingt theo-logisch, besser theo-pragmatisch: Tat Gottes auf den Menschen zu, Tat, die sich selber vor dem Menschen und für ihn (und so erst an ihm und in ihm) auslegt" (*Glaubhaft ist nur Liebe*, S. 5).

Um der Wirklichkeit Gottes und seiner ungeschuldeten Offenbarung in Schöpfung und Heilsgeschichte gerecht zu werden, so von Balthasar,

[109] Hans Urs von Balthasar, *Cordula oder der Ernstfall* (Kriterien 2), Einsiedeln 1966, S. 17.

muss die Theologie der Unableitbarkeit Gottes aus allen menschlichen Kategorien Rechnung tragen. Jenseits von Metaphysik und Moral liefert die Ästhetik hierzu richtungsweisende Impulse. Vor allem aber leiste dies eine Besinnung auf die unbedingte Liebe, als die sich Gott nach Ausweis der Bibel den Menschen geoffenbart hat. Allein die Liebe ist ihrer Natur nach ungeschuldet und unableitbar; sie ist immer das je Größere, das die endlichen Kategorien des Menschen sprengt. Wenn es eine Analogie für das Handeln Gottes in Bezug auf Welt und Mensch gibt, dann ist es nach von Balthasar die Liebe.

Nicht zufällig hat Hans Urs von Balthasar bereits 1951 eine bahnbrechende Monographie über Karl Barth veröffentlicht.[110] Den von Barth vertretenen offenbarungstheologischen Ansatz und dessen konsequente „Wort-Gottes-Theologie“ erweitert von Balthasar dahingehend, dass er – mehr noch als der reformierte Theologe – auf der Eigenständigkeit der Welt und auf der Kirchlichkeit und Sakramentalität des Gotteswortes beharrt. Zugleich setzt er offenbarungstheologisch „von oben“ an: Jesus Christus ist das menschgewordene ewige Wort Gottes. Deshalb kommt in seinem irdischen Leben, Leiden und Sterben die Wirklichkeit des unsichtbaren Gottes zur Erscheinung. Dieser Erscheinung eignet für den Glaubenden eine unmittelbare Evidenz, die keiner argumentativen Beweisführung bedarf. Von daher sieht sich von Balthasar autorisiert, selbst im Kreuz Jesu noch die Erscheinung der „Herrlichkeit Gottes“ zu erblicken (vgl. Joh 1,14). Damit wird der Begriff „Herrlichkeit“ neu qualifiziert: Es geht nicht um einen vordergründigen schönen Schein, sondern um die Entschiedenheit jener Liebe, mit der Gott auch die Sünder so sehr liebt, dass er sich selbst in seinem Sohn für sie hingibt.

Die Selbstentäußerung Gottes in Menschwerdung und Kreuz ist nach von Balthasar nur deshalb möglich, weil sie im dreifaltigen Wesen Gottes gründet. Schon die Beziehung zwischen Vater und Sohn ist jene „Ur-Kenose“, die sich dann in der kenotischen Selbstentäußerung des Sohnes in Zeit und Geschichte vollzieht. Den Begriff „Kenosis“ entlehnt von Balthasar dem Christushymnus im Philipperbrief, wo von der „Selbstentäußerung“ Christi „bis zum Tod am Kreuz“ die Rede ist (vgl. Phil 2,7). Ist schon die ewige Beziehung des Sohnes zum Vater durch einen radikalen Gehorsam gekennzeichnet, so vollzieht sich dieser im Garten Getsemani mit der freien

---

110 Hans Urs von Balthasar, *Karl Barth. Darstellung und Deutung seiner Theologie* [Köln 1951], Einsiedeln ^{4}1976.

Einwilligung Jesu, nicht den eigenen Willen, sondern den Willen des Vaters zu tun (vgl. Mt 26,39).

Die „Ur-Kenose" des ewigen Sohnes ist zugleich die Möglichkeitsbedingung dafür, dass mit der Welt überhaupt so etwas wie eine von Gott verschiedene Wirklichkeit zur Existenz gelangt. Wie nämlich sollte ein Gott, der in sich differenzlose Einheit und zugleich unendlich ist, eine Welt als das Andere seiner selbst erschaffen können? Nur weil die ursprüngliche Differenz in trinitarischer Unterschiedenheit von Vater, Sohn und Geist bereits in Gott selbst gesetzt ist, ist die Autonomie einer endlichen Welt überhaupt denkbar und real möglich. Die Zeugung des mit dem Vater gleichwesentlichen Sohnes eröffnet eine so tiefe Differenz schon in Gott selbst, dass alles andere – die Schöpfung, aber auch die Sünde – nur *in* Gott sich ereignen kann.

Und ein Drittes: Die im dreifaltigen Leben Gottes gründende „Ur-Kenose" des Sohnes, so von Balthasar, vollendet sich in der absoluten Gottesferne, die der Sohn am Kreuz zu durchleiden hat: „Mein Gott, warum hast du mich verlassen?" (Mk 15,34; Mt 27,46; vgl. Ps 22,2). Für die absolute Gottverlassenheit kennt die christliche Tradition ein Bild: die Hölle. Im Glaubensbekenntnis ist vom *descensus ad inferos* die Rede. Mit Christus ist aber nun derjenige in die Finsternis der absoluten Gottverlassenheit hinabgestiegen, der wie kein anderer Mensch aus der Gemeinschaft mit seinem Vater heraus gelebt hat. Ein größeres Leiden an der Gottesferne kann deshalb nicht gedacht werden, so von Balthasar; kein anderer Mensch wird jemals die Verlassenheit vom Vater so tief empfinden wie der Sohn.

Für die Menschen wird genau dies zum Trost. Auch dann nämlich, wenn sie sich als Sünder von Gott abgewendet haben, begegnet ihnen in der Finsternis der Gottesferne jener ewige Sohn, der tiefer noch als sie alle die Trennung vom Vater durchlitten hat. Bildlich gesprochen: Jeder Mensch, der sich willentlich von Gott abwendet, blickt unweigerlich auf den Sohn, der wie kein anderer die Not der Gottesferne, ja der Abwesenheit Gottes schmerzlich erfahren musste.

Aus diesem Gedanken schöpft von Balthasar die Hoffnung, dass angesichts des Sohnes, der sich für das Heil der Menschen der Abwesenheit Gottes am Kreuz ausgeliefert hat, niemand mehr willens sein wird, sich der barmherzigen Liebe Gottes endgültig zu verweigern. Weil sich der dreifaltig-liebende Gott im Sohn in die äußerste Finsternis der Gottesferne begeben hat, besteht die begründete Hoffnung, dass kein Mensch auf ewig verloren ist. Mehr als eine Hoffnung ist das freilich nicht; denn „Gott achtet auch als Erlöser die Freiheit, die Gott, der Schöpfer, seinem Geschöpf zugeeignet hat und mit der es seiner Liebe zu widerstehen vermag“. Eine endgültige Verweigerung des Sünders gegenüber der barmherzigen Liebe Gottes allerdings wäre, wie von Balthasar betont, eine Katastrophe nicht nur für den Menschen, sondern auch für Gott selbst. Denn dann wäre sein Vorhaben gescheitert, alle Menschen zu retten und zum Heil zu führen (vgl. 1 Tim 2,4). Gleichwohl ist dies für von Balthasar nicht das letzte Wort. Denn vor dem Hintergrund einer „Karsamstagstheologie“ – einer Theologie, in deren Mitte der „Höllenabstieg“ Jesu steht, sein Hinabstieg in die äußerste Gottesferne – darf ernsthaft erwogen werden, „ob es Gott nicht freisteht, dem von ihm abgewendeten Sünder in der Ohnmachtsgestalt des Gekreuzigten, von Gott verlassenen Bruders zu begegnen, und zwar so, daß dem Abgewendeten klar wird: dieser (wie ich) Gott-Verlassene ist es um meinetwillen“.[111]

Das Werben der unendlichen Freiheit Gottes um die Zustimmung der endlichen Freiheit des Menschen ist Fundament und Rahmen der Heilsgeschichte. Im zweiten Teil seiner großen theologischen Trilogie wird diese Geschichte unter dem Stichwort einer *Theo-Dramatik* entfaltet (1971–1983; 4 Bände). Sie tritt neben die dreibändige *Herrlichkeit*, in der von Balthasar zwischen 1961 und 1969 eine theologische Wahrnehmungslehre (Ästhetik) skizziert hatte. Vorbereitend für von Balthasars theologische Ästhetik war nicht zuletzt Romano Guardinis „Weltanschauungslehre“. Ausschlaggebend aber ist der Gedanke, dass der göttlichen Liebe eine Evidenz innewohnt, die keiner kosmologischen oder anthropologischen Propädeutik bedarf. Abgeschlossen wird die Trilogie zwischen 1985 und 1987 mit der dreibändigen *Theologik*. Von Balthasar hat damit die klassischen Transzendentalien – das Schöne *(pulchrum)*, das Gute *(bonum)* und das Wahre *(verum)* – auf ihre theologischen Implikationen hin transparent werden lassen.

Von Balthasars zahlreiche Schriften zeugen von einer stupenden Gelehrsamkeit und einer schier atemberaubenden Vertrautheit mit der abendländischen Geistesgeschichte. Anders als Karl Rahner sucht von Balthasar nicht beim Menschen nach den Bedingungen der Möglichkeit, Gottes Offenbarung in der Geschichte wahrzunehmen; vielmehr setzt er diese Offenbarung als gegeben voraus und expliziert die darin aufscheinende

[111] Hans Urs von Balthasar, *Eschatologie im Umriß* (1974), in: ders., Pneuma und Institution (Skizzen zur Theologie IV), Einsiedeln 1974, S. 442–444.

Wahrheit. Von Balthasar präsentiert auf diese Weise eine Phänomenologie des Glaubens, deren Evidenz nirgendwo anders gründet als im Glauben selbst. Ein vergleichbares Anliegen vertritt auch Joseph Ratzinger / Papst Benedikt XVI.

16.5 Die dem Glauben eigentümliche Vernunft: Joseph Ratzinger

Wie Karl Barth und Hans Urs von Balthasar will Joseph Ratzinger (geb. 1927) der Einsicht Rechnung tragen, dass sich die Theologie schon durch ihren Gegenstand von allen anderen Wissenschaften unterscheidet und dass sie deshalb einer ihr eigenen Methodologie bedarf. Dieses Anliegen führt bei von Balthasar und Ratzinger zu einer spürbaren Reserve gegenüber der historisch-kritischen Methode der Schriftauslegung. Getragen ist diese Reserve bei Ratzinger von einer weit ausholenden Kritik am neuzeitlichen Vernunftbegriff. Aus der Einschätzung, dass bereits die Scholastik durch die Übernahme des aristotelischen Wissenschaftsideals eine Form gewann, die ihrem Inhalt zunehmend fremd wurde, resultiert Ratzingers Hochschätzung für die patristische Theologie. Hier entfaltete sich seiner Auffassung nach ein christliches Denken, das auf der Grundlage der Heiligen Schrift ein von der Vernunft geleitetes Verstehen der göttlichen Offenbarung anzielt und – mehr noch – in einem mystagogischen Gestus zu einer Lebensform anleiten will, die der Offenbarung entspricht.

Ratzinger zufolge hat sich die wissenschaftliche Vernunft seit dem Spätmittelalter und besonders im Zuge der Aufklärung in einer solchen Weise von der Theologie emanzipiert, dass sie ihr nicht hermeneutisch-auslegend, sondern kritisch-richtend begegnet. Was sich für die Gesellschaft in der Folge der blutigen Religionskriege in Europa als heilsam erwies – der konfessionsübergreifende politische Konsens auf der Grundlage einer allen Parteien gemeinsamen humanen Vernunft –, musste dort, wo es nicht um Politik und Gesellschaft ging, versagen. Denn im Bereich der Religion geht es nicht darum, um des Friedens willen Kompromisse zu schließen, sondern der unbedingten Wahrheit in einer solchen Weise Geltung zu verschaffen, dass ihre innere Logik einsichtig und gerade so die Entschiedenheit der Nachfolge verantwortet werden kann.

Ein Weiteres kommt hinzu: Suchten die Kirchenväter einander von der Wahrheit ihrer jeweiligen Auslegung der Heiligen Schrift durch den Zwang des je besseren Arguments zu überzeugen, so wendet sich in der Frühen Neuzeit die Vernunft gegen die Wahrheitsbehauptungen der Religionen insgesamt. Wo Religionen und Konfessionen Wahrheitsansprüche erheben, erscheinen diese Ansprüche im Licht der humanen Vernunft bestenfalls als hypothetisch und vorläufig. Denn im Zuge des wissenschaftlichen Fortschritts ist vernünftig nur noch das, was sich als Hypothese formulieren und empirisch-experimentell bewahrheiten lässt. Mensch und Welt sind fortan durch eine strenge, oft mathematisch formalisierte Rationalität bestimmt. Der Durchbruch der sogenannten „exakten" Wissenschaften im 19. Jahrhundert und der unaufhaltsame Siegeszug der auf praktische Anwendung und ökonomischen Nutzen zielenden Ingenieurskunst und Technik marginalisiert alle jene Formen der Vernunft, die sich nicht durch Experimente verifizieren lassen.

Ratzinger zufolge geht die Verengung der menschlichen Vernunft auf ihre wissenschaftlich-technische Nutzanwendung mit dem Bestreben des Menschen einher, sich zum Herrn der Geschichte aufzuschwingen und sich letzten Endes an die Stelle Gottes zu setzen. Im historischen Materialismus des 19. Jahrhunderts wird der Atheismus zum weltanschaulichen Programm erhoben, aber implizit war er bereits in den Emanzipationsbestrebungen der Aufklärung am Werk. Der neuzeitliche Humanismus ist deshalb seiner letzten Tendenz nach atheistisch.

In seiner *Regensburger Vorlesung* (September 2006) stellt Ratzinger – nunmehr Papst Benedikt XVI. (2005–2013) – der neuzeitlichen Verfassung des Menschen das Ideal einer Vernunft entgegen, die als „weite Vernunft" der Vieldimensionalität menschlicher Existenz gerecht wird. Darin eingeschlossen ist auch der christliche Glaube, insofern dieser als existenzieller Lebensvollzug von Menschen gelten darf. Erst eine „weite Vernunft" ist imstande, die innere Logik des Glaubens zu erhellen und sie dem menschlichen Verstand zu vermitteln. Jeder Versuch einer wissenschaftlichen Verifikation des Glaubens hingegen bedeutete eine Grenzüberschreitung, die den Gegenstand des Verstehens unweigerlich verfehlt. Die Vernunft des Glaubens ist allein aus dem Glauben selbst heraus zu gewinnen, nicht aus ihm äußerlichen Kategorien und Denkformen.

Was aber nun ist der Gegenstand des christlichen Glaubens, aus dem die Glaubensvernunft zu gewinnen wäre? Für Ratzinger ergibt sich die Antwort auf diese Frage aus dem Glaubensbekenntnis der Kirche. Dieses Bekenntnis, das in der Gemeinschaft der Glaubenden von Generation zu Generation bezeugt und gelebt wurde, gilt es mithilfe der menschlichen Vernunft zu durchdringen, um die ihm innerliche Wahrheit aufzuspüren.

Dabei ist begrifflich zur Geltung zu bringen, worauf das Zeugnis des Glaubens letzten Endes zielt: die Entschiedenheit einer menschlichen Existenz, die sich in ihrem Sein radikal von Gott herkünftig und im Bewusstsein ihrer Fehlbarkeit in Gottes Barmherzigkeit geborgen weiß. Dies analytisch zu verstehen und so die innere Logik des Glaubens aufzudecken, ist nach Ratzinger die Aufgabe der Theologie.

Aus dieser formalen Aufgabenstellung der Theologie ergibt sich eine Vielzahl inhaltlicher Implikationen. So sind etwa Fragen nach der Historizität der Auferstehung, des leeren Grabes, der Wunder oder der jungfräulichen Geburt Mariens keine Fragen der Theologie, sondern Fragen der historischen Vernunft, die dem Glauben äußerlich sind. Zugleich ist Ratzinger der Überzeugung, dass es zum Kernbestand christlichen Glaubens zählt, dass der ewige Gott in der Zeit wirksam wird. Entschieden widerspricht er deshalb Bultmanns Kerygma-Theologie. Zwar ist es richtig, dass das Wort Gottes auf die Existenz des Menschen zielt und diese von innen her verwandeln will. Dies geschieht aber gerade nicht in zeitloser Innerlichkeit, sondern dadurch, dass Gott das Heil der Menschen in der Geschichte wirkt.

Vor diesem Hintergrund wird nicht zuletzt Ratzingers Interesse für die Geschichte christlicher Theologie verständlich. Wenn nämlich die Vernunft des Glaubens nicht außerhalb des Glaubens selbst – und das heißt konkret: außerhalb der Kirche als der Überlieferungsgemeinschaft des Glaubens – aufzuspüren ist, dann bedarf es eines unablässigen Studiums ebendieser Überlieferungsgemeinschaft und ihrer Weisen, sich über das Geglaubte Rechenschaft abzulegen. Nur so ist ein Begriff davon zu gewinnen, was die dem Glauben angemessene und ihm eigentümliche Vernunft ist.

Freilich ist ein solches Verständnis von Theologie nicht ohne Risiko. Denn es läuft Gefahr, ins Hermetische abzugleiten und damit ebenjenem Relativismus zu verfallen, den Ratzinger zeitlebens als Kennzeichen der Neuzeit kritisiert hat. Lässt sich nämlich die Rationalität des Glaubens nicht mehr mit solchen Gestalten humaner Vernunft vermitteln, die dem christlichen Glauben fernstehen, dann verzichtet Theologie letzten Endes darauf, ihren Anspruch auf universale Geltung plausibel zu machen. Und dann bleibt für den Weg zum Glauben nur jener „Sprung" übrig, von dem bereits Kierkegaard gesprochen hat. Dieser „Sprung" kann aus der Sicht des Glaubens selbst als unverdiente Gnade des Glauben-Könnens gelten; faktisch jedoch stellt er oft einen schier unüberwindlichen Graben dar, der selbst Menschen guten Willens den Zugang zum Glauben versperrt.

Binnenrationalitäten tendieren dazu, sich gegenüber externer Kritik zu immunisieren. Diese mag bisweilen tatsächlich sachfremd sein. Grundsätzlich ist aber nicht auszuschließen, dass Glaube, Kirche und Theologie von externer Kritik auch profitieren können. Mit seiner Rede von den „Zeichen der Zeit“ hat das Zweite Vatikanum ausdrücklich die Möglichkeit eingeräumt, dass die Kirche sich ihre Bestimmung und ihre Aufgabe von der „Welt“ her sagen lässt. Demnach gilt für die Theologie: Sie ist mehr als begriffliche Entfaltung des christlichen Glaubens. Für die Patristik mag das Verständnis von Theologie als „christliche Weisheitslehre“ *(sapientia christiana)* noch gegolten haben. Aber schon die im Mittelalter beanspruchte „vernunftgeleitete Einsicht in den Glauben“ *(intellectus fidei)* brachte die humane Vernunft als ein Kriterium für die sachgerechte Darlegung des christlichen Glaubens ins Spiel. In der Neuzeit ist ein Weiteres hinzugetreten: Die „Welt“ ist fortan nicht mehr bloß Bewährungsfeld des Glaubens; vielmehr erscheinen die Erkenntnisse der Naturwissenschaften und die Einsichten der Kultur- und der Humanwissenschaften als Instanzen, von denen *her* der Theologie die Aufgabe zufällt, die Wahrheit des im biblischen Zeugnis begründeten und in der Überlieferung bezeugten christlichen Glaubens methodisch verantwortet und inhaltlich überzeugend zu erschließen. „Kontextualität“ wird damit zu einer fundamentalen Dimension neuzeitlicher Theologie.

17 Phänomene der Globalisierung: Theologien im Kontext der Kulturen und Religionen

Stritten die Theologen an der Wende vom 19. zum 20. Jahrhundert vorrangig um die Beziehung zwischen einer als unveränderlich angenommenen Wahrheit des christlichen Glaubens einerseits und der Geschichtlichkeit dogmatischer Lehrsätze andererseits, so zeichnet sich als zentrale Kontroverse an der Wende vom 20. zum 21. Jahrhundert die Frage nach der Beziehung zwischen dem überlieferten Glauben der Kirchen und den verschiedenen Kulturen ab. Insofern ist es nicht überraschend, dass die Theologie in allen ihren Disziplinen zu Beginn des 3. Jahrtausends – besonders auch in globaler Perspektive – durch eine schier unüberschaubare Vielfalt systematischer Ansätze gekennzeichnet ist. In der katholischen Kirche bringt sich darin jener Transformationsprozess zur Geltung, den Karl Rahner im Zusammenhang mit dem Zweiten Vatikanischen Konzil als zweite große Epochenschwelle gekennzeichnet hat: Nach dem Übergang der Kirche aus dem Judentum in die hellenistische Welt vollzieht sich nun ihr Übergang von der lateinisch-abendländisch-römischen Kirche zur Weltkirche.[112]

Diesen Übergang hatten die Kirchen der Reformation schon früher vollzogen, weil sie – anders als die katholische Kirche – von ihrem Selbstverständnis her eher national als global strukturiert sind. Verbunden bleiben diese Kirchen freilich nicht nur durch die Heilige Schrift, sondern auch durch den gemeinsamen Bezug auf die Reformation und die im kulturellen und theologischen Horizont Mitteleuropas entstandenen Bekenntnisschriften. Theologen und Theologinnen aller Konfessionen stehen somit an der Schwelle zum 3. Jahrtausend der Christentumsgeschichte vor der Aufgabe, den jeweiligen kulturellen Kontexten gerecht zu werden, weil nur so Gehalt und Bedeutung des christlichen Glaubens verdeutlicht werden können.

---

[112] Vgl. Karl Rahner, *Theologische Grundinterpretation des II. Vatikanischen Konzils* [1979], in: ders., Sämtliche Werke, Bd. 21/2, Freiburg/Br. 2013, S. 970–981. Rahner unterscheidet dort „drei Großepochen, von denen die dritte eben erst begonnen und sich kirchenamtlich im II. Vatikanum bemerkbar gemacht hat: 1. die kurze Periode des Juden-Christentums, 2. die Periode der Kirche in einem bestimmten Kulturkreis, nämlich des Hellenismus und der europäischen Kultur und Zivilisation, 3. die Periode, in der der Lebensraum der Kirche von vornherein die ganze Welt ist" (S. 975).

Eine grundlegende Klarstellung ist hier unumgänglich. Es gilt nämlich entschieden der Vorstellung entgegenzutreten, als sei die Theologie vor dem Schritt in die verschiedenen Kulturen der Welt *nicht* kontextuell geprägt gewesen. Die ersten Christen lebten und bedachten ihren Glauben im Kontext des spätantiken Judentums; die Theologie der Alten Kirche erbildete sich im Gespräch mit der Kultur des Hellenismus, der griechischen Philosophie und den Ordnungsvorstellungen des römischen Rechts; die mittelalterliche Theologie suchte einen Ausgleich zwischen gentilen Kulturen, dem Neuplatonismus und der aristotelischen Philosophie – um nur einige wesentliche Eckdaten der Theologiegeschichte in Erinnerung zu rufen.

Zwar mag man – wie dies etwa Joseph Ratzinger / Papst Benedikt XVI. getan hat – die Begegnung von biblischem Glauben und griechischer Philosophie in der Spätantike als providenziell begrüßen. Doch ändert dies nichts daran, dass diese Begegnung zu einer kontextuell geprägten Gestalt nicht nur der Theologie, sondern des kirchlichen Lebens insgesamt führte. Insofern stellt das Faktum weiterer Inkulturationen für das Christentum nichts grundsätzlich Neues dar; ungewohnt hingegen ist die Vielzahl der kulturellen Formen und Denkformen, in denen sich Kirche und Theologie zu Beginn des 21. Jahrhunderts vollziehen. Hieraus resultiert eine bislang womöglich unbekannte Dringlichkeit, eine unausweichliche Vielfalt auf allen Ebenen des kirchlichen Lebens und der Theologie miteinander zu vermitteln, um so die Einheit der Kirche und des Bekenntnisses zu wahren.

Für die katholische Kirche hat dies das Zweite Vatikanische Konzil frühzeitig und hellsichtig erkannt. Für viele Theologen wirkten Verlauf und Beschlüsse des Konzils wie ein Befreiungsschlag. Innovative theologische Ansätze waren mit einem Mal geduldet, ja gewünscht. Zuvor verfemte Theologen wie Teilhard de Chardin SJ (1881–1955) wurden nicht nur rehabilitiert; vielmehr blieb ihr Denken nicht ohne Einfluss auf die Arbeit und die Beschlüsse des Konzils. Die Strukturen der katholischen Kirche, ihr Selbstverständnis, ihre Ämter, ihre sakramentale Praxis wurden in ihrer geschichtlichen Entstehung wahrgenommen und gewürdigt. Die Kirchenkonstitution *Lumen gentium* versteht die Kirche als geschichtliche Größe, als durch die Zeit „pilgerndes Gottesvolk", ohne damit Abstriche an der Endgültigkeit ihrer Sendung und ihrer Bestimmung zuzulassen. Die Pastoralkonstitution *Gaudium et spes* spricht in ihrem Untertitel von der „Kirche in der Welt von heute" und verweist damit auf den sozialen, politischen und kulturellen Kontext christlichen Zeugnisses. Nach dem Konzil wird denn auch die seinerzeit so genannte „Akkulturation" des Evangeliums zum Programm katholischer Theologie, Mission und Katechese weltweit.[113]

Eine frühe Frucht dieser „Akkulturation" sind kontextuelle Theologien, welche bestrebt sind, die Bedeutung der christlichen Heilsbotschaft unter den jeweiligen Verstehensbedingungen jener Kulturen zu profilieren, in denen Christen weltweit leben. So wird Christus im hinduistischen Kontext als vollkommener *Bhakta* („lebendiger Geist") oder als Epiphanie des Gottes Vishnu verstanden, im afrikanischen Kontext als „Proto-Ahn" oder als Initiationsmeister. Im lateinamerikanischen Kontext sozialer Unterdrückung werden Zugänge zu Christus als „Befreier" gesucht.

17.1 Das Evangelium der Armen: Befreiungstheologien

Von der Konstitution *Gaudium et spes* gingen nicht nur für die pastorale Praxis der Kirche nach dem Konzil weitreichende Impulse aus; vielmehr beeinflusste sie auch die Systematische Theologie nachhaltig. Die nach *Gaudium et spes* für Kirche und Theologie konstitutive Bezugnahme auf die „Zeichen der Zeit" verändert die klassische, von Melchior Cano begründete Lehre von den *loci theologici*: Kirche und Theologie schöpfen nicht allein aus der dogmatischen Lehrtradition; sie lassen sich vielmehr von Wissenschaft, Politik und Gesellschaft jene Herausforderungen nennen, an denen sich ihre Sendung zu bewähren und zu bewahrheiten hat. Hatte Joseph Leon Kardinal Cardijn (1882–1967), der Begründer der Christlichen Arbeiterjugend (CAJ), für seine Bewegung den Dreischritt von Sehen – Urteilen – Handeln zur handlungsleitenden Methode erklärt, so wird dieser Dreischritt nun zum pastoralen, ekklesiologischen, ja fundamentaltheologischen Prinzip erhoben.

Es ist allen voran die lateinamerikanische Befreiungstheologie, die den fundamentaltheologischen Impuls von *Gaudium et spes* aufnimmt. Theologen wie Juan Luis Segundo SJ (1925–1996), Gustavo Gutiérrez (geb. 1928), José Comblin (1923–2011), Lucio Gera (1924–2012), Ignacio Ellacuría (1930–1989), Julio de Santa Ana (geb. 1934), Enrique Dussel (geb. 1934), die Brüder Leonardo (geb. 1938) und Clodovis Boff (geb. 1944) sowie Jon Sobrino (geb. 1938) – um nur einige wenige zu nennen – lassen

[113] Vgl. Michael Sievernich, *Die christliche Mission. Geschichte und Gegenwart*, Darmstadt 2009.

sich die Inhalte ihres theologischen Denkens und Wirkens durch die sozialen, ökonomischen und politischen Umstände vorgeben, unter denen das Evangelium zu verkünden ist und in denen sich die christliche Erlösungsbotschaft bewahrheiten muss. 1971 veröffentlichte Gustavo Gutiérrez seine *Theologie der Befreiung*; das Buch gilt bis heute als Grundlagenwerk der Theologie der Befreiung. Deren Anliegen haben Ignacio Ellacuría und Jon Sobrino im zweibändigen Standardwerk *Mysterium Liberationis* (1995/96) historisch und systematisch erschlossen.

Innerhalb des katholischen Episkopats traf die Arbeit der Befreiungstheologen auf ein zwiespältiges Echo. Rückhalt fand sie bei Bischöfen, die teilweise schon während des Konzils für die Sache der Armen eingetreten waren – darunter Hélder Câmara (1909–1999) oder Óscar Romero (1917–1980) –, und auch bei Kardinälen wie Giacomo Lercaro (1891–1976), Aloísio Lorscheider (1924–2007) oder Paulo Evaristo Arns (1921–2016). Zu einem beherrschenden Thema war das kirchliche Engagement für die Armen während des Konzils freilich noch nicht geworden; der unter dem Pontifikat von Papst Franziskus (seit 2013) wieder ins Blickfeld gerückte „Katakombenpakt“, mit dem sich am 16. November 1965 kurz vor dem Abschluss des Konzils vierzig Bischöfe zu einem einfachen Lebensstil und zum Dienst an den Armen verpflichteten, kann beinahe schon als ein Versuch gewertet werden, ein bis zum Ende der Beratungen nicht abgegoltenes Defizit des Konzils auszugleichen.

Der methodische Ansatz der Befreiungstheologen, die christliche Botschaft im Ausgang von einer Analyse der gesellschaftlichen Verhältnisse zu interpretieren, weckte bei nicht wenigen Theologen und Bischöfen erheblichen Argwohn. Bedeutet die Bezugnahme auf Sozialwissenschaften, Ökonomie und Politikwissenschaften nicht, die Theologie ihr fremden Methoden und Weltanschauungen zu unterwerfen? Insbesondere die sogenannte „Dependenztheorie“ und die marxistische Gesellschaftsanalyse mit ihrem während der Zeit der Konfrontation zwischen westlicher Welt und Ostblock militant vertretenen Atheismus schien die Theologie auf einen verderblichen Irrweg zu locken. Nicht wenige Bischöfe, aber auch besorgte Theologen kritisierten die Befreiungstheologen deshalb in aller Schärfe.

Insbesondere der spätere Kardinal Alfonso López Trujillo (1935–2008) wandte sich in zahlreichen Veröffentlichungen, aber auch durch sein kirchenpolitisches Wirken gegen die Befreiungstheologie. War noch die zweite Generalkonferenz des Lateinamerikanischen Bischofsrates 1968 in Medellín (Kolumbien) maßgeblich durch Theologen wie Gustavo Gutiérrez und Lucio Gera (1924–2012) bestimmt, so spiegeln der Verlauf und die

Abschlussdokumente der dritten Generalkonferenz, die 1979 im mexikanischen Puebla stattfand, bereits die Auseinandersetzungen zwischen Befürwortern der Befreiungstheologie und ihren Kritikern wider. Immerhin bekannte sich die lateinamerikanische Kirche in Puebla erstmals ausdrücklich zu jener vorrangigen „Option für die Armen", die Papst Johannes XXIII. erstmals in einer Rundfunkansprache am 11. September 1962 verlautbart hatte: „Die Kirche als das, was sie ist und sein will, [erweise sich als] die Kirche aller, vornehmlich die Kirche der Armen" (*HerKorr* 17 [1962/63] 45). Von einem „Evangelium *der* Armen" zu sprechen, wie es der Papst tut, ist radikaler noch, als eine „Option *für* die Armen" zu treffen. Denn hier erscheinen die Armen als Subjekte der Evangelisierung, nicht hingegen als Objekte kirchlicher Fürsorge – und sei sie auch noch so gut gemeint.

Der methodische Ansatz der Befreiungstheologie, sich von den jeweiligen gesellschaftlichen, kulturellen, politischen und auch ökonomischen Bedingungen her jene Aufgaben nennen zu lassen, denen eine Theologie genügen muss, die beansprucht, Wahrheit und Bedeutung des christlichen Glaubens für eine jeweilige Zeit auf den Begriff zu bringen, blieb in den Jahren nach dem Konzil nicht auf den lateinamerikanischen Kontinent beschränkt. Anders nämlich, als die nach dem Ende des Zweiten Weltkriegs favorisierten „Modernisierungstheorien" vorhergesagt hatten, verschärften sich nach dem Ende des Kolonialismus die Abhängigkeiten der damals so genannten „Dritten Welt" vom Westen und von den ökonomisch prosperierenden Staaten der nördlichen Erdhalbkugel. In Afrika, Indien und Südostasien mit ihren gewaltigen sozialen und ökonomischen Problemen fragten Christen nach der befreienden Botschaft des Evangeliums. Die damals noch bestehende Apartheid in Südafrika, aber auch der Nahostkonflikt boten den Nährboden für Befreiungstheologien, die den spezifischen Herausforderungen in ihren jeweiligen Regionen Rechnung zu tragen suchten. Südafrikanische, palästinensische und asiatische Befreiungstheologien entstanden. Bei allen unterschiedlichen Akzentsetzungen verbindend blieb dabei der methodische Ansatz, von einer Analyse der bestehenden Verhältnisse ausgehend nach jener verändernden Kraft des Evangeliums zu fragen, welche die Gesellschaft und ihre Ordnung im Sinne einer größeren Gerechtigkeit umzugestalten imstande ist.

Standen Befreiungstheologen häufig im Verdacht, sich theologiefremder Kategorien zu bedienen, um ihre Anliegen zu artikulieren, so wurde um eine Inkulturation des christlichen Glaubens bemühten Theologen oft vorgeworfen, das kritische Potenzial des christlichen Glaubens im Gegenüber zu den eingewurzelten Tradionen nicht hinreichend zur Geltung zu bringen. Nicht wenige Theologen – darunter Joseph Ratzinger in seiner Eigenschaft als langjähriger Präfekt der Glaubenskongregation (1981–2005) – fürchteten, dass eine unbedachte Inkulturation des Evangeliums dieses auf das begrenzte Maß menschlicher Bedürfnisse und Vermögen verkürzt. Deshalb verteidigten sie eine Theologie, welche die „je größeren" Möglichkeiten Gottes in Theorie und Praxis zu verdeutlichen imstande wäre. Ihren symbolischen Ausdruck findet eine solche Theologie nach Ratzinger in der Feier der kirchlichen Liturgie; diese stehe schon in ihrer ästhetischen Dimension über die Jahrhunderte hinweg dafür ein, dass das Evangelium mehr ist als politische Praxis und soziales Engagement.

Gerade auf dem Feld der Liturgie freilich und ermutigt durch die vom Zweiten Vatikanischen Konzil angestoßene Liturgiereform erwies sich die Inkulturation der Riten als nahezu unausweichlich. War es für die Feier der Sakramente wirklich ausreichend, die lateinische Sprache des römischen Ritus in die jeweilige Landessprache zu übertragen? 1964 zum Erzbischof von Kinshasa ernannt und 1969 zum Kardinal erhoben, forderte Joseph-Albert Malula (1917–1989) deshalb auch die Integration lokaler kultureller Elemente in die kirchliche Liturgie. Vielen gilt der 1988 von Papst Johannes Paul II. promulgierte „Römische Messritus für die Diözesen von Zaire" als gelungenes Beispiel für die Inkulturation liturgischer Praxis.

Das Anliegen, die Einheit der Kirche in der Verschiedenheit ihrer kulturellen Prägungen zu wahren, wirkte unter den Pontifikaten von Johannes Paul II. und Benedikt XVI. einer Pluralisierung liturgischer Formen entgegen. Dennoch unterscheidet sich heute eine in Kerala gefeierte Eucharistie erkennbar von einer Eucharistiefeier in Quebec, Porto Allegre oder Damaskus. Zugleich sind verbindende Elemente erkennbar – Elemente, die auch die diachrone Kontinuität der gefeierten Liturgien mit der gemeinsamen Überlieferung der Kirche sicherstellen. Im Alltag und in der gelebten Spiritualität teilen Christen weltweit eine Vielzahl kultureller Eigentümlichkeiten mit ihren nichtchristlichen Nachbarn. Zugleich unterscheiden sie sich durch genau diese Eigentümlichkeiten von ihren christlichen Geschwistern auf anderen Kontinenten und in anderen kulturellen Kontexten.

In vielen Ländern erbilden sich Gestalten von Kirche und Theologie, die sich nicht unwesentlich von jenen Formen unterscheiden, wie sie über Jahrhunderte hinweg in Europa entstanden sind. Ausgehend von den im US-amerikanischen Bereich vertretenen „postcolonial studies" werden derzeit im Rahmen einer „postkolonialen Theologie" Einfluss und Bedeutung kolonialer Herrschaftsdiskurse im Zuge der globalen Expansions- und Missionsbewegung der europäischen Mächte seit der Frühen Neuzeit problematisiert.[114] Welche Hegemonie-Ansprüche bringen sich in einer eurozentrischen Theologie zur Geltung – und mit welchem Recht? Ist die griechisch-hellenistische Denkform dem christlichen Glauben tatsächlich wesensgemäß – oder ist sie nicht vielmehr prinzipiell überholbar durch außereuropäische Denkformen? Die durch solche Fragen angestoßenen Diskussionen sind noch längst nicht abgeschlossen.

17.2 Kritik am Patriarchat in Kirche und Theologie: Feministische Theologie

In Verbindung mit der erstarkten Bewegung für Frauenrechte und Emanzipation haben sich seit den späten 60er Jahren des 20. Jahrhunderts in Protestantismus und Katholizismus verschiedene Ansätze einer „feministischen Theologie" profiliert. Wie in den Befreiungstheologien geht es auch hier um die theologische Aufarbeitung strukturellen Unrechts und um den Aufweis einer alternativen Praxis in Kirche und Gesellschaft. In ihrem Bemühen ermutigt wurden feministische Theologinnen durch die ökumenische Bewegung und durch Erneuerungsbewegungen innerhalb der katholischen Kirche nach dem Zweiten Vatikanischen Konzil.

In Entsprechung zur Befreiungstheologie bedienen sich viele feministische Theologinnen in ihrer Arbeit des methodischen Dreischritts Sehen – Urteilen – Handeln. Innerhalb dieser Grundoption, ja geradezu in konsequenter Entsprechung zu ihr gibt es heutzutage weltweit ein breites Spektrum unterschiedlicher und zum Teil gegensätzlicher Ansätze feministischer Theologie. Verbindend sind die Kritik an traditionellen Gottesbildern sowie die Infragestellung kirchlicher Institutionen und Praktiken.

Trifft die Befreiungstheologie eine entschiedene „Option für die Armen", so verstehen sich feministische Theologinnen als parteiisch im Sinne des Engagements für Frauen in Gesellschaft, Kirche und Theologie. Der Kritik, damit dem wissenschaftlichen Neutralitätsgebot zu widersprechen, wird entgegengehalten, dass wissenschaftliche Neutralität ohnehin ein unerreichbares Abstraktum sei. Auch die traditionelle Theologie stelle keineswegs eine neutrale Reflexion über den christlichen Glauben dar. Vielmehr sei sie zutiefst von patriarchalischen Denkmustern geprägt. Christliche

[114] Vgl. zur Einführung Catherine Keller / Michael Nausner / Mayra Rivera (Hrsg.), *Postcolonial Theologies. Divinity and Empire*, St. Louis 2004; Mark Brett, *Decolonizing God. The Bible in Tides of Empire*, Sheffield 2008.

Theologie sei seit der Jerusalemer Urgemeinde maßgeblich durch Männer geprägt; in der europäischen Neuzeit präsentiere sie sich als weiße Mittelstandstheologie. Vor diesem Hintergrund sehen es feministische Theologinnen als wesentliche Aufgabe an, die patriarchalischen Strukturen der Theologie in Geschichte und Gegenwart aufzudecken und bislang darunter verborgene Dimensionen des Glaubens zur Geltung zu bringen.

Dieses Ziel verfolgen feministische Theologinnen in allen Bereichen der Theologie. So geht es in der Exegese darum, patriarchalische Strukturen in den biblischen Texten, aber auch in deren Auslegungstraditionen sichtbar zu machen. Feministische Theologinnen weisen auf Texte hin, die weibliche Dimensionen Gottes andeuten, in der von Männern dominierten Auslegungsgeschichte aber oft nicht wahrgenommen wurden. Kritisiert werden theologische Traditionen, die Frauen von der Repräsentanz des Göttlichen ausschließen und die in der amtlichen Struktur der Kirche herrschende Geschlechterordnung legitimieren. Mit Blick auf die Kirchen- und Theologiegeschichte fragen feministische Theologinnen nach den in den Quellen oft verschwiegenen Geschichten von Frauen.

Auch die Systematische Theologie ist Gegenstand feministischer Theologie. So werden traditionelle Vorstellungen vom stellvertretenden Sühnetod Christi oder die Satisfaktionstheorie kritisch auf die in ihnen wirksam werdenden patriarchalen Strukturen hin befragt. Kritisiert wird auch die soteriologische Fixierung auf den Kreuzes- bzw. Opfertod Jesu, der besonders in der lateinischen Theologie als das entscheidende Heilsereignis gilt. Von dorther wird nicht selten auch die in der Moraltheologie grundlegende Rede von Schuld, Sünde und Vergebung in Frage gestellt. Versteht man mit der theologischen Tradition die Sünde wesentlich als „Selbstüberhebung" *(hybris)* oder „Hochmut" *(superbia)*, so weisen feministische Theologinnen darauf hin, dass sich in diesen Haltungen spezifisch männliche Erfahrungen widerspiegeln. Diese werden von Frauen, die traditionell eine in der Gesellschaft untergeordnete Rolle spielten, in der Regel nicht geteilt.

Welche Konsequenzen aus alledem für die kirchliche Gebetspraxis, für Liturgie und Pastoral, aber auch für Aufgabe und Gestalt der kirchlichen Ämter erwachsen, lässt feministische Theologinnen über eine Neukonzeption der Praktischen Theologie nachdenken. Nicht zuletzt arbeiten feministische Theologinnen zunehmend auch in ökumenischen und interreligiösen Perspektiven.

Den von ihnen in Kirche und Theologie wahrgenommenen Defiziten und Einseitigkeiten suchen feministische Theologinnen unter anderem dadurch zu begegnen, dass sie sich um frauengerechte Re-Formulierungen der christlichen Glaubensüberlieferung bemühen. Diese Versuche betreffen das Gottesbild, die Christologie, aber auch die Ekklesiologie und die liturgische Praxis. In soteriologischer Perspektive ist dabei die Kategorie der Beziehung leitend. In dieser Perspektive werden Bibelübersetzungen erarbeitet, die sich um eine frauengerechte Sprache bemühen. Bei allem kann es nicht verwundern, dass die Entwürfe feministischer Theologie sehr unterschiedlich und facettenreich sind; denn sie gehen ja stets von den vielfältigen Erfahrungen aus, die Frauen in unterschiedlichen gesellschaftlichen und kulturellen Kontexten machen.

Nicht spannungsfrei stellt sich das Verhältnis feministischer Theologinnen zur sogenannten „Gender-Forschung" dar. Zwar waren sich feministische Theologinnen immer schon dessen bewusst, dass es „die Frau" nicht gibt, dass vielmehr Frauen – wie auch Männer – ihre Geschlechtlichkeit stets in sehr unterschiedlichen Ausprägungen leben. Extreme Positionen der Gender-Forschung gehen freilich nun so weit, das soziale Geschlecht *(gender)* – das sie vom biologischen Geschlecht *(sex)* unterscheiden – als ein reines Konstrukt kultureller und sozialer Bedingungen aufzufassen. Vor diesem Hintergrund wird es allerdings zunehmend schwierig, ein Spezifikum weiblicher Spiritualität und Theologie zu identifizieren.

Faktisch wurde und wird feministische Theologie fast ausschließlich von Frauen betrieben. Als herausragende Gestalten dürfen die Deutschen Elisabeth Moltmann-Wendel (1926–2016) und Elisabeth Schüssler Fiorenza (geb. 1938) gelten, ferner die US-Amerikanerinnen Rosemary Radford Ruether (geb. 1936) und Carter Heyward (geb. 1945), die Schweizerin Helen Schüngel-Straumann (geb. 1940) oder die Brasilianerin Maria Clara Lucchetti Bingemer (geb. 1949) – um wiederum nur einige wenige zu nennen. Die meisten feministischen Theologinnen betonen, dass ihre Forschungen auch dazu beitragen können, verschüttete Dimensionen christlichen Glaubens und repressive Strukturen des kirchlichen Lebens aufzudecken, in denen *Männer* gefangen sind. Insofern verstehen sie ihre Arbeit als Beitrag zu einer ebenso umfassenden wie grundlegenden Reform von Kirche und Theologie.

17.3 Gerechtigkeit und Compassion: Die „Neue politische Theologie"

Waren unter dem Druck ökonomischer oder politischer Verhältnisse unterschiedliche Ausprägungen der Befreiungstheologie überwiegend auf der Südhalbkugel der Erde entstanden, so regten sich nach dem Konzil auch in jenen Ländern, die von den herrschenden globalen Strukturen profitierten, kritische Stimmen. „Das Reich Gottes ist nicht indifferent gegenüber den Welthandelspreisen“, formulierte im Jahr 1975 die Synode der Bistümer in der Bundesrepublik Deutschland in ihrem Beschluss *Unsere Hoffnung* (I 6). Konzeptionell war dieses Dokument maßgeblich durch die von Johann Baptist Metz vertretene „Neue politische Theologie“ vorbereitet worden. „Neu“ war diese politische Theologie deshalb, weil sie als kritische Alternative zu der von dem einflussreichen deutschen Staatsrechtler Carl Schmitt (1888–1985) in den 20er Jahren des 20. Jahrhunderts vertretenen „Politischen Theologie“ auftrat.

Schmitt hatte 1922 in einer kurzen Monographie *(Politische Theologie. Vier Kapitel zur Lehre von der Souveränität)* den Begriff der „Politischen Theologie“ eingeführt und ihn so verstanden wissen wollen, dass die theologischen Ordnungsvorstellungen einer jeweiligen Epoche den zeitgleich herrschenden politischen Ordnungsvorstellungen entsprechen. So korrespondieren ein monarchisches Gottesbild und ein monarchisches Staatsverständnis miteinander; umgekehrt entsprechen polytheistische Vorstellungen pluralen politischen Ordnungen.

Der 1930 zum Katholizismus konvertierte Kirchenhistoriker Erik Peterson (1890–1960) hatte diese Korrespondenztheorie 1935 in seinem kurzen Traktat *Der Monotheismus als politisches Problem* für „erledigt“ erklärt. Eine „politische Theologie“ sei nur auf der Grundlage eines strengen Monotheismus oder eines Polytheismus, nicht aber auf der Grundlage des trinitarischen Dogmas möglich. Peterson wies darauf hin, dass das Christentum schon in der Spätantike mit seiner Trinitätslehre einer politischen Indienstnahme widerstanden habe. Mittelbar zielte Petersons Kritik an Schmitt auf die seinerzeit zeitweise auch vom Maria Laacher Abt Ildefons Herwegen (1874–1946) geförderte „Reichstheologie“, die einen Brückenschlag zwischen Katholizismus und Nationalsozialismus anstrebte, sowie auf die Theologie der „Deutschen Christen“.

Vor diesem Hintergrund geht es den Vertretern der „Neuen politischen Theologie“ darum, jene kritischen Potenziale zur Geltung zu bringen, die in religiösen Überzeugungen und theologischen Konzepten gründen. Zu ihnen zählen auf katholischer Seite Johann Baptist Metz, auf evangelischer Seite Jürgen Moltmann. Beide Theologen haben schulbildend gewirkt, so dass ihr Anliegen auch im 21. Jahrhundert der Theologiegeschichte wirksam bleibt.

Das Denken des Tübinger Theologen Jürgen Moltmann (geb. 1926) ist nachhaltig durch Ernst Blochs (1885–1977) dreibändiges Hauptwerk

Das Prinzip Hoffnung geprägt. Bloch entwirft in seinem zwischen 1954 und 1959 entstandenen Werk eine philosophische Theorie der Utopie. Nach Bloch tendiert alles Wirkliche dazu, sich selbst zu überschreiten; es strebt von seinem So-Sein zu seinem Noch-nicht-Sein. Auf dieser Grundlage entwickelt Bloch eine Theorie des vom Menschen in Angriff zu nehmenden gesellschaftlichen Fortschritts. An dessen Ende ist ein vollkommenes Gut oder auch ein „Reich der Fülle" zu erahnen:

> „Die wirkliche Genesis ist nicht am Anfang, sondern am Ende, und sie beginnt erst anzufangen, wenn Gesellschaft und Dasein radikal werden, das heißt sich an der Wurzel fassen. Die Wurzel der Geschichte aber ist der arbeitende, schaffende, die Gegebenheiten umbildende und überholende Mensch" (*Das Prinzip Hoffnung*, S. 1628).

Im Ausgang von Blochs Philosophie der Hoffnung entwirft Moltmann in seiner 1964 erschienenen *Theologie der Hoffnung. Untersuchungen zur Begründung und zu den Konsequenzen einer christlichen Eschatologie* eine theologische Deutung der Geschichte, die maßgeblich durch das politische Engagement für eine gerechtere Welt charakterisiert ist. Blochs atheistischer Gesellschaftsutopie stellt er den paulinischen „Gott der Hoffnung" (vgl. Röm 15,13) gegenüber. Anderes als eine sich selbst ermächtigende menschliche Vernunft beruht die christliche Deutung der Geschichte auf einer von Gott her ausgehenden Verheißung. Diese verurteilt den Menschen keineswegs zur Untätigkeit; im Gegenteil: Sie ermächtigt ihn zu einem Handeln aus dem Glauben, das auch politisch wirksam wird.

Das Spezifikum am gesellschaftlichen und politischen Handeln von Christen erblickt Moltmann darin, dass sich der christliche Glaube konstitutiv auf den „gekreuzigten Gott" bezieht – so der Titel einer bereits 1972 erschienenen Monographie. Vom Gekreuzigten her und im Licht des Glaubens an die Auferweckung lässt sich eine Hoffnung begründen, die allen Verfolgten und Unterdrückten eine neue Zukunft verheißt. Diese Hoffnung erfüllt sich nicht erst im Jenseits, sondern fordert schon in Zeit und Geschichte die Umgestaltung der sozialen und politischen Verhältnisse, um eine gerechtere Welt herbeizuführen.

Auf katholischer Seite wurde Moltmanns *Theologie der Hoffnung* vor allem von dem Rahner-Schüler Johann Baptist Metz aufgegriffen. Bei Metz werden Positionen eines „katholischen Sozialismus" wirksam, wie er unter anderem von dem katholischen Publizisten Walter Dirks (1901–1991) vertreten wurde. Darüber hinaus bezieht sich Metz mit seiner „Neuen politischen Theologie" auf gesellschaftskritische Theoretiker der Frankfurter

Schule wie Walter Benjamin (1892–1940), Max Horkheimer (1895–1973) und Theodor W. Adorno (1903–1969). Deren im Namen einer Utopie sozialer Gerechtigkeit vertretenen gesellschaftskritischen Gestus verschärft Metz durch den Bezug auf die Shoah, die zwischen 1933 und 1945 ideologisch legitimierte und systematisch vollzogene Ermordung von sechs Millionen Juden in Europa. „Theologie nach Auschwitz“, so Metz, muss sich wesentlich von einer Theologie unterscheiden, die sich „mit dem Rücken zu Auschwitz“ vollzieht.[115]

Metz prägt in diesem Zusammenhang den Begriff der „gefährlichen Erinnerung“: Das Erinnern an die Shoah darf weder für die theologische Reflexion noch für das kirchliche Handeln folgenlos bleiben. Dies aber bedeutet nicht nur eine unbedingte Solidarität mit dem Judentum, sondern auch, dass sich Kirche und Theologie kompromisslos auf die Seite der ungerecht Verfolgten und der Leidenden zu stellen hat. Im Christentum, das sich konstitutiv von der Gestalt eines zu Tode Gefolterten her versteht, gehe es vorrangig um die Empathie mit den geschundenen, marginalisierten und von der Gesellschaft ausgesonderten Menschen. Ihnen dürfe das Christentum keine vordergründige Vertröstung zumuten. Vielmehr seien Christen zuallererst dazu aufgerufen, angesichts des alles Begreifen übersteigenden Leidens ihre Solidarität mit den Leidenden zu bekunden – und sei dies im Aufschrei ohnmächtigen Protests.

Johann Baptist Metz und seine Schüler verstehen sich als Vertreter einer „negativen Theologie“, die darauf beharrt, dass der christliche Glaube keineswegs über den Schlüssel zur Wahrheit von Gott, Mensch und Welt verfügt. Vielmehr bestehen sie darauf, dass Gott für die Menschen auch in seiner biblisch bezeugten Offenbarung im Letzten unergründliches Geheimnis bleibt.

Indem Metz das Leiden von Menschen in die Mitte seiner Theologie rückt, übt er nicht zuletzt auch Kritik an der traditionellen christlichen Soteriologie. Dieser zufolge stehen die Schuld des Menschen und ihre mögliche Vergebung im Mittelpunkt der Erlösung. Grundgelegt in der Theologie der lateinischen Kirchenväter, verschärft durch Augustins Erbsündenlehre und systematisiert durch Anselms Satisfaktionstheorie seien Theologie und Soteriologie im lateinischen Abendland durch die Frage beherrscht, wie die Sünde des Menschen getilgt werden kann. Demgegenüber

[115] Vgl. Johann Baptist Metz, *Im Angesichte der Juden. Christliche Theologie nach Auschwitz*, in: Concilium 20 (1984), S. 382–389, hier 384.

erschien – so Metz – die Frage nach der Überwindung des Leidens nachrangig. Leidenden Menschen aber die Erlösung als Walten der göttlichen Gerechtigkeit zu verheißen, komme leicht einer billigen Vertröstung gleich. Vielmehr gebiete es der Skandal ungerechtfertigten Leidens schon jetzt, Kritik gegenüber den herrschenden ökonomischen und politischen Verhältnissen zu üben und zu einer engagierten Praxis sozialer Gerechtigkeit zu ermuntern. Diese bestehe nicht zuletzt darin, dazu beizutragen, dass die Opfer ungerechter und menschenverachtender ökonomischer und/oder politischer Strukturen zur Mündigkeit gelangen und dass ihnen Mittel an die Hand gegeben werden, Armut und Elend nachhaltig zu überwinden.

17.4 Ungleiche Geschwister: Theologie in Verantwortung vor dem Judentum

Nach Metz können Christen ihre Identität ausschließlich im Angesicht der Juden und zusammen mit ihnen gewinnen und wahren. Viel zu lange aber wurde die Gegenwart des Jüdischen im Christlichen systematisch verschwiegen. Deshalb sei jede künftige Theologie ausschließlich im Bewusstsein der fundamentalen Beziehung zwischen Israel und Kirche zu verantworten – und zwar sowohl in Bezug auf zwischen Juden und Christen bestehende Gemeinsamkeiten als auch im Hinblick auf sie trennende Differenzen. Hier geht es also nicht bloß um eine erneuerte Beziehung der Kirche zu Israel, sondern um eine Theologie, die ihre Sache nur dann nicht verfehlt, wenn sie sie unaufhörlich in Bezug auf das Judentum bedenkt.[116]

Tatsächlich hat es nach dem Zweiten Weltkrieg und der Shoah nicht an Versuchen gefehlt, die Beziehungen zwischen der Kirche und dem jüdischen Volk auf eine neue theologische Grundlage zu stellen. Die jahrhundertelang vertretene „Substitutionstheorie", der zufolge das Christentum im göttlichen Heilsplan an die Stelle des Volkes Israel getreten sei und dessen Verheißungen geerbt habe, konnte nach 1945 unmöglich weiter Bestand haben. Hatte diese verhängnisvolle Theorie doch allzu oft in der Geschichte der Kirche Nahrung für vielfältige Formen der Judenfeindschaft geliefert. Im 19. und 20. Jahrhundert schließlich ging die christliche Juden-

---

[116] Vgl. Gerhard Langer / Gregor Maria Hoff, *Der Ort des Jüdischen in der katholischen Theologie*, Göttingen 2009; Heinz-Günther Schöttler, *Re-Visionen christlicher Theologie aus der Begegnung mit dem Judentum* (Judentum – Christentum – Islam. Interreligiöse Studien 13), Würzburg 2016.

feindschaft mit der pseudowissenschaftlichen Rassentheorie jenes verhängnisvolle Amalgam ein, das als Rassenantisemitismus den ideologischen Rahmen für die Shoah lieferte.

Zwar war die Mitverantwortung von Kirche und Theologie für die Entstehung des Rassenantisemitismus von einzelnen Theologen bereits vor 1945 wahrgenommen worden. Auch gab es vereinzelte Initiativen wie die katholische Priestervereinigung der „Amici Israel", die zwischen 1926 und 1928 eine Annäherung der katholischen Kirche an das Judentum anstrebten. Unter anderem forderte die Vereinigung der „Amici Israel" vom päpstlichen Lehramt eine Tilgung bzw. Überarbeitung judenfeindlicher Formulierungen in der katholischen Liturgie. Insbesondere sollten die lateinischen Ausdrücke *perfidis* und *perfidia* in der Karfreitagsfürbitte für die Juden getilgt oder ersetzt werden. Ihr ursprünglich rechtlicher Sinn sei im Lauf der Jahrhunderte in eine jüdische Charaktereigenschaft umgedeutet worden; in dieser Bedeutung könnten die Ausdrücke im antisemitischen Sinne missbraucht werden, so die Vertreter der „Amici Israel". Auch solle der Kniefall bei der Fürbitte zugelassen werden.

Trotz eines befürwortenden Gutachtens der Ritenkongregation scheiterte die Initiative jedoch am Widerstand der Kurie. Diese erblickte in den geforderten Reformen eine Abkehr von der liturgischen Tradition und fürchtete eine Beschädigung der päpstlichen Autorität. Erst nach 1945 setzte sich die Einsicht durch, dass es seitens der Kirchen einer grundlegenden theologischen Revision ihrer Beziehung zum Judentum bedurfte. Dabei ging es nicht bloß darum, einen künftigen Genozid zu verhindern; vielmehr trat endlich ins Bewusstsein, dass die Beziehungen zwischen Israel und Kirche von einer bis dahin sträflich missachteten theologischen Qualität sind.

Hierzu hatten nicht zuletzt exegetische Erkenntnisse beigetragen, die im Rahmen der Leben-Jesu-Forschung die jüdische Herkunft Jesu ins Blickfeld rückten. Auch eine veränderte Auslegung paulinischer Aussagen – besonders der Kapitel 9–11 im Römerbrief – gab den Anstoß, die Beziehungen zwischen Israel und der Kirche zu überdenken. Vor allem ging es dabei um die Frage, ob mit Blick auf die Heilsgeschichte von einem oder von zwei Bundesschlüssen die Rede sein müsse. Sind durch Jesus die „Völker" dem einen und einzigen Bund Gottes mit seinem Volk Israel beigetreten? Welche Bedeutung aber hätte dann die Tora für Christen? Oder ist in Kreuz und Auferstehung Jesu ein „neuer Bund" geschlossen worden, der neben den Mose-Bund getreten ist? Welche Position in der Heilsgeschichte können Christen den Juden dann zusprechen?

Der evangelische Theologe Friedrich-Wilhelm Marquardt (1928–2002) sprach von dem einen Bund Gottes mit dem Volk Israel, in den durch die universale Kirche die Vielzahl der Völker hineingenommen sei. Als eine „Weisung zum Leben" sei die Tora nicht nur für Israel, sondern für alle Menschen gültig. In Jesus habe sich Gottes universale Heilszusage in einer Weise konkretisiert, die als Erfüllung der Tora gelten kann und gerade so der ganzen Menschheit gilt. Die verhängnisvolle Substitutionstheorie will Marquardt durch eine Partizipationstheorie ersetzen: das Christentum und die „Völker" haben an dem einen Bund Anteil, den Gott mit Israel geschlossen hat.

Der angesichts des nationalsozialistischen Terrors im Alter von vierzehn Jahren vom Judentum zum Katholizismus konvertierte Kardinal Jean-Marie Lustiger (1926–2007) wiederum hat eine Art impliziter Christologie für das Judentum vorgeschlagen. Betrachtet man nämlich Jesus als den Menschen, in dem nicht nur das *Geschick* – so Marquardt –, sondern die *Bestimmung* des Volkes Israel in einzigartiger Weise verwirklicht ist, dann führe gerade der Tora-Gehorsam das Volk Israel zur Gemeinschaft mit Christus. Jesu Bergpredigt sei nicht als „neues Gesetz" zu verstehen, sondern stehe in der Tradition des Volkes Israel: Wer Christ ist, hört nicht auf, Jude zu sein. Mit seiner Menschwerdung habe Gott einen ewigen Bund mit der Menschheit geschlossen, ohne den Bund mit Israel zu kündigen.

Ähnlich hatte bereits Hans Urs von Balthasar – in seinen Gedanken zu Martin Bubers Religionsphilosophie – Israel als „seinem Wesen nach formale Christologie" (*Einsame Zwiesprache* [1958], S. 83) verstanden wissen wollen. Dies zeige sich beispielsweise in der Sohnestitulatur: So ist Israel als Volk „Sohn Gottes", aber eben auch Jesus als Individuum, in dem sich das Geschick seines Volkes verdichtet.

Verständlicherweise wurde Lustigers Deutung von jüdischer Seite zurückhaltend bis ablehnend aufgenommen. Aus christlicher Perspektive stellt sie freilich eine bemerkenswerte Interpretation der vom Zweiten Vatikanischen Konzil vorgenommenen Neubestimmung der Beziehungen zwischen Israel und Kirche dar.

Im vierten Kapitel seiner Erklärung *Nostra aetate* hat das Konzil die Beziehungen der katholischen Kirche zum Judentum auf eine gänzlich neue Grundlage gestellt.[117] Das Kapitel beginnt mit einem theologischen

---

[117] Das zeigt sich nicht zuletzt darin, dass das vierte Kapitel der Erklärung – anders als andere Konzilsdokumente – keine einzige Fußnote aufweist, die auf vorausgegangene Äußerungen des kirchlichen Lehramtes verweist.

Paukenschlag: „Bei ihrer Besinnung auf das Geheimnis der Kirche gedenkt die Heilige Synode des Bandes, wodurch das Volk des Neuen Bundes mit dem Stamme Abrahams geistlich verbunden ist." Dies bedeutet nichts Geringeres als: Ekklesiologie ist fortan ohne eine theologische Reflexion über die Beziehung der Kirche zu Israel unmöglich. Nachkonziliare Dokumente haben klargestellt, dass damit keineswegs bloß das historische Israel gemeint ist, sondern auch das Judentum der Gegenwart.

Seit dem Pontifikat Johannes Pauls II. kann Röm 11,29 als unumstößliche Grundlage für die Beziehung zwischen Israel und Kirche gelten: „Unwiderruflich sind Gnade und Berufung, die Gott gewährt." Mit diesem Vers titelte die Vatikanische Kommission für die Beziehungen zum Judentum im November 2015 ein Dokument, das anlässlich der Verabschiedung der Konzilserklärung *Nostra aetate* fünfzig Jahre zuvor eine theologische Bestandsaufnahme der Beziehungen vorlegt.[118]

Mit Entschiedenheit weist das Dokument der Vatikanischen Kommission die Vorstellung zurück, es gebe zwei Heilswege, einen für Israel und einen für die Kirche. Es müsse vielmehr von einem einzigen, die ganze Menschheit umfassenden Heilsweg ausgegangen werden. Dieser beinhalte beides: die Geschichte Gottes mit Israel und seine Selbstbekundung in Jesus von Nazareth. Auf welche Weise freilich am Ende der Zeiten der Weg Israels und der Weg der Kirche zueinanderkommen werden, nennt das Dokument „ein abgrundtiefes Geheimnis Gottes" (Nr. 36). Will man aber an der Vorstellung von nur einem einzigen Heilsweg festhalten, so deutet sich hier erheblicher theologischer Klärungsbedarf an.

Trifft die Vorstellung von der Einzigkeit des Heilsweges zu, dann verfehlte jede christliche Theologie ohne die Bezugnahme auf das Judentum ihre Aufgabe. Dieser weitreichende Anspruch ist freilich bislang bestenfalls in Ansätzen eingelöst. Denn viele Theologen und Theologinnen beziehen jüdische Positionen nur selten in ihre systematischen Überlegungen mit ein. Selbst in jenem Bereich, auf dem noch am ehesten ein wechselseitiger Austausch zwischen Juden und Christen zu erwarten ist – dem der alttestamentlichen Exegese –, werden neuere jüdische Deutungen der hebräischen Bibel nur vereinzelt berücksichtigt. Eine Ausnahme hiervon stellt die von

118 Nur wenige Tage später, im Dezember des gleichen Jahres, veröffentlichten fünfzig orthodoxe Rabbiner aus vielen Ländern der Welt eine Erklärung, in der sie für eine enge Partnerschaft zwischen Juden und Christen eintraten. Vgl. dazu: Jehoschua Ahrens / Karl-Hermann Blickle / David Bollag / Johannes Heil (Hrsg.), *Hin zu einer Partnerschaft zwischen Juden und Christen. Die Erklärung orthodoxer Rabbiner zum Christentum*, Berlin 2017.

dem Münsteraner Exegeten Erich Zenger (1939–2010) begründete Kommentar-Reihe zum Alten Testament dar, insofern sie auch Schriftauslegungen jüdischer Autoren beinhaltet.

Freilich gibt es auch Ausnahmen. So bemüht sich im Bereich der katholisch-systematischen Theologie der Aachener Theologe Hans-Hermann Henrix (geb. 1941) seit Jahrzehnten um das Gespräch mit dem Judentum der Gegenwart. Auch der Bonner Dogmatiker Josef Wohlmuth (geb. 1938) und seine Schüler suchen eine christliche Theologie in Verantwortung vor dem zeitgenössischen Judentum zu entwickeln. Für Wohlmuth sind es besonders die von jüdischen Denkern wie Emmanuel Levinas oder Jacques Derrida in Erinnerung gerufenen Elemente einer negativen Theologie, die christliche Theologen und Theologinnen zu Zurückhaltung und Behutsamkeit in ihren Aussagen anleiten können.

17.5 Einheit in Vielfalt und Verschiedenheit denken: Ökumenische Theologie

Dreißig Jahre nach Abschluss des Zweiten Vatikanischen Konzils stellte Papst Johannes Paul II. in seiner Enzyklika *Ut unum sint* fest:

> „Mit dem II. Vatikanischen Konzil hat sich die katholische Kirche unumkehrbar dazu verpflichtet, den Weg der Suche nach der Ökumene einzuschlagen und damit auf den Geist des Herrn zu hören, der uns lehrt, aufmerksam die ‚Zeichen der Zeit' zu lesen" (*UUS* 3).

Mit dieser Feststellung bekräftigt der Papst jene Weichenstellung, mit der das Konzil die noch bis kurz vor seiner Eröffnung gewahrte Distanz gegenüber der ökumenischen Bewegung aufgegeben hatte. Bezugnehmend auf das Ökumenismusdekret *Unitatis redintegratio* begründet der Papst die Neuorientierung des Konzils mit dem Hinweis auf das Vorhandensein ekklesialer Elemente außerhalb der katholischen Kirche:

> „Außerhalb der Grenzen der katholischen Gemeinschaft besteht also kein kirchliches Vakuum. Viele und bedeutende Elemente, die in der katholischen Kirche zur Fülle der Heilsmittel und der Gnadengaben gehören, die die Kirche ausmachen, finden sich auch in den anderen christlichen Gemeinschaften" (*UUS* 13).

Die Wurzeln der neueren ökumenischen Bewegung liegen indes nicht bei der katholischen Kirche, sondern bei den evangelischen Kirchen und im

Kolonialismus des 19. Jahrhunderts. Dieser war vielfach mit missionarischen Aktivitäten der in den Kolonialstaaten etablierten Kirchen verbunden. Anders als die sich als Weltkirche verstehende katholische Kirche waren die evangelischen Missionen oft national eingefärbt. In den Missionsländern wurden die verschiedenen evangelischen Kirchen deshalb oft als miteinander konkurrierend wahrgenommen. Dies beschädigte nachhaltig ihre Glaubwürdigkeit. Um diese zu stärken, versuchten die evangelischen Kirchen deshalb auf verschiedenen internationalen Konferenzen, ihre missionarischen Bemühungen durch eine vertiefte Kooperation zu koordinieren. Als Geburtsstunde der ökumenischen Bewegung gilt die 1910 im schottischen Edinburgh veranstaltete „Weltmissionskonferenz“ evangelischer Kirchen aus Europa und den Vereinigten Staaten von Amerika.

Katholischen Christen war die Teilnahme an derartigen Konferenzen bis zum Vorabend des Zweiten Vatikanischen Konzils untersagt. Verstand sich doch die katholische Kirche als im Besitz der allein selig machenden Wahrheit: *Extra ecclesiam (catholicam) nulla salus.* Die Einheit der Kirche vermochten sich viele Katholiken deshalb allein als Rückkehr der von ihr getrennten „Brüder“ in den Schoß der katholischen Kirche vorzustellen. Noch im Juni 1948 erinnerte das Heilige Offizium an die damals geltenden kirchenrechtlichen Bestimmungen, wonach es katholischen Theologen verboten war, ökumenische Begegnungen zu besuchen oder gar zu initiieren.[119] Ende Dezember 1949 wurde dieses Verbot zwar ein wenig gelockert, indem das Heilige Offizium ökumenische Begegnungen in eng umgrenzten Ausnahmesituationen und mit ausdrücklicher Zustimmung der Ortsbischöfe erlaubte.[120] Im Grundsatz freilich blieb die geltende kirchenrechtliche Bestimmung unangetastet.

Zu diesem Zeitpunkt freilich waren solche Regelungen unter anderem durch den gemeinsamen Widerstand von evangelischen und katholischen Christen gegen den Nationalsozialismus schon längst fragwürdig geworden. Angesichts des faschistischen Unrechtsregimes, aber auch vor dem Hintergrund der schrecklichen Kriegserlebnisse erschienen vielen engagierten Christen konfessionelle Differenzen eher nachrangig.

Nach dem Zweiten Weltkrieg, im April 1946, gründeten deshalb in Deutschland der Paderborner Erzbischof Lorenz Jaeger (1892–1975) sowie

---

[119] Monitum *Cum compertum* vom 5. Juni 1948, in: Acta Apostolicae Sedis 40 (1948), S. 257.

[120] Instruktion *Ecclesia Catholica: De Motione „oecumenica“* vom 20. Dezember 1949, in: Acta Apostolicae Sedis 42 (1950), S. 142–147.

der Oldenburger Landesbischof Wilhelm Stählin (1883–1975) im westfälischen Werl je einen katholischen und einen evangelischen theologischen Arbeitskreis. Beide Kreise tagten getrennt voneinander – einen einzigen Arbeitskreis konnte man sich seinerzeit noch nicht vorstellen. Erst in der Folge des Zweiten Vatikanischen Konzils, im Jahr 1968, kam es zu einer Vereinigung beider Kreise. Dieser wurde „Ökumenischer Arbeitskreis evangelischer und katholischer Theologen" genannt. Als solcher arbeitet er auch heute noch als unabhängiger Arbeitskreis der Deutschen Bischofskonferenz (DBK) und der Evangelischen Kirche in Deutschland (EKD). Während anfangs von evangelischer Seite wegen der angestrebten Bekenntniseindeutigkeit nur lutherische Theologen mitwirkten, sind inzwischen auch reformierte Theologen Mitglieder im Arbeitskreis.

Für die Öffnung der katholischen Kirche zur ökumenischen Bewegung weltweit ist das Zweite Vatikanische Konzil von kaum zu überschätzender Bedeutung. Einen maßgeblichen Anteil hieran hat Papst Johannes XXIII. (1958–1963). Im Juni 1960 hatte der Papst Kardinal Augustin Bea SJ (1881–1968) zum Leiter des neu eingerichteten „Sekretariats für die Förderung der Einheit der Christen" berufen. Dieses Sekretariat beeinflusste maßgeblich die Öffnung des Konzils zu den nichtkatholischen Kirchen. Diese Öffnung zeigt sich in vielen Dokumenten des Konzils – im Ökumenismusdekret *Unitatis redintegratio* vor allem, aber auch in der Kirchenkonstitution *Lumen gentium* oder in den Dekreten zum Hirtenamt der Bischöfe und zur Priesterausbildung.

Die vom Konzil vollzogene Öffnung der katholischen Kirche zur ökumenischen Bewegung erfasste in den Nachkonzilsjahren praktisch alle Bereiche kirchlichen Lebens. Auf der Ebene der Kirchengemeinden entstanden in pastoralen, diakonischen, aber auch in liturgischen Bereichen vielfältige ökumenische Initiativen. Auf der Ebene der Kirchenleitungen gab es zahlreiche Begegnungen, auf denen gemeinsame Strategien vereinbart wurden – etwa im Gespräch mit politischen Institutionen. Auf der Ebene der Theologen wurden von fachkundigen Kommissionen zahlreiche Dokumente verabschiedet, in denen theologische Unterschiede, vor allem aber auch Gemeinsamkeiten im Glauben und im Kirchenverständnis festgehalten wurden.

Allenthalben war nach dem Konzil ein Bemühen um einen die getrennten Kirchen überwölbenden Konsens in Glaubensfragen zu spüren – getreu dem im 17. Jahrhundert von protestantischen Theologen formulierten Motto: *In necessariis unitas, in dubiis libertas, in omnibus caritas* („Im Notwendigen herrsche Einmütigkeit, im Zweifelhaften Freiheit, in allem aber

Nächstenliebe“). Der gemeinsamen theologischen Arbeit verlieh der Besuch von Papst Johannes Paul II. in Deutschland im Jahr 1980 richtungsweisende Impulse. Unter dem Vorsitz von Karl Lehmann (1936–2018) und Wolfhart Pannenberg (1928–2014) widmete sich der „Ökumenische Arbeitskreis“ in den folgenden Jahren vorrangig den im 16. Jahrhundert von den kirchlichen Konfessionen wechselseitig ausgeprochenen Lehrverurteilungen. Im Ergebnis stellten die Mitglieder des Arbeitskreises übereinstimmend fest, dass die Lehrverurteilungen des 16. Jahrhunderts schon die seinerzeit vertretenen konfessionellen Positionen oft nur ungenau treffen, in den meisten Fällen aber durch den seither erzielten theologischen Fortschritt überholt seien.[121]

Wenig überraschend blieben die Ergebnisse des Arbeitskreises nicht unumstritten. Gleichwohl legten sie das Fundament für die Unterzeichnung einer „Gemeinsamen Erklärung“ zur Rechtfertigungslehre im Jahr 1999 durch Christian Krause (geb. 1940), den damaligen Präsidenten des Lutherischen Weltbundes, und Kardinal Edward Idris Cassidy (geb. 1924), der seinerzeit den Päpstlichen Rat für die Einheit der Christen leitete. In dieser Erklärung stellen beide für ihre Kirchen nach Jahrhunderten der wechselseitigen Verurteilungen nichts Geringeres als einen „Grundkonsens“ in der Auffassung vom Rechtfertigungsgeschehen fest.[122]

Beide Kirchen stimmen darin überein, dass sich kein Mensch sein Heil bei Gott irgendwie verdienen kann. Gottes Zuwendung erfolgt vielmehr aus reiner Gnade *(sola gratia)*. Jegliche „Werkerei“, wie Luther es ausgedrückt hat, wird zurückgewiesen. Allein der Glaube führt zur ewigen Seligkeit *(sola fide)*. Ob Gottes Gnade nun den Menschen im Ganzen verwandelt – so die in Trient noch einmal bekräftigte katholische Auffassung – oder ob der Mensch auch unter Gottes Gnade noch Sünder bleibt – so die lutherische Auffassung *(simul iustus et peccator)* –, wird als jeweils legitime Akzentsetzung des gemeinsamen Glaubens an die Rechtfertigung des Sünders verstanden.

---

121 Vgl. Karl Lehmann / Wolfhart Pannenberg (Hrsg.), *Lehrverurteilungen – kirchentrennend? Rechtfertigung, Sakramente und Amt im Zeitalter der Reformation und heute*, Göttingen – Freiburg/Br. 1988.

122 Formal betrachtet handelt es sich bei der nicht zufällig in Augsburg unterzeichneten Erklärung um einen „differenzierten Konsens“ – was besagt, dass jeweils in einem ersten Abschnitt eine gemeinsame Auffassung vom Rechtfertigungsgeschehen formuliert und anschließend in zwei Abschnitten die evangelisch-lutherische und die römisch-katholische Akzentsetzung skizziert werden.

Zwar hat nicht Luther selbst die Rechtfertigungslehre als *articulus stantis et cadentis ecclesiae* bezeichnet, als Artikel, mit dem die Kirche steht und fällt.[123] Gleichwohl entzündeten sich vor, während und nach dem Konzil von Trient die konfessionellen Auseinandersetzungen maßgeblich an den unterschiedlichen Interpretationen der Rechtfertigungslehre. Wenn nun, im Jahr 1999, ein „Grundkonsens" in dieser Frage festgestellt wurde, dann konnte dies für die Beziehungen zwischen lutherischer und katholischer Kirche nicht folgenlos bleiben.

Dennoch trug der in Augsburg unterzeichnete „differenzierte Konsens" in den Beziehungen zwischen der lutherischen und der katholischen Kirche zunächst kaum Früchte. Nicht wenige evangelische Theologen bezweifelten, dass die Augsburger Erklärung Luthers Rechtfertigungslehre sachgerecht wiedergibt. Katholischerseits sprach schon wenige Monate nach der Unterzeichnung der Erklärung die Glaubenskongregation den Kirchen der Reformation ab, „Kirchen im eigentlichen Sinn" zu sein. Obwohl die im August 2000 veröffentlichte Erklärung der Glaubenskongregation *Dominus Iesus* ihrer primären Zielsetzung entsprechend die katholische Lehre mit Blick auf den interreligiösen Dialog darlegen will, gaben ihre Aussagen zur innerchristlichen Ökumene auf evangelischer Seite zu erheblichen Irritationen Anlass.

Auf jeden Fall wurde deutlich, dass bei aller Übereinstimmung in Grundlagen der Rechtfertigungslehre deren ekklesiologische Implikationen noch weiter bedacht werden müssen. Tatsächlich konzentriert sich der ökumenische Dialog der Gegenwart vorrangig auf Fragen des kirchlichen Amtes und der Kirchenverfassung. Weiterhin umstritten sind auch die Zielvorstellungen ökumenischer Dialoge: Ist eine „versöhnte Verschiedenheit" bleibend getrennter Kirchen anzustreben – so die Mehrheit der evangelischen Kirchen – oder eine „sichtbare Einheit", die dann auch strukturelle Implikationen hätte? Die katholische Kirche beharrt von ihrem Selbstverständnis her auf der zweiten Zielperspektive.

Wie umfassend die ökumenischen Gespräche zwischen den verschiedenen christlichen Kirchen und Konfessionen seit der Mitte des zurückliegenden Jahrhunderts geführt wurden, dokumentiert das inzwischen in mehreren Bänden vorliegende Werk *Dokumente wachsender Übereinstimmung*. Darin sind auch Konvergenz- oder Konsenserklärungen greifbar,

---

[123] Vgl. Friedrich Loofs, *Der articulus stantis et cadentis ecclesiae*, in: Theologische Studien und Kritiken 90 (1917), S. 323–420.

die aus Gesprächen hervorgegangen sind, die mit den Kirchen der Orthodoxie, den altorientalischen Kirchen oder der anglikanischen Kirche geführt wurden. Darunter findet sich beispielsweise eine Gemeinsame Erklärung, die am 10. Mai 1973 von Papst Schenuda III. als dem Oberhaupt der koptisch-orthodoxen Kirche und Papst Paul VI. als dem Oberhaupt der römisch-katholischen Kirche unterzeichnet wurde. Darin heißt es unter anderem:

> „Wir bekennen, dass unser Herr und Gott, der unser aller Erlöser und König ist, Jesus Christus, vollkommener Gott in Bezug auf seine Gottheit und vollkommener Mensch in Bezug auf seine Menschheit ist. In ihm ist seine Gottheit verbunden mit seiner Menschheit in einer wirklichen vollkommenen Einheit ohne Vermischung, ohne Vermengung, ohne Verschmelzung, ohne Veränderung, ohne Teilung, ohne Trennung. Seine Gottheit hat sich nie von seiner Menschheit getrennt, nicht einmal einen Augenblick, nicht einen Atemzug lang. Er, der ewige unsichtbare Gott, wurde sichtbar im Fleisch und nahm Knechtsgestalt an. In ihm sind alle Eigenschaften der Gottheit und alle Eigenschaften der Menschheit zugleich in einer wirklichen, vollkommenen und untrennbaren Einheit bewahrt“ (*DwÜ* I, 530).

Die Erklärung war maßgeblich durch die Arbeit der Stiftung „Pro Oriente“ vorbereitet worden. Die Stiftung war im November 1964 auf Initiative des damaligen Wiener Erzbischofs Kardinal Franz König (1905–2004) gegründet worden. Ihre Aufgabe bestand vorrangig darin, den ökumenischen Dialog mit den verschiedenen Kirchen des Ostens zu pflegen. Vor dem Hintergrund der gravierenden Bedenken, die seitens der Kirche von Alexandria gegenüber der christologischen Zweinaturenlehre des Konzils von Chalzedon (451) geäußert und jahrhundertelang aufrechterhalten wurden, tritt der ökumenische Fortschritt der Wiener christologischen Erklärung von 1973 nur umso deutlicher zutage.

In einem 1976 in Graz gehaltenen Vortrag skizzierte Joseph Ratzinger „Prognosen für die Zukunft des Ökumenismus“. Darin vertritt der damalige Regensburger Theologieprofessor die These, Rom müsse „vom Osten nicht mehr an Primatslehre fordern, als auch im ersten Jahrtausend formuliert und gelebt wurde“.[124] Tatsächlich stellt der durch das katholische Lehramt auf dem Ersten Vatikanischen Konzil (1869/70) formulierte Pri-

---

[124] Vgl. Joseph Ratzinger, *Prognosen für die Zukunft des Ökumenismus* [1976], in: ders., Gesammelte Schriften, Bd. 8/2, Freiburg/Br. 2010, S. 717–730, hier 724.

matsanspruch nicht nur für die Kirchen der Reformation, sondern auch für die altorientalischen Kirchen und für die Kirchen der Orthodoxie ein schweres Hindernis auf dem Weg zur Einheit der Kirchen dar. Denn für die Kirchen der Orthodoxie gelten allein die ersten sieben ökumenischen Konzilien als dogmatisch verbindlich. Ausdrücklich will Ratzinger mit seinem Vorstoß nicht geleugnet wissen, dass die katholische Kirche auch im zweiten Jahrtausend ihrer Geschichte die Möglichkeit hat, den Glauben in einem veränderten Begriffsrahmen und in neuer Sprachgestalt zur Geltung zu bringen. Anders aber als bei den Kirchen der Reformation identifiziert er in der apostolischen Verfassung der Ostkirchen und in ihrem Sakramentenverständnis einen mit der katholischen Kirche geteilten Wurzelgrund kirchlicher Einheit.

Viel zu selten fließen in Reflexionen katholischer und evangelischer Theologen Gedanken orthodoxer Theologie ein. Fachleute zählen die russisch-orthodoxen Theologen Pawel Florenski (1882–1937) und Sergei Bulgakow (1871–1944) oder den rumänisch-orthodoxen Theologen Dumitru Stăniloae (1903–1993) zu den bedeutendsten Theologen des 20. Jahrhunderts. Ihre Werke sind aber nur zum geringen Teil in westliche Sprachen übersetzt. Umgekehrt ist beispielsweise die Theologie von Stăniloae maßgeblich durch Positionen der Dialogphilosophie und des Existenzialismus beeinflusst. Stăniloae setzt sich in seinen Werken mit Maurice Blondel, Nicolai Hartmann, Martin Buber, Ferdinand Ebner, Martin Heidegger und Karl Jaspers auseinander. Im Gespräch mit ihnen würdigt er die existenzielle Bedeutung zwischenmenschlicher Kommunikation, betont aber zugleich, dass die Begegnung mit dem Anderen immer auch die Erfahrung mit der eigenen Grenze ist. Hieraus folgert Stăniloae, dass Menschen erst dann zu sich selbst kommen, wenn sie sich selbst überschreiten. In der Begegnung mit Christus gewinnen Menschen Anteil am trinitarischen Leben Gottes. Zugleich werden sie befähigt, in der Welt Trennungen zu überwinden und Gemeinschaft zu fördern.[125]

Gegenwärtig wird von vielen Beobachtern eine Stagnation der ökumenischen Beziehungen und der theologischen Gespräche konstatiert. Vielfältige Ursachen – darunter auch kulturelle, soziale oder politische Veränderungen – spielen dabei eine Rolle. Um das in den zurückliegenden Jahrzehnten theologisch Erreichte zu sichern, hat deshalb der lutherische

---

[125] Vgl. Jürgen Henkel, *Dumitru Stăniloae. Leben – Werk – Theologie*, Freiburg – Basel – Wien 2017.

Theologe Harding Meyer (1928–2018), der seit vielen Jahren im ökumenischen Dialog engagiert ist, den Vorschlag gemacht, „In-via-Erklärungen" zu erstellen, die das theologische Gedächtnis der Kirchen auf dem Feld der Ökumene bewahren. Richtungsweisende ökumenische Erklärungen wie die zu „Taufe, Eucharistie und Amt" (Lima 1982) könnten auf diese Weise vor dem Vergessen bewahrt werden. In die gleiche Richtung zielt auch das von Kardinal Walter Kasper (geb. 1933), dem ehemaligen Präsidenten des Päpstlichen Rates zur Förderung der Einheit der Christen, auf den Weg gebrachte Projekt *Harvesting the fruits* („Die Früchte ernten", 2009). Kasper zieht darin eine vorläufige Bilanz der bisherigen Gespräche zwischen der katholischen Kirche und verschiedenen Kirchen der Reformation, indem er deren Konvergenzerklärungen zu Einzelfragen der Dogmatik systematisch zusammenstellt.

Angesichts der rasanten Verbreitung pfingstlerischer Bewegungen besonders in Lateinamerika und Afrika stehen sowohl die katholische Kirche als auch die Kirchen der Reformation neuerdings vor zuvor unbekannten ökumenischen Herausforderungen. Die ausgesprochen heterogenen Bewegungen der Pfingstler konstituieren sich durchwegs auf der Grundlage der Überzeugung, dass gläubige Christen eine unmittelbare Eingebung vom Heiligen Geist empfangen, wenn sie über ihren Glauben Rechenschaft ablegen sollen (vgl. Lk 12,11f). Deshalb gibt es innerhalb der pfingstlerischen Bewegungen bislang kaum institutionalisierte Formen vernunftgeleiteter Glaubensreflexion. Auch sind für ihre Anhänger sowohl die Dogmen- als auch die Theologiegeschichte nachrangig. Im Vertrauen auf das unmittelbare Wirken des Heiligen Geistes nehmen manche Pfingstler das ökumenische Gespräch und das Bemühen um die Einheit der Christenheit nicht einmal als mögliche Aufgabe wahr. Ihr inzwischen unübersehbarer Anteil an der weltweiten Christenheit gebietet es allerdings aus Sicht der etablierten Kirchen, die pfingstlerischen Bewegungen – soweit dies möglich ist – in den ökumenischen Dialog zu integrieren.

17.6 Um die Heilsbedeutung nichtchristlicher Religionen: Die pluralistische Religionstheologie

In der zweiten Hälfte des 20. Jahrhunderts wurde zunehmend klar, dass die nichtchristlichen Religionen in einer globalisierten Welt für die Kirchen nicht bloß als Dialogpartner bedeutsam sind, von denen sie selbst lernen und so den eigenen Glauben vertiefen können. Vielmehr zeigte sich schon bald, dass die bloße Existenz einer Vielzahl nichtchristlicher Religionen auch eine theologische Herausforderung beinhaltet.

Das Zweite Vatikanische Konzil stellt in seiner Erklärung *Nostra aetate* fest, dass „die katholische Kirche [...] nichts von alledem ab[lehnt], was in diesen Religionen wahr und heilig ist" (*Nostra aetate* 2; vgl. *Lumen gentium* 16–17; *Ad gentes* 11). Mit der theologischen Tradition ist das Konzil der Auffassung, dass einzelne Menschen auch außerhalb der Kirche zum Heil gelangen können.[126] Unbeantwortet bleibt allerdings die Frage, welche Bedeutung im Heilsgeschehen die nichtchristlichen Religionen *als solche* beanspruchen dürfen.[127] Die so gestellte Frage zielt nicht auf eine Theologie der Religionen, sondern auf eine Theologie des religiösen Pluralismus: Welche Bedeutung hat die Vielfalt der Religionen im Heilsplan Gottes für die Menschheit aus christlicher Sicht?

In der Vergangenheit wurde die Frage nach der Beziehung des Christentums zu den nichtchristlichen Religionen meist in apologetischer Absicht erörtert. Dies gilt für den lutherischen Theologen Ernst Troeltsch (1865–1923) ebenso wie für den reformierten Theologen Karl Barth (1886–1968). Aber auch die katholische Theologie war bis weit in das 20. Jahrhundert hinein von der Überlegenheit und universalen Heilsbedeutung des Christentums überzeugt. Hieraus resultierte nicht zuletzt die missionarische Dynamik aller christlichen Kirchen.

Schon vor dem Zweiten Vatikanischen Konzil vertrat jedoch Karl Rahner die Auffassung, dass alle Menschen deshalb, weil sie in ihrer Existenz auf den alles umgreifenden Horizont verwiesen sind, der sich für Christen als Jesus von Nazareth geoffenbart hat, im unausdrücklichen Sinne als „Christen" gelten dürfen. Die nichtchristlichen Religionen führen die Menschen nicht von Christus weg, sondern führen sie auf eine

---

[126] Mit Blick auf jene gerechten Menschen, die bereits vor Christus von Gott zur ewigen Seligkeit bestimmt wurden, spricht Augustinus von der „Ecclesia ab Abel". Vgl. dazu Yves Congar, *Ecclesia ab Abel*, in: Marcel Reding (Hrsg.), Abhandlungen über Theologie und Kirche (FS Karl Adam), Düsseldorf 1952, S. 79–108.

[127] In ihrer im Heiligen Jahr 2000 veröffentlichten Erklärung *Dominus Iesus* über die Einzigkeit Christi und die Heilsuniversalität Jesu Christi und der Kirche hat die römische Glaubenskongregation katholische Theologen dazu eingeladen, „über das Vorhandensein anderer religiöser Erfahrungen und ihrer Bedeutung im Heilsplan Gottes nachzudenken und zu erforschen, ob und wie auch Gestalten und positive Elemente anderer Religionen zum göttlichen Heilsplan gehören können" (Nr. 14). Freilich geht es auch hier um „Gestalten" und „Elemente", nicht um die Religionen *als solche*.

ihnen selbst nicht bewusste Weise zu Christus hin.[128] Dieser Ansatz wird gemeinhin als religionstheologischer „Inklusivismus“ bezeichnet. Inklusivisten erkennen zwar andere religiöse Überzeugungen grundsätzlich an, betrachten jedoch ihre eigene Religion als in bestimmter Hinsicht vorrangig oder überlegen.

Rahners religionstheologischer Inklusivismus versteht sich als Alternative zu jenem jahrhundertelang von den christlichen Kirchen und Konfessionen vertretenen „Exklusivismus“. Demnach können Menschen ihr Heil allein durch die Taufe – und das heißt: innerhalb des Christentums – erlangen. Zwar wurde diese im Mittelalter von kaum jemandem bezweifelte Auffassung in der Frühen Neuzeit erschüttert, als man in der „Neuen Welt“ einer Vielzahl ungetaufter Menschen begegnete, über deren Unheil jedenfalls nicht ohne weiteres entschieden sein konnte, wollte man nicht den Glauben an den universalen Heilswillen Gottes preisgeben. Doch erst im 19. Jahrhundert setzte sich die Einsicht durch, dass einzelne Menschen auch außerhalb der Kirche gerettet werden können, wenn sie einen lauteren Lebenswandel führten. Zu Hilfe kam dieser Einschätzung die bereits in der Alten Kirche vertretene Vorstellung von einer „Ecclesia ab Abel“. Demnach warten die Gerechten des Alten Bundes in einer Art „Vorhölle“ auf den Gekreuzigten, der sie auch ohne Taufe zu sich ins Paradies führen wird.

Eine sowohl über den religionstheologischen Exklusivismus wie auch über den Inklusivismus hinausgehende Antwort auf die Frage nach dem theologischen Stellenwert der nichtchristlichen Religionen formulierte die „pluralistische Religionstheologie“.[129] Einer ihrer Vordenker ist der Religionsphilosoph John Hick (1922–2012). Seiner Auffassung zufolge kommen alle großen Religionen darin überein, dass sie auf die eine oder andere Weise die Erfahrung einer letzten Wirklichkeit *(the real)* erschließen, die sich jedem menschlichen Begreifen entzieht. Deshalb ist es gar nicht anders möglich, als dass sich die Anhänger der verschiedenen Religionen dieser nicht erkennbaren letzten Wirklichkeit auf unterschiedlichen Wegen annähern und sie auch unterschiedlich bezeichnen – sei es als personal-dreifaltiger Gott wie im Christentum, sei es als „Tao“ oder als

---

[128] Vgl. Karl Rahner, *Das Christentum und die nichtchristlichen Religionen* [1961], in: Sämtliche Werke, Bd. 10, Freiburg/Br. 2003, S. 557–573.

[129] Wegweisende Texte zur „pluralistischen Religionstheologie“ sind zugänglich bei: Ulrich Dehn (Hrsg.), *Handbuch Dialog der Religionen. Christliche Quellen zur Religionstheologie und zum interreligiösen Dialog*, Frankfurt/M. 2008.

unpersönliches „Nichts" im Buddhismus. „Gott hat viele Namen" *(God has Many Names)*, so lautet denn auch ein im Jahr 1980 erschienenes Buch von Hick; 1995 spricht er von einem „Regenbogen der Glaubensweisen" *(Rainbow of Faiths)*. Gemeinsam ist der letzten Wirklichkeit allein dies, dass der Bezug auf sie die Menschen aus ihrer individuellen oder kollektiven Selbstbezüglichkeit befreit. Religiöse Menschen sind offen für Gott, aber auch für ihre Mitmenschen und ihre Umwelt. Hieraus resultiert eine Ethik, die durch Respekt vor den Menschen und Achtsamkeit gegenüber der Schöpfung gekennzeichnet ist, so Hick. Zugleich befördert das Bewusstsein der eigenen Grenzen die Achtung vor Angehörigen anderer religiöser Überzeugungen.

Hick betont, dass die pluralistische Religionstheologie keineswegs die Verbindlichkeit der jeweiligen religiösen Überzeugungen in Frage stellt. Wäre dies der Fall, dann wäre ein existenzieller Vollzug der je eigenen Religion bis zur Martyriumsbereitschaft gar nicht denkbar. Doch werden religiöse Menschen immer anerkennen, dass es neben ihnen Menschen gibt, die andere religiöse Überzeugungen vertreten und diese Überzeugungen ebenso entschieden leben wie sie selbst. Hieraus kann ein heilvoller Dialog zwischen Menschen erwachsen, die unterschiedlicher religiöser Überzeugung sind, einander aber in aller Unterschiedenheit als gleichrangig anerkennen.

Manche Theologen streben eine Vermittlung zwischen religionstheologischem Inklusivismus und religionstheologischem Pluralismus an. Zu ihnen zählt der belgische Jesuit Jacques Dupuis (1923–2004). Dupuis versteht die Vielfalt der Religionen als Ausdruck eines von Gott gewollten Reichtums. Sie ist das Resultat des einen göttlichen Heilswirkens in der Geschichte: Der inkarnierte Logos und der Heilige Geist bewirken die Vielfalt der Religionen. Als Manifestation des trinitarischen Wirkens Gottes ist diese Vielfalt nicht als Defizit zu werten.[130] Gleichwohl stellt sich die Frage, wie vor diesem Hintergrund die Einzigkeit und Universalität der Heilsmittlerschaft Christi zu wahren und theologisch zu begründen ist – ist diese Heilsmittlerschaft doch nach christlicher Überzeugung unlösbar mit der Inkarnation des göttlichen Wortes verknüpft. Den Gedanken, die Selbstoffenbarung Gottes in der Menschwerdung des Sohnes sei ergänzungsbedürftig oder auch nur ergänzungsfähig, hat die Glau-

---

[130] Vgl. Jacques Dupuis, *Unterwegs zu einer christlichen Theologie des religiösen Pluralismus* (Salzburger Theologische Studien 38 / interkulturell 5), Innsbruck 2010.

benskongregation in einer 2001 veröffentlichten Notifikation formell zurückgewiesen; Dupuis hat diesen Einwand durch seine Unterschrift unter das römische Dokument akzeptiert. Demnach können die nichtchristlichen Religionen nicht als in Bezug auf die Kirche Jesu Christi gleichrangige Wege zum Heil gelten.

Manche katholische Theologen, vor allem aber evangelische Fachkollegen, die dem evangelikalen Spektrum zuzuordnen sind, werfen den Vertretern der pluralistischen Religionstheologie vor, den universalen Wahrheitsanspruch des christlichen Glaubens preiszugeben und einem religionstheologischen Pluralismus das Wort zu reden. Erinnert wird an die kirchliche Lehre, dass Christus der Erlöser nicht nur der Christen, sondern aller Menschen sei. Ohne einen förmlichen Christusbezug sei deshalb aus christlicher Perspektive kein Zugang zum Heil denkbar. Solchen Bedenken suchen Vertreter der pluralistischen Religionstheologie mit dem Hinweis zu begegnen, dass es keineswegs gleichgültig sei, welcher Religion ein Mensch sich zugehörig fühle. Vielmehr sei es durchaus vorstellbar, dass ein Mensch vermittels einer bestimmten Religion zum Heil gelangt, vermittels einer anderen aber nicht. Selbst wenn das Christentum einen universalen Wahrheitsanspruch vertrete, bedeute dies deshalb keineswegs, dass alle Menschen Christen werden müssten, um ihr Heil zu finden.

Allerdings steht die Heilsfrage keineswegs im Zentrum aller Religionen. Im Judentum beispielsweise geht es nicht zunächst um ein wie auch immer verstandenes Heil des Menschen, sondern um die Beobachtung der Tora *(Halacha)*. Ihr gegenüber ist die Erwartung eines messianischen Endes der Geschichte durchaus nachgeordnet. Diese und ähnliche Beobachtungen haben in jüngerer Vergangenheit die „komparative Theologie" zu einem Forschungsfeld aller Konfessionen werden lassen. Vertretern der komparativen Theologie geht es darum, Entsprechungen, aber auch Differenzen zwischen den verschiedenen Religionen zu identifizieren. Wie beispielsweise ist der Begriff „Offenbarung" jeweils gefasst – und kennen überhaupt alle Religionen so etwas wie Offenbarung? Was ist der jeweils richtungsweisende Bezugspunkt einer Religion, welche Religionspraxis ergibt sich von daher?

Anders als die vergleichende Religionswissenschaft strebt die komparative Theologie keine religiöse Indifferenz oder einen neutralen Standpunkt jenseits der verschiedenen Religionen an. Sie geht vielmehr vom jeweils eigenen konfessionellen Standpunkt aus, um im Ausgang davon andere religiöse Traditionen wissenschaftlich zu erschließen und auch von ihnen zu lernen. Der US-amerikanische Theologe Francis Xavier Clooney (geb. 1950) hat die Programmatik der komparativen Theologie dadurch bestimmt, dass er die Notwendigkeit kleinschrittiger Untersuchungen betont. Demnach setzt jeder Vergleich religiöser Texte oder Handlungen eine möglichst präzise Bestimmung der jeweiligen Kontexte voraus.[131] Wie es weder „das" Christentum noch „den" Islam gibt, so auch nicht „das" Judentum oder „den" Buddhismus. Wohl aber gibt es vergleichbare Überzeugungen und Praktiken, deren möglichst genaue begriffliche Bestimmung Ziel der komparativen Theologie ist.

[131] Vgl. Francis Xavier Clooney, *Komparative Theologie. Eingehendes Lernen über religiöse Grenzen hinweg* (Beiträge zur komparativen Theologie 15), Paderborn u. a. 2013.

18 Im Bemühen um Anschluss und Kritik: Systematische Ansätze neuerer Theologie

Die Antworten, welche die Theologie in Neuzeit und Moderne auf fundamentale Infragestellungen von Glaube und Religion zu geben suchte, waren nicht nur apologetischer, sondern oft auch konstruktiver Natur. Lockes Hochschätzung der Vernunft und Humes Kritik an Wundern und religiösen Phänomenen veranlassten die Theologie zu einer weitgehenden Entmythologisierung ihrer Sprache. Gibt es universal verbindliche Standards der Vernunft, dann müssen sich auch religiöse Überzeugungen daran messen lassen. Insofern kann Bultmanns existenzialistische Interpretation der Bibel als konstruktiver Gegenentwurf zum Wissenschaftsideal und zum Entmythologisierungsprogramm neuzeitlicher Religionskritik verstanden werden. Während Kants Metaphysikkritik die Theologie dazu drängte, ihre Lehrsätze nur noch hypothetisch zu formulieren, gerade so aber der Natur des „Glaubens" besser zu entsprechen, hat Nietzsches Vernunft- und Religionskritik die Theologie dazu gezwungen, ihre unbedingten Geltungsansprüche in Bezug auf Gott, Mensch und Welt argumentativ zu rechtfertigen.

In einem „postmetaphysischen", zugleich aber auch „postsäkularen" Zeitalter bedarf es nicht nur einer fundamentaltheologischen, sondern auch einer dogmatischen Hermeneutik, um Inhalt und Anspruch des christlichen Glaubens rational zu begründen. Begründungen erfolgen in der Theologie der Gegenwart von unterschiedlichen philosophischen Ansätzen her. Zu ihnen zählen die Phänomenologie, die Transzendentalphilosophie, die Kulturanthropologie oder auch die Analytische Philosophie.[132]

---

132 Überblicksdarstellungen zur neueren systematischen Theologie: Joachim Valentin / Günter Kruck (Hrsg.), *Rationalitätstypen in der Theologie* (Quaestiones disputatae 285), Freiburg – Basel – Wien 2017, S. 177–230; Martin Dürnberger / Aaron Langenfeld / Magnus Lerch / Melanie Wurst (Hrsg.), *Stile der Theologie. Einheit und Vielfalt katholischer Systematik in der Gegenwart* (ratio fidei 60), Regensburg 2017.

18.1 Phänomenologische Theologie aus der Erfahrung des Heiligen

Eine durch die Phänomenologie inspirierte Theologie geht von der Grundüberzeugung aus, dass sich die Wirklichkeit dem Menschen in einem unvordenklichen Akt „zeigt". Der Freiburger Philosoph Martin Heidegger (1889–1976) hat deshalb zu Beginn des 20. Jahrhunderts „Wahrheit" als „Unverborgenheit" (ἀ-λήθεια) verstanden wissen wollen, nicht – wie bislang – als Korrespondenz von Sache und Verstand *(adaequatio rei et intellectus)*. Ansätze seines Lehrers Edmund Husserl (1859–1938) kritisch fortführend, geht es Heidegger darum, jenseits theoriegeleiteten Erkennens die Wirklichkeit in ihrer unmittelbaren Evidenz zur Geltung zu bringen.

Für Theologen ist dieser Ansatz des Denkens insofern attraktiv, als er das auf einen philosophischen Begriff zu bringen verspricht, was sie selbst als Transzendenz und gleichzeitige Gegenwart Gottes in allen Geschöpfen vor Augen haben und was sie mit dem Begriff der „Offenbarung" verbinden. Denn insbesondere im Phänomen des „Heiligen" meldet sich im religiösen Kontext eine Wirklichkeit an, welche das Gegebene übersteigt und ihm zugleich eine neue Bedeutung verleiht.

Der Freiburger Religionsphilosoph Bernhard Welte (1906–1983) hat deshalb im Ausgang von entsprechenden Erfahrungen versucht, die Wirklichkeit Gottes in den konkreten Wahrnehmungen des Alltags zu verorten. Diese Aufgabe stellt sich Welte umso dringlicher, als in der säkularisierten Moderne die Möglichkeit religiöser Erfahrung zunehmend in Frage gestellt ist. Will man nicht ganz darauf verzichten, dem Wirklichkeitsganzen irgendeinen Sinn zuzusprechen, dann besteht die Aufgabe der Theologie darin, das endliche Sein des Menschen in eine Beziehung zu diesem alles umfassenden und bergenden Sinn zu setzen.

Welte zufolge meldet sich der unendliche, alles umgreifende Sinn in jedem einzelnen Denkakt an. Während Denken nach Husserl wesentlich ein Korrelationsgeschehen ist, zeigt sich nach Welte im Denken immer schon mehr und Größeres als das im jeweiligen Gedanken Gedachte. In der denkenden Erfahrung menschlicher Endlichkeit und Nichtigkeit erblickt Welte die Möglichkeit, dem modernen Menschen Erfahrungen des Heiligen zu erschließen, die anschlussfähig sind für Fragen der traditionellen Metaphysik und Theologie.

Dieser Aufgabe haben sich aus Weltes Schülerkreis der Religionsphilosoph Bernhard Casper (geb. 1931), der Dogmatiker Peter Hünermann (geb. 1929) und der spätere Aachener Bischof Klaus Hemmerle (1929–

1994) gestellt. Hemmerle zufolge muss christliche Theologie über ihre begrifflichen Voraussetzungen Rechenschaft ablegen können, will sie ihnen nicht blind ausgeliefert sein. Die Philosophie wiederum kann der Theologie nur dann einen Dienst erweisen, wenn sie von der Theologie als eine unabhängige und eigenständige Instanz kritisch-reflexiver Vernunft anerkannt ist. Letzten Endes sind Theologie und Philosophie zu ihrem je eigenen Nutzen wechselseitig aufeinander verwiesen:

> „Philosophie muss die Theologie aus aller Verengung auf sich selbst, aus allem Getto der bloßen Pragmatik, der bloßen Positivität, herausreißen und zu sich selber bringen, indem sie hart und bohrend ihre Fragen an die Theologie stellt und die Unstruktur einer unphilosophischen Theologie aufweist. Umgekehrt hat aber auch Theologie die Chance und Aufgabe, eine Philosophie, die sich vor dem Philosophischen, die sich vor der Frage nach dem Ganzen zurückzieht, zu sich selbst herauszufordern.“[133]

Die wechselseitige Verwiesenheit von Theologie und Philosophie steht auch im Mittelpunkt des theologischen Werkes von Peter Hünermann. Der Tübinger Dogmatiker erinnert daran, dass nicht nur die Philosophie, sondern auch die Humanwissenschaften und besonders die Kulturwissenschaften die Verfasstheit des Menschen in einer jeweiligen Zeit bedenken. Damit liefern sie, so Hünermann, für die Theologie unverzichtbare Impulse, die ihr eigene „Sache“ so zu reflektieren, dass Relevanz und Bedeutung des christlichen Glaubens in der Vielfalt der Kulturen deutlich werden können.

Hünermann betont die geschichtliche Dimension von Glaube, Theologie und Kirche. Damit macht er sich jenen Ansatz theologischer Hermeneutik zu eigen, der sich seit dem 19. Jahrhundert in Theologie und Kirche zunächst nur unter großen Mühen durchsetzen konnte. Die Geschichte der Menschheit, aber auch die Geschichte von Theologie und Kirche vollziehen sich in ständig sich wandelnden Grundkonstellationen und Denkformen. Diese sind für die Glaubensreflexion nicht nur bedeutsam; sie können vielmehr im Sinne Melchior Canos als „Bezeugungsinstanzen“ der Theologie *(loci theologici)* gelten. Die Theologie hat sich deshalb den vielfältigen Denkformen und kulturellen Konstellationen zuzuwenden, innerhalb derer sich Glaube, Kirche und sie selbst vollziehen. Es ist der Theologie aufgegeben, kulturelle und gesellschaftliche

---

133 Klaus Hemmerle, *Das problematische Verhältnis von Philosophie und Theologie. Theologische Perspektiven* [1976], in: Philosophisches Jahrbuch 84 (1977), S. 228–241, hier 241.

Transformationen wahrzunehmen und diese auf ihre jeweiligen begrifflichen Voraussetzungen und Implikationen für das christliche Dogma hin zu befragen.

Bei alledem hat die Theologie die eschatologische Endgültigkeit der christlichen Heilsbotschaft zu plausibilisieren. Zu zeigen ist, wie in der Person Jesu Christi, dem *universale concretum*, die Partikularität eines historischen Ereignisses mit dem Anspruch universaler Heilsbedeutsamkeit zusammenfällt.

Weil im Ereignis der Menschwerdung des göttlichen Sohnes die „Wesensgeschichte" Gottes ebenso wie des Menschen zur geschichtlichen Konkretion gelangt ist, handelt die Theologie nicht allein von der Wirklichkeit Gottes, sondern auch von der Wirklichkeit des Menschen, seiner Kultur, seiner Religiosität, seinem Denken und seiner Philosophie.

Was meint in diesem Zusammenhang der Begriff einer „Wesensgeschichte" Gottes und der Menschen? Anders als Heideggers Begriff der „Seinsgeschichte" verweist Hünermanns Begriff der „Wesensgeschichte" nicht auf ein anonymes „Geschick", sondern auf die geschichtlich vermittelte Selbstbekundung jenes Gottes, den der christliche Glaube als den dreifaltigen bekennt. In diesem Sinne erlaubt es der Begriff einer Wesensgeschichte Gottes und der Menschen, die

> „auf den Glauben zukommenden, aus der Autonomie und Mündigkeit des Menschen resultierenden Momente der Wirklichkeitserfahrung und -deutung theologisch aufzunehmen und in ihrer in bezug auf die Tradition befremdlichen Sperrigkeit als Zugehöriges, zum Offenbarungsgeschehen in Beziehung Stehendes zu erkennen und auf ihr Wesen hin betrachtet zu integrieren" (*Offenbarung Gottes in der Zeit*, 16).

Die Geschichte christlicher Theologie kann so als Geschichte reflektierenden Nachdenkens über das Kommunikationsgeschehen zwischen Gott und Mensch verstanden werden, das durch jene Offenbarung Gottes eröffnet ist, wie sie in der Bibel bezeugt ist. Dabei wird der Theologie schlichtweg alles bedeutsam: die Auseinandersetzung mit den altorientalischen Mythen, das Gespräch mit der platonischen Philosophie in der Spätantike, die Anverwandlung der aristotelischen Metaphysik im Mittelalter, aber auch die Rezeption des Gedankens freier Subjektivität in der Neuzeit.

Ist „Offenbarung" ein kommunikatives Geschehen zwischen Gott und Mensch, dann ist dieses Geschehen nicht isoliert zu begreifen. Vielmehr ist es stets durch Voraussetzungen geprägt, welche die Theologie identifizieren muss, um Inhalt und Reichweite ihrer Aussagen methodisch zu sichern. Indem die Theologiegeschichte die veränderten Denkformen identifiziert, unter denen sich der Glaube zu unterschiedlichen Zeiten zum Gegenstand begrifflicher Reflexion gemacht hat, ist nicht zuletzt die Frage geweckt, welcher Denkformen es heutzutage bedarf, den bleibenden Gehalt der Offenbarung und ihren Wahrheitsanspruch sachgerecht auf den Begriff zu bringen.

Hünermann ist sich dessen bewusst, dass der Wahrheitsanspruch des christlichen Glaubens zu Beginn des 21. Jahrhunderts nicht nur in säkularen Gesellschaften, sondern auch gegenüber nichtchristlichen Religionen auszuweisen ist. Eine rationale Analyse greift hier zu kurz, weil sie dem vieldimensionalen Phänomen des Religiösen nicht gerecht wird. Hingegen kann ein phänomenologischer Ansatz bei der Kategorie des „Heiligen" von einer nicht nur im Christentum, sondern auch in anderen Religionen verbreiteten Erfahrung ausgehen. Verwiesen ist mit dieser Erfahrung auf die Unvordenklichkeit eines alle Wirklichkeit gründenden Grundes. Erfahrungen des Heiligen sind methodisch reflektiert so zur Sprache zu bringen, dass sich die in ihr bekundende Wahrheit als jene Wahrheit erweist, von der der christliche Glaube behauptet, sie sei in Jesus von Nazareth geschichtliche Wirklichkeit geworden.

18.2 Der Andere, die Gabe und der Leib: Phänomenologische Theologie an der Grenze

Zu Beginn des 21. Jahrhunderts zeigt sich die von der Phänomenologie her inspirierte Theologie in verschiedene Richtungen verzweigt. Im deutschsprachigen Raum sind diese Richtungen maßgeblich durch die Rezeption von Vertretern der französischsprachigen Phänomenologie wie Paul Ricœur (1913–2005), Emmanuel Levinas (1930–2004), Jean-François Lyotard (1924–1998), Jacques Derrida (1930–2004), Michel Henry (1922–2002) oder Jean-Luc Marion (geb. 1946) geprägt.

Nach einer Formulierung des jüdischen Philosophen Emmanuel Levinas offenbart sich der biblische Gott „jenseits des Seins", d. h. als eine Wirklichkeit, die jede ideelle Vorstellung in Frage stellt. Für Levinas meldet sich das „Heilige" in jedem menschlichen Antlitz an, indem es auf eine Transzendenz verweist, die sich als unbedingte ethische Verpflichtung bekundet. Wer dem Anderen begegnet, ist unmittelbar und unentrinnbar zur ethischen Solidarität verpflichtet. Er ist zur „Stellvertretung" *(substitution)* des Anderen genötigt. „Subjektivität" entsteht nach Levinas deshalb nicht auf der Grundlage menschlicher Autonomie und des freien Selbstbewusstseins, sondern aus der ihm begegnenden sittlichen Forderung, die das Individuum unbedingt verpflichtet.[134]

Die sich in jeder zwischenmenschlichen Beziehung anmeldende unbedingte sittliche Verpflichtung lässt Levinas erkennen, dass nicht das von der Metaphysik thematisierte „Sein" die grundlegende Kategorie der Wirklichkeit ist, sondern die Ethik. Schon Jacques Derrida hatte aber darauf aufmerksam gemacht, dass der unbedingten sittlichen Verpflichtung unausweichlich ein strukturelles Moment der Gewalt inhäriert.[135] Diesem Einwand sucht Derridas Schüler Jean-Luc Marion dadurch zu entgehen, dass er vorschlägt, nicht den sittlichen Imperativ, sondern das Sich-Ereignen von Liebe als eine Gegebenheit „jenseits des Seins" zu interpretieren. Die „Gegebenheit" der Liebe macht die Menschen nach Marion zu „Begabten" *(adonnés)*, zu Menschen also, deren Existenz wesentlich dadurch bestimmt ist, dass sich ihnen die Wirklichkeit und somit im Letzten die alles umgreifende Wirklichkeit Gott „gibt". Erblickt Levinas im Modus der Anklage („Akkusativ") den grundlegenden Modus zwischenmenschlicher Beziehungen, so ist dies für Jean-Luc Marion der Modus der Gabe („Dativ").

Für die Theologie verspricht der philosophische Diskurs um eine „Phänomenologie der Gabe", jener Dimension des Unableitbaren, die sich mit dem Glauben an die Transzendenz Gottes und an seine Offenbarung in der Geschichte verbindet, einen angemessenen Begriffsrahmen zu liefern. Bereits der französische Soziologe und Ethnologe Marcel Mauss (1872–1950) hat darauf hingewiesen, dass es der Gabe im strengen Sinne eigentümlich ist, jenseits eines ökonomischen Aufrechnens reines Umsonst *(gratuité)* zu sein und auf diese Weise neue Seinsmöglichkeiten zu eröffnen.[136] Marion zufolge kann die Gabe dies „leisten", weil ihre Gegebenheit in einer „unvordenklichen Überfülle des Seins" gründet. Diese Über-

---

[134] In seinem Aufsatz *„Ein Gott-Mensch?"* (frz.: *Un Dieu-Homme?*) will Levinas deshalb den Gedanken der Inkarnation nicht auf die einmalige Gestalt Jesu von Nazareth begrenzt wissen; vielmehr ereignet sich „Menschwerdung Gottes" in jeder zwischenmenschlichen Beziehung. Vgl. Emmanuel Lévinas, *Zwischen uns. Versuche über das Denken an den Anderen*, München 1995, S. 73–82. Die von Frank Miething gewählte Übersetzung des Titels „Menschwerdung Gottes?" trifft die Intention von Levinas nur unzureichend.

[135] Vgl. Jacques Derrida, *Gewalt und Metaphysik. Essay über das Denken Emmanuel Levinas* [1964], in: ders., Die Schrift und die Differenz, Frankfurt/M. 1972, S. 121–235.

[136] Vgl. Marcel Mauss, *Die Gabe. Form und Funktion des Austauschs in archaischen Gesellschaften* [Essai sur le don. Forme et raison de l'échange dans les sociétés archaïques, 1923/24], Frankfurt/M. ²1994.

fülle kann Marion mit Gott identifizieren – einem Gott freilich „ohne Sein". Denn das Wesen dieses „Dieu sans l'être" ist nicht die Seinsfülle der platonisch-aristotelischen Metaphysik *(ipsum esse subsistens)*, sondern das Ereignis seiner Gegebenheit – im Letzten das Ereignis seiner Liebe.[137]

Verschiedene Theologen und Theologinnen erschließen von diesem Gedanken her die klassischen Traktate der Dogmatik im Rahmen einer „Theologie der Gabe" begrifflich neu.[138]

Eine dritte Richtung phänomenologischer Theologie knüpft bei dem französischen Philosophen Michel Henry an. Henry, der als Begründer einer „Phänomenologie des Lebens" gilt, geht es um die leibliche Verfassung menschlicher Existenz. Die in der westlichen Philosophie verbreitete Tendenz, das Geistige als die für den Menschen wesentliche Dimension seines Daseins zu betrachten, hatte bereits Heidegger, Levinas und besonders Maurice Merleau-Ponty (1908–1961) dazu veranlasst, auch die leibliche Verfassung des Menschen philosophisch zur Geltung zu bringen. Sie alle kritisieren Husserls Begriff der Intentionalität, insofern dieser durch seine Konzentration auf die Beziehung zwischen dem Bewusstseinsakt des Erscheinens und dem darin erscheinenden Gegenstand den Gegenstand auf seine Erscheinung für das Bewusstsein reduziert habe. Diese Reduktion aber werde weder der „Gebungsweise" des Gegenstandes gerecht noch könne sie – und dies ist der Abstoßungspunkt Henrys von Husserl – auf das „Wesen der Erscheinung" zurückgehen.[139]

Das Wesen der Erscheinung ist nach Henry wesentlich mit der Leiblichkeit des Bewusstseins verknüpft. Es geschieht als „Leben", und dieses wiederum begreift Henry als „Selbstaffektion": Das Leben ist dem Bewusstsein nicht durch einen intentionalen Bezug vermittelt, sondern unmittelbar und immanent gegeben. Das Bewusstsein ist ein Modus des Lebens. Denn seiner selbst bewusst ist der Mensch nicht in einer reflexiven Rückwendung auf sich selbst, sondern darin, dass er sich in einer unmittelbaren Weise sich selbst gegeben ist. Und diese unmittelbare Selbstgegebenheit vollzieht sich wesentlich als Leiblichkeit.

---

[137] Jean-Luc Marion, *Gott ohne Sein* [Dieu sans l'être, 1982], Paderborn u. a. 2012, bes. S. 247–282.

[138] Vgl. Veronika Hoffmann, *Skizzen zu einer Theologie der Gabe. Rechtfertigung – Opfer – Eucharistie – Gottes- und Nächstenliebe*, Freiburg – Basel – Wien 2013; Veronika Hoffmann / Ulrike Link-Wieczorek / Christof Mandry (Hrsg.), *Die Gabe. Zum Stand der interdisziplinären Diskussion* (Scientia & Religio 14), Freiburg – München 2016.

[139] Vgl. Michel Henry, *L'essence de la manifestation*, Paris 1963.

Henry geht aber noch einen Schritt weiter: Aus der Tatsache, dass sich alles Lebendige in seiner individuellen Leiblichkeit absolut passiv im Leben vorfindet, schließt er, dass alles Leben in einem „absoluten Leben" gründet. Hier deutet sich eine metaphysische Dimension der Lebensphänomenologie an, die christliche Theologie nicht unberührt lassen kann. Tatsächlich hat sich Henry wiederholt mit dem Christentum auseinandergesetzt.[140] Im biblischen Gedanken einer „Fleischwerdung" *(incarnation)* des göttlichen Wortes (vgl. Joh 1,14) erblickt Henry eine Entsprechung zu der von ihm entwickelten Phänomenologie des Lebens. Dazu ruft er in Erinnerung, dass das „Fleisch" nach christlicher Auffassung nicht nur Ursprung der Sünde ist, sondern auch „Angelpunkt des Heils" (*caro cardo salutis*: Tertullian, *Resurr.* 8,2). Diese soteriologische Würde hat das Fleisch nach Henry, weil es in der Urzeugung des absoluten Lebens gebildet wird. Von jeher ist es daher Ausdruck von gottmenschlicher Gemeinschaft. Diese Gemeinschaft kann gewiss verstellt werden, wo der Mensch in die Anbetung seiner selbst verfällt. Die Gotteskindschaft des Fleisches vom Christusereignis her neu zu entdecken und zu leben, darin erblickt Henry die Sinnbestimmung menschlichen Lebens, das von dem einen göttlichen Ursprung her auch Gemeinschaft untereinander bedeutet.

Die Attraktivität solcher Überlegungen für Theologinnen und Theologen liegt auf der Hand.[141] Verheißen sie doch vor allem, einen philosophischen Vorbegriff von dem zentralen christlichen Dogma der Menschwerdung Gottes zu liefern. Indem es Henry als wesentlich für ein geglücktes Leben erachtet, den Schmerz der Individuation zu bejahen, kann man mit ihm Leiden, Kreuz und Tod Christi als Momente eines affirmativen Selbstverhältnisses leiblichen Bewusstseins deuten, in dem sich das „absolute Leben" selbst bejaht.

Herausfordernd für die Theologie ist Henrys Auffassung, dass er Gott selbst eine pathische Struktur zuspricht. Damit ist die klassische Lehre von

[140] Vgl. Michel Henry, *Ich bin die Wahrheit. Für eine Philosophie des Christentums* [C'est moi la Vérité. Pour une philosophie du christianisme; 1996], Freiburg – München 1997; *Inkarnation. Eine Philosophie des Fleisches* [Incarnation. Une philosophie de la chair; 2000], Freiburg – München 2002; *Christi Worte. Eine Phänomenologie der Sprache und Offenbarung* [Paroles du Christ; 2002], Freiburg – München 2010.

[141] Vgl. Ralf Miggelbrink, *Lebensfülle. Für die Wiederentdeckung einer theologischen Kategorie* (Quaestiones disputatae 235), Freiburg – Basel – Wien 2009; Helmut Hoping, *„Und das Wort ist Fleisch geworden" (Joh 1,14). Das inkarnierte Subjekt und die Menschwerdung Gottes*, in: Guido Bausenhart u. a. (Hrsg.), Zukunft aus der Geschichte Gottes. Theologie im Dienst an einer Kirche für morgen (FS Peter Hünermann), Freiburg/Br. 2014, S. 314–340, bes. 329–332.

der Impassibilität Gottes verabschiedet. Hier deuten sich Bezüge einer Theologie im Anschluss an Henry zur konzeptionell sehr unterschiedlich begründeten Prozesstheologie an.

18.3 Freiheit als Prinzip der Dogmatik: Transzendentale Theologien unbedingter Anerkennung

Jean-Luc Marion hat den transzendenten Grund aller Gegebenheit als „Liebe" bestimmt, soll das Gegebene nicht als bloßes „Geschick" verstanden werden müssen. Reine Gabe zu sein und darin liebende Hingabe für die Menschen, wird im irdischen Leben Jesu anfänglich als freier Selbstvollzug Jesu erkennbar und vollendet sich in seinem „Sterben für", in der freien Hingabe seiner selbst für das Leben der Welt. Damit rückt der Begriff der Freiheit ins Zentrum christlicher Theologie. In philosophischer Perspektive ist Freiheit ihrem Wesen und Grund nach durch formale Unbedingtheit und unbedingte Ursprünglichkeit gekennzeichnet. Indem sich Gott als Freiheit und darin als für den Menschen unbedingt entschiedene Liebe offenbart, wahrt er gerade seine Transzendenz. Denn als Freiheit bleibt Gott der Unvordenkliche, und als unbedingt entschiedene Liebe bleibt er freie Gabe.

Der Begriff der „Unbedingtheit" verheißt, eine Frage zu beantworten, die seit Beginn der neuzeitlichen Religionskritik im Zentrum der Apologetik stand: Wie lässt sich der Anspruch des christlichen Glaubens auf Letztgültigkeit begrifflich ausweisen? Wie lässt sich plausibel machen, dass in der biblisch bezeugten Offenbarungsgeschichte der alles umfassende Sinn der Wirklichkeit in prinzipieller Unüberbietbarkeit gegeben ist? Ist ein solcher Aufweis überhaupt möglich, oder muss sich das Denken – auch das theologische Denken – nicht mit je vorläufigen Hypothesen bescheiden? Lässt sich aber die existenzielle Entscheidung des Glaubens – bis hin zum Martyrium – auf bloße Hypothesen gründen?

Die gegenwärtige Philosophie hat sich mehrheitlich von dem Projekt einer „Letztbegründung" umfassenden Sinns verabschiedet. Entsprechende Versuche werden vielfach als nicht tragfähig zurückgewiesen. Theologie freilich wird sich nicht von dem Versuch dispensieren können, den unbedingten Wahrheitsanspruch des christlichen Glaubens argumentativ auszuweisen.[142]

[142] Vgl. Bernhard Nitsche, *Zur transzendentalen Methode in der Theologie*, in: Joachim Valentin / Günter Kruck (Hrsg.), Rationalitätstypen in der Theologie (Quaestiones disputatae 285), Freiburg – Basel – Wien 2017, S. 177–230.

In jüngerer Vergangenheit haben verschiedene Theologen und Theologinnen – darunter der Freiburger Fundamentaltheologe Hansjürgen Verweyen (geb. 1936) und der Münsteraner Dogmatiker Thomas Pröpper (1941–2015) – den Versuch unternommen, den Anspruch des Christentums auf letztgültige Verbindlichkeit argumentativ zu fundieren. Verweyen will im Ausgang von Widersprüchlichkeiten und Paradoxien, die sich in der menschlichen Vernunft zeigen, den Gedanken einer sich ihr offenbarenden Instanz als legitim ausweisen, die imstande ist, diese Widersprüchlichkeiten und Paradoxien wenn nicht aufzulösen, so doch im Hegel'schen Sinne „aufzuheben".[143] Pröpper wiederum weiß sich einer freiheitstheoretischen Begründung des Glaubens verpflichtet. Ausgehend vom emphatischen Freiheitsbegriff, der die Neuzeit seit ihren ersten Anfängen in Humanismus und Reformation geprägt hat und im deutschen Idealismus wirksam geworden ist, sucht er nach Möglichkeiten, den Begriff der Freiheit als theologische Basiskategorie fruchtbar zu machen.

Indem Thomas Pröpper den Begriff der Freiheit zum Prinzip seiner Dogmatik macht, beansprucht er nicht nur, die von Martin Heidegger als „ontotheologisch" diskreditierte Verfassung der neuzeitlichen Metaphysik hinter sich zu lassen. Vielmehr hofft er zugleich, jenem Begriff Rechnung zu tragen, der wie kein anderer das Selbstverständnis des Menschen in Neuzeit und Moderne geprägt und sein Handeln geleitet hat.

Pröpper stützt sich dazu vor allem auf die Freiheitsphilosophie Johann Gottlieb Fichtes (1762–1814) und ihre Rezeption durch den Münchner Philosophen Hermann Krings (1913–2004). Mit Fichte und Krings identifiziert Pröpper in der zwar material in vielfacher Hinsicht bedingten, formal jedoch unbedingten Freiheit des Menschen ein Unbedingtes in Zeit und Geschichte. Formal unbedingt ist die menschliche Freiheit deshalb, weil sie – anders als Naturkausalität – in ihrem Vollzug die Möglichkeit beinhaltet, sich aus sich selbst heraus je neu und anders zum Handeln zu bestimmen. Indem sich die Freiheit die Gesetze ihres Handelns selbst aufgibt, erweist sie sich als autonom.

Zugleich erfährt sich die Freiheit als radikal herkünftig; denn soll der Gedanke der unbedingten Selbstsetzung des Menschen im autonomen Vollzug seiner Freiheit nicht in einen infiniten Regress einmünden, dann kann – in transzendentaler Perspektive – das freie Ich des Menschen nicht

---

[143] Vgl. Hansjürgen Verweyen, *Gottes letztes Wort. Grundriß der Fundamentaltheologie*, Regensburg ^{3}2000, S. 133–195.

Grund seiner Selbstsetzung sein. Vielmehr ist in letzter Instanz eine Gleichursprünglichkeit von Bei-sich-Sein und Selbstbezüglichkeit anzunehmen. Diese Differenz-Einheit aber kann das Subjekt gerade nicht aus sich selbst heraus konstituieren. Die Gleichursprünglichkeit von Bei-sich-Sein und Selbstbezüglichkeit muss vielmehr als „gegeben“ gedacht werden. Damit öffnet sich aus der Struktur des freien Selbstbewusstseins heraus die Möglichkeit, eine machtvolle Instanz zu denken, welche das Ich als ursprüngliche Differenz-Einheit allererst konstituiert. Insofern liefert die transzendentale Rekonstruktion freier Subjektivität nicht weniger als die formale Struktur eines „Gottesbeweises“.

Die formale Unbedingtheit menschlicher Freiheit erlaubt es nach Pröpper, die Differenz zwischen der endlichen Welt und dem unendlichen Gott zu denken.[144] Eine Schlüsselstellung nimmt dabei der Begriff der „Anerkennung“ ein. Denn indem jener Gehalt, welcher der autonomen Freiheit allein angemessen ist, kein anderer sein kann als selbst wiederum Freiheit, vollzieht sich Freiheit ihrem Wesen entsprechend nur dann, wenn sie in ihren konkreten Vollzügen darauf ausgerichtet ist, Freiheit zu ihrem Inhalt zu wählen – zunächst die eigene Freiheit in der unbedingten Selbstaffirmation, dann die Freiheit des Anderen in der unbedingten Anerkennung fremder Freiheit. Damit ist trotz aller materialen Bedingtheit – Freiheit muss sich zu Freiheit entschließen – ein in letzter Instanz nichtnotwendiges Geschehen beschrieben. Dieses unterscheidet sich als solches grundlegend von natürlicher Kausalität.

Anerkennt man auf dieser Grundlage die Freiheit als Prinzip der Dogmatik, dann hat dies Konsequenzen für alle ihre Traktate: die Christologie, die Gnadenlehre und die Schöpfungstheologie, aber auch für die Sozialethik. Nicht zuletzt erwächst hieraus ein kritisches Moment in Bezug auf die Kirche selbst: Diese muss sich in allen ihren Vollzügen daran messen lassen, inwiefern diese darauf hinzielen, Freiheit zur Geltung zu bringen.

In der Lebenspraxis bringt sich die formale Unbedingtheit freier Anerkennung anderer Freiheit immer nur in vorläufigen Gestalten zur Geltung. Diesen Zusammenhang sieht Pröpper mit dem Begriff des „Symbols“ zur Sprache gebracht. Er beansprucht diesen Begriff in der erweiterten Bedeutung, die ihm Ernst Cassirer (1874–1945) in seiner *Philosophie der symbolischen Formen* (1923–1929) gegeben hat. Cassirer versteht unter einer „symbolischen Form“ nicht nur einzelne Gegenstände oder Handlungen,

144 Vgl. Thomas Pröpper, *Theologische Anthropologie*, 2 Bde., Freiburg/Br. 2011.

sondern auch beispielsweise die Sprache oder kulturelle Normierungen.[145] Durch alles dies ist die transzendentale Freiheit in ihrer formalen Unbedingtheit mit der Welt der Phänomene vermittelt.

Indem Pröpper für die Dogmatik einen emphatischen Freiheitsbegriff in Anschlag bringt, sucht er die von Balthasar identifizierten „Reduktionen" der Theologie auf Metaphysik, Geschichte oder Bewusstsein zu vermeiden. Zugleich ist er zuversichtlich, in freiheitstheoretischer Perspektive die im Rahmen der Neuscholastik unablässig bedachte Frage nach dem Verhältnis von Natur und Gnade schlüssig beantworten zu können. Darüber hinaus gewinnt er einen für die Theologie des Glaubensaktes fundamentalen Begriff unbedingter Entschiedenheit: Diese ist nämlich in jedem Akt einer Freiheit gesetzt, die sich zu sich selbst entschließt – und gerade so unbedingt für die Freiheit des Anderen entschieden sein kann. Damit ist ein formaler Begriff gewonnen, von dem her grundlegende Vollzüge des Glaubens wie „Liebe" und „Martyrium" erschlossen werden können.

Menschwerdung, Leiden und das Kreuz Jesu Christi können in dieser Perspektive als geschichtliche Vollzüge der unbedingten Entschiedenheit Gottes für den Menschen gelten. Indem Gottes Solidarität mit den Leidenden und den Sündern in die Auferweckung des Gekreuzigten einmündet, offenbart sich nach christlichem Glauben mitten in der Geschichte eine Macht, die alles sinnlose Leiden, Sünde und Tod zu überwinden imstande ist. Dass damit nicht alle Fragen nach dem oft so abgründigen Leiden des Menschen und der Kreatur schon beantwortet sind, leugnet Pröpper keineswegs. Erst vom Jüngsten Gericht her ist eine endgültige Auskunft über die Absichten Gottes zu erhoffen.

Dabei ist sich Pröpper sehr wohl dessen bewusst, dass der von ihm verfochtene emphatische Freiheitsbegriff in der sogenannten „Postmoderne" erheblich unter Druck geraten ist und an Plausibilität verloren hat. Wird er doch beispielsweise von Vertretern neostrukturalistischer Philosophien in seiner Geltung vehement bestritten. Pröpper und seine Schüler beharren

[145] „Unter einer ‚symbolischen Form' soll jede Energie des Geistes verstanden werden, durch welche ein geistiger Bedeutungsgehalt an ein konkretes sinnliches Zeichen geknüpft und diesem Zeichen innerlich zugeeignet wird. In diesem Sinne tritt uns die Sprache, tritt uns die mythisch-religiöse Welt und die Kunst als je eine besondere symbolische Form entgegen. Denn in ihnen allen prägt sich das Grundphänomen aus, daß unser Bewußtsein sich nicht damit begnügt, den Eindruck des Äußeren zu empfangen, sondern daß es jeden Eindruck mit einer freien Tätigkeit des Ausdrucks verknüpft und durchdringt" (*Der Begriff der symbolischen Formen im Aufbau der Geisteswissenschaften* [1921/22], in: Wesen und Wirkung des Symbolbegriffs [1956], S. 169–200, hier 175.

demgegenüber aus theologischen Gründen auf einer philosophischen Anthropologie, für die der Begriff der Freiheit grundlegend ist. Der Theologie wächst insofern die Aufgabe zu, dieses Denken gegen neostrukturalistische oder auch naturalistische Reduktionen argumentativ zu verteidigen.

18.4 Soziale und politische Dimensionen der Erlösung: Dramatische Theologie

Zu jeder Zeit bestand und besteht eine zentrale Aufgabe christlicher Theologie darin, die neutestamentlich grundlegende Rede von „Heil" und „Erlösung" verständlich zu machen. „Heil" und „Erlösung" sind Beziehungsbegriffe; sie verweisen auf eine Situation des „Unheils", aus der „erlöst" werden soll. Was aber ist genau mit „Heil" und „Erlösung" gemeint? Und wie geschieht „Erlösung"?

Nicht wenige Erklärungsmodelle in der Geschichte christlicher Theologie neigen dazu, den Begriff der Erlösung individualistisch zu fassen. Dies gilt sowohl für Erlösungsmodelle, denen es um die „Vergöttlichung" der menschlichen Natur geht, als auch für solche, in denen die Befreiung des Sünders von seiner Schuld im Mittelpunkt steht. Die Möglichkeit, dass „Erlösung" auch eine soziale Dimension zukommen könnte, wurde erst in jüngerer Vergangenheit theologisch bedacht. Entsprechende Ansätze sind in der Befreiungstheologie, der feministischen Theologie oder der „Neuen politischen Theologie" wahrzunehmen.

Nach den sozialen und politischen Konsequenzen der biblischen Heilsbotschaft fragt auch der Innsbrucker Jesuit Raymund Schwager (1935–2004). Im Gespräch mit dem französischen Literaturwissenschaftler René Girard (1923–2015) und dessen Kulturtheorie hat Schwager seit Beginn der 80er Jahre des 20. Jahrhunderts ein soteriologisches Modell entworfen, das als „dramatische" oder auch „mimetische Theologie" bekannt wurde.

Schwager geht davon aus, dass die Geschichte der göttlichen Offenbarung, wie sie in den biblischen Schriften bezeugt ist, nicht linear fortschreitet. Vielmehr vollzieht sich die Offenbarung als eine Reihe voneinander unabhängiger Ereignisse, in der Gott und Mensch je neu und anders in eine Beziehung zueinander treten. Erst in der Gesamtschau erschließt sich die Bedeutung der Heilsgeschichte im Ganzen – und somit zugleich auch jedes einzelnen Aktes darin.

Dennoch meint Schwager im Anschluss an Girard, in den verschiedenen Schriften der Bibel eine für alle Zeiten bestimmende theologische

Perspektive identifizieren zu können. Diese besteht darin, dass die biblischen Texte das Problem zwischenmenschlicher Gewalt zunehmend auf seine Wurzeln hin transparent machen. Demnach ist Gewalt in menschlichen Gemeinschaften unausweichlich, weil in ihnen das zunächst unspezifische Begehren des Menschen durch Nachahmung *(mimesis)* auf ein konkretes Objekt gelenkt wird: Was dem Anderen erstrebenswert erscheint, wird auch für einen selbst attraktiv. Indem nun freilich (mindestens) zwei Akteure dasselbe Objekt begehren, entsteht zwischen ihnen eine Rivalität, die nahezu unausweichlich in gewaltsame Auseinandersetzungen mündet.

René Girard hatte in dem zwangsläufigen Mimesis-Prozess eine zerstörerische Dynamik erblickt, die nur dann nicht zur Auflösung menschlicher Gemeinschaften führt, wenn es gelingt, die diffuse Gewalt innerhalb von Gemeinschaften auf ein Objekt zu lenken, das außerhalb der Gemeinschaft steht. Für Girard ist dies das Opfer: Indem die diffuse Gewalt auf ein gemeinsames Opfer *(victime)* gelenkt wird, kommt es zu einer vorläufigen Befriedung der Gemeinschaft. Denn die kultische Opferhandlung *(sacrifice)* ist nach Girard imstande, die in jeder Gesellschaft aufgrund der humanen Grundstruktur des Begehrens *(désir)* und der Nachahmung *(mimesis)* unvermeidliche Gewalt zumindest kurzfristig zu binden und so zur vorläufigen Befriedung einer Gesellschaft beizutragen. Im Buch Levitikus (Kap. 16) begegnet dieser Vorgang kollektiver Befriedung im Ritus des Sündenbocks: Diesem werden die Sünden des Volkes aufgeladen, bevor er in die Wüste hinausgejagt wird.

Ähnliche Riten seien nicht nur in der Bibel, sondern seit dem Beginn der Menschheitsgeschichte in allen Kulturen zu identifizieren. Dabei wird das Opfer ambivalent wahrgenommen: Als vermeintliche Ursache der Gewalt hat es den Tod verdient; indem seine Darbringung als friedenstiftend erfahren wird, erscheint es als heilig. Auch wird die gemeinsame Darbringung des Opfers zwar zunächst als friedenstiftend erfahren; sie muss aber regelmäßig wiederholt werden, da sich die mit dem Opfer verbundene Psychodynamik als nicht nachhaltig erweist.

Gleichwohl hat die Praxis des religiösen Opfers nach Girard den Fortbestand der Menschheit überhaupt erst ermöglicht – freilich immer um den Preis unschuldigen Lebens. Erst das Christentum habe den Sündenbockmechanismus durch seine Parteinahme für die unschuldigen Opfer durchschaut. Denn das Christentum beziehe sich konstitutiv auf den Tod eines Unschuldigen und entlarve so die Projektion der kollektiven Gewalt auf einen angeblich schuldigen Menschen als Vorwand und Lüge.

In den biblischen Texten meinen Girard und Schwager eine fortschreitende Aufdeckung dieses den Menschen zunächst verborgenen Wirkungszusammenhangs erkennen zu können. Dienen die Opfer anfänglich in religions- und kulturgeschichtlich geläufiger Weise dem Erhalt der menschlichen Gemeinschaft, indem sie die darin herrschende diffuse Gewalt mit Recht auf sich ziehen, so stehen am Ende der alttestamentlichen Überlieferung die Texte vom Gottesknecht, der gerade als Unschuldiger leiden muss, um so die Sünden der vielen zu tragen (vgl. Jes 53). Indem die späten Texte des Alten Testaments die Wurzeln zwischenmenschlicher Gewalt aufdecken, deuten sie zugleich Möglichkeiten ihrer Überwindung an. Die biblische Geschichte kann deshalb, so Schwager, als eine Geschichte der – zumindest prinzipiellen – Überwindung von Gewalt erzählt werden.

In christlicher Deutung kulminiert die Überwindung zwischenmenschlicher Gewalt in Person und Geschick Jesu von Nazareth. In Jesus wird endgültig offenbar, dass die Opfer zwischenmenschlicher Gewalt unschuldig sind, dass also die Verantwortung für die ihnen widerfahrene Gewalt allein und unvertretbar bei den Tätern liegt. Im Anschluss an René Girard interpretiert Schwager Person und Geschick Jesu als Aufdeckung eines in der Geschichte der Menschheit von Anbeginn gegebenen, zugleich aber verborgenen Zusammenhangs.

Der christliche Glaube an die Auferweckung des Gekreuzigten bekräftigt nicht nur die Unschuld des Gekreuzigten, sondern auch dessen Praxis der Gewaltlosigkeit, der Vergebung und der Versöhnung. In der Begegnung zwischen Jesus und der Ehebrecherin (Joh 8,1–11) etwa unterbricht Jesus den mimetischen Zirkel der kollektiven Gewalt durch die entwaffnende Frage: „Wer von euch ohne Sünde ist, der …“ Letztendlich propagieren die biblischen Schriften Girard zufolge die Überzeugung, dass im zwischenmenschlichen Leben nicht die durch Begehren und Nachahmung ausgelöste Gewalt das letzte Wort hat, sondern jener Gott, den Juden und Christen als den Herrn über Leben und Tod verehren.

Im Ausgang von Girards Überlegungen will Schwager die Lehren vom stellvertretenden Sühnetod oder vom Opfercharakter des Kreuzes in einer Weise reformulieren, dass in ihnen die Grundbotschaft der biblischen Offenbarung – nämlich Gottes Wirken zum Heil der Menschen – erkennbar wird. Indem er dieses Wirken wesentlich als friedenstiftende Überwindung zwischenmenschlicher Gewalt deutet, liefert Schwager nicht zuletzt auch eine theologische Begründung für die Friedensmission der christlichen Kirchen. Wesentlich hierfür ist die Anerkenntnis eigener Schuld. Nur wer den Anderen nicht zum Sündenbock für eigene Verfehlungen erklärt, ist fähig zu einem dauerhaften Frieden; der Verzicht auf Gewalt wiederum kann als Indikator göttlichen Handelns gelten:

> „Ein tiefer, echter und dauerhafter Friede zwischen Menschen, der nicht auf Opferung Dritter aufgebaut ist und ohne Polarisierung auf Feinde auskommt, ist sehr schwer erreichbar, ja übersteigt menschliche Kräfte. Wenn er dennoch Wirklichkeit wird, ist dies ein klares Zeichen, dass Gott selber (der Hl. Geist) in den Menschen am Wirken ist.“[146]

Folgerichtig hat Schwager die von Papst Johannes Paul II. erstmals im Jahr 1986 initiierten Gebetstreffen in Assisi von Führern unterschiedlicher Religionen entschieden begrüßt. Gleiches gilt für die Vergebungsbitten des Papstes anlässlich des ersten Fastensonntags im Heiligen Jahr 2000. Mit ihnen hat sich die katholische Kirche unmissverständlich zur Verantwortung für Verfehlungen in ihrer Geschichte bekannt.

In der Nachfolge Schwagers hat das Forschungsprogramm „Dramatische Theologie“ innerhalb des Innsbrucker Forschungszentrums „Religion – Gewalt – Kommunikation – Weltordnung“ diesen Ansatz vertieft. In diesem Rahmen wird sowohl die politische als auch die individuelle Dimension der Soteriologie zur Geltung gebracht. Denn erst dort, wo persönliche Schuld als solche anerkannt und angenommen ist, kann deren Projektion auf Unschuldige vermieden werden.

Kritiker der „mimetischen Theologie“ wenden ein, dass sich die Botschaft Jesu keineswegs auf die Überwindung zwischenmenschlicher Gewalt eingrenzen lässt. Vielmehr sei es Jesus darum gegangen, das menschliche Leben auf die Wirklichkeit des nahenden Gottesreiches hin zu öffnen. Diese Wirklichkeit aber beinhalte mehr und Größeres als die Überwindung zwischenmenschlicher Gewalt. Andere wiederum bezweifeln die empirische Basis der von Girard weitgehend auf dem Studium von Texten errichteten Theorie. Diese hat in der Tat weder in der Kulturanthropologie noch in der Philosophie nennenswerten Widerhall gefunden. Girards Anspruch gilt vielen als zu universalistisch, sein Beharren auf der kulturellen Überlegenheit des Christentums als eurozentrisch. Jede theologische Rezeption seiner Theorie wird diese Einwände wohl bedenken müssen.

---

[146] Raymund Schwager / Józef Niewiadomski, *Dramatische Theologie als Forschungsprogramm*, in: Zeitschrift für Katholische Theologie 118 (1996), S. 317–344, hier 334.

18.5 Die Welt im Licht des Glaubens: Radical Orthodoxy

In Absetzung von der Skepsis, mit der katholische Theologen und das kirchliche Lehramt im 19. Jahrhundert der menschlichen Freiheit und ihrem Streben nach Autonomie begegnet sind, begrüßen heutzutage viele Theologen und Theologinnen einen emphatischen Begriff von Freiheit, wie er sich in der Neuzeit in Politik und Gesellschaft, aber auch im individuellen Leben durchgesetzt hat.

Hingegen geht die durch die anglikanischen Theologen John Milbank (geb. 1952), Graham Ward (geb. 1955) und Catherine Pickstock (geb. 1970) in Cambridge begründete theologische Schule der „Radical Orthodoxy" davon aus, dass die Theologie die in Neuzeit und Moderne etablierte Trennung von Theologie und Philosophie überwinden muss.[147] Vertreter der „Radical Orthodoxy" wenden sich gegen liberale Interpretationen des christlichen Glaubens; deren affirmatives Verhältnis zu Neuzeit und Moderne wird als Irrweg kritisiert.

Traditionsgeschichtlich ist die Bewegung der „Radical Orthodoxy" dem Augustinismus und der Dialektischen Theologie von Karl Barth zuzuordnen. Mit Joseph Ratzinger verbindet sie die Überzeugung, dass Glaube und Vernunft im letzten Grund eine Einheit darstellen. Ratzingers Rückgriff auf die patristische Theologie wird ausdrücklich befürwortet. Und wie dieser machen die Anhänger der „Radical Orthodoxy" namentlich den spätmittelalterlichen Nominalismus dafür verantwortlich, dass Vernunft und Glaube, Theologie und Philosophie in der Neuzeit auseinanderdrifteten. Indem Duns Scotus die absolute Freiheit des göttlichen Willens betonte, habe er einer Theologie Vorschub geleistet, die Gott als unberechenbar und willkürlich handelnd begreift. Zugleich habe Duns Scotus die menschliche Freiheit überschätzt. Damit sei jene Einheit von Wahrheit und göttlicher Freiheit zerbrochen, wie sie bei Augustinus und Thomas von Aquin noch gegeben war. Immanuel Kant schließlich habe durch seine Kritik an der Reichweite der menschlichen Vernunft die von Duns Scotus angebahnte Trennung von Physik und Metaphysik philosophisch gerechtfertigt; wirksam geworden sei diese Trennung im Säkularismus der Moderne.

---

[147] Vgl. die grundlegende Darstellung des Anliegens: John Milbank / Catherine Pickstock / Graham Ward (Hrsg.), *Radical Orthodoxy. A New Theology*, London 1999; Sven Grosse / Harald Seubert (Hrsg.), *Radical Orthodoxy. Eine Herausforderung für Christentum und Theologie nach der Säkularisierung*, Leipzig 2017.

Die Idee einer Autonomie der säkularen Welt jedoch sei aus christlicher Perspektive entschieden abzulehnen, so die Vertreter der „Radical Orthodoxy". Beansprucht doch das Christentum, die Wahrheit über die Wirklichkeit im Ganzen zu vertreten. Deshalb wollen die Vertreter der „Radical Orthodoxy" die Theologie als Universalwissenschaft zur Geltung bringen. Als solche bildet sie mit der Philosophie, aber auch mit anderen Wissenschaften eine organische Einheit. Auf dieser Grundlage sollen Theologie und Metaphysik, auf dem Wege einer vertieften Begründung des Naturrechts aber auch die Sozialphilosophie einer grundlegenden Relecture unterzogen werden.

Die dem Glauben eigene Rationalität fordere eine Gestalt von Theologie, die sich als Alternative zu philosophisch begründeten Deutungen von Welt und Geschichte versteht. Die Frage allerdings, auf welche Weise diese Alternative im Dialog mit Nichtchristen verständlich gemacht werden kann, bleibt unbeantwortet.

18.6 Gott und Welt im gemeinsamen Werden: Prozesstheologien

Die Herausforderung, die Beziehung zwischen einem als ewig und vollkommen gedachten Gott und der raumzeitlich strukturierten Welt zu denken, hat Theologen aller christlichen Konfessionen auf die Prozessphilosophie von Alfred North Whitehead (1861–1947) aufmerksam gemacht. Whitehead hatte in seinem philosophischen Hauptwerk „Prozess und Realität" (*Process and Reality. An Essay in Cosmology*, 1929) nicht nur den Kosmos, sondern die Wirklichkeit im Ganzen so zu deuten versucht, dass diese nicht aus Substanzen konstituiert ist, sondern aus elementaren, ineinandergreifenden und miteinander verwobenen Prozessen und Relationen. Infolgedessen ersetzt Whitehead in seiner Kosmologie die traditionellen Begriffe Sein und Substanz durch die Begriffe Prozess und Werden. Das Ganze der Wirklichkeit begreift er als einen strukturierten und schöpferischen Organismus, der Gott, Mensch und Welt gleichermaßen umfasst. Dieser Organismus hat eine ihm eigene Geschichte, deren Ende prinzipiell unabsehbar ist – unabsehbar für den Kosmos und das Leben darin, unabsehbar aber auch für Gott.

Whitehead will traditionell als Gegensätze geltende Kategorien wie Subjekt und Objekt, Substanz und Qualität in ihrer wechselseitigen Bezogenheit verstanden wissen. So lasse sich zwischen einem Gegenstand und seinem Betrachter nicht scharf trennen; beide sind immer schon durch ihre jeweilige Geschichte bestimmt, und im Ereignis der Begegnung beider wird unweigerlich Neues entstehen. Darüber hinaus sieht Whitehead jedes „wirkliche Ereignis" *(actual entity)* in komplexer Weise mit allen anderen Ereignissen verbunden, aus denen es hervorgegangen ist und die es in der Zukunft beeinflussen wird. „Wirkliche Ereignisse" wiederum weisen nach Whitehead einen mentalen und einen physischen Pol auf. Der physische Pol ist bestimmt durch Wirkursachen, der geistige durch Zweckursachen. Der physische Pol steht für Aktualität, Einheit, Kausalität und Objektivität, der geistige Pol für Potenzialität, Vielheit, Finalität und Subjektivität.

Whiteheads Prozessphilosophie stellt einen begrifflichen Rahmen bereit, Fragen der Ökologie und der gesellschaftlichen Pluralität in eine umfassende Metaphysik zu integrieren. So haben beispielsweise Whiteheads ehemaliger Assistent Charles Hartshorne (1897–2000) und dessen Schüler, der Theologe John B. Cobb (geb. 1925), die Welt als ein Geflecht von Wechselbeziehungen und als ständigen Prozess der Entstehung von Neuem begriffen. Dies macht ihr Denken nicht nur anschlussfähig für die Evolutionstheorie, sondern ermöglicht auch die Grundlegung einer ökologischen Schöpfungslehre. Ausgehend von dem prozessualen Charakter aller Wirklichkeit lässt sich darüber hinaus eine Metaphysik sozialer Beziehungen entwickeln. In deren Rahmen kann gesellschaftliche Pluralität als integrierender Bestandteil kosmischen Werdens gewürdigt werden.

Für die Theologie attraktiv wird die Prozessphilosophie deshalb, weil sie verspricht, der Geschichtlichkeit der Welt – und damit auch der Geschichtlichkeit der Gott-Welt-Beziehung – Rechnung zu tragen. Zugleich wertet sie das Materielle auf. Denn obwohl die Hegel'sche Geschichtsphilosophie beansprucht, das Individuelle und Konkrete nicht als Gegensatz zum Absoluten und Universalen gelten zu lassen, sondern in den Begriff des Absoluten zu integrieren, räumt sie doch dem Geistigen den Vorrang vor dem Materiellen ein. Whiteheads Gedanke einer Bipolarität aller „wirklichen Ereignisse" deutet hierzu eine Alternative an.

Der Begriff wirft freilich viele Fragen auf; denn wie lässt sich die Beziehung zwischen der Ewigkeit Gottes und der Zeitlichkeit der Welt genau denken? Wie soll man es sich vorstellen, dass Gott in die zeitlich verfasste Geschichte hineinwirkt? Ungeachtet solcher Fragen signalisiert der traditionelle Begriff der *creatio continua*, dass die geschaffene Wirklichkeit keinerlei Bestand in sich selbst hat. Deshalb würde die Welt ohne die fortdauernde Mitteilung des Seins in jenes Nichts zurückfallen, aus dem heraus sie Gottes Schöpfungswort in die Existenz gerufen hat. In prozesstheologischer Perspektive ist die *creatio continua* allerdings reziprok: Gott und Welt sind wechselseitig aufeinander bezogen. Gleichwohl ist die Beziehung zwischen Gott und Welt nicht symmetrisch; denn Gott bleibt auch in prozesstheologischer Perspektive der Ursprung allen Seins.

Vor allem Erfahrungen der Ohnmacht und des Leidens haben Theologen immer wieder nach den möglichen Gründen für das ausbleibende Eingreifen Gottes fragen lassen. Auch hierzu bietet Whiteheads Prozessphilosophie einen Verstehensrahmen an: Gott ist nicht das souveräne Gegenüber zur Geschichte; er ist vielmehr in diese hinein verwoben. Das Leiden der Kreatur betrifft ihn unmittelbar. Damit freilich verändert sich der Begriff göttlicher Allmacht.

In prozesstheologischer Perspektive hat Gott mit der Erschaffung der Welt einen Möglichkeitsraum eröffnet, in dem nicht nur leidensfähige Subjekte entstehen können, sondern auch Personen, die zu freien Entscheidungen fähig sind. Diese Entscheidungen wiederum werden von Gott respektiert. Sie entscheiden nicht nur über das Werden des Kosmos mit, sondern haben auch für Gott Bedeutung. Hatte Karl Rahner mit Blick auf die Menschwerdung des göttlichen Logos die Möglichkeit in Erwägung gezogen, dass Gott, „der an sich selbst Unveränderliche", *„selber am anderen* veränderlich sein" kann[148], so gehen Whitehead und seine theologischen Schüler einen Schritt weiter: Weil die Wirklichkeit insgesamt Beziehung ist, ist auch Gott selbst in das Werden seiner Welt verwoben.

Theologisch herausfordernd bleibt dabei die Aufgabe, Gottes Souveränität über die Geschichte als wirksam zu denken. Denn nur ein Gott, der die Macht hat, auch das Unabgegoltene in der Geschichte zu heilen, kann als jener Gott identifiziert und anerkannt werden, von dem die biblische Offenbarung spricht.

18.7 Um die Tragfähigkeit theologischer Argumentationen: Die Analytische Religionsphilosophie

Vertreter der besonders im angelsächsischen und US-amerikanischen Raum verbreiteten Analytischen Theologie versuchen auf eine Kritik zu antworten, wie sie von manchen Repräsentanten der Analytischen Philosophie an

[148] Karl Rahner, *Zur Theologie der Menschwerdung* [1958], in: Sämtliche Werke, Bd. 12, Freiburg/Br. 2005, S. 309–322, hier 316.

die Adresse der traditionellen – oft „kontinental" genannten – Theologie gerichtet wird. Erblicken sie doch in theologischen Texten oft bestenfalls eine Art „belletristischer Literatur"; diese beanspruche zwar existenzielle Relevanz, könne ihren Wahrheitsanspruch jedoch argumentativ nicht ausweisen. Der kontinentalen Theologie wird wissenschaftliche Unverbindlichkeit vorgeworfen; sie sei nicht imstande, ihre Urteile und Behauptungen logisch kohärent zu artikulieren. Für sich selbst beansprucht die Analytische Philosophie, durch sorgfältige Begriffsbestimmungen und die formale Analyse von Schlussfolgerungen philosophische Probleme und deren Lösungsvorschläge eindeutig und präzise zu formulieren. Nur so sei es möglich, zu belastbaren Problemlösungen zu gelangen.

Vertreter der Analytischen Philosophie stützen sich neben älteren Ansätzen im englischen Empirismus (Locke, Berkeley, Hume) vor allem auf die Arbeiten von Gottlob Frege (1848–1925) und Ludwig Wittgenstein (1889–1951). Dessen *Tractatus logico-philosophicus* von 1921 war richtungsweisend für die Beiträge zum logischen Empirismus, die aus dem „Wiener Kreis" erwuchsen. Einflussreich für die Analytische Philosophie wurden ferner die begriffstheoretischen Überlegungen der britischen Philosophen Bertrand Russell (1872–1970) und George Edward Moore (1873–1958) sowie die Arbeiten von Willard Van Orman Quine (1908–2000) und Hilary Putnam (1926–2016).

Im Bemühen, dogmatische Aussagen so zu reformulieren, dass sie dem epistemologischen Anspruch der Analytischen Philosophie genügen – d. h. Wahrheit und Gewissheit beanspruchen dürfen –, beziehen sich einige Theologen vor allem auf solche Vertreter der Analytischen Philosophie, die sich explizit mit dem im Rahmen von Religionen erhobenen Wahrheitsanspruch befassen. So fragen Religionsphilosophen wie Peter T. Geach (1919–2013), Nicholas Wolterstorff (geb. 1932), Alvin Plantinga (geb. 1932), Richard Swinburne (geb. 1934) und Peter van Inwagen (geb. 1942) beispielsweise danach, wie der mit dem Begriff „Gott" erhobene Anspruch, auf eine reale Wirklichkeit zu zielen, begründet und eingelöst werden kann. Darüber hinaus geht es um die Frage, welcher Bedeutungsgehalt sich mit dem Begriff „Gott" verbindet.

Die begriffliche Bestimmung der Eigenschaften Gottes – darunter Rationalität und Moralität, aber auch Einfachheit, Unveränderlichkeit und Ewigkeit, Allmacht und Allwissenheit – ist seit jeher zentrales Anliegen der Theologie gewesen. Fragen nach dem Verhältnis von Zeit und Ewigkeit, Freiheit und Gnade sind der Theologie keineswegs fremd. Theologen und Theologinnen können deshalb im Gespräch mit Vertretern der

Analytischen Religionsphilosophie Themen wie die Frage nach der Gebetserhörung, aber auch nach der Menschwerdung Gottes begrifflich präzisieren. Klassische Themen der Theologie wie die Gottesbeweise, das Theodizeeproblem, das Problem der Beziehung zwischen göttlicher und menschlicher Freiheit, die Frage nach der Unsterblichkeit der Seele oder die Bedeutung des Glaubens an die Auferstehung der Toten sind weitere Herausforderungen, zu deren Erörterung sich Theologen und Theologinnen des Instrumentariums der Analytischen Philosophie bedienen können, um Kohärenz und Wahrheitsanspruch ihrer Aussagen zu sichern.[149] Dabei ist zu beachten, dass es der Analytischen Religionsphilosophie nicht in erster Linie darum geht, die Wahrheit religiöser Überzeugungen zu *begründen*. Es geht ihr auch nicht darum, das Wesen Gottes und sein Handeln begrifflich nachvollziehend zu *verstehen*. Vielmehr zielt die Analytische Religionsphilosophie vorrangig darauf, die argumentative Kohärenz theologischer Wahrheitsbehauptungen sicherzustellen.

Wohl nicht zuletzt der hohe Formalisierungsgrad der Analytischen Religionsphilosophie schreckt allerdings bislang viele Vertreter der „kontinentalen“ Theologie davon ab, sich ihres begrifflichen Instrumentariums zu bedienen, um traditionelle Argumentationsgänge und Beweisführungen auf ihre logische Kohärenz hin zu überprüfen.

Es gibt aber auch grundsätzliche Vorbehalte gegenüber einer Rezeption der Analytischen Philosophie seitens der Theologie. So wird zu bedenken gegeben, die Methodik subtiler begrifflicher Distinktionen, derer sich die Analytische Religionsphilosophie bedient, laufe auf eine Wiederauflage der Neuscholastik hinaus. Der prinzipielle Verzicht auf jegliche Hermeneutik habe zur Folge, dass biblische Texte und die normativen Quellen der dogmatischen Überlieferung in einer auf dem Wortsinn bestehenden Weise interpretiert werden. Damit würden die Einsichten der historisch-kritischen Auslegung missachtet und der Verortung der Texte in Überlieferungszusammenhängen nur unzureichend Rechnung getragen.

Überhaupt, so Kritiker der Analytischen Religionsphilosophie, betrachteten deren Vertreter die biblischen und dogmatischen Texte lediglich als

---

[149] Vgl. Armin Kreiner, *Das wahre Antlitz Gottes – oder was wir meinen, wenn wir Gott sagen*, Freiburg – Basel – Wien 2006; Thomas Schärtl / Thomas Marschler (Hrsg.), *Eigenschaften Gottes. Ein Gespräch zwischen systematischer Theologie und analytischer Philosoph*ie (Studien zur systematischen Theologie, Ethik und Philosophie 6), Münster 2016; Georg Gasser / Ludwig Jaskolla / Thomas Schärtl (Hrsg.), *Handbuch für analytische Theologie*, Münster 2017.

interessante Gedankenexperimente. Der theologische Anspruch, die soteriologische Perspektive und die existenzielle Bedeutung dieser Texte würden systematisch ausgeblendet. Auch die mit Blick auf die Kontextualität von Theologie gewonnene Einsicht, dass es eine universale, von Sprachen und Kulturen unabhängige Vernunft nicht gibt, veranlasst zu kritischen Rückfragen an den Anspruch der Analytiker, philosophische Fragen unabhängig von Sprache, Kultur, Religion und Geschichte zu beantworten.

Andere Kritiker der Analytischen Religionsphilosophie werfen ihr Szientismus oder Positivismus vor; ihren Ansatz halten sie für der Sache nach verfehlt. Demnach beanspruchen Religionen gar nicht in erster Linie, kognitive Gehalte zu vertreten, wie sie Gegenstand analytischer Untersuchungen seien. Vielmehr gehe es vorrangig darum, humane Sinnhorizonte zu erschließen; diese aber unterscheiden sich wesentlich von wissenschaftlich belastbaren Tatsachen und formalisierten Herleitungen.

Dennoch dürfen Theologen von dem Gespräch mit der Analytischen Religionsphilosophie eine begriffliche Präzisierung ihrer Interpretationen von Gott, Mensch und Welt erwarten. Auf jeden Fall verweist die Analytische Religionsphilosophie die Theologie an eine ihrer wesentlichen Aufgaben: über die Wirklichkeit Gottes in seiner Beziehung zu einer endlichen Welt und zu freien Menschen nachzudenken und den christlichen Glauben als rational verantwortbar auszuweisen.

19 Schlussgedanke

Dass die vorliegende Skizze zur Theologiegeschichte wichtige Themen und Personen unerwähnt lässt, kann nicht oft genug betont werden. Der Schwerpunkt der Darstellung lag auf der katholischen Theologie, und hier wiederum bei ihren europäisch-kontinentalen Vertretern. Die spezifische Ausprägung christlicher Theologie in den altorientalischen und orthodoxen Kirchen kam nur andeutungsweise zur Geltung. Kontextuelle Theologien, wie sie sich derzeit in Lateinamerika, Afrika oder Asien mit großer Lebendigkeit entwickeln, wurden nicht in der ihnen angemessenen Ausführlichkeit vorgestellt. Dennoch steht zu hoffen, dass die Darstellung einen ersten Überblick über wichtige Stationen und Weichenstellung der Theologiegeschichte geliefert hat. Wenn sie dazu anregt, von ihr aufgeworfenen, aber nicht beantworteten Fragen vertieft nachzuspüren, dann hat sie ihre Zielsetzung voll und ganz erreicht.

20 Personenregister